Antony C. Sutton

LA TRILOGIA DI WALL STREET

Antony C. Sutton
(1925-2002)

Economista e saggista americano di origine britannica, Hoover Scholar a Stanford dal 1968 al 1973. Ha insegnato economia all'UCLA. Ha studiato a Londra, Gottinga e UCLA e ha conseguito un dottorato in scienze presso l'Università di Southampton, in Inghilterra.

LA TRILOGIA DI WALL STREET
Wall Street e la rivoluzione bolscevica
Wall Street e FDR
Wall Street e l'ascesa di Hitler

Wall Street and the Bolshevik Revolution (1974)
Wall Street and Franklin D. Roosevelt (1976)
Wall Street and the Rise of Hitler (1976)

Tradotto dall'americano da Omnia Veritas Limited

Pubblicato da
Omnia Veritas Limited

www.omnia-veritas.com

© Omnia Veritas Limited – 2022

Tutti i diritti riservati. Nessuna parte di questa pubblicazione può essere riprodotta con qualsiasi mezzo senza la previa autorizzazione dell'editore. Il Codice della proprietà intellettuale vieta le copie o le riproduzioni per uso collettivo. Qualsiasi rappresentazione o riproduzione, totale o parziale, con qualsiasi mezzo, senza il consenso dell'editore, dell'autore o dei loro aventi diritto, è illegale e costituisce una contraffazione punita dagli articoli del Codice della proprietà intellettuale.

Antony C. Sutton

LA TRILOGIA DI WALL STREET

Antony C. Sutton
(1925-2002)

Economista e saggista americano di origine britannica, Hoover Scholar a Stanford dal 1968 al 1973. Ha insegnato economia all'UCLA. Ha studiato a Londra, Gottinga e UCLA e ha conseguito un dottorato in scienze presso l'Università di Southampton, in Inghilterra.

LA TRILOGIA DI WALL STREET
Wall Street e la rivoluzione bolscevica
Wall Street e FDR
Wall Street e l'ascesa di Hitler

Wall Street and the Bolshevik Revolution (1974)
Wall Street and Franklin D. Roosevelt (1976)
Wall Street and the Rise of Hitler (1976)

Tradotto dall'americano da Omnia Veritas Limited

Pubblicato da
Omnia Veritas Limited

www.omnia-veritas.com

© Omnia Veritas Limited – 2022

Tutti i diritti riservati. Nessuna parte di questa pubblicazione può essere riprodotta con qualsiasi mezzo senza la previa autorizzazione dell'editore. Il Codice della proprietà intellettuale vieta le copie o le riproduzioni per uso collettivo. Qualsiasi rappresentazione o riproduzione, totale o parziale, con qualsiasi mezzo, senza il consenso dell'editore, dell'autore o dei loro aventi diritto, è illegale e costituisce una contraffazione punita dagli articoli del Codice della proprietà intellettuale.

ANTONY C. SUTTON

"Se uno prevale su di lui, due resisteranno contro di lui, e una triplice corda non si spezzerà rapidamente" (Ecclesiaste 4:12).

Professor Sutton (1925-2002).

Sebbene sia stato uno scrittore prolifico, il professor Sutton sarà sempre ricordato per la sua grande *trilogia*: *Wall St. e la rivoluzione bolscevica, Wall St. e l'ascesa di Hitler, Wall St. e FDR*.

Il professor Sutton lasciò la piovosa e nuvolosa Inghilterra per la soleggiata California nel 1957. Era una voce che gridava nel deserto accademico quando la maggior parte delle università americane aveva venduto l'anima per i soldi della Fondazione Rockefeller.

Naturalmente, è arrivato in questo Paese credendo che fosse la terra dei liberi e la patria dei coraggiosi.

ANTONY C. SUTTON è nato a Londra nel 1925 e ha studiato presso le università di Londra, Gottingen e California. Cittadino americano dal 1962, dal 1968 al 1973 è stato ricercatore presso l'Hoover Institution for War, Revolution and Peace di Stanford, in California, dove ha prodotto il monumentale studio in tre volumi *"Western Technology and Soviet Economic Development"*.

Nel 1974 il professor Sutton ha pubblicato *National Suicide: Military Aid to the Soviet Union*, un best seller sull'assistenza tecnologica e finanziaria dell'Occidente, soprattutto americano, all'URSS. *Wall Street e l'ascesa di Hitler* è il suo quarto libro che denuncia il ruolo degli addetti ai lavori americani nel finanziamento del socialismo internazionale. Gli altri due libri di questa serie sono *Wall Street e la rivoluzione bolscevica* e *Wall Street e FDR*.

Il professor Sutton ha pubblicato articoli su *Human Events, The Review of the News, Triumph, Ordnance, National Review* e molte altre riviste.

WALL STREET E LA RIVOLUZIONE BOLSCEVICA

A quegli sconosciuti libertari russi, noti anche come Verdi, che nel 1919 combatterono i rossi e i bianchi nel tentativo di ottenere una Russia libera e volontaria.

PREFAZIONE

Dall'inizio degli anni Venti, molti pamphlet e articoli, e persino alcuni libri, hanno cercato di stabilire un legame tra i "banchieri internazionali" e i "rivoluzionari bolscevichi". Questi tentativi sono stati raramente supportati da prove solide e mai argomentati nell'ambito di una metodologia scientifica. In effetti, alcune delle "prove" utilizzate in questi sforzi sono fraudolente, altre irrilevanti e molte non possono essere verificate. La trattazione dell'argomento da parte di autori accademici è stata accuratamente evitata, probabilmente perché l'ipotesi offende la netta dicotomia tra capitalisti e comunisti (tutti sanno, ovviamente, che sono acerrimi nemici). Inoltre, poiché molto di ciò che è stato scritto rasenta l'assurdo, una solida reputazione accademica potrebbe facilmente essere rovinata e questo lavoro ridicolizzato. Questo è di solito un motivo sufficiente per evitare l'argomento.

Fortunatamente, l'archivio decimale del Dipartimento di Stato, in particolare la sezione 861.00, contiene un'ampia documentazione a sostegno della nostra ipotesi. Quando le prove contenute in questi documenti ufficiali si fondono con quelle non ufficiali provenienti da biografie, documenti personali e fonti storiche più convenzionali, emerge una storia davvero affascinante.

Scopriamo che c'era un legame tra *alcuni* banchieri internazionali di New York e *molti* rivoluzionari, compresi i bolscevichi. Questi banchieri - che vengono qui identificati - avevano un interesse finanziario nel successo della rivoluzione bolscevica e la incoraggiarono.

I dettagli su chi, perché e quanto, costituiscono la storia raccontata in questo libro.

Marzo 1974
Antony C. SUTTON

CAPITOLO I

GLI ATTORI DELLA SCENA RIVOLUZIONARIA

Signor Presidente : Sono favorevole alla forma di governo sovietica che meglio si adatta al popolo russo...
Lettera al presidente Woodrow Wilson (17 ottobre 1918) da parte di William Lawrence Saunders, presidente della Ingersoll-Rand Corp. e direttore della American International Corp ; e vicepresidente della Federal Reserve Bank di New York.

L'immagine illustrativa all'inizio di questo libro è stata disegnata dal vignettista Robert Minor nel 1911 per il *St. Louis Post-Dispatch*. Minor era un artista e scrittore di talento che, oltre a essere un rivoluzionario bolscevico, fu arrestato in Russia nel 1915 per presunta sovversione e fu poi sostenuto da importanti finanzieri di Wall Street. La vignetta di Minor mostra un barbuto e raggiante Karl Marx in piedi a Wall Street con il *socialismo* sottobraccio e che accetta le congratulazioni dei luminari della finanza J.P. Morgan, del socio di Morgan George W. Perkins, di John D. Rockefeller, di John D. Ryan della National City Bank e di Teddy Roosevelt - chiaramente identificato dai suoi famosi denti - sullo sfondo. Wall Street è decorata con bandiere rosse. Gli applausi della folla e i cappelli lanciati in aria suggeriscono che Karl Marx doveva essere un personaggio piuttosto popolare nel distretto finanziario di New York.

Robert Minor stava sognando? Al contrario, vedremo che Minor era sulla strada giusta nel descrivere un'alleanza entusiastica tra Wall Street e il socialismo marxista. I personaggi del disegno di Minor - Karl Marx (che simboleggia i futuri rivoluzionari Lenin e Trotsky), J. P. Morgan, John D. Rockefeller - e lo stesso Robert Minor, hanno un ruolo importante nel libro.

Le contraddizioni suggerite dalla vignetta di Minor sono state spazzate via dalla storia perché non rientrano nel concetto generalmente accettato di destra e sinistra politica. I bolscevichi si trovano all'estremità sinistra dello spettro politico e i finanzieri di Wall Street all'estremità destra; pertanto, ragioniamo implicitamente, i due gruppi non hanno nulla in comune e qualsiasi alleanza tra loro è assurda. I fattori contrari a questa ordinata disposizione concettuale vengono solitamente liquidati come strane osservazioni o sfortunati errori. La storia moderna ha una dualità intrinseca ed è certo che se troppi fatti scomodi sono stati ignorati e nascosti sotto il tappeto, si tratta di una storia inesatta.

D'altra parte, si può osservare che sia l'estrema destra che l'estrema sinistra dello spettro politico convenzionale sono assolutamente collettiviste. Sia il nazionalsocialismo (ad esempio, il fascismo) che il socialismo internazionale (ad esempio, il comunismo) raccomandano sistemi politico-economici totalitari, basati su un potere politico brutale e senza vincoli e sulla coercizione individuale. Entrambi i sistemi richiedono un controllo monopolistico della società. ᵉSe un tempo il controllo monopolistico delle industrie era l'obiettivo di J. P. Morgan e J. D. Rockefeller, alla fine del XIX secolo gli strateghi di Wall Street si resero conto che il modo più efficace per ottenere un monopolio incontrastato era quello di "fare politica" e far lavorare la società per i monopolisti, in nome del bene pubblico e dell'interesse generale. Questa strategia è stata descritta nel 1906 da Frederick C. Howe nel *suo Confessioni di un monopolista.*[1] Howe, tra l'altro, è anche una figura della storia della rivoluzione bolscevica.

Pertanto, un altro modo di presentare le idee politiche e i sistemi politico-economici sarebbe quello di misurare il grado di libertà individuale rispetto al grado di controllo politico centralizzato. In questo ordine di cose, lo Stato sociale e il socialismo si trovano alla stessa estremità dello spettro. Vediamo quindi che i tentativi di controllo monopolistico della società possono essere etichettati in modo diverso, ma hanno caratteristiche comuni.

Pertanto, l'idea che tutti i capitalisti siano nemici acerrimi e irriducibili di tutti i marxisti e i socialisti è un ostacolo importante a qualsiasi comprensione approfondita della storia recente. Questa idea errata è nata con Karl Marx ed è stata indubbiamente utile per i suoi scopi. In realtà, questa idea è assurda. C'è stata un'alleanza continua, anche se nascosta, tra i capitalisti politici internazionali e i socialisti rivoluzionari internazionali - con reciproco vantaggio. Questa alleanza è passata inosservata soprattutto perché gli storici - con poche eccezioni degne di nota - hanno un pregiudizio marxista inconscio e sono quindi bloccati sull'impossibilità dell'esistenza di tale alleanza. Il lettore di larghe vedute deve tenere conto di due indizi: i capitalisti monopolisti sono gli acerrimi nemici della libera impresa; e, date le debolezze della pianificazione centrale socialista, lo Stato socialista totalitario è un mercato prigioniero perfetto per i capitalisti monopolisti, se si può fare un'alleanza con i vassalli del potere socialista. Supponiamo - e questa è solo un'ipotesi per il momento - che i capitalisti monopolisti statunitensi siano riusciti a conquistare una Russia socialista attraverso un'economia pianificata, riducendola così al rango di colonia produttivista nelle loro mani? Non sarebbe questaᵉ la logica estensione internazionalista nel XX secolo dei monopoli ferroviari di Morgan e del monopolio petrolifero del consorzio Rockefeller della fine del XIX secoloᵉ ?

A parte Gabriel Kolko, Murray Rothbard e i revisionisti, gli storici non hanno prestato attenzione a questa combinazione di eventi. La ricerca storica, salvo rare eccezioni, si è ridotta a sottolineare la dicotomia tra capitalisti e socialisti. Il

---

[1] "Queste sono le regole del grande business. Hanno superato gli insegnamenti dei nostri genitori e si riducono a una semplice massima: "Ottenete un monopolio; lasciate che la società lavori per voi; e ricordate che il migliore di tutti gli affari è la politica, perché una concessione legislativa, una franchigia, un sussidio o un'esenzione fiscale valgono più di un giacimento di Kimberly o di Comstock, perché non richiedono alcun lavoro, né mentale né fisico, per funzionare" (Chicago: Public Publishing, 1906), pag. 157.

monumentale studio di George Kennan sulla Rivoluzione russa mantiene costantemente la finzione di un[2] antagonismo Wall Street-Bolscevico. *Russia Leaves the War* fa solo un riferimento casuale alla società J.P. Morgan e nessun riferimento alla Guaranty Trust Company. Tuttavia, entrambe le organizzazioni sono menzionate in modo evidente nei documenti del Dipartimento di Stato, spesso citati in questo libro, ed entrambe fanno parte del corpo di prove qui presentato. Né il "banchiere bolscevico" Olof Aschberg né la Nya Banken di Stoccolma sono menzionati in Kennan, eppure entrambi hanno svolto un ruolo centrale nel finanziamento bolscevico. Inoltre, in circostanze minori ma cruciali, almeno per il *nostro* argomento, Kennan si rivela completamente sbagliato. Ad esempio, Kennan afferma che il capo della Federal Reserve Bank, William Boyce Thompson, lasciò la Russia il 27 novembre 1917. Questa data di partenza avrebbe reso fisicamente impossibile per Thompson essere a Pietrogrado il 2 dicembre 1917 per trasmettere una richiesta di finanziamento di 1 milione di dollari a Morgan a New York. Thompson lasciò effettivamente Pietrogrado il 4 dicembre 1918, due giorni dopo aver inviato il cablogramma a New York. Kennan afferma poi che il 30 novembre 1917 Trotsky tenne un discorso al Soviet di Pietrogrado in cui osservò: "Oggi ho avuto qui all'Istituto Smolny due americani strettamente legati agli elementi capitalistici americani". Secondo Kennan, è "difficile immaginare" chi potessero essere questi due americani "se non Robins e Gumberg". Ma in realtà Alexander Gumberg era russo, non americano. Inoltre, poiché Thompson si trovava ancora in Russia il 30 novembre 1917, i due americani che visitarono Trotsky erano più che probabilmente Raymond Robins, un promotore minerario diventato benefattore, e Thompson, della Federal Reserve Bank di New York.

La bolscevizzazione di Wall Street era nota negli ambienti informati già nel 1919. Il giornalista finanziario Barron ha registrato una conversazione con il magnate del petrolio E. H. Doheny nel 1919 e nominò specificamente tre importanti finanzieri, William Boyce Thompson, Thomas Lamont e Charles R. Crane:

> A bordo della S.S. Aquitania, venerdì sera, 1er febbraio 1919.
> Ha trascorso la serata con i Dohenys nella loro suite. Il signor Doheny ha detto: "Se credete nella democrazia, non potete credere nel socialismo". Il socialismo è il veleno che distrugge la democrazia. Democrazia significa opportunità per tutti. Il socialismo dà la speranza che un uomo possa lasciare il suo lavoro e uscirne. Il bolscevismo è il vero frutto del socialismo, e se leggete l'interessante testimonianza davanti alla commissione del Senato a metà gennaio, che mostrava come tutti questi pacifisti e pacificatori fossero simpatizzanti tedeschi, socialisti e bolscevichi, vedrete che la maggioranza dei professori universitari negli Stati Uniti insegna socialismo e bolscevismo, e che cinquantadue professori universitari facevano parte dei cosiddetti comitati di pace nel 1914. Il presidente Eliot di Harvard insegna il bolscevismo. I peggiori bolscevichi negli Stati Uniti non sono solo i professori

---

[2] George F. Kennan, *Russia Leaves the War* (New York: Atheneum, 1967); e *Decision to Intervene, Soviet-American Relations, 1917-1920* (Princeton, N.J.: Princeton University Press, 1958).

universitari, tra cui il presidente Wilson, ma anche i capitalisti e le mogli dei capitalisti, e nessuno di loro sembra sapere di cosa sta parlando. William Boyce Thompson insegna il bolscevismo e potrebbe ancora convertire Lamont di J.P. Morgan & Company. Vanderlip è un bolscevico, così come Charles R. Crane. Molte donne si uniscono al movimento e né loro né i loro mariti sanno cosa sia o dove porti. Henry Ford è un altro, così come la maggior parte del centinaio di storici che Wilson ha portato con sé all'estero, nella sciocca idea che la storia possa insegnare ai giovani la corretta demarcazione geografica di razze, popoli e nazioni.[3]

In breve, si tratta di una storia della rivoluzione bolscevica e delle sue conseguenze, ma una storia che si discosta dal consueto approccio concettuale di capitalisti contro comunisti. La nostra storia postula una partnership tra il capitalismo monopolistico internazionale e il socialismo rivoluzionario internazionale per il loro reciproco vantaggio. Il costo umano finale di questa alleanza è ricaduto sulle spalle di ogni russo e americano. L'imprenditorialità è stata screditata e il mondo è stato spinto verso una debilitante pianificazione socialista a causa di queste manovre monopolistiche nel mondo della politica e della rivoluzione.

È anche una storia che riflette il tradimento della Rivoluzione russa. Gli zar e il loro sistema politico corrotto sono stati cacciati e sostituiti dai nuovi intermediari di un altro sistema politico corrotto. Laddove gli Stati Uniti avrebbero potuto esercitare la loro influenza dominante per realizzare una Russia libera, hanno ceduto alle ambizioni di alcuni finanzieri di Wall Street che, per il proprio tornaconto, potevano accettare una Russia zarista centralizzata o una Russia marxista centralizzata, ma non una Russia libera decentrata. Le ragioni di queste affermazioni diventeranno chiare man mano che svilupperemo la storia, finora non raccontata, della Rivoluzione russa e delle sue conseguenze.[4]

---

[3] Arthur Pound e Samuel Taylor Moore, *They Told Barron* (New York: Harper & Brothers, 1930), pp. 13-14.

[4] Esiste una storia parallela, e anch'essa sconosciuta, del movimento makhanovista, che combatté sia i "bianchi" che i "rossi" durante la guerra civile del 1919-20 (cfr. Voline, *The Unknown Revolution* [New York: Libertarian Book Club, 1953]). C'era anche il movimento "verde", che combatteva sia i bianchi che i rossi. L'autore non ha mai visto un solo riferimento isolato ai Verdi nella storia della rivoluzione bolscevica. Eppure l'Esercito Verde era forte di almeno 700.000 persone!

CAPITOLO II

TROTSKY LASCIA NEW YORK PER REALIZZARE LA RIVOLUZIONE

> *Avrete una rivoluzione, una terribile rivoluzione. Il corso che prenderà dipenderà in gran parte da ciò che Rockefeller dirà al signor Hague di fare. Rockefeller è un simbolo della classe dirigente americana e l'Aia è un simbolo dei suoi strumenti politici.*
>
> Leon Trotsky, nel New York Times, 13 dicembre 1938.
(Hague era un politico del New Jersey)

Nel 1916, l'anno prima della Rivoluzione russa, l'internazionalista Leon Trotsky fu espulso dalla Francia, ufficialmente a causa della sua partecipazione alla conferenza di Zimmerwald ma anche presumibilmente a causa di articoli incendiari scritti per il *Nashe Slovo*, un giornale in lingua russa stampato a Parigi. Nel settembre del 1916, Trotsky fu cortesemente scortato oltre il confine spagnolo dalla polizia francese. Pochi giorni dopo, la polizia di Madrid arrestò l'internazionalista e lo mise in una "cella di prima classe", al costo di una peseta al giorno. Trotsky fu quindi portato a Cadice, poi a Barcellona e infine messo a bordo del piroscafo della Compagnia Transatlantica Spagnola, il *Monserrat*. Trotsky e la sua famiglia attraversarono l'Oceano Atlantico e sbarcarono a New York il 13 gennaio 1917.

Anche altri trotzkisti attraversarono l'Atlantico verso ovest. In effetti, un gruppo trotskista ottenne un'influenza immediata sufficiente in Messico per redigere la Costituzione di Querétaro per il governo rivoluzionario di Carranza nel 1917, dando al Messico la dubbia distinzione di essere il primo governo al mondo ad adottare una costituzione di tipo sovietico.

Come ha fatto Trotsky, che conosceva solo il tedesco e il russo, a sopravvivere nell'America capitalista? Secondo la sua autobiografia, *My Life*, "la mia unica professione a New York era quella di socialista rivoluzionario. In altre parole, Trotsky scriveva articoli occasionali per *Novy Mir*, la rivista socialista russa di New York. Eppure sappiamo che l'appartamento della famiglia Trotsky a New York era dotato di frigorifero e telefono e, secondo Trotsky, la famiglia viaggiava occasionalmente in limousine con autista. Questo modo di vivere lasciava perplessi i due giovani Trotsky. Quando entravano in una casa da tè, i ragazzi chiedevano con ansia alla madre: "Perché l'autista non entra?[5] L'elegante tenore di vita è anche in contrasto con il reddito dichiarato da Trotsky. Gli unici fondi che Trotsky ammette di aver ricevuto nel 1916 e nel 1917 sono 310 dollari e, dichiara Trotsky, "ho diviso i 310 dollari tra cinque emigranti che stavano tornando in Russia". Eppure Trotsky aveva pagato una cella di prima classe in Spagna, la famiglia Trotsky aveva viaggiato attraverso l'Europa fino agli Stati Uniti, aveva acquistato un eccellente appartamento a New York - pagando l'affitto con tre mesi di anticipo - e aveva l'uso di una limousine con autista. Tutto questo grazie ai guadagni di un rivoluzionario impoverito per alcuni articoli sul giornale in lingua russa a piccola tiratura *Nashe Slovo* di Parigi e *Novy Mir di* New York!

Joseph Nedava stima che il reddito di Trotsky nel 1917 fosse di 12 dollari alla settimana, "integrati da alcune tasse per le conferenze".[6] Trotsky trascorse tre mesi a New York nel 1917, da gennaio a marzo, guadagnando 144 dollari da *Novy Mir* e, diciamo, altri 100 dollari in spese di conferenza, per un totale di 244 dollari. Di questi 244 dollari, Trotsky riuscì a darne 310 ai suoi amici, a pagare l'appartamento a New York, a provvedere alla sua famiglia e a recuperare i 10.000 dollari che gli erano stati confiscati nell'aprile del 1917 dalle autorità canadesi di Halifax. Trotsky sostiene che coloro che hanno detto che aveva altre fonti di reddito erano "calunniatori" che diffondevano "stupide calunnie" e "bugie", ma a meno che Trotsky non giocasse alle corse all'ippodromo Jamaica di New York, questo è semplicemente impossibile. È ovvio che Trotsky aveva una fonte di reddito non dichiarata.

Qual era questa fonte? In *The Road to Safety*, l'autore Arthur Willert racconta che Trotsky si guadagnava da vivere lavorando come elettricista per gli studi cinematografici Fox. Altri scrittori hanno citato altre occupazioni, ma non c'è alcuna prova che Trotsky si tenesse occupato a pagamento se non scrivendo e parlando.

La maggior parte delle indagini si è concentrata sul fatto verificabile che quando Trotsky lasciò New York nel 1917 per andare a Pietrogrado a organizzare la fase bolscevica della rivoluzione, partì con 10.000 dollari. Nel 1919, la Commissione Overman del Senato degli Stati Uniti indagò sulla propaganda bolscevica finanziata con denaro tedesco negli Stati Uniti e, incidentalmente, toccò la fonte dei 10.000 dollari di Trotsky. L'esame della Commissione Overman sul colonnello Hurban, addetto di Washington alla legazione ceca, ha dato i seguenti risultati:

> **COL. HURBAN**: Trotsky potrebbe aver preso soldi dalla Germania, ma Trotsky lo negherà. Lenin non lo negherà. Milioukov dimostrò di aver ricevuto 10.000 dollari da alcuni tedeschi mentre si trovava in America. Milioukov aveva le prove, ma le ha negate. Trotsky lo fece, anche se Miliukov ne aveva le prove.
> **SENATORE OVERMAN**: Trotsky è stato accusato di aver ricevuto 10.000 dollari qui.

---

[5] Leon Trotsky, *My Life* (New York: Scribner's, 1930), cap. 22.

[6] Joseph Nedava, *Trotsky and the Jews* (Filadelfia: Jewish Publication Society of America, 1972), p. 163.

COL. HURBAN: Non ricordo quanto fosse, ma so che era una questione tra lui e Milioukov.
Milioukov lo ha dimostrato, non è vero?
COL. HURBAN: Sì, signore.
Sa dove li ha presi?
COL. HURBAN: Ricordo che era di 10.000 dollari, ma va bene così. Parlerò della loro propaganda. Il governo tedesco conosceva la Russia meglio di chiunque altro e sapeva che con l'aiuto di queste persone avrebbe potuto distruggere l'esercito russo.
(Alle 17.45 la Sottocommissione si aggiorna a domani, mercoledì 19 febbraio, alle 10.30).[7]

È notevole che la commissione si sia bruscamente aggiornata prima che la *fonte dei* fondi di Trotsky fosse resa nota al Senato. Quando l'interrogatorio riprese il giorno successivo, Trotsky e i suoi 10.000 dollari non erano più di interesse per il Comitato Overman. In seguito svilupperemo le prove relative al finanziamento delle attività rivoluzionarie tedesche negli Stati Uniti da parte di istituzioni finanziarie di New York; in seguito verranno alla luce le origini dei 10.000 dollari di Trotsky.

Una somma di 10.000 dollari di origine tedesca è menzionata anche nel telegramma ufficiale britannico alle autorità navali canadesi di Halifax, in cui si chiede che Trotsky e la sua truppa in rotta verso la rivoluzione vengano sbarcati dalla S.S. *Kristianiafjord* (vedi sotto). Da un rapporto dei servizi segreti britannici[8] apprendiamo inoltre che Gregory Weinstein, che nel 1919 sarebbe diventato un membro di spicco dell'Ufficio sovietico di New York, raccoglieva fondi per Trotsky a New York. Questi fondi provenivano dalla Germania e venivano convogliati attraverso la *Volkszeitung,* un quotidiano in lingua tedesca di New York sovvenzionato dal governo tedesco.

Sebbene i fondi di Trotsky siano ufficialmente dichiarati tedeschi, Trotsky era attivamente impegnato nella politica americana poco prima di lasciare New York per la Russia e la rivoluzione. Il 5 marzo 1917 i giornali americani titolano sulla crescente possibilità di una guerra con la Germania; quella sera Trotsky propone una risoluzione alla riunione del Partito socialista della contea di New York "che esorta i socialisti a incoraggiare gli scioperi e a resistere al reclutamento in caso di guerra con la Germania".[9] Leon Trotsky è stato descritto dal *New York Times come un* "rivoluzionario russo in esilio". Louis C. Fraina, che ha co-sponsorizzato la risoluzione di Trotsky, in seguito - sotto pseudonimo - ha scritto un libro acritico

---

[7] Stati Uniti, Senato, *Interessi sulla produzione di birra e liquori e propaganda tedesca e bolscevica* (sottocommissione per la magistratura), 65a Cong. 1919.

[8] Relazione speciale n. 5, *The Russian Soviet Bureau in the United States,* 14 luglio 1919, Scotland House, London S.W.I. Copia nel fascicolo decimale del Dipartimento di Stato americano, 316-23-1145.

[9] *New York Times*, 5 marzo 1917.

sull'impero finanziario di Morgan intitolato *House of Morgan*[10] . La proposta Trotsky-Fraina fu respinta dalla fazione di Morris Hillquit e il Partito Socialista votò successivamente contro la risoluzione.[11]

Più di una settimana dopo, il 16 marzo, al momento della deposizione dello zar, Leon Trotsky fu intervistato negli uffici di *Novy Mir*. L'intervista conteneva una dichiarazione profetica sulla rivoluzione russa:

> "... il comitato che ha preso il posto del ministero decaduto in Russia non rappresenta gli interessi o gli obiettivi dei rivoluzionari, probabilmente avrà vita breve e si ritirerà a favore di uomini più sicuri di portare avanti la democratizzazione della Russia".[12]

Gli "uomini che sarebbero stati più sicuri di portare avanti la democratizzazione della Russia", cioè i menscevichi e i bolscevichi, erano allora in esilio all'estero e dovevano prima tornare in Russia. Il "comitato" temporaneo fu quindi chiamato "governo provvisorio", un titolo, va notato, che fu usato fin dall'inizio della rivoluzione di marzo e che non è stato applicato a posteriori dagli storici.

WOODROW WILSON FORNISCE A TROTSKY UN PASSAPORTO

Il presidente Woodrow Wilson fu il genio buono che fornì a Trotsky un passaporto per tornare in Russia a "portare avanti" la rivoluzione. Il passaporto americano era accompagnato da un permesso di ingresso in Russia e da un visto di transito britannico. Jennings C. Wise, in *Woodrow Wilson: Disciple of the Revolution*, fa un commento pertinente: "Gli storici non dovrebbero mai dimenticare che Woodrow Wilson, nonostante gli sforzi della polizia britannica, permise a Leon Trotsky di entrare in Russia con un passaporto americano.

Il Presidente Wilson facilitò il passaggio di Trotsky in Russia proprio quando i prudenti burocrati del Dipartimento di Stato, preoccupati per l'ingresso di tali rivoluzionari in Russia, cercavano unilateralmente di rendere più severe le procedure di viaggio. La delegazione di Stoccolma inviò un cablogramma al Dipartimento di Stato il 13 giugno 1917, subito *dopo che* Trotsky aveva attraversato il confine tra Finlandia e Russia: "La delegazione ha informato in via

---

[10] Lewis Corey, *House of Morgan: A Social Biography of the Masters of Money* (New York: G. W. Watt, 1930).

[11] Morris Hillquit (già Hillkowitz) era stato l'avvocato difensore di Johann Most dopo l'assassinio del presidente McKinley e nel 1917 era leader del Partito socialista di New York. Negli anni Venti, Hillquit salì alla ribalta nel mondo bancario di New York come direttore e avvocato della International Union Bank. Sotto il presidente Franklin D. Roosevelt, Hillquit ha contribuito a sviluppare i codici NRA per l'industria dell'abbigliamento.

[12] *New York Times*, 16 marzo 1917.

confidenziale gli uffici passaporti russi, inglesi e francesi alla frontiera russa di Tornio, notevolmente preoccupati per il passaggio di persone sospette con passaporti americani".[13]

A questo cablogramma, il Dipartimento di Stato ha risposto lo stesso giorno: "Il Dipartimento esercita una particolare attenzione nell'emissione di passaporti per la Russia"; il Dipartimento di Stato ha inoltre autorizzato le spese della missione diplomatica per istituire un ufficio di controllo dei passaporti a Stoccolma e per assumere un "cittadino statunitense assolutamente affidabile" per un lavoro di verifica.[14] Ma l'uccello era volato. Il menscevico Trotsky e i bolscevichi di Lenin erano già in Russia per prepararsi a "portare avanti" la rivoluzione. La trappola per passaporti allestita catturava solo prede di seconda scelta. Ad esempio, il 26 giugno 1917, Herman Bernstein, un noto giornalista newyorkese che si recava a Pietrogrado per rappresentare il *New York Herald*, fu trattenuto alla frontiera e gli fu negato l'ingresso in Russia. Poco dopo, a metà agosto 1917, l'Ambasciata russa a Washington chiese al Dipartimento di Stato (e lo Stato acconsentì) "di impedire l'ingresso in Russia di criminali e anarchici... alcuni dei quali hanno già visitato la Russia".[15]

Pertanto, in virtù del trattamento preferenziale riservato a Trotsky, quando la S.S. *Kristianiafjord* lasciò New York il 26 marzo 1917, Trotsky era a bordo con un passaporto americano - e in compagnia di altri rivoluzionari trotskisti, finanzieri di Wall Street, comunisti americani e altre persone interessanti, poche delle quali si erano imbarcate per affari legittimi. Questo mix di passeggeri è stato descritto da Lincoln Steffens, comunista americano:

> L'elenco dei passeggeri era lungo e misterioso. Trotsky era in cabina di pilotaggio con un gruppo di rivoluzionari; nella mia cabina c'era un rivoluzionario giapponese. C'erano molti olandesi che tornavano di corsa da Giava, gli unici innocenti a bordo. Gli altri erano messaggeri di guerra, due da Wall Street alla Germania.[16]

Lincoln Steffens, era a bordo in viaggio verso la Russia su invito esplicito di Charles Richard Crane, un donatore ed ex presidente del Comitato finanziario democratico. Charles Crane, vicepresidente della Crane Company, aveva organizzato la Westinghouse Company in Russia, era membro della Root Mission to Russia e aveva compiuto non meno di ventitré visite in Russia tra il 1890 e il 1930. Richard Crane, suo figlio, era assistente confidenziale di Robert Lansing, allora Segretario di Stato. Secondo l'ex ambasciatore in Germania William Dodd, Crane "ha contribuito in modo determinante alla rivoluzione di Kerensky che ha

---

[13] Fascicolo decimale del Dipartimento di Stato americano, 316-85-1002.

[14] Ibidem.

[15] Ibidem, 861.111/315.

[16] Lincoln Steffens, *Autobiography* (New York: Harcourt, Brace, 1931), p. 764. Steffens fu il "tramite" tra Crane e Woodrow Wilson.

dato il via al comunismo".[17] I commenti di Steffens nel suo diario sulle conversazioni a bordo della S.S. *Kristianiafjord* sono quindi molto rilevanti: "... tutti concordano sul fatto che la rivoluzione è solo nella sua prima fase, che deve svilupparsi. Crane e i radicali russi a bordo della nave pensano che saremo a Pietrogrado per portare a termine la rivoluzione.[18]

Crane tornò negli Stati Uniti quando la rivoluzione bolscevica (cioè "la rivoluzione finalizzata") fu compiuta e, sebbene fosse un privato cittadino, ricevette rapporti di prima mano sui progressi della rivoluzione bolscevica man mano che i cablogrammi arrivavano al Dipartimento di Stato. Ad esempio, un memorandum, datato 11 dicembre 1917, è intitolato "Copia del rapporto sull'insurrezione massimalista per il signor Crane". La lettera di accompagnamento è di Maddin Summers, console generale degli Stati Uniti a Mosca:

> Mi pregio di allegare una copia di questo rapporto [sopra] con la richiesta di inviarlo per informazioni riservate al signor Charles R. Crane. Si presume che il Commercio non abbia obiezioni a che il signor Crane veda il rapporto.[19]

In breve, il quadro inverosimile e confuso che emerge è che Charles Crane, amico e finanziatore di Woodrow Wilson e importante finanziere e politico, ebbe un ruolo noto nella "prima" rivoluzione e si recò in Russia a metà del 1917 in compagnia del comunista americano Lincoln Steffens, che era in contatto sia con Woodrow Wilson che con Trotsky. Quest'ultimo, a sua volta, aveva con sé un passaporto rilasciato su ordine di Wilson e 10.000 dollari di presunta provenienza tedesca. Al suo ritorno negli Stati Uniti, dopo che la "rivoluzione" era stata completata, Crane ebbe accesso a documenti ufficiali riguardanti il consolidamento del regime bolscevico: si tratta di un intreccio di eventi, anche se confuso, che merita di essere approfondito e che suggerisce, pur senza fornire prove in questa fase, un qualche legame tra il finanziere Crane e il rivoluzionario Trotsky.

DOCUMENTI DEL GOVERNO CANADESE SULLA LIBERAZIONE DI TROTSKY[20]

I documenti relativi al breve soggiorno di Trotsky in custodia canadese sono ora declassificati e disponibili negli archivi del governo canadese. Secondo questi documenti, Trotsky fu arrestato da personale navale canadese e britannico della

---

[17] William Edward Dodd, *Ambassador Dodd's Diary, 1933-1938* (New York: Harcourt, Brace, 1941), pp. 42-43.

[18] Lincoln Steffens, *The Letters of Lincoln Steffens* (New York: Harcourt, Brace, 1941), p. 396.

[19] Fascicolo decimale del Dipartimento di Stato americano, 861.00/1026.

[20] Questa sezione si basa sui documenti governativi canadesi.

S.S. *Kristianiafjord* ad Halifax, in Nuova Scozia, il 3 aprile 1917, registrato come prigioniero di guerra tedesco e internato nella casa dei prigionieri tedeschi di Amherst, in Nuova Scozia. Anche la signora Trotsky, i due ragazzi Trotsky e altri cinque uomini descritti come "socialisti russi" furono arrestati e internati. I loro nomi sono registrati nei file canadesi come : Nickita Muchin, Leiba Fisheleff, Konstantin Romanchanco, Gregor Teheodnovski, Gerchon Melintchansky e Leon Bronstein Trotsky (tutte le grafie sono tratte dai documenti originali canadesi).

Il modulo LB-1 dell'esercito canadese, numero di serie 1098 (comprese le impronte digitali), fu compilato per Trotsky, con la seguente descrizione: "37 anni, esule politico, giornalista di professione, nato a Gromskty, Chuson, Russia, cittadino russo". Il modulo era firmato da Leon Trotsky e il suo nome completo era indicato come Leon Bromstein *(sic)* Trotsky.

Il gruppo di Trotsky fu sbarcato dalla S.S. *Kristianiafjord* su istruzioni ufficiali ricevute con telegramma del 29 marzo 1917 da Londra, presumibilmente dall'Ammiragliato con l'ufficiale di controllo navale, Halifax. Il cablogramma riferiva che Trotsky e il suo equipaggio si trovavano sul *"Christianiafjord" (sic)* e dovevano essere "arrestati e detenuti in attesa di istruzioni". La ragione fornita all'ufficiale di controllo navale di Halifax fu che "si tratta di socialisti russi che stanno partendo con lo scopo di iniziare una rivoluzione contro l'attuale governo russo per la quale si dice che Trotsky abbia 10.000 dollari forniti dai socialisti e dai tedeschi".

Il 1er aprile 1917, l'ufficiale di controllo navale, capitano O. Makins inviò una nota confidenziale all'ufficiale generale in comando ad Halifax in cui dichiarava di aver "esaminato tutti i passeggeri russi" a bordo della S.S. *Kristianiafjord* e di aver trovato sei uomini nella sezione di seconda classe: "Sono tutti socialisti dichiarati e, sebbene dichiarino di voler aiutare il nuovo governo russo, potrebbero essere in combutta con i socialisti tedeschi in America e molto probabilmente costituirebbero un grosso problema per il governo russo in questo momento". Il capitano Makins aggiunse che avrebbe sbarcato il gruppo, insieme alla moglie e ai due figli di Trotsky, per essere detenuti ad Halifax. Una copia di questo rapporto fu inviata da Halifax al Capo di Stato Maggiore a Ottawa il 2 aprile 1917.

Il seguente documento negli archivi canadesi è datato 7 aprile, dal Capo di Stato Maggiore Generale, Ottawa, al Direttore delle Operazioni di Internamento, e conferma il ricevimento di una lettera precedente (non presente negli archivi) sull'internamento dei socialisti russi ad Amherst, Nuova Scozia: ".... a questo proposito devo informarvi di aver ricevuto ieri un lungo telegramma dal Console generale russo a MONTREAL, che protestava contro l'arresto di questi uomini, in quanto erano in possesso di passaporti rilasciati dal Console generale russo a NEW YORK, USA.

La risposta a questo telegramma da Montreal fu che gli uomini erano incarcerati "perché sospettati di essere tedeschi" e che sarebbero stati rilasciati solo dopo aver dimostrato la loro nazionalità e la loro fedeltà agli Alleati. Nei fascicoli canadesi non compaiono telegrammi del Console generale russo a New York ed è noto che questo ufficio era riluttante a rilasciare passaporti russi agli esuli politici russi. Tuttavia, nei documenti è presente un telegramma di un procuratore di New York, N. Aleinikoff, a R. M. Coulter, allora assistente del direttore generale delle

Poste del Canada. L'ufficio del Postmaster General del Canada non aveva alcun legame con l'internamento dei prigionieri di guerra o con le attività militari. Di conseguenza, questo telegramma aveva il carattere di un intervento personale e non ufficiale. Il testo recita

> DR. R. M. COULTER, Dipartimento delle Poste. OTTAWA Gli esuli politici russi che rientrano in Russia sono stati trattenuti nel campo di Amherst ad Halifax. Vi preghiamo di indagare sulle cause della detenzione e di fornire i nomi di tutti i detenuti. Confidate nel campione della libertà che siete per intercedere a loro favore. Si prega di effettuare il ritiro via cavo. NICHOLAS ALEINIKOFF

L'11 aprile Coulter inviò un telegramma ad Aleinikoff: "Telegramma ricevuto. Vi scrivo questo pomeriggio. Dovrebbe riceverlo domani sera. R. M. Coulter". Questo telegramma è stato inviato dalla Canadian Pacific Railway Telegraph ma è stato addebitato al Post Office Department. Normalmente un telegramma di lavoro privato viene addebitato al destinatario in quanto non si tratta di un lavoro ufficiale. La risposta della Coulter ad Aleinikoff è interessante perché, dopo aver confermato che il gruppo di Trotsky era detenuto ad Amherst, afferma che sono sospettati di propaganda contro l'attuale governo russo e "si suppone che siano agenti della Germania". Coulter aggiunge poi: "... non sono quello che dicono"; il gruppo Trotsky "... non è detenuto dal Canada, ma dalle autorità imperiali". Dopo aver assicurato ad Aleinikoff che i detenuti sarebbero stati trattati bene, Coulter aggiunge che qualsiasi informazione "a loro favore" sarebbe stata trasmessa alle autorità militari. L'impressione generale della lettera è che, sebbene Coulter sia simpatico e pienamente consapevole dei legami filo-tedeschi di Trotsky, non voglia essere coinvolto. L'11 aprile Arthur Wolf inviò un telegramma a Coulter dal 134 East Broadway di New York. Sebbene inviato da New York, anche questo telegramma, dopo essere stato riconosciuto, fu inoltrato all'ufficio postale.

Tuttavia, la reazione di Coulter dice molto di più della simpatia distaccata che traspare dalla sua lettera ad Aleinikoff. Questa corrispondenza a nome di Trotsky deve essere vista alla luce del fatto che queste lettere provengono da due americani residenti a New York e riguardano una questione militare o imperiale canadese di importanza internazionale. Inoltre, Coulter, in qualità di Assistant Postmaster General, era un funzionario canadese di una certa importanza. Pensate per un attimo a cosa accadrebbe a chi interferisse negli affari americani nello stesso modo! Nel caso Trotsky, due residenti americani si sono messi in contatto con un direttore generale delle Poste canadesi per intervenire a favore di un rivoluzionario russo imprigionato.

L'azione successiva della Coulter suggerisce anche qualcosa di più di un intervento occasionale. Dopo essere venuto a conoscenza dei telegrammi di Aleinikoff e Wolf, Coulter scrisse al Maggiore Generale Willoughby Gwatkin del Dipartimento di Milizia e Difesa di Ottawa - un uomo di grande influenza nell'Esercito canadese - allegando copie dei telegrammi di Aleinikoff e Wolf:

> Questi uomini erano ostili alla Russia per il modo in cui venivano trattati gli ebrei e, per quanto ne so, sono ora fortemente favorevoli all'attuale amministrazione. Sono entrambi uomini responsabili. Sono entrambi uomini di buon carattere e vi

invio i loro telegrammi per quello che valgono e perché possiate rappresentarli alle autorità inglesi se lo ritenete opportuno.

Chiaramente Coulter sa - o lascia intendere di sapere - molto su Aleinikoff e Wolf. La sua lettera era in realtà una raccomandazione a Londra. Gwatkin era ben conosciuto a Londra e di fatto era stato messo a disposizione del Canada dal War Office[21] di Londra.[22]

Aleinikoff ha poi inviato una lettera di ringraziamento a Coulter:

> per l'interesse che avete mostrato per il destino degli esuli politici russi... Lei mi conosce, caro dottor Coulter, e conosce anche la mia devozione alla causa della libertà russa... Fortunatamente, conosco il signor Trotsky, il signor Melnichahnsky e il signor Chudnowsky... intimamente.

Si può notare di passaggio che se Aleinikoff conosceva Trotsky "intimamente", probabilmente sapeva anche che Trotsky aveva dichiarato la sua intenzione di tornare in Russia per rovesciare il governo provvisorio e instaurare la "rivoluzione finalizzata". Ricevuta la lettera di Aleinikoff, Coulter la inoltrò immediatamente (16 aprile) al maggiore generale Gwatkin, aggiungendo che era venuto a conoscenza di Aleinikoff "in relazione all'azione del Dipartimento sui documenti americani in lingua russa" e che Aleinikoff lavorava "sulla stessa linea del signor Wolf... che era un prigioniero evaso dalla Siberia".

In precedenza, il 14 aprile, Gwatkin aveva inviato un memorandum alla sua controparte navale nel Comitato militare interdipartimentale canadese, ribadendo che gli internati erano socialisti russi con "10.000 dollari forniti dai socialisti e dai tedeschi". Nel paragrafo conclusivo si legge: "D'altra parte, c'è chi sostiene che sia stato commesso un grave atto di ingiustizia. Il 16 aprile, il viceammiraglio C.E. Kingsmill, direttore del servizio navale, prese alla lettera l'intervento di Gwatkin. In una lettera al capitano Makins, l'ufficiale di controllo navale ad Halifax, si legge: "Le autorità della Milizia chiedono che venga presa rapidamente una decisione sulla loro sorte (cioè quella dei sei russi)". Una copia di queste istruzioni fu trasmessa a Gwatkin che a sua volta informò il vice direttore generale delle poste, il generale Coulter. Tre giorni dopo, Gwatkin proseguì. In un memorandum del 20 aprile al Segretario della Marina, scrisse: "Può per favore dire se il Naval Control Board ha preso una decisione o no? "

Lo stesso giorno (20 aprile) il capitano Makins scrisse all'ammiraglio Kingsmill spiegando le ragioni della deportazione di Trotsky; rifiutò di subire pressioni per prendere una decisione, dicendo: "Invierò un telegramma all'ammiragliato per informarlo che le autorità della milizia richiedono una decisione rapida sul loro rilascio". Tuttavia, il giorno dopo, il 21 aprile, Gwatkin

---

[21] War Office. NdT.

[22] I memorandum di Gwatkin negli archivi del governo canadese non sono firmati, ma siglati con un marchio o un simbolo indecifrabile. Il marchio è stato identificato come quello di Gwatkin perché è stata riconosciuta una lettera di Gwatkin (quella datata 21 aprile) recante questo marchio criptico.

scrisse a Coulter: "I nostri amici socialisti russi devono essere rilasciati; e si stanno prendendo accordi per il loro passaggio in Europa". L'ordine a Makins di rilasciare Trotsky proveniva dall'Ammiragliato a Londra. Coulter ha riconosciuto l'informazione, "che farà immensamente piacere ai nostri corrispondenti di New York".

Se da un lato possiamo concludere che Coulter e Gwatkin erano intensamente interessati alla liberazione di Trotsky, dall'altro non sappiamo perché. Nella carriera di Coulter o di Gwatkin c'è poco che possa spiegare il desiderio di liberare il menscevico Leon Trotsky.

Il dottor Robert Miller Coulter era un medico di origini scozzesi e irlandesi, un liberale, un massone e un Odd Fellow[23]. Nel 1897 è stato nominato vice direttore generale delle Poste del Canada. Il suo unico merito è quello di essere stato un delegato alla Convenzione dell'Unione Postale Universale nel 1906 e un delegato in Nuova Zelanda e Australia nel 1908 per il progetto "All Red". All Red non aveva nulla a che fare con i Rivoluzionari Rossi; si trattava semplicemente di un progetto di piroscafo veloce tutto rosso, cioè tutto britannico, tra Gran Bretagna, Canada e Australia.

Il Maggiore Generale Willoughby Gwatkin proviene da una lunga tradizione militare britannica (Cambridge poi Staff College). Specialista della mobilitazione, ha prestato servizio in Canada dal 1905 al 1918. Dai soli documenti contenuti negli archivi canadesi, si può solo concludere che il loro intervento a favore di Trotsky è un mistero.

L'INTELLIGENCE MILITARE CANADESE ESAMINA TROTSKY

Possiamo affrontare il caso della liberazione di Trotsky da un altro punto di vista: l'intelligence canadese. Il tenente colonnello John Bayne MacLean, importante editore e uomo d'affari canadese, fondatore e presidente della MacLean Publishing Company di Toronto, ha diretto molte riviste commerciali canadesi, tra cui il *Financial Post*. MacLean ha avuto anche una lunga collaborazione con l'intelligence militare canadese.[24]

Nel 1918, il colonnello MacLean scrisse un articolo per la sua rivista *MacLean's* intitolato "Perché abbiamo lasciato andare Trotsky? Come il Canada ha perso l'opportunità di abbreviare la guerra".[25] L'articolo conteneva informazioni dettagliate e insolite su Leon Trotsky, anche se la seconda metà

---

[23] Società di beneficenza, mutuo soccorso e solidarietà, nello stile massonico del Rotary Club.

[24] H.J. Morgan, *Canadian Men and Women of the Times*, 1912, 2 volumi (Toronto: W. Briggs, 1898-1912).

[25] Giugno 1919, pp. 66a-666. La Toronto Public Library ne possiede una copia; il numero di *MacLean's in* cui è apparso l'articolo del colonnello MacLean non è facile da trovare e di seguito ne viene fornito un riassunto.

dell'articolo divaga in congetture, toccando argomenti appena accennati. Abbiamo due indizi sull'autenticità dell'informazione. In primo luogo, il colonnello MacLean era un uomo integro, con ottime conoscenze nell'intelligence del governo canadese. In secondo luogo, i documenti governativi rilasciati da allora da Canada, Gran Bretagna e Stati Uniti confermano ampiamente la dichiarazione di MacLean. Alcune delle affermazioni di MacLean devono ancora essere confermate, ma le informazioni disponibili all'inizio degli anni '70 non sono necessariamente incoerenti con l'articolo del colonnello MacLean.

L'argomentazione iniziale di MacLean è che "alcuni politici o funzionari canadesi sono i principali responsabili del prolungamento della guerra [Prima guerra mondiale], della grande perdita di vite umane, delle ferite e delle sofferenze dell'inverno del 1917 e delle grandi campagne del 1918".

Inoltre, afferma MacLean, queste persone stavano facendo (nel 1919) tutto il possibile per impedire che il Parlamento e il popolo canadese fossero informati dei fatti in questione. I rapporti ufficiali, compresi quelli di Sir Douglas Haig, dimostrano che senza la rottura con la Russia nel 1917, la guerra sarebbe finita un anno prima e che "il principale responsabile della defezione dalla Russia fu Trotsky... che agì su istruzioni tedesche".

Chi era Trotsky? Secondo MacLean, Trotsky non era russo, ma tedesco. Per quanto strana possa sembrare questa affermazione, essa coincide con altre informazioni di intelligence: che Trotsky parlava meglio il tedesco che il russo e che era il dirigente russo del "Bund" tedesco. Secondo MacLean, Trotsky era stato "apparentemente" espulso da Berlino nell'agosto 1914[26]; alla fine arrivò negli Stati Uniti dove organizzò i rivoluzionari russi, così come i rivoluzionari del Canada occidentale, che "erano in gran parte tedeschi e austriaci che viaggiavano come russi". MacLean continua:

> I britannici scoprirono inizialmente, tramite collaboratori russi, che Kerenskij,[27] Lenin e alcuni leader minori erano praticamente al soldo dei tedeschi già nel 1915 e nel 1916 scoprirono i legami con Trotskij, che allora viveva a New York. Da quel momento in poi fu tenuto sotto stretta osservazione dagli... artificieri. All'inizio del 1916, un funzionario tedesco si imbarcò per New York. Lo accompagnavano agenti dei servizi segreti britannici. Fu trattenuto ad Halifax, ma su loro istruzione gli furono inviate molte scuse per il necessario ritardo. Dopo molte manovre, arrivò in una piccola e sporca redazione di giornali nei bassifondi e trovò Trotsky, al quale diede importanti istruzioni. Dal giugno 1916 fino alla consegna agli inglesi, la Squadra antiterrorismo di New York non perse mai i contatti con Trotsky. Hanno scoperto che suo vero nome era Braunstein e che era tedesco, non russo.[28]

---

[26] Si veda anche Trotsky, *La mia vita*, p. 236.

[27] Si veda l'Allegato 3.

[28] Secondo la sua stessa testimonianza, Trotsky arrivò negli Stati Uniti solo nel gennaio 1917. Il vero nome di Trotsky era Bronstein; fu lui a inventare il nome "Trotsky". "Bronstein" è tedesco e "Trotsky" è polacco e non russo. Il suo nome di battesimo è

Tale attività tedesca nei Paesi neutrali è confermata da un rapporto del Dipartimento di Stato (316-9-764-9) che descrive l'organizzazione dei rifugiati russi per scopi rivoluzionari.

Continuando, MacLean afferma che Trotsky e quattro collaboratori si imbarcarono sulla "S.S. *Christiania" (sic), e che* il 3 aprile fecero rapporto al "Capitano Making" *(sic)* e furono sbarcati dalla nave ad Halifax sotto la direzione del tenente Jones. (In realtà, un gruppo di nove persone, tra cui sei uomini, è stato sbarcato dalla S.S. *Kristianiafjord. Il* nome dell'ufficiale di controllo navale ad Halifax era il Capitano O. M. Makins, R.N. Il nome dell'ufficiale che intercettò il gruppo di Trotsky non compare nei documenti del governo canadese; Trotsky disse che era "Machen"). Sempre secondo MacLean, il denaro di Trotsky proveniva "da fonti tedesche a New York". Inoltre:

> In generale, la spiegazione fornita è che il rilascio è avvenuto su richiesta di Kerensky, ma mesi prima ufficiali britannici e un canadese in servizio in Russia, in grado di parlare la lingua russa, avevano riferito a Londra e a Washington che Kerensky era al servizio della Germania.[29]

Trotsky è stato rilasciato "su richiesta dell'ambasciata britannica a Washington... [che] agiva su richiesta del Dipartimento di Stato americano, che agiva per conto di qualcun altro". I funzionari canadesi "hanno ricevuto istruzioni di informare la stampa che Trotsky era un cittadino americano che viaggiava con un passaporto americano; che il suo rilascio era stato specificamente richiesto dal Dipartimento di Stato a Washington". Inoltre, scrive MacLean, a Ottawa "Trotsky godeva di una forte influenza clandestina. Il suo potere era così grande che fu dato ordine di prestargli ogni attenzione. "

La tesi del rapporto di MacLean è, ovviamente, che Trotsky aveva rapporti intimi con lo stato maggiore tedesco e probabilmente lavorava per lui. Se tali relazioni furono stabilite in relazione a Lenin - nella misura in cui Lenin fu sovvenzionato e il suo ritorno in Russia facilitato dai tedeschi - sembra certo che Trotsky fu aiutato in modo analogo. I fondi di Trotsky a New York, pari a 10.000 dollari, provenivano da fonti tedesche e in un documento recentemente declassificato nei file del Dipartimento di Stato americano si legge:

> 9 marzo 1918 a : Console statunitense a Vladivostok de Polk, Segretario di Stato ad interim a Washington D.C.
> Per vostra informazione riservata e rapida attenzione: ecco la sostanza del messaggio del 12 gennaio di Von Schanz della Banca Imperiale Tedesca a Trotsky, che cita il consenso della Banca Imperiale allo stanziamento da parte dello Stato

---

solitamente "Leon"; tuttavia, il primo libro di Trotsky, pubblicato a Ginevra, riporta l'iniziale "N" e non "L".

[29] Si veda l'Appendice 3; questo documento è stato ottenuto nel 1971 dal Ministero degli Esteri britannico, ma a quanto pare era noto a MacLean.

Maggiore del credito di cinque milioni di rubli per l'invio del vice commissario della Marina Kudrisheff in Estremo Oriente.

Questo messaggio suggerisce un collegamento tra Trotsky e i tedeschi nel gennaio 1918, quando Trotsky proponeva un'alleanza con l'Occidente. Il Dipartimento di Stato non fornisce la fonte del telegramma, ma solo che proveniva dallo staff del War College. Il Dipartimento di Stato ha ritenuto che il messaggio fosse autentico e ha agito sulla base della sua presunta autenticità. È coerente con il tema generale dell'articolo del colonnello MacLean.

LE INTENZIONI E GLI OBIETTIVI DI TROTSKY

Pertanto, possiamo dedurre la seguente sequenza di eventi: Trotsky si recò da New York a Pietrogrado con un passaporto fornito dall'intervento di Woodrow Wilson e con l'intenzione dichiarata di "far progredire" la rivoluzione. Il governo britannico fu la fonte immediata del rilascio di Trotsky nell'aprile 1917, ma potrebbero esserci state delle "pressioni". Lincoln Steffens, comunista americano, fece da tramite tra Wilson e Charles R. Crane e tra Crane e Trotsky. Inoltre, sebbene Crane non avesse una posizione ufficiale, suo figlio Richard era l'assistente confidenziale del Segretario di Stato Robert Lansing, e Crane senior ricevette rapporti rapidi e dettagliati sui progressi della rivoluzione bolscevica. Inoltre, l'ambasciatore William Dodd (ambasciatore degli Stati Uniti in Germania nell'era hitleriana) affermò che Crane aveva svolto un ruolo attivo nella fase Kerenskiana della rivoluzione; le lettere di Steffens confermano che Crane vedeva la fase Kerenskiana solo come una fase di una rivoluzione in corso.

Il punto interessante, tuttavia, non è tanto la comunicazione tra persone diverse come Crane, Steffens, Trotsky e Woodrow Wilson, quanto l'esistenza di un accordo almeno sulla procedura da seguire, ossia che il governo provvisorio era visto come "provvisorio" e che la "rivoluzione finalizzata" doveva seguire.

D'altra parte, l'interpretazione delle intenzioni di Trotsky deve essere cauta: egli era abile nel doppio gioco. I documenti ufficiali mostrano chiaramente azioni contraddittorie. Ad esempio, il 23 marzo 1918 la Divisione per gli Affari dell'Estremo Oriente del Dipartimento di Stato americano ricevette due rapporti da Trotsky, uno in contraddizione con l'altro. Un rapporto, datato 20 marzo e proveniente da Mosca, è stato pubblicato dal giornale russo *Russkoe Slovo*. Il rapporto citava un'intervista a Trotsky in cui questi affermava che qualsiasi alleanza con gli Stati Uniti era impossibile:

> La Russia dei Soviet non può allinearsi... con l'America capitalista, perché sarebbe un tradimento. È possibile che gli americani cerchino un tale avvicinamento con noi, spinti dal loro antagonismo verso il Giappone, ma in ogni caso non si può parlare di un'alleanza da parte nostra, di qualsiasi tipo, con una nazione borghese.[30]

---

[30] Fascicolo decimale del Dipartimento di Stato americano, 861.00/1351.

L'altro rapporto, sempre da Mosca, è un messaggio datato 17 marzo 1918, tre giorni prima, dell'ambasciatore Francis: "Trotsky chiede cinque ufficiali americani come ispettori dell'esercito organizzato per la difesa e chiede anche uomini e materiale per le operazioni ferroviarie".[31]

Questa richiesta agli Stati Uniti è ovviamente incompatibile con il rifiuto di qualsiasi "alleanza".

Prima di lasciare Trotsky, vale la pena di menzionare i processi show stalininani degli anni Trenta e, in particolare, le accuse e il processo del 1938 contro il "blocco antisovietico di destra e trotskista". Queste parodie forzate del processo giudiziario, quasi unanimemente respinte in Occidente, possono far luce sulle intenzioni di Trotsky.

Il nocciolo dell'accusa staliniana era che i trotskisti erano agenti pagati dal capitalismo internazionale. K. G. Rakovsky, uno degli imputati del 1938, ha detto, o è stato indotto a dire: "Siamo stati l'avanguardia dell'aggressione straniera, del fascismo internazionale, e non solo in URSS, ma anche in Spagna, in Cina e nel mondo intero". L'atto d'accusa del "tribunale" contiene la seguente dichiarazione: "Non c'è uomo al mondo che abbia portato così tanto dolore e infelicità al popolo come Trotsky. È il più vile agente del fascismo...".[32]

Sebbene questi non siano altro che insulti verbali comunemente scambiati tra i comunisti internazionali negli anni '30 e '40, vale la pena notare che i fili dell'autoaccusa sono coerenti con le prove presentate in questo capitolo. Inoltre, come vedremo in seguito, Trotsky riuscì a ottenere il sostegno dei capitalisti internazionali, che, per inciso, erano anche sostenitori di Mussolini e Hitler.[33]

Finché vediamo tutti i rivoluzionari internazionali e tutti i capitalisti internazionali come nemici implacabili l'uno dell'altro, ci sfugge un punto cruciale: c'è stata effettivamente una certa cooperazione operativa tra i capitalisti internazionali, compresi i fascisti. E non c'è alcuna ragione a priori per rifiutare Trotsky come membro di questa alleanza.

Questa rivalutazione provvisoria e limitata sarà evidenziata quando esamineremo la storia di Michael Gruzenberg, il principale agente bolscevico in Scandinavia che, sotto lo pseudonimo di Alexander Gruzenberg, fu anche un consulente confidenziale della Chase National Bank di New York e, successivamente, di Floyd Odium della Atlas Corporation. Questo doppio ruolo era noto e accettato dai sovietici e dai suoi datori di lavoro americani. La storia di Gruzenberg è quella di una rivoluzione internazionale alleata al capitalismo internazionale.

Le osservazioni del colonnello MacLean, secondo cui Trotsky esercitava "una forte influenza clandestina" e che il suo "potere era così grande che si dava ordine di tenerlo in considerazione", non sono affatto incoerenti con l'intervento di

---

[31] Fascicolo decimale del Dipartimento di Stato americano, 861.00/1341.

[32] *Relazione del procedimento giudiziario nel caso del "Blocco di destra e trotzkista" antisovietico*, ascoltato davanti al Collegio militare della Corte Suprema dell'URSS (Mosca: Commissariato del popolo per la giustizia dell'URSS, 1938), p. 293.

[33] Vedere : Thomas Lamont des Morgans fu un primo sostenitore di Mussolini.

Coulter-Gwatkin a favore di Trotsky; o, se è per questo, con gli eventi successivi, le accuse staliniane nei processi show trotskisti degli anni Trenta. Non sono neppure incompatibili con il caso Gruzenberg. D'altra parte, l'unico legame diretto noto tra Trotsky e le banche internazionali è quello del cugino Abram Givatovzo, che fu banchiere privato a Kiev prima della Rivoluzione russa e a Stoccolma dopo la rivoluzione. Pur professandosi antibolscevico, Givatovzo agì in realtà per conto dei sovietici nel 1918 nelle transazioni monetarie.

È possibile che da questi eventi sia stata tessuta una rete internazionale? In primo luogo c'è Trotsky, un rivoluzionario russo internazionalista con legami con la Germania, che si avvale dell'assistenza di due presunti sostenitori del governo del principe Lvov in Russia (Aleinikoff e Wolf, russi che vivono a New York). Questi due hanno innescato l'azione di un vice-postino canadese liberale, che a sua volta è intervenuto presso un importante generale dell'esercito britannico nello staff canadese. Tutti questi collegamenti sono verificabili.

In breve, le alleanze non sono sempre ciò che dovrebbero essere o ciò che sembrano. Possiamo tuttavia supporre che Trotsky, Aleinikoff, Wolf, Coulter e Gwatkin, agendo per uno scopo comune limitato, avessero anche un obiettivo comune superiore alla fedeltà nazionale o all'etichetta politica. Non esiste una prova assoluta che sia così. Per il momento si tratta solo di una supposizione logica basata sui fatti. Una lealtà superiore a quella forgiata da un bisogno immediato comune sarebbe quindi andata oltre l'amicizia tra questi uomini, anche se si sforza l'immaginazione quando si riflette su una tale combinazione di solidarietà transnazionale. Può anche essere stato favorito da altre motivazioni. Il quadro è ancora incompleto.

CAPITOLO III

LENIN E L'AIUTO TEDESCO ALLA RIVOLUZIONE BOLSCEVICA

> *Solo quando i bolscevichi ricevettero un flusso costante di fondi da noi attraverso vari canali e sotto varie etichette furono in grado di costruire il loro organo principale, la Pravda, di condurre un'energica propaganda e di espandere in modo significativo la base inizialmente ristretta del loro partito.*
> Von Kühlmann, ministro degli Esteri,
> al Kaiser, 3 dicembre 1917

Nell'aprile del 1917, Lenin e un gruppo di 32 rivoluzionari russi, per lo più bolscevichi, presero un treno dalla Svizzera attraverso la Germania, la Svezia e Pietrogrado, in Russia. Stavano andando a raggiungere Leon Trotsky per "completare la rivoluzione". Il loro transito attraverso la Germania fu approvato, facilitato e finanziato dallo Stato Maggiore tedesco. Il transito di Lenin in Russia faceva parte di un piano approvato dal Comando supremo tedesco, a quanto pare non immediatamente noto al Kaiser, per contribuire alla disintegrazione dell'esercito russo ed eliminare così la Russia dalla Prima guerra mondiale. La possibilità che i bolscevichi si rivoltassero contro la Germania e l'Europa non fu presa in considerazione dallo Stato Maggiore tedesco. Il generale Hoffman ha scritto: "Non sapevamo né avevamo previsto il pericolo per l'umanità del viaggio dei bolscevichi in Russia.[34]

Ai massimi livelli,[e] il funzionario politico tedesco che approvò il viaggio di Lenin in Russia fu il cancelliere Theobald von Bethmann-Hollweg, discendente della famiglia bancaria Bethmann di Francoforte, che aveva raggiunto una grande prosperità nel XIX secolo. Bethmann-Hollweg fu nominato Cancelliere nel 1909 e nel novembre 1913 fu oggetto del primo voto di sfiducia nei confronti di un Cancelliere da parte del Reichstag tedesco. Fu Bethmann-Hollweg che, nel 1914, disse al mondo che la garanzia tedesca al Belgio era solo un "pezzo di carta". Tuttavia, su altre questioni belliche, come l'uso della guerra sottomarina senza restrizioni, Bethmann-Hollweg era ambivalente; nel gennaio 1917 disse al Kaiser: "Non posso dare a Vostra Maestà né il mio consenso alla guerra sottomarina senza restrizioni né il mio rifiuto. "Nel 1917, Bethmann-Hollweg perse l'appoggio del Reichstag e si dimise, ma non prima di aver approvato il transito dei rivoluzionari

---

[34] Max Hoffman, *War Diaries and Other Papers* (Londra: M. Secker, 1929), 2:177.

bolscevichi in Russia. Le istruzioni di transito di Bethmann-Hollweg passarono dal Segretario di Stato Arthur Zimmermann - che era immediatamente sotto il comando di Bethmann-Hollweg e che si occupava dei dettagli operativi quotidiani con i ministri tedeschi a Berna e Copenaghen - al ministro tedesco a Berna all'inizio di aprile 1917. Il Kaiser stesso venne a conoscenza del movimento rivoluzionario solo dopo la visita di Lenin in Russia.

Sebbene Lenin stesso non conoscesse l'esatta fonte di finanziamento, sapeva certamente che il governo tedesco forniva alcuni fondi. Esistevano tuttavia legami intermedi tra il Ministero degli Esteri tedesco e Lenin, come si evince da quanto segue:

IL TRASFERIMENTO DI LENIN IN RUSSIA NELL'APRILE 1917

Decisione finale	BETHMANN-HOLLWEG (Cancelliere)
Intermedio I	ARTHUR ZIMMERMANN (Segretario di Stato)
Intermedio II	BROCKDORFF-RANTZAU (Ministro tedesco a Copenaghen)
Intermedio III	ALEXANDER ISRAEL HELPHAND (alias PARVUS)
Intermedio IV	JACOB FURSTENBERG (alias GANETSKY)
	LENIN, in Svizzera

Da Berlino, Zimmermann e Bethmann-Hollweg contattarono il ministro tedesco a Copenaghen, Brockdorff-Rantzau. A sua volta, Brockdorff-Rantzau era in contatto con Alexander Israel Helphand (meglio conosciuto con lo pseudonimo di Parvus), che si trovava a Copenhagen.[35] Parvus era il legame con Jacob Furstenberg, un polacco discendente da una ricca famiglia ma meglio conosciuto con il suo pseudonimo, Ganetsky. E Jacob Furstenberg era il collegamento immediato con Lenin.

Sebbene il cancelliere Bethmann-Hollweg fosse l'autorità finale per il trasferimento di Lenin e sebbene Lenin fosse probabilmente consapevole dell'origine tedesca dell'assistenza, Lenin non può essere descritto come un agente tedesco. Il Ministero degli Esteri tedesco considerava le probabili azioni di Lenin in Russia in linea con i propri obiettivi di dissoluzione della struttura di potere esistente in Russia. Tuttavia, entrambe le parti avevano agende nascoste: la Germania voleva un accesso prioritario ai mercati russi del dopoguerra e Lenin intendeva instaurare una dittatura marxista.

L'idea di utilizzare i rivoluzionari russi in questo modo risale al 1915. Il 14 agosto di quell'anno, Brockdorff-Rantzau scrisse al Sottosegretario di Stato tedesco a proposito di una conversazione con Helphand (Parvus) e sollecitò l'uso di Helphand, "un uomo straordinariamente importante, i cui poteri inusuali penso dovremmo usare per tutta la durata della guerra...". [36]Il rapporto conteneva un

---

[35] Z. A. B. Zeman e W. B. Scharlau, *Il mercante della rivoluzione. La vita di Alexander Israel Helphand* (Parvus), 1867-1924 (New York: Oxford University Press, 1965).

[36] Z. A. B. Zeman, La *Germania e la rivoluzione in Russia, 1915-1918*. Documenti dagli archivi del Ministero degli Esteri tedesco (Londra: Oxford University Press, 1958).

avvertimento: "Potrebbe essere rischioso cercare di utilizzare i poteri che stanno dietro Helphand, ma sarebbe certamente un'ammissione della nostra debolezza se dovessimo rifiutare i loro servizi per paura di non poterli dirigere". "[37]

Le idee di Brockdorff-Rantzau sulla direzione o il controllo dei rivoluzionari sono parallele, come vedremo, a quelle dei finanzieri di Wall Street. Furono J.P. Morgan e l'American International Corporation a tentare di controllare i rivoluzionari nazionali e stranieri negli Stati Uniti per i propri scopi.

Un documento successivo,[38] , espone le condizioni richieste da Lenin, la più interessante delle quali è il punto numero sette, che consente "l'ingresso delle truppe russe in India"; ciò suggerisce che Lenin intendeva continuare il programma espansionistico zarista. Zeman cita anche il ruolo di Max Warburg nella creazione di una casa editrice russa e annuncia un accordo del 12 agosto 1916, in cui l'industriale tedesco Stinnes accettava di contribuire con due milioni di rubli al finanziamento di una casa editrice in Russia.[39]

Di conseguenza, il 16 aprile 1917, un treno di trentadue persone, tra cui Lenin, sua moglie Nadezhda Krupskaya, Grigori Zinoviev, Sokolnikov e Karl Radek, lasciò la stazione principale di Berna per Stoccolma. Quando il gruppo raggiunse il confine russo, solo a Fritz Plattan e Radek fu negato l'ingresso in Russia. Agli altri è stato permesso di entrare. Alcuni mesi dopo, furono seguiti da circa 200 menscevichi, tra cui Martov e Axelrod.

Va notato che Trotsky, a New York in quel momento, disponeva anche dei fondi da cui si poteva risalire alle fonti tedesche. Inoltre, Von Kuhlmann allude all'incapacità di Lenin di allargare la base del suo partito bolscevico finché i tedeschi non gli fornirono fondi. Trotsky era un menscevico che divenne bolscevico solo nel 1917. Ciò suggerisce che i fondi tedeschi potrebbero essere stati collegati al cambio di etichetta del partito di Trotsky.

DOCUMENTI SISSON

All'inizio del 1918, Edgar Sisson, rappresentante a Pietrogrado del Comitato americano per l'informazione pubblica, acquistò una serie di documenti russi in cui si affermava che Trotsky, Lenin e altri rivoluzionari bolscevichi non solo erano al soldo del governo tedesco, ma ne erano anche agenti.

Questi documenti, in seguito chiamati "Sisson Papers", furono spediti negli Stati Uniti in gran fretta e in gran segreto. A Washington, D.C., sono stati sottoposti al National Board for Historical Service per l'autenticazione. Due storici di spicco, J. Franklin Jameson e Samuel N. Harper, ne hanno testimoniato l'autenticità. Questi storici hanno diviso i documenti di Sisson in tre gruppi. Per quanto riguarda il Gruppo I, hanno concluso:

---

[37] Ibidem.

[38] Ibidem, p. 6, doc. 6, che riporta una conversazione con l'intermediario estone Keskula.

[39] Ibidem, p. 92, n. 3.

Li abbiamo sottoposti con la massima cura a tutti i test applicabili a cui gli studenti di storia sono abituati e... sulla base di queste indagini, non esitiamo ad affermare che non vediamo alcuna ragione per dubitare dell'autenticità di questi cinquantatré documenti.[40]

Gli storici erano meno fiduciosi sul materiale del Gruppo II. Questo gruppo non è stato respinto come falso, ma si è ipotizzato che si trattasse di copie di documenti originali. Sebbene gli storici non abbiano fatto "alcuna dichiarazione di fiducia" sul Gruppo III, non erano disposti a respingere i documenti come autentici falsi.

I documenti di Sisson furono pubblicati dalla Commissione per la Pubblica Informazione, il cui presidente era George Creel, ex collaboratore del mensile filobolscevico *The Masses*. La stampa americana in generale accettò i documenti come autentici. L'eccezione degna di nota fu il *New York Evening Post*, che *all'epoca era* di proprietà di Thomas W. Lamont, un socio dello studio Morgan. Mentre sono stati pubblicati solo alcuni estratti, il *Post ha* contestato l'autenticità di tutti i documenti.[41]

Oggi sappiamo che i documenti di Sisson erano quasi tutti falsi: solo una o due delle piccole circolari tedesche erano autentiche. Anche un esame sommario della carta intestata tedesca suggerisce che i falsari erano eccezionalmente sprovveduti e sapevano che il pubblico americano era particolarmente credulone. Il testo tedesco era infarcito di termini al limite del ridicolo: ad esempio, *Bureau* al posto del termine tedesco *Büro; Central al posto* del *tedesco Zentral;* ecc.

Il fatto che questi documenti siano falsi è la conclusione di uno studio esaustivo di George Kennan[42] e di studi condotti negli anni Venti dal governo britannico. Alcuni dei documenti si basavano su informazioni autentiche e, come osserva Kennan, chi li ha falsificati aveva certamente accesso a informazioni di qualità insolita. Ad esempio, i documenti 1, 54, 61 e 67 menzionano che la Nya Banken di Stoccolma ha agito come intermediario per i fondi bolscevichi provenienti dalla Germania. Questo ruolo è stato confermato da fonti più affidabili. I documenti 54, 63 e 64 menzionano Furstenberg come banchiere intermediario tra i tedeschi e i bolscevichi; il nome di Furstenberg compare anche in altri documenti autentici. Il documento 54 di Sisson cita Olof Aschberg e Olof Aschberg, secondo le sue stesse dichiarazioni, era il "banchiere bolscevico". Nel 1917, Aschberg fu direttore della Nya Banken. Altri documenti della serie Sisson elencano nomi e istituzioni, come la German Naptha-Industrial Bank, la Disconto Gesellschaft e Max Warburg, il banchiere di Amburgo, ma è più difficile trovare prove concrete. In generale, i documenti di Sisson, pur essendo essi stessi falsi, si basano comunque in parte su informazioni generalmente autentiche.

---

[40] Stati Uniti, Comitato per l'informazione pubblica, *The German-Bolshevik Conspiracy*, War Information Series, n. 20, ottobre 1918.

[41] *New York Evening Post*, 16-18 settembre, 21; 4 ottobre 1918. È interessante, ma non decisivo, che anche i bolscevichi abbiano messo in dubbio l'autenticità dei documenti.

[42] George F. Kennan, "The Sisson Documents", *Journal of Modern History* 27-28 (1955-56): 130-154.

Un aspetto sconcertante della storia del libro è che i documenti sono stati passati a Edgar Sisson da Alexander Gumberg (alias Berg, vero nome Michael Gruzenberg), agente bolscevico in Scandinavia e in seguito assistente confidenziale della Chase National Bank e di Floyd Odium della Atlas Corporation. I bolscevichi, invece, ripudiarono vigorosamente i documenti di Sisson. Così come John Reed, rappresentante americano nel consiglio della Terza Internazionale, il cui stipendio proveniva dalla rivista *Metropolitan*, di proprietà di J.P. Morgan.[43] Così come Thomas Lamont, socio di Morgan che possedeva il *New York Evening Post*. Ci sono diverse spiegazioni possibili. È probabile che i legami tra gli interessi di Morgan a New York e gli agenti come John Reed e Alexander Gumberg fossero molto stretti. Potrebbe trattarsi di *una* manovra di Gumberg per screditare Sisson e Creel facendo circolare documenti falsi; o forse Gumberg stava lavorando per il proprio tornaconto.

I documenti di Sisson "provano" il coinvolgimento esclusivo della Germania con i bolscevichi. Sono stati utilizzati anche per "dimostrare" una teoria del complotto giudeo-bolscevico sulla falsariga dei Protocolli di Sion. Nel 1918, il governo degli Stati Uniti voleva unire l'opinione pubblica americana a sostegno di una guerra impopolare contro la Germania, e i Documenti Sisson "dimostrarono" in modo drammatico l'esclusiva complicità della Germania con i bolscevichi. I documenti sono serviti anche come cortina fumogena contro la conoscenza pubblica degli eventi che saranno descritti in questo libro.

BRACCIO DI FERRO A WASHINGTON[44]

Un esame dei documenti del dossier decimale del Dipartimento di Stato suggerisce che il Dipartimento di Stato e l'ambasciatore Francis a Pietrogrado erano abbastanza ben informati sulle intenzioni e sui progressi del movimento bolscevico. Nell'estate del 1917, ad esempio, il Dipartimento di Stato cercò di impedire la partenza di "persone dannose" (cioè rivoluzionari russi in transito) dagli Stati Uniti, ma non riuscì a farlo perché utilizzavano nuovi passaporti russi e americani. I preparativi per la rivoluzione bolscevica erano ben noti almeno sei settimane prima che si verificasse. Un rapporto nei file del Dipartimento di Stato indica, per quanto riguarda le forze di Kerensky, che era "dubbio che il governo... potesse sopprimere l'epidemia". La disintegrazione del governo Kerensky fu segnalata per tutto il mese di settembre e ottobre, insieme ai preparativi bolscevichi per un colpo di Stato. Il governo britannico avvertì i residenti britannici in Russia di andarsene almeno sei settimane prima della fase bolscevica della rivoluzione.

Il primo rapporto completo sugli eventi di inizio novembre giunse a Washington il 9 dicembre 1917. Questo rapporto descriveva la natura segreta della rivoluzione stessa, menzionando il fatto che il generale William V. Judson aveva

---

[43] John Reed, *The Sisson Documents* (New York: Liberator Publishing, n.d.).

[44] Questa parte si basa sulla sezione 861.00 del fascicolo decimale del Dipartimento di Stato degli Stati Uniti, disponibile anche nelle liste 10 e 11 del microfilm 316 dell'Archivio Nazionale.

fatto una visita non autorizzata a Trotsky e aveva notato la presenza di tedeschi a Smolny, il quartier generale sovietico.

Il 28 novembre 1917, il presidente Woodrow Wilson ordinò che non vi fossero interferenze con la rivoluzione bolscevica. Questa istruzione era apparentemente in risposta alla richiesta dell'ambasciatore Francis di una conferenza alleata, alla quale la Gran Bretagna aveva già dato il suo consenso. Il Dipartimento di Stato ha sostenuto che tale conferenza non era praticabile. A Parigi ci furono discussioni tra gli Alleati e il colonnello Edward M. House, che le riferì a Woodrow Wilson come "lunghe e frequenti discussioni sulla Russia". In merito a tale conferenza, House affermò che l'Inghilterra era "passivamente disposta", la Francia "indifferentemente contraria" e l'Italia "attivamente disposta". Poco dopo, Woodrow Wilson approvò un cablogramma scritto dal Segretario di Stato Robert Lansing, che forniva aiuti finanziari al movimento Kaledin (12 dicembre 1917). A Washington si diceva anche che "i monarchici lavorano con i bolscevichi e che questi ultimi sono sostenuti da vari eventi e circostanze"; che il governo Smolny era assolutamente sotto il controllo dello Stato Maggiore tedesco; e si diceva anche che "molti o la maggior parte di loro [cioè i bolscevichi] vengono dall'America".

A dicembre, il generale Judson si recò nuovamente in visita a Trotsky; questo fu visto come un passo verso il riconoscimento da parte degli Stati Uniti, anche se un rapporto del 5 febbraio 1918 dell'ambasciatore Francis a Washington lo sconsigliava. Un memorandum di Basil Miles a Washington sosteneva che "dovremmo trattare con tutte le autorità in Russia, compresi i bolscevichi". Il 15 febbraio 1918, il Dipartimento di Stato inviò un cablogramma all'ambasciatore Francis a Pietrogrado, in cui si affermava che il "Dipartimento desidera che lei mantenga contatti progressivamente più stretti e informali con le autorità bolsceviche attraverso canali che evitino il riconoscimento ufficiale".

Il giorno seguente il Segretario di Stato Lansing trasmise all'ambasciatore francese a Washington, J. J. Jusserand, le seguenti informazioni: "È sconsigliabile intraprendere qualsiasi azione che possa turbare in questo momento uno dei vari elementi del popolo che ora controlla il potere in Russia... "[45]

Il 20 febbraio, l'ambasciatore Francis inviò un cablogramma a Washington per avvertire che il governo bolscevico stava per finire. Due settimane dopo, il 7 marzo 1918, Arthur Bullard riferì al colonnello House che il denaro tedesco stava sovvenzionando i bolscevichi e che la sovvenzione era maggiore di quanto si pensasse. Arthur Bullard (dell'American Committee on Public Information) ha sostenuto che "dovremmo essere pronti ad aiutare qualsiasi governo nazionale onesto". Ma gli uomini, il denaro o il materiale inviati agli attuali leader della Russia saranno usati contro i russi almeno quanto contro i tedeschi.[46]

Seguì un altro messaggio di Bullard al colonnello House: "Sconsiglio vivamente di fornire aiuti materiali all'attuale governo russo. Sembra che elementi sinistri si stiano impadronendo dei sovietici".

---

[45] Fascicolo decimale del Dipartimento di Stato americano, 861.00/1117a. Lo stesso messaggio è stato inviato all'ambasciatore italiano.

[46] Si vedano i documenti di Arthur Bullard presso l'Università di Princeton.

Ma sembravano esserci delle forze contrarie all'opera. Già il 28 novembre 1917, il colonnello House inviò da Parigi un telegramma al presidente Woodrow Wilson in cui affermava che era "estremamente importante" che venissero "soppressi" i commenti dei giornali americani che sostenevano che "la Russia fosse trattata come un nemico". Il mese successivo William Franklin Sands, segretario esecutivo dell'American International Corporation controllata da Morgan e amico del già citato Basil Miles, presentò un memorandum che descriveva Lenin e Trotsky come un appello alle masse e sollecitava gli Stati Uniti a riconoscere la Russia. Persino il socialista americano Walling si lamentò con il Dipartimento di Stato dell'atteggiamento filo-sovietico di George Creel (dell'American Committee on Public Information), Herbert Swope e William Boyce Thompson (della Federal Reserve Bank di New York).

Il 17 dicembre 1917, un giornale di Mosca pubblicò un articolo sull'attacco al colonnello della Croce Rossa Raymond Robins e a Thompson, sostenendo un legame tra la Rivoluzione russa e i banchieri americani:

> Perché sono così interessati alle idee illuministe? Perché il denaro è stato dato ai socialisti rivoluzionari e non ai democratici costituzionali? Si potrebbe pensare che questi ultimi siano più vicini e più cari ai banchieri.

L'articolo prosegue affermando che ciò è dovuto al fatto che il capitale americano vede la Russia come un mercato del futuro e vuole quindi prendere piede. Il denaro fu dato ai rivoluzionari perché :

> gli operai e i contadini arretrati si fidano dei social-rivoluzionari. Al momento dell'approvazione del denaro, i socialisti rivoluzionari erano al potere e si presumeva che avrebbero mantenuto il controllo in Russia per qualche tempo.

Un altro rapporto, datato 12 dicembre 1917 e relativo a Raymond Robins, descrive la "negoziazione con un gruppo di banchieri americani della missione della Croce Rossa americana"; la "negoziazione" riguardava un pagamento di 2 milioni di dollari. Il 22 gennaio 1918, Robert L. Owen, presidente della Commissione bancaria e valutaria del Senato degli Stati Uniti e legato agli interessi di Wall Street, inviò una lettera a Woodrow Wilson in cui raccomandava il riconoscimento de facto della Russia, l'autorizzazione all'invio di beni urgenti alla Russia, la nomina di rappresentanti in Russia per controbilanciare l'influenza tedesca e l'installazione di un contingente militare.

Questo approccio è stato costantemente sostenuto da Raymond Robins in Russia. Ad esempio, il 15 febbraio 1918, un cablogramma inviato da Robins a Pietrogrado a Davison della Croce Rossa a Washington (e da inoltrare a William Boyce Thompson) sosteneva che il governo bolscevico doveva essere sostenuto il più a lungo possibile e che la nuova Russia rivoluzionaria avrebbe guardato agli Stati Uniti perché aveva "rotto con l'imperialismo tedesco". Secondo Robins, i bolscevichi volevano l'aiuto e la cooperazione americana e la riorganizzazione delle ferrovie, perché "con una generosa assistenza e consulenza tecnica nella riorganizzazione del commercio e dell'industria, l'America poteva escludere del tutto il commercio tedesco per il resto della guerra".

In breve, il braccio di ferro a Washington rifletteva una lotta tra, da un lato, i diplomatici della vecchia scuola (come l'ambasciatore Francis) e i funzionari di basso livello del Ministero e, dall'altro, i finanzieri come Robins, Thompson e Sands con alleati come Lansing e Miles al Dipartimento di Stato e il senatore Owen al Congresso.

CAPITOLO IV

WALL STREET E IL RIVOLUZIONE MONDIALE

Ciò su cui voi di sinistra e noi, che abbiamo opinioni opposte, differiamo non è tanto il fine quanto i mezzi, non tanto ciò che si dovrebbe ottenere quanto il modo in cui si dovrebbe, e si può, ottenere...
   Otto H. Kahn, direttore dell'American International Corp. e socio della Kuhn, Loeb & Co., parla alla Lega per la Democrazia Industriale, New York, 30 dicembre 1924.

Prima della prima guerra mondiale, la struttura finanziaria e imprenditoriale degli Stati Uniti era dominata da due conglomerati: la Standard Oil, o impresa Rockefeller, e il complesso industriale Morgan - società finanziarie e di trasporto. L'alleanza tra Rockefeller e Morgan dominava non solo Wall Street ma, attraverso posizioni dirigenziali interconnesse, quasi l'intero tessuto economico degli Stati Uniti.[47] Gli interessi di Rockefeller monopolizzavano il petrolio e le industrie correlate, controllavano il trust del rame, il trust delle fonderie e il gigantesco trust del tabacco, oltre ad avere influenza su proprietà di Morgan come la U.S. Steel Corporation e centinaia di trust industriali più piccoli, attività di servizio, ferrovie e istituzioni bancarie. La National City Bank era la più grande delle banche che gestivano gli interessi della Standard Oil-Rockefeller, ma il controllo finanziario si estendeva anche alla United States Trust Company e alla Hanover National Bank, oltre che alle principali compagnie di assicurazione sulla vita - Equitable Life e Mutual of New York.

Le principali imprese di Morgan riguardavano l'acciaio, il trasporto marittimo e l'industria elettrica e comprendevano la General Electric, il fondo di gomma e le ferrovie. Come Rockefeller, Morgan controllava società finanziarie - la National Bank of Commerce e la Chase National Bank, la New York Life Insurance e la Guaranty Trust Company. I nomi di J.P. Morgan e Guaranty Trust Company compaiono spesso in questo libro. ᵉAll'inizio del XX secolo, la Guaranty Trust Company era dominata dagli interessi di Harriman. Quando l'anziano Harriman (Edward Henry) morì nel 1909, Morgan e i suoi soci acquistarono Guaranty Trust, Mutual Life e New York Life. Nel 1919, Morgan assunse anche il controllo di Equitable Life e la Guaranty Trust Company assorbì altre sei società più piccole.

---

[47] John Moody, *The Truth about the Trusts* (New York: Moody Publishing, 1904).

Così, alla fine della Prima Guerra Mondiale, Guaranty Trust e Bankers Trust erano rispettivamente il primo e il secondo conglomerato degli Stati Uniti, entrambi dominati dagli interessi di Morgan.[48]

I finanzieri americani associati a questi gruppi erano coinvolti nelle rivoluzioni già prima del 1917. L'intervento dello studio legale Sullivan & Cromwell di Wall Street nella controversia sul Canale di Panama è registrato nelle audizioni del Congresso del 1913. L'episodio è riassunto dal deputato Rainey:

> Sostengo che i rappresentanti di questo governo [Stati Uniti] hanno reso possibile la rivoluzione sull'Istmo di Panama. Senza l'intervento di questo governo, una rivoluzione non avrebbe potuto avere successo, e sostengo che questo governo ha violato il trattato del 1846. Sarò in grado di dimostrare che la Dichiarazione di Indipendenza promulgata a Panama il 3 novembre 1903 è stata concepita qui a New York e portata lì - preparata nell'ufficio di Wilson (sic) Nelson Cromwell[49].

Il deputato Rainey ha poi affermato che solo dieci o dodici dei principali rivoluzionari panamensi, più "gli ufficiali della Panama Railroad & Steamship Co. che erano sotto il controllo di William Nelson Cromwell, di New York, e i funzionari del Dipartimento di Stato a Washington", erano a conoscenza dell'imminente rivoluzione.[50] L'obiettivo della rivoluzione era quello di privare la Colombia, di cui Panama faceva parte, di 40 milioni di dollari di entrate e di ottenere il controllo del Canale di Panama.

L'esempio meglio documentato dell'intervento di Wall Street nelle rivoluzioni è l'intervento di un'impresa commerciale di New York nella rivoluzione cinese del 1912, guidata da Sun Yat-sen. Sebbene i guadagni finali di questa istituzione rimangano poco chiari, l'intento e il ruolo del gruppo di finanziatori di New York sono pienamente documentati, fino alle somme di denaro, alle informazioni sulle società segrete cinesi affiliate e alle liste di spedizione degli armamenti da acquistare. Il consorzio di banchieri newyorkesi che sosteneva la rivoluzione guidata da Sun Yat-sen comprendeva Charles B. Hill, avvocato di Hunt, Hill & Betts. Nel 1912 lo studio si trovava al 165 di Broadway, a New York, ma nel 1917 si trasferì al 120 di Broadway (per il significato di questo indirizzo si veda il Capitolo 8). Charles B. Hill era direttore di diverse società controllate da Westinghouse, tra cui Bryant Electric, Perkins Electric Switch e Westinghouse Lamp, tutte affiliate a Westinghouse Electric, la cui sede di New York si trovava anch'essa al 120 di Broadway. Charles R. Crane, organizzatore delle filiali russe

---

[48] La J. P. Morgan Company è stata fondata a Londra con il nome di George Peabody and Co. nel 1838. È stata costituita solo il 21 marzo 1940. La società ha cessato di esistere nell'aprile 1954, quando si è fusa con la Guaranty Trust Company, all'epoca la sua più grande filiale bancaria commerciale, ed è ora nota come Morgan Guarantee Trust Company of New York.

[49] Stati Uniti, Camera, Commissione per gli affari esteri, *The Panama Story*, Hearings on the Rainey Resolution, 1913. p. 53.

[50] Ibidem, p. 60.

di Westinghouse, ha svolto un ruolo ben definito nella prima e nella seconda fase della rivoluzione bolscevica.

Il lavoro della Hill Union del 1910 in Cina è documentato nelle carte di Laurence Boothe alla Hoover Institution.[51] Queste carte contengono oltre 110 articoli correlati, tra cui lettere di Sun Yat-sen ai suoi sostenitori americani. In cambio del suo sostegno finanziario, Sun Yat-sen promise al consorzio Hill concessioni ferroviarie, bancarie e commerciali nella nuova Cina rivoluzionaria.

Un altro caso di rivoluzione sostenuta dalle istituzioni finanziarie newyorkesi si verificò in Messico nel 1915-16. Von Rintelen, un agente spia tedesco negli Stati Uniti[52], fu accusato al processo del maggio 1917 a New York di aver tentato di "interferire" con gli Stati Uniti negli affari del Messico e del Giappone, al fine di dirottare le munizioni destinate agli Alleati in Europa.[53] Il pagamento delle munizioni, spedite dagli Stati Uniti al rivoluzionario messicano Pancho Villa, fu effettuato tramite la Guaranty Trust Company. Il consulente di Von Rintelen, Sommerfeld, pagò 380.000 dollari attraverso la Guaranty Trust e la Mississippi Valley Trust Company alla Western Cartridge Company di Alton, Illinois, per le munizioni spedite a El Paso, per poi spedirle a Villa. Questo accadeva a metà del 1915. Il 10 gennaio 1916, Villa uccise diciassette minatori americani a Santa Isabel e il 9 marzo 1916 fece irruzione a Columbus, nel Nuovo Messico, uccidendo altri diciotto americani.

Il coinvolgimento di Wall Street in queste incursioni al confine messicano è stato oggetto di una lettera (6 ottobre 1916) di Lincoln Steffens, un comunista americano, al colonnello House, un "consigliere" di Woodrow Wilson:

> Mio caro colonnello House:
> Poco prima di lasciare New York lunedì scorso, mi è stato detto in modo convincente che "Wall Street" aveva completato i preparativi per una nuova incursione di banditi messicani negli Stati Uniti: un'incursione così atroce e così ben pianificata che avrebbe influenzato il corso delle elezioni.[54]

Una volta al potere in Messico, il governo Carranza acquistò altre armi dagli Stati Uniti. L'American Gun Company stipulò un contratto per la spedizione di 5.000 Mauser e il War Trade Board rilasciò una licenza di spedizione per 15.000 fucili e 15.000.000 di munizioni. L'ambasciatore statunitense in Messico, Fletcher, "rifiutò categoricamente di raccomandare o sanzionare la spedizione di

---

[51] Stanford, California. Si veda anche *Los Angeles Times*, 13 ottobre 1966.

[52] In seguito è stato co-direttore con Hjalmar Schacht (banchiere di Hitler) e Emil Wittenberg della Nationalbank für Deutschland.

[53] Stati Uniti, Senato, Commissione per le relazioni estere, *inchiesta sugli affari messicani*, 1920.

[54] Lincoln Steffens, *Le lettere di Lincoln Steffens* (New York: Harcourt, Brace, 1941, p. 386).

munizioni, fucili, ecc. a Carranza".⁵⁵ Tuttavia, l'intervento del Segretario di Stato Robert Lansing ridusse questo ritardo a un ritardo temporaneo, e "in breve tempo... [l'American Gun Company] sarà autorizzata a effettuare la spedizione e la consegna".⁵⁶

Le incursioni delle forze di Villa e Carranza negli Stati Uniti furono riportate dal *New York Times* e denominate "Rivoluzione del Texas" (una sorta di prova generale della Rivoluzione bolscevica) e furono intraprese congiuntamente dai tedeschi e dai bolscevichi. La testimonianza di John A. Walls, procuratore distrettuale di Brownsville, Texas, davanti al Comitato d'Autunno del 1919, ha fornito prove documentali del legame tra gli interessi bolscevichi negli Stati Uniti, l'attività tedesca e le forze di Carranza in Messico.⁵⁷ Pertanto, il governo Carranza, il primo al mondo a dotarsi di una costituzione di tipo sovietico (redatta da trotzkisti), era un governo sostenuto da Wall Street. La rivoluzione di Carranza probabilmente non sarebbe riuscita senza le munizioni americane e Carranza non sarebbe rimasto al potere così a lungo senza l'aiuto americano.⁵⁸

Un intervento simile nella rivoluzione bolscevica del 1917 in Russia ruota attorno al banchiere e intermediario svedese Olof Aschberg. Logicamente, la storia inizia con i prestiti pre-rivoluzionari degli zaristi alle grandi banche di Wall Street.

BANCHIERI AMERICANI E PRESTITI ZARISTI

Nell'agosto del 1914 l'Europa entrò in guerra. Secondo il diritto internazionale, i Paesi neutrali (e gli Stati Uniti erano neutrali fino all'aprile 1917) non potevano concedere prestiti ai Paesi belligeranti. Si trattava di una questione di legge e di morale.

Quando nel 1915 Morgan emise prestiti di guerra per la Gran Bretagna e la Francia, J.P. Morgan sostenne che non si trattava affatto di prestiti di guerra, ma semplicemente di un mezzo per facilitare il commercio internazionale. Tale distinzione era stata fatta in dettaglio dal Presidente Wilson nell'ottobre 1914, spiegando che la vendita di obbligazioni negli Stati Uniti per i governi stranieri era in realtà un prestito di risparmio ai governi belligeranti e non finanziava la guerra. Inoltre, l'accettazione di buoni del tesoro o di altri strumenti di debito in pagamento di articoli era solo un mezzo per facilitare il commercio e non per finanziare uno sforzo bellico.⁵⁹

I documenti del Dipartimento di Stato mostrano che la National City Bank, controllata dagli interessi di Stillman e Rockefeller, e la Guaranty Trust,

---

⁵⁵ Stati Uniti, Senato, Commissione per le relazioni estere, *Indagine sugli affari messicani*, 1920, pts. 2, 18, p. 681.

⁵⁶ Ibidem.

⁵⁷ *New York Times*, 23 gennaio 1919.

⁵⁸ Stati Uniti, Senato, Commissione per le relazioni estere, op. cit. pp. 795-96.

⁵⁹ Stati Uniti, Senato, audizioni davanti alla Commissione speciale per indagare sull'industria delle munizioni, 73-74a Cong. 1934-37, pt. 25, pp. 76-66.

controllata dagli interessi di Morgan, hanno raccolto congiuntamente ingenti prestiti per la Russia belligerante prima dell'entrata in guerra degli Stati Uniti, e che questi prestiti sono stati raccolti nonostante il Dipartimento di Stato abbia fatto notare a queste società che erano contrari al diritto internazionale. Inoltre, i negoziati per i prestiti sono stati intrapresi attraverso i canali di comunicazione ufficiali del governo statunitense, sotto la copertura del "Green Cipher" del Dipartimento di Stato[60]. Di seguito sono riportati alcuni estratti dei cablogrammi del Dipartimento di Stato che contribuiscono a sostenere il caso.

Il 94 maggio 1916, l'ambasciatore Francis a Pietrogrado inviò il seguente cablogramma al Dipartimento di Stato di Washington per trasmetterlo a Frank Arthur Vanderlip, allora presidente della National City Bank di New York. Il cablogramma è stato inviato in Cifrario Verde ed è stato criptato e decriptato da agenti del Dipartimento di Stato americano a Pietrogrado e a Washington a spese dei contribuenti (fascicolo 861.51/110).

> 563, maggio 94, 13:00
> Per Vanderlip National City Bank New York. Cinque. I nostri precedenti pareri hanno rafforzato il credito. Sosteniamo il piano wired come un investimento sicuro e una speculazione molto interessante in rubli. A causa della garanzia del tasso di cambio, abbiamo posizionato la tariffa leggermente al di sopra del mercato attuale. A causa dell'opinione sfavorevole generata da un lungo ritardo sulla loro responsabilità, ci siamo offerti di sottoscrivere venticinque milioni di dollari. Riteniamo che gran parte dell'insieme debba essere trattenuto dalla banca e dalle istituzioni collegate. Per quanto riguarda la clausola di conformità, le obbligazioni doganali diventano un vincolo pratico su oltre centocinquanta milioni di dollari all'anno, che costituisce una sicurezza assoluta e garantisce il mercato anche in caso di inadempienza. Riteniamo che l'opzione a tre [anni?] sulle obbligazioni sia molto preziosa e quindi l'importo del credito in rubli dovrebbe essere aumentato di gruppo o distribuito agli amici più stretti. American International dovrebbe prendere il blocco e noi informeremmo il governo. Dovrebbe essere costituito immediatamente un think tank per prendere ed emettere obbligazioni... dovrebbe ottenere una garanzia di piena collaborazione. Vi suggerisco di vedere personalmente Jack, di fare tutto il possibile per farli funzionare, altrimenti di collaborare alla garanzia di un nuovo gruppo. Le opportunità per i prossimi dieci anni sono molto grandi, grazie ai finanziamenti pubblici e industriali, e se questo accordo andrà in porto, sarà sicuramente necessario implementarlo. Nella risposta, tenete presente la situazione dei cavi.
> MacRoberts Rich a Francis, Ambasciatore USA[61]

Ci sono diversi punti da notare sul cavo di cui sopra per capire la storia che segue. In primo luogo, si noti il riferimento all'American International Corporation, una società della Morgan, un riferimento che ricorre in questa storia. In secondo luogo, "garanzia" si riferisce alla Guaranty Trust Company. Terzo,

---

[60] Il Codice Verde, promulgato dal Dipartimento di Stato a partire dal 1910.

[61] Fascicolo decimale del Dipartimento di Stato americano, 861.51/110 (316-116-682).

"MacRoberts" è Samuel MacRoberts, vicepresidente e direttore esecutivo della National City Bank.

Il 24 maggio 1916, l'ambasciatore Francis telegrafò un messaggio da Rolph Marsh del Guaranty Trust di Pietrogrado al Guaranty Trust di New York, sempre nell'ambito dello speciale Cifrario Verde e sempre utilizzando le strutture del Dipartimento di Stato. Questo cavo recita come segue:

> 565, 24 maggio, 18:00
> per Guaranty Trust Company New York: Tre.
> Voi e Olof ritenete che la nuova proposta si occupi di Olof e che aiuti piuttosto che danneggiare il vostro prestigio. Questa cooperazione è necessaria se si vogliono ottenere grandi risultati qui. Dovete assolutamente accordarvi con la città per considerare e agire congiuntamente in tutte le proposte più importanti. I vantaggi decisi per entrambi impediscono di giocare uno contro l'altro. I rappresentanti della città auspicano qui (per iscritto) tale cooperazione. La proposta in esame elimina la nostra opzione di credito nominativo, ma entrambi consideriamo il credito in rubli con l'opzione obbligazionaria nelle proposte. Il secondo paragrafo offre una meravigliosa opportunità di guadagno, che vi consigliamo vivamente di accettare. Vi prego di inviarmi un cablogramma che mi dia piena autorità per agire in relazione alla città. Considerate la nostra proposta di intrattenimento come una situazione soddisfacente per fare grandi cose. Anche in questo caso, le consiglio vivamente di accettare un credito di 25 milioni di rubli. Nessuna perdita possibile e vantaggi speculativi decisivi. Anche in questo caso, si raccomanda di avere il vicepresidente sul posto. L'effetto sarà decisamente buono. L'avvocato residente non ha lo stesso prestigio e peso. Questo passa attraverso l'ambasciata con una risposta altrettanto codificata. Vedere il cavo sulle possibilità.
>
> Rolph Marsh. Francesco, ambasciatore americano
> Nota: — Messaggio di inserimento del codice verde. SALA TELEGRAFI[62]

"Olof" nel cablogramma era Olof Aschberg, un banchiere svedese e direttore della Nya Banken di Stoccolma. Aschberg si era recato a New York nel 1915 per parlare con la Morgan di questi prestiti russi. Nel 1916 era a Pietrogrado con Rolph Marsh della Guaranty Trust e Samuel MacRoberts e Rich della National City Bank (indicata come "City" nel cablogramma) per organizzare prestiti per il consorzio Morgan-Rockefeller. L'anno successivo Aschberg, come vedremo in seguito, divenne noto come il "banchiere bolscevico" e le sue stesse memorie riproducono la prova del suo diritto a questo titolo.

I fascicoli del Dipartimento di Stato contengono anche una serie di cablogrammi tra l'ambasciatore Francis, il segretario di Stato ad interim Frank Polk e il segretario di Stato Robert Lansing riguardanti la legalità e la correttezza della trasmissione dei cablogrammi della National City Bank e della Guaranty Trust a spese pubbliche. Il 25 maggio 1916, l'ambasciatore Francis inviò a Washington i seguenti cablogrammi, facendo riferimento ai due precedenti:

> 569, 25 maggio, 13:00

---

[62] Fascicolo decimale del Dipartimento di Stato americano, 861.51/112.

I miei telegrammi 563 e 565 del 24 maggio sono inviati ai rappresentanti locali delle istituzioni a cui si rivolgono nella speranza di facilitare un prestito che aumenterebbe notevolmente il commercio internazionale e gioverebbe molto alle [relazioni diplomatiche? Le prospettive di successo sono promettenti. I rappresentanti di Pietrogrado ritengono le condizioni presentate molto soddisfacenti, ma temono che queste rappresentazioni alle loro istituzioni impediscano la concessione di prestiti al consumo se il governo qui dovesse prendere atto di queste proposte.
Francis, ambasciatore americano.[63]

La ragione fondamentale addotta da Francis per la facilitazione dei cavi era "la speranza di facilitare un prestito che avrebbe aumentato notevolmente il commercio internazionale". La trasmissione di messaggi commerciali attraverso le strutture del Dipartimento di Stato era stata vietata e il 1er giugno 1916 Polk inviò un cablogramma a Francis:

> 842
> Alla luce delle disposizioni del Ministero contenute nella circolare di istruzione telegrafica del 15 marzo[64] 1915 (cessazione dei messaggi commerciali), vi preghiamo di spiegare perché i vostri messaggi 563, 565 e 575 dovrebbero essere comunicati.
> Di seguito, si prega di seguire attentamente le istruzioni del Ministero.
> Recitazione. Polk
> 861.51/112/110

Poi, l'8 giugno 1916, il Segretario di Stato Lansing estese il divieto e dichiarò chiaramente che i prestiti proposti erano illegali:

> 860 Vs. 563, 565, 24 maggio, g: 569 25.1 pm Prima di consegnare i messaggi a Vanderlip e Guaranty Trust Company, devo chiedere se si riferiscono a prestiti del governo russo di qualsiasi tipo. Se così fosse, mi dispiace che il Dipartimento non possa partecipare alla loro trasmissione, poiché tale azione lo sottoporrebbe a critiche giustificate a causa della partecipazione di questo Governo a un'operazione di prestito da parte di un belligerante allo scopo di portare avanti le sue operazioni ostili. Tale partecipazione è contraria alla regola accettata dal diritto internazionale secondo cui i governi neutrali non dovrebbero contribuire a ottenere prestiti di guerra dai belligeranti.

L'ultima riga del cablogramma di Lansing, così come è stata scritta, non è stata trasmessa a Pietrogrado. La riga recitava: "Non è possibile prendere accordi per inviare questi messaggi attraverso i canali russi?"
Come possiamo valutare questi cavi e le parti coinvolte?
È chiaro che gli interessi di Morgan-Rockefeller non erano ostacolati dal rispetto del diritto internazionale. In questi cablogrammi è evidente l'intenzione di

---

[63] Fascicolo decimale del Dipartimento di Stato americano, 861.51/111.

[64] Scritto a mano tra parentesi.

fornire prestiti ai belligeranti. Queste società non hanno esitato a utilizzare le strutture del Dipartimento di Stato per condurre i negoziati. Inoltre, nonostante le proteste, il Dipartimento di Stato ha lasciato passare i messaggi. Infine, cosa più interessante per gli eventi successivi, Olof Aschberg, il banchiere svedese, fu un partecipante e un intermediario chiave nelle trattative per conto del Guaranty Trust. Diamo quindi un'occhiata più da vicino a Olof Aschberg.

OLOF ASCHBERG A NEW YORK NEL 1916

Olof Aschberg, il "banchiere bolscevico" (o "Bankier der Weltrevolution", come veniva chiamato dalla stampa tedesca), era il proprietario della Nya Banken, fondata nel 1912 a Stoccolma. Tra i suoi co-direttori c'erano membri di spicco delle cooperative svedesi e socialisti svedesi, tra i quali G. W. Dahl, K. G. Rosling e C. Gerhard Magnusson.[65] Nel 1918, la Nya Banken fu inserita nella lista nera degli Alleati per le sue operazioni finanziarie a favore della Germania. In risposta alla lista nera, Nya Banken ha cambiato nome in Svensk Ekonomiebolaget. La banca rimase sotto il controllo di Aschberg, che ne era il principale proprietario. L'agente della banca a Londra era la British Bank of North Commerce, il cui presidente era Earl Grey, ex socio di Cecil Rhodes. Tra gli altri soci di Aschberg figurano Krassin, che fino alla Rivoluzione bolscevica (quando cambiò colore per diventare un importante bolscevico) era il direttore russo della Siemens-Schukert a Pietrogrado; Carl Furstenberg, ministro delle Finanze nel primo governo bolscevico; e Max May, vicepresidente responsabile delle operazioni estere della Guaranty Trust di New York. Olof Aschberg aveva una tale stima di Max May che una sua fotografia è inclusa nel libro di Aschberg.[66]

Nell'estate del 1916, Olof Aschberg si trova a New York per rappresentare la Nya Banken presso Peter Bark, il ministro delle Finanze zarista. Secondo il *New York Times* (4 agosto 1916), la principale attività di Aschberg a New York fu quella di negoziare un prestito di 50 milioni di dollari per la Russia con un gruppo bancario americano guidato dalla National City Bank di Stillman. L'accordo fu concluso il 5 giugno 1916, con un credito russo di 50 milioni di dollari a New York a un tasso di interesse annuo del $7^{1/2}$ per cento e un credito corrispondente di 150 milioni di rubli per il gruppo NCB in Russia. Il sindacato newyorkese ha quindi invertito la rotta e ha emesso a proprio nome certificati al $6^{1/2}$ %% sul mercato statunitense per 50 milioni di dollari. In questo modo, il gruppo NCB ha realizzato un profitto sul prestito di 50 milioni di dollari alla Russia, lo ha portato sul mercato statunitense con un altro profitto e ha ottenuto un credito di 150 milioni di rubli in Russia.

---

[65] Olof Aschberg, *En Vandrande Jude Fran Glasbruksgatan* (Stoccolma: Albert Bonniers Förlag, n.d.), pp. 98-99, incluso in *Memoarer (*Stoccolma: Albert Bonniers Förlag, 1946). Per ulteriori informazioni su Aschberg si veda anche *Gästboken* (Stoccolma: Tidens Förlag, 1955).

[66] Aschberg, p. 123.

Durante la sua visita a New York per conto del governo zarista russo, Aschberg fece alcuni commenti profetici sul futuro dell'America in Russia:

> L'apertura al capitale e all'iniziativa americana, con il risveglio provocato dalla guerra, si estenderà a tutto il Paese quando la lotta sarà finita. A Pietrogrado ci sono molti americani, rappresentanti di imprese commerciali, che si tengono al corrente della situazione e, non appena il cambiamento avverrà, dovrebbe verificarsi un'enorme fioritura del commercio americano con la Russia.[67]

OLOF ASCHBERG E LA RIVOLUZIONE BOLSCEVICA

Mentre questa operazione di prestito zarista veniva lanciata a New York, Nya Banken e Olof Aschberg convogliavano i fondi del governo tedesco verso i rivoluzionari russi che alla fine avrebbero fatto cadere il "Comitato Kerensky" e instaurato il regime bolscevico.

Le prove dell'intimo legame di Olof Aschberg con il finanziamento della rivoluzione bolscevica provengono da diverse fonti, alcune più preziose di altre. Nya Banken e Olof Aschberg sono menzionati in modo preponderante nei documenti di Sisson (si veda il terzo capitolo); tuttavia, George Kennan ha analizzato sistematicamente questi documenti e ne ha dimostrato la falsità, anche se probabilmente si basano in parte su documenti autentici. Un'ulteriore prova viene dal Col. V. Nikitin, capo del controspionaggio del governo Kerensky, e consiste in ventinove telegrammi trasmessi da Stoccolma a Pietrogrado, e viceversa, riguardanti il finanziamento dei bolscevichi. Tre di questi telegrammi riguardano banche: i telegrammi 10 e 11 riguardano la Nya Banken, mentre il telegramma 14 riguarda la Russian-Asian Bank di Pietrogrado. Il telegramma 10 recita come segue:

> Gisa Furstenberg Saltsjobaden. I fondi molto bassi non può aiutare se davvero urgente dare 500, perché l'ultimo pagamento possibile enorme perdita - irrecuperabile capitale iniziale - istruire Nya Banken cavo 100 mila Sumenson supplementari.

Il telegramma 11 recita come segue:

> Kozlovsky Sergievskaya 81. Le prime lettere ricevute - Nya Banken telegrafa via cavo che Soloman, utilizzando l'agenzia telegrafica locale, si riferisce a Bronck Savelievich Avilov.

Fürstenberg fu l'intermediario tra Parvus (Alessandro I. Helphand) e il governo tedesco. Su questi trasferimenti, Michael Futrell conclude:

---

[67] *New York Times*, 4 agosto 1916.

> Si è scoperto che negli ultimi mesi lei [Evegeniya Sumenson] aveva ricevuto quasi un milione di rubli da Furstenberg attraverso la Nya Banken di Stoccolma, e che questo denaro proveniva da fonti tedesche.[68]

Il telegramma 14 della serie Nikitin recita come segue: "Furstenberg Saltsjöbaden. Numero 90 periodo centomila in Russo-Asia Sumenson". Il rappresentante americano per la regione russo-asiatica era la MacGregor Grant Company al 120 di Broadway, New York City, e la banca era finanziata dalla Guaranty Trust negli Stati Uniti e dalla Nya Banken in Svezia.

Un'altra menzione della Nya Banken si trova nel documento "Le accuse contro i bolscevichi", pubblicato durante l'era Kerensky. Di particolare rilievo è un documento firmato da Gregory Alexinsky, ex membro della Seconda Duma di Stato, che fa riferimento a trasferimenti di denaro ai bolscevichi. Il documento recita in parte come segue:

> Secondo le informazioni appena ricevute, queste persone di fiducia a Stoccolma erano: il bolscevico Jacob Furstenberg, meglio conosciuto come "Hanecki" (Ganetskii), e Parvus (dottor Helphand); a Pietrogrado: l'avvocato bolscevico M. U. Kozlovsky, un parente di Hanecki-Sumenson, che era impegnato in speculazioni con Hanecki, e altri. Kozlovsky è il principale destinatario del denaro tedesco, che viene trasferito da Berlino dalla "Disconto-Gesellschaft" alla "Via Bank" di Stoccolma, e da lì alla Banca di Siberia a Pietrogrado, dove il suo conto attualmente presenta un saldo di oltre 2.000.000 di rubli. La censura militare ha scoperto uno scambio ininterrotto di telegrammi di natura politica e finanziaria tra agenti tedeschi e la leadership bolscevica [Stoccolma-Petrogrado].[69]

Inoltre, il Dipartimento di Stato conserva un messaggio dell'ambasciata statunitense a Christiania (Oslo, 1925), Norvegia, datato 21 febbraio 1918 e recante il seguente codice verde "Sono informato che i fondi bolscevichi sono depositati presso la Nya Banken, Stoccolma, Legazione di Stoccolma avvisata". Schmedeman".[70]

Infine, Michael Furtell, che ha intervistato Olof Aschberg poco prima della sua morte, conclude che i fondi bolscevichi furono effettivamente trasferiti dalla Germania attraverso la Nya Banken e Jacob Furstenberg sotto forma di pagamento per le merci spedite. Secondo Futrell, Aschberg gli confermò che Furstenberg aveva un accordo commerciale con la Nya Banken e che Furstenberg aveva anche inviato fondi a Pietrogrado. Queste dichiarazioni sono autenticate nelle memorie di Aschberg (vedi pagina 70). In sintesi, Aschberg, attraverso la sua Nya Banken, era indubbiamente un tramite per i fondi utilizzati nella rivoluzione bolscevica, e la Guaranty Trust era indirettamente collegata attraverso la sua associazione con

---

[68] Michael Futrell, *Northern Underground* (Londra: Faber and Faber, 1963), pag. 162.

[69] Cfr. Robert Paul Browder e Alexander F. Kerensky, *The Russian Provisional government, 1917* (Stanford, Calif.: Stanford University Perss, 1961), 3: 1365. "Via Bank" è ovviamente Nya Banken.

[70] Fascicolo decimale del Dipartimento di Stato americano, 861.00/1130.

Aschberg e la sua partecipazione nella MacGregor Grant Co. di New York, agente della Russo-Asiatic Bank, un altro veicolo di trasferimento.

NYA BANKEN E GUARANTY TRUST SI UNISCONO A RUSKOMBANK

Alcuni anni dopo, nell'autunno del 1922, i sovietici crearono la loro prima banca internazionale. Si basava su un conglomerato che comprendeva gli ex banchieri privati russi e alcuni nuovi investimenti di banchieri tedeschi, svedesi, americani e britannici. Conosciuta come Ruskombank (Banca commerciale estera), era diretta da Olof Aschberg; il suo consiglio di amministrazione era composto da banchieri privati zaristi, rappresentanti di banche tedesche, svedesi e americane e, naturalmente, rappresentanti dell'Unione Sovietica. La delegazione statunitense a Stoccolma ha riferito a Washington su questo tema e ha osservato, con riferimento ad Aschberg, che "la sua reputazione è cattiva". È menzionato nel documento 54 delle carte Sisson e nel dispaccio n. 138 del 4 gennaio 1921 di una delegazione a Copenaghen.[71]

Il consorzio bancario straniero coinvolto nella Ruskombank rappresentava soprattutto capitali britannici. Tra questi c'era la Russo-Asiatic Consolidated Limited, uno dei maggiori creditori privati della Russia, a cui i sovietici avevano concesso 3 milioni di sterline per compensare i danni causati alle sue proprietà in Unione Sovietica dalla nazionalizzazione. Lo stesso governo britannico aveva già acquisito interessi sostanziali nelle banche private russe; secondo un rapporto del Dipartimento di Stato, "il governo britannico è fortemente investito nel consorzio in questione".[72]

Il consorzio ottenne ampie concessioni in Russia e la banca ebbe un capitale sociale di dieci milioni di rubli d'oro. Un articolo del quotidiano danese *National Titende* afferma che "sono state create possibilità di cooperazione con il governo sovietico laddove sarebbe stato impossibile attraverso negoziati politici".[73] In altre parole, secondo il giornale, i politici non erano riusciti a ottenere la cooperazione

---

[71] Fascicolo decimale del Dipartimento di Stato americano, 861.516/129, 28 agosto 1922. In un rapporto del Dipartimento di Stato a Stoccolma, datato 9 ottobre 1922 (861.516/137), si legge a proposito di Aschberg: "Ho incontrato il signor Aschberg qualche settimana fa e nella conversazione con lui ha affermato in sostanza tutto ciò che è contenuto in questo rapporto". Mi ha anche chiesto di chiedergli se poteva visitare gli Stati Uniti e mi ha dato come referenza alcune delle banche più importanti. A questo proposito, tuttavia, desidero richiamare l'attenzione del Dipartimento sul documento 54 delle carte Sisson e su molti altri dispacci che la Legazione ha scritto su quest'uomo durante la guerra, la cui reputazione e posizione non sono buone. Senza dubbio sta lavorando a stretto contatto con i sovietici, e per tutta la guerra ha lavorato a stretto contatto con i tedeschi" (U.S. State Dept. Decimal File, 861.516/137, Stoccolma, 9 ottobre 1922). Il rapporto è firmato da Ira N. Morris).

[72] Ibidem, 861.516/130, 13 settembre 1922.

[73] Ibidem.

con i sovietici, ma "si può dare per scontato che lo sfruttamento capitalistico della Russia comincia ad assumere forme più definite".[74]

All'inizio di ottobre 1922, Olof Aschberg si incontrò a Berlino con Emil Wittenberg, direttore della Nationalbank fur Deutschland, e Scheinmann, direttore della Banca di Stato russa. Dopo aver discusso del coinvolgimento tedesco nella Ruskombank, i tre banchieri si recarono a Stoccolma dove incontrarono Max May, vicepresidente della Guaranty Trust Company. Max May fu quindi nominato direttore della divisione estera della Ruskombank, insieme a Schlesinger, ex direttore della banca commerciale di Mosca, Kalaschkin, ex direttore della Junker Bank, e Ternoffsky, ex direttore della banca siberiana. Quest'ultima banca era stata parzialmente acquistata dal governo britannico nel 1918. Il professor Gustav Cassell, svedese, accettò di essere il consulente della Ruskombank. Cassell è stato citato in un giornale svedese (*Svenskadagbladet* del 17 ottobre 1922) come segue:

> Il fatto che in Russia sia stata istituita una banca che si occupa di questioni puramente finanziarie è un grande passo avanti, e mi sembra che questa banca sia stata creata per facilitare una nuova vita economica in Russia. La Russia ha bisogno di una banca che gestisca il suo commercio interno ed esterno. Se ci devono essere affari tra la Russia e altri Paesi, deve esserci una banca che li gestisca. Questo passo avanti deve essere sostenuto in tutto e per tutto dagli altri Paesi e quando mi è stato chiesto il mio parere, ho detto che ero pronto a darlo. Non sono favorevole a una politica negativa e penso che si debba cogliere ogni opportunità per contribuire a una ricostruzione positiva. La grande domanda è come riportare il commercio russo alla normalità. Si tratta di una questione complessa che richiede un'indagine approfondita. Per risolvere questo problema, sono ovviamente più che disponibile a partecipare al lavoro. Lasciare la Russia alle proprie risorse e al proprio destino è una follia.[75]

L'edificio dell'ex Banca Siberiana a Pietrogrado fungeva da sede della Ruskombank, i cui obiettivi erano la raccolta di prestiti a breve termine nei Paesi stranieri, l'introduzione di questo capitale straniero nell'Unione Sovietica e, in generale, la facilitazione del commercio estero russo. L'azienda è stata inaugurata il 1er dicembre 1922 a Mosca e contava circa 300 dipendenti.

In Svezia, Ruskombank era rappresentata da Svenska Ekonomibolaget di Stoccolma, la Nya Banken di Olof Aschberg con un nuovo nome, e in Germania da Garantie und Creditbank fur Den Osten di Berlino. Negli Stati Uniti, la banca era rappresentata dalla Guaranty Trust Company di New York. In occasione dell'apertura della banca, Olof Aschberg ha commentato:

> La nuova banca si occuperà dell'acquisto di macchinari e materie prime in Inghilterra e negli Stati Uniti e fornirà garanzie per l'esecuzione dei contratti. La

---

[74] Ibidem.

[75] Ibidem, 861.516/140, Stoccolma, 23 ottobre 1922.

questione dell'acquisto in Svezia non si è ancora posta, ma si spera che ciò avvenga in seguito.[76]

Al momento di entrare in Ruskombank, Max May di Guaranty Trust ha fatto una dichiarazione simile:

> Gli Stati Uniti, essendo un Paese ricco e con industrie ben sviluppate, non hanno bisogno di importare nulla dall'estero, ma... sono molto interessati a esportare i loro prodotti in altri Paesi e considerano la Russia come il mercato più adatto a questo scopo, tenendo conto delle vaste esigenze della Russia in tutti i settori della sua vita economica.[77]

May ha dichiarato che la Banca Commerciale Russa è "molto importante" e "finanzierà in larga misura tutte le linee dell'industria russa".

Fin dall'inizio, le operazioni della Ruskombank furono limitate dal monopolio sovietico sul commercio estero. La banca ha avuto difficoltà a ottenere anticipi sui beni russi depositati all'estero. Poiché questi venivano trasmessi per conto delle delegazioni commerciali sovietiche, gran parte dei fondi della Ruskombank furono bloccati in depositi presso la Banca di Stato russa. Infine, all'inizio del 1924, la Banca commerciale russa si fuse con il Commissariato sovietico per il commercio estero e Olof Aschberg fu licenziato dalla banca perché, secondo le accuse di Mosca, aveva fatto un uso improprio dei fondi bancari. Il suo primo legame con la banca fu l'amicizia con Maxim Litvinov. Attraverso questa associazione, secondo un rapporto del Dipartimento di Stato, Olof Aschberg aveva accesso a grandi somme di denaro per effettuare i pagamenti dei beni ordinati dai sovietici in Europa:

> Questi fondi sono stati apparentemente depositati presso Ekonomibolaget, una società bancaria privata, di proprietà di Aschberg. Si sostiene ora che gran parte di questi fondi sia stata utilizzata dal signor Aschberg per fare investimenti per il suo conto personale e che ora stia cercando di mantenere la sua posizione nella banca attraverso il possesso di questo denaro. Secondo il mio informatore, Aschberg non fu l'unico a trarre profitto dai suoi affari con i fondi sovietici, ma condivise i guadagni con i responsabili della sua nomina alla Banca Commerciale Russa, tra cui Litvinoff.[78]

Ruskombank divenne poi Vneshtorg, il nome con cui è conosciuta oggi.

Dobbiamo ora tornare sui nostri passi ed esaminare le attività della Guaranty Trust Company, la società collegata a New York di Aschberg, durante la prima

---

[76] Ibidem, 861.516/147, 8 dicembre 1922.

[77] Ibidem, 861.516/144, 18 novembre 1922.

[78] Ibidem, 861.316/197, Stoccolma, 7 marzo 1924.

guerra mondiale, per gettare le basi per un esame del suo ruolo nell'era rivoluzionaria in Russia.

GUARANTY TRUST E LO SPIONAGGIO TEDESCO NEGLI STATI UNITI, 1914-1917[79]

Durante la Prima guerra mondiale, la Germania raccolse a New York fondi considerevoli per lo spionaggio e le operazioni segrete in Nord e Sud America. È importante registrare il flusso di questi fondi, poiché provenivano dalle stesse società - Guaranty Trust e American International Corporation - coinvolte nella rivoluzione bolscevica e nelle sue conseguenze. Per non parlare del fatto (evidenziato nel terzo capitolo) che anche il governo tedesco finanziò le attività rivoluzionarie di Lenin.

Un riepilogo dei prestiti concessi dalle banche americane agli interessi tedeschi durante la Prima Guerra Mondiale è stato fornito alla Commissione Overman del Senato degli Stati Uniti nel 1919 dai servizi segreti militari americani. Il riassunto si basa sulla testimonianza di Karl Heynen, giunto negli Stati Uniti nell'aprile 1915 per assistere il dottor Albert negli affari commerciali e finanziari del governo tedesco. Il compito ufficiale di Heynen era quello di trasportare merci dagli Stati Uniti alla Germania passando per Svezia, Svizzera e Olanda. In effetti, era coinvolto fino al collo in queste operazioni segrete.

Secondo Heynen, i principali prestiti tedeschi contratti negli Stati Uniti tra il 1915 e il 1918 furono i seguenti: Il primo prestito, di 400.000 dollari, fu concesso intorno al settembre 1914 dalla banca d'affari Kuhn, Loeb & Co. Una garanzia di 25 milioni di marchi fu depositata presso Max M. Warburg ad Amburgo, la filiale tedesca di Kuhn, Loeb & Co. Lester, dell'intelligence militare statunitense, ha dichiarato al Senato che la risposta di Heynen alla domanda "Perché siete andati da Kuhn, Loeb & Co." fu: "Ritenevamo che Kuhn, Loeb & Co. fossero i banchieri naturali del governo tedesco e della Reichsbank".

Il secondo prestito di 1,3 milioni di dollari non proveniva direttamente dagli Stati Uniti, ma fu negoziato da John Simon, un agente della Suedeutsche Disconto-Gesellschaft, al fine di ottenere fondi per effettuare spedizioni in Germania.

Il terzo prestito è stato concesso dalla Chase National Bank (parte del gruppo Morgan) per 3 milioni di dollari. Il quarto prestito è stato concesso dalla Mechanics and Metals National Bank per 1 milione di dollari. Questi prestiti finanziarono le attività di spionaggio tedesche negli Stati Uniti e in Messico. Una parte dei fondi andò a Sommerfeld, che era un consulente di Von Rintelen (un altro agente dello spionaggio tedesco) e in seguito associato a Hjalmar Schacht e Emil Wittenberg. Sommerfeld doveva acquistare munizioni da utilizzare in Messico. Aveva un conto presso la Guaranty Trust Company e da questo conto venivano effettuati pagamenti alla Western Cartridge Co. di Alton, Illinois, per

---

[79] Questa sezione si basa sulle audizioni della Commissione Overman, Stati Uniti, Senato, *Brewery and Liquor Interests and German and Bolshevik Propaganda,* Hearings before the Subcommittee on the Judiciary, 65° Cong. 1919, 2:2154-74.

munizioni che venivano spedite a El Paso per essere utilizzate in Messico dai banditi di Pancho Villa. Circa 400.000 dollari sono stati spesi per munizioni, propaganda messicana e attività simili.

Il conte Von Bernstorff, allora ambasciatore tedesco, raccontò la sua amicizia con Adolf von Pavenstedt, socio anziano della Amsinck & Co, controllata e, dal novembre 1917, di proprietà della American International Corporation. L'American International occupa un posto di rilievo nei capitoli successivi; il suo consiglio di amministrazione contiene i nomi chiave di Wall Street: Rockefeller, Kahn, Stillman, du Pont, Winthrop, ecc. Secondo Von Bernstorff, Von Pavenstedt "conosceva intimamente tutti i membri dell'ambasciata". Lo stesso Von Bernstorff[80] considerava Von Pavenstedt uno dei tedeschi imperiali più rispettati, "se non il più rispettato di New York".[81] In effetti, Von Pavenstedt è stato "per molti anni un leader del sistema di spionaggio tedesco in questo Paese".[82] In altre parole, non c'è dubbio che Armsinck & Co, controllata da American International Corporation, fosse intimamente coinvolta nel finanziamento dello spionaggio bellico tedesco negli Stati Uniti. A sostegno dell'ultima affermazione di Von Bernstorff, c'è la fotografia di un assegno alla Amsinck & Co. datato 8 dicembre 1917 - solo quattro settimane dopo l'inizio della rivoluzione bolscevica in Russia - firmato da Von Papen (un altro operatore di spionaggio tedesco) e recante un'etichetta adesiva con la dicitura "spese di viaggio per Von W [cioè Von Wedell]". French Strothers,[83] che ha pubblicato la fotografia, ha affermato che l'assegno è la prova che Von Papen "si è reso complice di un crimine contro la legge americana"; inoltre, formula un'accusa simile contro Amsinck & Co.

Paul Bolo-Pasha, un altro agente di spionaggio tedesco e un importante finanziere francese già al servizio del governo egiziano, arrivò a New York nel marzo 1916 con una lettera di presentazione a Von Pavenstedt. Attraverso quest'ultimo, Bolo-Pasha incontrò Hugo Schmidt, direttore della Deutsche Bank di Berlino e suo rappresentante negli Stati Uniti. Uno dei progetti di Bolo-Pasha era quello di acquistare giornali stranieri per orientare i loro editoriali a favore della Germania. I fondi per questo programma sono stati organizzati a Berlino sotto forma di prestito dalla Guaranty Trust Company, che li ha messi a disposizione di Amsinck & Co. Adolf von Pavenstedt di Amsinck ha a sua volta messo i fondi a disposizione di Bolo-Pasha.

In altre parole, sia la Guaranty Trust Company che la Amsinck & Co, una filiale dell'American International Corporation, erano direttamente coinvolte nell'attuazione dello spionaggio tedesco e di altre attività negli Stati Uniti. Queste aziende possono stabilire legami con ciascuno dei principali operatori tedeschi negli Stati Uniti: Dr. Albert, Karl Heynen, Von Rintelen, Von Papan, Conte Jacques Minotto (vedi sotto) e Paul Bolo-Pasha.

---

[80] Count Von Bernstorff, *My Three Years in America* (New York: Scribner's, 1920), p. 261.

[81] Ibidem.

[82] Ibidem.

[83] French Strothers, *Fighting Germany's Spies* (Garden City, N.Y.: Doubleday, Page, 1918), pag. 152.

Nel 1919, la commissione Overman del Senato scoprì che la Guaranty Trust era attiva nel finanziamento degli sforzi tedeschi nella Prima guerra mondiale in modo "non neutrale". La testimonianza dell'ufficiale dei servizi segreti americani Becker lo dimostra chiaramente:

> In questa missione, Hugo Schmidt [della Deutsche Bank] è stato molto aiutato da alcuni istituti bancari americani. Questo avveniva quando eravamo neutrali, ma hanno agito a scapito degli interessi britannici, e ho molti dati sull'attività della Guaranty Trust Co. a questo proposito, e vorrei sapere se la commissione vuole che torni su questo argomento.
> Questa è una filiale della City Bank, vero?
> MR. No.
> **SENATORE OVERMAN**: Se era contrario agli interessi britannici, non era neutrale, e credo che farebbe meglio a parlarcene.
> **SENATORE KING**: Si trattava di una normale transazione bancaria?
> **MR. Si tratta di una** questione di opinioni. Si trattava di mascherare lo scambio in modo che sembrasse una borsa neutrale, mentre in realtà si trattava di un'operazione tedesca a Londra. Attraverso le operazioni in cui la Guaranty Trust Co. fu principalmente coinvolta tra il 1^{oer} agosto 1914 e l'entrata in guerra dell'America, la Deutsche Banke, nelle sue filiali in Sud America, riuscì a commerciare 4.670.000 sterline di valuta estera a Londra in tempo di guerra.
> **SENATORE OVERMAN**: Penso che sia sufficiente.[84]

Ciò che è veramente importante non è tanto il fatto che la Germania abbia ricevuto aiuti finanziari, che erano illegali, quanto il fatto che i direttori del Guaranty Trust stessero contemporaneamente aiutando finanziariamente gli Alleati. In altre parole, Guaranty Trust finanziava entrambe le parti del conflitto. Ciò solleva la questione della moralità.

GARANTY TRUST, MINOTTO E CAILLAUX[85]

Il conte Jacques Minotto è un filo altamente improbabile, ma verificabile e persistente, che collega la rivoluzione bolscevica in Russia alle banche tedesche, allo spionaggio tedesco negli Stati Uniti durante la Prima Guerra Mondiale, alla Guaranty Trust Company di New York, alla rivoluzione bolscevica francese interrotta e ai relativi processi per spionaggio Caillaux-Malvy in Francia.

Jacques Minotto nasce il 17 febbraio 1891 a Berlino da padre austriaco, discendente della nobiltà italiana, e madre tedesca. Il giovane Minotto ha studiato

---

[84] Stati Uniti, Senato, Commissione Overman, 2:2009.

[85] Questa sezione attinge alle seguenti fonti (oltre a quelle citate altrove): Jean Bardanne, *Le Colonel Nicolai: espion de génie* (Paris: Éditions Siboney, n.d.); Cours de Justice, *Affaire Caillaux, Loustalot et Comby: Procédure générale d'interrogatoires* (Paris, 1919), pp. 349-50, 937-46; Paul Vergnet, *L'Affaire Caillaux* (Paris 1918), soprattutto il capitolo intitolato "Marx de Mannheim"; Henri Guernut, Emile Kahn e Camille M. Lemercier, *Études documentaires sur L'Affaire Caillaux* (Parigi, n.d.), pp. 1012-15; e George Adam, *Treason and Tragedy: An Account of French War Trials* (Londra: Jonathan Cape, 1929).

a Berlino e nel 1912 è entrato a far parte della Deutsche Bank di Berlino. Quasi subito, Minotto fu inviato negli Stati Uniti come assistente di Hugo Schmidt, vice direttore della Deutsche Bank e suo rappresentante a New York. Dopo un anno a New York, Minotto fu inviato dalla Deutsche Bank a Londra, dove circolò nei più importanti ambienti politici e diplomatici. Allo scoppio della Prima Guerra Mondiale, Minotto tornò negli Stati Uniti e incontrò subito l'ambasciatore tedesco, il conte Von Bernstorff, dopodiché entrò nella Guaranty Trust Company di New York. Alla Guaranty Trust, Minotto riferiva direttamente a Max May, capo del dipartimento affari esteri e socio del banchiere svedese Olof Aschberg. Minotto non era un piccolo funzionario di banca. Gli interrogatori del processo Caillaux a Parigi nel 1919 stabilirono che Minotto lavorava direttamente sotto Max May. Il 25 ottobre 1914, Guaranty Trust inviò Jacques Minotto in Sud America per riferire sulla situazione politica, finanziaria e commerciale. Come aveva fatto a Londra, Washington e New York, Minotto si era affermato qui nei più alti circoli diplomatici e politici. Uno degli obiettivi della missione di Minotto in America Latina era quello di stabilire il meccanismo con cui il Guaranty Trust avrebbe potuto fungere da intermediario per la già citata raccolta di fondi tedeschi sul mercato monetario di Londra, poi negata alla Germania a causa della Prima Guerra Mondiale. Minotto tornò negli Stati Uniti, rinnovò il suo sodalizio con il conte Von Bernstorff e il conte Luxberg e poi, nel 1916, cercò di ottenere una posizione presso il Naval Intelligence Service statunitense.

In seguito fu arrestato per attività filotedesche. Quando fu arrestato, Minotto lavorava nello stabilimento di Chicago del suocero Louis Swift, della Swift & Co. Swift pagò la cauzione di 50.000 dollari necessaria per liberare Minotto, che era rappresentato da Henry Veeder, avvocato della Swift & Co. Lo stesso Louis Swift fu poi arrestato per attività filotedesche. È interessante e non trascurabile il fatto che il 'Maggiore' Harold H. Swift, fratello di Louis Swift, era un membro della missione della Croce Rossa di William Boyce Thompson a Pietrogrado nel 1917, ovvero uno dei gruppi di avvocati e uomini d'affari di Wall Street i cui legami intimi con la Rivoluzione russa saranno descritti più avanti. Helen Swift Neilson, sorella di Louis e Harold Swift, fu in seguito legata all'Abraham Lincoln "Unity" Centre, un gruppo filocomunista. Ciò ha stabilito un piccolo legame tra le banche tedesche, le banche americane, lo spionaggio tedesco e, come vedremo in seguito, la rivoluzione bolscevica.[86]

Joseph Caillaux era un famoso (alcuni dicono famigerato) politico francese. Fu anche associato al conte Minotto nelle operazioni di quest'ultimo in America Latina per conto del Guaranty Trust, e in seguito fu coinvolto nei famosi casi di spionaggio francese del 1919, che avevano legami con i bolscevichi. Nel 1911, Caillaux divenne Ministro delle Finanze e, più tardi, nello stesso anno, Primo Ministro di Francia. John Louis Malvy divenne sottosegretario di Stato nel governo Caillaux. Qualche anno dopo, Madame Caillaux uccise Gaston Calmette, direttore del *Figaro*, un noto giornale parigino. L'accusa ha accusato Madame Caillaux di aver ucciso Calmette per impedire la pubblicazione di alcuni

---

[86] Questo rapporto è discusso in dettaglio nel rapporto in tre volumi della Commissione Overman del 1919. Si veda la bibliografia.

documenti compromettenti. La vicenda portò alla partenza di Caillaux e della moglie dalla Francia. La coppia si recò in America Latina e incontrò il conte Minotto, agente della Guaranty Trust Company che si trovava in America Latina per creare intermediari per la finanza tedesca. Il conte Minotto è socialmente legato ai coniugi Caillaux di Rio de Janeiro e San Paolo, in Brasile, Montevideo, Uruguay, e Buenos Aires, Argentina. In altre parole, il conte Minotto fu un compagno costante dei coniugi Caillaux durante il loro soggiorno in America Latina.[87] Al ritorno in Francia, Caillaux e la moglie soggiornarono a Biarritz, ospiti di Paul Bolo-Pasha, che, come abbiamo visto, era anche un operatore dello spionaggio tedesco negli Stati Uniti e in Francia.[88] Più tardi, nel luglio 1915, il conte Minotto, arrivato in Francia dall'Italia, incontrò i coniugi Caillaux; nello stesso anno, i coniugi Caillaux visitarono nuovamente Bolo-Pasha a Biarritz. In altre parole, nel 1915 e nel 1916, Caillaux instaurò una relazione sociale continuativa con il conte Minotto e Bolo-Pasha, entrambi agenti dello spionaggio tedesco negli Stati Uniti.

Il lavoro di Bolo-Pasha in Francia ha aiutato la Germania a guadagnare influenza sui giornali parigini *Le Temps* e Le *Figaro*. Bolo-Pasha si recò quindi a New York, dove arrivò il 24 febbraio 1916. Qui negoziò un prestito di 2 milioni di dollari e fu associato a Von Pavenstedt, l'importante agente tedesco di Amsinck & Co.[89] Severance Johnson, in *The Enemy Within*, collegò Caillaux e Malvy all'abortita rivoluzione bolscevica francese del 1918 e dichiarò che se la rivoluzione fosse riuscita, "Malvy sarebbe stato il Trotsky di Francia se Caillaux fosse stato il suo Lenin".[90] Caillaux e Malvy formarono un partito socialista radicale in Francia utilizzando fondi tedeschi e furono processati per questi sforzi sovversivi. Gli interrogatori in tribunale nei processi per spionaggio in Francia del 1919 introducono testimonianze sui banchieri di New York e sui loro rapporti con gli operatori dello spionaggio tedesco. Vengono inoltre svelati i legami tra il conte Minotto e Caillaux, nonché i rapporti della Guaranty Trust Company con la Deutsche Bank e la collaborazione tra Hugo Schmidt della Deutsche Bank e Max May della Guaranty Trust Company. L'interrogatorio francese (pagina 940) contiene il seguente estratto della deposizione del conte Minotto a New York (pagina 10 e traduzione dal francese):

> DOMANDA: A chi era subordinato presso Guaranty Trust?
> RISPOSTA: Agli ordini del signor Max May.
> DOMANDA: Era vicepresidente?
> RISPOSTA: È stato Vicepresidente e Direttore del Ministero degli Affari Esteri.

---

[87] Si veda Rudolph Binion, *Defeated Leaders* (New York: Columbia University Press, 1960).

[88] George Adam, *Treason and Tragedy: An Account of French War Trials* (Londra: Jonathan Cape, 1929).

[89] Ibidem.

[90] *Il nemico interno* (Londra: George Allen & Unwin, 1920).

Successivamente, nel 1922, Max May divenne direttore della Ruskombank sovietica e rappresentò gli interessi di Guaranty Trust in quella banca. L'interrogatorio francese ha stabilito che il conte Minotto, un agente di spionaggio tedesco, era impiegato presso la Guaranty Trust Company; che Max May era il suo superiore; e che Max May era anche strettamente legato al banchiere bolscevico Olof Aschberg. In breve: Max May della Guaranty Trust era legato alla raccolta illegale di fondi e allo spionaggio tedesco negli Stati Uniti durante la Prima Guerra Mondiale; era indirettamente legato alla rivoluzione bolscevica e direttamente alla creazione della Ruskombank, la prima banca internazionale dell'Unione Sovietica.

È troppo presto per tentare di spiegare questa attività internazionale apparentemente incoerente, illegale e talvolta immorale. In generale, le spiegazioni plausibili sono due: la prima, l'incessante ricerca del profitto; la seconda - che riprende le parole di Otto Kahn di Kuhn, Loeb & Co. e dell'American International Corporation in epigrafe a questo capitolo - la realizzazione di obiettivi socialisti, obiettivi che "dovrebbero e possono essere raggiunti" con mezzi non socialisti.

CAPITOLO V

LA MISSIONE DELLA CROCE ROSSA AMERICANA IN RUSSIA - 1917

> *Il povero Billings pensava di essere in missione scientifica per aiutare la Russia... In realtà, non era altro che una copertura, il pretesto di una missione della Croce Rossa non era altro che un'esca.*
> Cornelius Kelleher, assistente di William Boyce Thompson
> (in La *Russia esce dalla guerra*, di George F. Kennan).

Il progetto Wall Street in Russia nel 1917 ha utilizzato la missione della Croce Rossa come veicolo operativo. Sia la Guaranty Trust che la National City Bank avevano rappresentanti in Russia al momento della rivoluzione. Frederick M. Corse, della filiale di Petrograd della National City Bank, è stato assegnato alla missione della Croce Rossa americana, di cui si parlerà più avanti. Guaranty Trust è stata rappresentata da Henry Crosby Emery. Emery fu temporaneamente detenuto dai tedeschi nel 1918 e poi rappresentò la Guaranty Trust in Cina.

Fino al 1915 circa, la persona più influente presso la sede nazionale della Croce Rossa Americana a Washington, D.C., era la signorina Mabel Boardman. Attiva ed energica promotrice, la signorina Boardman è stata la forza trainante dell'impresa della Croce Rossa, anche se la sua dotazione è stata fornita da persone ricche e importanti, tra cui J. P. Morgan, la signora E. H. Harriman, Cleveland H. Dodge e la signora Russell Sage. Dodge e la signora Russell Sage. La campagna di raccolta fondi del 1910, ad esempio, per 2 milioni di dollari, ebbe successo solo perché fu sostenuta da questi ricchi residenti di New York. In effetti, la maggior parte del denaro proveniva da New York. Lo stesso J.P. Morgan ha contribuito con 100.000 dollari e altri sette collaboratori di New York hanno raccolto 300.000 dollari. Solo una persona al di fuori di New York ha contribuito con più di 10.000 dollari, William J. Boardman, padre della signorina Boardman. Henry P. Davison fu presidente del Comitato di raccolta fondi di New York nel 1910 e successivamente divenne presidente del Consiglio di guerra della Croce Rossa americana. In altre parole, durante la Prima guerra mondiale, la Croce Rossa dipendeva fortemente da Wall Street, e più in particolare dall'azienda Morgan.

La Croce Rossa non riuscì a far fronte alle esigenze della Prima Guerra Mondiale e fu di fatto rilevata da questi banchieri newyorkesi. Secondo John Foster Dulles, questi uomini d'affari "consideravano la Croce Rossa americana come un braccio virtuale del governo e prevedevano di dare un contributo incalcolabile alla vittoria della guerra".[91] Così facendo, si sono fatti beffe del motto della Croce Rossa: "Neutralità e umanità".

In cambio della raccolta di fondi, Wall Street chiese la creazione del Consiglio di guerra della Croce Rossa e, su raccomandazione di Cleveland H. Dodge, uno dei finanziatori di Woodrow Wilson, Henry P. Davison, socio della J.P. Morgan Company, ne divenne il presidente. Dodge, uno dei sostenitori di Woodrow Wilson, Henry P. Davison, socio della J.P. Morgan Company, ne divenne il presidente. L'elenco dei fiduciari della Croce Rossa cominciò ad assomigliare a un *Who's Who di* leader d'azienda di New York: John D. Ryan, presidente della Anaconda Copper Company (vedi frontespizio); George W. Hill, presidente della American Tobacco Company; Grayson M.P. Murphy, vicepresidente della Guaranty Trust Company; e Ivy Lee, esperta di pubbliche relazioni per i Rockefeller. Harry Hopkins, che sarebbe diventato famoso sotto il presidente Roosevelt, divenne assistente del direttore generale della Croce Rossa a Washington.

La questione di una missione della Croce Rossa in Russia è stata sollevata durante la terza riunione del Consiglio di Guerra ricostituito, tenutasi nell'edificio della Croce Rossa a Washington, D.C., venerdì 29 maggio 1917, alle ore 11.00. Al presidente Davison fu chiesto di esplorare l'idea con Alexander Legge della International Harvester Company. Successivamente, International Harvester, che aveva notevoli interessi in Russia, fornì 200.000 dollari per contribuire al finanziamento della missione russa. In una riunione successiva fu riferito che William Boyce Thompson, direttore della Federal Reserve Bank di New York, si era "offerto di pagare l'intero costo della commissione"; l'offerta fu accettata con un telegramma: "La vostra disponibilità a pagare il costo della commissione alla Russia è molto apprezzata e, dal nostro punto di vista, molto importante".[92]

Ai membri della missione non è stato corrisposto alcun compenso. Tutte le spese sono state pagate da William Boyce Thompson e i 200.000 dollari dell'International Harvester sono stati apparentemente utilizzati in Russia per sovvenzioni politiche. Dai registri dell'ambasciata americana a Pietrogrado sappiamo che la Croce Rossa americana diede 4.000 rubli al principe Lvoff, presidente del Consiglio dei Ministri, per "l'aiuto ai rivoluzionari" e 10.000 rubli in due rate a Kerensky per "l'aiuto ai rifugiati politici".

MISSIONE DELLA CROCE ROSSA AMERICANA IN RUSSIA, 1917

Nell'agosto del 1917, la missione della Croce Rossa americana in Russia era solo lontanamente legata alla sua casa madre americana, e deve essere stata la missione della Croce Rossa più insolita della storia. Tutte le spese, comprese le uniformi - i membri erano tutti colonnelli, maggiori, capitani o tenenti - furono

---

[91] John Foster Dulles, *American Red Cross* (New York: Harper, 1950).

[92] Verbali del Consiglio di guerra della Croce Rossa Americana (Washington, D.C., maggio 1917)

pagate di tasca di William Boyce Thompson. Un osservatore contemporaneo ha soprannominato il gruppo di ufficiali "Esercito di Haiti":

> La delegazione della Croce Rossa Americana, circa 40 tra colonnelli, maggiori, capitani e tenenti, è arrivata ieri. È guidata dal colonnello (dottor) Billings di Chicago e comprende il colonnello William B. Thompson e molti medici e civili, tutti con titoli militari; abbiamo soprannominato l'unità "Esercito Haytiano" perché non c'erano soldati. Per quanto ne so, non sono venuti per svolgere una missione ben definita, anzi, il governatore Francesco mi ha detto qualche tempo fa che aveva insistito perché non venissero, perché c'erano già troppe missioni dei vari alleati in Russia. A quanto pare questa Commissione pensava che in Russia ci fosse un urgente bisogno di medici e infermieri; in realtà, attualmente nel Paese c'è un'eccedenza di talenti medici e infermieristici, sia autoctoni che stranieri, e molti ospedali vuoti nelle grandi città.[93]

La missione era in realtà composta da sole ventiquattro persone (e non quaranta), di grado militare dal tenente colonnello al tenente, ed era integrata da tre inservienti, due fotografi e due interpreti, senza grado. Solo cinque (su ventiquattro) erano medici; inoltre, c'erano due ricercatori medici. La missione arrivò in treno a Pietrogrado attraverso la Siberia nell'agosto 1917. I cinque medici e gli inservienti rimasero per un mese, rientrando negli Stati Uniti l'11 settembre. Il dottor Frank Billings, capo nominale della missione e professore di medicina all'Università di Chicago, sarebbe stato disgustato dalle attività apertamente politiche della maggioranza della missione. Gli altri medici erano William S. Thayer, professore di medicina alla Johns Hopkins University; D. J. McCarthy, membro dell'Istituto Phipps per lo studio e la prevenzione della tubercolosi, a Filadelfia; Henry C. Sherman, professore di chimica alimentare alla Columbia University; C. E. A. Winslow, professore di batteriologia e igiene alla Yale Medical School; Wilbur E. Post, professore di medicina al Rush Medical College; il dottor Malcolm Grow, U.S. Army Medical Reserve Corps; e Orrin Wightman, professore di medicina clinica al New York Polyclinic Hospital. George C. Whipple era indicato come professore di ingegneria sanitaria all'Università di Harvard, ma in realtà era socio dello studio di ingegneria Hazen, Whipple & Fuller di New York. Questo dato è significativo perché Malcolm Pirnie - il cui elenco è più indietro - era indicato come assistente ingegnere sanitario e impiegato come ingegnere da Hazen, Whipple & Fuller.

La maggior parte della missione, come descritto nella tabella seguente, era composta da avvocati, finanzieri e loro assistenti del settore finanziario di New York. La missione è stata finanziata da William B. Thompson, descritto nella circolare ufficiale della Croce Rossa come "Commissario e direttore degli affari; direttore dell'American Federal Bank di New York". Thompson portò con sé Cornelius Kelleher, descritto come addetto alla missione ma in realtà segretario di Thompson e con lo stesso indirizzo - 14 Wall Street, New York City. La pubblicità della missione è stata fornita da Henry S. Brown, dello stesso indirizzo. Thomas Day Thacher era un avvocato di Simpson, Thacher & Bartlett, uno studio fondato

---

[93] Diario di Gibbs, 9 agosto 1917. Società storica dello Stato del Wisconsin.

da suo padre, Thomas Thacher, nel 1884, e fortemente coinvolto nelle riorganizzazioni e fusioni ferroviarie. Thomas, da giovane, lavorò prima per l'azienda di famiglia, poi divenne assistente del procuratore degli Stati Uniti sotto Henry L. Stimson e tornò all'azienda di famiglia nel 1909. Il giovane Thacher era un amico intimo di Felix Frankfurter e in seguito divenne assistente di Raymond Robins, sempre presso la missione della Croce Rossa. Nel 1925 fu nominato giudice distrettuale sotto il presidente Coolidge, divenne Solicitor General sotto Herbert Hoover e fu direttore del William Boyce Thompson Institute.

La missione della Croce Rossa Americana in Russia nel 19 19

Membri della comunità finanziaria di Wall Street e loro affiliazioni	Medici	Assistenti, interpreti, ecc.
Andrews (Tabacco Liggett & Myers)	Billings (medico)	Brooks (assistente di cura)
Barr (Chase National Bank)	Crescere (medico)	Clark (badante)
Brown (c/o William B. Thompson)	McCarthy (ricerca medica; medico)	Rocchia (ordinato)
Cochran (Co. McCann)	Posta (medico)	
Kelleher (c/o William B. Thompson)	Sherman (chimica degli alimenti)	Travis (film)
Nicholson (Swirl & Co.)	Thayer (medico)	Wyckoff (film)
Pirnie (Hazen, Whipple & Fuller)		
Redfield (Stetson, Jennings & Russell)	Wightman (medicina)	Hardy (giustizia)
Robins (sviluppatore minerario)	Winslow (igiene)	Corno (trasporto)
Swift (Swift & Co.)		
Thacher (Simpson, Thacher & Bartlett)		
Thompson (Federal Reserve Bank of N.Y.)		
Wardwell (Stetson, Jennings & Russell)		
Whipple (Hazen, Whipple & Fuller)		
Corsica (Banca Nazionale della Città)		
Magnuson (raccomandato dall'agente confidenziale del colonnello Thompson)		

Alan Wardwell, anch'egli Commissario aggiunto e Segretario del Presidente, era avvocato presso lo studio Stetson, Jennings & Russell di Broad Street 15, New York, e H. B. Redfield era il segretario legale di Wardwell. Il maggiore Wardwell era figlio di William Thomas Wardwell, tesoriere di lunga data della Standard Oil of New Jersey e della Standard Oil of New York. L'anziano Wardwell fu uno dei firmatari del famoso accordo fiduciario della Standard Oil, membro del comitato responsabile dell'organizzazione delle attività della Croce Rossa durante la guerra ispano-americana e direttore della Greenwich Savings Bank. Suo figlio Alan fu direttore non solo della Greenwich Savings, ma anche della Bank of New York and Trust Co. e della Georgian Manganese Company (con W. Averell Harriman, direttore della Guaranty Trust). Nel 1917, Alan Wardwell era affiliato a Stetson, Jennings & Russell e successivamente si unì a Davis, Polk, Wardwell, Gardner & Read (Frank L. Polk fu Segretario di Stato ad interim durante il periodo della rivoluzione bolscevica). La Commissione Overman del Senato notò che Wardwell era simpatico al regime sovietico, anche se Poole, il funzionario del Dipartimento di Stato, notò che "il maggiore Wardwell ha la più completa esperienza di terrore di qualsiasi altro americano" (316-23-1449). Negli anni Venti, Wardwell fu coinvolto dalla Camera di Commercio russo-americana nella promozione degli obiettivi commerciali sovietici.

Il tesoriere della missione era James W. Andrews, revisore dei conti della compagnia di tabacco Liggett & Myers di St. Barr, un altro membro, era indicato come commissario aggiunto; era vicepresidente della Chase Securities Company (120 Broadway) e della Chase National Bank. William Cochran, del 61 di Broadway, New York, si è occupato della pubblicità. Raymond Robins, un promotore minerario, fu incluso come commissario aggiunto e descritto come "un economista sociale". Infine, la missione comprendeva due membri della Swift & Company di Union Stockyards, Chicago. Gli Swift sono stati precedentemente menzionati come collegati allo spionaggio tedesco negli Stati Uniti durante la Prima Guerra Mondiale. Harold H. Swift, commissario aggiunto, era l'assistente del vicepresidente di Swift & Company; anche William G. Nicholson lavorava per Swift & Company, Union Stockyards.

Dopo l'arrivo a Pietrogrado, alla missione si aggiunsero in modo non ufficiale due persone: Frederick M. Corse, rappresentante della National City Bank di Pietrogrado, e Herbert A. Magnuson, "altamente raccomandato da John W. Finch, agente confidenziale del colonnello William B. Thompson in Cina".[94]

I Pirnie Papers, depositati presso la Hoover Institution, contengono informazioni di prima mano sulla missione. Malcolm Pirnie era un ingegnere impiegato presso lo studio Hazen, Whipple & Fuller, Consulting Engineers, al 42 di^e Street, New York. Pirnie era un membro della missione, indicato su un manifesto come assistente ingegnere sanitario. George C. Del gruppo faceva parte anche Whipple, socio dello studio. Le carte di Pirnie includono un telegramma originale di William B. Thompson, che invita il vice ingegnere sanitario Pirnie a incontrare lui e Henry P. Davison, presidente del Consiglio di guerra della Croce Rossa e socio dello studio J.P. Morgan, prima di partire per la Russia. Il telegramma recita come segue:

    WESTERN UNION TELEGRAM New York, 21 giugno 1917
    A Malcolm Pirnie

---

[94] Rapporto di Billings a Henry P. Davison, 22 ottobre 1917, archivi della Croce Rossa Americana.

> Mi piacerebbe molto se volesse cenare con me al Metropolitan Club, tra la sedicesima strada e la Fifth Avenue di New York, alle otto di domani sera, per incontrare il signor H. P. Davison.
> W. B. Thompson, 14 Wall Street

I documenti non spiegano perché Davison, socio di Morgan, e Thompson, capo della Federal Reserve Bank - due dei più importanti finanzieri di New York - volessero cenare con un assistente ingegnere sanitario in procinto di partire per la Russia. I documenti non spiegano nemmeno perché Davison non sia stato in grado di incontrare successivamente il dottor Billings e la commissione stessa, né perché sia stato necessario informare Pirnie della sua impossibilità a farlo. Ma presumibilmente la copertura ufficiale della missione - le attività della Croce Rossa - era di gran lunga meno interessante delle attività di Thompson-Pirnie, qualunque esse fossero. Sappiamo che Davison scrisse al dottor Billings il 25 giugno 1917:

> Caro dottor Billings:
> È una delusione per me e per i miei colleghi del Consiglio di Guerra non aver potuto incontrare i membri della vostra Commissione...

Una copia di questa lettera è stata inviata anche all'ingegnere sanitario Pirnie, insieme a una lettera personale del banchiere Morgan Henry P. Davison, in cui si legge che:

> Mio caro signor Pirnie:
> Sono certo che comprenderete appieno il motivo della lettera al dottor Billings, di cui è allegata una copia, e la accetterete nello spirito con cui è stata inviata...

Lo scopo della lettera di Davison al dottor Billings era quello di scusarsi con la commissione e con Billings per non averli potuti incontrare. Possiamo quindi ritenere che Davison e Pirnie avessero preso accordi più ampi sulle attività della missione in Russia e che Thompson ne fosse a conoscenza. La probabile natura di queste attività sarà descritta di seguito.[95]

La missione della Croce Rossa americana (o forse dovremmo chiamarla missione di Wall Street in Russia) ha impiegato anche tre interpreti russo-inglese: Il capitano Ilovaisky, un bolscevico russo; Boris Reinstein, un russo-americano, in seguito segretario di Lenin e capo dell'Ufficio di Propaganda Rivoluzionaria Internazionale di Karl Radek, che impiegava anche John Reed e Albert Rhys Williams; e Alexander Gumberg (alias Berg, vero nome Michael Gruzenberg), fratello di Zorin, un ministro bolscevico. Gumberg era anche il principale agente

---

[95] I documenti di Pirnie ci permettono anche di individuare le date esatte in cui i membri della missione lasciarono la Russia. Nel caso di William B. Thompson, questa data è fondamentale per l'argomentazione di questo libro: Thompson lasciò Pietrogrado per Londra il 4 dicembre 1917. George F. Kennan afferma che Thompson lasciò Pietrogrado il 27 novembre 1917 (*Russia Leaves the War*, p. 1140).

bolscevico in Scandinavia. In seguito divenne assistente confidenziale di Floyd Odlum della Atlas Corporation negli Stati Uniti e consigliere di Reeve Schley, vicepresidente della Chase Bank.

Va notato di sfuggita: Quanto sono state utili le traduzioni fornite da questi interpreti? Il 13 settembre 1918, H. A. Doolittle, viceconsole americano a Stoccolma, riferì al Segretario di Stato di una conversazione con il capitano Ilovaisky (che era un "intimo amico personale" del colonnello Robins della missione della Croce Rossa) riguardante un incontro tra il Soviet di Murman e gli Alleati. La questione di invitare gli Alleati a sbarcare a Murman era in discussione al Soviet, con il maggiore Thacher della missione della Croce Rossa che agiva per gli Alleati. Ilovaisky interpretò le opinioni di Thacher a nome del Soviet. "Ilovaisky parlò a lungo in russo, presumibilmente traducendo per Thacher, ma in realtà per Trotsky... "che" gli Stati Uniti non avrebbero mai permesso un simile sbarco e sollecitando un pronto riconoscimento dei sovietici e della loro politica".[96] A quanto pare Thacher sospettava di essere stato tradotto male ed espresse la sua indignazione. Tuttavia, "Ilovaisky telegrafò immediatamente il contenuto al quartier generale bolscevico e, attraverso il suo ufficio stampa, fece apparire su tutti i giornali che esso proveniva dalle osservazioni del maggiore Thacher e rappresentava l'opinione generale di tutti i rappresentanti americani veramente accreditati".[97]

Ilovaisky raccontò a Maddin Summers, console generale degli Stati Uniti a Mosca, di diversi casi in cui lui (Ilovaisky) e Raymond Robins della missione della Croce Rossa avevano manipolato la stampa bolscevica, in particolare "per quanto riguarda il richiamo dell'ambasciatore Francis". Ammise che non erano stati scrupolosi, "ma che avevano agito secondo le loro idee di diritto, indipendentemente dal fatto che potessero essere in conflitto con la politica dei rappresentanti americani accreditati".[98]

Questa era la missione della Croce Rossa americana in Russia nel 1917.

MISSIONE DELLA CROCE ROSSA AMERICANA IN ROMANIA

Nel 1917, la Croce Rossa Americana inviò anche una missione di assistenza medica in Romania, allora in lotta contro le Potenze Centrali come alleato della Russia. Un confronto tra la missione della Croce Rossa americana in Russia e quella inviata in Romania suggerisce che la missione della Croce Rossa di Pietrogrado aveva pochissimi legami ufficiali con la Croce Rossa e ancor meno con l'assistenza medica. Mentre la missione della Croce Rossa in Romania difendeva valorosamente i due principi di "umanità" e "neutralità" della Croce Rossa, la missione di Pietrogrado li ignorava palesemente.

---

[96] Fascicolo decimale del Dipartimento di Stato americano, 861.00/3644.

[97] Ibidem.

[98] Ibidem.

La missione della Croce Rossa Americana in Romania lasciò gli Stati Uniti nel luglio 1917 e si trasferì a Jassy. La missione era composta da trenta persone sotto la guida del presidente Henry W. Anderson, un avvocato della Virginia. Di queste trenta persone, sedici erano medici o chirurghi. In confronto, delle ventinove persone della missione della Croce Rossa in Russia, solo tre erano medici, anche se altri quattro membri provenivano da università e si erano specializzati in campi correlati alla medicina. Al massimo, sette persone potevano essere classificate come medici con la missione in Russia, rispetto a sedici con la missione in Romania. In entrambe le missioni c'era all'incirca lo stesso numero di inservienti e infermieri. Il confronto significativo, tuttavia, è che la missione rumena aveva solo due avvocati, un tesoriere e un ingegnere. La missione russa era composta da quindici avvocati e uomini d'affari. Nessuno degli avvocati o dei medici della missione rumena proveniva dall'area di New York, mentre tutti gli avvocati e gli uomini d'affari della missione russa, tranne uno (un "osservatore" del Dipartimento di Giustizia di Washington), provenivano da quell'area. Ciò significa che più della metà della missione russa totale proveniva dal distretto finanziario di New York. In altre parole, la composizione relativa di queste missioni conferma che la missione in Romania aveva uno scopo legittimo - praticare la medicina - mentre la missione russa aveva uno scopo non medico e strettamente politico. In termini di personale, potrebbe essere classificata come una missione commerciale o finanziaria, ma in termini di azioni, si trattava di un gruppo di azione politica sovversiva.

Personale della missione della Croce Rossa Americana in Russia e Romania, 1917

Personale	MISSIONE DELLA CROCE ROSSA AMERICANA in	
	Russia	Romania
Medico (medici e chirurghi)	7	16
Assistenti, infermieri	7	10
Avvocati e uomini d'affari	15	4
TOTALE	29	30

FONTI: Croce Rossa Americana, Washington, D.C. Dipartimento di Stato USA, Ambasciata di Pietrogrado, fascicolo della Croce Rossa, 1917.

La missione della Croce Rossa in Romania rimase nella sua sede di Jassy per il resto del 1917 e fino al 1918. Lo staff medico della missione della Croce Rossa Americana in Russia - i sette medici - si dimise disgustato nell'agosto del 1917, protestò contro le attività politiche del colonnello Thompson e tornò negli Stati Uniti. Di conseguenza, nel settembre 1917, quando la missione rumena si appellò a Pietrogrado per ottenere medici e infermieri americani per assistere le condizioni di quasi crisi a Jassy, non c'erano medici o infermieri americani in Russia disponibili a recarsi in Romania.

Mentre la maggior parte della missione in Russia si è occupata di manovre politiche interne, la missione in Romania ha iniziato a prestare soccorso appena arrivata. Il 17 settembre 1917, un cablogramma confidenziale inviato da Henry W. Anderson, presidente della missione in Romania, all'ambasciatore statunitense Francis a Pietrogrado, richiedeva un'assistenza immediata e urgente sotto forma di 5 milioni di dollari per far fronte all'imminente disastro in Romania. Seguirono una serie di lettere, cablogrammi e comunicazioni da Anderson a Francis, per chiedere aiuto, senza successo.

Il 28 settembre 1917, Vopicka, ministro statunitense in Romania, inviò un lungo telegramma a Francis perché lo trasmettesse a Washington, ripetendo l'analisi di Anderson sulla crisi rumena e sul pericolo di epidemie - e peggio - con l'avvicinarsi dell'inverno:

> La grande quantità di denaro e le misure eroiche necessarie per prevenire un disastro su larga scala... Non ha senso cercare di gestire la situazione senza qualcuno che abbia autorità e accesso al governo... Con un'organizzazione adeguata per gestire il trasporto, ricevere e distribuire le forniture.

Vopicka e Anderson avevano le mani legate, poiché tutte le forniture e le transazioni finanziarie rumene erano gestite dalla missione della Croce Rossa a Pietrogrado - e Thompson e il suo team di quindici avvocati e uomini d'affari di Wall Street avevano apparentemente questioni più importanti degli affari della Croce Rossa rumena. Nei documenti dell'ambasciata di Pietrogrado presso il Dipartimento di Stato americano non c'è alcuna indicazione che Thompson, Robins o Thacher si siano mai occupati della situazione urgente in Romania nel 1917 o nel 1918. Le comunicazioni dalla Romania erano indirizzate all'ambasciatore Francis o a uno dei suoi collaboratori presso l'ambasciata, e talvolta attraverso il consolato a Mosca.

Nell'ottobre 1917, la situazione in Romania raggiunse un punto di crisi. Il 5 ottobre Vopicka inviò un cablogramma a Davison a New York (via Pietrogrado):

> Il problema più urgente... Effetto disastro temuto... Potreste organizzare una spedizione speciale... Dobbiamo sbrigarci o è troppo tardi.

Poi, il 5 novembre, Anderson inviò un cablogramma all'ambasciata di Pietrogrado in cui affermava che i ritardi nell'invio degli aiuti erano già "costati diverse migliaia di vite". Il 13 novembre, Anderson inviò un telegramma all'ambasciatore Francis sul disinteresse di Thompson per le condizioni della Romania:

> Thompson, interpellato, ha fornito i dettagli di tutte le spedizioni ricevute, ma non ha ottenuto la stessa... Mi hanno anche chiesto di tenermi informato sulle condizioni di trasporto, ma hanno ricevuto pochissime informazioni.

Anderson chiese quindi all'ambasciatore Francis di intercedere per suo conto affinché i fondi per la Croce Rossa rumena fossero gestiti in un conto separato a

Londra, direttamente sotto gli ordini di Anderson e al di fuori del controllo della missione di Thompson.

IL RUOLO DI THOMPSON NELLA RUSSIA DI KERENSKY

Cosa faceva allora la missione della Croce Rossa? Thompson si guadagnò certamente la reputazione di vivere una vita opulenta a Pietrogrado, ma a quanto pare intraprese solo due progetti importanti nella Russia di Kerenskij: il sostegno a un programma di propaganda americana e il sostegno al Prestito per la libertà russa. Poco dopo il suo arrivo in Russia, Thompson si incontrò con Madame Breshko-Breshkovskaya e David Soskice, segretario di Kerensky, e concordò di versare 2 milioni di dollari a un comitato per l'educazione popolare affinché potesse "avere una propria stampa e... assumere uno staff di conferenzieri, con illustrazioni cinematografiche" (861.00/1032); ciò allo scopo di fare propaganda per incoraggiare la Russia a continuare la guerra contro la Germania. Secondo Soskice, "un pacchetto di 50.000 rubli" è stato dato alla Breshko-Breshkovskaya con la seguente dichiarazione: "Sta a te spenderli secondo il tuo buon giudizio". Altri 2.100.000 rubli sono stati depositati su un conto corrente bancario. Una lettera di J.P. Morgan al Dipartimento di Stato (861.51/190) conferma che Morgan ha inviato 425.000 rubli a Thompson su richiesta di quest'ultimo per il Russian Liberty Loan; J.P. comunica inoltre l'interesse della società Morgan per "la saggezza di fare una sottoscrizione individuale attraverso il signor Thompson" al Russian Liberty Loan. Queste somme sono state trasmesse attraverso la filiale di Petrograd della National City Bank.

THOMPSON DONA 1 MILIONE DI DOLLARI AI BOLSCEVICHI

Ma di maggiore importanza storica è l'aiuto fornito ai bolscevichi prima da Thompson e poi, dopo il 4 dicembre 1917, da Raymond Robins.

Il contributo di Thompson alla causa bolscevica fu riportato dalla stampa americana contemporanea. Il *Washington Post* del 2 febbraio 1918 conteneva i seguenti paragrafi:

> DONA UN MILIONE AI BOLSCEVICHI
> W. B. Thompson, donatore della Croce Rossa, ritiene che il partito sia travisato. New York, 2 febbraio (1918). William B. Thompson, che è stato a Pietrogrado dal luglio al novembre scorso, ha dato un contributo personale di 1.000.000 di dollari ai bolscevichi per diffondere la loro dottrina in Germania e in Austria.
> Thompson ebbe l'opportunità di studiare le condizioni in Russia come capo della missione della Croce Rossa Americana, le cui spese erano in gran parte coperte dai suoi contributi personali. Egli ritiene che i bolscevichi siano la più grande forza contro il filogermanesimo in Russia e che la loro propaganda abbia minato i regimi militaristi degli Imperi Generali.

Thompson denigra le critiche americane ai bolscevichi. Riteneva di essere stato travisato e aveva dato un contributo finanziario alla causa nella convinzione che il denaro sarebbe stato ben speso per il futuro della Russia e per la causa alleata.

La biografia di Hermann Hagedorn, *The Magnate: William Boyce Thompson and His Times (1869-1930)*, riproduce una fotografia di un cablogramma inviato da J.P. Morgan a New York a W.B. Thompson, "Care American Red Cross, Hotel Europe, Petrograd". Il telegramma è datato, a dimostrazione che è stato ricevuto a Pietrogrado "8-Dek 1917" (8 dicembre 1917), e recita come segue:

> New York Y757/5 24W5 Nil - Ricevuto il vostro secondo cavo. Abbiamo pagato un milione di dollari alla National City Bank come da istruzioni - Morgan.

La filiale di Pietrogrado della National City Bank era stata esentata dal decreto di nazionalizzazione bolscevico - l'unica banca russa straniera o nazionale ad esserlo. Hagedorn sostiene che il milione di dollari versato sul conto della NBC di Thompson è stato utilizzato per "scopi politici".

IL PROMOTORE MINERARIO SOCIALISTA RAYMOND ROBINS[99]

William B. Thompson lasciò la Russia all'inizio di dicembre del 1917 per tornare a casa. Si recò a Londra dove, in compagnia di Thomas Lamont della società J.P. Morgan, fece visita al Primo Ministro Lloyd George, episodio che si ripete nel capitolo successivo. Il suo vice, Raymond Robins, fu messo a capo della missione della Croce Rossa in Russia. L'impressione generale che il colonnello Robins suscitò nei mesi successivi non sfuggì alla stampa. Secondo le parole del giornale russo *Russkoe Slovo*, Robins "rappresenta il lavoro americano da un lato e il capitale americano dall'altro, che attraverso i sovietici cerca di conquistare i mercati russi".[100]

Raymond Robins ha iniziato la sua vita come manager di un'azienda di fosfati della Florida. ᵉDa questa posizione, sviluppò un giacimento di caolino, quindi effettuò prospezioni in Texas e nel Territorio Indiano alla fine del 1800. Trasferitosi a nord in Alaska, Robins fece fortuna nella corsa all'oro del Klondike. Poi, senza alcun motivo apparente, si è rivolto al socialismo e al movimento riformista. Nel 1912 era un membro attivo del Partito Progressista di Roosevelt. Nel 1917 si unì alla missione della Croce Rossa americana in Russia come "economista sociale".

Esistono numerose prove, tra cui le stesse dichiarazioni di Robins, che i suoi appelli riformisti al bene sociale erano poco più che coperture per l'acquisizione

---

[99] Robins è l'ortografia corretta. Il nome è sempre scritto "Robbins" nei documenti del Dipartimento di Stato.

[100] Fascicolo decimale del Dipartimento di Stato americano, 316-11-1265, 19 marzo 1918.

di maggior potere e ricchezza, ricordando i suggerimenti di Frederick Howe in *Confessioni di un monopolista*. Ad esempio, nel febbraio 1918, Arthur Bullard si trovava a Pietrogrado con il Comitato americano per l'informazione pubblica e si impegnò a scrivere un lungo memorandum per il colonnello Edward House. Il memorandum fu consegnato a Robins da Bullard per commenti e critiche prima di essere trasmesso a House a Washington, D.C. I commenti di Robins, molto poco socialisti e imperialisti, furono che il manoscritto era "eccezionalmente discriminante, chiaro e ben fatto", ma che aveva una o due riserve - in particolare, che il riconoscimento dei bolscevichi era atteso da tempo, che avrebbe dovuto essere effettuato immediatamente, e che se gli Stati Uniti avessero fatto il loro dovere, avrebbero potuto fare la loro parte.S. ha riconosciuto i bolscevichi in questo modo: "Credo che ora saremmo in grado di controllare le risorse in eccesso della Russia e avremmo agenti di controllo in ogni punto della frontiera.[101]

Questo desiderio di "controllare le risorse in eccesso della Russia" era evidente anche ai russi. Vi sembra un riformatore sociale della Croce Rossa americana o un promotore minerario di Wall Street impegnato nell'esercizio pratico dell'imperialismo finanziario?

In ogni caso, Robins non fece mistero del suo sostegno ai bolscevichi.[102] Appena tre settimane dopo l'inizio della fase bolscevica della Rivoluzione, Robins inviò un telegramma a Henry Davison presso il quartier generale della Croce Rossa: "La prego di far presente al Presidente la necessità di continuare le nostre relazioni con il governo bolscevico". È interessante notare che questo cablogramma era in risposta a un altro cablogramma in cui si diceva a Robins che "il Presidente desidera che i rappresentanti degli Stati Uniti non comunichino direttamente con il governo bolscevico".[103] Diversi rapporti del Dipartimento di Stato lamentavano la natura partigiana delle attività di Robins. Ad esempio, il 27 marzo 1919, Harris, console statunitense a Vladivostok, commentò una lunga conversazione avuta con Robins e protestò contro le grossolane imprecisioni contenute nel rapporto di Robins. Harris scrisse: "Robins mi disse che nessun prigioniero di guerra tedesco o austriaco si era unito all'esercito bolscevico fino al maggio 1918. Robbins sapeva che questa affermazione era assolutamente falsa". Harris ha poi fornito i dettagli delle prove a disposizione di Robins.[104]

Harris ha concluso: "Robbins ha deliberatamente travisato i fatti sulla Russia all'epoca e lo ha fatto da allora.

---

[101] Signora Bullard, Dipartimento di Stato degli Stati Uniti, fascicolo decimale, 316-11-1265.

[102] La *New World Review* (autunno 1967, p. 40) commenta Robins, notando che era "solidale con gli obiettivi della Rivoluzione, anche se capitalista".

[103] Ambasciata di Pietrogrado, fascicolo della Croce Rossa.

[104] Fascicolo decimale del Dipartimento di Stato americano, 861.00/4168.

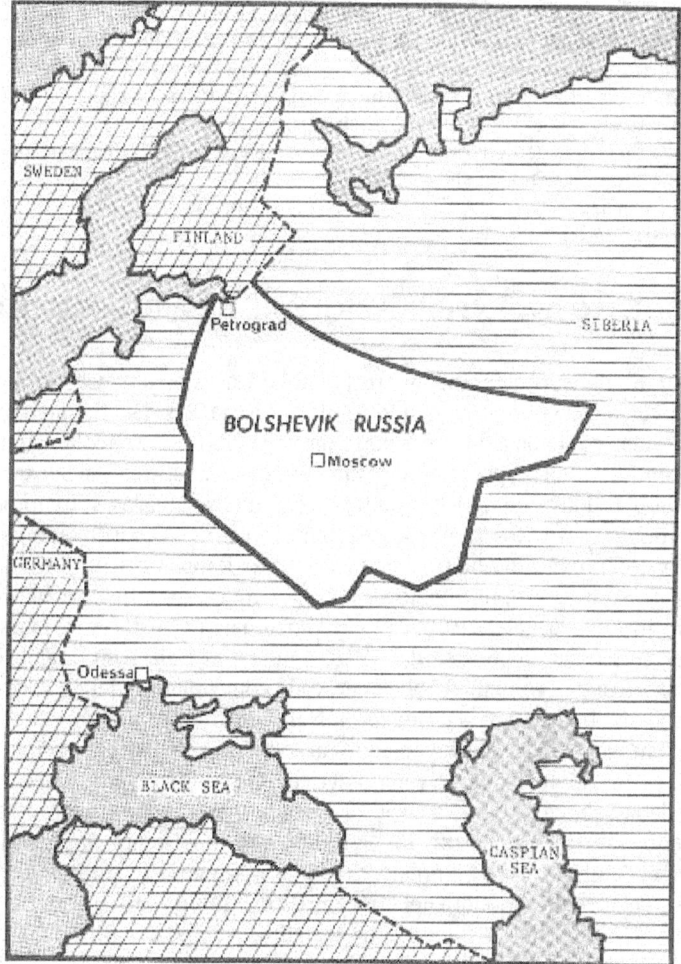

Limite della zona controllata dai bolscevichi, gennaio 1918

Al suo ritorno negli Stati Uniti nel 1918, Robins continuò a impegnarsi a favore dei bolscevichi. Quando i file dell'Ufficio sovietico furono sequestrati dal Comitato Lusk, si scoprì che Robins aveva intrattenuto una "considerevole corrispondenza" con Ludwig Martens e altri membri dell'Ufficio. Uno dei documenti più interessanti sequestrati fu una lettera di Santeri Nuorteva (alias Alexander Nyberg), il primo rappresentante sovietico negli Stati Uniti, indirizzata al "compagno Cahan", editore del *New York Daily Forward*. *La* lettera chiedeva ai fedeli del partito di preparare la strada a Raymond Robins:

> (Quotidiano) PRIMA 6 luglio 1918
> Caro compagno Cahan:
> È della massima importanza che la stampa socialista lanci immediatamente una campagna affinché il colonnello Raymond Robins, appena tornato dalla Russia

come capo della missione della Croce Rossa, venga ascoltato in una relazione pubblica al popolo americano. Il pericolo di un intervento armato è aumentato considerevolmente. I reazionari stanno usando l'avventura cecoslovacca per provocare un'invasione. Robins ha tutti i fatti su questo e sulla situazione in Russia in generale. Prende il nostro punto di vista.

Allego una copia dell'editoriale di Call che presenta un'argomentazione generale e alcuni fatti sui cechi e gli slovacchi.

Fraternamente,
PS&AU Santeri Nuorteva

LA CROCE ROSSA INTERNAZIONALE E LA RIVOLUZIONE

All'insaputa dei suoi amministratori, la Croce Rossa è stata usata di tanto in tanto come veicolo o copertura per attività rivoluzionarie. L'uso dei marchi della Croce Rossa per scopi non autorizzati non è raro. Quando lo zar Nicola fu trasferito da Pietrogrado a Tobolsk, presumibilmente per la sua sicurezza (anche se questa direzione rappresentava un pericolo piuttosto che una sicurezza), il treno portava le insegne della Croce Rossa giapponese. I fascicoli del Dipartimento di Stato contengono esempi di attività rivoluzionarie sotto l'apparenza di attività della Croce Rossa. Ad esempio, un funzionario della Croce Rossa russa (Chelgajnov) fu arrestato in Olanda nel 1919 per atti rivoluzionari (316-21-107). Durante la rivoluzione bolscevica ungherese del 1918, guidata da Bela Kun, membri della Croce Rossa russa (o rivoluzionari che operavano come membri della Croce Rossa russa) furono arrestati a Vienna e Budapest. Nel 1919, l'ambasciatore statunitense a Londra comunicò a Washington una notizia sconvolgente: attraverso il governo britannico, aveva appreso che "diversi americani arrivati in questo Paese con le uniformi della Croce Rossa e che si dichiaravano bolscevichi... stavano attraversando la Francia diretti in Svizzera per diffondere la propaganda bolscevica". L'ambasciatore ha notato che circa 400 persone della Croce Rossa americana sono arrivate a Londra nel novembre e dicembre 1918; un quarto di loro è tornato negli Stati Uniti e "il resto ha insistito per andare in Francia". Il 15 gennaio 1918, un rapporto successivo affermava che un redattore di un giornale operaio londinese era stato avvicinato tre volte da tre diversi funzionari della Croce Rossa americana che gli offrivano di assumere incarichi per i bolscevichi in Germania. L'editore aveva suggerito all'ambasciata americana di monitorare il personale della Croce Rossa americana. Il Dipartimento di Stato americano prese sul serio queste notizie e Polk comunicò i nomi, dicendo: "Se questo è vero, lo considero della massima importanza" (861.00/3602 e /3627).

In sintesi: l'immagine che abbiamo della missione della Croce Rossa americana in Russia nel 1917 è ben lontana dall'essere quella di un umanitarismo neutrale. La missione era in realtà una missione dei finanzieri di Wall Street per influenzare e spianare la strada a Kerensky o ai rivoluzionari bolscevichi per controllare il mercato e le risorse russe. Non sono possibili altre spiegazioni per le azioni della missione. Tuttavia, né Thompson né Robins erano bolscevichi. Non erano nemmeno socialisti convinti. L'autore propende per l'interpretazione che gli appelli socialisti di ciascuno fossero coperture per obiettivi più prosaici. Ognuno di loro intendeva commerciare, cioè cercare di utilizzare il processo politico in

Russia per ottenere un guadagno finanziario personale. Che il popolo russo volesse i bolscevichi era irrilevante. Il fatto che il regime bolscevico abbia agito contro gli Stati Uniti - come ha sempre fatto in seguito - non era un problema. L'unico obiettivo prioritario era quello di acquisire influenza politica ed economica con il nuovo regime, indipendentemente dalla sua ideologia. Se William Boyce Thompson avesse agito da solo, la sua posizione di capo della Federal Reserve Bank non avrebbe avuto alcuna importanza. Tuttavia, il fatto che la sua missione sia stata dominata da rappresentanti di istituzioni di Wall Street solleva un serio interrogativo, ovvero se la missione sia stata un'operazione pianificata e premeditata da un gruppo di Wall Street. Il lettore giudicherà da sé, man mano che il resto della storia si dipanerà.

CAPITOLO VI

CONSOLIDAMENTO ED ESPORTAZIONE DELLA RIVOLUZIONE

Il grande libro di Marx, Das Kapital, è al tempo stesso un monumento al ragionamento e una dichiarazione di fatto.
Lord Milner, membro del gabinetto di guerra britannico, 1917,
e direttore della London Joint Stock Bank.

William Boyce Thompson è ᵉun nome sconosciuto nella storia del XX secolo, ma Thompson ha svolto un ruolo cruciale nella rivoluzione bolscevica.[105] Infatti, se Thompson non fosse stato in Russia nel 1917, la storia successiva avrebbe potuto prendere un corso molto diverso. Senza l'assistenza finanziaria e, soprattutto, diplomatica e propagandistica fornita a Trotsky e Lenin da Thompson, Robins e dai loro soci newyorkesi, i bolscevichi avrebbero potuto appassire e la Russia sarebbe diventata una società socialista ma costituzionale.

Chi era William Boyce Thompson? Thompson era un promotore di titoli minerari, uno dei migliori in un'attività ad alto rischio. Prima della Prima Guerra Mondiale, si occupò di trading azionario per gli interessi del rame di Guggenheim. Quando i Guggenheim avevano bisogno di un capitale rapido per combattere in borsa con John D. Rockefeller, fu Thompson a promuovere la Yukon Consolidated Goldfields presso un pubblico ignaro per raccogliere una cassa da 3,5 milioni di dollari. Thompson è stato direttore del Kennecott Group, un'altra operazione di Guggenheim, valutata 200 milioni di dollari. Fu invece Guggenheim Exploration a rilevare le opzioni di Thompson sulla ricca Nevada Consolidated Copper Company. Circa tre quarti della Guggenheim Exploration originale era controllata dalla famiglia Guggenheim, dalla famiglia Whitney (proprietaria della rivista *Metropolitan*, che impiegava il bolscevico John Reed) e da John Ryan. Nel 1916, gli interessi di Guggenheim si riorganizzarono come Guggenheim Brothers e vi entrò William C. Potter, che in precedenza aveva lavorato per l'American Smelting and Refining Company di Guggenheim, ma che nel 1916 era il primo vicepresidente di Guaranty Trust.

---

[105] Per una biografia, si veda Hermann Hagedorn, *The Magnate: William Boyce Thompson and His Time (1869-1930)* (New York: Reynal & Hitchcock, 1935).

Le sue straordinarie capacità di raccogliere capitali per le rischiose promozioni minerarie lo portarono ad accumulare una fortuna personale e a ricoprire la carica di amministratore della Inspiration Consolidated Copper Company, della Nevada Consolidated Copper Company e della Utah Copper Company, tutti importanti produttori nazionali di rame. Il rame è, ovviamente, un materiale importante per la produzione di munizioni. Thompson è stato anche direttore della Chicago Rock Island & Pacific Railroad, della Magma Arizona Railroad e della Metropolitan Life Insurance Company. E, cosa particolarmente interessante per questo libro, Thompson era "uno dei maggiori azionisti della Chase National Bank". Fu Albert H. Wiggin, presidente della Chase Bank, a spingere Thompson verso una posizione nel Federal Reserve System; nel 1914, Thompson divenne il primo direttore a tempo pieno della Federal Reserve Bank di New York, la più grande banca del Federal Reserve System.

Nel 1917, William Boyce Thompson era quindi un operatore finanziario dotato di notevoli mezzi, capacità dimostrate, attitudine a promuovere e realizzare progetti capitalistici e facile accesso ai centri del potere politico e finanziario. È lo stesso uomo che prima ha sostenuto Alexander Kerensky e poi è diventato un ardente sostenitore dei bolscevichi, lasciando un simbolo superstite di tale sostegno: un pamphlet di elogi in russo, "Pravda o Rossii i Bol'shevikakh".[106] (vedi sotto)

```
        Полковникъ Виллiамъ Бойсъ
                ТОМПСОНЪ
        ─────────

        Правда о Россiи
          и Большевикахъ




        RUSSIAN-AMERICAN PUBLICATION SOCIETY
                44 WHITEHALL STREET
                    NEW YORK
```

---

[106] Polkovnik' Villiam' Boic' Thompson', "Pravda o Rossii i Bol'shevikakh" (New York: Russian-American Publication Society, 1918). Colonnello William Boyce Thompson "La verità sui russi e sui bolscevichi"

Prima di lasciare la Russia all'inizio di dicembre del 1917, Thompson affidò la missione della Croce Rossa Americana al suo vice Raymond Robins. Robins organizzò quindi i rivoluzionari russi per attuare il piano di Thompson di diffondere la propaganda bolscevica in Europa (vedi Appendice 3). Un documento del governo francese lo conferma: "Sembra che il colonnello Robins... possa aver inviato una missione sovversiva di bolscevichi russi in Germania per iniziare una rivoluzione".[107] Questa missione portò all'aborto della rivolta spartachista tedesca nel 1918. Il piano generale comprendeva anche obiettivi per il lancio di letteratura bolscevica o per il suo contrabbando attraverso le linee tedesche.

Alla fine del 1917, Thompson si preparò a lasciare Pietrogrado e a vendere la rivoluzione bolscevica ai governi europei e americani. A tal fine, Thompson inviò un cablogramma a Thomas W. Lamont, socio dello studio Morgan che si trovava a Parigi con il colonnello E. M. House. Lamont registrò il ricevimento di questo telegramma nella sua biografia:

> Proprio mentre la Missione della Casa stava completando le sue discussioni a Parigi nel dicembre 1917, ricevetti un telegramma di arresto dal mio vecchio amico di scuola e di lavoro, William Boyce Thompson, che si trovava allora a Pietrogrado a capo della Missione della Croce Rossa Americana.[108]

Lamont si recò a Londra e incontrò Thompson, che era partito da Pietrogrado il 5 dicembre, aveva viaggiato via Bergen, in Norvegia, ed era arrivato a Londra il 10 dicembre. Il risultato più importante ottenuto da Thompson e Lamont a Londra fu quello di convincere il gabinetto di guerra britannico - allora decisamente antibolscevico - che il regime bolscevico era destinato a rimanere e che la politica britannica avrebbe dovuto smettere di essere antibolscevica, accettare le nuove realtà e sostenere Lenin e Trotsky. Thompson e Lamont lasciarono Londra il 18 dicembre e arrivarono a New York il 25 dicembre 1917. Hanno tentato lo stesso processo di conversione negli Stati Uniti.

UNA CONSULTAZIONE CON LLOYD GEORGE

I documenti segreti del gabinetto di guerra britannico sono ora disponibili e convalidano l'argomentazione usata da Thompson per indirizzare il governo britannico verso una politica filo-bolscevica. Il primo ministro della Gran Bretagna era David Lloyd George. Le macchinazioni private e politiche di Lloyd George rivaleggiavano con quelle di un politico di Tammany Hall, eppure durante la sua vita e per decenni successivi i biografi non riuscirono, o non vollero, coglierle. Nel 1970, *The Mask of Merlin* di Donald McCormick sollevò il velo su

---

[107] John Bradley, *Intervento alleato in Russia* (Londra: Weidenfeld and Nicolson, 1968).

[108] Thomas W. Lamont, *Across World Frontiers* (New York: Harcourt, Brace, 1959), p. 85. Si vedano anche le pagg. 94-97 per il massiccio botta e risposta sul mancato intervento del Presidente Wilson per farsi amico il regime sovietico. Corliss Lamont, suo figlio, è diventato un [nazional-sinistro di prima linea negli USA

questo segreto. McCormick dimostra che nel 1917 David Lloyd George era diventato "troppo profondamente invischiato nelle maglie degli intrighi internazionali sulle armi per essere un agente libero" e che era in debito con Sir Basil Zaharoff, un trafficante d'armi internazionale, la cui considerevole fortuna era stata costruita vendendo armi a entrambe le parti in diverse guerre.[109] Zaharoff esercitava un enorme potere dietro le quinte e, secondo McCormick, veniva consultato sulla politica di guerra dai leader alleati. In più di un'occasione, i rapporti indicano che McCormick, Woodrow Wilson, Lloyd George e Georges Clemenceau si incontrarono a casa di Zaharoff a Parigi. McCormick osserva che "gli uomini di Stato e i leader alleati erano obbligati a consultarlo prima di pianificare qualsiasi attacco importante". L'intelligence britannica, secondo McCormick, "scoprì documenti che incriminavano i servitori della Corona come agenti segreti di Sir Basil Zaharoff *in piena vista di Lloyd George"*.[110] "Nel 1917, Zaharoff era legato ai bolscevichi; cercava di sottrarre munizioni agli antibolscevichi ed era già intervenuto per conto del regime bolscevico a Londra e a Parigi.

Alla fine del 1917, quando Lamont e Thompson arrivarono a Londra, il Primo Ministro Lloyd George era già al soldo dei potenti interessi internazionali in materia di armi che erano alleati dei bolscevichi e che fornivano aiuti per estendere il potere bolscevico in Russia. Il Primo Ministro britannico che incontrò William Thompson nel 1917 non era allora un agente libero; Lord Milner era il potere dietro le quinte e, come suggerisce l'epigrafe di questo capitolo, era favorevole al socialismo e a Karl Marx.

I documenti "segreti" del Gabinetto di Guerra riportano il "resoconto del Primo Ministro di una conversazione con il signor Thompson, un americano tornato dalla Russia",[111] e la relazione fatta dal Primo Ministro al Gabinetto di Guerra dopo il suo incontro con Thompson.[112] Il documento del Gabinetto afferma che:

> Il Primo Ministro ha riferito di una conversazione avuta con un certo signor Thompson - viaggiatore americano e uomo di notevoli mezzi - che era appena tornato dalla Russia e che aveva dato un'impressione degli affari di quel Paese alquanto diversa da quella che si credeva in generale. Il succo delle sue osservazioni era che la Rivoluzione era qui per restare; che gli Alleati non erano stati sufficientemente comprensivi nei confronti della Rivoluzione; e che i signori Trotsky e Lenin non erano al soldo della Germania, essendo quest'ultimo un professore piuttosto illustre. Thompson ha aggiunto di ritenere che gli Alleati

---

[109] Donald McCormick, *The Mask of Merlin* (Londra: MacDonald, 1963; New York: Holt, Rinehart and Winston, 1964), p. 208. La vita privata di Lloyd George lo avrebbe certamente reso ricattabile.

[110] Ibidem. Corsivo di McCormick.

[111] Documenti del Gabinetto di Guerra britannico, no. 302, sec. 2 (Public Records Office, Londra).

[112] Il memorandum scritto che Thompson presentò a Lloyd George e che costituì la base della dichiarazione del Gabinetto di Guerra è disponibile presso le fonti archivistiche statunitensi ed è stampato per intero nell'Appendice 3.

dovrebbero svolgere una propaganda attiva in Russia, condotta da una qualche forma di Consiglio alleato composto da uomini appositamente selezionati; inoltre, ritiene che nel complesso, data la natura del governo russo de facto, i vari governi alleati non siano adeguatamente rappresentati a Pietrogrado. Secondo Thompson, era necessario che gli Alleati si rendessero conto che l'esercito e il popolo russo erano fuori dalla guerra e che gli Alleati avrebbero dovuto scegliere tra una Russia neutrale amica o ostile.

Si discusse se gli Alleati dovessero cambiare la loro politica nei confronti del governo russo de facto, dato che i bolscevichi erano, secondo Thompson, antitedeschi. A questo proposito, Lord Robert Cecil richiamò l'attenzione sui termini dell'armistizio tra l'esercito tedesco e quello russo, che prevedeva il commercio tra i due Paesi e l'istituzione di una commissione d'acquisto a Odessa, il tutto ovviamente dettato dai tedeschi. Lord Robert Cecil riteneva che i tedeschi avrebbero cercato di continuare l'armistizio fino alla completa neutralizzazione dell'esercito russo.

Sir Edward Carson ha letto una comunicazione, firmata da Mr. Trotzki, inviatagli da un cittadino britannico, direttore della filiale russa della Vauxhall Motor Company, appena rientrato dalla Russia [Paper G.T. - 3040]. Questo rapporto indicava che la politica del signor Trotzki era, in apparenza, ostile all'organizzazione della società civile piuttosto che favorevole alla Germania. D'altra parte, è stato suggerito che tale atteggiamento non era affatto incompatibile con il fatto che Trotzki fosse un agente tedesco, il cui scopo era quello di rovinare la Russia in modo che la Germania potesse fare ciò che voleva in quel Paese.

Dopo aver ascoltato il rapporto e le argomentazioni di Lloyd George, il Gabinetto di Guerra decise di seguire Thompson e i bolscevichi. Milner aveva un ex console britannico in Russia, Bruce Lockhart, pronto e in attesa. Lockhart fu informato e inviato in Russia con l'istruzione di lavorare informalmente con i sovietici.

L'accuratezza del lavoro di Thompson a Londra e la pressione che fu in grado di esercitare sulla situazione è suggerita dai rapporti successivi che giunsero nelle mani del Gabinetto di Guerra da fonti autentiche. Questi rapporti danno una visione di Trotsky e dei bolscevichi completamente diversa da quella presentata da Thompson, eppure sono stati ignorati dal gabinetto. Nell'aprile del 1918, il generale Jan Smuts riferì al Gabinetto di Guerra del suo incontro con il generale Nieffel, capo della missione militare francese appena rientrato dalla Russia:

> Trotsky (sic)... è un abile mascalzone che può non essere filo-tedesco, ma che è assolutamente filo-Trotsky e filo-rivoluzionario e non ci si può fidare in alcun modo. La sua influenza è dimostrata dal modo in cui è arrivato a dominare Lockhart, Robins e il rappresentante francese. Egli [Nieffel] consiglia grande cautela nel trattare con Trotsky, che ammette essere l'unico uomo veramente competente in Russia.[113]

---

[113] Il memorandum completo sitrova nel file decimale del Dipartimento di Stato americano, 316-13-698.

Qualche mese dopo, Thomas D. Thacher, avvocato di Wall Street e altro membro della missione della Croce Rossa americana in Russia, si trovava a Londra. Il 13 aprile 1918, Thacher scrisse all'ambasciatore americano a Londra di aver ricevuto una richiesta da H.P. Davison, socio di Morgan, di "conferire con Lord Northcliffe" sulla situazione in Russia e di recarsi poi a Parigi "per ulteriori conferenze". Lord Northcliffe era malato e Thacher partì con un altro socio di Morgan, Dwight W. Morrow, lasciando un memorandum da presentare a Northcliffe al suo ritorno a Londra.[114] Questo memorandum non solo conteneva suggerimenti espliciti sulla politica russa che sostenevano la posizione di Thompson, ma affermava addirittura che "si dovrebbe dare la massima assistenza al governo sovietico nei suoi sforzi per organizzare un esercito rivoluzionario volontario". Le quattro proposte principali del rapporto Thacher sono le seguenti:

> Prima di tutto... gli Alleati devono scoraggiare l'intervento giapponese in Siberia.
> In secondo luogo, il governo sovietico deve ricevere tutta l'assistenza possibile nei suoi sforzi per organizzare un esercito rivoluzionario volontario.
> In terzo luogo, i governi alleati dovrebbero sostenere moralmente il popolo russo nei suoi sforzi per sviluppare il proprio sistema politico senza il dominio di alcuna potenza straniera...
> In quarto luogo, finché non scoppierà un conflitto aperto tra il governo tedesco e quello sovietico in Russia, le agenzie tedesche avranno la possibilità di entrare pacificamente in Russia per scopi commerciali. Finché non ci sarà una frattura aperta, sarà probabilmente impossibile impedire del tutto questo commercio. Si dovrebbero quindi prendere misure per ostacolare, per quanto possibile, il trasporto di grano e materie prime dalla Russia alla Germania.[115]

LE INTENZIONI E GLI OBIETTIVI DI THOMPSON

Perché un importante finanziere di Wall Street, nonché capo della Federal Reserve Bank, avrebbe voluto organizzare e assistere i rivoluzionari bolscevichi? Perché non uno, ma diversi soci di Morgan, lavorando di concerto, avrebbero voluto incoraggiare la formazione di un "esercito rivoluzionario volontario" sovietico - un esercito che si supponeva dedicato al rovesciamento di Wall Street, compresi Thompson, Thomas Lamont, Dwight Morrow, lo studio Morgan e tutti i loro soci?

Thompson fu almeno franco sui suoi obiettivi in Russia: voleva mantenere la Russia in guerra con la Germania (anche se sostenne al Gabinetto di Guerra britannico che la Russia era comunque fuori dalla guerra) e mantenere la Russia come mercato per gli affari americani del dopoguerra. Il memorandum di

---

[114] Documenti del Gabinetto di guerra, 24/49/7197 (G.T. 4322) Segreto, 24 aprile 1918.

[115] Lettera riprodotta integralmente nell'Allegato 3. Si noti che abbiamo identificato Thomas Lamont, Dwight Morrow e H. P. Davison come strettamente coinvolto nello sviluppo della politica verso i bolscevichi. Tutti erano soci dello studio J.P. Morgan. Thacher lavorava presso lo studio legale Simpson, Thacher & Bartlett ed era un amico intimo di Felix Frankfurter.

Thompson a Lloyd George del dicembre 1917 descrive questi obiettivi. Il memorandum[116] inizia: "La situazione russa è perduta e la Russia è completamente aperta allo sfruttamento tedesco senza opposizione... " e conclude: "Credo che un lavoro intelligente e coraggioso impedirà ancora alla Germania di occupare il campo da sola e di sfruttare così la Russia a spese degli Alleati". Pertanto, era lo sfruttamento commerciale e industriale della Russia da parte della Germania che Thompson temeva (come si evince anche dal memorandum di Thacher) e che indusse Thompson e i suoi amici di New York a stringere un'alleanza con i bolscevichi. In effetti, questa interpretazione si riflette in una dichiarazione quasi umoristica fatta da Raymond Robins, vice di Thompson, a Bruce Lockhart, l'agente britannico:

> Sentirete dire che sono il rappresentante di Wall Street, che sono al servizio di William B. Thompson per procurargli il rame dell'Altai, che mi sono già procurato 500.000 acri dei migliori terreni boschivi della Russia, che ho già preso la ferrovia transiberiana, che mi è stato dato il monopolio del platino russo, che questo spiega il mio lavoro per conto dell'Unione Sovietica... Ascolterete questo discorso. Ora, non credo che sia vero, signor Commissario, ma supponiamo che lo sia. Supponiamo che io sia qui per catturare la Russia per conto di Wall Street e degli uomini d'affari americani. Supponiamo che voi siate un lupo inglese e io un lupo americano e che quando questa guerra sarà finita ci divoreremo a vicenda per il mercato russo; facciamolo con franchezza, alla maniera di un uomo, ma supponiamo allo stesso tempo di essere lupi abbastanza intelligenti e di sapere che se non cacciamo insieme a quest'ora il lupo tedesco ci divorerà entrambi, e allora mettiamoci al lavoro.[117]

Tenendo conto di ciò, esaminiamo le motivazioni personali di Thompson. Thompson era un finanziatore, un promotore e, sebbene non avesse alcun interesse per la Russia, aveva finanziato personalmente la missione della Croce Rossa in Russia e l'aveva usata come veicolo per alcune manovre politiche. Dal quadro generale, possiamo dedurre che le motivazioni di Thompson erano principalmente finanziarie e commerciali. In particolare, Thompson era interessato al mercato russo e a come questo mercato potesse essere influenzato, dirottato e catturato per essere sfruttato dopo la guerra da uno o più sindacati di Wall Street. Certamente Thompson vedeva la Germania come un nemico, ma non tanto come un nemico politico quanto come un nemico economico o commerciale. L'industria e le banche tedesche erano i veri nemici. Per ostacolare i piani della Germania, Thompson era pronto a scommettere su qualsiasi potere politico che gli permettesse di raggiungere il suo obiettivo. In altre parole, Thompson era un imperialista americano che lottava contro l'imperialismo tedesco, e questa lotta fu abilmente riconosciuta e sfruttata da Lenin e Trotsky.

L'evidenza sostiene questo approccio apolitico. All'inizio di agosto del 1917, William Boyce Thompson pranzò all'ambasciata americana di Pietrogrado con

---

[116] Si veda l'Allegato 3.

[117] Stati Uniti, Senato, *Propaganda bolscevica*, audizioni davanti a una sottocommissione della commissione giudiziaria, 65a Cong. 1919, p. 802.

Kerenskij, Terestchenko e l'ambasciatore americano Francis. Durante il pranzo, Thompson mostrò ai suoi ospiti russi un cablogramma che aveva appena inviato all'ufficio di New York di J.P. Morgan, chiedendo il trasferimento di 425.000 rubli per coprire una sottoscrizione personale del nuovo Russian Liberty Loan. Thompson chiese inoltre a Morgan di "informare i miei amici che raccomando queste obbligazioni come il miglior investimento di guerra che io conosca". Sarò lieto di organizzare il loro acquisto qui senza alcun compenso"; poi si offrì di prendere personalmente il venti per cento di un consorzio di New York che acquistasse cinque milioni di rubli del prestito russo. Non sorprende che Kerensky e Terestchenko si siano detti "molto soddisfatti" del sostegno di Wall Street. L'ambasciatore Francis, tramite un cablogramma, informò rapidamente il Dipartimento di Stato che la commissione della Croce Rossa stava "lavorando armoniosamente con me" e avrebbe avuto "un effetto eccellente".[118] Altri autori hanno raccontato come Thompson abbia cercato di convincere i contadini russi a sostenere Kerenskij investendo un milione di dollari di tasca propria e una quantità simile di fondi del governo americano in attività di propaganda. Successivamente, il Comitato per l'educazione civica nella Russia libera, guidato dalla "nonna" rivoluzionaria Breshkovskaja, con David Soskice (segretario privato di Kerenskij) come responsabile esecutivo, istituì giornali, uffici stampa, tipografie e oratori per promuovere l'appello: "Combatti il Kaiser e salva la rivoluzione". Vale la pena di notare che la campagna di Kerensky, finanziata da Thompson, aveva lo stesso appello: "Mantenere la Russia in guerra", così come il suo sostegno finanziario ai bolscevichi. Il legame comune tra il sostegno di Thompson a Kerensky e quello a Trotsky e Lenin era: "mantenere la guerra contro la Germania" e tenere la Germania fuori dalla Russia.

In breve, dietro e al di sotto degli aspetti militari, diplomatici e politici della Prima guerra mondiale, infuriava un'altra battaglia, ovvero una manovra per l'egemonia economica globale postbellica da parte di operatori internazionali di notevole forza e influenza. Thompson non era un bolscevico; non era nemmeno filo-bolscevico. Non era nemmeno favorevole a Kerensky. E non era nemmeno filoamericano. La *sua motivazione principale era la conquista del mercato russo del dopoguerra. Era* un obiettivo commerciale, non ideologico. L'ideologia poteva influenzare operatori rivoluzionari come Kerensky, Trotsky, Lenin e altri, ma non i finanzieri.

Il memorandum di Lloyd George dimostra l'imparzialità di Thompson sia nei confronti di Kerensky che dei bolscevichi: "Dopo il rovesciamento dell'ultimo governo Kerensky, abbiamo materialmente assistito la diffusione della letteratura bolscevica, distribuendola tramite agenti e aerei all'esercito tedesco".[119] Questo è stato scritto a metà dicembre 1917, solo cinque settimane dopo l'inizio della rivoluzione bolscevica e meno di quattro mesi dopo che Thompson aveva espresso il suo sostegno a Kerensky in un pranzo all'ambasciata americana.

---

[118] Fascicolo decimale del Dipartimento di Stato americano, 861.51/184.

[119] Si veda l'Allegato 3.

THOMPSON TORNA NEGLI STATI UNITI

Thompson tornò quindi in patria e girò gli Stati Uniti con un appello pubblico per il riconoscimento sovietico. In un discorso tenuto al Rocky Mountain Club di New York nel gennaio 1918, Thompson chiese aiuto al nascente governo bolscevico e, rivolgendosi a un pubblico composto in gran parte da occidentali, evocò lo spirito dei pionieri americani:

> Questi uomini non avrebbero esitato a lungo a riconoscere il governo operaio della Russia e a dargli tutto l'aiuto e la simpatia possibili, perché nel 1819 e negli anni successivi abbiamo avuto governi bolscevichi... e maledettamente buoni![120]

È difficile paragonare l'esperienza pionieristica della nostra frontiera occidentale con lo spietato sterminio dell'opposizione politica allora in corso in Russia. Per Thompson, questa conquista è stata probabilmente vista come simile alla conquista di titoli minerari che aveva fatto in passato. Per quanto riguarda le persone presenti tra il pubblico di Thompson, non sappiamo cosa abbiano pensato; tuttavia, nessuno ha sollevato una contestazione. L'oratore era un rispettato direttore della Federal Reserve Bank di New York, un milionario che si è fatto da solo (e questo conta molto negli Stati Uniti). E dopo tutto, non era appena tornato dalla Russia? Ma non tutto andava bene. Il biografo di Thompson, Hermann Hagedorn, ha scritto che Wall Street era "sbalordita", che i suoi amici erano "scioccati" e che lui "diceva di aver perso la testa, di essere diventato lui stesso un bolscevico".[121]

Mentre Wall Street si chiedeva se fosse davvero "diventato bolscevico", Thompson trovò simpatia tra i suoi colleghi del consiglio di amministrazione della Federal Reserve Bank di New York. Co-direttore W. L. Saunders, presidente della Ingersoll-Rand Corporation e direttore della FRB, scrisse al Presidente Wilson il 17 ottobre 1918, dichiarando di essere "solidale con la forma di governo sovietica"; allo stesso tempo, negò qualsiasi ulteriore motivazione, come "prepararsi ora per ottenere il controllo del commercio mondiale dopo la guerra".[122]

Tra i colleghi di Thompson, il più interessante fu George Foster Peabody, vicepresidente della Federal Reserve Bank di New York e amico intimo del socialista Henry George. Peabody aveva fatto fortuna con la manipolazione delle ferrovie, così come Thompson aveva fatto fortuna con la manipolazione delle azioni di rame. Peabody si dichiarò poi a favore della nazionalizzazione delle ferrovie da parte del governo e abbracciò apertamente la socializzazione.[123] Come conciliava Peabody il successo della sua impresa privata con la promozione della

---

[120] Inserito dal senatore Calder nei *Verbali del Congresso*, 31 gennaio 1918, pag. 1409.

[121] Hagedorn, op. cit., p. 263.

[122] Fascicolo decimale del Dipartimento di Stato americano, 861.00/3005.

[123] Louis Ware, *George Foster Peabody* (Athens: University of Georgia Press, 1951).

proprietà pubblica? Secondo il suo biografo Louis Ware, "il suo ragionamento gli fece capire che era importante che questa forma di trasporto fosse gestita come un servizio pubblico piuttosto che a beneficio di interessi privati". Questo ragionamento altisonante non è affatto vero. Sarebbe più corretto dire che, data l'influenza politica dominante di Peabody e dei suoi colleghi finanzieri a Washington, essi potevano più facilmente evitare i rigori della concorrenza attraverso il controllo governativo delle ferrovie. Grazie alla loro influenza politica, potevano manipolare il potere di polizia dello Stato per ottenere ciò che non potevano ottenere, o che era troppo costoso, con l'impresa privata. In altre parole, il potere di polizia dello Stato era un mezzo per mantenere un monopolio privato. Questo era esattamente ciò che aveva proposto Frederick C. Howe. L'idea di una Russia socialista pianificata centralmente deve essere piaciuta a Peabody. Pensate: un gigantesco monopolio di Stato! E Thompson, suo amico e collega regista, aveva il sopravvento su coloro che gestivano l'operazione![124]

GLI AMBASCIATORI NON UFFICIALI: ROBINS, LOCKHART E SADOUL

I bolscevichi, da parte loro, valutarono correttamente a Pietrogrado la mancanza di simpatia dei rappresentanti delle tre grandi potenze occidentali: Stati Uniti, Gran Bretagna e Francia. Gli Stati Uniti erano rappresentati dall'ambasciatore Francis, che non nascondeva la sua antipatia per la rivoluzione. La Gran Bretagna era rappresentata da Sir James Buchanan, che aveva stretti legami con la monarchia zarista ed era sospettato di aver aiutato la fase Kerensky della rivoluzione. La Francia era rappresentata dall'ambasciatore Maurice Paléologue, apertamente antibolscevico. All'inizio del 1918 comparvero altre tre personalità, che divennero rappresentanti de facto di questi Paesi occidentali e spodestarono i rappresentanti ufficialmente riconosciuti.

Raymond Robins subentrò a W.B. Thompson nella missione della Croce Rossa all'inizio del dicembre 1917, ma era più interessato a questioni economiche e politiche che a ottenere soccorso e assistenza per la Russia indigente. Il 26 dicembre 1917, Robins inviò un cablogramma a Henry Davison, socio di Morgan e direttore generale temporaneo della Croce Rossa americana: "Vi prego di far presente al Presidente la necessità di continuare le nostre relazioni con il governo bolscevico".[125] Il 23 gennaio 1918, Robins inviò un telegramma a Thompson, allora a New York:

---

[124] Se questo argomento sembra troppo inverosimile, il lettore dovrebbe consultare Gabriel Kolko, *Railroads and Regulation 1877-1916* (New York: W. W. Norton, 1965), che descrive come le pressioni per il controllo governativo e la formazione della Interstate Commerce Commission provenissero dai *proprietari delle ferrovie*, non dagli agricoltori e dagli utenti dei servizi ferroviari.

[125] C. K. Cumming e Waller W. Pettit, *Russian-American Relations, Documents and Papers* (New York: Harcourt, Brace & Howe, 1920), doc. 44.

> Il governo sovietico è ora più forte che mai. La sua autorità e il suo potere sono stati notevolmente rafforzati dallo scioglimento dell'Assemblea Costituente... L'importanza di un rapido riconoscimento dell'autorità bolscevica non può essere sottolineata oltre... Sisson è d'accordo con questo testo e chiede di mostrare questo cavo a Creel. Thacher e Wardwell sono d'accordo.[126]

Più tardi, nel 1918, al suo ritorno negli Stati Uniti, Robins presentò un rapporto al Segretario di Stato Robert Lansing contenente questo paragrafo iniziale:

> "Cooperazione economica degli Stati Uniti con la Russia; la Russia accoglierà con favore l'assistenza degli Stati Uniti nella ricostruzione economica".[127]

L'impegno costante di Robins a favore della causa bolscevica gli conferì un certo prestigio nel campo bolscevico e forse anche una certa influenza politica. L'ambasciata americana a Londra dichiarò nel novembre 1918 che "Salkind deve la sua nomina ad ambasciatore bolscevico in Svizzera a un americano... che non è altro che il signor Raymond Robins".[128] In questo periodo cominciarono a filtrare a Washington notizie secondo cui Robins era egli stesso un bolscevico; ad esempio, la seguente notizia da Copenaghen, datata 3 dicembre 1918:

> Riservato. Secondo una dichiarazione rilasciata da Radek a George de Patpourrie, ex console generale austriaco e ungherese a Mosca, il colonnello Robbins [sic], ex direttore della missione della Croce Rossa americana in Russia, è attualmente a Mosca per negoziare con il governo sovietico e fare da intermediario tra i bolscevichi e i loro amici negli Stati Uniti. Alcuni ambienti sembrano ritenere che il colonnello Robbins sia egli stesso un bolscevico, mentre altri sostengono che non lo sia, ma che le sue attività in Russia siano contrarie agli interessi dei governi associati.[129]

I documenti contenuti negli archivi dell'Ufficio sovietico di New York e sequestrati dal Comitato Lusk nel 1919 confermano che Robins e sua moglie erano strettamente legati alle attività bolsceviche negli Stati Uniti e alla formazione dell'Ufficio sovietico di New York.[130]

Il governo britannico stabilì relazioni non ufficiali con il regime bolscevico inviando in Russia un giovane agente di lingua russa, Bruce Lockhart. Lockhart era, in effetti, la controparte di Robins; ma a differenza di quest'ultimo, Lockhart aveva contatti diretti con il Ministero degli Esteri. Lockhart non è stato scelto dal Ministro degli Esteri o dal Ministero; entrambi sono rimasti sconcertati dalla

---

[126] Ibidem, doc. 54.

[127] Ibidem, 92.

[128] Fascicolo decimale del Dipartimento di Stato americano, 861.00/3449. Ma vedi Kennan, *La Russia esce dalla guerra*, pp. 401-5.

[129] Ibidem, 861.00 3333.

[130] Si veda il Capitolo 7.

nomina. Secondo Richard Ullman, Lockhart fu "selezionato per il suo incarico dagli stessi Milner e Lloyd George... Maxim Litvinov, in qualità di rappresentante sovietico non ufficiale in Gran Bretagna, scrisse una lettera di presentazione di Lockhart a Trotsky, in cui definiva l'agente britannico "un uomo assolutamente onesto che comprende la nostra posizione e simpatizza con noi". "[131]

Abbiamo già notato le pressioni esercitate su Lloyd George affinché adottasse una posizione filo-bolscevica, in particolare da William B. Thompson e, indirettamente, da Sir Basil Zaharoff e Lord Milner. Milner era, come suggerisce l'epigrafe di questo capitolo, estremamente filo-socialista. Edward Crankshaw ha descritto sinteticamente la dualità di Milner.

> Alcuni dei passaggi [in Milner] sull'industria e sulla società... sono passaggi che qualsiasi socialista sarebbe orgoglioso di aver scritto. Ma non sono stati scritti da un socialista. Sono stati scritti dall'"uomo che ha combattuto la guerra boera". Alcuni dei passaggi sull'imperialismo e sul fardello dell'uomo bianco potrebbero essere stati scritti da un conservatore convinto. Sono state scritte dall'allievo di Karl Marx.[132]

Secondo Lockhart, il direttore di banca socialista Milner era un uomo che le ispirava "il più grande affetto e culto dell'eroe". Lockhart[133] racconta come Milner abbia personalmente sponsorizzato la sua nomina in Russia, l'abbia spinta a livello di gabinetto e dopo la nomina abbia parlato "quasi quotidianamente" con Lockhart. Pur spianando la strada al riconoscimento dei bolscevichi, Milner incoraggiò anche il sostegno finanziario ai loro oppositori nella Russia meridionale e altrove, come fece Morgan a New York. Questa doppia politica è coerente con la tesi secondo cui il *modus operandi* degli internazionalisti politicizzati - come Milner e Thompson - era quello di puntare il denaro dello Stato su qualsiasi cavallo rivoluzionario o controrivoluzionario che sembrasse un possibile vincitore. Gli internazionalisti, ovviamente, hanno rivendicato ogni profitto successivo. L'indizio può essere trovato nell'osservazione di Bruce Lockhart che Milner era un uomo che "credeva in uno Stato altamente organizzato".[134]

Il governo francese nominò un simpatizzante ancora più apertamente bolscevico, Jacques Sadoul, un vecchio amico di Trotsky.[135]

In breve, i governi alleati neutralizzarono i propri rappresentanti diplomatici a Pietrogrado e li sostituirono con agenti non ufficiali più o meno simpatizzanti dei bolscevichi.

---

[131] Richard H. Ullman, *Intervention and the War* (Princeton, N.J.: Princeton University Press, 1961), t). 61.

[132] Edward Crankshaw, *The Abandoned Idea: A Study o! Visconte Milner* (Londra: Longmans Green, 1952), p. 269.

[133] Robert Hamilton Bruce Lockhart, *British Agent* (New York: Putnam's, 1933), pag. 119.

[134] Ibidem, p. 204.

[135] Si veda Jacques Sadoul, *Notes sur la révolution bolchévique* (Paris: Éditions de la sirène, 1919).

I rapporti di questi ambasciatori non ufficiali erano in diretta contraddizione con gli appelli di aiuto all'Occidente provenienti dall'interno della Russia. Maxim Gorky protestò contro il tradimento degli ideali rivoluzionari da parte del gruppo Lenin-Trotsky, che aveva imposto in Russia il pugno di ferro di uno stato di polizia:

> Noi russi siamo un popolo che non ha mai lavorato liberamente, che non ha ancora avuto la possibilità di sviluppare appieno le proprie potenzialità e i propri talenti. E quando penso che la rivoluzione ci dà la possibilità di lavorare liberamente, di avere una gioia multiforme della creazione, il mio cuore si riempie di speranza e di gioia, anche in questi giorni maledetti che sono macchiati di sangue e di alcol.
> Qui inizia la linea del mio deciso e inconciliabile distacco dalle azioni insensate dei commissari del popolo. Considero il massimalismo delle idee molto utile per la sconfinata anima russa; il suo compito è quello di sviluppare in quell'anima grandi e coraggiose esigenze, di suscitare lo spirito combattivo e l'attività tanto necessaria, di promuovere l'iniziativa in quell'anima indolente e di darle forma e vita in generale.
> Ma il massimalismo pratico degli anarco-comunisti e dei visionari di Smolny è rovinoso per la Russia e, soprattutto, per la classe operaia russa. I commissari del popolo trattano la Russia come materiale sperimentale. Il popolo russo è per loro quello che il cavallo è per gli scienziati batteriologi che inoculano il cavallo con il tifo in modo che la linfa anti-tifo si sviluppi nel suo sangue. Oggi i commissari stanno tentando questo esperimento predestinato sul popolo russo senza pensare che il cavallo tormentato e mezzo affamato possa morire.
> Ai riformatori di Smolny non interessa la Russia. Sacrificano la Russia a sangue freddo in nome del loro sogno di rivoluzione mondiale ed europea. E finché potrò, farò capire ai proletari russi questo: "Vi stanno portando alla distruzione". Il vostro popolo viene usato come cavia in un esperimento disumano".

In contrasto con i resoconti degli ambasciatori non ufficiali simpatici, anche i resoconti dei rappresentanti diplomatici di vecchia data sono contrari. Il seguente cablogramma della legazione americana a Berna, in Svizzera, è tipico dei molti messaggi che giunsero a Washington all'inizio del 1918, in particolare dopo l'espressione di sostegno di Woodrow Wilson ai governi bolscevichi:

> A Polk. Il messaggio del Presidente al Console di Mosca non è stato compreso qui e la gente si chiede perché il Presidente esprima sostegno ai bolscevichi, alla luce degli stupri, degli omicidi e dell'illegalità di queste bande.[136]

Il continuo appoggio dell'amministrazione Wilson ai bolscevichi portò alle dimissioni di De Witt C. Poole, il competente incaricato d'affari americano ad Arkhangelsk (Russia):

> È mio dovere spiegare francamente al Dipartimento la perplessità in cui mi ha gettato la dichiarazione della politica russa adottata dalla Conferenza di Pace il 22 gennaio, su suggerimento del Presidente. Questo annuncio riconosce molto

---

[136] Fascicolo decimale del Dipartimento di Stato americano, 861.00/1305, 15 marzo 1918.

prontamente la rivoluzione e conferma ancora una volta la totale assenza di simpatia per qualsiasi forma di controrivoluzione che è sempre stata una nota chiave della politica americana in Russia, ma non contiene una sola [parola] di condanna per l'altro nemico della rivoluzione - il governo bolscevico.[137]

Così, già nei primi giorni del 1918, il tradimento della rivoluzione libertaria era stato notato da osservatori esperti come Maxim Gorky e De Witt C. Poole. Le dimissioni di Poole scossero il Dipartimento di Stato, che espresse "la massima riluttanza al suo desiderio di dimettersi" e dichiarò che "sarà necessario sostituirla in modo naturale e normale per evitare effetti gravi e possibilmente disastrosi sul morale delle truppe americane nel distretto di Arkhangelsk, che potrebbero portare alla perdita di vite americane".[138]

Così, non solo i governi alleati neutralizzarono i propri rappresentanti governativi, ma gli Stati Uniti ignorarono gli appelli provenienti dall'interno e dall'esterno della Russia a smettere di sostenere i bolscevichi. L'influente sostegno sovietico proveniva in gran parte dall'area finanziaria di New York (poco sostegno effettivo proveniva dai rivoluzionari americani). In particolare, proveniva dall'American International Corporation, una società controllata da Morgan.

ESPORTARE LA RIVOLUZIONE: JACOB H. RUBIN

Siamo ora in grado di confrontare due casi - non certo gli unici - in cui i cittadini americani Jacob Rubin e Robert Minor hanno contribuito a esportare la rivoluzione in Europa e in altre parti della Russia.

Jacob H. Rubin era un banchiere che, secondo le sue stesse parole, "ha contribuito a formare il governo sovietico a Odessa".[139] Rubin era presidente, tesoriere e segretario della Rubin Brothers al 19 West 34th Street, New York City. Nel 1917 è stato associato alla Union Bank di Milwaukee e alla Provident Loan Society di New York. Tra i direttori della Provident Loan Society c'erano persone citate altrove come legate alla rivoluzione bolscevica: P. A. Rockefeller, Mortimer L. Schiff e James Speyer.

Attraverso un qualche processo - riportato solo vagamente nel suo libro *I Live to Tell*[140] - Rubin si trovava a Odessa nel febbraio 1920 e fu oggetto di un messaggio dell'ammiraglio McCully al Dipartimento di Stato (datato 13 febbraio 1920, 861.00/6349). Questo messaggio affermava che Jacob H. Rubin della Union Bank di Milwaukee si trovava a Odessa e desiderava rimanere con i bolscevichi -

---

[137] Ibidem, 861.00/3804.

[138] Ibidem.

[139] Stati Uniti, Camera, Commissione Affari Esteri, *Condizioni in Russia*, 66a Cong. 3a Sess. 1921.

[140] Jacob H. Rubin, *I Live to Tell: The Russian Adventures of an American Socialist* (Indianapolis: Bobbs-Merrill, 1934).

"Rubin non vuole andarsene, ha offerto i suoi servizi ai bolscevichi e sembra essere in simpatia con loro". Rubin tornò negli Stati Uniti e nel 1921 testimoniò davanti alla Commissione Affari Esteri della Camera:

> Ero stato con gli operatori della Croce Rossa Americana a Odessa. Ero lì quando l'Armata Rossa ha conquistato Odessa. All'epoca ero favorevole al governo sovietico, perché ero socialista e avevo militato in quel partito per 20 anni. Devo ammettere che in qualche misura ho contribuito alla formazione del governo sovietico a Odessa.[141]

Pur aggiungendo che era stato arrestato come spia dal governo Denikin della Russia meridionale, non si sa molto di più su Rubin. D'altra parte, sappiamo molto di più su Robert Minor, che è stato colto sul fatto e liberato con un meccanismo che ricorda la liberazione di Trotsky da un campo di prigionia di Halifax.

ESPORTARE LA RIVOLUZIONE: ROBERT MINOR

Il lavoro di propaganda bolscevica in Germania,[142] finanziato e organizzato da William Boyce Thompson e Raymond Robins, fu svolto sul campo da cittadini americani sotto la supervisione del Commissariato del Popolo per gli Affari Esteri di Trotsky:

> Una delle prime innovazioni di Trotsky al Ministero degli Esteri era stata la creazione di un Ufficio Stampa sotto Karl Radek e di un Ufficio di Propaganda Rivoluzionaria Internazionale sotto Boris Reinstein, i cui assistenti erano John Reed e Albert Rhys Williams.
> Un giornale tedesco, *Die Fackel* (La *Fiaccola*), fu stampato al ritmo di mezzo milione di copie al giorno e inviato con un treno speciale ai comitati centrali dell'esercito a Minsk, Kiev e altre città, che a loro volta lo distribuirono ad altri punti del fronte.[143]

Robert Minor era un agente dell'ufficio propaganda di Reinstein. Gli antenati di Minor hanno avuto un ruolo importante nella storia americana. Il generale Sam Houston, primo presidente della Repubblica del Texas, era parente della madre di Minor, Routez Houston. Altri parenti erano Mildred Washington, zia di George Washington, e il generale John Minor, responsabile della campagna elettorale di Thomas Jefferson. Il padre di Minor era un avvocato della Virginia emigrato in Texas. Dopo alcuni anni difficili con pochi clienti, è diventato giudice a San Antonio.

---

[141] Stati Uniti, Commissione Affari Esteri della Camera, op. cit.

[142] Cfr. George G. Bruntz, *Allied Propaganda and the Collapse of the German Empire in 1918* (Stanford, Calif.: Stanford University Press, 1938), pp. 144-55; cfr. anche qui p. 82.

[143] John W. Wheeler-Bennett, *The Forgotten Peace* (New York: William Morrow, 1939).

Robert Minor era un vignettista di talento e un socialista. È arrivato a est dal Texas. Alcuni dei suoi contributi furono pubblicati su *Masses*, una rivista filo-bolscevica. Nel 1918, Minor era un vignettista del *Philadelphia Public Ledger*. Minor lasciò New York nel marzo 1918 per coprire la rivoluzione bolscevica. Mentre si trovava in Russia, Minor si unì all'Ufficio di Propaganda Rivoluzionaria Internazionale di Reinstein (vedi grafico), insieme a Philip Price, corrispondente del *Daily Herald* e del *Manchester Guardian*, e a Jacques Sadoul, ambasciatore francese non ufficiale e amico di Trotsky.

Ottimi dati sulle attività di Price, Minor e Sadoul sono sopravvissuti sotto forma di un rapporto speciale segreto di Scotland Yard (Londra) n. 4, intitolato "The Case of Philip Price and Robert Minor", nonché nei rapporti del Dipartimento di Stato a Washington.[144] Secondo questo rapporto di Scotland Yard, Philip Price si trovava a Mosca a metà del 1917, prima della rivoluzione bolscevica, e ha ammesso di essere "coinvolto fino al collo nel movimento rivoluzionario". Tra la rivoluzione e l'autunno del 1918, Price lavorò con Robert Minor al Ministero degli Esteri.

L'ORGANIZZAZIONE DEL LAVORO DI PROPAGANDA ALL'ESTERO NEL 1918

---

[144] Una copia di questo rapporto di Scotland Yard esiste nell'archivio decimale del Dipartimento di Statodegli Stati Uniti, 316-23-1184 9.

Nel novembre 1918, Minor e Price lasciarono la Russia e si recarono in Germania.[145] La loro propaganda fu usata per la prima volta sul fronte russo a Murman; gli aerei bolscevichi lanciarono volantini tra le truppe britanniche, francesi e americane - secondo il programma di William Thompson.[146] La decisione di inviare Sadoul, Price e Minor in Germania fu presa dal Comitato esecutivo centrale del Partito comunista. In Germania, le loro attività sono diventate note ai servizi segreti britannici, francesi e americani. Il 15 febbraio 1919, il tenente J. Habas dell'esercito americano fu inviato a Düsseldorf, allora sotto il controllo di un gruppo rivoluzionario spartachista; si finse un disertore dell'esercito americano e offrì i suoi servizi agli spartachisti. Habas incontrò Philip Price e Robert Minor e propose di stampare degli opuscoli da distribuire alle truppe americane. Il rapporto di Scotland Yard afferma che Price e Minor avevano già scritto diversi opuscoli per le truppe britanniche e americane, che Price aveva tradotto in inglese alcune opere di Wilhelm Liebknecht e che entrambi stavano lavorando ad altri opuscoli di propaganda. Habas riferisce che Minor e Price hanno dichiarato di aver lavorato insieme in Siberia per stampare un giornale bolscevico in inglese da distribuire per via aerea alle truppe americane e britanniche.[147]

L'8 giugno 1919, Robert Minor viene arrestato a Parigi dalla polizia francese e consegnato alle autorità militari americane a Coblenza. Contemporaneamente, gli spartachisti tedeschi furono arrestati dalle autorità militari britanniche nella zona di Colonia. In seguito, gli spartachisti furono condannati per cospirazione al fine di provocare ammutinamento e sedizione all'interno delle forze alleate. Price è stato arrestato ma, come Minor, è stato rapidamente rilasciato. Il Dipartimento di Stato ha preso atto di questo rilascio affrettato:

> Robert Minor è stato ora rilasciato, per ragioni non del tutto chiare, poiché le prove contro di lui sembrano essere state sufficienti per ottenere una condanna. Questo rilascio avrà un effetto spiacevole, poiché si ritiene che Minor fosse intimamente coinvolto con l'IWW in America.[148]

Il meccanismo con cui Robert Minor ha ottenuto il suo rilascio è registrato negli archivi del Dipartimento di Stato. Il primo documento rilevante, datato 12 giugno 1919, proviene dall'Ambasciata americana a Parigi ed è indirizzato al Segretario di Stato a Washington, D.C., con la dicitura URGENTE E RISERVATO.[149] Il Ministero degli Esteri francese informò l'Ambasciata che l'8 giugno Robert Minor, "un corrispondente americano", era stato arrestato a Parigi e consegnato al Quartier Generale della Terza Armata statunitense a Coblenza. I

---

[145] Joseph North, *Robert Minor: Artist and Crusader* (New York: International Publishers, 1956).

[146] Campioni dei volantini di propaganda di Minor sono ancora in archivio presso il Dipartimento di Stato americano. Su Thompson si vedano le pagg. 197-200.

[147] Si veda l'Allegato 3.

[148] Fascicolo decimale del Dipartimento di Stato americano, 316-23-1184.

[149] Ibidem, 861.00/4680 (316-22-0774).

documenti trovati su Minor sembrano "confermare i rapporti forniti sulle sue attività". Sembra quindi accertato che Minor avesse stabilito relazioni a Parigi con i sostenitori dichiarati del bolscevismo. L'Ambasciata considera Minor un "uomo particolarmente pericoloso". L'Ambasciata ritiene che la questione sia di esclusiva competenza delle forze armate e non intende quindi intraprendere alcuna azione, anche se le istruzioni sono ben accette.

Il 14 giugno, il giudice R. B. Minor a San Antonio, Texas, telegrafò a Frank L. Polk al Dipartimento di Stato:

> La stampa riferisce che mio figlio Robert Minor è detenuto a Parigi per motivi sconosciuti. Vi esorto a fare tutto il possibile per liberarlo. Mi riferisco ai senatori del Texas. R. P. Minor, giudice distrettuale, San Antonio, Texas.[150]

Polk telegrafò al giudice Minor che né il Dipartimento di Stato né il Dipartimento della Guerra avevano informazioni sulla detenzione di Robert Minor e che la questione era ora all'attenzione delle autorità militari di Coblenza. Alla fine di giugno, il Dipartimento di Stato ricevette un messaggio "urgente e strettamente confidenziale" da Parigi che riportava una dichiarazione dell'Ufficio dei servizi segreti militari (Coblenza) sulla detenzione di Robert Minor: "Minor è stato arrestato a Parigi dalle autorità francesi su richiesta dei servizi segreti militari britannici e immediatamente consegnato al quartier generale statunitense di Coblenza.[151] Fu accusato di aver scritto e distribuito letteratura rivoluzionaria bolscevica, stampata a Düsseldorf, alle truppe britanniche e americane nelle zone da loro occupate. Le autorità militari intendevano esaminare le accuse contro Minor e, se fossero state fondate, sottoporlo alla corte marziale. Se le accuse erano infondate, intendevano consegnare Minor alle autorità britanniche, "che inizialmente avevano chiesto ai francesi di consegnarlo loro".[152] Il giudice Minor in Texas contattò autonomamente Morris Sheppard, senatore americano del Texas, e Sheppard contattò il colonnello House a Parigi. Il 17 giugno 1919, il colonnello House inviò al senatore Sheppard quanto segue:

> L'ambasciatore americano e io stiamo seguendo il caso di Robert Minor. Sono stato informato che è detenuto dalle autorità militari statunitensi a Colonia con gravi accuse, di cui è difficile scoprire l'esatta natura. Ciononostante, prenderemo tutte le misure possibili per garantire che gli venga data una giusta considerazione.[153]

Il senatore Sheppard e il deputato Carlos Bee (14° distretto[e], Texas) hanno entrambi espresso interesse al Dipartimento di Stato. Il 27 giugno 1919, il deputato Bee chiese al giudice Minor di poter inviare al figlio 350 dollari e un messaggio. Il 3 luglio, il senatore Sheppard scrisse a Frank Polk, dichiarando di essere "molto

---

[150] Ibidem, 861.00/4685 (/783).

[151] Fascicolo decimale del Dipartimento di Stato americano, 861.00/4688 (/788).

[152] Ibidem.

[153] Ibidem, 316-33-0824.

interessato" al caso di Robert Minor e chiedendo se lo Stato potesse accertare il suo status e se Minor fosse effettivamente sotto la giurisdizione delle autorità militari. Poi, l'8 luglio, l'ambasciata di Parigi inviò un telegramma a Washington: "Confidenziale. Minor è stato rilasciato dalle autorità statunitensi... ed è tornato negli Stati Uniti con la prima nave disponibile". Questo improvviso rilascio incuriosì il Dipartimento di Stato e il 3 agosto il Segretario di Stato Lansing inviò un cablogramma a Parigi: "Segreto. In riferimento ai precedenti, sono molto ansioso di ottenere le ragioni del rilascio di Minor da parte delle autorità militari.

In origine, le autorità dell'esercito americano avevano voluto che fossero gli inglesi a processare Robert Minor perché "temevano che la politica sarebbe intervenuta negli Stati Uniti per impedire una condanna se il prigioniero fosse stato processato da una corte marziale americana". Tuttavia, il governo britannico sostenne che Minor era un cittadino americano, che le prove dimostravano che aveva preparato propaganda contro le truppe americane in prima istanza e che quindi - così suggerì il Capo di Stato Maggiore britannico - Minor doveva essere processato da un tribunale americano. Il Capo di Stato Maggiore britannico riteneva che fosse "della massima importanza ottenere una condanna, se possibile".[154]

I documenti dell'ufficio del Capo di Stato Maggiore della Terza Armata riguardano i dettagli interni della liberazione di Minor.[155] Un telegramma del 23 giugno 1919 del Maggiore Generale Harbord, Capo di Stato Maggiore della Terza Armata (in seguito Presidente del Consiglio di Amministrazione della International General Electric, il cui centro direzionale, per coincidenza, si trovava anch'esso al 120 di Broadway), al Comandante Generale della Terza Armata, affermava che il Comandante in Capo John J. Pershing "ordina di sospendere l'azione nel caso contro Minor in attesa di ulteriori ordini". Esiste anche un memorandum firmato dal generale di brigata W. A. Bethel nell'ufficio del giudice avvocato, datato 28 giugno 1919, contrassegnato come "Segreto e confidenziale" e intitolato "Robert Minor, in attesa di processo da parte della commissione militare presso il quartier generale della 3a armata^e ". La nota esamina i procedimenti legali contro Minor. Tra le osservazioni di Bethel c'è che gli inglesi erano chiaramente riluttanti a trattare il caso di Minor perché "temono l'opinione americana se un americano viene processato per un crimine di guerra in Europa", anche se il crimine di fatica di cui Minor è accusato è il più grave "che un uomo possa commettere". Si tratta di un'affermazione significativa: Minor, Price e Sadoul stavano attuando un programma ideato dal direttore della Federal Reserve Bank Thompson, fatto confermato dal memorandum dello stesso Thompson (cfr. Appendice 3). Quindi Thompson (e Robins) non erano, in qualche misura, soggetti alle stesse accuse?

Dopo aver interrogato Siegfried, il testimone contro Minor, e aver esaminato le prove, Bethel commentò:

---

[154] Fascicolo decimale del Dipartimento di Stato americano, 861.00/4874.

[155] Ufficio del Capo di Stato Maggiore dell'Esercito degli Stati Uniti, Archivio Nazionale, Washington.

Credo sinceramente che Minor sia colpevole, ma se fossi in tribunale non lo direi con le prove che ho ora: la testimonianza di un uomo che agisce come detective e informatore non è sufficiente.

Bethel ha poi aggiunto che entro una settimana o dieci giorni si sarebbe saputo se era disponibile una conferma sostanziale della testimonianza di Siegfried. Se è disponibile, "penso che Minor debba essere processato", ma "se non è possibile ottenere una conferma, penso che sarebbe meglio archiviare il caso".

Questa dichiarazione di Bethel fu trasmessa in forma diversa dal generale Harbord in un telegramma del 5 luglio al generale Malin Craig (Capo di Stato Maggiore della Terza Armata, Coblenza):

> Per quanto riguarda il caso contro Minor, a meno che non siano stati rintracciati testimoni diversi da Siegfried entro questo momento, il C en C[156] ordina che il caso venga archiviato e Minor rilasciato. Si prega di prendere nota e di indicare le misure da adottare.

La risposta di Craig al generale Harbord (5 luglio) affermava che Minor era stato rilasciato a Parigi e aggiungeva: "Questo è in accordo con i suoi desideri e si adatta ai nostri scopi". Craig aggiunge anche che sono stati ascoltati altri testimoni.

Questo scambio di telegrammi fa pensare a una fretta di far cadere le accuse contro Robert Minor, e la fretta fa pensare a pressioni. Non c'è stato alcun tentativo significativo di sviluppare prove. L'intervento del colonnello House e del generale Pershing ai massimi livelli a Parigi e il telegramma del colonnello House al senatore Morris Sheppard danno peso alle notizie riportate dai giornali americani, secondo cui sia House che il presidente Wilson erano responsabili del frettoloso rilascio di Minor senza processo.[157]

Minor tornò negli Stati Uniti e, come Thompson e Robins prima di lui, girò gli Stati Uniti promuovendo le meraviglie della Russia bolscevica.

In sintesi, scopriamo che il direttore della Federal Reserve Bank William Thompson fu attivo nel promuovere gli interessi bolscevichi in diversi modi: producendo un pamphlet in russo, finanziando le operazioni bolsceviche, tenendo discorsi, organizzando (insieme a Robins) una missione rivoluzionaria bolscevica in Germania (e forse in Francia) e, insieme a Lamont, partner di Morgan, influenzando Lloyd George e il gabinetto di guerra britannico per ottenere un cambiamento nella politica britannica. Inoltre, Raymond Robins è stato citato dal governo francese per aver organizzato i bolscevichi russi per la rivoluzione tedesca. Sappiamo che Robins lavorava in modo occulto per gli interessi sovietici in Russia e negli Stati Uniti. Infine, notiamo che Robert Minor, uno dei propagandisti rivoluzionari utilizzati nel programma di Thompson, è stato rilasciato in circostanze che suggeriscono l'intervento dei più alti livelli del governo statunitense.

---

[156] Comandante in capo.

[157] Stati Uniti, Senato, *Congressional Record*, ottobre 1919, pp. 6430, 6664-66, 7353-54; e *New York Times*, 11 ottobre 1919. Si veda anche *Sacramento Bee*, 17 luglio 1919.

Chiaramente, questa è solo una frazione di un quadro molto più ampio. Non si tratta di eventi accidentali o casuali. Essi formano un modello coerente e continuo nell'arco di diversi anni. Essi suggeriscono una forte influenza ai vertici di diversi governi.

CAPITOLO VII

IL RITORNO DEI BOLSCEVICHI A NEW YORK

> Martens è molto importante. Non sembrano esserci dubbi sui suoi legami con la società Guarantee [sic], anche se è sorprendente che una società così grande e influente abbia rapporti con una società bolscevica.
> Rapporto dei servizi segreti di Scotland Yard, Londra, 1919[158]

Dopo i successi iniziali della rivoluzione, i sovietici non persero tempo a tentare, attraverso ex residenti americani, di stabilire relazioni diplomatiche con gli Stati Uniti e strutture di propaganda in quel Paese. Nel giugno 1918, il console americano ad Harbin inviò un cablogramma a Washington:

> Albert R. Williams, titolare del passaporto 52913; 15 maggio 1917, in viaggio verso gli Stati Uniti per creare un ufficio informazioni per il governo sovietico, dal quale ha ricevuto un permesso scritto. Devo concedere un visto?[159]

Washington rifiutò il visto e così Williams fallì nel tentativo di stabilirvi un ufficio informazioni. Williams fu seguito da Alexander Nyberg (alias Santeri Nuorteva), un ex finlandese immigrato negli Stati Uniti nel gennaio 1912, che divenne il primo rappresentante sovietico operativo negli Stati Uniti. Nyberg era un attivo propagandista. Infatti, nel 1919, secondo J. Edgar Hoover (in una lettera al Comitato di Stato americano), era "il precursore di LCAK Martens e, insieme a Gregory Weinstein, l'individuo più attivo nella propaganda ufficiale bolscevica negli Stati Uniti".[160]

Nyberg non ebbe molto successo come rappresentante diplomatico o, in ultima analisi, come propagandista. I documenti del Dipartimento di Stato registrano un colloquio con Nyberg da parte dell'Ufficio dei Consiglieri, datato *29* gennaio 1919. Nyberg era accompagnato da H. Kellogg, descritto come "cittadino

---

[158] Copia nel file decimale del Dipartimento di Stato americano, 316-22-656.

[159] Ibidem, 861.00/1970.

[160] Stati Uniti, Camera, Comitato per gli Affari Esteri, *Condizioni in Russia*, 66° Cong. 3° Sess. 1921, p. 78.

americano, laureato ad Harvard" e, cosa più sorprendente, da un certo McFarland, avvocato dell'organizzazione Hearst. I documenti del Dipartimento di Stato mostrano che Nyberg fece "numerose false dichiarazioni riguardo all'atteggiamento nei confronti del governo bolscevico" e affermò che Peters, il capo della polizia terroristica di Pietrogrado, era solo un "poeta di buon cuore". Nyberg chiese al Ministero di inviare un cablogramma a Lenin, "sulla base dell'ipotesi che egli potesse essere utile per portare a buon fine la conferenza alleata proposta a Parigi".[161] Il messaggio proposto, un appello sconclusionato a Lenin per ottenere l'accettazione internazionale alla conferenza di Parigi, non fu inviato.[162]

IRRUZIONE DELLA POLIZIA IN UN UFFICIO SOVIETICO A NEW YORK

Alexander Nyberg (Nuorteva) fu quindi licenziato e sostituito dall'Ufficio sovietico, che fu istituito all'inizio del 1919 nel World Tower Building, 110 West 40 Street, New York City. L'ufficio era diretto da un cittadino tedesco, Ludwig C. A. K. Martens, che è generalmente considerato il primo ambasciatore sovietico negli Stati Uniti e che, fino a quel momento, era vicepresidente della Weinberg & Posner, uno studio di ingegneria situato al 120 di Broadway, a New York. Il motivo per cui l'"ambasciatore" e i suoi uffici si trovassero a New York anziché a Washington D.C. non è stato spiegato; ciò suggerisce che il suo obiettivo primario fossero gli affari piuttosto che la diplomazia. In ogni caso, l'ufficio ha subito lanciato un appello al commercio tra Russia e Stati Uniti. L'industria era crollata e la Russia aveva urgente bisogno di macchinari, attrezzature ferroviarie, abbigliamento, prodotti chimici, farmaci, in pratica tutto ciò che serve a una civiltà moderna. In cambio, i sovietici offrirono oro e materie prime. L'Ufficio sovietico ha quindi proceduto a stabilire contratti con le aziende americane, ignorando i fatti dell'embargo e del mancato riconoscimento. Allo stesso tempo, fornì sostegno finanziario al nascente Partito Comunista Americano.[163]

Il 7 maggio 1919, il Dipartimento di Stato pose fine all'intervento aziendale a favore del Bureau (menzionato altrove) e ripudiò Ludwig Martens, il Bureau sovietico e il governo bolscevico della Russia. Questa confutazione ufficiale non ha scoraggiato gli avidi cacciatori di ordini dell'industria americana. Quando il 12 giugno 1919 gli uffici dell'Ufficio sovietico furono perquisiti dai rappresentanti del Comitato Lusk dello Stato di New York, vennero alla luce file di lettere da e per uomini d'affari americani, che rappresentavano quasi un migliaio di aziende. Il "Rapporto speciale n. 5 (segreto)" dell'Intelligence Branch del Ministero

---

[161] Fascicolo decimale del Dipartimento di Stato americano, 316-19-1120.

[162] Ibidem.

[163] Cfr. Benjamin Gitlow, U.S., House, *Un-American Propaganda Activities* (Washington, 1939), vol. 7-8, p. 4539.

dell'Interno britannico, pubblicato da Scotland Yard a Londra il 14 luglio 1919 e redatto da Basil H. Thompson, si basava su questi documenti sequestrati:

> ... Fin dall'inizio, Martens e i suoi soci hanno fatto ogni sforzo per attirare l'interesse dei capitalisti americani e c'è ragione di credere che il Bureau abbia ricevuto il sostegno finanziario di alcune società di esportazione russe, nonché di Guarantee [sic], sebbene quest'ultima abbia negato l'accusa di aver finanziato l'organizzazione di Martens.[164]

Thompson osserva che l'affitto mensile degli uffici dell'Ufficio sovietico è di 300 dollari e gli stipendi dei dipendenti ammontano a circa 4.000 dollari. I fondi di Martens per pagare queste fatture provenivano in parte da corrieri sovietici - come John Reed e Michael Gruzenberg - che portavano diamanti dalla Russia per venderli negli Stati Uniti, e in parte da società commerciali statunitensi, tra cui la Guaranty Trust Company di New York. I rapporti britannici riassumono i file sequestrati dagli investigatori di Lusk nell'ufficio, e questo riassunto merita di essere citato per intero:

(1) Durante la prima visita del Presidente in Francia, era in atto un complotto affinché l'Amministrazione utilizzasse Nuorteva come intermediario con il governo sovietico russo per ottenere il riconoscimento da parte dell'America. Furono compiuti sforzi per coinvolgere il colonnello House, e c'è una lunga e interessante lettera a Frederick C. Howe su cui Nuorteva sembrava contare per ottenere sostegno e simpatia. Altri documenti collegano Howe a Martens e Nuorteva.
(2) Esiste un fascicolo di corrispondenza con Eugène Debs.
(3) Una lettera di Amos Pinchot a William Kent della U.S. Tariff Commission in una busta indirizzata al senatore Lenroot, presenta Evans Clark "ora nell'Ufficio della Repubblica Sovietica Russa". "Vuole parlare con lei del riconoscimento di Kolchak, della revoca del blocco, ecc.
(4) Un rapporto a Felix Frankfurter, datato 27 maggio 1919, parla della virulenta campagna diffamatoria del governo russo.
(5) Esiste una notevole corrispondenza tra il colonnello e la signora Raymond Robbins [sic] e Nuorteva, sia nel 1918 che nel 1919. Nel luglio 1918 la signora Robbins chiese a Nuorteva degli articoli per "Life and Labour", l'organo della National Women's Trade League. Nel febbraio e marzo 1919, Nuorteva cercò, tramite Robbins, di essere invitato a testimoniare davanti alla Commissione Overman. Voleva anche che Robbins denunciasse i documenti di Sisson.
(6) In una lettera della Jansen Cloth Products Company, New York, a Nuorteva, datata 30 marzo 1918, E. Werner Knudsen afferma di aver saputo che Nuorteva intende prendere accordi per l'esportazione di prodotti alimentari attraverso la Finlandia e offre i suoi servizi. Abbiamo un dossier su Knudsen,

---

[164] Copia nell'archivio decimale del Dipartimento di Stato americano, 316-22-656. Conferma del coinvolgimento di Guaranty Trust nei successivi rapporti di intelligence.

che trasmetteva informazioni da e per la Germania attraverso il Messico riguardo alle spedizioni britanniche.[165]

Ludwig Martens, prosegue il rapporto dell'intelligence, era in contatto con tutti i leader della "sinistra" negli Stati Uniti, compresi John Reed, Ludwig Lore e Harry J. Boland, il ribelle irlandese. Martens aveva organizzato una vigorosa campagna contro Alexander Kolchak in Siberia. Il rapporto conclude:

> L'organizzazione di Martens] è una potente arma a sostegno della causa bolscevica negli Stati Uniti e... è in stretto contatto con i promotori di agitazioni politiche in tutto il continente americano.

L'elenco del personale di Scotland Yard impiegato dall'Ufficio sovietico di New York coincide abbastanza fedelmente con un elenco simile contenuto negli archivi del Comitato Lusk di Albany, New York, che sono ora accessibili al pubblico.[166] C'è una differenza fondamentale tra i due elenchi: l'analisi britannica includeva il nome di "Julius Hammer", mentre Hammer era stato omesso dal rapporto del Comitato Lusk.[167] Il rapporto britannico descrive Julius Hammer come segue:

> In Julius Hammer, Martens ha un vero bolscevico e ardente sostenitore della sinistra, arrivato dalla Russia non molto tempo fa. È stato uno degli organizzatori del movimento di sinistra a New York e ha parlato alle riunioni sulla stessa piattaforma di leader di sinistra come Reed, Hourwich, Lore e Larkin.

Ci sono anche altre prove del lavoro di Hammer per i sovietici. Una lettera della National City Bank di New York al Dipartimento del Tesoro degli Stati Uniti afferma che i documenti ricevuti dalla banca di Martens sono stati "attestati da un certo Dr. Julius Hammer per il direttore ad interim del dipartimento finanziario" dell'Ufficio sovietico.[168]

La famiglia Hammer ha avuto stretti legami con la Russia e il regime sovietico dal 1917 a oggi. Oggi Armand Hammer è in grado di acquisire i più lucrosi contratti sovietici. Il nonno di Armand Hammer, Jacob e Julius, è nato in Russia.

---

[165] Su Frederick C. Howe, cfr. pp. 16, 177, per una prima dichiarazione su come i finanzieri usano la società e i suoi problemi per i loro scopi; su Felix Frankfurter, in seguito giudice della Corte Suprema, cfr. Appendice 3 per una prima lettera di Frankfurter a Nuorteva; su Raymond Robins, cfr. p. 100.

[166] L'elenco del personale del Comitato Lusk nell'Ufficio sovietico è riportato nell'Appendice 3. L'elenco comprende Kenneth Durant, assistente del colonnello House, Dudley Field Malone, nominato dal presidente Wilson esattore della dogana del porto di New York, e Morris Hillquit, intermediario finanziario tra il banchiere newyorkese Eugene Boissevain da un lato, e John Reed e l'agente sovietico Michael Gruzenberg dall'altro.

[167] Julius Hammer è il padre di Armand Hammer, oggi presidente della Occidental Petroleum Corp. di Los Angeles.

[168] Si veda l'Allegato 3.

Armand, Harry e Victor, i figli di Julius, sono nati negli Stati Uniti e sono cittadini americani. Victor era un noto artista; suo figlio - chiamato anche Armand - e sua nipote sono cittadini sovietici e risiedono in Unione Sovietica. Armand Hammer è presidente della Occidental Petroleum Corporation e ha un figlio, Julian, che è direttore della pubblicità e delle pubblicazioni della Occidental Petroleum.

Julius Hammer era un importante membro e finanziatore dell'ala sinistra del Partito Socialista. Al congresso del 1919, Hammer fece parte, insieme a Bertram D. Wolfe e Benjamin Gitlow, del comitato direttivo che diede vita al Partito Comunista USA.

Nel 1920, Julius Hammer fu condannato da tre anni e mezzo a quindici anni a Sing Sing per aborto criminale. Lenin suggerì - a ragione - che Julius era stato "imprigionato con l'accusa di praticare aborti illegali, ma in realtà a causa del comunismo".[169] Altri membri del Partito comunista statunitense furono condannati al carcere per sedizione o deportati in Unione Sovietica. I rappresentanti sovietici negli Stati Uniti fecero sforzi strenui, ma senza successo, per ottenere il rilascio di Julius e dei suoi colleghi di partito.

Un altro membro di spicco dell'Ufficio sovietico era il vicesegretario Kenneth Durant, ex assistente del colonnello House. Nel 1920, Durant fu identificato come un corriere sovietico. L'Appendice 3 riproduce una lettera a Kenneth Durant, sequestrata dal Dipartimento di Giustizia degli Stati Uniti nel 1920, che descrive lo stretto rapporto di Durant con la gerarchia sovietica. È stato inserito nel verbale di un'audizione della Commissione della Camera nel 1920, con il seguente commento:

> **MR NEWTON**: È una lettera interessante per questa commissione per sapere quale fosse la natura di quella lettera, e ho una copia della lettera che voglio mettere a verbale in relazione alla testimonianza del testimone.
> **MR MASON**: Quella lettera non è mai stata mostrata al testimone. Ha detto di non aver mai visto la lettera, di aver chiesto di vederla e che il Ministero si era rifiutato di mostrargliela. Non metteremo un testimone al banco dei testimoni e non gli chiederemo di testimoniare su una lettera senza averla vista.
> **MR NEWTON**: Il testimone ha detto di avere una lettera di questo tipo e ha testimoniato che l'hanno trovata nel suo cappotto nel bagagliaio, credo. La lettera era indirizzata al signor Kenneth Durant e conteneva un'altra busta, anch'essa sigillata. È stato aperto da funzionari governativi e ne è stata fatta una copia fotostatica. La lettera, posso dire, è firmata da un uomo chiamato *"Bill"*. Si riferisce in particolare al denaro sovietico depositato a Christiania, in Norvegia, parte del quale è stato consegnato a funzionari del governo sovietico in questo Paese.[170]

Kenneth Durant, che fungeva da corriere sovietico nel trasferimento dei fondi, era tesoriere del Soviet Bureau e addetto stampa e redattore di *Soviet Russia*, l'organo ufficiale del Soviet Bureau. Durant proveniva da una ricca famiglia di

---

[169] V. I. Lenin, *Polnoe Sobranie Sochinenii*, 5ª ed. (Mosca, 1958), 53:267.

[170] Stati Uniti, Camera dei Rappresentanti, Commissione per gli Affari Esteri, *Condizioni in Russia*, 66° Congresso, 3a Sessione, 1921, p. 75. "Bill" era William Bobroff, agente sovietico.

Filadelfia. Ha trascorso la maggior parte della sua vita al servizio dell'Unione Sovietica, prima come responsabile del lavoro pubblicitario presso l'Ufficio Sovietico e poi, dal 1923 al 1944, come capo dell'Ufficio Sovietico della Tass negli Stati Uniti. J. Edgar Hoover descrisse Durant come "in ogni momento... particolarmente attivo negli interessi di Martens e del governo sovietico".[171]

Anche Felix Frankfurter - in seguito giudice della Corte Suprema - era presente nei file dell'Ufficio sovietico. Una lettera di Frankfurter all'agente sovietico Nuorteva è riprodotta nell'Appendice 3 e suggerisce che Frankfurter avesse una certa influenza sull'ufficio.

In breve, il Bureau sovietico non avrebbe potuto essere creato senza l'assistenza influente degli Stati Uniti. Alcuni di questi aiuti provenivano da specifiche nomine influenti all'interno del personale dell'Ufficio sovietico, mentre altri provenivano da aziende commerciali esterne all'Ufficio, aziende che erano riluttanti a rendere pubblico il loro sostegno.

AZIENDE ALLEATE CON L'UFFICIO SOVIETICO

Il 1er febbraio 1920, la prima pagina del *New York Times* riportava un riquadro in cui si affermava che Martens sarebbe stato arrestato e deportato in Russia. Allo stesso tempo, Martens era ricercato come testimone per comparire davanti a una sottocommissione del Comitato per le Relazioni Estere del Senato che indagava sulle attività sovietiche negli Stati Uniti. Dopo aver mantenuto un profilo basso per alcuni giorni, Martens si è presentato davanti alla commissione, rivendicando il privilegio diplomatico e rifiutando di consegnare i documenti "ufficiali" in suo possesso. Poi, dopo una raffica di pubblicità, Martens ha "ceduto", ha consegnato i suoi documenti e ha ammesso di condurre attività rivoluzionarie negli Stati Uniti con l'obiettivo finale di rovesciare il sistema capitalistico.

Martens si vantò con i media e con il Congresso che le grandi imprese, tra cui gli imballatori di Chicago, stavano aiutando i sovietici:

> In accordo con Martens, invece di limitarsi a fare propaganda tra i radicali e il proletariato, dedicò la maggior parte dei suoi sforzi a portare dalla parte della Russia gli interessi delle grandi imprese e industrie di questo Paese, gli imballatori, la United States Steel Corporation, la Standard Oil Company e altre grandi imprese impegnate nel commercio internazionale. Martens ha affermato che la maggior parte delle principali aziende commerciali del Paese lo stavano aiutando nel suo tentativo di ottenere il riconoscimento del governo sovietico.[172]

Questa affermazione è stata sviluppata da A. A. Heller, addetto commerciale dell'Ufficio sovietico:

---

[171] Ibidem, p. 78.

[172] *New York Times*, 17 novembre 1919.

"Tra le persone che ci hanno aiutato a ottenere il riconoscimento del Dipartimento di Stato ci sono i grandi imballatori di Chicago, Armour, Swift, Nelson Morris e Cudahy.... Tra le altre aziende figurano... American Steel Export Company, Lehigh Machine Company, Adrian Knitting Company, International Harvester Company, Aluminum Goods Manufacturing Company, Aluminum Company of America, American Car and Foundry Export Company, M.C.D. Borden & Sons".[173]

Il *New York* Times ha confermato queste affermazioni e ha riportato i commenti delle aziende citate. "Non ho mai sentito parlare di quest'uomo [Martens] in vita mia", ha dichiarato G. F. Swift, Jr, responsabile del reparto esportazioni della Swift & Co. "Sono certo che non abbiamo mai avuto rapporti di alcun tipo con lui".[174] Il *Times* aggiunge che O. H. Swift, l'unico altro membro dello studio che è stato possibile contattare, "ha anche negato di essere a conoscenza di Martens o del suo ufficio a New York". La dichiarazione di Swift è stata evasiva al massimo. Quando gli investigatori del Comitato Lusk hanno sequestrato i fascicoli del Bureau sovietico, hanno trovato corrispondenza tra il Bureau e quasi tutte le aziende citate da Martens e Heller. L'"elenco delle società che si sono offerte di fare affari con l'Ufficio sovietico russo" compilato da questi file includeva una voce (pagina 16), "Swift and Company, Union Stock Yards, Chicago, Ill. In altre parole, Swift era in contatto con Martens nonostante la sua smentita al *New York Times*.

Il *New York Times* ha contattato la United States Steel e ha riferito che "il giudice Elbert H. Gary ha dichiarato ieri sera che la dichiarazione del rappresentante sovietico qui presente era infondata e che aveva avuto rapporti con la United States Steel Corporation. Questo è tecnicamente corretto. La United States Steel Corporation non è elencata nei documenti sovietici, ma l'elenco contiene (pagina 16) una filiale, "United States Steel Products Co. 30 Church Street, New York City".

L'elenco del Comitato Lusk contiene le seguenti informazioni su altre aziende citate da Martens e Heller: Standard Oil - non elencata. Armour & Co. confezionatrice di carne - elencata come "Armour Leather" e "Armour & Co. Union Stock Yards, Chicago". Morris Go., confezionatore di carne, è elencato a pagina 13. Cudahy - elencati a pagina 6. American Steel Export Co. - elencato a pagina 2 come situato nel Woolworth Building; si era offerto di commerciare con l'URSS. Lehigh Machine Co. - non elencati. Adrian Knitting Co. - elencati a pagina 1. International Harvester Co. - elencati a pagina 11. Produzione di beni in alluminio - elencati a pagina 1. Aluminum Company of America - non elencata. American Car and Foundry Export - l'azienda più vicina è "American Car Co. - Filadelfia". M.C.D. Borden 8c Sons - situato al 90 di Worth Street, pagina 4.

Poi, sabato 21 giugno 1919, Santeri Nuorteva (Alexander Nyberg) confermò in un'intervista alla stampa il ruolo di International Harvester:

D: [da un giornalista del *New York* Times]: Qual è la sua attività?

---

[173] Ibidem.

[174] Ibidem.

R: Responsabile degli acquisti nella Russia sovietica.
D: Cosa avete fatto per raggiungere questo obiettivo?
R: Sono andato dai produttori americani.
D: Nominateli.
R: La International Harvester Corporation è una di queste.
D: Chi ha visto?
R: Signor Koenig.
D: È andato a trovarlo?
R: Sì.
D: Dare altri nomi.
R: Sono andato da tante persone, circa 500, e non ricordo tutti i nomi. In ufficio abbiamo dei fascicoli che li rivelano.[175]

In breve, le affermazioni di Heller e Martens sui numerosi contatti tra alcune società statunitensi erano supportate dai registri dell'Ufficio sovietico. D'altra parte, per ragioni proprie, queste aziende non sembravano disposte a confermare le loro attività.

I BANCHIERI EUROPEI AIUTANO I BOLSCEVICHI

Oltre al Guaranty Trust e al banchiere privato Boissevain di New York, alcuni banchieri europei fornirono assistenza diretta per mantenere e sviluppare la presa bolscevica sulla Russia. Un rapporto del 1918 del Dipartimento di Stato della nostra ambasciata a Stoccolma descrive in dettaglio questi trasferimenti finanziari. Il Dipartimento ha elogiato l'autore, affermando che i suoi "rapporti sulle condizioni in Russia, sulla diffusione del bolscevismo in Europa e sulle questioni finanziarie... si sono rivelati molto utili per il Dipartimento". Il Dipartimento è molto soddisfatto della sua capacità di gestire gli affari della Legazione.[176] Secondo questo rapporto, uno di questi "banchieri bolscevichi" che agiscono per conto del nascente regime sovietico è Dmitri Rubenstein, dell'ex Banca russo-francese di Pietrogrado. Rubenstein, collaboratore del famigerato Grigori Rasputin, era stato imprigionato a Pietrogrado prima della rivoluzione in relazione alla vendita della seconda compagnia di assicurazioni sulla vita della Russia. Il direttore e manager americano della Second Russian Life Insurance Company era John MacGregor Grant, con sede al 120 di Broadway, New York City. Grant era anche il rappresentante a New York della Banca Russo-Asiatica di Putiloff. Nell'agosto 1918, Grant fu inserito (per ragioni sconosciute) nella "lista dei sospetti" del Military Intelligence Bureau.[177] Questo può essere dovuto al fatto che Olof Aschberg, all'inizio del 1918, affermò di aver aperto un credito estero a Pietrogrado "con la John MacGregor Grant Co, una società di esportazione, che

---

[175] *New York Times*, 21 giugno 1919.

[176] Fascicolo decimale del Dipartimento di Stato americano, 861.51/411, 23 novembre 1918.

[177] Ibidem, 316-125-1212.

lui [Aschberg] finanzia in Svezia e che è finanziata in America dalla Guarantee [sic] Trust Co".[178] Dopo la rivoluzione, Dmitri Rubenstein si trasferì a Stoccolma e divenne agente finanziario dei bolscevichi. Il Dipartimento di Stato ha osservato che, sebbene Rubenstein "non fosse un bolscevico, era senza scrupoli nella ricerca di guadagni", e si sospetta che possa effettuare la visita prevista in America nell'interesse e per conto dei bolscevichi.[179]

Un altro "banchiere bolscevico" di Stoccolma era Abram Givatovzo, cognato di Trotsky e Lev Kamenev. Il rapporto del Dipartimento di Stato sosteneva che Givatovzo, pur affermando di essere "molto antibolscevico", aveva in realtà ricevuto "grandi somme" dai bolscevichi per posta per finanziare le operazioni rivoluzionarie. Givatovzo faceva parte di un sindacato che comprendeva Denisoff dell'ex Banca Siberiana, Kamenka della Asoff Don Bank e Davidoff della Foreign Trade Bank. Questo sindacato ha venduto le attività dell'ex Siberian Bank al governo britannico.

Un altro banchiere privato zarista, Gregory Lessine, gestì gli affari bolscevichi attraverso la società Dardel e Hagborg. Altri "banchieri bolscevichi" citati nel rapporto sono Stirrer e Jakob Berline, che in precedenza controllava, attraverso la moglie, la banca Nelkens di Pietrogrado. Isidor Kon è stato utilizzato da questi banchieri come loro agente.

Il più interessante di questi banchieri europei che operavano per conto dei bolscevichi era Gregory Benenson, ex presidente a Pietrogrado della Russian and English Bank - una banca che aveva Lord Balfour (ministro degli Esteri inglese) e Sir I. M. H. Amory, nonché S. H. Cripps e H. Guedalla. Dopo la rivoluzione, Benenson si recò a Pietrogrado e poi a Stoccolma. È venuto, ha detto un funzionario del Dipartimento di Stato, "portando con sé, a quanto mi risulta, dieci milioni di rubli, che mi ha offerto a caro prezzo per l'uso della nostra ambasciata di Arkhangelsk". Benenson aveva un accordo con i bolscevichi per scambiare sessanta milioni di rubli con 1,5 milioni di sterline.

Nel gennaio 1919, i banchieri privati di Copenaghen che erano associati alle istituzioni bolsceviche furono allarmati dalle voci secondo cui la polizia politica danese aveva denunciato la delegazione sovietica e le persone in contatto con i bolscevichi per l'espulsione dalla Danimarca. Questi banchieri e la delegazione hanno cercato frettolosamente di ritirare i loro fondi dalle banche danesi - in particolare, sette milioni di rubli dalla Revisionsbanken.[180] Inoltre, negli uffici della compagnia assicurativa Martin Larsen sono stati nascosti documenti riservati.

Possiamo quindi individuare una sorta di assistenza da parte dei banchieri capitalisti all'Unione Sovietica. Alcuni erano banchieri americani, altri erano banchieri zaristi in esilio che vivevano in Europa, altri ancora erano banchieri europei. Il loro obiettivo comune era il profitto, non l'ideologia politica.

---

[178] Stati Uniti, Dipartimento di Stato, Relazioni estere: 1918, Russia, 1:373.

[179] U.S. State Dept. Decimal File, 861.00/4878, 21 luglio 1919.

[180] Ibidem, 316-21-115/21.

Gli aspetti discutibili dell'attività di questi "banchieri bolscevichi", come venivano chiamati, si collocano sullo sfondo degli eventi contemporanei in Russia. Nel 1919, le truppe francesi, britanniche e americane combattevano contro le truppe sovietiche nella regione di Arkhangelsk. In uno scontro dell'aprile 1919, ad esempio, le perdite americane ammontarono a un ufficiale, cinque uomini uccisi e nove dispersi.[181] In effetti, a un certo punto del 1919, il generale H. Bliss, comandante americano nella regione di Arkhangelsk, confermò la dichiarazione britannica secondo cui "le truppe alleate nei distretti di Murmansk e Arkhangelsk rischiavano di essere sterminate se non fossero state rapidamente rinforzate".[182] I rinforzi erano in arrivo sotto il comando del generale di brigata W. P. Richardson.

In breve, mentre Guaranty Trust e le principali società americane aiutavano a formare il Bureau sovietico a New York, le truppe americane erano in conflitto con le truppe sovietiche nella Russia settentrionale. Inoltre, questi conflitti erano riportati quotidianamente dal *New York Times*, presumibilmente letto da questi banchieri e uomini d'affari. Inoltre, come vedremo nel capitolo dieci, i circoli finanziari che sostenevano l'Ufficio sovietico di New York formarono anche l'United Americans in New York, un'organizzazione virulentemente anticomunista che prevedeva una rivoluzione sanguinosa, fame di massa e panico nelle strade di New York.

---

[181] *New York Times*, 5 aprile 1919.

[182] Ibidem.

CAPITOLO VIII

120 Broadway, New York City

> William B. Thompson, che è stato a Pietrogrado dal luglio al novembre scorso, ha dato un contributo personale di 1.000.000 di dollari ai bolscevichi per diffondere la loro dottrina in Germania e Austria...
>
> *Washington Post,* 2 febbraio 1918

Mentre raccoglievo il materiale di ricerca per questo libro, è emerso gradualmente un unico luogo e indirizzo nella zona di Wall Street: 120 Broadway, New York City. Questo libro avrebbe potuto essere scritto elencando solo le persone, le aziende e le organizzazioni che si trovavano al 120 di Broadway nel 1917. Sebbene questo metodo di ricerca sarebbe stato forzato e innaturale, avrebbe escluso solo una parte relativamente piccola della storia.

L'edificio originale al 120 di Broadway fu distrutto da un incendio prima della Prima Guerra Mondiale. Il sito è stato successivamente venduto alla Equitable Office Building Corporation, organizzata dalla General T. Coleman du Pont, presidente della Pont de Nemours Powder Company.[183] Nel 1915 fu completato un nuovo edificio e la Equitable Life Insurance Company tornò nella sua sede precedente. Di passaggio, vale la pena di notare un'interessante svolta nella storia di Equitable. Nel 1916, il cassiere dell'ufficio berlinese della Equitable Life era William Schacht, il padre di Hjalmar Horace Greeley Schacht - che in seguito divenne il banchiere e genio finanziario di Hitler. William Schacht era un cittadino americano, aveva lavorato per Equitable in Germania per trent'anni e possedeva una casa a Berlino nota come "Villa Equitable". Prima di unirsi a Hitler, il giovane Hjalmar Schacht fu membro del Consiglio dei lavoratori e dei soldati (Soviet) di Zehlendoff; lo lasciò nel 1918 per entrare nel consiglio di amministrazione della Nationalbank fur Deutschland. Il suo co-direttore alla DONAT era Emil Wittenberg, che, insieme a Max May della Guaranty Trust Company di New York, era stato direttore della prima banca internazionale sovietica, la Ruskombank.

In ogni caso, nel 1917 l'edificio al 120 di Broadway era noto come Equitable Life Building. Si tratta di un grande edificio, anche se non il più grande edificio

---

[183] Una stranezza è che i documenti di costituzione dell'Equitable Office Building furono redatti da Dwight W. Morrow, in seguito socio di Morgan, ma allora membro dello studio legale Simpson, Thacher & Bartlett. Lo studio Thacher contribuì con due membri alla missione della Croce Rossa americana in Russia nel 1917 (vedi capitolo 5).

per uffici di New York, che occupa un'unica area all'angolo tra Broadway e Pine e ha trentaquattro piani. Il Bankers Club si trovava al trentaquattresimo piano. L'elenco degli inquilini del 1917 riflette effettivamente il coinvolgimento americano nella rivoluzione bolscevica e nelle sue conseguenze. Ad esempio, la sede del secondo distretto della Federal Reserve - la regione di New York - di gran lunga il più grande dei distretti della Federal Reserve, era situata al 120 di Broadway. Al 120 di Broadway si trovavano anche gli uffici di diversi direttori della Federal Reserve Bank di New York e, soprattutto, dell'American International Corporation. Al contrario, Ludwig Martens, nominato dai sovietici primo "ambasciatore" bolscevico negli Stati Uniti e capo dell'Ufficio sovietico, nel 1917 era vicepresidente di Weinberg & Posner - e aveva anche uffici al 120 di Broadway.[184]

Questa concentrazione è un incidente? La contiguità geografica ha un significato? Prima di provare a proporre una risposta, dobbiamo cambiare il nostro quadro di riferimento e abbandonare lo spettro dell'analisi politica sinistra-destra.

Con una mancanza di percezione quasi unanime, il mondo accademico ha descritto e analizzato le relazioni politiche internazionali nel contesto di un conflitto senza fine tra capitalismo e comunismo, e la rigida adesione a questa formula marxista ha distorto la storia moderna. Di tanto in tanto vengono fatte strane osservazioni sul fatto che la polarità è effettivamente falsa, ma vengono subito mandate nel limbo. Ad esempio, Carroll Quigley, professore di relazioni internazionali presso la Georgetown University, ha espresso il seguente commento sulla House of Morgan:

> Più di cinquant'anni fa, la Morgan decise di infiltrarsi nei movimenti politici di sinistra negli Stati Uniti. È stato relativamente facile farlo, poiché questi gruppi erano affamati di fondi e desiderosi di far sentire la propria voce per raggiungere la gente. Wall Street ha fornito entrambi. L'obiettivo non era distruggere, ma dominare o prendere il controllo...[185]

Il commento del professor Quigley, apparentemente basato su documenti riservati, ha tutti gli ingredienti di una bomba storica se può essere comprovato. Suggeriamo che l'azienda Morgan si sia infiltrata non solo nella sinistra nazionale, come ha notato Quigley, ma anche in quella estera, cioè nel movimento bolscevico e nella Terza Internazionale. Inoltre, attraverso amicizie nel Dipartimento di Stato americano, Morgan e gli interessi finanziari alleati, in particolare la famiglia Rockefeller, hanno esercitato una potente influenza sulle relazioni tra Stati Uniti e Russia dalla Prima guerra mondiale a oggi. Le prove presentate in questo capitolo suggeriscono che due dei veicoli operativi per infiltrare o influenzare i movimenti

---

[184] La John MacGregor Grant Company, agente della Russo-Asian Bank (coinvolta nel finanziamento dei bolscevichi), aveva sede al 120 di Broadway ed era finanziata dalla Guaranty Trust Company.

[185] Carroll Quigley, *Tragedia e speranza* (New York: Macmillan, 1966), p. 938. Quigley scriveva nel 1965, il che colloca l'inizio dell'infiltrazione intorno al 1915, una data che corrisponde alle prove qui presentate.

rivoluzionari stranieri si trovavano al 120 di Broadway: il primo, la Federal Reserve Bank di New York, fortemente legata agli incaricati di Morgan; il secondo, l'American International Corporation controllata da Morgan. Inoltre, esisteva un importante legame tra la Federal Reserve Bank di New York e l'American International Corporation: C. A. Stone, presidente dell'American International, era anche direttore della Federal Reserve Bank.

L'ipotesi provvisoria è quindi che questa insolita concentrazione in un unico indirizzo rifletta azioni deliberate da parte di aziende e individui specifici e che tali azioni ed eventi non possano essere analizzati all'interno del consueto spettro dell'antagonismo politico tra destra e sinistra.

AMERICAN INTERNATIONAL CORPORATION

L'American International Corporation (AIC) fu costituita a New York il 22 novembre 1915 dagli interessi di J.P. Morgan, con una partecipazione significativa della National City Bank di Stillman e degli interessi di Rockefeller. L'ufficio generale dell'AIC si trovava al 120 di Broadway. Lo statuto della società la autorizzava a svolgere qualsiasi tipo di attività, ad eccezione di quelle bancarie e di pubblica utilità, in qualsiasi paese del mondo. Lo scopo dichiarato della società era quello di sviluppare gli affari nazionali ed esteri, di espandere le attività americane all'estero e di promuovere gli interessi di banchieri, imprese e ingegneri americani e stranieri.

Frank A. Vanderlip ha descritto nelle sue memorie la creazione di American International e l'eccitazione a Wall Street per il suo potenziale commerciale.[186] L'idea originale è nata da una discussione tra Stone & Webster - appaltatori ferroviari internazionali che "erano convinti che non ci fosse più molto da costruire negli Stati Uniti" - e Jim Perkins e Frank A. Vanderlip della National City Bank (NCB).[187] Il capitale iniziale era di 50 milioni di dollari e il consiglio di amministrazione rappresentava i principali attori del mondo finanziario di New York. Vanderlip riferisce di aver scritto quanto segue al presidente della BCN Stillman, entusiasta dell'enorme potenziale dell'American International Corporation:

> James A. Farrell e Albert Wiggin sono stati invitati [a far parte del Consiglio di amministrazione], ma hanno dovuto consultare i loro comitati prima di accettare. Sto anche pensando di chiedere a Henry Walters e a Myron T. Herrick. Il signor Herrick è fortemente conteso dal signor Rockefeller, ma il signor Stone lo vuole e sono convinto che sarebbe particolarmente desiderabile in Francia. Tutto è filato liscio e l'accoglienza è stata caratterizzata da un entusiasmo che mi ha sorpreso, anche se ero fermamente convinto che fossimo sulla strada giusta.
> Oggi, ad esempio, ho visto James J. Hill. All'inizio disse che non poteva prendere in considerazione l'idea di estendere le sue responsabilità, ma dopo che ebbi finito

---

[186] Frank A. Vanderlip, *From Farm Boy to Financier* (New York: A. Appleton-Century, 1935).

[187] Ibidem, p. 267.

di spiegargli cosa avevamo intenzione di fare, disse che sarebbe stato felice di far parte del consiglio di amministrazione, che avrebbe preso una grande quantità di azioni, e che in particolare voleva una grande partecipazione nella City Bank, e mi incaricò di comprare le azioni da lui al mercato.

Oggi ne ho parlato per la prima volta con Ogden Armour. Si è seduto in perfetto silenzio mentre raccontavo la storia e, senza fare una sola domanda, ha detto che sarebbe entrato nel consiglio di amministrazione e che voleva 500.000 dollari di azioni.

Il signor Coffin [della General Electric] è un altro uomo lontano da tutto, ma "si è entusiasmato a tal punto da essere disposto a far parte del consiglio di amministrazione e a offrire la più attiva collaborazione".

Mi sentivo molto bene ad avere Sabin. Il Guaranty Trust è il concorrente più attivo che abbiamo in questo settore ed è molto utile coinvolgerlo in questo modo. Erano particolarmente interessati a Kuhn, Loeb. Vogliono prendere fino a 2.500.000 dollari. C'è stata una vera e propria competizione su chi dovesse entrare nel consiglio di amministrazione, ma dato che avevo parlato con Kahn e l'avevo invitato per primo, è stato deciso che sarebbe stato lui ad andare avanti. È forse il più entusiasta di tutti. Vogliono mezzo milione di azioni per il castello di Sir Ernest[188] al quale hanno trasmesso il piano e hanno ricevuto la sua approvazione.

Martedì ho spiegato l'intera faccenda al consiglio di amministrazione della [City Bank] e ho ricevuto solo commenti positivi.[189]

Tutti desideravano le azioni AIC. Joe Grace (della W. R. Grace & Co.) voleva 600.000 dollari in aggiunta alla sua partecipazione nella National City Bank. Ambrose Monell voleva 500.000 dollari. George Baker voleva 250.000 dollari. E "William Rockefeller cercò, senza successo, di convincermi a offrirgli 5.000.000 di dollari del comune".[190]

Nel 1916, gli investimenti dell'AIC all'estero ammontavano a oltre 23 milioni di dollari e nel 1917 a oltre 27 milioni di dollari. La società ha aperto uffici di rappresentanza a Londra, Parigi, Buenos Aires e Pechino, oltre che a Pietrogrado, in Russia. Entro due anni dalla sua fondazione, l'AIC operava su larga scala in Australia, Argentina, Uruguay, Paraguay, Colombia, Brasile, Cile, Cina, Giappone, India, Ceylon, Italia, Svizzera, Francia, Spagna, Cuba, Messico e altri Paesi dell'America centrale.

American International possedeva diverse filiali, aveva partecipazioni significative in altre società e gestiva altre attività negli Stati Uniti e all'estero. La Allied Machinery Company of America fu fondata nel febbraio 1916 e l'intero capitale sociale fu rilevato dalla American International Corporation. Il vicepresidente dell'American International Corporation era Frederick Holbrook, ingegnere ed ex direttore della Holbrook Cabot & Rollins Corporation. Nel gennaio del 1917 fu costituita la Grace Russian Company, di cui erano

---

[188] Sir Ernest Cassel, importante finanziere britannico.

[189] Ibidem, pp. 268-69. Vale la pena di notare che diversi nomi citati da Vanderlip compaiono in altre parti di questo libro: Rockefeller, Armour, Guaranty Trust e (Otto) Kahn avevano tutti un qualche legame con la rivoluzione bolscevica e le sue conseguenze.

[190] Ibidem, p. 269.

comproprietari W. R. Grace & Co. e la San Galli Trading Company di Pietrogrado. L'American International Corporation aveva un investimento sostanziale nella Grace Russian Company e, attraverso Holbrook, una posizione dirigenziale intermedia.

L'AIC investì anche nella United Fruit Company, che partecipò alle rivoluzioni centroamericane degli anni Venti. L'American International Shipbuilding Corporation, interamente controllata dall'AIC, firmò importanti contratti per navi da guerra con la Emergency Fleet Corporation: un contratto era per cinquanta navi, seguito da un altro per quaranta navi e poi da un altro per sessanta navi da carico. American International Shipbuilding è stato il principale beneficiario dei contratti assegnati dalla Emergency Fleet Corporation del governo statunitense. Un'altra società gestita dall'AIC era la G. Amsinck & Co. di New York, il cui controllo fu acquisito nel novembre 1917. Amsinck era la fonte di finanziamento dello spionaggio tedesco negli Stati Uniti (vedi pagina 66). Nel novembre 1917, l'American International Corporation fondò la Symington Forge Corporation, un'importante azienda statale di forgiatura a conchiglia, di cui possedeva il 100%. Di conseguenza, l'American International Corporation aveva interessi significativi nei contratti di guerra negli Stati Uniti e all'estero. In breve, aveva un interesse personale nella prosecuzione della Prima guerra mondiale.

I direttori dell'American International e alcune delle loro associazioni erano (nel 1917):

J. OGDEN ARMOUR Macelli di Armour & Company, Chicago; direttore della National City Bank di New York; citato da A. A. Heller in relazione al Soviet Bureau.

GEORGE JOHNSON BALDWIN Di Stone & Webster, 120 Broadway. Durante la prima guerra mondiale, Baldwin fu presidente del consiglio di amministrazione dell'American International Shipbuilding, vicepresidente senior dell'American International Corporation, direttore di G. Amsinck (Von Pavenstedt di Amsinck era un tesoriere tedesco specializzato nello spionaggio negli Stati Uniti, vedi pag. 65) e fiduciario della Carnegie Foundation, che finanziò il piano di Marburg per far sì che il socialismo internazionale fosse controllato dietro le quinte dalla finanza mondiale (vedi sotto).

C. A. COFFIN Presidente della General Electric (ufficio esecutivo: 120 Broadway), presidente del Comitato di cooperazione della Croce Rossa americana.

W. E. COREY (14 Wall Street) Direttore della American Bank Note Company, della Mechanics and Metals Bank, della Midvale Steel and Ordnance e della International Nickel Company; poi direttore della National City Bank.

ROBERT DOLLAR Magnate della marina mercantile di San Francisco che nel 1920 tentò di importare negli Stati Uniti, per conto dei sovietici, rubli d'oro zaristi, in violazione delle norme statunitensi.

PIERRE S. DU PONT Dalla famiglia du Pont.

PHILIP A. S. FRANKLIN Direttore della National City Bank.

J.P. GRACE Direttore della National City Bank.

R. F. HERRICK Direttore della New York Life Insurance; ex presidente dell'American Bankers Association; amministratore della Carnegie Foundation.

OTTO H. KAHN Associato a Kuhn, Loeb. Il padre di Kahn giunse in America nel 1948, "dopo aver partecipato alla fallita rivoluzione tedesca di quell'anno". Secondo J. H. Thomas (socialista britannico, finanziato dai sovietici), "il volto di Otto Kahn è rivolto verso la luce".

H. W. PRITCHETT Amministratore della Fondazione Carnegie.

PERCY A. ROCKEFELLER Figlio di John D. Rockefeller; sposato con Isabel, figlia di J. A. Stillman della National City Bank.

JOHN D. RYAN Direttore delle Copper Companies, della National City Bank e della Mechanics and Metals Bank. (Si veda il frontespizio di questo libro).

W. L. SAUNDERS Direttore della Federal Reserve Bank di New York, 120 Broadway, e Presidente di Ingersoll-Rand. Secondo la *National Cyclopaedia* (26:81): "Durante tutta la guerra fu uno dei consiglieri più fidati del Presidente". Per le sue opinioni sui sovietici si veda pagina 15.

J. A. STILLMAN Presidente della National City Bank, dopo la morte del padre (J. Stillman, Presidente della NCB) nel marzo 1918.

C. A. STONE Direttore (1920-22) della Federal Reserve Bank di New York, 120 Broadway; presidente di Stone & Webster, 120 Broadway; presidente (1916-23) dell'American International Corporation, 120 Broadway.

T. N. VAIL Presidente della National City Bank di Troy, New York

F. A. VANDERLIP Presidente della National City Bank.

E. S. WEBSTER Di Stone & Webster, 120 Broadway.

A. H. WIGGIN Direttore della Federal Reserve Bank di New York nei primi anni Trenta.

BECKMAN WINTHROPE Direttore della National City Bank.

WILLIAM WOODWARD Direttore della Federal Reserve Bank di New York, 120 Broadway, e della Hanover National Bank.

L'intreccio dei ventidue direttori dell'American International Corporation con altre istituzioni è significativo. La National City Bank aveva non meno di dieci consiglieri nel consiglio di amministrazione dell'AIC; Stillman della NCB era all'epoca un intermediario tra gli interessi di Rockefeller e Morgan, e gli interessi di Morgan e Rockefeller erano direttamente rappresentati nel consiglio di amministrazione dell'AIC. Kuhn, Loeb e i du Pont avevano ciascuno un direttore. Stone & Webster aveva tre direttori. Non meno di quattro direttori dell'AIC (Saunders, Stone, Wiggin, Woodward) erano direttori della Federal Reserve Bank di New York o ne sono diventati in seguito membri. Abbiamo notato in un capitolo precedente che William Boyce Thompson, che portò fondi e il suo notevole prestigio alla rivoluzione bolscevica, era anche un direttore della Federal Reserve Bank di New York - il consiglio di amministrazione della FRB di New York aveva solo nove membri.

L'INFLUENZA DELL'AIC SULLA RIVOLUZIONE

Dopo aver identificato i direttori dell'AIC, dobbiamo ora individuare la loro influenza rivoluzionaria.

Quando la rivoluzione bolscevica prese piede nella Russia centrale, il Segretario di Stato Robert Lansing chiese consiglio all'American International Corporation sulla politica da adottare nei confronti del regime sovietico. Il 16 gennaio 1918 - appena due mesi dopo la presa del potere a Pietrogrado e Mosca, e prima che una frazione della Russia passasse sotto il controllo dei bolscevichi - William Franklin Sands, segretario esecutivo dell'American International Corporation, presentò al Segretario di Stato Lansing il memorandum richiesto sulla situazione politica russa. La lettera di accompagnamento di Sands, indirizzata al 120 di Broadway, inizia così:

> All'onorevole Segretario di Stato del 16 gennaio 1918
> Washington D.C.
> Signore,
> Mi pregio di inviarLe con la presente il memorandum che mi ha chiesto di presentare sulla mia visione della situazione politica in Russia.
> L'ho divisa in tre parti: una spiegazione delle cause storiche della Rivoluzione, raccontate il più brevemente possibile; un suggerimento sulla politica da seguire; un resoconto dei vari rami dell'attività americana ora all'opera in Russia.[191]

Sebbene i bolscevichi avessero solo un controllo precario in Russia - e fossero addirittura vicini a perderlo nella primavera del 1918 - Sands scrisse che già (gennaio 1918) gli Stati Uniti erano stati troppo lenti nel riconoscere "Trotzky". E aggiunge: "Tutto il terreno perduto dovrebbe essere ormai riconquistato, anche a costo di un piccolo trionfo personale per Trotzky.[192]

Attività commerciali situate al 120 Broadway o nelle sue vicinanze:

American International Corp 120 Broadway
National City Bank 55 Wall Street
Bankers Trust Co Bldg 14 Wall Street
Borsa di New York 13 Wall Street/12 Broad
L'edificio Morgan all'angolo tra Wall e Broad
Federal Reserve Bank di New York 120 Broadway
Edificio Equitable 120 Broadway
Bankers Club 120 Broadway
Simpson, Thather & Bartlett 62 Cedar St.
William Boyce Thompson 14 Wall Street
Edificio Hazen, Whipple & Fuller, 42a Strada
Chase National Bank 57 Broadway
McCann Co 61 Broadway

---

[191] Fascicolo decimale del Dipartimento degli Stati Uniti, 861.00/961.

[192] Memorandum di Sands a Lansing, pag. 9.

Stetson, Jennings & Russell 15 Broad Street
Esplorazione Guggenheim 120 Broadway
Weinberg & Posner 120 Broadway
Ufficio sovietico 110 West 40th Street
John MacGregor Grant Co 120 Broadway
Stone & Webster 120 Broadway
General Electric Co 120 Broadway
Mappa di NY 120 Broadway
Sinclair Gulf Corp 120 Broadway
Guaranty Securities 120 Broadway
Guaranty Trust 140 Broadway

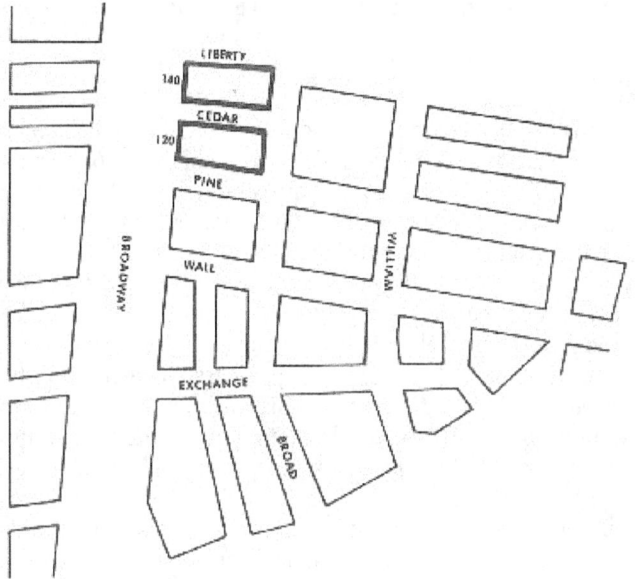

Mappa dell'area di Wall Street che mostra la posizione degli uffici

Sands elabora poi il modo in cui gli Stati Uniti potrebbero recuperare il tempo perduto, traccia un parallelo tra la rivoluzione bolscevica e la "nostra rivoluzione" e conclude: "Ho tutte le ragioni per credere che i piani dell'amministrazione per la Russia riceveranno il più completo appoggio del Congresso e il più caloroso sostegno dell'opinione pubblica americana".

In breve, Sands, in qualità di segretario esecutivo di un'azienda i cui direttori erano i più prestigiosi di Wall Street, diede un forte sostegno ai bolscevichi e alla rivoluzione bolscevica, e lo fece a poche settimane dall'inizio della rivoluzione. E come capo della Federal Reserve Bank di New York, Sands aveva appena donato un milione di dollari ai bolscevichi: un tale sostegno ai bolscevichi da parte degli interessi bancari non potrebbe essere più coerente.

Inoltre, William Sands di American International era un uomo con connessioni e influenza fuori dal comune all'interno del Dipartimento di Stato.

La carriera di Sands si è alternata tra il Dipartimento di Stato e Wall Street. Tra la fine dell'Ottocento e l'inizio del Novecento[e] e l'inizio del Novecento[e] ha ricoperto diversi incarichi diplomatici negli Stati Uniti. Nel 1910 lasciò il dipartimento per unirsi alla società bancaria di James Speyer per negoziare un prestito ecuadoriano e per i due anni successivi rappresentò la Central Aguirre Sugar Company a Porto Rico. Nel 1916 si trova in Russia per un "lavoro di Croce Rossa" - in realtà una "missione speciale" di due uomini con Basil Miles - e torna per unirsi all'American International Corporation di New York.[193]

All'inizio del 1918, Sands divenne il destinatario noto e voluto di alcuni "trattati segreti" russi. Dai documenti del Dipartimento di Stato risulta che Sands era anche un corriere e che aveva già avuto accesso a documenti ufficiali - prima, cioè, di funzionari del governo statunitense. Il 14 gennaio 1918, appena due giorni prima che Sands scrivesse il suo promemoria sulla politica nei confronti dei bolscevichi, il Segretario di Stato Lansing fece inviare il seguente cablogramma in Green Cipher alla legazione statunitense a Stoccolma: "Importanti documenti ufficiali che Sands avrebbe dovuto portare qui sono stati lasciati alla legazione. Li avete inoltrati? Lansing". La risposta del 16 gennaio da parte di Morris a Stoccolma è stata: "Il vostro 460, 14 gennaio, alle ore 17.00. Questi documenti sono stati trasmessi al Dipartimento nella busta numero 34 il 28 dicembre". A questi documenti è allegata un'altra nota, firmata "BM" (Basil Miles, un collaboratore di Sands): "Mr Phillips. Non hanno dato a Sands la prima rata dei trattati segreti che ha portato da Pietrogrado a Stoccolma".[194]

Tralasciando la questione del perché un privato cittadino portasse con sé trattati segreti russi e la questione del contenuto di questi trattati segreti (probabilmente una prima versione dei cosiddetti documenti Sisson), si può almeno dedurre che il segretario esecutivo dell'AIC viaggiò da Pietrogrado a Stoccolma alla fine del 1917 e che doveva essere effettivamente un cittadino privilegiato e influente per avere accesso ai trattati segreti.[195]

Pochi mesi dopo, il 1°er luglio 1918, Sands scrisse al Segretario del Tesoro McAdoo suggerendo la creazione di una commissione per "l'assistenza economica alla Russia". Egli ha insistito sul fatto che, poiché sarebbe difficile per una commissione governativa "fornire i macchinari" per tale assistenza, "sembra

---

[193] William Franklin Sands ha scritto diversi libri, tra cui *Undiplomatic Memoirs* (New York: McGraw-Hill, 1930), una biografia che copre gli anni fino al 1904. In seguito scrisse *Our Jungle Diplomacy* (Chapel Hill: University of North Carolina Press, 1941), un trattato poco significativo sull'imperialismo in America Latina. Quest'ultimo libro è notevole solo per un punto minore a pagina 102: la volontà di imputare un'impresa imperialista particolarmente sgradevole ad Adolf Stahl, un banchiere di New York, sottolineando inutilmente che Stahl era "di origine ebrea tedesca". Nell'agosto 1918 pubblicò un articolo su *Asia* intitolato "Salvare la Russia", per spiegare il sostegno al regime bolscevico.

[194] Tutto questo è contenuto nel file decimale del Dipartimento di Stato americano, 861.00/969.

[195] L'autore non può esimersi dal confrontare il trattamento riservato ai ricercatori accademici. Nel 1973, ad esempio, all'autore fu ancora negato l'accesso ad alcuni file del Dipartimento di Stato risalenti al 1919.

quindi necessario fare appello agli interessi finanziari, commerciali e industriali degli Stati Uniti per fornire tali macchinari sotto il controllo del Commissario Capo o di un altro funzionario scelto dal Presidente a tale scopo".[196] In altre parole, Sands intendeva chiaramente che qualsiasi sfruttamento commerciale della Russia bolscevica avrebbe dovuto includere 120 Broadway.

LA FEDERAL RESERVE BANK DI NEW YORK

L'atto costitutivo della Federal Reserve Bank di New York è stato depositato il 18 maggio 1914. Esso prevedeva tre consiglieri di Classe A in rappresentanza delle banche associate del distretto, tre consiglieri di Classe B in rappresentanza del commercio, dell'agricoltura e dell'industria e tre consiglieri di Classe C in rappresentanza del Federal Reserve Board. I primi direttori furono eletti nel 1914 e procedettero all'attuazione di un programma aggressivo. Nel primo anno di organizzazione, la Federal Reserve Bank di New York ha tenuto non meno di 50 riunioni.

Dal nostro punto di vista, ciò che è interessante è l'associazione tra i direttori della Federal Reserve Bank (nel distretto di New York) e dell'American International Corporation da un lato, e la Russia sovietica emergente dall'altro.

Nel 1917, i tre direttori di Classe A erano Franklin D. Locke, William Woodward e Robert H. Treman. William Woodward era direttore dell'American International Corporation (120 Broadway) e della Hanover National Bank, controllata da Rockefeller. Né Locke né Treman entrano nella nostra storia. I tre direttori di Classe B nel 1917 erano William Boyce Thompson, Henry R. Towne e Leslie R. Palmer. Abbiamo già notato il grande contributo in denaro di William B. Thompson alla causa bolscevica. Henry R. Towne era presidente del consiglio di amministrazione del Morris Plan of New York, con sede al 120 di Broadway; il suo posto fu poi preso da Charles A. Stone dell'American International Corporation (AIC). Stone dell'American International Corporation (120 Broadway) e Stone & Webster (120 Broadway). Leslie R. Palmer non entra nella nostra storia. I tre direttori C erano Pierre Jay, W. L. Saunders e George Foster Peabody. Di Pierre Jay non si sa nulla, se non che il suo ufficio si trovava al 120 di Broadway e che sembrava essere importante solo in quanto proprietario della Brearley School, Ltd. William Lawrence Saunders era anche direttore dell'American International Corporation; ammise apertamente, come abbiamo visto, le sue simpatie filobolsceviche, rivelandole in una lettera al presidente Woodrow Wilson. George Foster Peabody era un attivo socialista.

In breve, dei nove direttori della Federal Reserve Bank di New York, quattro si trovavano fisicamente al 120 di Broadway e due erano allora collegati all'American International Corporation. Inoltre, almeno quattro membri del consiglio di amministrazione dell'AIC sono stati, una volta o l'altra, direttori della

---

[196] Fascicolo decimale del Dipartimento di Stato americano, 861.51/333.

FRB di New York. Potremmo definire tutto questo importante, ma non lo consideriamo necessariamente di primaria importanza.

L'ALLEANZA INDUSTRIALE USA-RUSSIA

La proposta di William Franklin Sands di creare una commissione economica per la Russia non è stata adottata. Al contrario, è stato creato un veicolo privato per sfruttare i mercati russi e il sostegno precedentemente dato ai bolscevichi. Un gruppo di industriali al 120 di Broadway formò la Russian-American Industrial Union Inc. per sviluppare e promuovere queste opportunità. Il sostegno finanziario alla nuova società venne dai fratelli Guggenheim, 120 Broadway, in precedenza associati a William Boyce Thompson (Guggenheim controllava l'American smelting and refining e le società di rame Kennecott e Utah); Harry F. Sinclair, presidente della Sinclair Gulf Corp, sempre 120 Broadway; e James G. White della J. G. White Engineering Corp, 43 Exchange Place - l'indirizzo dell'American-Russian Industrial Union.

Nell'autunno del 1919, l'ambasciata statunitense a Londra inviò un cablogramma a Washington sui signori Lubovitch e Rossi "che rappresentano l'American-Russian Industrial Union Incorporated". Qual è la reputazione e l'atteggiamento del Dipartimento nei confronti dell'unione e dei singoli?[197]

A questo cablogramma ha risposto il funzionario del Dipartimento di Stato Basil Miles, ex collaboratore di Sands:

> ... Gli uomini citati e la loro società godono di buona reputazione e sono sostenuti finanziariamente dagli interessi di White, Sinclair e Guggenheim per facilitare le relazioni commerciali con la Russia.[198]

Si può concludere che gli interessi di Wall Street avevano idee precise su come sfruttare il nuovo mercato russo. L'assistenza e i consigli offerti a nome dei bolscevichi dalle parti interessate a Washington e altrove non rimasero inascoltati.

JOHN REED: IL RIVOLUZIONARIO DELL'ESTABLISHMENT

Oltre all'influenza dell'American International all'interno del Dipartimento di Stato, esiste una relazione intima - che l'AIC stessa ha definito "controllo" - con un noto bolscevico: John Reed. Reed fu un autore prolifico e molto letto dell'epoca della Prima guerra mondiale, che contribuì alla rivista *Masses*, di orientamento bolscevico, e alla rivista *Metropolitan*, controllata da Morgan[199]. Il libro di Reed

---

[197] Fascicolo decimale del Dipartimento di Stato americano, 861.516 84, 2 settembre 1919.

[198] Ibidem.

[199] Altri collaboratori del giornale *Masses* citati in questo libro sono il giornalista Robert Minor, presidente del Comitato per le marionette dell'informazione pubblica americana, George Creel, Carl Sandburg, poeta e storico, e Boardman Robinson, artista.

sulla rivoluzione bolscevica, *Dieci giorni che sconvolsero il mondo*, contiene un'introduzione di Nikolai Lenin ed è diventato l'opera più conosciuta e più letta di Reed. Oggi il libro si legge come un commento superficiale agli eventi attuali, è inframmezzato da proclami e decreti bolscevichi ed è intriso di quel fervore mistico che i bolscevichi sapevano avrebbe attirato i simpatizzanti stranieri. Dopo la rivoluzione Reed divenne membro americano del comitato esecutivo della Terza Internazionale. Morì di tifo in Russia nel 1920.

La questione cruciale qui non è il noto tenore filo-bolscevico Reed e le sue attività, ma come Reed avesse la piena fiducia di Lenin ("Ecco un libro che vorrei vedere pubblicato in milioni di copie e tradotto in tutte le lingue", commentò Lenin in *Dieci giorni*), che era un membro della Terza Internazionale, e che possedeva un lasciapassare del Comitato rivoluzionario militare (n. 955, rilasciato il 16 novembre 1917) che gli consentiva di entrare in qualsiasi momento nell'Istituto Smolny (il quartier generale della rivoluzione) come rappresentante della "stampa socialista americana", era anche - nonostante ciò - un burattino sotto il "controllo" degli interessi finanziari di Morgan attraverso l'American International Corporation. Esistono prove documentali di questa apparente contraddizione (vedi sotto e Appendice 3).

Completiamo lo sfondo. Gli articoli per *Metropolitan* e *Masses* diedero a John Reed un vasto pubblico per i suoi reportage sulle rivoluzioni bolsceviche messicane e russe. Il biografo di Reed, Granville Hicks, *ha* suggerito in *John Reed* che egli "era... il portavoce dei bolscevichi negli Stati Uniti". D'altra parte, il sostegno finanziario di Reed dal 1913 al 1918 proveniva in gran parte dal *Metropolitan* - di proprietà di Harry Payne Whitney, un direttore del Guaranty Trust, un'istituzione citata in tutti i capitoli di questo libro - e anche dal banchiere privato e commerciante newyorkese Eugene Boissevain, che incanalò i fondi a Reed sia direttamente che attraverso il giornale filo-bolscevico *Masses*. In altre parole, il sostegno finanziario di John Reed proveniva da due elementi presumibilmente in competizione tra loro nello spettro politico. Questi fondi erano destinati alla scrittura e possono essere classificati come segue: pagamenti dal *Metropolitan* a partire dal 1913 per articoli; pagamenti da *Masses* a partire dal 1913, le cui entrate provenivano almeno in parte da Eugene Boissevain. Una terza categoria va menzionata: Reed ricevette alcuni pagamenti minori e apparentemente non correlati dal commissario della Croce Rossa Raymond Robins a Pietrogrado. Probabilmente riceveva anche somme minori per gli articoli scritti per altre riviste e per i diritti d'autore sui libri, ma non sono state trovate prove dell'ammontare di questi pagamenti.

JOHN REED E LA RIVISTA *METROPOLITAN*

Il *metropolita* sosteneva le cause dell'establishment contemporaneo, compresi i preparativi per la guerra. La rivista era di proprietà di Harry Payne Whitney (1872-1930), fondatore della Navy League e socio della società J.P. Morgan. Alla fine degli anni Novanta del XIX secolo Whitney divenne direttore dell'American Smelting and Refining e della Guggenheim Exploration. Alla morte del padre, nel 1908, divenne direttore di molte altre società, tra cui la Guaranty Trust Company.

Reed iniziò a scrivere per il *Metropolitan* nel luglio 1913 e contribuì con una mezza dozzina di articoli sulle rivoluzioni messicane: "Con Villa in Messico", "Le cause della rivoluzione messicana", "Se entriamo in Messico", "Con Villa in movimento", ecc. Reed simpatizzava per il rivoluzionario Pancho Villa. Ricordate il legame tra il Guaranty Trust e la fornitura di munizioni a Villa.

In ogni caso, il *Metropolitan* era la principale fonte di reddito di Reed. Secondo il biografo Granville Hicks, "il denaro significava soprattutto lavoro per *Metropolitan* e in secondo luogo articoli e storie per altre riviste a pagamento". Ma il fatto di essere impiegato al *Metropolitan* non impedì a Reed di scrivere articoli critici nei confronti degli interessi di Morgan e Rockefeller. Uno di questi articoli, "Grabbing the Republic by the Throat" *(Masses,* luglio 1916), tracciava il rapporto tra le industrie di munizioni, la lobby dei preparativi per la sicurezza nazionale, i rami interconnessi degli interessi di Morgan e Rockefeller, "e mostrava che essi dominavano sia le compagnie di preparazione che la neonata American International Corporation, organizzata per lo sfruttamento dei Paesi in via di sviluppo".[200]

Nel 1915, John Reed fu arrestato in Russia dalle autorità zariste e il *Metropolitan* intervenne presso il Dipartimento di Stato per conto di Reed. Il 21 giugno 1915, H.J. Whigham scrisse al Segretario di Stato Robert Lansing per informarlo che John Reed e Boardman Robinson (anch'egli arrestato e collaboratore di *Masses)* si trovavano in Russia "con l'incarico da parte della rivista *Metropolitan* di scrivere articoli e fare illustrazioni sul campo di guerra orientale". Whigham sottolineò che nessuno dei due aveva "il desiderio o l'autorità di interferire con le operazioni di qualsiasi potenza belligerante". La lettera di Whigham continua:

> Se il signor Reed ha portato lettere di raccomandazione da Bucarest a persone in Galizia di mentalità anti-russa, sono sicuro che lo ha fatto in modo innocente con la semplice intenzione di incontrare quante più persone possibile...

Whigham fa notare al Segretario Lansing che John Reed era conosciuto alla Casa Bianca e aveva dato "una certa assistenza" all'amministrazione sugli affari messicani; conclude: "Abbiamo la massima stima per le grandi qualità di Reed come scrittore e pensatore e siamo molto preoccupati per la sua sicurezza".[201] La lettera di Whigham, notiamo, non proviene da un giornale dell'establishment a favore di uno scrittore bolscevico; proviene da un giornale dell'establishment a favore di uno scrittore bolscevico per *Masses* e altri fogli rivoluzionari simili, uno scrittore che è stato anche autore di attacchi taglienti ("The Unintentional Ethics of Big Business: A Fable for Pessimists", per esempio) agli stessi interessi di Morgan che possedevano il *Metropolitan*.

Le prove del finanziamento da parte del banchiere privato Boissevain sono indiscutibili. Il 23 febbraio 1918, la legazione americana a Christiania, in Norvegia, inviò a Washington un cablogramma a nome di John Reed da

---

[200] Granville Hicks, *John Reed, 1887-1920* (New York: Macmillan, 1936), p. 215.

[201] Fascicolo decimale del Dipartimento di Stato americano, 860d.1121 R 25/4.

consegnare al leader del Partito Socialista, Morris Hillquit. Il cablogramma diceva in parte: "Dite a Boissevain che può contarci, ma con cautela". Un promemoria confidenziale di Basil Miles negli archivi del Dipartimento di Stato, datato 3 aprile 1918, afferma: "Se Reed torna a casa, tanto vale che abbia dei soldi". Sono consapevole che le alternative sono l'espulsione da parte della Norvegia o una vera e propria deportazione. Se si tratta di quest'ultimo, sembra preferibile. Questa nota protettiva è seguita da un telegramma datato 1er aprile 1918, sempre dalla Legazione americana a Christiania: "John Reed chiede urgentemente a Eugene Boissevain, 29 Williams Street, New York, di inviare un telegramma di 300 dollari a beneficio della Legazione.[202] Questo telegramma fu trasmesso a Eugene Boissevain dal Dipartimento di Stato il 3 aprile 1918.

A quanto pare, Reed ha ricevuto i fondi ed è arrivato sano e salvo negli Stati Uniti. Il documento successivo negli archivi del Dipartimento di Stato è una lettera di John Reed a William Franklin Sands, datata 4 giugno 1918 e scritta da Croton On Hudson, New York. In questa lettera Reed dichiara di aver redatto un memorandum per il Dipartimento di Stato e invita Sands a usare la sua influenza per ottenere la restituzione dei documenti portati dalla Russia. Reed conclude: "Mi perdoni se la disturbo, ma non so a chi rivolgermi e non posso permettermi un altro viaggio a Washington". Successivamente, Frank Polk, Segretario di Stato ad interim, ricevette una lettera da Sands riguardante la restituzione dei documenti di John Reed. La lettera di Sands, datata 5 giugno 1918, dal numero 120 di Broadway, viene qui riprodotta integralmente; contiene dichiarazioni molto esplicite sul controllo di Reed:

> 120 BROADWAY NEW YORK
> 5 giugno 1918
> Mio caro signor Polk:
> Mi permetto di inviarvi una telefonata di John ("Jack") Reed per aiutarlo, se possibile, a farsi restituire i documenti che ha portato nel Paese dalla Russia.
> Ho avuto una conversazione con il signor Reed al suo arrivo, in cui ha illustrato alcuni tentativi del governo sovietico di avviare uno sviluppo costruttivo e ha espresso il desiderio di mettere a disposizione del nostro governo le osservazioni che aveva fatto o le informazioni che aveva ottenuto grazie al suo rapporto con Leon Trotzky. Gli ho suggerito di scrivere un memorandum su questo argomento per voi e gli ho promesso di telefonare a Washington per chiedervi di concedergli un colloquio a questo scopo. Ha riportato con sé una massa di documenti che gli sono stati sottratti per essere esaminati, e a questo proposito desiderava anche parlare con una persona autorevole, per offrire volontariamente al Governo le informazioni che potrebbero contenere e per chiedere la restituzione di quelle che gli servono per il suo lavoro su giornali e riviste.
> Non credo che il signor Reed sia un "bolscevico" o un "pericoloso anarchico", come ho sentito dire. È un giornalista sensazionalista, senza dubbio, ma questo è tutto. Non cerca di mettere in imbarazzo il nostro governo e per questo motivo ha rifiutato la "protezione" offertagli da Trotzky, a quanto mi risulta, quando è tornato a New

---

[202] Ibidem, 360d.1121/R25/18. Secondo Granville Hicks in *John Reed*, "Masses non poteva pagare le sue spese [di Reed]. Alla fine gli amici della rivista, in particolare Eugene Boissevain, raccolsero i fondi" (p. 249).

York per affrontare l'accusa contro di lui nel processo "Masses". Tuttavia, egli è benvoluto dai bolscevichi di Pietrogrado, e quindi tutto ciò che la nostra polizia può fare che assomiglia a una "persecuzione" sarà percepito a Pietrogrado, cosa che considero indesiderabile, non necessaria. *Può essere manipolata e controllata molto meglio con altri mezzi che con la polizia.*

Non ho visto il memorandum che ha consegnato al signor Bullitt - *volevo che me lo facesse vedere prima e magari lo modificasse,* ma non ha avuto modo di farlo.

Spero che non mi consideriate un'intrusa in questa vicenda o un'interveniente in questioni che non mi riguardano. Penso che sia saggio non offendere i leader bolscevichi fino a quando non sarà necessario - se dovesse essere necessario - e non è saggio considerare come un personaggio sospetto, persino pericoloso, chiunque abbia avuto rapporti amichevoli con i bolscevichi in Russia. *Penso che sia meglio cercare di usare queste persone per i nostri scopi nello sviluppo della nostra politica verso la Russia, se è possibile.* La conferenza che Reed fu impedito dalla polizia di tenere a Filadelfia (perse le staffe, fece a botte con la polizia e fu arrestato) è l'unica conferenza sulla Russia che avrei pagato per ascoltare, se non avessi già visto i suoi appunti sull'argomento. Si trattava di un argomento che poteva essere un punto di contatto con il governo sovietico, da cui partire per un lavoro costruttivo!

Non possiamo usarlo, invece di amareggiarlo e di farcelo nemico? Non è ben bilanciato, ma, se non mi sbaglio, è *in grado di essere guidato con calma e potrebbe essere molto utile.*

Distinti saluti, William Franklin Sands
L'onorevole Frank Lyon Polk
Consulente del Dipartimento di Stato Washington, D.C.
Allegato WFS:AO[203]

L'importanza di questo documento dimostra la realtà dell'intervento diretto di un funzionario (segretario esecutivo) dell'American International Corporation per conto di un noto bolscevico. Considerate alcune dichiarazioni di Sands su Reed: "Può essere gestito e controllato molto meglio con altri mezzi che con la polizia"; e "Non possiamo usarlo, invece di amareggiarlo e farcelo nemico? ... è, a meno che non mi sbagli di grosso, suscettibile di consigli discreti e potrebbe essere molto utile". Chiaramente, l'American International Corporation considerava John Reed un agente o un potenziale agente che poteva essere, e probabilmente era già stato, posto sotto il suo controllo. Il fatto che Sands abbia potuto richiedere un memorandum a Reed (per Bullitt) suggerisce che un certo grado di controllo era già stato stabilito.

Si noti poi l'atteggiamento potenzialmente ostile di Sands nei confronti dei bolscevichi e la sua intenzione poco velata di provocarli: "Penso che sia saggio non offendere i leader bolscevichi a meno che e *fino a quando non sia necessario farlo* - se dovesse diventare necessario...". (sottolineatura aggiunta).

Si tratta di una lettera straordinaria a nome di un agente sovietico, da parte di un privato cittadino americano di cui il Dipartimento di Stato aveva chiesto e continuava a chiedere il parere.

---

[203] Fascicolo decimale del Dipartimento di Stato americano, 360. D. II21.R/20/221/2, /R25 (John Reed). La lettera fu trasferita da Polk agli archivi del Dipartimento di Stato il 2 maggio 1935. Tutti i corsivi sono stati aggiunti.

Un successivo memorandum, datato 19 marzo 1920, negli archivi di Stato, registra l'arresto di John Reed da parte delle autorità finlandesi ad Abo e il possesso da parte di Reed di passaporti inglesi, americani e tedeschi. Reed, che viaggiava sotto lo pseudonimo di Casgormlich, trasportava diamanti, una grossa somma di denaro, letteratura e film di propaganda sovietica. Il 21 aprile 1920, la legazione americana a Helsingfors inviò un cablogramma al Dipartimento di Stato:

> Trasmetto nella prossima busta le copie certificate delle lettere di Emma Goldman, Trotsky, Lenin e Sirola trovate in possesso di Reed. Il Ministero degli Esteri ha promesso di fornire un resoconto completo del procedimento legale.

Ancora una volta, Sands interviene: "Conoscevo personalmente il signor Reed.[204]"E, come nel 1915, anche la rivista *Metropolitan* venne in soccorso di Reed. Il 15 aprile 1920, H.J. Whigham scrisse a Bainbridge Colby del Dipartimento di Stato: "Ho sentito che John Reed potrebbe essere giustiziato in Finlandia. Spero che il Dipartimento di Stato prenda immediatamente provvedimenti per assicurarsi che sia processato in modo adeguato. Chiedere un'azione rapida e urgente.[205] Questo si aggiunge a un telegramma del 13 aprile 1920 di Harry Hopkins, destinato alla fama sotto il presidente Roosevelt:

> Il Dipartimento di Stato è a conoscenza del fatto che Jack Reed, arrestato dalla Finlandia, sarà giustiziato. Un suo amico, così come lei e sua moglie, la esortano ad agire tempestivamente per impedire l'esecuzione e garantire il rilascio di Jack Reed. Confidiamo di poter contare su un vostro intervento immediato ed efficace.[206]

John Reed è stato poi rilasciato dalle autorità finlandesi.

Questo paradossale resoconto dell'intervento per conto di un agente sovietico può avere diverse spiegazioni. Un'ipotesi che si sposa con altre prove su Wall Street e la rivoluzione bolscevica è che John Reed fosse in realtà un agente degli interessi di Morgan - forse consapevole solo a metà del suo duplice ruolo - e che i suoi scritti anticapitalisti mantenessero il prezioso mito secondo cui tutti i capitalisti sono in guerra perpetua con tutti i socialisti rivoluzionari. Carroll Quigley, come abbiamo già notato, ha riferito che gli interessi di Morgan sostenevano finanziariamente le organizzazioni rivoluzionarie nazionali e gli scritti anticapitalisti.[207] In questo capitolo abbiamo presentato prove documentali inconfutabili del fatto che gli interessi di Morgan esercitavano il controllo anche su un agente sovietico, intercedendo per suo conto e, cosa più importante, intervenendo in generale per conto degli interessi sovietici presso il governo

---

[204] Ibidem, 360d.1121 R 25/72.

[205] Ibidem.

[206] Era indirizzata a Bainbridge Colby, ibidem, 360d.1121 R 25/30. Un'altra lettera, datata 14 aprile 1920 e indirizzata al Segretario di Stato dal numero 100 di Broadway, New York, era di W Bourke Cochrane e anch'essa chiedeva il rilascio di John Reed.

[207] Quigley, op. cit.

statunitense. Queste attività erano concentrate ad un unico indirizzo: 120 Broadway, New York City.

CAPITOLO IX

GUARANTY TRUST SI TRASFERISCE IN RUSSIA

> *Il governo sovietico vuole che la Guarantee Trust Company diventi l'agente fiscale negli Stati Uniti per tutte le operazioni sovietiche e sta considerando l'acquisto della Eestibank da parte degli americani per legare completamente le fortune sovietiche agli interessi finanziari americani.*
> William H. Coombs, agli ordini dell'ambasciata statunitense a Londra, 1er giugno 1920 (fascicolo decimale del Dipartimento di Stato americano, 861.51/752).
> ("Eestibank" era una banca estone)

Nel 1918, i sovietici dovettero affrontare una serie sconcertante di problemi interni ed esterni. Occupavano solo una frazione della Russia. Per controllare il resto, avevano bisogno di armi straniere, cibo importato, sostegno finanziario straniero, riconoscimento diplomatico e, soprattutto, commercio estero. Per ottenere il riconoscimento diplomatico e il commercio estero, i sovietici avevano bisogno di una rappresentanza all'estero, che a sua volta richiedeva finanziamenti in oro o in valuta estera. Come abbiamo già visto, il primo passo fu l'istituzione dell'Ufficio sovietico a New York sotto la guida di Ludwig Martens. Allo stesso tempo, si è cercato di trasferire fondi negli Stati Uniti e in Europa per l'acquisto di beni necessari. In seguito è stata esercitata un'influenza negli Stati Uniti per ottenere il riconoscimento o le licenze di esportazione necessarie per spedire merci in Russia.

I banchieri e gli avvocati di New York hanno fornito un'assistenza importante, e talvolta cruciale, in ciascuno di questi compiti. Quando il professor Giorgio V. Se Lomonossoff, l'esperto tecnico russo del Bureau sovietico, aveva bisogno di trasferire dei fondi dal principale agente sovietico in Scandinavia, un importante avvocato di Wall Street gli venne in aiuto - utilizzando i canali ufficiali del Dipartimento di Stato e il Segretario di Stato in carica come intermediario. Quando l'oro dovette essere trasferito negli Stati Uniti, furono American International Corporation, Kuhn, Loeb & Co. e Guaranty Trust a richiedere le strutture e a usare la loro influenza a Washington per facilitare il processo. E quando si tratta di riconoscimento, troviamo aziende americane che implorano il Congresso e l'opinione pubblica di approvare il regime sovietico.

Per evitare che il lettore deduca - troppo frettolosamente - da queste affermazioni che Wall Street era effettivamente tinta di rosso, o che le bandiere rosse sventolavano per strada (si veda il disegno all'inizio del libro), in un capitolo successivo presentiamo anche la prova che la società J.P. Morgan finanziò l'ammiraglio Kolchak in Siberia. Alexander Kolchak stava combattendo contro i bolscevichi, per installare il proprio marchio di governo autoritario. L'azienda contribuì anche all'organizzazione anticomunista United Americans.

WALL STREET VIENE IN AIUTO DEL PROFESSOR LOMONOSSOFF

Il caso del professor Lomonossoff è una storia dettagliata dell'assistenza di Wall Street al primo regime sovietico. Alla fine del 1918, Giorgio V. Lomonossoff, membro dell'Ufficio sovietico a New York e in seguito primo commissario sovietico delle ferrovie, si trovò bloccato negli Stati Uniti senza fondi. A quel tempo, ai fondi bolscevichi era negato l'ingresso negli Stati Uniti; in effetti, non vi era alcun riconoscimento ufficiale del regime. Lomonossoff fu oggetto di una lettera del 24 ottobre 1918 del Dipartimento di Giustizia degli Stati Uniti al Dipartimento di Stato.[208] La lettera faceva riferimento agli attributi bolscevichi di Lomonossoff e ai suoi discorsi pro-bolscevichi. L'investigatore ha concluso: "Il professor Lomonossoff non è un bolscevico, anche se i suoi discorsi costituiscono un sostegno inequivocabile alla causa bolscevica. Eppure Lomonossoff riuscì a muovere i fili ai più alti livelli dell'amministrazione per far trasferire 25.000 dollari dall'Unione Sovietica attraverso un agente dello spionaggio sovietico in Scandinavia (che in seguito sarebbe diventato l'assistente confidenziale di Reeve Schley, un vicepresidente della Chase Bank). Il tutto con l'aiuto di un membro di un importante studio legale di Wall Street![209]

Le prove sono presentate in modo dettagliato perché i dettagli stessi evidenziano la stretta relazione tra alcuni interessi che, finora, sono stati considerati acerrimi nemici. La prima indicazione del problema Lomonossoff è una lettera del 7 gennaio 1919 di Thomas L. Chadbourne dello studio Chadbourne, Babbitt & Wall di 14 Wall Street (stesso indirizzo di William Boyce Thompson) a Frank Polk, Segretario di Stato ad interim. Si noti il saluto amichevole e l'occasionale riferimento a Michael Gruzenberg, alias Alexander Gumberg, capo agente sovietico in Scandinavia e poi assistente di Lomonossoff:

> Caro Frank, sei stato così gentile da dirmi che se avessi potuto informarti sullo stato dei 25.000 dollari in fondi personali appartenenti ai coniugi Lomonossoff, avresti messo in moto i meccanismi necessari per ottenerli qui per loro.
> Ho contattato il signor Lomonossoff a questo proposito e lui mi ha detto che il signor Michael Gruzenberg, che si era recato in Russia per conto del signor Lomonossoff prima delle difficoltà tra l'ambasciatore Bakhmeteff e il signor Lomonossoff, gli ha passato le informazioni su questo denaro attraverso tre russi che erano arrivati di recente dalla Svezia e il signor Lomonossoff ritiene che il

---

[208] Fascicolo decimale del Dipartimento di Stato americano, 861.00/3094.

[209] Questa sezione è tratta da *American*, Senate, Russian *propaganda*, hearings before a sub-committee of the Committee on Foreign Relations, 66th Cong. 2d sess. 1920.

denaro sia custodito presso l'ambasciata russa a Stoccolma, Milmskilnad Gaten 37. Se l'indagine del Dipartimento di Stato dovesse rivelare che il denaro non è custodito lì, l'ambasciata russa a Stoccolma potrebbe fornire al signor Gruzenberg l'indirizzo corretto, che potrebbe fornirgli le informazioni appropriate sul denaro. Il sig. Lomonossoff non riceve lettere dal sig. Gruzenberg, anche se viene informato che gli sono state scritte: nessuna delle sue lettere al sig. Gruzenberg è stata consegnata, come viene anche informato. Per questo motivo non è possibile essere più precisi di quanto non lo sia stato io, ma spero che si possa fare qualcosa per alleviare l'imbarazzo suo e di sua moglie per la mancanza di fondi, e ha solo bisogno di un piccolo aiuto per ottenere quel denaro che appartiene loro per aiutarli da questa parte dell'acqua.

Vi ringrazio in anticipo per qualsiasi cosa possiate fare e vi prego di rimanere, come sempre,

Cordiali saluti, Thomas L. Chadbourne.

Nel 1919, al momento della stesura di questa lettera, Chadbourne era un uomo da un dollaro all'anno a Washington, consigliere e direttore dell'U.S. War Trade Board e direttore dell'U.S. Russian Bureau Inc, una società ufficiale di facciata del governo americano. In precedenza, nel 1915, Chadbourne aveva organizzato la Midvale Steel and Ordnance per trarre vantaggio dagli affari del periodo bellico. Nel 1916 divenne presidente del Comitato finanziario democratico e successivamente direttore della Wright Aeronautical e della Mack Trucks.

Il motivo per cui Lomonossoff non ricevette lettere da Gruzenberg è che, con ogni probabilità, furono intercettate da uno dei tanti governi interessati alle sue attività.

L'11 gennaio 1919, Frank Polk inviò un telegramma alla legazione americana a Stoccolma:

> Il Ministero ha ricevuto informazioni che 25.000 dollari di fondi personali... Si prega di verificare con la Legazione russa, in modo informale e personale, se questi fondi sono detenuti in questo modo. In caso contrario, controllate l'indirizzo del signor Michael Gruzenberg, che potrebbe avere informazioni in merito. Il Dipartimento non è ufficialmente interessato, ma si limita a svolgere indagini per conto di un ex funzionario russo in quel Paese.
>
> Polk, facente funzione

In questa lettera, Polk sembra non essere a conoscenza dei legami bolscevichi di Lomonossoff e si riferisce a lui come a un "ex funzionario russo in questo Paese". In ogni caso, Polk ricevette entro tre giorni una risposta da Morris presso la Legazione americana a Stoccolma:

> 14 gennaio, ore 15.00 3492. Il vostro n. 1443 del 12 gennaio, ore 15.00.
> 25.000 dall'ex presidente della Commissione russa per le comunicazioni negli Stati Uniti, non noto alla Legazione russa; inoltre non è possibile ottenere l'indirizzo di Michael Gruzenberg.
>
> Morris

Sembra che Frank Polk abbia scritto a Chadbourne (la lettera non è inclusa nella fonte) e abbia indicato che lo Stato non era in grado di trovare né Lomonossoff né Michael Gruzenberg. Chadbourne rispose il 21 gennaio 1919:

> Caro Frank, ti ringrazio molto per la tua lettera del 17 gennaio. Mi risulta che in Svezia ci siano due legazioni russe, una sovietica e una Kerensky, e presumo che la sua richiesta fosse diretta alla legazione sovietica, visto che è l'indirizzo che le ho dato nella mia lettera, ovvero Milmskilnad Gaten 37, Stoccolma.
> L'indirizzo di Michael Gruzenberg è il seguente: Holmenkollen Sanitarium, Christiania, Norvegia, e penso che la Legazione sovietica possa sapere tutto sui fondi attraverso il signor Gruzenberg, se comunica con lui.
> Vi ringrazio per esservi presi la briga di farlo e vi assicuro il mio profondo apprezzamento,
>
> Distinti saluti, Thomas L. Chadbourne

Vale la pena di notare che un avvocato di Wall Street aveva l'indirizzo di Gruzenberg, il principale agente bolscevico in Scandinavia, in un momento in cui il Segretario di Stato ad interim e la Legazione americana a Stoccolma non avevano alcuna traccia dell'indirizzo, né la Legazione riusciva a trovarlo. Chadbourne presumeva anche che i sovietici fossero il governo ufficiale della Russia, anche se questo governo non era riconosciuto dagli Stati Uniti e la posizione ufficiale del governo di Chadbourne nel War Trade Board gli imponeva di saperlo.

Frank Polk ha poi inviato un telegramma alla legazione statunitense a Christiania, in Norvegia, con l'indirizzo di Michael Gruzenberg. Non si sa se Polk sapesse di trasmettere l'indirizzo di un agente spia, ma il suo messaggio era il seguente

> Presso la Legazione americana, Christiania. 25 gennaio 1919. Si dice che Michael Gruzenberg si trovi nel sanatorio di Holmenkollen. È possibile rintracciarlo e scoprire se ha qualche informazione sulla disposizione di un fondo di 25.000 dollari appartenente all'ex presidente della Missione russa dei mezzi di comunicazione negli Stati Uniti, il professor Lomonossoff.
>
> Polk, facente funzione

Il rappresentante americano (Schmedeman) a Christiania conosceva bene Gruzenberg. In effetti, il nome era apparso nei rapporti di Schmedeman a Washington sulle attività filosovietiche di Gruzenberg in Norvegia. Schmedeman ha risposto:

> 29 gennaio, 20:00 1543. Importante. Vostro telegramma del 25 gennaio, n. 650.
> Prima di partire oggi per la Russia, Michael Gruzenberg ha informato il nostro addetto navale che quando era in Russia alcuni mesi fa aveva ricevuto, su richiesta di Lomonossoff, 25.000 dollari dall'Istituto ferroviario sperimentale russo, di cui il professor Lomonossoff era presidente. Gruzenberg afferma di aver inviato oggi un telegramma all'avvocato di Lomonossoff a New York, Morris Hillquitt [sic], dicendogli che lui, Gruzenberg, è in possesso del denaro e che prima di trasmetterlo attende ulteriori istruzioni dagli Stati Uniti, chiedendo nel telegramma che

Lomonossoff venga rimborsato per le spese di vita sue e della sua famiglia da Hillquitt in attesa di ricevere il denaro.[210]

Poiché il Ministro Morris si recava a Stoccolma sullo stesso treno del Ministro Gruzenberg, quest'ultimo ha dichiarato che avrebbe dato al Ministro Morris ulteriori consigli in merito.

Schmedeman

Il ministro americano si recò con Gruzenberg a Stoccolma dove ricevette il seguente cablogramma da Polk:

> Dalla legazione di Christiania si apprende che Michael Gruzenberg ha chiesto al professor G. Lomonossoff, il... di 25.000 dollari, ricevuti dall'Istituto sperimentale ferroviario russo. Se può farlo senza essere coinvolto dalle autorità bolsceviche, il Dipartimento sarà lieto di facilitare il trasferimento di questo denaro al Prof. Lomonossoff in questo Paese. Grazie per aver risposto.
>
> Polk, facente funzione

Questo cablogramma funzionò, perché il 5 febbraio 1919 Frank Polk scrisse a Chadbourne di un "pericoloso agitatore bolscevico", Gruzenberg:

> Mio caro Tom: ho un telegramma da Christiania in cui si dice che Michael Gruzenberg ha i 25.000 dollari del professor Lomonossoff, che li ha ricevuti dall'Istituto sperimentale ferroviario russo e che ha inviato un telegramma a Morris Hillquitt [sic], *a* New York, per fornire al professor Lomonossoff denaro per le spese di vita fino a quando il fondo in questione non potrà essere trasmesso. Poiché Gruzenberg è stato appena espulso dalla Norvegia come pericoloso agitatore bolscevico, potrebbe aver avuto difficoltà a telegrafare da quel Paese. So che ora è andato a Christiania, e anche se questo è un po' fuori dalla linea del Ministero, sarò lieto, se lo desiderate, di vedere se posso far sì che il signor Gruzenberg consegni il denaro al professor Lomonossoff a Stoccolma, e telegraferò al nostro Ministro lì per sapere se si può fare.
>
> Cordiali saluti, Frank L. Polk

Il telegramma da Christiania citato nella lettera di Polk recitava così

> 3 febbraio, ore 18:00, 3580. Importante. Il 12 gennaio 1443, 10.000 dollari sono stati depositati a Stoccolma su mio ordine per essere inoltrati al professor Lomonossoff da Michael Gruzenberg, uno degli ex rappresentanti bolscevichi in Norvegia. Prima di accettare questo denaro, lo informai che vi avrei contattato per chiedervi se desideravate che questo denaro fosse trasferito a Lomonossoff. Chiedo pertanto istruzioni sulla mia linea di condotta.
>
> Morris

Successivamente, Morris, a Stoccolma, chiese istruzioni per lo smaltimento di un assegno da 10.000 dollari depositato in una banca di Stoccolma. La sua frase

---

[210] Morris Hillquit fu l'intermediario tra il banchiere newyorkese Eugene Boissevain e John Reed a Pietrogrado.

"[questo] è stato il mio unico legame con il caso" suggerisce che Morris era consapevole che i sovietici avrebbero potuto, e probabilmente lo avrebbero fatto, richiedere questo trasferimento di denaro ufficialmente accelerato, poiché questa azione implicava l'approvazione degli Stati Uniti di tali trasferimenti di denaro. Fino ad allora, i sovietici erano stati costretti a contrabbandare denaro negli Stati Uniti.

> 16:00, 12 febbraio 3610, routine.
> Per quanto riguarda il mio numero 3580 del 3 febbraio, ore 18.00, e il vostro numero 1501 dell'8 febbraio, ore 19.00, non so se volete che trasferisca i 10.000 dollari menzionati dal professor Lomonossoff attraverso di voi. Non so se desidera che le trasferisca i 10.000 dollari menzionati dal professor Lomonossoff. Il fatto che Gruzenberg mi abbia informato di aver depositato questo denaro all'ordine di Lomonossoff in una banca di Stoccolma e di aver informato la banca che questa cambiale poteva essere inviata in America attraverso di me, a condizione che io la ordinassi, è stato il mio unico collegamento con il caso. Per favore, datemi le vostre istruzioni.
>
> Morris

Segue una serie di lettere sul trasferimento di 10.000 dollari dall'A/B Nordisk Resebureau a Thomas L. Chadbourne al 520 di Park Avenue, New York, attraverso il Dipartimento di Stato. La prima lettera contiene istruzioni da parte di Polk sui termini del trasferimento; la seconda, da Morris a Polk, contiene 10.000 dollari; la terza, da Morris a A/B Nordisk Resebureau, richiede una bozza; la quarta è una risposta della banca con un assegno; la quinta è la conferma.

> Il 12 febbraio, ore 16.00, n. 3610.
> Il denaro può essere inviato direttamente a Thomas L. Chadbourne, 520 Park Avenue, New York City,
>
> Polk, facente funzione
>
> * * * * *
>
> Dispaccio, n. 1600, 6 marzo 1919:
> L'onorevole Segretario di Stato, Washington
> Signore: in riferimento al mio telegramma, n. 3610 del 12 febbraio, e alla risposta del Ministero, n. 1524 del 19 febbraio, relativa alla somma di 10.000 dollari per il professor Lomonossoff, mi pregio di inviarLe, con la presente, copia di una lettera che ho inviato il 25 febbraio ad A. B. Nordisk Resebureau, i banchieri presso i quali era stato depositato il denaro; una copia della risposta di A. B. Nordisk Resebureau, datata 26 febbraio; e una copia della mia lettera ad A. B. Nordisk Resebureau, del 27 febbraio.
> Da questa corrispondenza si evince che la banca desiderava che il denaro venisse trasmesso al professor Lomonossoff. Ho spiegato loro, tuttavia, come si evince dalla mia lettera del 27 febbraio, che ero stato autorizzato a trasmetterla direttamente a Mr. Thomas L. Chadbourne, 520 Park Avenue, New York City. Allego anche una busta indirizzata al signor Chadbourne, che contiene una lettera a lui indirizzata e un assegno di 10.000 dollari della National City Bank di New York.
> Ho l'onore di essere, signore, il suo obbediente servitore,
>
> Ira N. Morris

* * * * *
A. B. Nordisk Reserbureau,
No. 4 Vestra Tradgardsgatan, Stoccolma.
Signori, dopo aver ricevuto la vostra lettera del 30 gennaio, in cui dichiaravate di aver ricevuto 10.000 dollari da versare al professor G. V. Lomonossoff, su mia richiesta, ho immediatamente telegrafato al mio Governo per chiedere se desideravano che questo denaro fosse trasmesso al professor Lomonossoff. Ho ricevuto oggi una risposta che mi autorizza a trasmettere il denaro direttamente al signor Thomas L. Chadbourne, all'ordine del professor Lomonossoff. Sarò lieto di trasmetterla secondo le istruzioni del mio Governo.
Lo sono, signori,

Cordiali saluti, Ira N. Morris

* * * * *
Il signor I. N. Morris,
Ministro degli Stati Uniti, Stoccolma
Deal, Signore: Vi accusiamo di aver ricevuto il vostro favore di ieri in merito al pagamento di 10.000 dollari al Professor G. V. Lomonossoff, e siamo lieti di allegare un assegno per la suddetta somma pagabile al Professor G. V. Lomonossoff, che, a quanto ci risulta, siete così gentili da inoltrare a questo signore. Saremo lieti di avere la vostra ricevuta per questo importo, ma vi preghiamo di rimanere,
Con rispetto

A. B. Ufficio di presidenza Nordisk

E. Molin

* * * * *
A. B. Ufficio di ricerca Nordisk, Stoccolma
Signori, vi comunico di aver ricevuto la vostra lettera del 26 febbraio, con allegato un assegno di 10.000 dollari intestato al professor G. V. Lomonossoff. Come le ho indicato nella mia lettera del 25 febbraio, sono stato autorizzato a inoltrare questo assegno al signor Thomas L. Chadbourne, 520 Park Avenue, New York City, e lo inoltrerò a questo signore nei prossimi giorni, a meno che lei non indichi diversamente.

Cordiali saluti, Ira N. Morris

Segue un memorandum interno del Dipartimento di Stato e la conferma di ricezione da parte di Chadbourne:

Mr Phillips a Mr Chadbourne, 3 aprile 1919.
Signor Presidente: in riferimento alla precedente corrispondenza relativa a una rimessa di diecimila dollari da parte di A. B. Norsdisk Resebureau al Professor G. V. Lomonossoff, che Lei ha chiesto di inoltrare tramite la Legazione americana a Stoccolma, il Dipartimento La informa di aver ricevuto dal Ministro americano a Stoccolma un dispaccio datato 6 marzo 1919, relativo all'allegata lettera a Lei indirizzata, accompagnata da un assegno dell'importo indicato, intestato al Professor Lomonossoff.
Sono, signore, il vostro obbediente servitore

William Phillips, Segretario di Stato ad interim.
Allegato: Lettera sigillata al signor Thomas L. Chadbourne con 1600 copie della Svezia.
* * * * *
Risposta di Chadbourne, 5 aprile 1919.

Signore, mi permetto di comunicarle di aver ricevuto la sua lettera del 3 aprile, contenente un assegno di 10.000 dollari intestato al professor Lomonossoff, che devo consegnare oggi.
Vi prego di rimanere, con grande rispetto,

Cordiali saluti, Thomas L. Chadbourne

Successivamente, la Legazione di Stoccolma si informò sull'indirizzo di Lomonossoff negli Stati Uniti e fu informata dal Dipartimento di Stato che "per quanto a conoscenza del Dipartimento, il professor George V. Lomonossoff può essere contattato da Mr. Thomas L. Chadbourne, 520 Park Avenue, New York City".

È chiaro che il Dipartimento di Stato, per ragioni di amicizia personale tra Polk e Chadbourne o di influenza politica, ha ritenuto di doversi unire a loro e fungere da collettore di fondi per un agente bolscevico - appena espulso dalla Norvegia. Ma perché un prestigioso studio legale dell'establishment dovrebbe interessarsi così tanto alla salute e al benessere di un emissario bolscevico? Forse un rapporto del Dipartimento di Stato contemporaneo fornisce la risposta:

> Martens, il rappresentante bolscevico, e il professor Lomonossoff contano sul fatto che Bullitt e il suo gruppo facciano un rapporto favorevole alla missione e al Presidente sulle condizioni della Russia sovietica e che, sulla base di questo rapporto, il governo degli Stati Uniti sia favorevole all'idea di trattare con il governo sovietico come proposto da Martens. 29 marzo 1919.[211]

CI SONO TUTTE LE CONDIZIONI PER LO SFRUTTAMENTO COMMERCIALE DELLA RUSSIA

È lo sfruttamento commerciale della Russia che eccita Wall Street, che non ha perso tempo per preparare il suo programma. Il 1^{oer} maggio 1918 - una data propizia per i rivoluzionari rossi - fu costituita la Lega americana per l'aiuto e la cooperazione con la Russia e il suo programma fu approvato in una conferenza tenutasi nel Senate Office Building di Washington. Il suo presidente era il dottor Frank J. Goodnow, presidente della Johns Hopkins University. I vicepresidenti erano il sempre attivo William Boyce Thompson, Oscar S. Straus, James Duncan e Frederick C. Howe, che scrisse *Confessioni di un monopolista*, il libro che illustrava le istruzioni con cui i monopoli potevano controllare la società. Il tesoriere era George P. Whalen, vicepresidente della Vacuum Oil Company. Il Congresso era rappresentato dal senatore William Edgar Borah e dal senatore John Sharp Williams della Commissione per le Relazioni Estere del Senato; il senatore William N. Calder e il senatore Robert L. Owen, presidente della Commissione bancaria e valutaria. I membri della Camera erano Henry R. Cooper e Henry D. Flood, presidente della Commissione Affari Esteri della Camera. Le imprese americane erano rappresentate da Henry Ford, Charles A. Coffin, presidente del

---

[211] Fascicolo decimale del Dipartimento di Stato americano, 861.00/4214a.

consiglio di amministrazione della General Electric Company, e A. Oudin, allora direttore estero della General Electric. George P. Whalen rappresentava la Vacuum Oil Company e Daniel Willard era presidente della Baltimore & Ohio Railroad. L'elemento più apertamente rivoluzionario era rappresentato dalla signora Raymond Robins, il cui nome si rivelò in seguito importante negli archivi del Soviet Bureau e nelle udienze della Commissione Lusk; Henry L. Slobodin, descritto come un "importante socialista patriottico"; e Lincoln Steffens, un noto comunista nazionale.

In altre parole, si trattava di un comitato esecutivo ibrido; rappresentava elementi rivoluzionari nazionali, il Congresso degli Stati Uniti e interessi finanziari fortemente coinvolti negli affari russi.

Il Comitato esecutivo approvò un programma che sottolineava la creazione di una divisione ufficiale russa all'interno del governo statunitense "guidata da uomini forti". Questa divisione avrebbe dovuto arruolare l'aiuto di università, organizzazioni scientifiche e altre istituzioni per studiare la "questione russa", coordinare e unire le organizzazioni all'interno degli Stati Uniti "per la salvaguardia della Russia", istituire una "commissione speciale di intelligence per l'indagine della questione russa" e in generale studiare e indagare essa stessa su ciò che era considerato la "questione russa". Il Comitato esecutivo ha poi approvato una risoluzione a sostegno del messaggio del Presidente Woodrow Wilson al Congresso sovietico di Mosca e la Lega ha confermato il proprio sostegno alla nuova Russia sovietica.

Poche settimane dopo, il 20 maggio 1918, Frank J. Goodnow e Herbert A. Carpenter, in rappresentanza della Lega, si rivolsero all'Assistente Segretario di Stato William Phillips e gli fecero presente la necessità di creare una "divisione ufficiale del governo russo per coordinare tutte le questioni russe". Mi hanno chiesto [scrive Phillips] se dovevano parlarne con il Presidente.[212]

Phillips lo riferì direttamente al Segretario di Stato e il giorno dopo scrisse a Charles R. Crane a New York per chiedere la sua opinione sulla Lega americana per l'aiuto e la cooperazione con la Russia. Phillips ha chiesto a Crane: "Vorrei davvero un consiglio su come gestire la lega... Non vogliamo creare problemi rifiutandoci di collaborare con loro. D'altra parte, è un comitato omosessuale e non capisco bene".[213]

All'inizio di giugno, il Dipartimento di Stato ricevette una lettera da William Franklin Sands dell'American International Corporation al Segretario di Stato Robert Lansing. Sands propose che gli Stati Uniti nominassero un amministratore in Russia piuttosto che una commissione e ritenne che "il suggerimento di una forza militare alleata in Russia in questo momento mi sembra molto pericoloso".[214] Sands sottolineò la possibilità di un commercio con la Russia e che questo poteva essere portato avanti "da un amministratore ben scelto con la piena fiducia del

---

[212] Ibidem, 861.00/1938.

[213] Ibidem.

[214] Ibidem, 861.00/2003.

governo"; indicò che il "signor Hoover" avrebbe potuto svolgere questo ruolo.[215] La lettera fu inoltrata a Phillips da Basil Miles, un ex collaboratore di Sands, con la frase: "Penso che il Segretario troverebbe utile leggerla".

All'inizio di giugno, il War Trade Board, subordinato al Dipartimento di Stato, approvò una risoluzione e un comitato del Board che comprendeva Thomas L. Chadbourne (un contatto del professor Lomonossoff), Clarence M. Woolley e John Foster Dulles presentò un memorandum al Dipartimento di Stato per sollecitare l'esame di modi "per stabilire relazioni commerciali più strette e amichevoli tra gli Stati Uniti e la Russia". Il Consiglio ha raccomandato una missione in Russia e ha riaperto la questione se questa dovesse essere il risultato di un invito da parte del governo sovietico.

Poi, il 10 giugno, A. Oudin, responsabile estero della General Electric Company, ha espresso il suo punto di vista sulla Russia e ha parlato chiaramente a favore di un "piano costruttivo di assistenza economica" alla Russia.[216] Nell'agosto del 1918, Cyrus M. McCormick della International Harvester scrisse a Basil Miles del Dipartimento di Stato e lodò il programma russo del Presidente come "un'opportunità d'oro".[217]

Così, a metà del 1918 troviamo uno sforzo concertato da parte di una parte dell'imprenditoria americana - chiaramente pronta ad aprire il commercio - per trarre vantaggio dalla propria posizione privilegiata nei confronti dei sovietici.

LA GERMANIA E GLI STATI UNITI STANNO LOTTANDO PER FARE AFFARI IN RUSSIA IE

Nel 1918, questa assistenza all'embrionale regime bolscevico era giustificata dal desiderio di sconfiggere la Germania e di impedire lo sfruttamento tedesco della Russia. Questo fu l'argomento usato da W.B. Thompson e Raymond Robins per inviare in Germania nel 1918 rivoluzionari bolscevichi e squadre di propaganda. Questo argomento fu usato anche da Thompson nel 1917 in una conferenza con il Primo Ministro Lloyd George per assicurare il sostegno britannico al nascente regime bolscevico. Nel giugno 1918, l'ambasciatore Francis e il suo staff tornarono dalla Russia e sollecitarono il presidente Wilson a "riconoscere e assistere il governo sovietico in Russia".[218] Questi rapporti del personale dell'ambasciata al Dipartimento di Stato sono stati diffusi alla stampa e ampiamente stampati. L'affermazione principale era che un ritardo nel riconoscimento dell'Unione Sovietica avrebbe aiutato la Germania "e contribuito al piano tedesco di promuovere la reazione e la controrivoluzione".[219] A sostegno

---

[215] Ibidem.

[216] Ibidem, 861.00/2002.

[217] Ibidem.

[218] Ibidem, M 316-18-1306.

[219] Ibidem.

della proposta sono state citate statistiche esagerate, ad esempio che il governo sovietico rappresentava il novanta per cento del popolo russo "e che il restante dieci per cento è costituito dalla vecchia classe proprietaria e dominante... Naturalmente, sono infelici.[220] Un ex funzionario statunitense ha dichiarato: "Se non facciamo nulla, cioè se lasciamo che le cose vadano alla deriva, contribuiamo a indebolire il governo sovietico russo. E questo fa il gioco della Germania. [221]"È stato quindi raccomandato che "una commissione armata di crediti e di buoni consigli commerciali potrebbe essere di grande aiuto".

Nel frattempo, la situazione economica in Russia era diventata critica e il Partito Comunista e i suoi pianificatori si resero conto che abbracciare il capitalismo era inevitabile. Lenin cristallizzò questa consapevolezza davanti al Decimo Congresso del Partito Comunista Russo:

> Senza l'aiuto del capitale, ci sarà impossibile mantenere il potere proletario in un paese incredibilmente rovinato dove i contadini, anch'essi rovinati, costituiscono la stragrande maggioranza - e, naturalmente, per questo aiuto, il capitale ci sterminerà al cento per cento. Questo è ciò che dobbiamo capire. Quindi o questo tipo di relazione economica o niente[222]

Si dice che Leon Trotsky abbia detto: "Qui abbiamo bisogno di un organizzatore come Bernard M. Baruch".[223]

La consapevolezza sovietica dell'imminente collasso economico suggerisce che le imprese americane e tedesche furono attratte dalla possibilità di sfruttare il mercato russo per i beni necessari; i tedeschi, infatti, iniziarono molto presto nel 1918. I primi accordi stipulati dall'Ufficio sovietico di New York indicano che il sostegno finanziario e morale americano ai bolscevichi fu ripagato sotto forma di contratti.

Il più grande ordine del 1919-20 è stato effettuato con Morris & Co, i macelli di Chicago, per cinquanta milioni di libbre di prodotti alimentari, per un valore di circa 10 milioni di dollari. La famiglia Morris era imparentata con la famiglia Swift. Helen Swift, in seguito legata all'Abraham Lincoln Center "Unity", era sposata con Edward Morris ed era anche il fratello di Harold H. Swift, maggiore della missione della Croce Rossa di Thompson in Russia nel 1917.

---

[220] Ibidem.

[221] Ibidem.

[222] V.1 Lenin, Relazione al X Congresso del Partito Comunista Russo (bolscevico), 15 marzo 1921.

[223] William Reswick, *I Dreamt Revolution* (Chicago: Henry Regnery, 1952), pag. 78.

CONTRATTI CONCLUSI NEL 1919 DALL'UFFICIO SOVIETICO CON AZIENDE AMERICANE			
Data del contratto	Azienda	Merci vendute	Valore
7 luglio 1919	Milwaukee Shaper Co.*	Macchine	$45,071
30 luglio 1919	Kempsmith Mfg. Co.*	Macchine	$97,470
10 maggio 1919	F. Mayer Boot & Shoe	Stivali	$1,201,250
Agosto 1919	Steel Sole Shoe & Co.*	Stivali	$58,750
23 luglio 1919	Eline Berlow, N.Y.	Stivali	$3,000,000
24 luglio 1919	Fischmann & Co.	Abbigliamento	$3,000,000
29 settembre 1919	Weinberg & Posner	Macchine	$3,000,000
27 ottobre 1919	LeHigh Machine Co.	Macchine da stampa	$4,500,000
22 gennaio 1920	Morris & Co. Chicago	50 milioni di chili di prodotti alimentari	$10,000,000

*In seguito, attraverso la Bobroff Foreign Trade and Engineering Co. di Milwaukee.
FONTE: Stati Uniti, Senato, *Propaganda russa*, audizioni davanti a una sottocommissione del Comitato per le relazioni estere, 66a Cong, 2a Sess. 1920, p. 71.

Ludwig Martens è stato in precedenza vicepresidente di Weinberg & Posner, con sede al 120 di Broadway, New York City, che ha ricevuto un ordine di 3 milioni di dollari.

ORO SOVIETICO E BANCHE AMERICANE

L'oro era l'unico mezzo pratico con cui l'Unione Sovietica poteva pagare i suoi acquisti all'estero e i banchieri internazionali erano ben disposti a facilitare le spedizioni di oro sovietico. Le esportazioni di oro russo, soprattutto di monete d'oro imperiali, iniziarono all'inizio del 1920, verso la Norvegia e la Svezia. Venivano trasbordati in Olanda e Germania per altre destinazioni mondiali, tra cui gli Stati Uniti.

Nell'agosto 1920, una spedizione di monete d'oro russe fu ricevuta dalla Den Norske Handelsbank in Norvegia come garanzia per il pagamento di 3.000 tonnellate di carbone da parte della Niels Juul and Company negli Stati Uniti per conto del governo sovietico. Queste monete sono state trasferite alla Norges Bank per essere custodite. Le monete sono state esaminate e pesate e si è scoperto che erano state coniate prima dello scoppio della guerra nel 1914 e che quindi erano autentiche monete imperiali russe.[224]

Poco dopo questo primo episodio, la Robert Dollar Company di San Francisco ricevette lingotti d'oro sul suo conto a Stoccolma, per un valore di trentanove milioni di corone svedesi; l'oro "recava il timbro dell'ex governo dello Zar di Russia". L'agente della Dollar Company a Stoccolma chiese all'American Express di poter spedire l'oro negli Stati Uniti. American Express si è rifiutata di gestire la spedizione. Robert Dollar, va notato, era un direttore dell'American International

---

[224] Fascicolo decimale del Dipartimento di Stato americano, 861.51/815.

Company, quindi l'AIC era coinvolta nel primo tentativo di spedire l'oro direttamente in America.[225]

Contemporaneamente, fu riferito che tre navi erano partite da Reval sul Mar Baltico con l'oro sovietico destinato agli Stati Uniti. La S.S. *Gauthod ha* caricato 216 casse d'oro sotto la supervisione del professor Lomonossoff - ora di ritorno negli Stati Uniti. La S.S. *Carl Line* caricò 216 casse d'oro sotto la supervisione di tre agenti russi. La S.S. *Ruheleva* era carica di 108 casse d'oro. Ogni scatola conteneva tre barboncini d'oro del valore di sessantamila rubli d'oro ciascuno. Seguì una spedizione sulla S.S. *Wheeling Mold*.

Kuhn, Loeb & Company, apparentemente per conto della Guaranty Trust Company, si informò presso il Dipartimento di Stato sull'atteggiamento ufficiale nei confronti della ricezione dell'oro sovietico. In un rapporto, il dipartimento espresse la preoccupazione che se l'oro fosse stato rifiutato, "sarebbe probabilmente tornato al Dipartimento della Guerra, con conseguente responsabilità diretta del governo e ulteriore imbarazzo".[226] La relazione, redatta da Merle Smith in collaborazione con Kelley e Gilbert, sostiene che, a meno che il possessore non abbia una conoscenza specifica della questione, sarebbe impossibile rifiutare l'accettazione. Si pensò di chiedere agli Stati Uniti di fondere l'oro nell'ufficio saggi e si decise di telegrafare alla Kuhn, Loeb & Company che non sarebbero state poste restrizioni all'importazione di oro sovietico negli Stati Uniti.

L'oro arrivò all'Ufficio saggi di New York e non fu depositato da Kuhn, Loeb & Company, ma dalla Guaranty Trust Company di New York. Il Guaranty Trust si è quindi informato presso il Federal Reserve Board, che a sua volta si è informato presso il Tesoro degli Stati Uniti, in merito all'accettazione e al pagamento. Il sovrintendente del New York Assay Office informò il Tesoro che i circa 7 milioni di dollari in oro non avevano segni di riconoscimento e che "i lingotti depositati erano già stati fusi in lingotti di valuta statunitense". Il Tesoro suggerì al Federal Reserve Board di stabilire se la Guaranty Trust Company avesse agito "per conto proprio o per conto di terzi nel presentare l'oro", e in particolare "se dall'importazione o dal deposito dell'oro fosse derivato o meno un trasferimento di credito o un'operazione di cambio".[227]

Il 10 novembre 1920, A. Breton, vicepresidente della Guaranty Trust, scrisse all'Assistente Segretario Gilbert del Dipartimento del Tesoro lamentando che la Guaranty non aveva ricevuto il consueto anticipo immediato dall'ufficio saggi a fronte di depositi di "metallo giallo lasciati presso di loro per la riduzione". Nella lettera si legge che Guaranty Trust aveva ricevuto garanzie soddisfacenti sul fatto che i lingotti fossero il prodotto della fusione di monete francesi e belghe, sebbene avesse acquistato il metallo in Olanda. La lettera chiedeva al Tesoro di accelerare il pagamento dell'oro. In risposta, il Tesoro sostenne che "non acquista l'oro presentato alla Zecca o agli uffici di saggio degli Stati Uniti che sia noto o

---

[225] Ibidem, 861,51/836.

[226] Ibidem, 861.51,/837, 4 ottobre 1920.

[227] Ibidem, 861.51/837, 24 ottobre 1920.

sospettato di essere di origine sovietica" e, alla luce delle note vendite di oro sovietico in Olanda, l'oro presentato dalla Guaranty Trust Company era considerato un "caso dubbio, con suggerimenti di origine sovietica". Suggerì che la Guaranty Trust Company avrebbe potuto ritirare l'oro dall'ufficio di saggiatura in qualsiasi momento, oppure che avrebbe potuto "presentare al Tesoro, alla Federal Reserve Bank di New York o al Dipartimento di Stato le prove aggiuntive necessarie per scagionare l'oro da qualsiasi sospetto di origine sovietica".[228]

Non esistono documenti relativi alla liquidazione finale di questo caso, ma si può presumere che la Guaranty Trust Company sia stata pagata per la spedizione. È chiaro che questo deposito d'oro serviva ad attuare l'accordo fiscale raggiunto a metà degli anni Venti tra la Guaranty Trust e il governo sovietico, in base al quale la società era diventata l'agente sovietico negli Stati Uniti (si veda l'epigrafe di questo capitolo).

In seguito è stato accertato che l'oro sovietico era stato inviato anche alla zecca svedese. La Zecca svedese "fonde l'oro russo, lo testa e lo timbra con il timbro della Zecca svedese su richiesta delle banche svedesi o di altri soggetti svedesi che detengono l'oro".[229] Allo stesso tempo, Olof Aschberg, responsabile di Svenska Ekonomie A/B (l'intermediario sovietico e filiale di Guaranty Trust), offriva "quantità illimitate di oro russo" attraverso le banche svedesi.[230]

In breve, possiamo collegare l'American International Corporation, l'influente professor Lomonossoff, la Guaranty Trust e Olof Aschberg (che abbiamo già identificato) ai primi tentativi di importare oro sovietico negli Stati Uniti.

MAX MAY DI GUARANTY TRUST DIVENTA DIRETTORE DI RUSKOMBANK

L'interesse di Guaranty Trust per la Russia sovietica fu rinnovato nel 1920 con una lettera di Henry C. Emery, vicedirettore del Dipartimento Esteri di Guaranty Trust, a De Witt C. Poole al Dipartimento di Stato. La lettera è datata 21 gennaio 1920, poche settimane prima che Allen Walker, direttore del Dipartimento di Stato, partecipasse attivamente alla formazione della virulenta organizzazione antisovietica United Americans (vedi pagina 165). Emery ha posto molte domande sulla base giuridica del governo sovietico e dell'industria bancaria in Russia e se il governo sovietico fosse il governo de facto in Russia.[231] "Rivolta prima del 1922 pianificata dai rossi", sostenevano gli statunitensi nel 1920, ma Guaranty Trust aveva avviato trattative con gli stessi rossi e a metà del 1920 agiva come agente sovietico negli Stati Uniti.

---

[228] Ibidem, 861.51/853, 11 novembre 1920.

[229] Ibidem, 316-119, 1132.

[230] Ibidem, 316-119-785. Questo rapporto contiene ulteriori dati sui trasferimenti di oro russo attraverso altri Paesi e intermediari. Vedi anche 316-119-846.

[231] Ibidem, 861.516/86.

Nel gennaio 1922, il Segretario al Commercio Herbert Hoover intervenne presso il Dipartimento di Stato su un programma di Guaranty Trust per stabilire relazioni di scambio con la "New State Bank in Moscow". Questo schema, scrisse Herbert Hoover, "non sarebbe discutibile se si stabilisse che tutti i soldi che entrano in loro possesso devono essere utilizzati per l'acquisto di beni civili negli Stati Uniti"; e dopo aver affermato che un tale rapporto sembrava essere in linea con la politica generale, Hoover aggiunse: "Potrebbe essere vantaggioso organizzare queste transazioni in modo tale da sapere qual è il movimento invece delle attuali operazioni disintegrate". Naturalmente, tali "transazioni disintegrate" sono coerenti con le operazioni di un libero mercato, ma questo approccio fu rifiutato da Herbert Hoover che preferì incanalare lo scambio attraverso fonti specifiche e controllabili a New York. Il Segretario di Stato Charles E. Hughes espresse la sua avversione al sistema Hoover-Guaranty Trust, che a suo avviso poteva essere visto come un riconoscimento de facto dei sovietici, mentre i crediti esteri acquisiti potevano essere utilizzati a scapito degli Stati Uniti. Lo Stato ha inviato una risposta non vincolante a Guaranty Trust. Tuttavia, Guaranty andò avanti (con il sostegno di Herbert Hoover), partecipò alla formazione della prima banca internazionale sovietica e Max May di Guaranty Trust divenne capo del dipartimento affari esteri della nuova Ruskombank.

CAPITOLO X

J.P. MORGAN DÀ UNA MANO AL NEMICO

Non mi siederei a pranzo con un Morgan, se non per imparare qualcosa sulle sue motivazioni e attitudini.
William E. Dodd, *Diario dell'ambasciatore Dodd, 1933-1938*

La nostra storia è stata finora incentrata su una grande casa finanziaria: la Guaranty Trust Company, la più grande società finanziaria degli Stati Uniti, controllata dalla società J.P. Morgan. Guaranty Trust utilizzò Olof Aschberg, il banchiere bolscevico, come intermediario in Russia prima e dopo la rivoluzione. Guaranty era un finanziatore di Ludwig Martens e del suo ufficio sovietico, i primi rappresentanti sovietici negli Stati Uniti. A metà degli anni Venti, Guaranty era l'agente fiscale sovietico negli Stati Uniti; anche le prime spedizioni di oro sovietico negli Stati Uniti furono ricondotte a Guaranty Trust.

Questa attività filo-bolscevica ha un sorprendente rovescio della medaglia: Guaranty Trust è uno dei fondatori di United Americans, una virulenta organizzazione antisovietica che nel 1922 minacciò a gran voce l'invasione rossa, affermò che 20 milioni di dollari di fondi sovietici erano in arrivo per finanziare la Rivoluzione Rossa e predisse il panico nelle strade e la fame di massa a New York. Questa duplicità, ovviamente, solleva seri interrogativi sulle intenzioni del Guaranty Trust e dei suoi amministratori. Trattare con i sovietici, e persino sostenerli, potrebbe essere spiegato con l'avidità apolitica o semplicemente con il profitto. D'altra parte, la diffusione di propaganda volta a creare paura e panico, incoraggiando al contempo le condizioni che creano paura e panico, è un problema molto più serio. Suggerisce una totale depravazione morale. Vediamo prima di tutto gli Stati Uniti anticomunisti.

AMERICANI UNITI PER COMBATTERE IL COMUNISMO[232]

Nel 1920 è stata fondata l'organizzazione United Americans. Era limitata ai cittadini degli Stati Uniti e prevedeva cinque milioni di membri, "il cui unico scopo

---

[232] *New York Times*, 21 giugno 1919.

sarebbe stato quello di combattere gli insegnamenti dei socialisti, dei comunisti, dell'I.W.W., delle organizzazioni russe e dei sindacati radicali dei contadini".

In altre parole, gli americani uniti dovevano combattere tutte le istituzioni e i gruppi considerati anticapitalisti.

I funzionari dell'organizzazione preliminare creata per costruire gli Stati Uniti erano Allen Walker della Guaranty Trust Company, Daniel Willard, presidente della Baltimore & Ohio Railroad, H. H. Westinghouse, della Westinghouse Air Brake Company, e Otto H. Kahn, della Kuhn, Loeb & Company e della American International Corporation. Questi opinionisti di Wall Street erano sostenuti da vari presidenti di università, tra cui Newton W. Gilbert (ex governatore delle Filippine). Chiaramente, l'American United era, a prima vista, esattamente il tipo di organizzazione che i capitalisti dell'establishment dovevano finanziare e a cui aderire. La sua formazione non avrebbe dovuto sorprendere più di tanto.

D'altra parte, come abbiamo già visto, questi finanzieri erano anche profondamente coinvolti nel sostegno al nuovo regime sovietico in Russia - anche se questo sostegno avveniva dietro le quinte, registrato solo negli archivi governativi e non reso pubblico per 50 anni. Negli Stati Uniti, Walker, Willard, Westinghouse e Kahn stavano giocando una doppia partita. Otto H. Kahn, uno dei fondatori dell'organizzazione anticomunista, è stato definito dal socialista britannico J. H. Thomas "con la faccia rivolta verso la luce". Kahn ha scritto la prefazione del libro di Thomas. Nel 1924, Otto Kahn si rivolse alla Lega per la democrazia industriale e professò obiettivi comuni con questo gruppo socialista militante (vedi pagina 49). La Baltimore & Ohio Railroad (datore di lavoro di Willard) era attiva nello sviluppo della Russia negli anni Venti. Nel 1920, anno di fondazione della United Americans, Westinghouse gestiva una fabbrica in Russia che era stata esentata dalla nazionalizzazione. Il ruolo del Guaranty Trust è già stato descritto in dettaglio.

UNITED AMERICANS SVELA "SORPRENDENTI RIVELAZIONI" SULLE ORGANIZZAZIONI R

Nel marzo 1920, il *New York Times pubblicò* un dettagliato articolo in prima pagina sull'invasione degli Stati Uniti da parte dei rossi, prevista per due anni, un'invasione che sarebbe stata finanziata da 20 milioni di dollari di fondi sovietici "ottenuti con l'omicidio e la rapina della nobiltà russa".[233]

È stato rivelato che gli americani stavano indagando su "attività radicali" negli Stati Uniti come parte del loro ruolo di organizzazione formata per "preservare la Costituzione degli Stati Uniti con la forma rappresentativa di governo e il diritto di possesso individuale previsto dalla Costituzione".

Inoltre, l'indagine, si affermava, aveva il sostegno del Consiglio di amministrazione, "tra cui Otto H. Kahn, Allen Walker della Guaranty Trust Company, Daniel Willard" e altri. Il sondaggio afferma che:

---

[233] Ibidem, 28 marzo 1920.

i leader della sinistra sono convinti di portare a termine una rivoluzione entro due anni, che l'inizio deve avvenire a New York con uno sciopero generale, che i leader rossi hanno previsto molti spargimenti di sangue e che il governo sovietico russo ha contribuito con 20.000.000 di dollari al movimento radicale americano.

Le spedizioni di oro sovietico al Guaranty Trust a metà degli anni Venti (540 scatole da tre barboncini ciascuna) avevano un valore di circa 15.000.000 di dollari (a 20 dollari per oncia troy), e ulteriori spedizioni di oro attraverso Robert Dollar e Olof Aschberg portarono il totale a quasi 20 milioni di dollari. Le informazioni sull'oro sovietico per il movimento radicale sono state descritte come "abbastanza affidabili" e sono state "consegnate al governo". I rossi, si diceva, progettavano di sottomettere New York per fame entro quattro giorni:

> Nel frattempo, i Reds contano su un panico finanziario nelle prossime settimane per portare avanti la loro causa. Un tale panico provocherebbe l'angoscia dei lavoratori e li renderebbe più propensi ad aderire alla dottrina della rivoluzione.

Il rapporto degli americani sovrastimava grossolanamente il numero di radicali negli Stati Uniti, proponendo dapprima cifre come due o cinque milioni e poi attestandosi su 3.465.000 membri di quattro organizzazioni radicali. Il rapporto conclude sottolineando la possibilità di spargimento di sangue e cita "Skaczewski, presidente dell'Associazione Editoriale Internazionale, se non del Partito Comunista, [che] si vantava che... era giunto il momento in cui i comunisti avrebbero distrutto completamente l'attuale forma di società".

In breve, gli americani hanno pubblicato un rapporto senza prove a sostegno, progettato per gettare nel panico l'uomo della strada: il punto importante è, naturalmente, che questo è lo stesso gruppo che è stato responsabile di proteggere e sovvenzionare, se non aiutare, i sovietici a intraprendere questi stessi piani.

CONCLUSIONI SUGLI AMERICANI UNITI

Si tratta di un caso in cui la mano destra non sa cosa sta facendo la mano sinistra? Probabilmente no. Stiamo parlando di dirigenti d'azienda, per di più di successo. Quindi United Americans era probabilmente uno stratagemma per distrarre l'opinione pubblica - e le autorità - dagli sforzi clandestini per penetrare nel mercato russo.

United Americans è l'unico esempio documentato a conoscenza di chi scrive di un'organizzazione che ha aiutato il regime sovietico ed è stata anche in prima linea nell'opposizione ai sovietici. Non si tratta affatto di una linea d'azione incoerente e la ricerca futura dovrebbe concentrarsi almeno sui seguenti aspetti:

(a) Ci sono altri esempi di doppia fedeltà commessi da gruppi influenti generalmente noti come establishment?

(b) Questi esempi possono essere estesi ad altri settori? Per esempio, ci sono prove che le controversie di lavoro siano state istigate da questi gruppi?

(c) Qual è l'obiettivo finale di queste tattiche di inquadramento dialettico? Possono essere collegati all'assioma marxista: tesi contro antitesi permette la sintesi? È un enigma il motivo per cui il movimento marxista attaccherebbe frontalmente il capitalismo se il suo obiettivo fosse un mondo comunista e se accettasse davvero la dialettica. Se l'obiettivo è un mondo comunista - cioè se il comunismo è la sintesi desiderata - e il capitalismo è la tesi, allora qualcosa di diverso dal capitalismo o dal comunismo deve essere l'antitesi. Quindi il capitalismo potrebbe essere la tesi e il comunismo l'antitesi, con l'obiettivo dei gruppi rivoluzionari e dei loro sostenitori di sintetizzare questi due sistemi in un sistema mondiale non ancora descritto?

MORGAN E ROCKEFELLER AIUTANO KOLCHAK

Oltre a questi sforzi per aiutare il Bureau sovietico e gli americani, la società J.P. Morgan, che controllava il Guaranty Trust, fornì assistenza finanziaria a uno dei principali oppositori dei bolscevichi, l'ammiraglio Alexander Kolchak in Siberia. Il 23 giugno 1919, il deputato Mason introdusse la Risoluzione 132 della Camera che incaricava il Dipartimento di Stato di "indagare su ogni singolo articolo di stampa" che accusava gli obbligazionisti russi di usare la loro influenza per garantire il "mantenimento delle truppe americane in Russia" per assicurare il continuo pagamento degli interessi sulle obbligazioni russe. Secondo una nota di Basil Miles, collaboratore di William F. Sands, il deputato Mason ha accusato alcune banche di aver cercato di ottenere il riconoscimento dell'ammiraglio Kolchak in Siberia per ottenere il pagamento di vecchie obbligazioni russe.

Nell'agosto 1919, il Segretario di Stato Robert Lansing ricevette una lettera dalla National City Bank di New York, influenzata da Rockefeller, in cui si chiedeva un commento ufficiale su una proposta di prestito di 5 milioni di dollari all'ammiraglio Kolchak; e da J.P. Morgan & Co. e altri banchieri, un'altra lettera in cui si chiedeva il parere del Dipartimento su una proposta di ulteriore prestito di 10 milioni di sterline a Kolchak da parte di un consorzio di banchieri britannici e americani.[234]

Il segretario Lansing informò i banchieri che gli Stati Uniti non avevano riconosciuto Kolchak e che, pur essendo pronti ad assisterlo, "il Dipartimento non riteneva di potersi assumere la responsabilità di incoraggiare tali negoziati ma, tuttavia, non sembrava esserci alcuna obiezione al prestito, purché i banchieri lo ritenessero opportuno".[235]

Successivamente, il 30 settembre, Lansing ha informato il Console generale degli Stati Uniti a Omsk che "il prestito ha seguito il suo normale corso".[236] Due quinti sono stati sottoscritti da banche britanniche e tre quinti da banche americane.

---

[234] Fascicolo decimale del Dipartimento di Stato americano, 861.51/649.

[235] Ibidem, 861.51/675

[236] Ibidem, 861.51/656

Due terzi del totale dovevano essere spesi in Gran Bretagna e negli Stati Uniti e il restante terzo ovunque il governo Kolchak volesse. Il prestito è stato garantito dall'oro russo (di Kolchak) che è stato spedito a San Francisco. La tempistica delle esportazioni sovietiche di oro descritta sopra suggerisce che la cooperazione con i sovietici sulle vendite di oro fu determinata sulla scia dell'accordo di prestito d'oro di Kolchak.

La vendita dell'oro sovietico e il prestito Kolchak suggeriscono inoltre che l'affermazione di Carroll Quigley, secondo cui gli interessi di Morgan si infiltrarono nella sinistra nazionale, si applicava anche ai movimenti rivoluzionari e controrivoluzionari d'oltreoceano. L'estate del 1919 è stata un periodo di battute d'arresto militari sovietiche in Crimea e Ucraina e questa immagine negativa potrebbe aver incoraggiato i banchieri britannici e americani a riconciliarsi con le forze antibolsceviche. La ragione più ovvia sarebbe quella di avere un piede in tutti i campi, e quindi essere in una posizione favorevole per negoziare concessioni e accordi dopo che la rivoluzione o la controrivoluzione avranno avuto successo e un nuovo governo si sarà stabilizzato. Poiché l'esito di un conflitto non può essere determinato all'inizio, l'idea è quella di scommettere su tutti i cavalli in corsa per la rivoluzione. In questo modo, da un lato si fornirono aiuti ai sovietici e dall'altro a Kolchak, mentre il governo britannico sostenne Denikin in Ucraina e il governo francese andò in aiuto dei polacchi.

Nell'autunno del 1919, il giornale berlinese *Berliner Zeitung am Mittak* (8-9 ottobre) accusò la Morgan di finanziare il governo della Russia occidentale e le forze russo-tedesche nel Baltico che combattevano contro i bolscevichi, entrambe alleate di Kolchak. Lo studio Morgan ha negato vigorosamente questa accusa: "Questo studio non ha mai avuto discussioni o incontri con il governo della Russia occidentale o con chi sostiene di rappresentarlo".[237] Ma se l'accusa di finanziamento era imprecisa, ci sono prove di collaborazione. I documenti trovati dall'intelligence del governo lettone tra le carte del colonnello Bermondt, comandante dell'Esercito Volontario Occidentale, confermano "le relazioni presumibilmente esistenti tra l'agente londinese di Kolchak e la rete industriale tedesca che stava dietro a Bermondt".[238]

In altre parole, sappiamo che J.P. Morgan, i banchieri di Londra e New York hanno finanziato Kolchak. Ci sono anche prove che collegano Kolchak e il suo esercito ad altri eserciti antibolscevichi. E sembra chiaro che i circoli industriali e bancari tedeschi finanziassero l'esercito russo antibolscevico nel Baltico. È ovvio che i fondi dei banchieri non hanno bandiera nazionale.

---

[237] Ibidem, 861.51/767 - lettera di J. P. Morgan al Dipartimento di Stato, 11 novembre 1919. Il finanziamento stesso era una bufala (si veda il rapporto dell'AP nei file del Dipartimento di Stato successivi alla lettera di Morgan).

[238] Ibidem, 861.51/6172 e /6361.

CAPITOLO XI

L'ALLEANZA DEI BANCHIERI E LA RIVOLUZIONE

> *Il nome Rockefeller non evoca un rivoluzionario e il mio stile di vita ha favorito un atteggiamento cauto e circospetto che sfiora il conservatorismo. Non sono noto per sostenere le cause perse...*
> John D. Rockefeller III, *La seconda rivoluzione* americana
> (New York: Harper & Row. 1973)

SINTESI DELLE PROVE

Le prove già pubblicate da George Katkov, Stefan Possony e Michael Futrell hanno stabilito che il ritorno in Russia di Lenin e del suo partito di bolscevichi in esilio, seguito poche settimane dopo da un partito di menscevichi, fu finanziato e organizzato dal governo tedesco.[239] I fondi necessari furono trasferiti in parte attraverso la Nya Banken di Stoccolma, di proprietà di Olof Aschberg, e il duplice obiettivo tedesco era (a) far uscire la Russia dalla guerra e (b) controllare il mercato russo del dopoguerra.[240]

Ora siamo andati oltre queste prove per stabilire un rapporto di lavoro continuo tra il banchiere bolscevico Olof Aschberg e la Guaranty Trust Company di New York, controllata da Morgan, prima, durante e dopo la Rivoluzione russa. In epoca zarista, Aschberg fu agente di Morgan in Russia e negoziatore di prestiti russi negli Stati Uniti; nel 1917, Aschberg fu l'intermediario finanziario dei rivoluzionari; dopo la rivoluzione, Aschberg divenne direttore della Ruskombank, la prima banca internazionale sovietica, mentre Max May, vicepresidente della Guaranty Trust controllata da Morgan, divenne direttore e capo del dipartimento affari esteri della Ruskom-bank. Abbiamo presentato prove documentali di un rapporto di

---

[239] Michael Futrell, *Northern Underground* (Londra: Faber and Faber, 1963); Stefan Possony, *Lenin: The Compulsive Revolutionary* (Londra: George Allen & Unwin, 1966); e George Katkov, "German Foreign Office Documents on Financial Support to the Bolsheviks in 1917", *International Affairs 32* (Royal Institute of International Affairs, 1956).

[240] Ibid. e soprattutto Katkov.

lavoro continuo tra la Guaranty Trust Company e i bolscevichi. I direttori di Guaranty Trust nel 1917 sono elencati nell'Appendice 1.

Inoltre, ci sono prove di trasferimenti di fondi dai banchieri di Wall Street alle attività rivoluzionarie internazionali. Ad esempio, c'è la dichiarazione (supportata da un telegramma) di William Boyce Thompson - direttore della Federal Reserve Bank di New York, azionista di maggioranza della Chase Bank controllata da Rockefeller e socio finanziario dei Guggenheim e dei Morgan - secondo cui egli (Thompson) avrebbe contribuito con un milione di dollari alla rivoluzione bolscevica a scopo di propaganda. Un altro esempio è quello di John Reed, membro americano del comitato esecutivo della Terza Internazionale, finanziato e sostenuto da Eugene Boissevain, un banchiere privato di New York, che lavorava per la rivista *Metropolitan* di Harry Payne Whitney. Whitney era all'epoca direttore del Guaranty Trust. Abbiamo anche stabilito che Ludwig Martens, il primo "ambasciatore" sovietico negli Stati Uniti, era (secondo il capo dell'intelligence britannica Sir Basil Thompson) sostenuto da fondi della Guaranty Trust Company. Nel rintracciare i finanziamenti di Trotsky negli Stati Uniti, ci siamo imbattuti in fonti tedesche, ancora da identificare, a New York. Sebbene non si conoscano con precisione le fonti tedesche dei fondi di Trotsky, sappiamo che Von Pavenstedt, il capo dello spionaggio tedesco negli Stati Uniti, era anche socio anziano della Amsinck & Co. Amsinck era di proprietà dell'onnipresente American International Corporation, anch'essa controllata dalla J.P. Morgan.

Inoltre, le imprese di Wall Street, tra cui la Guaranty Trust, furono coinvolte nelle attività rivoluzionarie di Carranza e Villa in Messico durante la guerra. Abbiamo anche individuato prove documentali del finanziamento da parte di un sindacato di Wall Street della rivoluzione cinese guidata da Sun Yat-sen nel 1912, una rivoluzione oggi salutata dai comunisti cinesi come il precursore della rivoluzione di Mao in Cina. Charles B. Hill, un avvocato di New York che negoziava con Sun Yat-sen per conto di questo sindacato, era un direttore di tre filiali Westinghouse, e abbiamo scoperto che Charles R. Crane della Westinghouse in Russia era coinvolto nella rivoluzione russa.

Oltre alla finanza, abbiamo individuato altre prove, forse più significative, del coinvolgimento di Wall Street nella causa bolscevica. La missione della Croce Rossa Americana in Russia era un'iniziativa privata di William B. Thompson, che aveva pubblicamente dato il suo sostegno partigiano ai bolscevichi. I documenti del Gabinetto di Guerra britannico ora disponibili indicano che la politica britannica fu deviata verso il regime di Lenin e Trotsky dall'intervento personale di Thompson presso Lloyd George nel dicembre 1917. Abbiamo riprodotto le dichiarazioni del direttore Thompson e del vicepresidente William Lawrence Saunders, entrambi della Federal Reserve Bank di New York, che erano fortemente filo-bolscevichi. John Reed non solo era finanziato da Wall Street, ma aveva un sostegno costante alle sue attività, fino all'intervento presso il Dipartimento di Stato di William Franklin Sands, segretario esecutivo dell'American International Corporation. Nel caso della sedizione di Robert Minor, ci sono forti indizi e alcune prove circostanziali che il colonnello Edward House sia intervenuto per far rilasciare Minor. L'importanza del caso Minor risiede nel fatto che il programma di William B. Thompson per la rivoluzione bolscevica in Germania era proprio il programma che Minor stava attuando quando fu arrestato in Germania.

Alcuni agenti internazionali, come Alexander Gumberg, hanno lavorato per Wall Street e per i bolscevichi. Nel 1917, Gumberg fu rappresentante di una società americana a Pietrogrado, lavorò per la missione della Croce Rossa americana di Thompson, divenne il principale agente dei bolscevichi in Scandinavia fino a quando non fu espulso dalla Norvegia, per poi diventare l'assistente confidenziale di Reeve Schley della Chase Bank di New York e successivamente di Floyd Odium della Atlas Corporation.

Gran parte di questa attività per conto dei bolscevichi ebbe origine a un unico indirizzo: 120 Broadway, New York City. Vengono presentate le prove di questa osservazione, ma non viene fornita alcuna ragione conclusiva per l'insolita concentrazione di attività a un unico indirizzo, se non che sembra essere la controparte estera dell'affermazione di Carroll Quigley secondo cui J.P. Morgan si sarebbe infiltrata nella sinistra nazionale. Morgan si è infiltrato anche nella sinistra internazionale.

La Federal Reserve Bank di New York si trova al 120 di Broadway. Il veicolo di questa attività filo-bolscevica era l'American International Corporation - al 120 di Broadway. Le opinioni dell'AIC sul regime bolscevico furono messe in discussione dal Segretario di Stato Robert Lansing solo poche settimane dopo l'inizio della rivoluzione e Sands, segretario esecutivo dell'AIC, riusciva a malapena a contenere il suo entusiasmo per la causa bolscevica. Ludwig Martens, il primo ambasciatore sovietico, era stato vicepresidente della Weinberg & Posner, anch'essa situata al 120 di Broadway. La Guaranty Trust Company si trovava al 140 Broadway, ma la Guaranty Securities Co. era al 120 Broadway. Nel 1917, Hunt, Hill & Betts si trovava al 120 di Broadway e Charles B. Hill di questa azienda è stato il negoziatore negli affari di Sun Yat-sen. John MacGregor Grant, finanziato da Olof Aschberg in Svezia e da Guaranty Trust negli Stati Uniti, e inserito nella lista nera dei servizi segreti militari, si trovava al 120 di Broadway. I Guggenheim e il cuore esecutivo della General Electric (interessata anche all'American International) si trovavano al 120 di Broadway. Non a caso, anche il Bankers Club si trovava al 120 di Broadway, all'ultimo piano (il trentaquattresimo).

È significativo che il sostegno ai bolscevichi non sia cessato con il consolidamento della rivoluzione; pertanto, tale sostegno non può essere spiegato interamente dalla guerra con la Germania. Il sindacato americano-russo costituito nel 1918 per ottenere concessioni in Russia era sostenuto dagli interessi di White, Guggenheim e Sinclair. I direttori delle società controllate da questi tre finanzieri erano Thomas W. Lamont (Guaranty Trust), William Boyce Thompson (Federal Reserve Bank) e Harry Payne Whitney (Guaranty Trust), il datore di lavoro di John Reed. Ciò suggerisce fortemente che il sindacato sia stato costituito per trarre vantaggio dal sostegno alla causa bolscevica durante il periodo rivoluzionario. E poi abbiamo scoperto che Guaranty Trust ha sostenuto finanziariamente il Soviet Bureau di New York nel 1919.

Il primo segno concreto che il precedente sostegno politico e finanziario stava dando i suoi frutti si ebbe nel 1923, quando i sovietici crearono la loro prima banca internazionale, la Ruskombank. Olof Aschberg, socio di Morgan, divenne il direttore nominale di questa banca sovietica; Max May, vicepresidente della Guaranty Trust, divenne direttore della Ruskom-bank, e la Ruskombank nominò presto la Guaranty Trust Company come suo agente americano.

LA SPIEGAZIONE DELL'EMPIA ALLEANZA

Qual è la ragione di questa coalizione di capitalisti e bolscevichi?

La Russia era allora - ed è oggi - il più grande mercato non sfruttato del mondo. Inoltre, la Russia, allora come oggi, rappresentava la più grande minaccia competitiva potenziale alla supremazia industriale e finanziaria americana. (Basta dare un'occhiata a un mappamondo per evidenziare la differenza geografica tra la vasta superficie della Russia e quella più piccola degli Stati Uniti). Wall Street ha rabbrividito quando ha immaginato la Russia come un secondo supercolosso industriale americano.

Ma perché permettere alla Russia di diventare un concorrente e una sfida alla supremazia americana? ᵉAlla fine del XIX secolo, Morgan/Rockefeller e Guggenheim avevano dimostrato le loro tendenze monopolistiche. In *Railroads and Regulation 1877-1916*, Gabriel Kolko ha mostrato come i proprietari delle ferrovie, e non gli agricoltori, volessero che lo Stato controllasse le ferrovie per preservare il loro monopolio e abolire la concorrenza. La spiegazione più semplice dei nostri dati è quindi che un sindacato di finanzieri di Wall Street abbia ampliato l'orizzonte delle loro ambizioni monopolistiche e abbia facilitato le operazioni su scala globale. L'*enorme mercato russo doveva essere trasformato in un mercato vincolato e in una colonia tecnica gestita da pochi potenti finanzieri americani e dalle società da loro controllate.* Ciò che la Commissione per il Commercio Interstatale e la Commissione Federale per il Commercio, sotto la guida dell'industria americana, sono riuscite a ottenere in patria, un governo socialista pianificato potrebbe ottenerlo all'estero, con il sostegno e gli incentivi adeguati da parte di Wall Street e Washington.

Infine, affinché questa spiegazione non sembri troppo radicale, ricordiamo che fu Trotsky a nominare i generali zaristi per consolidare l'Armata Rossa; che fu Trotsky a chiedere agli ufficiali americani di controllare la Russia rivoluzionaria e di intervenire a favore dei sovietici; che fu Trotsky a schiacciare prima l'elemento libertario nella rivoluzione russa, poi gli operai e i contadini; e che la storia scritta ignora totalmente l'Armata Verde di 700.000 ex bolscevichi, furiosi per il tradimento della rivoluzione, che combatterono contro i bianchi *e i* rossi. In altre parole, suggeriamo che la rivoluzione bolscevica fu un'alleanza di statalisti: rivoluzionari di Stato e finanzieri di allineati contro i veri elementi rivoluzionari libertari in Russia.[241]

La domanda che ora si pone ai lettori è: questi banchieri erano anche bolscevichi segreti? No, certo che no. I finanzieri erano privi di ideologia. Sarebbe

---

[241] Si veda anche Voline (V.M. Eichenbaum), *Novantasette: La rivoluzione russa tradita* (New York: Libertarian Book Club, n.d.).

un'interpretazione errata ritenere che l'aiuto ai bolscevichi fosse motivato ideologicamente, nel senso stretto del termine. I finanzieri erano motivati dal potere e quindi aiutavano qualsiasi strumento politico che permettesse loro di ottenere il potere: Trotsky, Lenin, lo zar, Kolchak, Denikin: tutti hanno ricevuto aiuto, più o meno. Tutti, cioè, tranne quelli che volevano una società individualista veramente libera.

L'aiuto non era limitato ai bolscevichi e ai controbolscevichi di Stato. John P. Diggins, in *Mussolini and Fascism: The View from America (Mussolini e il fascismo: lo sguardo dall'America)*,[242] ha osservato che tra tutti i dirigenti d'azienda americani, quello che sostenne con maggior vigore la causa del fascismo fu Thomas W. Lamont. A capo della potente rete bancaria J.P. Morgan, Lamont fu una sorta di consulente d'affari per il governo dell'Italia fascista.

Lamont ottenne un prestito di 100 milioni di dollari per Mussolini nel 1926, in un momento particolarmente cruciale per il dittatore italiano. Si può anche ricordare che il direttore di Guaranty Trust era il padre di Corliss Lamont, un comunista nazionale. Questo approccio imparziale ai due sistemi totalitari, comunismo e fascismo, non era limitato alla famiglia Lamont. Ad esempio, Otto Kahn, direttore dell'American International Corporation e della Kuhn, Loeb & Co, era convinto che "il capitale americano investito in Italia troverà sicurezza, incoraggiamento, opportunità e ricompensa".[243] Fu lo stesso Otto Kahn che, nel 1924, disse alla Lega socialista della democrazia industriale che i suoi obiettivi erano uguali ai suoi. Si differenziavano - secondo Otto Kahn - solo nei mezzi per raggiungere questi obiettivi.

Ivy Lee, l'uomo delle pubbliche relazioni di Rockefeller, fece affermazioni simili e fu responsabile della vendita del regime sovietico al pubblico americano credulone alla fine degli anni Venti. Abbiamo anche osservato che Basil Miles, capo della sezione russa del Dipartimento di Stato ed ex collaboratore di William Franklin Sands, era decisamente disponibile nei confronti degli uomini d'affari che sostenevano le cause bolsceviche; ma nel 1923 lo stesso Miles scrisse un articolo profascista, "Italy's Blackshirts and Business".[244] "Il successo dei fascisti è un'espressione della gioventù italiana", scrisse Miles glorificando il movimento fascista e applaudendo la sua stima per gli affari americani.

IL PIANO MARBURG

ᵉIl Piano di Marburgo, finanziato dalla vasta eredità di Andrew Carnegie, fu realizzato nei primi anni del XX secolo. Suggerisce una premeditazione per questo tipo di schizofrenia superficiale, che in realtà nasconde un programma integrato di acquisizione del potere: "E se Carnegie e la sua ricchezza illimitata, i finanzieri

---

[242] Princeton, N.J.: Princeton University Press, 1972.

[243] Ibidem, p. 149.

[244] *Nation's Business*, febbraio 1923, pp. 22-23.

internazionali e i socialisti potessero organizzarsi in un movimento per forzare la formazione di una lega per imporre la pace".[245]

I governi del mondo, secondo il piano di Marburg, dovevano essere socializzati, mentre il potere ultimo sarebbe rimasto nelle mani dei finanzieri internazionali "per controllare i suoi consigli e far rispettare la pace [e quindi] fornire una soluzione adeguata a tutti i mali politici dell'umanità".[246]

Questa idea è stata intrecciata con altri elementi con obiettivi simili. Lord Milner in Inghilterra fornisce un esempio di interessi bancari transatlantici che riconoscono le virtù e le possibilità del marxismo. Milner era un banchiere, influente nella politica di guerra britannica e filomarxista.[247] A New York, il club socialista "X" fu fondato nel 1903. Tra i suoi membri non c'erano solo il comunista Lincoln Steffens, il socialista William English Walling e il banchiere comunista Morris Hillquit, ma anche John Dewey, James T. Shotwell, Charles Edward Russell e Rufus Weeks (vicepresidente della New York Life Insurance Company). L'incontro annuale dell'Economic Club all'Astor Hotel di New York è stato caratterizzato dalla presenza di oratori socialisti. Nel 1908, quando A. Barton Hepburn, presidente della Chase National Bank, era presidente dell'Economic Club, l'oratore principale era il già citato Morris Hillquit, che "ebbe l'opportunità di predicare il socialismo a un'assemblea che rappresentava la ricchezza e gli interessi finanziari".[248]

Da questi improbabili semi nacque il moderno movimento internazionalista, che comprendeva non solo i finanzieri Carnegie, Paul Warburg, Otto Kahn, Bernard Baruch e Herbert Hoover, ma anche la Fondazione Carnegie e la sua emanazione *International Conciliation*. I fiduciari della Carnegie erano, come abbiamo visto, membri importanti del consiglio di amministrazione dell'American International Corporation. Nel 1910, Carnegie donò 10 milioni di dollari per fondare il Carnegie Endowment for International Peace, e tra i membri del consiglio di amministrazione figuravano Elihu Root (Root Mission to Russia, 1917), Cleveland H. Dodge (sostenitore del Presidente Wilson), George W. Perkins (socio di Morgan), G. J. Balch (AIC e Amsinck), R. F. Herrick (AIC), H. W. Pritchett (AIC) e altri personaggi di Wall Street. Woodrow Wilson subì la potente influenza di questo gruppo di internazionalisti, ai quali era finanziariamente debitore. Come Jennings C. Wise: "Gli storici non devono mai dimenticare che Woodrow Wilson... ha permesso a Leon Trotsky di entrare in Russia con un passaporto americano".[249]

Ma anche Leon Trotsky si dichiarava internazionalista. Abbiamo notato con un certo interesse le sue relazioni come internazionalista di alto livello, o almeno

---

[245] Jennings C. Wise, *Woodrow Wilson: Disciple of Revolution* (New York: Paisley Press, 1938), p.45.

[246] Ibidem, p. 46.

[247] Cfr. pag. 89.

[248] Morris Hillquit, *Loose Leaves from a Busy Life* (New York: Macmillan, 1934), pag. 81.

[249] Wise, op. cit. p. 647

i suoi amici, in Canada. Trotsky non era allora né filo-russo, né filo-alleato, né filo-tedesco, come molti hanno cercato di far credere. Trotsky era *per la* rivoluzione mondiale, *per la* dittatura mondiale; era, in una parola, un internazionalista.[250] I bolscevichi e i banchieri avevano un importante punto in comune: l'internazionalismo. Rivoluzione e finanza internazionale non sono affatto in contraddizione se il risultato della rivoluzione è l'istituzione di un'autorità più centralizzata. La finanza internazionale preferisce trattare con i governi centrali. L'ultima cosa che la comunità bancaria vuole è un'economia libera e un potere decentralizzato, perché queste cose diminuiscono il loro potere.

Si tratta quindi di una spiegazione che si adatta alle prove. Questo manipolo di banchieri e promotori non erano bolscevichi, comunisti, socialisti, democratici e nemmeno americani. Questi uomini volevano innanzitutto mercati, preferibilmente mercati internazionali vincolati, e un monopolio del mercato mondiale vincolato come obiettivo finale. Volevano mercati che potessero essere sfruttati in modo monopolistico senza temere la concorrenza dei russi, dei tedeschi o di chiunque altro - compresi gli uomini d'affari americani al di fuori della cerchia degli addetti ai lavori. Questo gruppo chiuso era apolitico e amorale. Nel 1917 aveva un unico obiettivo: il consolidamento di un mercato vincolato in Russia, presentato sotto le vesti di una lega per imporre la pace e protetto intellettualmente da essa.

Wall Street ha effettivamente raggiunto il suo obiettivo. Le aziende statunitensi controllate da questa unione avrebbero poi continuato a costruire l'Unione Sovietica e ora sono sulla buona strada per portare il complesso militare-industriale sovietico nell'era dei computer.

Oggi l'obiettivo è ancora attuale. John D. Rockefeller lo spiega nel suo libro *La seconda rivoluzione americana*, che presenta una stella a cinque punte nella prima pagina.[251] Il libro contiene un appello nudo e crudo all'umanesimo, cioè all'idea che la nostra prima priorità sia lavorare per gli altri. In altre parole, un appello al collettivismo. L'umanesimo è collettivismo. È notevole che i Rockefeller, che hanno promosso questa idea umanista per un secolo, non abbiano ceduto il loro patrimonio ad altri... È presumibilmente implicito nella loro raccomandazione che tutti lavoriamo per i Rockefeller. Il libro di Rockefeller promuove il collettivismo con la scusa del "prudente conservatorismo" e del "bene pubblico". Si tratta in realtà di un appello per la continuazione del precedente sostegno di Morgan-Rockefeller alle imprese collettiviste e alla massiccia sovversione dei diritti individuali.

In breve, il bene pubblico è stato, ed è tuttora, utilizzato come mezzo e pretesto per l'auto-accrescimento da parte di una cerchia elitaria che sostiene la pace nel mondo e la decenza umana. Ma finché il lettore guarderà alla storia del mondo nei termini di un inesorabile conflitto marxista tra capitalismo e comunismo, gli obiettivi di una simile alleanza tra finanza internazionale e rivoluzione

---

[250] Leon Trotsky, *The Bolsheviki and World Peace* (New York: Boni & Liveright, 1918).

[251] Nel maggio 1973, la Chase Manhattan Bank (il cui presidente è David Rockefeller) ha aperto un ufficio a Mosca, al numero 1 di Piazza Karl Marx. L'ufficio di New York si trova al numero 1 di Chase Manhattan Plaza.

internazionale rimarranno inafferrabili. Così come l'assurdità della promozione del bene pubblico da parte di questi saccheggiatori. Se queste alleanze ancora sfuggono al lettore, allora dovrebbe riflettere sul fatto evidente che questi stessi interessi e promotori internazionali sono sempre pronti a stabilire cosa debbano fare gli altri, ma non sono evidentemente disposti a rinunciare per primi alla propria ricchezza e al proprio potere. Le loro bocche sono aperte, le loro tasche sono chiuse.

Questa tecnica, utilizzata dai monopolisti per frodare la società, è stata svelata all'inizio del XX secolo[e] da Frederick C. Howe in *Le confessioni di un monopolista*.[252] In primo luogo, dice Howe, la politica è una parte necessaria del business. Per controllare le industrie, è necessario controllare il Congresso e le autorità di regolamentazione, in modo da far lavorare la società per voi, il monopolista. Secondo Howe, quindi, i due principi di un monopolista di successo sono: "Primo, lasciare che la società lavori per te; secondo, fare politica come qualsiasi altro business".[253] Queste sono, secondo Howe, le "regole di base del grande business".

Ci sono prove che questo obiettivo magnificamente ambizioso fosse noto anche al Congresso e al mondo accademico? Certamente la possibilità era nota e pubblicizzata. Lo testimonia, ad esempio, la testimonianza di Albert Rhys Williams, un acuto commentatore della rivoluzione, davanti alla Commissione Overman del Senato:

> ... è probabilmente vero che sotto il governo sovietico la vita industriale si svilupperà forse molto più lentamente che nel normale sistema capitalistico. Ma perché un grande Paese industriale come l'America dovrebbe volere la creazione e la conseguente concorrenza di un altro grande rivale industriale? Gli interessi dell'America in questo senso non sono forse coerenti con il lento ritmo di sviluppo che la Russia sovietica prevede per se stessa?
> **SENATORE WOLCOTT**: Quindi la sua argomentazione è che sarebbe nell'interesse dell'America fare un giro di vite sulla Russia?
> **MR WILLIAMS**: Non repressa...
> **SENATORE WOLCOTT**: Lei dice. Perché l'America dovrebbe volere che la Russia diventi un suo concorrente industriale?
> **Mr. WILLIAMS**: Questo è parlare da un punto di vista capitalista. L'interesse dell'America non è, a mio avviso, quello di avere un altro grande rivale industriale, come la Germania, l'Inghilterra, la Francia e l'Italia, gettato sul mercato in competizione. Penso che un governo diverso da quello sovietico forse aumenterebbe il ritmo o il tasso di sviluppo della Russia, e avremmo un altro rivale. Naturalmente, si tratta di un dibattito dal punto di vista capitalistico.
> **SENATORE WOLCOTT**: Quindi lei sta avanzando un'argomentazione che pensa possa interessare il popolo americano, ovvero che se riconosciamo il governo sovietico della Russia così come è costituito, riconosceremo un governo che non sarà in grado di competere con noi nell'industria per molti anni?
> **MR WILLIAMS**: È un dato di fatto.

---

[252] Chicago: Public Publishing, n.d.

[253] Ibidem.

SENATORE WOLCOTT: Si tratta di un'argomentazione secondo cui sotto il governo sovietico la Russia non è stata in grado, almeno per molti anni, di avvicinarsi alla produzione industriale americana?
Assolutamente sì.[254]

E in questa schietta dichiarazione di Albert Rhys Williams si trova l'indizio fondamentale dell'interpretazione revisionista della storia russa dell'ultimo mezzo secolo.

Wall Street, o meglio il complesso Morgan-Rockefeller rappresentato al 120 di Broadway e al 14 di Wall Street, voleva qualcosa di molto simile alla tesi di Williams. Wall Street ha combattuto a Washington per i bolscevichi. È stato un successo. Il regime totalitario sovietico è sopravvissuto. Negli anni '30, le società straniere, soprattutto del gruppo Morgan-Rockefeller, costruirono i piani quinquennali. Hanno continuato a costruire la Russia, economicamente e militarmente.[255] D'altra parte, Wall Street probabilmente non aveva previsto le guerre di Corea e del Vietnam, in cui 100.000 americani e innumerevoli alleati persero la vita a causa di armamenti sovietici costruiti con la stessa tecnologia americana importata. Quella che sembrava una politica lungimirante e probabilmente redditizia per un sindacato di Wall Street si è trasformata in un incubo per milioni di persone al di fuori della cerchia delle élite di potere e della classe dirigente.

---

[254] Stati Uniti, Senato, *Propaganda bolscevica*, audizioni davanti a una sottocommissione della commissione giudiziaria, 65e Cong., pp. 679-80. Si veda anche il ruolo di Williams nell'Ufficio stampa di Radek a pagina 107.

[255] Cfr. Antony C. Sutton, *Western Technology and Soviet Economic Development*, 3 voll. (Stanford, California: Hoover Institution, 1968, 1971, 1973); si veda anche *National Suicide: Aiuto militare all'Unione Sovietica* (New York: Arlington House, 1973).

Allegato I

Direttori delle principali banche, società e istituzioni citate in questo libro (nel 1917-1918)

AMERICAN INTERNATIONAL CORPORATION (120 Broadway)

J. Armatura Ogden
G. J. Baldwin
C. A. Bara
W. E. Corey
Robert Dollar
Pierre S. du Pont
Philip A. S. Franklin
J. P. Grace
R. F. Herrick
Otto H. Kahn
H. W. Pritchett

Percy A. Rockefeller
John D. Ryan
W.L. Saunders
J.A. Stillman
C.A. Stone
T.N. Vail
F.A. Vanderlip
E.S. Webster
A.H. Wiggin
Beckman Winthrop
William Woodward

BANCA NAZIONALE CHASE

J. N. Collina
A. B. Hepburn
S. H. Miller
C. M. Schwab
H. Bendicott
Guy E. Tripp

Newcomb Carlton
D.C. Jackling
E.R. Tinker
A.H. Wiggin
John J. Mitchell

SOCIETÀ DI FIDUCIA EQUITABILE (37-43 Wall Street)

Charles B. Alessandro
Albert B. Boardman
Robert.C. Clowry
Howard E. Cole
Henry E. Cooper
Paul D. Cravath Hunter
Franklin Wm. Cutcheon
Bertram Cutler
Thomas de Witt Cuyler
Frederick W. Fuller

Henry E. Huntington
Edward T. Jeffrey
Otto H. Kahn
Alvin W. Krech
James W. Lane
S. Marston
Charles G. Meyer
George Welwood Murray
Henry H. Pierce
Winslow S. Pierce

Robert Goelet
Carl R. Gray
Charles Hayden
Bertram G. Work

Lyman Rhoades
Walter C. Teagle
Henry Rogers Winthrop

CONSIGLIO CONSULTIVO FEDERALE (1916)

Daniel G. Wing, Boston, Distretto 1
J. P. Morgan, New York, Distretto n. 2
Levi L. Rue, Filadelfia, Distretto n. 3
W. S. Rowe, Cincinnati, Distretto n. 4
J. W. Norwood, Greenville, S.C., Distretto n. 5
C. A. Lyerly, Chattanooga, Distretto n. 6
J. B. Forgan, Chicago, Presidente, Distretto n. 7
Frank O. Watts, St. Louis, Distretto n. 8
C. T. Jaffray, Minneapolis, Distretto n. 9
E. F. Swinney, Kansas City, Distretto n. 10
T. J. Record, Parigi, Distretto n° 11
Herbert Fleishhacker, San Francisco, Distretto n. 12

BANCA DI RISERVA FEDERALE DI NEW YORK (120 Broadway)

William Woodward (1917)
Robert H. Treman (1918)   Classe A
Franklin D. Locke (1919)

Charles A. Pietra (1920)
Wm. B. Thompson (1918)   Classe B
L. R. Palmer (1919)

Pierre Jay (1917)
George F. Peabody (1919)   Classe C
William Lawrence Saunders (1920)

CONSIGLIO DELLA RISERVA FEDERALE

William G. M'Adoo
Charles S. Hamlin (1916)
Paul M. Warburg (1918)
John Skelton Williams

Adolf C. Miller (1924)
Frederic A. Delano (1920)
W.P.G. Harding (1922)

SOCIETÀ DI FIDUCIA DI GARANZIA (140 Broadway)

Alexander J. Hemphill (Presidente)
Charles H. Allen
A. C. Bedford Grayson
Edward J. Berwind
W. Murray Crane
T. de Witt Cuyler
James B. Duca
Caleb C. Dula
Robert W. Goelet

Edgar L. Marston
M-P Murphy
Charles A. Peabody
William C. Potter
John S. Runnells
Thomas F. Ryan
Charles H. Sabin
John W. Spoor

Daniel Guggenheim
W. Averell Harriman
Albert H. Harris
Walter D. Hines
Augustus D. Julliard
Thomas W. Lamont
William C. Lane

Albert Straus
Harry P. Whitney
Thomas E. Wilson
Comitato di Londra :
Arthur J. Fraser (presidente)
Cecil F. Parr
Robert Callander

BANCA NAZIONALE DELLA CITTÀ

P. A. S. Franklin
J.P. Grace
G. H. Dodge
H. A. C. Taylor
R. S. Lovett
F. A. Vanderlip
G. H. Miniken
E. P. Swenson
Frank Trumbull
Edgar Palmer

P.A. Rockefeller
James Stillman
W. Rockefeller
J. O. Armatura
J.W. Sterling
J.A. Stillman
M.T. Pyne
E.D. Bapst
J.H. Post
W.C. Procter

NATIONALBANK FÜR DEUTSCHLAND

(Come nel 1914, Hjalmar Schacht lo ha integrato nel 1918)
Emil Wittenberg
Hjalmar Schacht
Martin Schiff
Franz Rintelen

Hans Winterfeldt
Th Marba
Paul Koch

SINCLAIR CONSOLIDATED OIL CORPORATION (120 Broadway)

Harry F. Sinclair
H. P. Whitney
Wm. E. Corey
Wm. B. Thompson

James N. Wallace
Edward H. Clark
Daniel C. Jackling
Albert H. Wiggin

J. G. WHITE ENGINEERING CORPORATION

James Brown
Douglas Campbell
G. C. Clark, Jr.
Bayard Dominick, Jr.
A. G. Hodenpyl
T. W. Lamont
Marion McMillan
J. H. Pardee
G. H. Walbridge
E. N. Chilson
A. N. Connett

C.E. Bailey
J.G. White
Gano Dunn
E.G. Williams
A.S. Crane
H.A. Lardner
G.H. Kinniat
A.F. Kountz
R.B. Marchant
Henry Parsons

Allegato II

La teoria del complotto ebraico sulla rivoluzione bolscevica

Esiste un'ampia letteratura in inglese, francese e tedesco che riflette la tesi secondo cui la Rivoluzione bolscevica fu il risultato di una "cospirazione ebraica"; più precisamente, una cospirazione di banchieri mondiali ebrei. In generale, il controllo del mondo è visto come l'obiettivo finale; la rivoluzione bolscevica è stata solo una fase di un programma più ampio che si suppone rifletta un'antica lotta religiosa tra il cristianesimo e le "forze delle tenebre".

L'argomento e le sue varianti si trovano nei luoghi più sorprendenti e con persone molto diverse tra loro. Nel febbraio 1920, Winston Churchill scrisse un articolo - oggi raramente citato - per il *London Illustrated Sunday Herald* intitolato "Il sionismo contro il bolscevismo". In questo articolo Churchill concludeva che era "particolarmente importante... che gli ebrei nazionali di ogni paese che sono fedeli alla loro terra d'adozione si facciano avanti in ogni occasione... e prendano una parte importante in tutte le misure per combattere la cospirazione bolscevica". Churchill tracciò una linea di demarcazione tra gli "ebrei nazionali" e quelli che chiamava "ebrei internazionali". Egli sostiene che gli "ebrei internazionali, per lo più atei" hanno certamente svolto un ruolo "molto grande" nella creazione del bolscevismo e nell'avvento della Rivoluzione russa. Egli afferma (contrariamente alla realtà) che, con l'eccezione di Lenin, "la maggioranza" delle figure di spicco della rivoluzione era ebrea, e aggiunge (anch'esso contrariamente alla realtà) che in molti casi gli interessi e i luoghi di culto ebraici furono esentati dai bolscevichi dalla loro politica di confisca. Churchill definì l'Internazionale Ebraica una "sinistra confederazione" di popolazioni perseguitate provenienti da Paesi in cui gli ebrei erano stati martirizzati a causa della loro razza. Winston Churchill fa risalire questo movimento a Spartaco-Weishaupt, proseguendo con Trotsky, Bela Kun, Rosa Luxemburg ed Emma Goldman, e accusa: "Questa cospirazione mondiale per il rovesciamento della civiltà e per la ricostituzione della società sulla base di uno sviluppo arrestato, di una malvagità invidiosa e di un'uguaglianza impossibile, si è costantemente espansa.

Churchill prosegue sostenendo che questo gruppo cospirativo Spartaco-Weishaupt fu la forza trainante di tutti i movimenti sovversivi del XIXe secolo. Pur sottolineando che sionismo e bolscevismo sono in competizione per l'anima del popolo ebraico, Churchill (nel 1920) si preoccupa del ruolo degli ebrei nella rivoluzione bolscevica e dell'esistenza di una cospirazione ebraica mondiale.

Un altro autore molto noto negli anni Venti, Henry Wickham Steed, nel secondo volume del suo libro *Through 30 Years 1892-1922* (p. 302), descrive come cercò di portare il concetto di cospirazione ebraica all'attenzione del colonnello Edward M. House e del presidente Woodrow Wilson. Un giorno del marzo 1919, Wickham Steed chiamò il colonnello House e lo trovò turbato dalle recenti critiche di Steed al riconoscimento dei bolscevichi da parte degli Stati Uniti. Steed fece notare a House che Wilson sarebbe stato screditato da molti popoli e nazioni d'Europa e "insistette sul fatto che, a sua insaputa, i protagonisti erano Jacob Schiff, Warburg e altri finanzieri internazionali, che desideravano soprattutto sostenere i bolscevichi ebrei per garantire un terreno per lo sfruttamento tedesco ed ebraico della Russia".[256] Secondo Steed, il colonnello House sosteneva la necessità di stabilire relazioni economiche con l'Unione Sovietica.

La raccolta di documenti sulla cospirazione ebraica probabilmente più schiacciante a prima vista si trova nel Decimal File del Dipartimento di Stato (861.00/5339). Il documento centrale è quello intitolato "Bolscevismo ed ebraismo", datato 13 novembre 1918. Il testo ha la forma di un rapporto, in cui si afferma che la rivoluzione in Russia è stata concepita "nel febbraio 1916" e "si è constatato che le seguenti persone e imprese erano impegnate in questa opera distruttiva":

(1) Jacob Schiff	Ebraico
(2) Kuhn, Loeb & Company	Azienda ebraica
Direzione : Jacob Schiff	Ebraico
Felix Warburg	Ebraico
Otto H. Kahn	Ebraico
Mortimer L. Schiff	Ebraico
Jerome J. Hanauer	Ebraico
(3) Guggenheim	Ebraico
(4) Max Breitung	Ebraico
(5) Isaac Seligman	Ebraico

Il rapporto prosegue affermando che non c'è dubbio che la Rivoluzione russa sia stata iniziata e concepita da questo gruppo e che nell'aprile del 1917

> Jacob Schiff fece un annuncio pubblico e fu grazie alla sua influenza finanziaria che la rivoluzione russa fu portata a termine con successo. Nella primavera del 1917, Jacob Schiff iniziò a finanziare Trotsky, un ebreo, con l'obiettivo di realizzare una rivoluzione sociale in Russia.

Il rapporto contiene altre informazioni varie sul finanziamento di Trotsky da parte di Max Warburg, sul ruolo del sindacato della Renania-Westfalia e su Olof Aschberg della Nya Banken (Stoccolma) con Zhivotovsky. L'autore anonimo (in

---

[256] Per il ruolo effettivo di Schiff si veda l'Allegato 3.

realtà dipendente dell'American War Trade Board)[257] afferma che i legami tra queste organizzazioni e il loro finanziamento della rivoluzione bolscevica mostrano come "il legame tra multimilionari ebrei e proletari ebrei sia stato forgiato". Il rapporto prosegue elencando un gran numero di bolscevichi che erano anche ebrei, e descrive poi le azioni di Paul Warburg, Judas Magnes, Kuhn, Loeb & Company e Speyer & Company.

Il rapporto si conclude con una frecciata all'"ebraismo internazionale" e colloca l'argomento nel contesto di un conflitto ebraico-cristiano, supportato da citazioni dei Protocolli degli Anziani di Sion. Il rapporto è accompagnato da una serie di cablogrammi tra il Dipartimento di Stato a Washington e l'Ambasciata USA a Londra riguardanti i passi da compiere con questi documenti:[258]

> 5399 Gran Bretagna, TEL. 3253 ore 13; 16 ottobre 1919 Nel fascicolo riservato di Wright Secret for Winslow. Aiuti finanziari al bolscevismo e alla rivoluzione bolscevica in Russia da parte di importanti ebrei americani: Jacob Schiff, Felix Warburg, Otto Kahn, Mendell Schiff, Jerome Hanauer, Max Breitung e uno dei Guggenheim. Documento di fonte francese in possesso delle autorità di polizia britanniche. Chiede conferma dei fatti.
>
> * * * * *
>
> 17 ottobre Gran Bretagna TEL. 6084, midi r c-h 5399 Top secret. Wright per Winslow. Aiuti finanziari alla rivoluzione bolscevica in Russia da parte di importanti ebrei americani. Non ci sono prove, ma si indaga. Chiede alle autorità britanniche di sospendere la pubblicazione almeno fino al ricevimento del documento da parte del Foreign Office.
>
> * * * * *
>
> 28 novembre Gran Bretagna TEL. 6223 R 5 pro. 5399
> PER WRIGHT. Documento relativo agli aiuti finanziari forniti ai bolscevichi da importanti ebrei americani. Rapporti - identificati come traduzione in francese di una dichiarazione originariamente scritta in inglese da un cittadino russo in America, ecc. Non sembra saggio fare pubblicità.

Si è convenuto di rimuovere questo materiale e le schede concludono: "Penso che dobbiamo soffocarlo".

Un altro documento contrassegnato come "Top Secret" è allegato a questo lotto di materiale. La fonte di questo documento è sconosciuta; potrebbe trattarsi di un documento dell'FBI o dell'intelligence militare. Esamina una traduzione dei Protocolli delle Riunioni degli Anziani di Sion e conclude:

---

[257] L'autore anonimo era un russo impiegato presso l'American War Trade Board. All'epoca, uno dei tre direttori del War Trade Board statunitense era John Foster Dulles.

[258] Fascicolo decimale del Dipartimento di Stato americano, 861.00/5399.

A questo proposito, è stata inviata una lettera a Mr. W. allegando un nostro memorandum riguardante alcune informazioni dell'addetto militare americano secondo cui le autorità britanniche avrebbero intercettato lettere di vari gruppi di ebrei internazionali che espongono un piano per il dominio del mondo. Copie di questi documenti ci saranno molto utili.

Queste informazioni sono state apparentemente sviluppate e un successivo rapporto dell'intelligence britannica formula l'accusa in modo categorico:

> SOMMARIO: È ormai chiaramente stabilito che il bolscevismo è un movimento internazionale controllato dagli ebrei; sono in corso comunicazioni tra i leader di America, Francia, Russia e Inghilterra per un'azione concertata.[259]

Tuttavia, nessuna di queste affermazioni può essere supportata da solide prove empiriche. L'informazione più significativa è contenuta nel paragrafo secondo cui le autorità britanniche erano in possesso di "lettere intercettate da vari gruppi di ebrei internazionali che delineavano un piano per il dominio del mondo". Se tali lettere esistessero, allora fornirebbero una giustificazione (o meno) per un'ipotesi attualmente non comprovata: che la rivoluzione bolscevica e le altre rivoluzioni siano state opera di una cospirazione mondiale ebraica.

D'altra parte, quando le affermazioni e le asserzioni non sono supportate da prove concrete e quando i tentativi di trovare prove concrete riportano in cerchio al punto di partenza - soprattutto quando tutti citano tutti gli altri - dobbiamo respingere la storia come fallace. *Non ci sono prove concrete che gli ebrei siano stati coinvolti nella rivoluzione bolscevica perché erano ebrei.* È possibile che sia stata coinvolta una percentuale maggiore di ebrei, ma dato il trattamento zarista degli ebrei, cos'altro potremmo aspettarci? Probabilmente c'erano molti inglesi o persone di origine inglese nella Rivoluzione americana che combattevano contro le giubbe rosse. E allora? Questo fa della Rivoluzione americana una cospirazione inglese? L'affermazione di Winston Churchill secondo cui gli ebrei avrebbero avuto un "ruolo molto importante" nella rivoluzione bolscevica è supportata solo da prove distorte. L'elenco degli ebrei coinvolti nella rivoluzione bolscevica deve essere bilanciato con quello dei non ebrei coinvolti nella rivoluzione. Se si adotta questo approccio scientifico, la percentuale di ebrei bolscevichi stranieri coinvolti scende a meno del 20% del numero totale di rivoluzionari - e questi ebrei furono per lo più deportati, assassinati o inviati in Siberia negli anni successivi. La Russia moderna ha infatti mantenuto un antisemitismo di tipo zarista.

È significativo che i documenti del Dipartimento di Stato confermino che il banchiere d'investimento Jacob Schiff, spesso citato come fonte di fondi per la rivoluzione bolscevica, era in realtà contrario al sostegno del regime bolscevico.[260] Questa posizione, come vedremo, era in diretta contraddizione con la promozione dei bolscevichi da parte di Morgan-Rockefeller.

---

[259] Gran Bretagna, Directorate of Intelligence, *A Monthly Review of the Progress of Revolutionary Movements Abroad*, n. 9, 16 luglio 1913 (861.99/5067).

[260] Si veda l'Allegato 3.

La persistenza con cui è stato promosso il mito della cospirazione ebraica suggerisce che potrebbe essere stato un espediente deliberato per distogliere l'attenzione dai problemi e dalle cause reali. Le prove fornite da in questo libro suggeriscono che i banchieri di New York che erano anche ebrei ebbero un ruolo relativamente minore nel sostenere i bolscevichi, mentre i banchieri di New York che erano anche gentili (Morgan, Rockefeller, Thompson) ebbero un ruolo importante.

Quale modo migliore per distogliere l'attenzione dai *veri* operatori se non quello di usare lo spauracchio medievale dell'antisemitismo?

Allegato III

Documenti selezionati dagli archivi governativi degli Stati Uniti e della Gran Bretagna

Nota: alcuni documenti comprendono più documenti che formano un gruppo correlato.

Documento 1 Cavo dell'ambasciatore Francis a Pietrogrado al Dipartimento di Stato americano e lettera corrispondente del Segretario di Stato Robert Lansing al Presidente Woodrow Wilson (17 marzo 1917)

Documento 2 Documento del Ministero degli Esteri britannico (ottobre 1917) in cui si afferma che Kerensky era al soldo del governo tedesco e aiutava i bolscevichi.

Documento 3 Jacob Schiff di Kuhn, Loeb & Company e la sua posizione sui regimi Kerensky e bolscevico (novembre 1918)

Documento 4 Memorandum di William Boyce Thompson, direttore della Federal Reserve Bank di New York, al primo ministro britannico David Lloyd George (dicembre 1917)

Documento 5 Lettera di Felix Frankfurter all'agente sovietico Santeri Nuorteva (9 maggio 1918)

Documento n. 6 Personale dell'Ufficio sovietico, New York, 1920; elenco tratto dagli archivi del Comitato Lusk dello Stato di New York.

Documento 7 Lettera della National City Bank al Tesoro degli Stati Uniti con riferimento a Ludwig Martens e al dottor Julius Hammer (15 aprile 1919)

Documento 8 Lettera dell'agente sovietico William (Bill) Bobroff a Kenneth Durant (3 agosto 1920)

Documento 9 Memo riferito a un membro della società J.P. Morgan e al direttore della propaganda britannica Lord Northcliffe (13 aprile 1918)

Documento n. 10 Memo del Dipartimento di Stato (29 maggio 1922) relativo alla General Electric Co.

Documento n°1

Cavo dell'ambasciatore Francis a Pietrogrado al Dipartimento di Stato di Washington, datato 14 marzo 1917, che riferisce sulla prima fase della rivoluzione russa (861.00/273).

> Pietrogrado 14 marzo 1917, 15^e compleanno, ore 2.30.
> Segretario di Stato, Washington
> 1287. Impossibile inviare un cablogramma dall'undicesimo. I rivoluzionari hanno il controllo assoluto di Pietrogrado e stanno compiendo strenui sforzi per mantenere l'ordine, cosa che riesce solo in rari casi. Nessun telegramma dopo il vostro 1251 del 9, ricevuto l'11 marzo. Il governo provvisorio si è organizzato sotto l'autorità della Duma, che si è rifiutata di obbedire all'ordine di aggiornamento dell'Imperatore. Rodzianko, presidente della Duma, dà ordini a sua firma. Si dice che il ministero si sia dimesso. I ministri trovati vengono portati davanti alla Duma, insieme a molti ufficiali russi e altri alti funzionari. La maggior parte, se non tutti, i reggimenti ordinati a Pietrogrado si unirono ai rivoluzionari dopo il loro arrivo. La colonia americana è al sicuro. Non sono a conoscenza di lesioni a cittadini americani.
>
> FRANCESCO,
> Ambasciatore americano

Ricevuto il precedente cablogramma, Robert Lansing, Segretario di Stato, ne mise il contenuto a disposizione del Presidente Wilson (861.00/273):

> PERSONALE E CONFIDENZIALE
> Mio caro signor Presidente :
> Allego un telegramma molto importante appena arrivato da Pietrogrado e un ritaglio del New York WORLD di questa mattina, in cui è riportata una dichiarazione del signor Scialoia, Ministro senza portafoglio del Gabinetto italiano, che è significativa alla luce della relazione del signor Francis. La mia impressione è che gli Alleati siano al corrente di questa vicenda e presumo che siano favorevoli ai rivoluzionari, dato che il partito della Corte è stato per tutta la guerra segretamente filotedesco.
>
> Cordiali saluti, ROBERT LANSING
> Appendice: Il Presidente, la Casa Bianca

COMMENTO

La frase significativa della lettera di Lansing-Wilson è la seguente: "La mia impressione è che gli Alleati siano a conoscenza di questa vicenda e presumo che siano solidali con i rivoluzionari, dal momento che il partito della Corte è stato per tutta la guerra segretamente filotedesco. Si ricorda (Capitolo 2) che l'ambasciatore Dodd sostenne che Charles R. Crane, della Westinghouse e della Crane Co. di New York e consigliere del presidente Wilson, era coinvolto in questa prima rivoluzione.

Documento N°2

Memorandum del Ministero degli Esteri britannico, fascicolo FO 371/ 2999 (La guerra - Russia), 23 ottobre 1917, fascicolo n. 3743.

DOCUMENTO
Personale (e) segreto.
Da più parti ci sono giunte voci inquietanti che Kerensky sia al soldo della Germania e che lui e il suo governo stiano facendo tutto il possibile per indebolire (e disorganizzare) la Russia, al fine di arrivare a una situazione in cui non sarebbe possibile andare oltre una pace separata. Ritiene che ci sia un motivo per queste insinuazioni e che il governo, astenendosi da un'azione efficace, stia deliberatamente permettendo agli elementi bolscevichi di rafforzarsi?
Se si trattasse di corruzione, potremmo essere competitivi se sapessimo come e da quali agenti potrebbe essere fatto, anche se non è un pensiero piacevole.

COMMENTO
Si riferisce all'informazione che Kerensky era finanziato dalla Germania.

DOCUMENTO N. 3

Si compone di quattro parti:

(a) Cavo dell'ambasciatore Francis, 27 aprile 1917, Pietrogrado, Washington, D.C., con la richiesta di trasmettere un messaggio da parte di importanti banchieri ebrei russi a importanti banchieri ebrei di New York e con la richiesta di sottoscrivere il Kerensky Liberty Loan (861.51/139).
(b) Risposta di Louis Marshall (10 maggio 1917) in rappresentanza degli ebrei americani; egli declina l'invito pur esprimendo il proprio sostegno al Prestito per la libertà americana (861.51/143).
(c) Lettera di Jacob Schiff di Kuhn, Loeb (25 novembre 1918) al Dipartimento di Stato (Polk) che trasmette un messaggio del banchiere ebreo russo Kamenka che chiede l'aiuto degli Alleati *contro i* bolscevichi ("perché il governo bolscevico non rappresenta il popolo russo").
(d) Il cablogramma della Kamenka trasmesso da Jacob Schiff.

DOCUMENTI
(a) Segretario di Stato a Washington.
1229, ventisettesimo.
Consegnate i seguenti documenti a Jacob Schiff, al giudice Brandies [*sic*], *al* professor Gottheil, a Oscar Strauss [sic], al rabbino Wise, a Louis Marshall e a Morgenthau:
"Noi, ebrei russi, abbiamo sempre creduto che la liberazione della Russia significasse anche la nostra liberazione. Essendo profondamente devoti al nostro Paese, ci siamo fidati implicitamente del Governo Provvisorio. Sappiamo che l'illimitata potenza economica della Russia, le sue immense risorse naturali e l'emancipazione che abbiamo raggiunto ci permetteranno di partecipare allo sviluppo del Paese. Crediamo fermamente che la fine vittoriosa della guerra con l'aiuto dei nostri alleati e degli Stati Uniti sia vicina.
Il Governo temporaneo sta emettendo un nuovo prestito pubblico e riteniamo che il nostro prestito a sostegno del dovere nazionale sia altamente vitale per la guerra e

la libertà. Siamo sicuri che la Russia ha un potere di credito pubblico incrollabile e che sopporterà facilmente un onere finanziario necessario. Abbiamo formato un comitato speciale di ebrei russi per il prestito di sostegno, composto da rappresentanti dei circoli finanziari, industriali e commerciali e da importanti uomini pubblici.

Vi informiamo qui e chiediamo ai nostri fratelli d'oltremare di sostenere la libertà della Russia, che è diventata una questione di umanità e di civiltà mondiale. Vi suggeriamo di formare un comitato speciale e di informarci sulle misure che potete adottare per sostenere il prestito di libertà del comitato ebraico. Boris Kamenka, presidente, Barone Alexander Gunzburg, Henry Silosberg".

FRANCESCO

* * * * *

(b) Signor Segretario :
Dopo aver riferito ai nostri soci il risultato del colloquio che avete gentilmente concesso a M. Morgenthau, M. Straus e a me, in merito all'opportunità di chiedere sottoscrizioni per il Russian Freedom Loan, come richiesto nel telegramma del barone Gunzburg e dei signori Kamenka e Silosberg di Pietrogrado, che ci avete recentemente comunicato, abbiamo concluso di agire rigorosamente secondo il vostro consiglio. Qualche giorno fa abbiamo promesso ai nostri amici di Pietrogrado una pronta risposta al loro appello di aiuto. Vi saremmo quindi molto grati se voleste inviarci il seguente telegramma, a condizione che ne approviate i termini:

"*Boris Kamenka,*
Banca Don Azov, Pietrogrado.
Il nostro Dipartimento di Stato, che abbiamo consultato, ritiene sconsigliabile qualsiasi tentativo attuale di ottenere sottoscrizioni pubbliche per qualsiasi prestito estero; è essenziale concentrare tutti gli sforzi per il successo dei prestiti di guerra americani, il che consente al nostro Governo di fornire fondi ai suoi alleati a tassi di interesse più bassi di quanto sarebbe altrimenti possibile. Le nostre energie per aiutare la causa russa nel modo più efficace devono quindi essere necessariamente indirizzate a incoraggiare le sottoscrizioni al Prestito della Libertà americano. Schiff, Marshall, Straus, Morgenthau, Wise, Gonheil".

Siete naturalmente liberi di apportare alla fraseologia di questo cablogramma suggerito tutte le modifiche che riterrete opportune e che indicheranno che la nostra incapacità di rispondere direttamente alla richiesta che ci è stata fatta è dovuta alla nostra preoccupazione di rendere più efficaci le nostre attività.

Le chiedo di inviarmi una copia del cablogramma così come è stato trasmesso, con un resoconto delle spese, in modo che il Ministero possa essere rimborsato rapidamente.

Sono, con il massimo rispetto, vostro fedele, [sgd.] Louis Marshall. Il Segretario di Stato di Washington, DC.

* * * * *

(c) Caro signor Polk :
Mi permetto di inviarle una copia di un telegramma che ho ricevuto questa mattina e che, per correttezza, ritengo debba essere portato all'attenzione del Segretario di Stato o di lei stesso, per ogni considerazione che si riterrà utile dargli.

Il signor Kamenka, il mittente di questo telegramma, è uno degli uomini più influenti della Russia e, a quanto mi dicono, è stato consigliere finanziario del governo del principe Lvoff e del governo Kerensky. È presidente della Banca

Commerciale Azov Don di Pietrogrado, una delle più importanti istituzioni finanziarie della Russia, ma presumibilmente ha dovuto lasciare la Russia con l'avvento di Lenin e dei suoi "compagni".

Colgo l'occasione per porgere i miei più sinceri saluti a lei e alla signora Polk, e per esprimere la speranza che lei stia di nuovo bene e che la signora Polk e i bambini siano in buona salute.

Cordiali saluti, Jacob H. Schiff
Frank L. Polk Consigliere del Dipartimento di Stato, Washington D.C.
MM-Encl [Data 25 novembre 1918].

* * * * *

(d) Traduzione :

Il completo trionfo della libertà e del diritto mi offre un'altra occasione per ribadire la mia profonda ammirazione per la nobile nazione americana. Spero ora di vedere rapidi progressi da parte degli alleati nell'aiutare la Russia a ristabilire l'ordine. Richiamo inoltre la vostra attenzione sull'urgente necessità di rimpiazzare le truppe nemiche in Ucraina mentre si ritirano per evitare la devastazione bolscevica. Un intervento amichevole da parte degli Alleati sarebbe accolto con entusiasmo ovunque e considerato un'azione democratica, perché il governo bolscevico non rappresenta il popolo russo. Vi ho scritto il 19 settembre. Cordiali saluti.

Kamenka

COMMENTO

Si tratta di una serie importante, perché smentisce la storia di una cospirazione bancaria ebraica dietro la rivoluzione bolscevica. È chiaro che Jacob Schiff, Loeb di Kuhn non era interessato a sostenere il Freedom Loan di Kerensky e Schiff si prese la briga di attirare l'attenzione del Dipartimento di Stato sulle supliche di Kamenka per un intervento alleato contro i bolscevichi. Chiaramente Schiff e il suo collega banchiere Kamenka, a differenza di J.P. Morgan e John D. Rockefeller, erano scontenti dei bolscevichi come lo erano stati degli zar.

DOCUMENTO N. 4

Descrizione

Memorandum di William Boyce Thompson (direttore della Federal Reserve Bank di New York) a Lloyd George (primo ministro della Gran Bretagna), dicembre 1917.

PRIMO :

La situazione russa è persa e la Russia è completamente aperta allo sfruttamento tedesco senza opposizione, a meno che gli Alleati non intraprendano immediatamente una radicale inversione di politica.

SECONDO :

A causa della loro diplomazia miope, gli Alleati non hanno ottenuto nulla di vantaggioso dopo la Rivoluzione e hanno danneggiato molto i propri interessi.

TERZO:

I rappresentanti degli Alleati a Pietrogrado non simpatizzavano con il desiderio del popolo russo di raggiungere la democrazia. All'inizio i nostri rappresentanti erano ufficialmente legati al regime dello zar. Naturalmente, sono stati influenzati da questo ambiente.

QUARTO :

D'altra parte, i tedeschi hanno svolto una propaganda che li ha indubbiamente aiutati materialmente a distruggere il governo, a smantellare l'esercito e a cancellare il commercio e l'industria. Se ciò continua a non essere contrastato, potrebbe portare al completo sfruttamento del grande Paese da parte della Germania contro gli Alleati.

QUINTO:

Baso la mia opinione su uno studio attento e approfondito della situazione sia all'esterno che all'interno dei circoli ufficiali durante il mio soggiorno a Pietrogrado tra il 7 agosto e il 29 novembre 1917.

SESTO :

"Cosa si può fare per migliorare la situazione degli Alleati in Russia?

Il personale diplomatico, sia britannico che americano, dovrebbe essere trasformato in persone con mentalità democratica, in grado di sostenere le aspirazioni democratiche.

Si dovrebbe istituire un potente comitato non ufficiale, con sede a Pietrogrado, che operi per così dire in secondo piano, la cui influenza nelle questioni politiche sarebbe riconosciuta e accettata dagli ufficiali alleati DIPLOMATICI, CONSOLARI e MILITARI. Questo comitato dovrebbe essere dotato di un organico tale da conferirgli ampi poteri discrezionali. Probabilmente intraprenderà il lavoro attraverso vari canali, la cui natura diventerà evidente con il progredire del compito. Il suo scopo sarebbe quello di rispondere a qualsiasi nuova condizione che potrebbe presentarsi.

SETTIMO :

È impossibile definire completamente la portata di questo nuovo Comitato alleato. Posso forse contribuire a far capire meglio la sua possibile utilità e il suo servizio riferendomi brevemente al lavoro che ho iniziato e che ora è nelle mani di Raymond Robins, ben noto al colonnello Buchan - lavoro che in futuro dovrà senza dubbio essere in qualche modo modificato e integrato per rispondere alle nuove condizioni. Il mio lavoro è stato svolto principalmente da un "Comitato di educazione civica" russo assistito da Madame Breshkovsky, la nonna della Rivoluzione. Fu assistita dal dottor David Soskice, segretario privato dell'allora primo ministro Kerensky (ora di Londra), da Nicholas Basil Tchaikovsky, un tempo presidente della Società Cooperativa dei Contadini, e da altri importanti rivoluzionari sociali che costituivano l'elemento di salvezza della democrazia tra l'estrema "destra" della classe ufficiale e proprietaria e l'estrema "sinistra" che incarnava gli elementi più radicali dei partiti socialisti. Lo scopo di questa commissione, come dichiarato in un messaggio telegrafico della signora Breshkovsky al presidente Wilson, può essere dedotto da questa citazione: "Un'istruzione generalizzata è necessaria per rendere la Russia una democrazia ordinata. Abbiamo intenzione di portare questa educazione al soldato nel campo, all'operaio nella fabbrica, al contadino nel villaggio. Coloro che parteciparono a quest'opera si resero conto che per secoli le masse erano state sotto il controllo dell'autocrazia, che non aveva dato loro protezione ma oppressione; che una forma di governo democratico in Russia poteva essere mantenuta solo ATTRAVERSO LA DISTRUZIONE DELL'ESERCITO TEDESCO; ATTRAVERSO LA VITTORIA SULL'AUTOCRAZIA TEDESCA. La Russia libera, impreparata alle grandi responsabilità di governo, priva di istruzione e di formazione, poteva sperare di convivere a lungo con la Germania imperiale, suo immediato vicino? Certamente no. La Russia democratica sarebbe presto diventata il più grande bottino di guerra che il mondo avesse mai conosciuto.

Il Comitato ha progettato un centro educativo in ogni reggimento dell'esercito russo, sotto forma di Club dei Soldati. Questi club sono stati organizzati il più rapidamente possibile e sono stati assunti docenti per parlare ai soldati. I docenti erano in realtà insegnanti, e va ricordato che il 90% dei soldati in Russia non sapeva né leggere né scrivere. Al momento dell'epidemia bolscevica, molti di questi docenti erano sul campo, facendo una buona impressione e ottenendo ottimi risultati. Solo a Mosca ce n'erano 250. Il Comitato prevedeva di avere almeno 5.000 di questi docenti. Abbiamo pubblicato molti giornali della classe "A B C", stampando materiale nello stile più semplice, e ne stiamo aiutando altri cento. Questi giornali portarono l'appello al patriottismo, all'unità e al coordinamento nelle case degli operai e dei contadini.

Dopo il rovesciamento dell'ultimo governo Kerensky, abbiamo contribuito materialmente alla diffusione della letteratura bolscevica, distribuendola tramite agenti e aerei all'esercito tedesco. Se il suggerimento è ammissibile, sarebbe bene chiedersi se non sarebbe auspicabile che questa stessa letteratura bolscevica fosse inviata in Germania e in Austria attraverso i fronti occidentale e italiano.

OTTO:

La presenza di un piccolo numero di truppe alleate a Pietrogrado avrebbe certamente fatto molto per prevenire il rovesciamento del governo Kerensky in novembre. Vorrei suggerire alla vostra attenzione, se le condizioni attuali dovessero persistere, la concentrazione di tutti gli impiegati governativi britannici e francesi a Pietrogrado, che, in caso di necessità, potrebbe essere trasformata in una forza abbastanza efficace. Potrebbe anche essere auspicabile contribuire con una piccola somma a una forza russa. Vi è anche un gran numero di volontari reclutati in Russia, molti dei quali appartengono all'intellighenzia del "Centro", e che hanno svolto uno splendido lavoro in trincea. Potrebbero essere aiutati in modo adeguato.

NINTO :

Se chiedete un ulteriore programma, devo dire che è impossibile darlo ora. Credo che un lavoro intelligente e coraggioso impedirà ancora alla Germania di occupare il campo da sola e di sfruttare così la Russia a spese degli Alleati. Ci saranno molti modi per svolgere questo servizio, che diventeranno evidenti con il progredire del lavoro.

COMMENTO

A seguito di questo memorandum, il gabinetto di guerra britannico cambiò la sua politica a favore di un bolscevismo tiepido. Si noti che Thompson ammette di aver distribuito letteratura bolscevica attraverso i suoi agenti. La confusione sulla data di partenza di Thompson dalla Russia (in questo documento dichiara il 29 novembre) è chiarita dai documenti di Pirnie alla Hoover Institution. I piani di viaggio sono stati modificati più volte e Thompson si trovava ancora in Russia all'inizio di dicembre. Il memorandum fu probabilmente scritto a Pietrogrado alla fine di novembre.

DOCUMENTO N. 5

DESCRIZIONE
Lettera del 9 maggio 1918 di Felix Frankfurter (allora assistente speciale del Segretario alla Guerra) a Santeri Nuorteva (alias Alexander Nyberg), agente bolscevico negli USA. Inserito come documento n. 1544 negli archivi del Comitato Lusk, New York:

DOCUMENTO
DIPARTIMENTO DI GUERRA DI WASHINGTON 9 maggio 1918
Mio caro signor Nhorteva [sic] :
Vi ringrazio molto per la vostra lettera del 4. Sapevo che avrebbe compreso la natura puramente amichevole e assolutamente non ufficiale della nostra conversazione, e apprezzo la tempestività con cui ha corretto la sua lettera a Sirola*. Vi assicuro che non è successo nulla che abbia diminuito il mio interesse per le questioni che presentate. Al contrario. Mi interessano molto** le considerazioni che lei espone e il punto di vista che difende. Le questioni*** in gioco sono interessi che significano molto per il mondo intero. Per rispondere in modo adeguato, abbiamo bisogno di tutta la conoscenza e la saggezza che possiamo ottenere su Internet.

Cordiali saluti, Felix Frankfurter
Santeri Nuorteva, avvocato.

* Yrjo Sirola era un bolscevico e commissario in Finlandia.
** Testo originale: "continuamente grato a te".
*** Testo originale, "interessi".
**** Il testo originale aggiungeva "in questi giorni".

COMMENTO
Questa lettera di Frankfurter fu scritta a Nuorteva/Nyberg, un agente bolscevico negli Stati Uniti, nel periodo in cui Frankfurter ricopriva un incarico ufficiale come assistente speciale del Segretario alla Guerra Baker presso il Dipartimento della Guerra. A quanto pare, Nyberg era pronto a modificare una lettera indirizzata al commissario "Sirola" secondo le istruzioni di Frankfurter. Il Comitato Lusk ha acquisito la bozza originale da Frankfurter, compresi gli emendamenti di Frankfurter, e non la lettera ricevuta da Nyberg.

L'UFFICIO SOVIETICO NEL 1920

Posizione	Nome	Cittadinanza	Nato	Precedente lavoro
Rappresentante dell'URSS	Ludwig C.A.K. MARTENS	Tedesco	Russia	V-P di Weinberg & Posner Engineering (120 Broadway)
Responsabile ufficio	Gregory WEINSTEIN	Russo	Russia	Giornalista
Segretario	Santeri NUORTEVA	In finlandese	Russia	Giornalista
Segretario aggiunto	Kenneth DURANT	STATI UNITI	STATI UNITI	(1) Comitato americano per l'informazione pubblica (2) Ex assistente del colonnello House
Segretario privato di NUORTEVA	Dorothy KEEN	STATI UNITI	STATI UNITI	Scuola superiore
Traduttore	Maria MODELL	Russo	Russia	Scuola in Russia
Addetto agli archivi	Alexander COLEMAN	STATI UNITI	STATI UNITI	Scuola superiore
Telefonista	Blanche ABUSHEVITZ	Russo	Russia	Scuola superiore
Addetto all'ufficio	Nestor KUNTZEVICH	Russo	Russia	-
Esperto militare	Tenente Colonnello Boris Tagueeff Roustam BEK	Russo	Russia	Critiche militari sul *Daily Express* (Londra)

Dipartimento commerciale

Direttore	A. HELLER	Russo	STATI UNITI	Società internazionale di ossigeno
Segretario	Ella TUCH	Russo	STATI UNITI	Aziende americane
Registrar	Rosa HOLLAND	STATI UNITI	STATI UNITI	Lega scolastica di Gary
Registrar	Henrietta MEEROWICH	Russo	Russia	Assistente sociale
Registrar	Rosa BYERS	Russo	Russia	Scuola
Statistico	Vladimir OLCHOVSKY	Russo	Russia	Esercito russo

Dipartimento di Informazione Pubblica

Direttore	Evans CLARK	STATI UNITI	STATI UNITI	Università di Princeton
Registrar	Nora G. SMITHMAN	STATI UNITI	STATI UNITI	Spedizione Ford Peace
Steno	Etta FOX	STATI UNITI	STATI UNITI	Consiglio per il commercio bellico
-	Wilfred R. HUMPHRIES	REGNO UNITO	-	Croce Rossa Americana

Ufficio tecnico

Direttore	Arthur ADAMS	Russo	STATI UNITI	-

Dipartimento dell'Istruzione

Direttore	William MALISSOFF	Russo	STATI UNITI	Università di Columbia

Dipartimento medico

Direttore	Leo A. HUEBSCH	Russo	STATI UNITI	Il medico
	D. H. DUBROWSKY	Russo	STATI UNITI	Il medico

Ufficio legale

Direttore	Morris HILLQUIT	In lituano	-	-
	Avvocato incaricato : Charles RECHT			
	Dudley Field MALONE			
	George Cordon BATTLE			

Dipartimento di Economia e Statistica

Direttore	Isaac A. HOURWICH	Russo	STATI UNITI	Ufficio del censimento degli Stati Uniti
	Eva JOFFE	Russo	STATI UNITI	Commissione nazionale sul lavoro minorile
Steno	Elisabetta GOLDSTEIN	Russo	STATI UNITI	Studente

Redazione di Russia Sovietica

Caporedattore	Jacob w. HARTMANN	STATI UNITI	STATI UNITI	Collegio della città di New York
Steno	Ray TROTSKY	Russo	Russia	Studente
Traduttore	Theodore BRESLAUER	Russo	Russia	-
Registrar	Vasto IVANOFF	Russo	Russia	-
Registrar	David OLDFIELD	Russo	Russia	-
Traduttore	J. BLANKSTEIN	Russo	Russia	-

FONTE: Stati Uniti, Camera, *Condizioni in Russia* (Commissione per gli affari esteri), 66ᵉ Cong., 3ᵉ sess. (Washington, D.C., 1921). Si veda anche l'elenco britannico nel Decimal File del Dipartimento di Stato americano, 316-22- 656, che riporta anche il nome di Julius Hammer.

Documento n. 7

DESCRIZIONE
Lettera della National City Bank di New York al Tesoro degli Stati Uniti, 15 aprile 1919, riguardante Ludwig Martens e il suo socio, il dottor Julius Hammer (316-118).

DOCUMENTO
La Banca nazionale della città di New York
New York, 15 aprile 1919
Onorevole Joel Rathbone,
Assistente del Segretario del Tesoro Washington, D.C.
Caro signor Rathbone:
Alleghiamo le fotografie di due documenti che abbiamo ricevuto questa mattina per posta raccomandata da un certo L. Martens, che sostiene di essere il rappresentante negli Stati Uniti della Repubblica Federativa Socialista Sovietica Russa, e da un certo Dr. Julius Hammer, direttore ad interim del Dipartimento delle Finanze. L. Martens, che sostiene di essere il rappresentante negli Stati Uniti della Repubblica Federativa Socialista Sovietica Russa, e alla presenza di un certo Dr. Julius Hammer, direttore ad interim del Dipartimento delle Finanze.
Vedrete in questi documenti che ci viene chiesto di pagare tutti i fondi depositati presso di noi a nome di Boris Bakhmeteff, il cosiddetto ambasciatore russo negli Stati Uniti, o a nome di qualsiasi persona, comitato o missione che afferma di agire per conto del governo russo sotto la direzione di Bakhmeteff o direttamente.
Saremmo molto lieti di ricevere qualsiasi consiglio o istruzione che possiate darci in merito.

Con tutto il rispetto, J. H. Carter, Vicepresidente.
JHC:M Allegato

COMMENTI
L'importanza di questa lettera è legata al lungo legame della famiglia Hammer (1917-1974) con i sovietici.

Documento n. 8

DESCRIZIONE
Lettera del 3 agosto 1920 del corriere sovietico "Bill" Bobroff a Kenneth Durant, ex aiutante del colonnello House. Estratto da Bobroff del Dipartimento di Giustizia degli Stati Uniti.

DOCUMENTO
Ufficio investigativo del Ministero della Giustizia,

15 Park Row, New York City, N.Y., 10 agosto 1920
Direttore dell'ufficio indagini
Dipartimento di Giustizia degli Stati Uniti, Washington D.C.
Egregio Signore: a conferma della conversazione telefonica avuta oggi con il sig. Ruch, allego i documenti originali degli effetti della B. L. Bobroll, del piroscafo *Frederick VIII*.
La lettera indirizzata al signor Kenneth Durant, firmata da Bill, datata 3 agosto 1920, insieme alla traduzione di "Pravda", 1er luglio 1920, firmata da Trotzki, e alle copie dei telegrammi sono state trovate all'interno della busta blu indirizzata al signor Kenneth Durant, 228 South Nineteenth Street, Philadelphia, Pa. Questa busta blu è stata a sua volta sigillata all'interno della busta bianca allegata.
La maggior parte degli effetti del signor Bobroff consisteva in cataloghi di macchine, specifiche, corrispondenza relativa alla spedizione di varie attrezzature, ecc. ai porti russi. Il signor Bobroff è stato interrogato attentamente dall'agente Davis e dalle autorità doganali, e un rapporto dettagliato sarà inviato a Washington.
Cordiali saluti
G. F. Lamb, Sovrintendente divisionale

LETTERA A KENNETH DURANT

Caro Kenneth, grazie per la tua lettera di benvenuto. Mi sono sentita molto isolata e chiusa in me stessa, una sensazione che è stata fortemente accentuata dalle recenti esperienze. Sono stato angosciato dall'incapacità di imporre un atteggiamento diverso all'Ufficio di presidenza e di farvi pervenire i fondi in qualsiasi modo. Inviare 5000 dollari via cavo, come è stato fatto la scorsa settimana, è una triste presa in giro. Spero che la proposta di vendere l'oro in America, di cui abbiamo parlato di recente, sia presto resa fattibile. Ieri abbiamo chiesto per telefono se potevate vendere 5.000.000 di rubli a un minimo di 45 centesimi, dato che l'attuale tasso di mercato è di 51,44 centesimi. Questo porterebbe almeno 2.225.000 dollari. La compagnia ha attualmente bisogno di 2.000.000 di dollari per pagare la Niels Juul & Co. di Christiania, per la prima parte del trasporto del carbone dall'America a Vardoe, Murmansk e Arkhangelsk. La prima nave si sta avvicinando a Vardoe e la seconda ha lasciato New York intorno al 28 luglio. In totale, Niels Juul & Co. La Norges' Bank, o meglio la Norges' Bank di Christiania, detiene per conto loro e nostro 11.000.000 di rubli d'oro, che essi stessi hanno portato da Reval a Christiania, come garanzia per il nostro ordine di carbone e per il tonnellaggio necessario, ma le offerte per l'acquisto di questo oro che sono riusciti ad ottenere finora sono molto scarse, il migliore è di 575 dollari al chilo, mentre il tasso offerto dalla Zecca degli Stati Uniti o dal Dipartimento del Tesoro è attualmente di 644,42 dollari, e considerando l'importanza della somma in questione, sarebbe un peccato permettere che essa causi una perdita troppo grande. Spero che prima di arrivare a questo punto sarete riusciti a vendere e allo stesso tempo a ottenere un quarto di milione di dollari o più per l'ufficio. Se non riusciamo a pagare in qualche modo i 2.000.000 di dollari di Christiania, che dovevano essere pagati quattro giorni fa, entro pochissimo tempo, Niels Juul & Co. avranno il diritto di vendere il nostro oro che ora detengono al miglior prezzo possibile in quel momento, che, come detto sopra, è piuttosto basso.
Non sappiamo ancora come stiano andando i negoziati con il Canada. Ci risulta che Nuorteva abbia consegnato i fili a Shoen quando l'arresto di N sembrava imminente. Non sappiamo ancora dove si trovi Nuorteva. Crediamo che dopo il suo ritorno forzato in Inghilterra da Esbjerg, in Danimarca, Sir Basil Thomson lo abbia

fatto imbarcare su un piroscafo per Reval, ma non abbiamo ancora avuto notizia da Reval del suo arrivo, e sicuramente lo sentiremo da Goukovski o da N. stesso. Humphries ha visto Nuorteva a Esbjerg e per questo è nei guai con la polizia danese. Si cercano tutti i suoi contatti, gli è stato ritirato il passaporto, è stato esaminato due volte e sembra che sarà fortunato se riuscirà a sfuggire all'espulsione. Due settimane fa Nuorteva è arrivato a Esbjerg, a 300 miglia da qui, ma non avendo un visto danese, le autorità danesi gli hanno negato il permesso di sbarcare ed è stato trasferito su un piroscafo che sarebbe salpato alle 8 del mattino successivo. Depositando 200 corone, ottenne il permesso di sbarcare per qualche ora. Volendo raggiungere Copenaghen con un telegramma a lunga distanza e non avendo quasi più soldi, impegnò ancora una volta il suo orologio d'oro per 25 corone, mettendosi così in contatto con Humphries, che in mezz'ora salì sul treno notturno, dormì sul pavimento e arrivò a Esbjerg alle 7.30 del mattino. Humphries trovò la Nuorteva, ottenne dal capitano il permesso di salire a bordo, ebbe 20 minuti con N., poi dovette scendere a terra e la nave salpò. Humphries è stato invitato nell'ufficio della polizia da due uomini in borghese che stavano osservando il procedimento. È stato interrogato attentamente, gli è stato preso l'indirizzo, poi è stato rilasciato e quella sera ha preso il treno per tornare a Copenaghen. Inviò telegrammi a Ewer, del *Daily Herald*, a Shoen e a Kliskho, al 128 di New Bond Street, esortandoli ad andare incontro alla nave Nuorteva, in modo che N. non potesse essere portato via di nuovo, ma non si sa ancora cosa sia successo. Il governo britannico ha negato con forza l'intenzione di inviarlo in Finlandia. Mosca ha minacciato ritorsioni se gli succederà qualcosa. Nel frattempo è iniziata l'indagine su H.. La polizia lo ha convocato in albergo, gli ha chiesto di recarsi al quartier generale (ma non è stato arrestato) e ci risulta che il suo caso sia ora all'attenzione del Ministro della Giustizia. Qualunque sia l'esito finale, Humphries commenta la ragionevole cortesia dimostrata, paragonandola alla ferocia dei raid rossi in America.

Scoprì che alcune delle sue lettere e dei suoi telegrammi erano noti al quartier generale degli investigatori.

Mi ha interessato il suo commento favorevole all'intervista di Krassin a Tobenken (non cita quella di Litvinoff), perché ho dovuto lottare come un dannato con L. per ottenere le opportunità per Tobenken. Tramite T. che arrivò con una lettera di Nuorteva, così come Arthur Ruhl, L. rifiutò bruscamente in meno di un minuto la richiesta di T. di entrare in Russia, a malapena prendendosi il tempo di ascoltarla, dicendo che era impossibile permettere a due corrispondenti dello stesso giornale di entrare in Russia. Ha concesso il visto ai Ruhl, soprattutto in virtù di una promessa fatta l'estate scorsa ai Ruhl da L. Ruhl si è poi recato a Reval, in attesa del permesso che L. aveva chiesto per telefono a Mosca. Tobenken, un uomo nervoso, quasi distrutto per il suo rifiuto, rimase qui. Mi resi conto dell'errore del giudizio rapido e cominciai a farlo cambiare. Per farla breve, lo portai a Reval con una lettera di L a Goukovsky. Nel frattempo, Mosca rifiuta Ruhl, nonostante l'obiettivo di L. L. è furioso per l'affronto al suo obiettivo e insiste per essere onorato. Fatto ciò, i Ruhl si prepararono a partire. Improvvisamente Mosca informò la Ruhl che stava revocando l'autorizzazione e Litvinoff che era giunta a Mosca l'informazione che la Ruhl era al servizio del Dipartimento di Stato. Al momento in cui scriviamo, sia Tobenken che Ruhl sono bloccati a Reval.

Stamattina ho parlato con L. della nave che parte domani e della posta di B. disponibile, gli ho chiesto se aveva qualcosa da scrivere a Martens, mi sono offerta di scriverglielo in stenografia, ma no, ha detto che non aveva nulla da scrivere e che forse potevo inviare a Martens copie dei nostri recenti telegrammi.

Kameneff passò di qui su un cacciatorpediniere britannico diretto a Londra, senza fermarsi affatto, mentre Krassin arrivò direttamente da Stoccolma. Dei negoziati,

alleati e polacchi, e della situazione generale, sapete quanto noi qui. Le trattative di L con gli italiani portarono infine all'istituzione di una rappresentanza reciproca. Il nostro rappresentante, Vorovsky, è già stato in Italia e il loro rappresentante, M. Gravina, sta per arrivare in Russia. Abbiamo appena inviato in Italia due carichi di grano russo da Odessa.
Vi prego di portare i miei saluti alle persone che conosco nella vostra cerchia. Con i migliori auguri di successo.

Cordiali saluti, Bill

Il lotto di lettere che avete inviato - 5 Cranbourne Road, Charlton cum Hardy, Manchester - non è ancora arrivato.
La raccomandazione di L. a Mosca, dato che M. ha chiesto di trasferirsi in Canada, è che M. venga nominato lì e che N., dopo aver trascorso qualche settimana a Mosca per fare conoscenza, venga nominato rappresentante in America.
L. è molto critico nei confronti dell'ufficio per aver dato un obiettivo e raccomandazioni troppo facili. È rimasto ovviamente sorpreso e arrabbiato quando B. è arrivato qui con contratti ottenuti a Mosca sulla base di lettere dategli da M. Il successivo messaggio di M. non è ovviamente arrivato a Mosca. Non so cosa intenda fare L. a questo proposito. Suggerirei a M. di indicare a L. la sua raccomandazione in merito. L. non avrebbe nulla a che fare con B. in questo caso. Si potrebbe creare una situazione imbarazzante.
L. ha inoltre evidenziato la raccomandazione di Rabinoff.
Due buste, Mr Kenneth Durant, 228 South Nineteenth Street, Philadelphia, Pennsylvania, USA.

FONTE: Fascicolo decimale del Dipartimento di Stato americano, 316-119-458/64.

NOTA: IDENTIFICAZIONE DELLE PERSONE

William (Bill) L. BOBROFF: corriere e agente sovietico. Ha gestito la Bobroff Foreign Trading and Engineering Company di Milwaukee. Ha inventato il sistema di voto utilizzato nella legislatura del Wisconsin.

Kenneth DURANT: Aiuto per il colonnello House; vedi testo.

SHOEN: dipendente della International Oxygen Co. di proprietà di Heller, un importante finanziere e comunista.

EWER: Agente sovietico, reporter del *London Daily Herald*.

KLISHKO: agente sovietico in Scandinavia

NUORTEVA Conosciuto anche come Alexander Nyberg, il primo rappresentante sovietico negli Stati Uniti; vedi testo.

Sir Basil THOMPSON: capo dell'intelligence britannica

"L": LITVINOFF.

"H": Wilfred Humphries, associato a Martens e Litvinoff, membro della Croce Rossa in Russia.

KRASSIN: Commissario bolscevico per il commercio e il lavoro, ex capo della Siemens-Schukert in Russia.

COMMENTI
Questa lettera suggerisce uno stretto legame tra Bobroff e Durant.

Documento n. 9

DESCRIZIONE
Memorandum relativo a una richiesta di Davison (socio di Morgan) a Thomas Thacher (avvocato di Wall Street associato ai Morgan) e trasmesso a Dwight Morrow (socio di Morgan), 13 aprile 1918.

> DOCUMENTO
> Hotel Berkeley, Londra
> 13 aprile 1918.
> L'onorevole Walter H. Page,
> Ambasciatore americano in Inghilterra, Londra.
> Gentile Signore :
> Qualche giorno fa ho ricevuto una richiesta da parte di H.P. Davison, presidente del Consiglio di Guerra della Croce Rossa Americana, di conferire con Lord Northcliffe sulla situazione in Russia, e poi di andare a Parigi per ulteriori conferenze. A causa della malattia di Lord Northcliffe non ho potuto conferire con lui, ma sto andando con il signor Dwight W. Morrow, che ora alloggia al Berkeley Hotel, per un memorandum sulla situazione che il signor Morrow sottoporrà a Lord Northcliffe al suo ritorno a Londra.
> Per sua informazione e per quella del Servizio, allego una copia del memorandum.
> Rispettosamente vostro,
> Thomas D. Thacher.

COMMENTO
Lord Northcliffe era appena stato nominato Direttore della Propaganda. Questo è interessante alla luce delle sovvenzioni di William B. Thompson alla propaganda bolscevica e dei suoi legami con gli interessi di Morgan-Rockefeller.

Documento n. 10

DESCRIZIONE
Questo documento è un memorandum di D.C. Poole, Divisione Affari Russi del Dipartimento di Stato, al Segretario di Stato riguardante una conversazione con M. Oudin della General Electric.

> DOCUMENTO
> 29 maggio 1922
> Signor Segretario :
> Il signor Oudin della General Electric Company mi ha informato questa mattina che la sua azienda ritiene che si stia avvicinando il momento di avviare conversazioni con Krassin per la ripresa degli affari in Russia. Gli ho detto che il Dipartimento ritiene che il percorso che le aziende americane devono seguire in questa materia sia una questione di giudizio commerciale e che il Dipartimento non interverrà certo

per impedire a un'azienda americana di riprendere l'attività in Russia su qualsiasi base che l'azienda ritenga praticabile.

Ha dichiarato che sono attualmente in corso trattative tra la General Electric Company e la Allgemeine Elektrizitats Gesellschaft per la ripresa dell'accordo di lavoro che avevano prima della guerra. Si aspetta che l'accordo da concludere includa una disposizione per la cooperazione russa.

Rispettosamente, DCP D.C. Poole

COMMENTO

Si tratta di un documento importante perché riguarda l'imminente ripresa delle relazioni con la Russia da parte di una grande azienda statunitense. Il documento illustra che l'iniziativa è partita dall'azienda, non dal Dipartimento di Stato, e che non è stato considerato l'effetto del trasferimento di tecnologia da parte della General Electric a un nemico autoproclamato. Questo accordo con GE fu il primo passo di una serie di importanti trasferimenti tecnici che causarono direttamente la morte di 100.000 americani e di innumerevoli alleati.

Wall Street e Franklin D. Roosevelt

CAPITOLO I

I ROOSEVELT E I DELANO

> *La verità è che, come voi e io sappiamo, un potere finanziario delle grandi città controlla il governo fin dai tempi di Andrew Jackson - e l'amministrazione di W.W.[261] non fa eccezione. Il Paese sta vivendo una ripetizione della lotta di Jackson con la Banca degli Stati Uniti, ma questa volta su una base molto più ampia.*
> Il presidente Franklin Delano Roosevelt al colonnello Edward Mandell House, 21 novembre 1933, *F.D.R.: His Personal Letters* (New York: Duell, Sloan and Pearce 1950), p. 373.

Questo libro[262] ritrae Franklin Delano Roosevelt come un finanziere di Wall Street che, durante il suo primo mandato come Presidente degli Stati Uniti, ha rispecchiato gli obiettivi dei poteri finanziari concentrati nell'establishment imprenditoriale di New York. Data la lunga associazione storica - dalla fine del XVIIIe secolo - delle famiglie Roosevelt e Delano con la finanza newyorkese e la carriera di FDR stesso, dal 1921 al 1928, come banchiere e speculatore al 120 di Broadway e al 55 di Liberty Street, questo tema non dovrebbe sorprendere il lettore. D'altra parte, i biografi di FDR, Schlesinger, Davis, Freidel e gli altri accurati commentatori di Roosevelt, sembrano evitare di addentrarsi molto nei legami registrati e documentati tra i banchieri di New York e FDR. È nostra intenzione esporre i fatti così come sono stati registrati negli archivi delle lettere di FDR. Questi fatti sono nuovi solo nel senso che non sono stati pubblicati prima; sono facilmente disponibili per la ricerca negli archivi e l'esame di queste informazioni suggerisce una rivalutazione del ruolo di FDR nella storia del 20ème secolo.

Forse è sempre politicamente conveniente presentarsi all'elettorato americano come un critico, se non un nemico dichiarato, del gruppo bancario internazionale. Senza dubbio Franklin D. Roosevelt, i suoi sostenitori e i biografi ritraggono FDR come un cavaliere bianco che brandisce la spada della giusta vendetta contro i baroni rapinatori nei grattacieli del centro di Manhattan. Ad esempio, la campagna

---

[261] W.W. è Woodrow Wilson.

[262] Un volume precedente, Antony C. Sutton, *Wall Street e la rivoluzione bolscevica*, ha esplorato i legami tra i finanzieri di Wall Street e la rivoluzione bolscevica. Per la maggior parte, visti i decessi e i nuovi volti, questo libro si concentra sullo stesso segmento dell'establishment finanziario di New York.

presidenziale di Roosevelt del 1932 attaccò sistematicamente il presidente Herbert Hoover per i suoi presunti rapporti con i banchieri internazionali e per aver ceduto alle richieste delle grandi imprese. Ciò è stato dimostrato dal fallimento di FDR, nel pieno della Grande Depressione, nel sostenere pubblicamente le imprese e l'individualismo nel discorso della campagna elettorale di Hoover a Columbus, Ohio, il 20 agosto 1932:

> Valutando la situazione all'inizio di una fredda mattinata, cosa troviamo? Scopriamo che due terzi dell'industria americana sono concentrati in poche centinaia di aziende, gestite al massimo da cinque persone.
> Più della metà dei risparmi del Paese sono investiti in azioni e obbligazioni societarie, il che rende il mercato azionario statunitense molto felice.
> Sono meno di tre dozzine le banche private e le filiali di banche commerciali che dirigono i flussi di capitali statunitensi.
> In altre parole, troviamo il potere economico concentrato in poche mani, l'esatto contrario dell'individualismo di cui parla il Presidente.[263]

Questa affermazione fa apparire Franklin Delano Roosevelt come un altro Andrew Jackson, che sfida il monopolio dei banchieri e la loro morsa sull'industria americana. Ma FDR era anche uno strumento dei banchieri di Wall Street, come si può dedurre dalla sua lettera al colonnello Edward House, citata nell'introduzione di questo capitolo?

È chiaro che se, come scrisse Roosevelt a House, "un potere finanziario nelle grandi città controlla il governo dai tempi di Andrew Jackson", allora né Hoover né Roosevelt furono intellettualmente onesti nel presentare i problemi al pubblico americano. Le domande sostanziali riguardavano presumibilmente chi fosse questo "potere del denaro" e come mantenesse il suo "controllo" sul governo degli Stati Uniti.

Per accantonare temporaneamente questa intrigante questione, l'immagine storica onnipresente di FDR è quella di un presidente che lotta per conto dell'uomo comune, in mezzo alla disoccupazione e alla depressione finanziaria causata dagli speculatori aziendali alleati con Wall Street. Scopriremo, al contrario, che questa immagine distorce la verità nella misura in cui ritrae FDR come un nemico di Wall Street; questo semplicemente perché la maggior parte degli storici che indagano sulle malefatte di Wall Street sono stati riluttanti ad applicare a Franklin D. Roosevelt gli stessi standard di probità di altri leader politici. Ciò che è un peccato per Herbert Hoover o anche per il candidato democratico alle presidenziali del 1928 Al Smith, si presume sia una virtù nel caso di FDR. Prendiamo Ferdinand Lundberg in *The Rich and the Super-Rich*[264]. Lundberg esamina anche i presidenti e Wall Street e fa la seguente affermazione:

---

[263] *The Public Papers and Addresses of Franklin D. Roosevelt*, Volume 1 (New York: Random House, 1938), pag. 679.

[264] New York: Lyle Stuart, 1968.

Nel 1928, Al Smith ricevette il principale sostegno finanziario ed emotivo dal compagno cattolico John J. Raskob, primo ministro di Du Ponts. Se Smith avesse vinto, sarebbe stato molto meno cattolico di un presidente Du Ponts.[265]

Tuttavia, i Du Pont contribuirono in modo significativo alla campagna presidenziale democratica di Al Smith del 1928. Questi contributi sono discussi in dettaglio in questo volume nel capitolo 8, "Wall Street compra il New Deal", e questa affermazione non può essere contestata. Lundberg si rivolge poi all'avversario di Smith, Herbert Hoover, e scrive:

> Hoover, il repubblicano, era un burattino di J. P. Morgan; Smith, il suo avversario democratico, era al soldo dei Du Pont, il cui banchiere era J. P. Morgan & Company.

Lundberg omette i dettagli finanziari, ma i Du Pont e i Rockefeller sono certamente citati nelle indagini del Congresso come i maggiori finanziatori della campagna di Hoover del 1928. Ma Wall Street ritirò il suo sostegno a Herbert Hoover nel 1932 e passò a FDR. Lundberg non menziona questo ritiro critico e cruciale. Perché Wall Street è passata a FDR? Perché, come vedremo più avanti, Herbert Hoover non avrebbe adottato il piano Swope creato da Gerard Swope, presidente di lunga data della General Electric. Invece, FDR accettò il piano che divenne il National Industrial Recovery Act di FDR. Così, mentre Hoover era legato a Wall Street, FDR lo era molto di più. Arthur M. Schlesinger Jr. in *The Crisis of the Old Orde: 1919-1933* è più vicino all'argomento di qualsiasi storico dell'establishment, ma, come altri rooseveltofili, non riesce a portare i fatti alle loro ultime, logiche conclusioni. Schlesinger osserva che dopo le elezioni del 1928, il Partito Democratico aveva un debito di 1,6 milioni di dollari e che "due dei principali creditori, John J. Raskob e Bernard Baruch, erano milionari filantropi democratici, disposti ad aiutare il partito a sostenersi fino al 1932".[266] John J. Raskob è stato vicepresidente di Du Pont e anche di General Motors, la più grande azienda degli Stati Uniti. Bernard Baruch era, per sua stessa ammissione, al centro della speculazione di Wall Street. Schlesinger aggiunge che, in cambio della benevolenza di Wall Street, "si aspettavano naturalmente di avere influenza sull'organizzazione e sulla politica del partito".[267] Sfortunatamente, Arthur Schlesinger, che (a differenza della maggior parte dei biografi di Roosevelt) ha il dito sul cuore della questione, lascia cadere la questione e passa a discutere le superficialità della politica - le convenzioni, i politici, il dare e avere e lo scontro occasionale che oscurano le realtà sottostanti. È chiaro che la mano sulla borsa decide in ultima analisi quali politiche attuare, quando e da chi.

---

[265] Ibidem, p. 172.

[266] Boston: Riverside Press, 1957, p. 273.

[267] Ibidem.

Un simile atteggiamento protettivo nei confronti di FDR si ritrova nella biografia in quattro volumi di Frank Freidel, *Franklin D. Roosevelt*[268] . Nel discutere il clamoroso fallimento della Banca degli Stati Uniti poco prima del Natale 1930, Freidel trascura la negligenza di FDR mentre era governatore dello Stato di New York. La Banca degli Stati Uniti aveva 450.000 depositanti, di cui 400.000 conti con meno di 400 dollari. In altre parole, la Banca degli Stati Uniti era una banca per piccoli uomini. Un rapporto del senatore Robert Moses sullo stato di un precedente fallimento bancario - City Trust - è stato ignorato dal governatore F. D. Roosevelt, che nominò un'altra commissione che produsse raccomandazioni più moderate per la riforma bancaria. Freidel pone la domanda:

> Perché non è riuscito ad approvare una legge di riforma che avrebbe impedito il crollo della Banca degli Stati Uniti? Si tratta di domande puntuali che i critici di Roosevelt hanno posto all'epoca e in seguito.[269]

Freidel conclude che la risposta sta nella "fiducia personale di FDR nella comunità bancaria". Perché FDR aveva questa fiducia totale? Perché, scrive Freidel:

> Herbert Lehman era uno dei banchieri di Wall Street più forti e politicamente più liberali; nelle questioni bancarie, Roosevelt sembra aver seguito l'esempio di Lehman di collaborare il più possibile con i titani bancari.[270]

Ciò significa che se il vostro banchiere è un liberale e perde i vostri soldi, va bene, perché dopo tutto è un liberale e un sostenitore di FDR. Ma d'altra parte, se il vostro banchiere perde i vostri soldi e non è né un liberale né un sostenitore di FDR, allora è un truffatore e deve pagare il prezzo dei suoi peccati.

La biografia in quattro volumi di Freidel contiene solo un capitolo su FDR come "uomo d'affari", che è il massimo spazio dato da un importante biografo di FDR. Anche Freidel riduce le imprese importanti a un solo paragrafo. Ad esempio, mentre l'American Investigation Corporation non viene nominata, una società associata, la General Air Service, viene citata, ma liquidata con un paragrafo:

> Nel 1923, con Owen D. Young, Benedict Crowell (che era stato Assistente del Segretario alla Guerra sotto Wilson) e altri personaggi di spicco, organizzò il General Air Service per gestire dirigibili riempiti di elio tra New York e Chicago.[271]

---

[268] Questa serie è composta da: Frank Freidel, Franklin D. Roosevelt: *l'apprendistato* (1952), Freidel, Franklin D. Roosevelt: *il calvario* (1954), Franklin D. Roosevelt: *il trionfo* (1956), Freidel, Frank D. Roosevelt, *Launching The New Deal* (1973). Tutti e quattro i volumi sono stati pubblicati a Boston da Little, Brown.

[269] Freidel, *Il trionfo*, op. cit. p. 187.

[270] Ibidem, p. 188.

[271] Freidel, *Il calvario*, op. cit. p. 149.

Vedremo che il General Air Service (e soprattutto la non citata American Investigation Corporation) era molto di più di quanto indicato in questo paragrafo. In particolare, un esame della frase di Freidel "e altri notabili" suggerisce che FDR aveva rapporti e lavorava in collaborazione con alcuni membri di spicco di Wall Street.

Perché Schlesinger, Freidel e altri biografi meno noti di FDR evitano la domanda e sono riluttanti a seguire le piste? Semplicemente perché, se si guarda ai fatti, Roosevelt era una creazione di Wall Street, parte integrante della confraternita bancaria di New York, e aveva a cuore gli interessi pecuniari dell'establishment finanziario.

Quando le informazioni vengono presentate nel dettaglio, è assurdo pensare che Wall Street abbia esitato un secondo ad accettare Roosevelt come gradito candidato alla presidenza: era uno di loro, mentre l'uomo d'affari Herbert Hoover aveva lavorato all'estero per 20 anni prima di essere richiamato da Woodrow Wilson per occuparsi dell'amministrazione alimentare durante la Prima Guerra Mondiale.

Per essere precisi, Franklin D. Roosevelt è stato, in un momento o nell'altro degli anni Venti, vicepresidente della Fidelity & Deposit Company (120 Broadway); presidente di un'associazione di categoria del settore, l'American Construction Council (28 West 44th Street); socio di Roosevelt & O'Connor (120 Broadway); socio di Marvin, Hooker & Roosevelt (52 Wall Street); presidente di United European Investors, Ltd. (7 Pine Street); direttore di International Germanic Trust, Inc. (nello Standard Oil Building al 26 Broadway); un direttore della Consolidated Automatic Merchandising Corporation, un'organizzazione cartaria; un direttore della Georgia Warm Springs Foundation (120 Broadway); un direttore della American Investigation Corporation (37-39 Pine Street); un direttore della Sanitary Postage Service Corporation (285 Madison Avenue); il presidente della General Trust Company (15 Broad Street); un direttore della Photomaton (551 Fifth Avenue); un direttore della Mantacal Oil Corporation (Rock Springs, Wyoming); e un membro della Federal International Investment Trust.

Si tratta di un elenco abbastanza corretto di posizioni dirigenziali. Ciò fa guadagnare a FDR il titolo di Wall Streeter[272] *per eccellenza*. La maggior parte di coloro che lavorano in "strada" non raggiungono mai, e probabilmente non sognano mai di farlo, un record di 11 mandati come amministratore di società, due collaborazioni legali e la presidenza di un'importante associazione professionale.

Analizzando queste posizioni di leadership e le attività ad esse associate, scopriamo che Roosevelt era un banchiere e uno speculatore, le due occupazioni che denunciò con forza alle elezioni presidenziali del 1932. Inoltre, sebbene sia le attività bancarie che quelle speculative abbiano un ruolo legittimo in una società libera - anzi, sono essenziali per un sistema monetario solido - entrambe sono soggette ad abusi. La corrispondenza di FDR, contenuta negli archivi depositati nella biblioteca di Hyde Park, testimonia - e si legge a malincuore - che FDR fu associato agli elementi più sgradevoli delle banche e delle speculazioni di Wall

---

[272] Neologismo mantenuto, in quanto intraducibile.

Street, e non si può giungere ad altra conclusione se non che FDR usò l'arena politica, e non il mercato imparziale, per fare i suoi profitti.[273]

Non sorprende che i gruppi di Wall Street che avevano sostenuto Al Smith e Herbert Hoover, entrambi con forti legami con la comunità finanziaria, abbiano sostenuto anche Franklin D. Roosevelt. Infatti, al bivio politico del 1932, quando la scelta era tra Herbert Hoover e FDR, Wall Street scelse Roosevelt e abbandonò Hoover.

Alla luce di queste informazioni, come si spiega la carriera di FDR a Wall Street? E i servizi resi a Wall Street nel creare, in collaborazione con Herbert Hoover, le associazioni di categoria degli anni Venti, tanto desiderate dalla confraternita bancaria? O l'amicizia di FDR con i principali operatori di Wall Street John Raskob e Barney Baruch? Per mettere tutto questo in prospettiva, dobbiamo tornare indietro nella storia ed esaminare il passato delle famiglie Roosevelt e Delano, che sono state associate all'industria bancaria di New York fin dal XVIII[e] secolo.

LA FAMIGLIA DELANO E WALL STREET

I Delano sono orgogliosi di far risalire la loro ascendenza agli Actii, una famiglia romana del 600 a.C. Sono anche orgogliosi di Franklin Delano Roosevelt. I Delano sostengono infatti che l'influenza dei Delano sia stata il fattore predominante nel lavoro di tutta la vita di FDR e che sia alla base dei suoi straordinari risultati. In ogni caso, non c'è dubbio che il lato Delano della famiglia colleghi FDR a molti altri leader e politici. Secondo la storia della famiglia

---

[273] Ciò solleva una domanda legittima sulla portata di questo libro e sulla rilevanza delle prove. L'autore è interessato solo a stabilire il rapporto tra Wall Street e FDR e a trarre conclusioni da tale rapporto. Pertanto, sono stati omessi gli episodi accaduti nel 1921, mentre FDR era a Wall Street, ma che non erano direttamente collegati alle sue attività finanziarie. Ad esempio, nel 1921, la Commissione del Senato per gli Affari Navali pubblicò un rapporto contenente 27 conclusioni, quasi tutte critiche nei confronti di FDR e che sollevavano gravi questioni morali. La prima constatazione del rapporto del Senato è che "un certo numero di soldati della Marina degli Stati Uniti, in uniforme o meno, ha compiuto atti immorali e lascivi su istruzione o suggerimento, allo scopo di raccogliere prove contro pervertiti sessuali, e che l'autorità di usare questi uomini come operatori o detective è stata data oralmente e per iscritto al tenente Hudson dal segretario aggiunto Franklin D. Roosevelt, con la conoscenza e il consenso di Josephus Daniels, segretario della Marina". I 26 risultati correlati e il rapporto di minoranza sono contenuti nel Senato degli Stati Uniti, Commissione per gli affari navali, 67e Congresso, 1ère sessione, Alleged Immoral Conditions at the Naval Training Station, Newport, RI (Washington: Government Printing Office, 1921). Tuttavia, anche se la condotta di FDR nella Marina degli Stati Uniti può essere stata imperdonabile e può aver riflesso o meno la sua fibra morale, tale condotta non è rilevante ai fini di questo libro e tali episodi vengono omessi. Va inoltre notato che, quando la corrispondenza di FDR è di importanza centrale per l'argomentazione di questo libro, è consuetudine citare i passaggi alla lettera, senza parafrasi, per consentire al lettore di fare le proprie interpretazioni.

Delano,[274] "Franklin condivideva un'ascendenza comune con un terzo dei suoi predecessori alla Casa Bianca. I presidenti legati a FDR dalla parte dei Delano sono John Adams, James Madison, John Quincy Adams, William Henry Harrison, Zachary Taylor, Andrew Johnson, Ulysses S. Grant, Benjamin Harrison e William Howard Taft. Dal lato della famiglia Roosevelt, FDR è imparentato con Theodore Roosevelt e Martin Van Buren, che sposò Mary Aspinwall Roosevelt. Martha Dandridge, moglie di George Washington, era tra gli antenati di FDR e Daniel Delano sostiene che Winston Churchill e Franklin D. Roosevelt erano "cugini di ottavo grado".[275] Questo rende gli Stati Uniti quasi una nazione governata da una famiglia reale, una mini-monarchia.

I lettori devono giudicare da soli le affermazioni genealogiche di Delano; l'autore non ha la capacità di analizzare le confuse e complesse relazioni familiari coinvolte. In particolare, e senza dubbio, i Delano erano attivi a Wall Street negli anni '20 e '30 e ben prima. I Delano svolsero un ruolo di primo piano nello sviluppo delle ferrovie negli Stati Uniti e all'estero. Lyman Delano (1883-1944) è stato un importante dirigente ferroviario e il nonno materno di Franklin D. Roosevelt. Come FDR, Lyman ha iniziato la sua carriera nel settore assicurativo, con la Northwestern Life Insurance di Chicago, seguita da due anni con Stone & Webster.[276] Per la maggior parte della sua vita lavorativa, Lyman Delano ha fatto parte del consiglio di amministrazione della Atlantic Coast Line Railroad, come presidente nel 1920 e come presidente del consiglio di amministrazione dal 1931 al 1940. Lyman Delano fu anche direttore (insieme a W. Averell Harriman) della Aviation Corporation, della Pan American Airways, della P & O Steamship Lines e di una mezza dozzina di ferrovie.

Un altro Delano di Wall Street era Moreau Delano, socio della Brown Brothers & Co. (dopo il 1933 assorbì la Harriman & Co. per diventare Brown Brothers, Harriman) e direttore della Cuban Cane Products Co. e della American Bank Note Company.

Il più famoso Delano di Wall Street era lo "zio preferito" di FDR (secondo Elliott Roosevelt), Frederic Adrian Delano (1863-1953), che iniziò la sua carriera con la Chicago, Burlington and Quincy Railroad e divenne presidente della Wheeling & Lake Erie Railroad, della Wabash Railroad e, nel 1913, della Chicago, Indianapolis and Louisville Railway. Lo "zio Fred" fu consultato nel 1921 in un momento critico dell'attacco di paralisi di FDR, trovò rapidamente il dottor Samuel A. Levine per una diagnosi urgente e organizzò il treno privato speciale per trasportare FDR dal Maine a New York mentre iniziava il lungo e difficile cammino verso la guarigione.[277]

---

[274] Daniel W. Delano, Jr, *Franklin Roosevelt and the Delano Influence* (Pittsburgh, Pa.: Nudi Publications, 1946), p. 53.

[275] Ibidem, p. 54.

[276] Si veda Sutton, *Wall Street e la rivoluzione bolscevica*, op. cit.

[277] Elliott Roosevelt e James Brough, *An Untold Story: The Roosevelts of Hyde Park* (New York: Putnam's, 1973), pp. 142, 147-8.

Nel 1914, Woodrow Wilson nominò lo zio Fred membro del Consiglio della Federal Reserve. Gli intimi legami di Delano con la confraternita bancaria internazionale sono illustrati da una lettera confidenziale del banchiere centrale Benjamin Strong a Fred Delano, che richiedeva dati riservati della FRB:[278]

> (Personale)
> 11 dicembre 1916
> Mio caro Fred: sarebbe possibile per te inviarmi, in via strettamente confidenziale, i dati ottenuti dal Comptroller riguardo alle partecipazioni delle banche nazionali in titoli esteri? Sarei molto influenzato nella mia opinione sulla situazione attuale se potessi ottenere queste cifre, da trattare con la fiducia che lei suggerisce.
> Se mai dovesse arrivare il momento di allontanarsi per una settimana o giù di lì per riposare un po', perché non venire a Denver a trovarmi? Ci sono migliaia di cose che vorrei discutere con lei.
>
> Fedelmente vostro,
Benjamin Strong
L'onorevole F. A. Delano
Consiglio della Federal Reserve, Washington, D.C.

Dopo la prima guerra mondiale, Frederic Delano si dedicò a quello che viene eufemisticamente chiamato servizio pubblico, pur continuando le sue attività commerciali. Nel 1925, Delano fu presidente del Comitato internazionale della Lega delle Nazioni sulla produzione di oppio; nel 1927, fu presidente della Commissione per la pianificazione regionale di New York e si impegnò per sponsorizzare la Commissione per i parchi nazionali. Nel 1934, FDR nominò lo zio Fred Delano presidente della Commissione per la pianificazione delle risorse nazionali. Il comitato industriale del National Resources Planning Board, che Frederic Delano probabilmente aiutò a selezionare, era un'allegra combriccola di pianificatori socialisti, tra cui Laughlin Currie, Leon Henderson, Isador Lublin (importante nel trasferimento di tecnologia industriale all'URSS prima della guerra di Corea) e Mordecai Ezekiel.

Il consigliere del Consiglio era Beardsley Ruml.

Poi, dal 1931 al 1936, mentre era impegnato in progetti di pianificazione socialista, Delano fu anche presidente del consiglio di amministrazione della Federal Reserve Bank di Richmond, in Virginia. In breve, Frederic Delano era sia un capitalista che un pianificatore.

Delano ha lasciato alcuni scritti da cui possiamo trarre alcuni concetti delle sue idee politiche. Troviamo sostegno alla tesi secondo cui i maggiori sostenitori della regolamentazione governativa sono gli uomini d'affari che devono essere regolamentati, anche se Delano avverte che la nazionalizzazione governativa delle ferrovie può spingersi troppo in là:

---

[278] Senato degli Stati Uniti, *Hearings before the Special Committee to Investigate the Munitions Industry*, 74° Congresso, Seconda Sessione, Parte 25, *World War Financing and United States Industrial Expansion 1914-1915, J. P. Morgan & Company* (Washington: Government Printing Office, 1937), pag. 10174, Reperto 3896.

La proprietà pubblica delle ferrovie è un'aspirazione che, sebbene spesso menzionata, non è richiesta dal pubblico. Se la proprietà pubblica delle ferrovie è sorta, è perché i proprietari delle ferrovie la preferiscono alla regolamentazione governativa, e sarà un giorno triste per la Repubblica quando la regolamentazione sarà portata a tal punto che i proprietari delle ferrovie non saranno più disposti ad accettare le responsabilità della gestione.[279]

Tuttavia, in un altro libro, scritto circa 20 anni dopo, Delano è molto più ricettivo nei confronti della pianificazione governativa:

Uno dei problemi principali della pianificazione è quello di educare le persone. Se solo l'opinione pubblica si rendesse conto che gli sforzi mirati possono portare vantaggi sociali e che il tempo necessario per realizzare la maggior parte delle cose attraverso la pianificazione arriva prima che si manifesti la necessità di un cambiamento, altri problemi legati alla pianificazione potrebbero essere risolti più facilmente.[280]

Inoltre:

Questa breve classificazione del problema della pianificazione serve come base per indicare la necessità di un controllo sociale diretto e indiretto.

Pochissime persone conoscono davvero l'uso migliore della terra per il proprio beneficio, per non parlare della pianificazione del suo utilizzo per il bene comune. Le istituzioni hanno fatto molto per insegnare agli agricoltori a pianificare le singole aziende, eppure molte aziende agricole in questo Paese sono mal organizzate.[281]

In breve, il lato Delano della famiglia ha intrapreso imprese capitalistiche e ha interessi a Wall Street che risalgono al XIXe secolo. Negli anni Trenta, tuttavia, Frederic Delano aveva abbandonato l'iniziativa capitalista per la pianificazione socialista.

LA FAMIGLIA ROOSEVELT E WALL STREET

Anche Franklin Delano Roosevelt discendeva da parte Roosevelt da una delle più antiche famiglie di banchieri degli Stati Uniti. Il bisnonno di FDR, James Roosevelt, fondò la Banca di New York nel 1784 e ne fu presidente dal 1786 al 1791. La banca d'investimento Roosevelt & Son di New York è stata fondata nel 1797. Negli anni Trenta, George E. Roosevelt, cugino di FDR, divenne il quinto

---

[279] Frederic A. Delano, Are Our Railroads Fairly Treated? Discorso al Comitato economico del New York Club, 29 aprile 1913, p. 11.

[280] Frederic A. Delano, È l'anno 2000? Comitato congiunto sui fondamenti della sua politica fondiaria, n.d., pagg. 138-9.

[281] Ibidem, p. 141.

membro della famiglia in successione diretta a dirigere l'azienda. Le radici bancarie newyorkesi della famiglia Roosevelt risalgono quindi ininterrottamente alla fine del XVIII secolo^e . Dal punto di vista industriale, James Roosevelt costruì la prima raffineria di zucchero americana a New York nel 1740 e Roosevelt aveva ancora legami con la raffinazione dello zucchero cubano negli anni Trenta. Il padre di FDR, chiamato anche James Roosevelt, nacque a Hyde Park, New York, nel 1828 da questa antica e distinta famiglia. James Roosevelt si laureò alla Harvard Law School nel 1851, divenne direttore della Consolidated Coal Company del Maryland e, come i Delano negli anni successivi, fu associato allo sviluppo dei trasporti, prima come direttore generale della Cumberland & Pennsylvania Railroad, poi come presidente della Louisville, New Albany & Chicago Railroad, della Susquehanna Railroad Co, della Champlain Transportation Co, della Lake George Steamboat Co e della New York & Canada Railroad Co. James Roosevelt fu anche vicepresidente e direttore della Delaware & Hudson Canal Co. e presidente della Maritime Canal Company of Nicaragua, ma soprattutto fu l'organizzatore della Southern Railway Security Company, costituita nel 1871 e una delle prime holding di sicurezza costituite per l'acquisto e il consolidamento delle ferrovie. La Southern Railway Security Company era uno schema di consolidamento o cartellizzazione simile, nel suo principio monopolistico, alle associazioni commerciali formate da Franklin D. Roosevelt negli anni '20 e al National Recovery Act, un altro schema di cartellizzazione, del New Deal. La seconda moglie di James Roosevelt era Sara, figlia di Warren Delano, e il loro figlio era Franklin Delano Roosevelt, futuro Presidente degli Stati Uniti.

Franklin ha studiato a Groton e ad Harvard, poi ha frequentato la Columbia Law School. Secondo il figlio Elliott,[282] FDR "non si è mai laureato, ma è riuscito a superare l'esame di avvocato nello Stato di New York".[283] Il primo lavoro di FDR fu presso l'ex studio legale del centro città Carter, Ledyard e Milburn, il cui cliente principale era J. Pierpont Morgan. In tre anni, FDR è passato da posizioni di ricerca legale minori alle divisioni tribunale municipale e ammiragliato dello studio. Vale la pena notare che quando FDR si recò per la prima volta a Washington D.C. nel 1916 per diventare Assistente Segretario della Marina, fu Thomas W. Lamont - banchiere internazionale e socio più influente di Morgan - ad affittare la casa di FDR a New York.[284]

C'erano altri Roosevelt a Wall Street. George Emlen Roosevelt (1887-1963) era cugino di Franklin e Theodore Roosevelt. Nel 1908, George Emlen entrò a far parte dell'azienda bancaria di famiglia Roosevelt & Son. Nel gennaio 1934, dopo l'approvazione del Banking Act di FDR del 1933, lo studio fu diviso in tre unità individuali: Roosevelt & Son, di cui George Roosevelt rimase socio anziano, Dick & Merle-Smith e Roosevelt & Weigold. George Emlen Roosevelt fu un importante

---

[282] Elliott Roosevelt, *Una storia non raccontata*, op. cit. p. 43.

[283] Ibidem, p. 67.

[284] Si veda Sutton, *Wall Street and the Bolshevik Revolution*, per numerose citazioni dal libro di Thomas Lamont sui collegamenti con la Rivoluzione bolscevica nel 1917, quando risiedeva nella casa in affitto di FDR a New York.

finanziatore ferroviario, coinvolto in non meno di 14 riorganizzazioni ferroviarie, oltre a ricoprire la carica di amministratore in diverse importanti società, tra cui la Guaranty Trust Company controllata da Morgan,[285] la Chemical Bank e la Bank for Savings di New York. L'elenco completo degli incarichi di George Emlen fino al 1930 richiede sei pollici di caratteri sottili nel Poor's *Directory of Directors*.

Un altro Roosevelt associato a Morgan fu Theodore Roosevelt, 26ème Presidente degli Stati Uniti e nipote di Cornelius Roosevelt, fondatore della Chemical National Bank. Come Clinton Roosevelt, di cui si parlerà più avanti, Theodore fu membro dell'Assemblea dello Stato di New York dal 1882 al 1884; fu nominato membro della Commissione per il Servizio Civile degli Stati Uniti nel 1889, Commissario di Polizia della città di New York nel 1895 e Assistente Segretario della Marina nel 1897; fu eletto Vicepresidente nel 1900 e divenne Presidente degli Stati Uniti quando il Presidente McKinley fu assassinato nel 1901. Theodore Roosevelt fu rieletto presidente nel 1904, per diventare il fondatore del Partito Progressista, sostenuto dal denaro e dall'influenza di J. P. Morgan, e avviare così gli Stati Uniti sulla strada del welfare state. La sezione più lunga della piattaforma del Partito Progressista riguardava gli "affari" e recitava in parte:

> Chiediamo quindi una forte regolamentazione nazionale delle compagnie interstatali. La società è un elemento essenziale del commercio moderno. La concentrazione delle aziende moderne, in una certa misura, è inevitabile e necessaria per l'efficienza delle aziende nazionali e internazionali.

L'unica differenza davvero significativa tra questa affermazione sostenuta da Morgan e l'analisi marxista è che Karl Marx vedeva la concentrazione delle grandi imprese come inevitabile piuttosto che "necessaria". Tuttavia il Partito Progressista di Roosevelt, che si concentrava sulla regolamentazione delle imprese, era finanziato da Wall Street, tra cui la International Harvester Corporation controllata da Morgan e i soci di J. P. Morgan. Nelle parole di Kolko:

> Nei documenti finanziari del partito per il 1912 si parla di C. K. McCormick, signore e signora Medill McCormick, signora Katherine McCormick, signora A. A. McCormick, Fred S. Oliver e James H. Pierce. Le maggiori donazioni ai progressisti, tuttavia, provenivano da Munsey, Perkins, Willard Straight della Morgan Company, Douglas Robinson, W. E. Roosevelt e Thomas Plant.[286]

Esiste naturalmente una lunga tradizione politica roosveltiana, incentrata sullo Stato di New York e sul governo federale di Washington, parallela a questa tradizione di Wall Street. Nicholas Roosevelt (1658-1742) fu membro dell'Assemblea dello Stato di New York nel 1700. Isaac Roosevelt (1726-1794) fu membro del Congresso provinciale di New York. Giacomo I. Roosevelt (1795-

---

[285] È importante notare, mentre sviluppiamo la storia di FDR a Wall Street, che Guaranty Trust è importante nella prima rivoluzione bolscevica di Sutton.

[286] Gabriel Kolko, *The Triumph of Conservatism* (Londra: Free Press, 1963), pag. 202. Willard Straight era il proprietario di *The New Republic*.

1875) fu membro dell'Assemblea dello Stato di New York nel 1835 e nel 1840 e membro della Camera dei Rappresentanti degli Stati Uniti tra il 1841 e il 1843. Clinton Roosevelt (1804-1898), autore nel 1841 di un programma economico molto simile al New Deal di Franklin Roosevelt (vedi capitolo 6), era membro dell'Assemblea dello Stato di New York nel 1835. Robert Barnwell Roosevelt (1829-1906) fu membro della Camera dei Rappresentanti degli Stati Uniti nel 1871-73 e ministro degli Stati Uniti nei Paesi Bassi nel 1888-1890. Poi, naturalmente, come abbiamo notato, c'era il presidente Theodore Roosevelt. Franklin continuò la tradizione politica di Theodore Roosevelt come senatore dello Stato di New York (1910-1913), segretario aggiunto della Marina (1913-1920), governatore dello Stato di New York (1928-1930) e poi presidente (1933-1945).

Mentre FDR era in carica, altri Roosevelt hanno ricoperto ruoli minori. Theodore Roosevelt, Jr. (1887-1944) fu membro dell'Assemblea dello Stato di New York dal 1919 al 1921, per poi continuare il quasi monopolio roosveltiano della Marina come Segretario aggiunto della Marina dal 1921 al 1924, Governatore di Porto Rico dal 1922 al 1932 e Governatore generale delle Filippine dal 1932 al 1933. Nicholas Roosevelt è stato vice governatore delle Filippine nel 1930. Altri Roosevelt hanno continuato questa tradizione politica dall'epoca del New Deal.

La tradizione roosveltiana implica un'alleanza tra Wall Street e la politica. Le politiche attuate dai vari Roosevelt hanno teso ad aumentare l'intervento dello Stato nelle imprese, il che è auspicabile per alcuni elementi della comunità imprenditoriale. L'eufemismo "servizio pubblico" è una copertura per l'uso del potere di polizia dello Stato a fini personali, una tesi che dobbiamo affrontare. Se la tradizione di Roosevelt fosse stata quella di un *laissez-faire* senza compromessi, di un ritiro dello Stato dalle imprese piuttosto che di un intervento nelle attività economiche, la nostra valutazione sarebbe necessariamente diversa. Tuttavia, almeno da Clinton Roosevelt nel 1841 a Franklin D. Roosevelt, il potere politico accumulato dal clan Roosevelt è stato utilizzato per regolamentare le imprese al fine di limitare la concorrenza, incoraggiare il monopolio e quindi dissanguare i consumatori a vantaggio di un'élite finanziaria. Inoltre, dobbiamo considerare l'osservazione trasmessa da Franklin D. Roosevelt a Edward House e citata nell'epigrafe di questo capitolo, secondo cui "un potere finanziario nei grandi centri ha controllato il governo fin dai tempi di Andrew Jackson". Pertanto, è pertinente concludere questo capitolo introduttivo con le osservazioni del 1943 di William Allen White, un editore onesto se mai ce ne fu uno, che fece una delle migliori critiche a questo establishment finanziario nel contesto della Seconda Guerra Mondiale; questo, va notato, dopo dieci anni di FDR e all'apice del potere politico di Roosevelt:

> Non si può andare a Washington senza scontrarsi con il fatto che stiamo combattendo due guerre: una estera e una interna.
> La guerra interna si svolge nei vari consigli di guerra. Tutte le principali industrie di prodotti di base in questo Paese sono organizzate a livello nazionale e molte di esse, forse la maggior parte, fanno parte di grandi organizzazioni nazionali, cartelli, accordi, che operano su entrambi i lati del fronte di battaglia.

Qui a Washington, ogni industria è interessata a salvare se stessa. Vuole uscire dalla guerra con l'intera organizzazione intatta, legalmente o illegalmente.

Ci si stupisce di trovare nei vari consigli di guerra uomini che rappresentano grandi trust o accordi di merci o sindacati. È sciocco dire che sono i New Dealers a gestire questo spettacolo. È gestita in gran parte da proprietari assenti di ricchezze industriali accorpate, uomini che, direttamente o attraverso i loro datori di lavoro, controllano piccoli blocchi minoritari strettamente organizzati che manipolano gli impianti fisici di questi trust.

La maggior parte di questi magnati della gestione sono americani onesti e patriottici. Hanno grandi talenti. Se li avvicinate, nove volte su dieci sono gentili e cortesi signori cristiani.

Ma nella decima relazione, quella che riguarda la loro stessa organizzazione, sono completamente pazzi, spietati, senza rispetto per Dio o per l'uomo, paranoici, di fatto cattivi come Hitler nelle loro azioni.

Sono determinati a uscire vittoriosi da questa guerra per i propri azionisti - non a caso. È anche comprensibile che Hitler sia determinato a uscire vittorioso da questa guerra per il popolo tedesco.

Ma questo atteggiamento degli uomini che controllano le grandi industrie di materie prime, e che si propongono di gestirle secondo il proprio giudizio e la propria moralità, non piace all'uomo comune.

Queste combinazioni internazionali di capitale industriale sono feroci animali trogloditi, dotati di un enorme potere e privi di qualsiasi considerazione sociale. Aleggiano come un vecchio rettile siluriano sulla nostra civiltà decente, più o meno cristiana, come grandi draghi in questi tempi moderni in cui i draghi dovrebbero essere scomparsi.[287]

---

[287] Citazione tratta da George Seldes, *One Thousand Americans* (New York: Boni & Gaer, 1947), pp. 149-150.

CAPITOLO II

POLITICA NEL SETTORE OBBLIGAZIONARIO SETTORE[288]

Approfitto della nostra vecchia amicizia per chiederti se puoi aiutarmi a ottenere garanzie e contratti dalle autorità di Brooklyn.
Franklin D. Roosevelt al deputato J. A. Maher, 2 marzo 1922.

All'inizio del 1921, Franklin D. Roosevelt divenne vicepresidente della Fidelity & Deposit Company del Maryland e direttore dell'ufficio di New York al 120 di Broadway. Fidelity & Deposit of Maryland era una società assicurativa ben consolidata, specializzata in polizze di cauzione e garanzia richieste nei contratti governativi e commerciali, nonché in una varietà di lavori individuali che andavano dalla segretaria del sindacato al dipendente di una società di brokeraggio. In effetti, il potenziale per l'attività di fideiussione esiste ovunque un appaltatore o un dipendente possa violare una fiducia fiduciaria o non eseguire un contratto, come ad esempio nei progetti edilizi. In breve, la fideiussione è un'area assicurativa specializzata che copre il rischio di non conformità. Nel 1921, Fidelity & Deposit era la quarta compagnia di fideiussioni degli Stati Uniti, ma non va confusa con la Fidelity and Casualty Company of New York, un'altra compagnia di assicurazioni, che aveva anche W. Emlen Roosevelt, cugino di FDR, nel suo consiglio di amministrazione.

Perché Van-Lear Black, proprietario del Baltimore Sun e presidente di Fidelity & Deposit, assunse il novizio delle assicurazioni Franklin D. Roosevelt come vicepresidente dell'importante ufficio di New York? Quasi certamente ha assunto FDR perché il settore delle obbligazioni è insolitamente dipendente dall'influenza politica. Leggendo i fascicoli epistolari di Fidelity & Deposit dal 1921 al 1928, si scopre che il prezzo o il servizio appaiono raramente come elementi di concorrenza nel settore delle fideiussioni. Le principali armi competitive sono: "Chi conosci?" e "Qual è la vostra politica? In altre parole, la politica è un sostituto del mercato. La politica era il cavallo di battaglia di FDR e Van-Lear Black

---

[288] Questo capitolo si basa sulle carte di FDR a Hyde Park, New York: in particolare il gruppo 14, fascicolo intitolato "Fidelity & Deposit Co. of Maryland, Corrispondenza di FDR come Vicepresidente, 1921-1928".

conosceva il suo mondo di legami quando ha acquistato FDR. È importante notare la natura politica dell'attività di bonding, poiché i biografi di FDR hanno, in alcuni casi, suggerito che FDR, un novizio degli affari, fosse relativamente inutile per Van-Lear Black. Ad esempio, Frank Freidel scrive:

> È impossibile stabilire se Van-Lear Black lo abbia assunto perché era una mossa commerciale intelligente o semplicemente per raccogliere una celebrità. Il peggio che Wall Street potesse fare a Roosevelt era sprecare i venticinquemila dollari annui che la società gli pagava come stipendio.[289]

Qual è stato il ruolo della politica e dei politici nel commercio di legami nello Stato di New York negli anni '20?

I POLITICI SONO I FIRMATARI DEI TITOLI DI STATO

La natura politica pervasiva dell'attività di bonding si riflette in un ritaglio di giornale contemporaneo, ma anonimo, trovato negli archivi epistolari di FDR e accuratamente contrassegnato da FDR stesso. L'estratto si riferisce a funzionari del governo dello Stato di New York che negoziano contratti statali mentre agiscono come membri di società private che emettono obbligazioni e vendono obbligazioni ad appaltatori statali. Il giornale ha giustamente pubblicato la rubrica "Tutti sotto lo stesso tetto" e ha riferito che Daniel P. O'Connell, membro della società di emissione di obbligazioni di Albany O'Connell Brothers & Corning e allo stesso tempo responsabile degli affari pubblici per la città e la contea di Albany, stava cercando di esercitare un'influenza sull'emissione delle sue obbligazioni in tutto lo Stato, con grande disappunto degli autori di obbligazioni concorrenti:

> Mentre in precedenza Daniel P. era piuttosto occupato a gestire le obbligazioni di vari e diversi elettori, ora si impegnerà a presentare le sue obbligazioni ad altri, in particolare agli appaltatori che fanno affari con la città e la contea.
> Il suo arrivo nel mondo della scrittura è stato gradito come una tempesta di neve lo sarebbe per una sposa arrossita in una luminosa e soleggiata mattina di giugno. Si dice che gli assicuratori locali, sia democratici che repubblicani, che da anni si occupano di sottoscrivere obbligazioni per gli appaltatori, non sopportino l'arrivo di Daniel P. nel loro campo, pur ammirandone l'ambizione e la dimostrazione di coraggio, e così via; e negli ambienti politici statali, Royal K. Fuller, Commissario di Stato del Bureau of Canals and Waterways, teme che se Daniel P. avrà successo nel campo locale [sarà] a suo (del Sig. Fuller) danno, o piuttosto a danno della

---

[289] Freidel, *Il calvario*, op. cit. p. 138. Freidel è ingiusto nei confronti di Roosevelt. Non è dato sapere se Wall Street abbia criticato la nomina. Le critiche sono improbabili, data la natura politica dell'azienda, il fatto che la sua conoscenza del mondo della politica era il punto di forza di FDR e la sua lunga tradizione di collusione con le élite di Wall Street.

società di bonding con cui è collegato e per il cui beneficio, si dice, usa l'influenza della sua posizione.

L'autore e titolare della carica, il signor O'Connell, ha poi scritto lettere di sollecito a tutti gli appaltatori della città e della contea di Albany per far sapere loro che lavorava nel settore delle cauzioni edilizie della Cassa di Risparmio della città, che tra l'altro è di proprietà del sindaco di Albany Hackett e si dà il caso che sia la sede dell'organizzazione democratica della contea di Albany. La lettera del signor O'Connell agli appaltatori statali si concludeva con l'appello:

> Vi sarei grato se voleste dare a questo ufficio l'opportunità di servirvi. Una telefonata o una lettera indirizzata a me presso questo ufficio riceverà una pronta attenzione.

È importante notare questo uso dominante e apparentemente accettabile della carica e dell'influenza politica per arricchire il proprio nido. Alla luce delle prove riportate di seguito, ciò suggerisce che FDR stava semplicemente seguendo i costumi contemporanei del suo ambiente. Il ricorso alla politica per ottenere contratti di cauzione è riportato nei fascicoli epistolari di FDR ed è essenzialmente l'unico modo in cui egli ottenne contratti di cauzione mentre era vicepresidente della Fidelity & Deposit Company. Naturalmente, le sue lettere per sollecitare gli affari di altri Roosevelt di Wall Street sono del tutto legittime. Troviamo, ad esempio, una lettera indirizzata al "caro cugino Emlen" (W. Emlen Roosevelt di Roosevelt & Son, 30 Pine Street) datata 10 marzo 1922, in cui si chiedeva di ottenere l'obbligazione per la Buffalo, Rochester and Pittsburgh Railway Company, all'epoca redatta dalla National Surety Company, una società concorrente. Emlen ha prontamente risposto il 16 marzo che "ha potuto parlare della questione con il presidente". Questo deve aver stimolato l'immaginazione di FDR, che il 16 marzo 1922 scrisse al "caro George" (George E. Roosevelt), sempre della Roosevelt & Son, chiedendo informazioni sull'obbligazione a copertura che la società aveva sottoscritto per la propria protezione.

I sindacati erano un obiettivo particolare di FDR per gli affari; poiché ogni segretario e tesoriere di una sezione sindacale deve avere un'obbligazione, questo era un settore redditizio. Il 13 dicembre 1921, il segretario generale e tesoriere E. C. Davison dell'Associazione internazionale dei macchinisti scrisse a FDR:

> Ora svolgiamo la maggior parte delle nostre attività di bonding con la vostra società, che è stata in gran parte influenzata da voi.

Poi, il 26 gennaio 1922, Joseph F. Valentine, presidente dell'International Union of North American Molders, scrisse a FDR esprimendo il suo profondo apprezzamento per tutti gli sforzi compiuti da FDR per promuovere l'unione sindacale mentre era Assistente Segretario della Marina e...:

> Desidero affidare alla Fidelity and Deposit Company of Maryland la maggior parte dei nostri affari... non appena le nostre obbligazioni esistenti giungeranno a scadenza, sarà un piacere personale affidare alla vostra società i nostri affari futuri.

I funzionari del sindacato a Washington e altrove diedero rapidamente istruzioni alle loro sedi locali di dirottare gli affari verso il loro vecchio amico FDR e di allontanarli da altre società di bonding. A loro volta, i funzionari dei sindacati locali si affrettarono a riferire sulle loro azioni di diversione, trasmettendo rapidamente le informazioni a FDR. Ad esempio, il presidente dell'Associazione Internazionale dei Caldaisti ha scritto al Segretario Berres del Dipartimento dei Mestieri Metallici, A. F. of L., a Washington:

> ... Potete essere certi che qualsiasi cosa io possa fare per essere utile al signor Roosevelt nella sua nuova posizione sarà per me un piacere, ed è per questo che oggi scrivo al signor Roosevelt.

Naturalmente, FDR sfruttò al massimo i suoi vecchi amici politici, con una lodevole attenzione ai dettagli. In una proposta di vendita del 2 marzo 1922, indirizzata al deputato J. A. Maher, FDR scrisse due lettere, non una. La prima lettera recitava in parte:

> Howe [Louis Howe, braccio destro di FDR] mi ha riferito della sua conversazione telefonica con lei e le offro una lettera più formale per chiarimenti. Questa è una nota amichevole, per evitare che pensiate che io sia diventato improvvisamente formale da quando ho adottato Wall Street come indirizzo di lavoro.
> Venite a trovarmi. So che vi farà bene sentire il linguaggio che il Fratello Berres e altri collegati all'Ufficio del Lavoro stanno usando nei confronti dell'attuale amministrazione in generale e dei membri del Congresso in particolare. Se per caso la Signora non viene ascoltata al suo arrivo, ripeterò alcuni dei brani più citati.

FDR ha allegato una lettera più formale al deputato Maher, che dovrebbe ovviamente essere mostrata agli amici di Maher, e che afferma esattamente ciò che vuole: "obblighi di lealtà e contratti da parte dei poteri che sono a Brooklyn".

> Approfitto della nostra vecchia amicizia per chiederle se può aiutarmi a ottenere dalle autorità di Brooklyn le garanzie di fedeltà e di contratto. Ci sono molti legami necessari nel lavoro del governo della città, oltre ai legami personali che ogni funzionario comunale deve avere, e spero che alcuni dei miei vecchi amici saranno disposti a ricordarsi di me. Purtroppo, al momento non posso discutere con loro di questo problema, ma dato che tutti i miei amici sono vostri amici, penso che se avete tempo e voglia, potete davvero aiutarmi. Vi assicuro che questo favore non sarà dimenticato in fretta.

Vedremo in seguito quanto questo approccio abbia avuto successo per la R&S.

INFLUENZA POLITICA E CONTRATTAZIONE

I contatti e le influenze politiche di FDR erano ovviamente ben noti all'interno di Fidelity & Deposit, ed egli fu ripetutamente invitato da altri membri dell'azienda a utilizzare la sua esperienza politica e il suo credito personale per generare affari obbligazionari, anche al di fuori di New York. Ciò può essere illustrato da una lettera del 23 agosto 1928 del direttore di F&D F. A. Price, responsabile dell'ufficio di Chicago, riguardante gli affari dei politici locali di Chicago. Price scrisse "Caro Franklin" con il messaggio che, dopo la morte del leader politico di Chicago George Brennan, erano stati proposti diversi nomi come leader della macchina del partito democratico locale. Prima di morire, Brennan chiese che gli succedesse L. Igoe, scrive Price a FDR:

> È possibile che abbiate preso contatto con lui durante il vostro soggiorno a Houston e, nel caso lo conosciate personalmente, vorrei che mi fornisse una lettera di presentazione il più possibile esauriente.

Price ha fatto notare che recentemente, mentre si trovava a Baltimora, ha discusso con il presidente di F&D Charles Miller "l'idea di fare un accordo con il nuovo leader democratico dell'Illinois". È in quest'ottica che vorrei la lettera di presentazione". Poiché la politica delle macchine di Chicago è nota per i suoi bassi standard etici, non ci vuole molta immaginazione per immaginare il tipo di accordo che Price stava suggerendo e che FDR usò il suo nome e la sua influenza per spingere.

L'amicizia personale non fu sufficiente a garantire i contratti obbligazionari e una certa attenuazione è evidente in una lettera sulla situazione politica di New York del 23 settembre 1925, indirizzata a "My Dear Mr. Roosevelt" da John Griffin, capo della divisione contratti dell'ufficio di New York. Nella lettera si parla delle complesse interconnessioni tra gli uffici politici di New York e l'industria del brokeraggio obbligazionario. La lettera recita in parte come segue:

> La grande vittoria di Walker su Hylan darà ovviamente nuova vita alla situazione dei broker obbligazionari. Sinnott & Canty, da cui siamo riusciti a ottenere obbligazioni all'inizio dell'amministrazione Hylan e che non erano molto favoriti nell'ultima partita, saranno probabilmente fuori dal gioco e Charles F. Murphy, Jr, Hyman & McCall, Jim Hoey o un uomo di nome McLaughlin, un fratello del sovrintendente delle banche, saranno i favoriti. A mio parere, il nostro legame più forte sarà attraverso Al Smith con Charlie Murphy, McCall o McLaughlin, dato che Hoey ha una sua società, la Columbia Casualty Company.
> Forse Murphy riceve dalla National Surety Company, o da qualsiasi altra società con cui sta facendo affari, una commissione maggiore di quella che potremmo essere disposti a dargli per i suoi affari diretti, ma una parola nelle sue orecchie, tramite lei e, naturalmente, tramite il Governatore e forse Jimmie Walker, ci farebbe almeno rientrare nella clausola della nazione più favorita o [per] qualsiasi divisione di queste obbligazioni, come lei sa, tutte devono essere divise tra due o più società. Conosco tutte queste persone abbastanza bene e con favore, ma la semplice amicizia personale non è sufficiente.

Un'attenta lettura di questa lettera interna alla società suggerisce che le tangenti erano il mezzo abituale per ottenere affari nel settore delle cauzioni dalle agenzie governative di New York; si noti il paragrafo "Forse Murphy riceve dalla National Surety Company, o dalla società a cui sta ora cedendo gli affari, una commissione maggiore di quella che potremmo essere disposti a concedere per i suoi affari diretti". La frase conclusiva, "... la semplice amicizia personale non sarà sufficiente", ha un suono inquietante.

La politicizzazione dell'attività di bonding, così evidente a Chicago e New York, si estese anche all'arena degli appalti del governo federale a Washington, D.C. Il 5 maggio 1926, il secondo vicepresidente di F & D, F. A. Bach, a Baltimora, scrisse a FDR un rapporto di circa $1^{1/4}$ dollari per un edificio del Veterans Bureau da un milione di dollari la cui costruzione era prevista in primavera:

> Caro Franklin,
> Tra gli altri progetti del Veterans Bureau di questa primavera ce n'è uno di circa un milione e un quarto di dollari a Bedford, nel Massachusetts, e spero segretamente che grazie all'influenza della signora Rogers, rappresentante del Massachusetts, potremo avere la possibilità di ottenere una parte di quell'accordo, anche se, naturalmente, il progetto più grande sarà a North Port, a Long Island.

Allo stesso modo, a un contatto di una "società che detiene contratti con la marina", FDR scrisse:

> Un riferimento occasionale in una lettera di un mio vecchio amico del Dipartimento della Marina all'assegnazione di alcuni pezzi di cannoni da 8 pollici alla vostra società mi ha ricordato i rapporti molto piacevoli che abbiamo intrattenuto durante il mio mandato di Assistente Segretario della Marina, e mi chiedevo se sareste disposti a far redigere alla mia società alcune delle garanzie contrattuali che siete obbligati a fornire al Governo di tanto in tanto. Mi piacerebbe che uno dei nostri rappresentanti ci chiamasse.

Louis Howe, braccio destro di FDR, lavorava anch'egli negli uffici di F&D, si occupava attivamente di trading di obbligazioni e non era affatto indietro nella prospezione. La lettera di Howe a Homer Ferguson, della Newport News Shipbuilding Company, del dicembre 1921, segnala che la società aveva presentato un'offerta per la costruzione della nave Leviathan e ringrazia Ferguson per l'obbligazione:

> Se per caso il fatto che sia la compagnia del signor Roosevelt vi ha influenzato nell'assegnazione di questo premio, fareste un enorme piacere al signor Roosevelt se poteste scrivergli una breve riga in tal senso.

Questi modi politici di fare affari sono, ovviamente, molto lontani dal mercato competitivo dei libri di testo accademici. Sarebbe ingenuo pensare che le preferenze politiche e le amicizie personali non giochino alcun ruolo, o solo un ruolo minore, nei rapporti d'affari. Se si considerano le attività di bonding di FDR, tuttavia, è difficile immaginare un'altra attività in cui la politica svolga un ruolo così ampio come nel settore delle obbligazioni e delle garanzie negli anni Venti. La moralità della corruzione e dell'uso della carica politica per generare affari personali è discutibile, e la legalità è certamente discutibile. La perdita di efficienza economica che ne deriva e il danno per la società nel suo complesso sono molto meno chiari. Se l'acquisto e la vendita di queste obbligazioni sono determinati dal prezzo e dai risultati passati - e la conoscenza personale può essere un fattore legittimo nel giudicare i risultati passati - allora il mercato porterà il massimo beneficio economico e la massima efficienza alla società. In un'atmosfera di mercato politicizzata, questi fattori di concorrenza imparziale vengono eliminati, l'efficienza economica viene meno e i benefici si riducono. Abbiamo, in effetti, un microcosmo di economia socialista in cui tutte le decisioni sono politicizzate a scapito della società nel suo complesso. In breve, le operazioni di bonding di FDR erano, in una certa misura, antisociali.

Altre lettere contenute nei fascicoli di Roosevelt offrono uno sguardo autentico dietro le quinte della politica degli anni Venti, i trucchi che spesso degeneravano in vera e propria corruzione. Ne è testimonianza una lettera di FDR dell'11 luglio 1928 al Primo Vicepresidente George L. Radcliffe a Baltimora, riguardante il modo in cui John J. Raskob divenne presidente del Comitato Nazionale Democratico. Raskob è stato vicepresidente di Du Pont e General Motors, e quindi membro dell'establishment di Wall Street come chiunque altro:

> Durante la riunione di ieri sera, il governatore [Smith] ha scelto definitivamente John J. Raskob come presidente del Comitato nazionale. Disse che voleva un organizzatore e un uomo che avrebbe messo il Partito Democratico a favore degli interessi commerciali del Paese. Il mio primo giudizio è che si tratta di un grave errore, perché è un cattolico; in secondo luogo, è ancora più bagnato di Smith, che cerca di abrogare il diciottesimo emendamento; e in terzo luogo, è a capo della più grande organizzazione imprenditoriale del mondo. Temo che allontanerà definitivamente una schiera di persone nel Sud e nell'Ovest, e nell'Est rurale, che non sono particolarmente simpatiche a Smith, ma che finora si sono tagliate fuori dal partito.
> Non conosco molto bene Raskob, ma spero di avere una conferenza con lui tra qualche giorno e gli accennerò, tra le altre cose, alla possibilità di V.L.B. [Van-Lear Black].

Più avanti nel libro, si parlerà degli ingenti fondi dati al Partito Democratico da Raskob e delle contropartite per le grandi imprese: il New Deal e la National Recovery Administration (NRA).

Il 24 agosto 1927, un'altra lettera a George Radcliffe descrive come l'industria obbligazionaria possa essere riassunta nel nome di James Beha, allora sovrintendente alle assicurazioni dello Stato di New York. Questa citazione conferma il fatto che le industrie "regolamentate" non sono altro che dispositivi politici per tenere a bada la concorrenza indesiderata e che i regolatori possono riempirsi le tasche e agire per conto della presunta industria regolamentata:

> Vic Cullen[290] e io abbiamo appena avuto una discussione sul Direttore Beha. Vic dice di pensare che ci sia un movimento avviato da Joyce per far entrare Beha in Nazionale in qualche ruolo e Cullen fa quello che mi sembra un suggerimento molto valido. Cioè che Beha possa diventare il leader dell'associazione per il bonding. Tutti noi amiamo e ci fidiamo di Beha; è un uomo coraggioso e indipendente, e non riesco a pensare a qualcuno di più adatto per questo incarico. Certo, costerebbe molto - credo 35.000 dollari all'anno - ma questa cifra, divisa tra tutti i membri, è una goccia nel mare.
> Se lei pensa bene di questo suggerimento, sia io che Cullen pensiamo che lei sia l'uomo giusto, piuttosto che uno di noi, per avvicinare in modo informale e confidenziale i leader dell'U.S. F. & G. e uno o due altri.

D'altra parte, a New York si è cercato di eliminare gli abusi nel settore della cauzione. Uno di questi tentativi è stato quello dell'architetto statale Sullivan W. Jones, che ha cercato di eliminare l'obbligo di vincolo imposto dallo Stato. Il governatore Al Smith è stato il primo ad estendere la sua approvazione al piano Jones. Così, R.H. Towner del 160 di Broadway inviò rapidamente una lettera a FDR dicendo che il piano Jones sarebbe stato disastroso e che (se) "il governatore Smith (si fosse) smarrito, alcuni dei suoi amici avrebbero dovuto farlo rigare dritto". La rapida risposta di FDR a Towner fu: "Spero di vedere il governatore nelle prossime due settimane e poi gli parlerò del piano Jones come a uno zio olandese". Nei documenti di FDR non si legge più nulla sull'eliminazione della cauzione obbligatoria nello Stato di New York.

Il fatto che l'ufficio F&D fosse molto fermo nei propri interessi si riflette anche in questioni relativamente minori: ad esempio, nessuna associazione di categoria newyorkese è riuscita a ottenere un sostegno finanziario per F&D. Il 5 agosto 1926, una richiesta di sottoscrizione da parte del Better Business Bureau di New York suscitò una fredda risposta da parte di F&D. FDR inoltrò la lettera al vicepresidente Cullen affinché preparasse una "risposta appropriata", e Cullen rifiutò prontamente il Better Business Bureau. Questo rifiuto è stato sostenuto dal presidente Charles R. Miller a Baltimora: "Non sono molto entusiasta di dare un contributo al Better Business Bureau in questo momento....". Il 23 maggio 1925 la Merchants Association di New York scrisse a FDR in merito all'adesione di F&D alla loro associazione. Ancora una volta, Cullen ha sostenuto che "l'Associazione dei commercianti non ci fornisce alcun beneficio. Non esiste una legge che imponga l'iscrizione alle associazioni imprenditoriali migliori, ma questi rifiuti danno adito a sospetti appelli sociali da parte dei non iscritti.

IL PREMIO PER LA FIDELITY & DEPOSIT COMPANY

Questa breve rassegna della carriera di Franklin D. Roosevelt dal 1921 al 1928 come vicepresidente della Fidelity & Deposit Company di New York suggerisce il percorso filosofico che Roosevelt seguì nei due decenni successivi. L'attività di bonding era essenzialmente politica, e FDR in politica era come un pesce

---

[290] Cullen era direttore dell'ufficio di produzione di New York.

nell'acqua. I contatti politici stabiliti durante il suo servizio come Assistente Segretario della Marina furono sfruttati al massimo, furono avviati nuovi contatti politici, incoraggiati dalla direzione di F & D a Baltimora, e FDR ebbe sette anni per praticare l'arte della politica negli affari. I risultati di F&D sono stati eccezionalmente buoni. Gli affari crebbero, forse in parte perché quasi tutti gli affari si svolsero negli anni Venti, ma quasi certamente in gran parte grazie alle attività politiche di FDR. Tra il 1er gennaio 1923 e il 1er gennaio 1924, Fidelity & Deposit ha guadagnato 3 milioni di dollari nell'anno e si è posizionata al terzo posto tra le società di fideiussione, ben davanti alla concorrente estromessa, l'American Fidelity and Casualty Co. Ecco i numeri:

Obbligazioni delle società di fideiussione nello Stato di New York

	1er gennaio 1923	1er gennaio 1924	Guadagno/perdita
Fidelity & Deposit Co.	$ 7,033,100	$10,184,600	+$3,151,500
National Surety Co.	$14,993,000	$15,677,550	+ 684,550
Fidelity & Casualty Co. di New York	$ 3,211,900	$ 3,215,150	+ 3,250
Aetna Casualty & Surety Co.	$ 5,517,200	4,799,500	- - 717,700
U.S. Fidelity & Casualty Co.	$ 8,064,500	$ 6,817,000	- - 1,247,500
American Surety Co.	$13,263,125	$12,127,400	- - 1,125,725

L'ufficio di Fidelity & Deposit al 120 di Broadway era la base operativa di FDR negli anni Venti, ma l'attività di cauzione, per quanto di successo, non era l'unica attività di FDR. Altre attività interessanti saranno esaminate nei capitoli successivi. Questi sette anni trascorsi in un'atmosfera imprenditoriale politicamente carica - un microcosmo di una società socialista, perché le società socialiste sono anche economie gestite politicamente - hanno senza dubbio avuto un'influenza decisiva sui successivi approcci di FDR alla soluzione dei problemi economici nazionali. Questa fu la prima esposizione di FDR al mondo degli affari. Non si trattava di un'esposizione agli elementi competitivi del mercato, come il prezzo e la qualità del prodotto, ma di un'esposizione agli affari sulla base della domanda "Chi conosci? " e "Quali sono le vostre politiche? - in definitiva le basi più inefficienti e non redditizie possibili per l'impresa commerciale.

CAPITOLO III

FDR LO SPECULATORE INTERNAZIONALE

> *Uno degli aspetti moralmente più dannosi dell'inflazione fu il "saccheggio della Germania", avvenuto al culmine dell'inflazione [1923]. Chiunque avesse dollari o sterline era il re in Germania. Con pochi dollari americani un uomo può vivere come un milionario. Gli stranieri si sono riversati nel Paese, acquistando tesori di famiglia, proprietà, gioielli e opere d'arte a prezzi incredibilmente bassi.*
> Marjori Palmer, *1918-1923 German Hyperinflation*, (New York: Traders Press, 1967)

Franklin D. Roosevelt fu l'organizzatore e il presidente di diverse iniziative finanziarie speculative internazionali che collegavano la Germania e gli Stati Uniti, e in particolare di un'iniziativa volta a trarre profitto dalla rovinosa iperinflazione tedesca del 1922-23. Nel 1922, FDR divenne presidente e fu uno degli organizzatori della United European Investors, Ltd. con statuto canadese, ma con sede al 160 di Broadway, New York. Nel 1927, FDR fu anche l'organizzatore della International Germanic Trust Company, Inc. e della Federal International Investment Trust, che non vennero mai istituite. La più importante di queste imprese speculative nel mondo della finanza internazionale fu la United European Investors, Ltd, costituita per accumulare marchi tedeschi depositati negli Stati Uniti e reinvestirli in Germania acquistando proprietà da tedeschi indigenti. Per comprendere appieno la portata e il significato di United European e seguire le attività della International Germanic Trust Company, è necessario un breve esame delle condizioni finanziarie tedesche nei primi anni Venti.

L'IPERINFLAZIONE TEDESCA DEL 1922-23

Lionel Robbins, eminente economista britannico, descrisse l'inflazione tedesca del 1922-23:

> È stata la cosa più colossale della storia nel suo genere e, dopo probabilmente la stessa Grande Guerra, deve essere responsabile di molte delle difficoltà politiche ed economiche della nostra generazione. Ha distrutto la ricchezza degli elementi più

forti della società tedesca e ha lasciato dietro di sé uno squilibrio morale ed economico, terreno fertile per le catastrofi successive. Hitler è il figlio adottivo dell'inflazione.[291]

Il Trattato di Versailles impose un massiccio onere di riparazione alla Germania sconfitta, un Paese già finanziariamente indebolito dalla Prima Guerra Mondiale, con una spesa in deficit e una riduzione territoriale postbellica, con risorse naturali corrispondentemente ridotte. Le riparazioni hanno un effetto sulla bilancia dei pagamenti simile a quello delle importazioni. Per compensare le perdite è necessario ricorrere alla tassazione o alla spesa in deficit. Se si persegue la spesa in deficit, il risultato sarà inflazionistico, e questa è la strada seguita dalla Germania.

La Germania fu obbligata dagli Alleati a riparare tutti i danni alle proprietà private, tranne che in Russia, e a pagare tutti i costi delle truppe alleate sul territorio tedesco, ma non fu fissato un limite massimo alle richieste. La Germania doveva consegnare immediatamente 100 miliardi di marchi d'oro, con pagamenti di un miliardo di marchi d'oro all'anno dopo il 1921. Il piano di pagamento finale elaborato in occasione dell'"Ultimatum di Londra" del maggio 1921 rifletteva queste condizioni dure e impossibili e forniva quindi un chiaro incentivo all'inflazione per eliminare l'onere dei pagamenti diretti.

L'aspetto straordinario del programma di riparazione è l'identità dei cosiddetti esperti incaricati di prendere accordi di riparazione, creando tra l'altro il caos monetario e sociale a cui alludeva Lionel Robbins. Il Comitato per le riparazioni del 1923 aveva tra i suoi membri americani il Generale di Brigata Charles G. Dawes e Owen D. Young della General Electric Company.

Il Comitato di esperti del Piano Young del 1928 comprende, per la parte americana, Owen D. Young e J.P. Morgan, con Thomas N. Morgan. Young e J.P. Morgan, con Thomas N. Perkins e Thomas W. Lamont come supplenti. Da parte tedesca, i membri erano Hjalmar Schacht e A. Voegler, con C. Melchior e L. Kastl come supplenti.

In breve, gli elementi della General Electric-Morgan che hanno giocato un ruolo importante nella rivoluzione bolscevica, e come vedremo anche nel New Deal, sono stati i negoziatori di un piano generalmente considerato come una delle cause principali dello scoppio della Seconda Guerra Mondiale - e incidentalmente un piano in cui questi stessi finanzieri, insieme a Franklin Delano Roosevelt, dovevano trarre profitto.

È inoltre interessante notare che gli uomini d'affari della parte tedesca dei negoziati per le riparazioni erano associati all'ascesa del nazionalsocialismo in Germania.

Il testimone Hallgarten racconta nel suo saggio *Adolf Hitler e l'industria pesante tedesca*:

---

[291] Constantino Bresciani-Turroni, *The Economics of Inflation: a Study of Currency Depreciation in Post War Germany, 1914-1923* (Londra: Allen & Unwin, 1937), "Foreword", pag. 5.

... nel novembre 1918, un gruppo dei più importanti uomini d'affari del Reich, tra cui Stinnes, Albert Voegler (allora direttore della Gelsenkirchen Mining Co, Ltd.), Carl Friedrich von Siemens, Felix Deutsche (della General Electric tedesca), il direttore Mankiewitz della Deutsche Bank e il direttore Salomonsohn della Diskontogesellschaft, finanziarono il movimento di un precursore di Hitler, il dottor Eduard Stadtler, che chiedeva la creazione di uno Stato nazionalsocialista tedesco.[292]

Il punto rilevante è che il Felix Deutsche citato era un direttore tedesco della General Electric e tra i rappresentanti americani delle riparazioni c'era Owen D. Young della General Electric, mentre l'Albert Voegler citato da Hallgarten era il rappresentante tedesco nei negoziati del Piano Young. Young della General Electric, mentre l'Albert Voegler citato da Hallgarten era il rappresentante tedesco nei negoziati del Piano Young.

La tabella che segue illustra il deprezzamento del marco tedesco in una moneta cartacea priva di valore a causa dell'onere di riparazione imposto da questi uomini:

Il marco tedesco in termini di[293]

Data	Cambiamento (1913=1.00)	Prezzi all'ingrosso in Germania
Gennaio 1913	1.0	1.0
Gennaio 1920	15.4	12.6
Gennaio 1921	15.4	14.4
Gennaio 1922	45.7	36.7
Luglio 1922	117.0	101.0

L'inflazione accelerò dopo la creazione della United European Investors, Ltd, con Franklin D. Roosevelt come presidente e John von Berenberg Gossler come membro del comitato consultivo tedesco:

Gennaio 1923	4,279.0	2,785.0
Luglio 1923	84,150.0	74,787.0
Agosto 1923	1,100,100.0	944,041.0

L'inflazione sfuggì completamente di mano dopo il licenziamento del cancelliere Wilhelm Cuno, che tornò a presiedere l'HAPAG, e dei co-direttori John von Berenberg Gossler e Max Warburg:

Settembre 1923	23,540,000.0	23,949,000.0
Ottobre 1923	6,014,300,000.0	7,095,500,000.0
Novembre 1923	1,000,000,000,000.0	750,000,000,000.0

Le politiche che portarono alla rovinosa inflazione tedesca furono avviate sotto il cancelliere Wilhelm Cuno, che poco prima di diventare cancelliere era stato presidente della Hamburg-America Line (HAPAG). Due dei co-direttori di Cuno all'HAPAG erano Max Warburg, banchiere di Amburgo e fratello di Paul

---

[292] George W. F. Hallgarten, *Adolf Hitler e l'industria pesante tedesca*, in *Journal of Economic History*, estate 1952, p. 224.

[293] Fonte: Annuario statistico del Reich tedesco.

Warburg, membro del comitato consultivo del Federal Reserve System negli Stati Uniti, e John von Berenberg Gossler, membro del comitato consultivo tedesco della United European Investors, Ltd. di Franklin D. Roosevelt.

Cuno fu destituito da cancelliere tedesco nell'agosto del 1923, ma nella tabella si noterà che l'inflazione era già fuori controllo e che nel novembre di quell'anno il marco si era deprezzato fino a zero. Vale la pena notare che Wilhelm Cuno fu Cancelliere nel 1922-23, quando il marco si stava rapidamente svalutando, e che Cuno proveniva da un ambiente imprenditoriale in grado di trarre vantaggio pecuniario e personale dall'inflazione tedesca.

Questa terrificante inflazione monetaria e il crollo finale del marco tedesco nel 1923 rovinarono la classe media tedesca e avvantaggiarono tre gruppi: alcuni grandi imprenditori tedeschi, alcuni imprenditori stranieri che poterono trarre profitto dall'inflazione e il crescente movimento hitleriano. Come presidente della United European Investors, Ltd, Franklin D. Roosevelt fu uno di quegli uomini d'affari stranieri che approfittarono della miseria della Germania per il proprio tornaconto.

LA STORIA DI WILLIAM SCHALL

Purtroppo, c'è una prospettiva più profonda in questo problema di quello che potrebbe essere definito un gruppo elitario che preda i mali del mondo. Nel precedente volume di questa serie, *Wall Street e la rivoluzione bolscevica*, abbiamo individuato i legami personali tra i finanzieri di Wall Street e i rivoluzionari bolscevichi. Alcuni di questi stessi legami personali possono essere estesi a FDR e agli Investitori Europei Uniti. Legami precisi hanno coinvolto in precedenza l'allora ambasciatore tedesco negli Stati Uniti, il conte von Bernstorff, e il suo amico Adolf von Pavenstedt, socio anziano della Amsinck & Co, che è stato "per molti anni il principale tesoriere del sistema di spionaggio tedesco in questo Paese".[294] Amsinck & Co. era controllata da J. P. Morgan, John D. Rockefeller e altri interessi finanziari di New York attraverso l'American International Corporation. Insieme alla Guaranty Trust Company, l'American International Corporation fu il punto di riferimento per il finanziamento dello spionaggio tedesco e bolscevico negli Stati Uniti e nel Nord America durante la Prima Guerra Mondiale. Adolf von Pavenstedt e Edmund Pavenstedt, i due soci di Amsinck, erano anche membri di un'altra società finanziaria, la Müller, Schall & Company. Ed è proprio da Müller, Schall che, nel 1922, troviamo Franklin D. Roosevelt e la sua società United European Investors, Ltd., che si occupano di investimenti.

Dopo la rivelazione pubblica, nel 1918, dei legami di Amsinck & Co. con lo spionaggio tedesco, gli interessi tedeschi di Müller, Schall & Co. furono rappresentati da Edmund S. Payne, un avvocato di New York. Payne, avvocato di New York. Müller, Schall & Co. viene formalmente liquidata e una "nuova"

---

[294] Cfr. Sutton, *Wall Street and the Bolshevik Revolution*, op. cit, pp. 64-67, e Johann-Heinrich von Bernstorff, *My Three Years in America* (New York: Scribner's, 1920), p. 261.

società - William Schall & Co. - si insedia allo stesso indirizzo, 45 William Street, New York City. Il nuovo studio, costituito nel gennaio 1918, comprendeva i due soci originari, William Schall e Carl Müller, ai quali si erano aggiunti John Hanway di Harris, Forbes & Co. Welty, vicepresidente dell'American Colonial Bank di Porto Rico, e l'avvocato Edmund S. Payne, socio di Rounds, Hatch, Dillingham & Debevoise, che ha rappresentato gli interessi tedeschi dell'ex Müller, Schall & Co.

I Pavenstedt erano anche "fortemente interessati alle proprietà dello zucchero di Porto Rico e possedevano e controllavano la Central Los Canos".[295] William Schall era presidente della Colonial Bank of Puerto Rico e presidente della South Puerto Rico Sugar Company. Allo stesso modo, la famiglia Roosevelt aveva interessi nell'industria dello zucchero dei Caraibi fin dalla fine del XVIII secolo e George Emlen Roosevelt nel 1918 era direttore della Cuban Cane Products Co. a New York. È quindi ipotizzabile che, grazie al comune interesse per lo zucchero dei Caraibi, i Pavenstedt e i Roosevelt si conoscessero. In ogni caso, fu il gruppo Schall-Pavenstedt, precedentemente parte dell'operazione di spionaggio tedesco negli Stati Uniti, a fondersi nel 1921-22 con Franklin D. Roosevelt e alcuni dubbi imprenditori finanziari per formare la United European Investors, Ltd. al fine di trarre profitto dal peso schiacciante dell'inflazione tedesca.

INVESTITORI EUROPEI UNITI LTD

Il gruppo organizzativo originario della United European Investors Ltd. era composto da William Schall e Franklin D. Roosevelt, già citati, a cui si aggiunsero A. R. Roberts, Charles L. Gould e Harvey Fisk & Sons. Le 60.000 azioni privilegiate emesse erano detenute da Harvey Fisk & Sons (25.000 dollari), Franklin D. Roosevelt (10.000 dollari) e Schall, Roberts e Gould (5.000 dollari ciascuno). In breve, FDR era il maggiore azionista privilegiato individuale del gruppo di incorporazione.

United European Investors, Ltd. fu concesso un insolito statuto canadese che conferiva alla società poteri unici, tra cui il diritto di promuovere gli scambi e il commercio tra il Canada e qualsiasi altro Paese, di acquisire proprietà, di sottoscrivere o negoziare obbligazioni, azioni e quote, di agire come broker e agente, di svolgere ogni tipo di funzione in relazione all'acquisto, allo scambio e al trasferimento di azioni e quote, di prestare denaro, di svolgere qualsiasi attività, "manifatturiera o altro", e di acquistare e vendere proprietà. In effetti, leggendo la Carta, è difficile immaginare un'attività che non possa essere svolta in base alle sue numerose clausole.[296]

Il capitale sociale è stato diviso in due parti: 60.000 dollari canadesi suddivisi in 60.000 azioni privilegiate e 60.000 azioni ordinarie, denominate in 10.000

---

[295] Paul Haber, *The House of Roosevelt* (New York: Authors Publishing Co., 1936), p. 71.

[296] La copia dell'atto costitutivo dell'U.E.I. conservata negli archivi di FDR contiene un emendamento di A. B. Copp, Segretario di Stato canadese, vietando la costruzione di ferrovie e l'emissione di cartamoneta.

marchi tedeschi. L'obiettivo della società, come riportato dalla stampa contemporanea, era quello di investire i molti miliardi di marchi tedeschi allora detenuti negli Stati Uniti e in Canada in immobili tedeschi:

Una volta investiti i marchi in immobili in Germania, i fondi devono iniziare a fruttare immediatamente e non possono scomparire, poiché sono rappresentati dalla proprietà di un bene tangibile e si può sempre trarre profitto da un eventuale aumento del valore di scambio. Al contrario, detenere valuta o cambiali in marchi è un'operazione molto pericolosa e i fondi sono inutilizzati o rendono molto poco. Inoltre, se il valore della moneta si avvicina al punto di estinzione, non rimarrà nulla di tangibile per i detentori di marchi o cambiali. Il capitale della società sarà investito in immobili di pregio, in mutui ipotecari, nel finanziamento di merci in transito e nella partecipazione a imprese industriali e commerciali redditizie.[297]

Il riferimento alla tabella precedente, che registra il deprezzamento del marco tedesco (pagina 39), conferma la notevole rapidità di United European Investors, Ltd., che ha registrato un aumento del valore del marco tedesco. Nel luglio 1922, il marco, con base 100 nel 1913, era a 117 in valuta estera. Ciò riflette un elevato tasso di inflazione del marco, ma nulla che lo distingua dall'inflazione di molti altri Paesi. Tuttavia, l'opuscolo dell'Unione Europea menziona espressamente la possibilità che il marchio "si avvicini al punto di fuga", cosa che avvenne un anno dopo, nel novembre 1923.

L'investimento effettivo dell'UIE è stato effettuato in Germania da un comitato consultivo tedesco con sede ad Amburgo, diretto dal senatore August Lattman, ex socio della G. Amsinck & Company di New York (vedi pagina 41). Amsinck & Company di New York (vedi pagina 41). Il secondo membro di questo consiglio tedesco era il senatore John von Berenberg Gossler, direttore della società bancaria di Amburgo Berenberg, Gossler & Co. Berenberg, Gossler era anche membro del consiglio di amministrazione della Hamburg-America Line (HAPAG); gli altri membri erano Wilhelm Cuno, allora cancelliere della Germania e responsabile della politica economica del suo Paese, e Max Warburg, fratello di Paul Warburg, membro del consiglio di amministrazione della Federal Reserve statunitense.

In una lettera dell'11 novembre 1922 all'I.E.U., il Comitato consultivo tedesco registra i suoi investimenti iniziali: "Tutti gli investimenti effettuati finora sono titoli industriali di prima qualità". Tuttavia, il prospetto pubblicato negli Stati Uniti poneva l'accento sugli investimenti immobiliari, e su questo punto il consiglio tedesco ha scritto:

> Per quanto riguarda l'investimento in mutui, comprendiamo il suo punto di vista, ma eventualmente torneremo sull'argomento nel caso in cui fossimo in grado di offrirle mutui con una clausola oro, che potrebbe essere possibile, ed escluderemmo qualsiasi rischio aggiuntivo nel caso in cui il marchio dovesse diminuire ulteriormente.

---

[297] Questo è tratto da un comunicato stampa con la dicitura "From the Honorable Franklin D. Roosevelt" nei documenti di FDR.

Nel fascicolo di United European Investors non c'è alcun riferimento all'acquisto di beni immobili o di altre proprietà materiali menzionate nello statuto e negli annunci pubblici della società.

Negli anni successivi il consiglio di amministrazione ha investito in azioni di società tedesche. Inoltre, i prezzi degli investimenti erano quotati in modo insolito, non in marchi tedeschi o in cifre assolute di qualsiasi tipo, ma come aumento percentuale, presumibilmente a partire da una base del 1913, il che consentiva al consiglio di amministrazione tedesco di scrivere a New York: "le azioni che avete acquistato finora sono aumentate considerevolmente con il deprezzamento del marco".

Di queste azioni e dell'aumento percentuale citato, ad esempio :

Deutsche Maschinen A.G.	acquistato al 1350%, ora quotato al 1805%.
Société Générale d'électricité	acquistato al 740% e ora quotato al 5000%.
La dinamica del Premio Nobel	acquistato a 1119% ora quotato a 3975%.

Il consiglio tedesco non ha menzionato il fatto che il deprezzamento del marco in termini di dollari USA era stato maggiore dell'aumento dei prezzi delle azioni acquistate, quotate in marchi tedeschi. In realtà, le dichiarazioni di aumento dei prezzi delle azioni erano illusorie. Un autore precedente l'ha descritta come "una pura manipolazione, ovviamente concepita per dissuadere altri detentori di marchi tedeschi dall'investire in un'azienda in grado di compiere tali miracoli".[298]

Il Consiglio di amministrazione di New York, tuttavia, non si è preoccupato di questa situazione. Alla riunione ordinaria del Consiglio di amministrazione del 15 gennaio 1923, Franklin D. Roosevelt aprì la riunione e George W. Muller svolse il ruolo di segretario. È stato quindi registrato che il valore dell'investimento della società in azioni tedesche fino a quel momento era di circa 73 milioni di marchi, e che tale investimento era attualmente quotato a 420 milioni di marchi.

Negli archivi di FDR c'è un'interessante lettera del professor Homer B. Vanderblue, docente di economia aziendale all'Università di Harvard, che chiede spiegazioni sul programma di investimenti dell'UE. Vanderblue, professore di economia aziendale all'Università di Harvard, ha chiesto spiegazioni sul programma di investimenti dell'Unione Europea. Paine ha risposto affermando che l'idea originaria di investire in beni tangibili, come gli immobili, si era rivelata impraticabile, in quanto avrebbe "comportato spese generali molto pesanti a causa della necessità di supervisione e gestione", e che quindi si era deciso di investire solo in azioni tedesche "che rappresentano la proprietà indiretta di beni tangibili". Paine aggiunse che la teoria era giustificata in "misura notevole".

> Prendendo come test i primi 60.000.000 di marchi investiti dalla società, si scopre che l'apprezzamento del prezzo dei titoli ha in qualche modo superato il deprezzamento del valore di scambio del marco. In altre parole, i titoli acquistati potrebbero probabilmente essere venduti oggi a un prezzo di mercato che

---

[298] Haber, *La casa di Roosevelt*, op. cit. pp. 81-2.

frutterebbe un po' di più in dollari di quanto i detentori dei marchi avrebbero potuto ottenere se li avessero venduti al momento dell'investimento, nonostante il fatto che il valore dei loro marchi sia enormemente diminuito.

Tuttavia, Paine sostiene il contrario: una "Dichiarazione delle condizioni al 31 gennaio 1923", trovata negli archivi di FDR, indica che il valore contabile per azione ordinaria a quell'epoca era di 2,62 dollari per azione, mentre il valore contabile medio al momento dell'investimento era di 2,64 dollari - in altre parole, una leggera diminuzione.

Alla riunione dei direttori del 19 settembre 1923 fu confermato che il valore totale degli investimenti era di circa 120.000 dollari, e nel maggio 1925 questo era ancora approssimativamente l'importo registrato nella tesoreria. Tuttavia, negli anni successivi alla stabilizzazione del marchio, le condizioni migliorarono e una dichiarazione datata 12 maggio 1926 mostra un patrimonio netto di 147.098,07 dollari, con 17.275 azioni in circolazione, pari a 8,50 dollari per azione. Il 21 maggio 1926, la società si offrì di acquistare tutte le azioni offerte entro 90 giorni a 7,50 dollari per azione. Nel maggio 1926, FDR si dimise dalla carica di presidente e accettò l'offerta di 7,50 dollari per unità per le sue 1005 azioni ordinarie.

I detentori americani di marchi tedeschi che hanno investito in United European Investors hanno guadagnato o perso sul loro investimento? Se ipotizziamo che abbiano tenuto le loro azioni fino al 1926 e che abbiano accettato l'offerta della società di 7,50 dollari per unità di azioni ordinarie, per poi acquistare al prezzo di emissione di 10.000 marchi tedeschi nel settembre 1922 (data dell'offerta), avrebbero perso considerevolmente. Nel settembre 1922, il tasso di cambio del dollaro era di 1 dollaro per 764 marchi tedeschi. Così, un'azione di 10.000 marchi equivale a 13 dollari per azione, e un'azione detenuta dal 1922 al 1926 avrebbe subito una perdita di circa 5,50 dollari per azione; d'altra parte, un azionista avrebbe evitato una svalutazione totale e la perdita di tutti i suoi fondi come risultato della sua partecipazione.

SONDAGGIO DI UNITED EUROPEAN INVESTORS, LTD.

L'elemento Roberts-Gould che si unì a FDR e Schall nel Consiglio dell'U.E.I. aveva una cattiva reputazione nel "settore". In effetti, Roberts e Gould erano indagati per presunte attività criminali. Nel luglio 1922, quando la United European era in fase di costituzione, un certo Crary, ex investigatore della Mercantile Agency di Proudfoot - la principale agenzia investigativa utilizzata dalle prestigiose aziende di Wall Street - si rivolse alla segretaria di FDR, Miss Le Hand. Crary passò informazioni a "Missy" su quella che definì una "banda di truffatori con uffici al 7 di Pine Street" la cui targa sulla porta recitava "United European Investors, Ltd." Missy Le Hand passò l'informazione al braccio destro di FDR, Louis Howe, che a sua volta sollevò la questione con l'ex socio di Schall, Müller. Da Müller e da altre fonti, Howe apprese che Roberts e Gould facevano parte di questa cosiddetta "banda di truffatori" che, secondo Crary, "si impegnava in ogni sorta di dubbia promozione e... includeva certamente un ex detenuto sotto falso nome con una reputazione molto dubbia".[299] Quando il nome United European Investors, Ltd. fu affisso sulla porta del loro ufficio al 7 di Pine Street, l'investigatore Crary, che aveva monitorato regolarmente l'ufficio nell'ultimo anno, iniziò a indagare silenziosamente su Roberts e Gould. Sebbene Roberts non fosse mai stato nell'ufficio di Pine Street 7, Crary scoprì che Gould "aveva l'abitudine di usare quell'ufficio per almeno un anno, ed era considerato uno dei loro (cioè dei truffatori) amici provati e veri". L'associazione di Gould con "i truffatori" ha insospettito Crary, perché sebbene l'agenzia Proudfoot avesse precedentemente attribuito a Gould "una fedina penale abbastanza pulita", lo aveva anche inserito nella "classe degli sviluppatori professionisti".

L'indagine di Crary è stata intrapresa per conto dei proprietari dell'edificio di 7 Pine Street, "che intendono sbarazzarsi di tutti in breve tempo". Durante l'indagine, l'Agenzia Proudfoot si imbatté in una circolare che elencava Franklin D. Roosevelt come presidente della United European Investors, Ltd. e William Schall come banchiere. Le prove scoperte dall'Agenzia Proudfoot furono confermate a Louis Howe da un certo Hanway, membro della società di intermediazione mobiliare Harris, Forbes. Il signor Hanway ha dichiarato di essere "stato messo a conoscenza delle attività di Gould per diversi anni, e di essere stato talmente sospettoso nei suoi confronti da indurlo a fare ogni sforzo per evitare di incontrare Schall fin dall'inizio".

Inoltre, l'Agenzia Proudfoot sospettava che Gould avesse tentato di ottenere informazioni riservate da loro e che Gould agisse come "una spia per i truffatori per scoprire ciò che Proudfoot & Company sapeva sui loro affari illeciti".

Tutte queste informazioni furono debitamente riportate da Howe in una lettera ("Dear Boss") a FDR (29 luglio 1922). La maggior parte degli uomini d'affari di fronte a un partner di questo calibro probabilmente abbandonerebbe qualsiasi accordo proposto dalla United European Investors, ma il memorandum di Howe a FDR non raccomanda nulla di simile. Il testo recita in parte come segue:

> Le mie raccomandazioni sono le seguenti: Che a Gould e Roberts venga chiesto di trovare immediatamente un nuovo ufficio, preferibilmente in una chiesa o in un altro luogo rispettabile. Che ci si liberi di Roberts, che è comunque un cacciatore di pubblicità e non ha alcuna funzione importante in questo gioco, e che si sorvegli attentamente Gould. Se il signor Crary presenterà la circolare, susciterò un tale clamore che il suo utilizzo sarà sospeso fino a quando non saremo pronti a fare un annuncio ufficiale. Penso che sarebbe saggio insistere sulla mia nomina a membro del Consiglio durante l'estate, soprattutto perché sia Jenks che Rogers saranno assenti per la maggior parte del tempo e alcuni vorranno seguire ogni azione intrapresa.

In altre parole, Howe suggerisce che le precauzioni contro la doppia fedeltà saranno sufficienti e che il modo migliore per raggiungere questo obiettivo è quello di nominare Louis Howe nel consiglio di amministrazione.

---

[299] Informazioni tratte dalla lettera Howe-FDR del 29 giugno 1922 nei file di United European Investors, Ltd.

In ogni caso, il piano andò avanti come previsto; Roberts divenne Segretario dell'I.E.U. e Gould, presunta spia dei truffatori, mantenne il suo ruolo di promotore attivo e continuò a riferire periodicamente a FDR per lettera sui progressi dei loro sforzi di raccolta fondi. Il 20 luglio, prima che Howe riferisse a FDR il contenuto dell'indagine di Proudfoot, Gould aveva scritto a FDR dal Southern Hotel di Baltimora in merito alle sue discussioni con Edward Clark & Co, i banchieri di Baltimora, il cui socio Herbert Clark conosceva FDR dai tempi di Harvard. Poi, il 13 agosto 1923, Gould scrisse a FDR dal Canadian Club di New York trasmettendo i telegrammi ricevuti da William Schall in Europa e concluse:

> Mi è dispiaciuto sapere che avete avuto di nuovo delle difficoltà. Probabilmente state esagerando, non si dovrebbe cercare di andare troppo veloce dopo una malattia del genere. In ogni caso, spero di avere il piacere di vedervi prima del mio ritorno in Europa, all'inizio di settembre.

Non ci sono prove che FDR abbia comunicato in alcun modo con Gould, e la lettera successiva nei file è di Gould a FDR, datata 14 settembre 1923 e scritta anch'essa dal Canadian Club di New York. La lettera criticava i "banchieri gelosi i cui piani sono stati frustrati e i cui progetti sono stati ostacolati". Se non avessimo pubblicato questa lettera oggi, avremmo fallito.

Gould ha poi concluso: "Vi ringrazio per il grande e nobile modo in cui ci avete sostenuto, e personalmente penso che sia il vostro forte atteggiamento a rendere il nostro progetto un successo totale", aggiungendo che quando lui (Gould) ha invitato le grandi banche e i trust a presentare "la loro proposta", ha scoperto che "il suo nome [di FDR] è stato applaudito a gran voce, perché lei è stato il primo a far funzionare gli aiuti allo sfortunato investitore americano", e che se FDR avesse potuto ascoltare questi commenti dalle "più grandi case finanziarie", gli avrebbe dato "grande soddisfazione".

Sulla base di queste lettere, dobbiamo concludere che FDR ha consapevolmente concluso un accordo commerciale con persone di dubbia reputazione, per non dire altro, e che questo accordo commerciale è stato mantenuto dopo che Missy Le Hand e Louis Howe hanno portato all'attenzione di FDR prove di illeciti.

Esistono solo prove superficiali che l'intera operazione degli Investitori Europei Uniti sia stata architettata da Roosevelt. Quando Gould dice a FDR che il suo "nome è stato applaudito come quello della mente principale", è ragionevole supporre che Gould stesse adulando Roosevelt per i propri scopi. Non c'è alcuna prova, né nei documenti né altrove, che il background di Roosevelt e le sue conoscenze finanziarie fossero sufficienti per ideare un piano ingegnoso come l'UIE.

Il cancelliere Wilhelm Cuno e HAPAG

Il disastroso deprezzamento del marco tedesco, che era la ragion d'essere degli Investitori europei uniti, si concentrò nel periodo compreso tra la metà del 1922 e il novembre 1923. La tabella mostra come l'inflazione sia andata completamente fuori controllo dopo la metà del 1922. Il cancelliere tedesco tra la metà del 1922 e l'agosto del 1923 fu Wilhelm Cuno (1876-1933). Cuno era inizialmente un funzionario pubblico, ancora attivo in politica, e nel novembre 1917 fu eletto direttore della Hamburg-America Line (HAPAG).

Quando Ballin, presidente dell'HAPAG, si suicidò nel 1918, Cuno ne divenne il presidente. Dopo il 10 maggio 1921, Karl Wirth fu Cancelliere tedesco e Walter Rathenau, Presidente della General Electric Company (G.E.C.), fu Ministro per le riparazioni. Seguirono una serie di eventi drammatici. Il ministro delle Finanze tedesco Matthias Erzberger fu assassinato il 26 agosto 1921. Nel gennaio 1922, Rathenau divenne Ministro degli Esteri e il 24 giugno 1922 fu anch'egli assassinato. Nell'ottobre 1922, Friedrich Ebert fu nominato Cancelliere del Reich e Wilhelm Cuno dell'HAPAG fu nominato Cancelliere tedesco. Il deprezzamento del marco si verificò sotto Cuno e culminò nella crisi finanziaria e nel suo licenziamento nell'agosto 1923. Cuno tornò alla presidenza della Hamburg-America Line. Vale la pena di notare la predominanza dei presidenti d'azienda nella politica contemporanea: ad esempio, Rathenau della General Electric tedesca e Cuno della HAPAG. Owen D. Young della General Electric negli Stati Uniti fu anche l'ideatore del piano Young per le riparazioni tedesche, e il presidente della General Electric tedesca (A.E.G.), Rathenau, fu ministro delle riparazioni tedesche nel 1922. Queste nomine sono di solito spiegate sulla base del principio del "miglior uomo per il lavoro" ma, alla luce delle prove presentate nell'ultimo capitolo sulla politica delle obbligazioni, possiamo giustamente esprimere scetticismo su questa spiegazione. È molto più probabile che gli Young, i Cuno, i Rathenaus - e i Roosevelt - abbiano mescolato affari e politica per il proprio tornaconto economico. Purtroppo, se vogliamo lasciare senza risposta la domanda chiave sulla misura in cui questi gruppi elitari hanno usato l'apparato statale per i propri fini, è chiaro che quando esaminiamo la storia di Wilhelm Cuno, torniamo a Franklin D. Roosevelt e alla formazione di United European Investors, Ltd. Cuno, sotto i cui auspici infuriava la grande inflazione tedesca, era un direttore della Hamburg-America Line; John von Berenberg Gossler, il consulente della United European Investors in Germania, era anche un membro del consiglio di amministrazione di quella compagnia.

In breve, Cuno e Gossler facevano parte dello stesso consiglio di amministrazione di HAPAG. La politica di Cuno fu essenzialmente responsabile dell'inflazione tedesca del 1922-23, mentre il suo co-direttore Gossler, in collaborazione con Franklin D. Roosevelt, trasse profitto da queste stesse politiche inflazionistiche. Fa riflettere.

L'SOCIETÀ FIDUCIARIA INTERNAZIONALE GERMANICA

La International Germanic Trust Company, fondata nel 1927, fu motivata, secondo i suoi promotori, da una richiesta di istituzioni bancarie americane in Europa centrale. Tra gli organizzatori del trust, approvato dal Dipartimento Bancario dello Stato di New York, c'erano Franklin D. Roosevelt, Herman A. Metz, direttore di I.G. Farben, James A. Beha, Sovrintendente alle Assicurazioni dello Stato di New York, e E. Roland Harriman della società bancaria internazionale W. A. Il presidente dell'associata International Germanic Company e presidente del comitato esecutivo della società era Harold G. Aron, che aveva avuto più di una causa legale per la promozione delle azioni. Gli uffici principali dell'International Germanic Trust si trovavano al piano terra del 26 Broadway, lo Standard Oil Building di New York. Il capitale autorizzato consisteva in 30.000 azioni con un capitale di 3 milioni di dollari e un'eccedenza di 2 milioni di dollari. Nella sua richiesta al Dipartimento Bancario, l'azienda era rappresentata dal senatore Robert F. Wagner; sebbene non fosse tra gli organizzatori, il vecchio amico di FDR James A. Beha, sovrintendente alle assicurazioni dello Stato di New York, è diventato membro del Consiglio di amministrazione.

Gli obiettivi dell'azienda, come dichiarato dal suo presidente, Harold G. Aron, erano i seguenti

> Sembra esserci una reale necessità di un'istituzione di dimensioni e supporto sufficienti, che sostituisca le istituzioni dell'anteguerra che si occupavano principalmente di finanziare le relazioni commerciali tra l'America e la comunità imprenditoriale dell'Europa centrale. Attraverso i suoi fondatori, l'azienda avrà e svilupperà relazioni sia con i tedeschi americani in tutto il Paese sia con le istituzioni commerciali e bancarie in Germania. L'azienda intende porre particolare enfasi sullo sviluppo dei suoi dipartimenti di affari esteri e trust, e fornire un'efficiente agenzia fiscale nella prevista liquidazione dei beni tedeschi e dei trust ancora in custodia del governo.
> Fin dall'inizio, la società potrà contare sul sostegno di importanti organizzazioni e aziende del Paese, e il piccolo depositante, a New York e altrove, sarà il benvenuto. L'azienda cercherà di distribuire le proprie azioni in modo capillare e in quantità relativamente ridotte. Non è previsto il voto fiduciario né il controllo individuale o collettivo.

Roosevelt ha partecipato all'IPO della società proposta. Un telegramma del 7 aprile 1927 di Julian Gerrard, presidente della società, a FDR gli chiede di telegrafare a Frank Warder, sovrintendente alle banche dello Stato di New York, per fargli sapere che lui (Roosevelt) è interessato alla società. Si prevedeva che ciò avrebbe contribuito a smaltire l'arretratezza del processo di noleggio. Le riunioni del Consiglio di amministrazione si tennero nello Standard Oil Building, nell'ufficio di FDR e nel Bankers Club, quest'ultimo al 120 di Broadway. La prima riunione del Comitato organizzativo si tenne al Bankers Club venerdì 27 maggio 1927; pur non potendo partecipare, FDR scrisse a Julian M. Gerrard: "Quali sono le novità della società? Il 15 agosto 1927, FDR chiese nuovamente a Gerrard: "Come procede il lavoro organizzativo e cosa si sta facendo per le sottoscrizioni delle scorte?

Una parte considerevole delle lettere di FDR provenienti da questa classe consiste in richieste di impiego, di partecipazione all'impresa proposta o di favori correlati. Ad esempio, il 26 luglio 1927 la National Park Bank di New York scrisse a FDR di essere interessata alla creazione della Società Internazionale Germanica e che sarebbe stata lieta "se uno dei nostri agenti si fosse rivolto a questa organizzazione con i dettagli delle nostre strutture". In altre parole, la National Park Bank era alla ricerca di un'attività di deposito. FDR promise di rivolgersi al comitato organizzativo della nuova società. Poi, il 12 agosto 1927, il socio di Roosevelt, Basil O'Connor, gli lasciò un biglietto: "Caro Franklin, sulla Banca germanica, vedi se riesci a farmi avere 100 azioni". L'emissione di azioni è stata fortemente superata. Era prevista l'emissione di 30.000 azioni, ma le richieste totali al 12 settembre superavano le 109.000 azioni e al 20 settembre le richieste superavano le 200.000 azioni da parte di circa 1900 persone. Il 3 ottobre 1927, il trust notificò a FDR che la sua assegnazione era di 120 azioni a 170 dollari per azione e che doveva essere sottoscritta entro il 5 ottobre. Il telegramma aggiungeva che l'emissione era fortemente sovradimensionata e che il prezzo era di 187 offerte e 192 richieste, il che avrebbe garantito a FDR un profitto in caso di rivendita immediata. Questo telegramma di Howe aggiungeva: "Vorrei dieci delle tue azioni per Grace, se sei d'accordo".

FDR fu debitamente eletto nel consiglio di amministrazione e il 4 novembre 1927 fu informato che la prima riunione del consiglio si sarebbe tenuta venerdì 11 novembre al Bankers Club al 120 di Broadway. Tuttavia, Basil O'Connor, partner legale di Roosevelt, sembra aver avuto paura o informazioni sfavorevoli sulla promozione, perché scrisse a FDR il 14 novembre:

> Non so quale sia la nostra posizione attuale in questo campo, ma se è come quando mi sono separato, mi sento molto male. La proposta non ci ha aiutato a costruire nessuna delle altre relazioni bancarie su cui ho lavorato per un anno e, francamente, ha tutte le caratteristiche che Gerrard (sic) pensa possano "farti lavorare".

O'Connor ha suggerito che FDR dovrebbe dimettersi dal consiglio di amministrazione perché "fino ad ora ho potuto dire che non abbiamo un'affiliazione bancaria, era sbagliato. Non posso dirlo ora". A quanto pare FDR non seguì immediatamente questo consiglio, perché il 19 gennaio 1928 fu informato della sua rielezione a direttore per l'anno successivo, ma in una lettera del 27 gennaio 1928 FDR scrisse a Gerrard quanto segue:

> Caro Julian,
> Più considero la mia posizione di direttore e la Società Internazionale Tedesca, più sono propenso a pensare che questo sia un po' inutile. Vi ho già detto come la pensiamo io e il mio partner riguardo alle relazioni esterne di uno dei due, che si limitano a partecipare a incontri occasionali e nulla più. Naturalmente mi è un po' difficile partecipare alle riunioni del 26 Broadway a causa dei gradini, ma francamente sento che rimanendo direttore non sto ottenendo molto, né per me stesso, né per il trust, né per la società tedesca internazionale.

FDR gli offrì allora le sue dimissioni. Va notato che le ragioni di queste dimissioni sono state: "Non sto ottenendo molto, né per me né per il trust". Data la reputazione piuttosto ingloriosa dei promotori, questa spiegazione è un po' debole.

CAPITOLO IV

FDR LO SVILUPPATORE D'AFFARI

> *Le maglie delle nostre leggi bancarie sono state tessute in modo così lasco da permettere a questi criminali più vili, che dilapidano i fondi di centinaia di piccoli depositanti in speculazioni spericolate a scopo di guadagno privato, di indulgere nella loro attività predatoria senza alcun controllo. L'intera legge bancaria deve essere rivista e il dipartimento bancario ha bisogno di strutture di ispezione molto più adeguate e immediate.*
> Franklin Delano Roosevelt, Messaggio annuale alla legislatura dello Stato di New York
> Legislatura dello Stato di New York, 1er gennaio 1930.

Oltre alle imprese speculative che si aggiravano nella finanza internazionale, FDR era intimamente coinvolto in questioni interne, almeno una delle quali di una certa rilevanza. Il più importante di questi è stato organizzato da un gruppo di spicco, tra cui Owen D. Young della General Electric (il perenne Young del piano Young per le riparazioni tedesche descritto nell'ultimo capitolo) e S. Bertron di Bertron Griscom, banchieri d'investimento di New York. Questo sindacato creò l'American Investigation Corporation nel 1921. Nel 1927 seguì Photomaton, Inc. e nel 1928 la Sanitary Postage Service Corporation. Roosevelt divenne poi direttore della CAMCO, Consolidated Automatic Merchandising Corporation, ma solo per un breve periodo, dimettendosi dopo la sua elezione a governatore dello Stato di New York. Come si legge nell'epigrafe, nel 1930 FDR aveva dei dubbi sul fatto di giocare con i soldi degli altri.

AMERICAN INVESTIGATION CORPORATION

Gli scienziati e gli ingegneri tedeschi hanno iniziato presto a utilizzare con successo veicoli più leggeri dell'aria o dirigibili per il trasporto di passeggeri e merci. Già nel 1910, la Germania operava un regolare servizio di trasporto passeggeri in dirigibile. I brevetti per i dirigibili furono sequestrati durante la Prima Guerra Mondiale dal governo statunitense in base al Trading with the Enemy Act del 1917, e dopo la guerra la Commissione per le riparazioni vietò alla Germania di costruire dirigibili. Questo ha lasciato il campo libero alle aziende americane. Le opportunità offerte dalla manodopera tedesca e le restrizioni allo sviluppo in Germania furono osservate da un gruppo di finanzieri di Wall Street:

S.R. Bertron di Bertron, Griscom & Co. (40 Wall Street) e, non a caso, dato che era intimamente coinvolto nelle riparazioni tedesche, da Owen D. Young della General Electric (120 Broadway). Questo gruppo era particolarmente interessato alle possibilità di sviluppo redditizio del trasporto su dirigibili negli Stati Uniti. Il 10 gennaio 1921, mentre FDR stava disfacendo le valigie negli uffici della Fidelity & Deposit Company al 120 di Broadway, ricevette una lettera da Bertron, che recitava in parte

> Mio caro signor Roosevelt:
> In rappresentanza del piccolo gruppo di uomini di spicco che si stanno interessando sempre più alla questione del trasporto aereo, la scorsa settimana ho avuto una lunga conferenza con gli ufficiali dell'esercito a Washington su questo tema. Mi è stato detto che lei, in qualità di Assistente Segretario della Marina, ha familiarità con questo argomento e mi piacerebbe molto discuterne con lei....

FDR e Bertron si incontrarono per discutere del trasporto aereo durante un pranzo presso la Downtown Association. Si può presumere che Bertron abbia informato Roosevelt sugli sviluppi tecnici fino a quel momento. Sappiamo dai documenti che c'è stato anche un incontro tra Owen D. Young, S.R. Bertron e l'ingegnere-avvocato Fred S. Hardesty, in rappresentanza dei titolari dei brevetti tedeschi, che avevano buoni rapporti a Washington, dove i brevetti sequestrati erano in custodia presso il deposito dei beni stranieri e non erano ancora stati rilasciati.

Questo secondo incontro si concluse con un accordo preliminare del 19 gennaio 1921, noto come accordo Hardesty-Owen-Bertron, che indicava la strada da seguire per lo sviluppo di operazioni commerciali con i dirigibili negli Stati Uniti. Owen-Bertron formò un sindacato per "studiare tutte le fasi delle operazioni dei dirigibili, la legislazione necessaria e i metodi di raccolta dei fondi". Hardesty e i suoi associati consegnarono tutti i loro dati e diritti al sindacato in cambio del rimborso delle spese di 20.000 dollari sostenute fino a quella data e della partecipazione al sindacato. Il ruolo di FDR era quello di raccoglitore di fondi, utilizzando i suoi numerosi contatti politici in tutti gli Stati Uniti. Il 17 maggio 1921, Bertron scrisse a FDR di aver cercato di raccogliere fondi da persone a St Louis, Cincinnati e Chicago, mentre Stanley Fahnestock, socio della sua azienda, girava per la California e Chicago. Lewis Stevenson, un altro membro del sindacato, era al lavoro tra i suoi contatti nel Midwest. Bertron si rivolse quindi a FDR per una serie di presentazioni personali ai potenziali finanziatori:

> Stevenson desidera che lei lo raccomandi a Edward Hurley, E.F. Carey e Charles Piez, che lei conosce. Vorrebbe anche scrivere a Edward Hines, R.P. Lamont e H.C. Chatfield-Taylor. Temo che questo sia un compito importante. Farete del vostro meglio?

FDR prese nota della richiesta di Bertron di inviare lettere a Stevenson "per presentargli Edward Hurley, Charles Piez e E.F. Carey". Purtroppo non conosco gli altri. Charles Piez, presidente della Link-Belt Company di Chicago, si è scusato per la sua partecipazione affermando che "... pratico l'economia più rigida, ignorando le prospettive più attraenti e seducenti" e citando la "forma deplorevole" dell'industria. (Questo appello alla povertà era supportato dalla lettera di Piez a FDR, su una vecchia carta intestata, con il nuovo indirizzo stampato sopra quello vecchio, che non faceva certo pensare a un presidente di una grande azienda come la Link-Belt Company). Edward N. Hurley scrisse di non essere "molto attivo nel mondo degli affari", ma che quando si sarebbe recato a New York "mi sarei imposto di venire a trovarvi per rivivere il passato".

Il 1er giugno, Lewis Stevenson riferì a Roosevelt dei progressi nella raccolta di fondi nel Mid-West. Confermò che Piez era a corto di denaro e che Hurley voleva parlare più tardi, ma che Carey avrebbe potuto essere interessato:

> Charles Swift e Thomas Wilson, entrambi allevatori, stanno valutando la proposta, così come Potter Palmer, Chauncey McCormick e una dozzina di altri. Da quando ho ottenuto il contratto Marshall Field, ho aggiunto C. Bai Lehme, fonditore di zinco di notevoli mezzi; M. Wrigley, membro junior della grande azienda di gomme da masticare; John D. Black, della Winston, Strawn & Shaw; B.M. Winston e Hampton Winston, della Winston & Company, e Lawrence Whiting, presidente della nuova Boulevard Bridge Bank. Gradualmente sto raccogliendo un gruppo consistente, ma devo ammettere che si tratta di un lavoro scoraggiante, lento e difficile. In base alla mia esperienza, posso convincere un individuo della fattibilità di questo progetto, ma non appena ne discute con i suoi amici, che non sanno nulla della proposta, sviluppano nella sua mente un serio dubbio che devo combattere di nuovo. Grazie alle mie osservazioni all'estero, sono fermamente convinto che sia possibile realizzarlo con successo.

Stevenson concluse chiedendo una lettera di presentazione all'importante avvocato di Chicago Levy Meyer. È chiaro che alla fine di giugno del 1921, Stevenson aveva esortato alcuni importanti cittadini di Chicago, tra cui Marshall Field, Philip N. Wrigley e Chauncey McCormick, a firmare diligentemente.

Per quanto riguarda FDR, le sue lettere di vendita su questo progetto farebbero onore a un venditore professionista. La sua lettera al colonnello Robert R. McCormick dell'impero dei giornali di Chicago ne è un esempio:

> Caro Bert :
> Poiché lei è una persona di mentalità progressista, chiedo a Mr. Lewis G. Stevenson di parlarle di un argomento che, a prima vista, può sembrare un'idea assolutamente folle. Ma in realtà si tratta di qualcosa di molto diverso, e tutto ciò che posso dirvi è che molti di noi qui, come Young della General Electric Company, Bertron della Bertron Griscom & Co, e un certo numero di altri cittadini perfettamente rispettabili, hanno mostrato un interesse sufficiente per portare avanti la questione. Si tratta della creazione di linee commerciali di dirigibili negli Stati Uniti...

Lettere simili sono state inviate a Chauncey McCormick, Frank S. Peabody di Peabody Coal e Julius Rosenwald di Sears, Roebuck. Queste iniziative sono state seguite da cene personali. Ad esempio, il 21 aprile 1921, FDR scrisse a Frank Peabody :

... è possibile che lei possa cenare con il signor Bertron, il signor Snowden Fahnestock e molti altri di noi all'Union Club lunedì sera alle 19.30? Bertron è appena tornato dall'altra sponda dell'Atlantico e ha alcuni dati molto interessanti su questi dirigibili commerciali, che hanno dato prova di sé in Germania.

FDR aggiunse che il gruppo avrebbe "promesso di non trattenervi contro la vostra volontà". Al che un riluttante Peabody telegrafò: "Non ho potuto esserci, non mi dispiacerebbe affatto essere trattenuto, mi avrebbe fatto immensamente piacere visitarti".

A Edsel B. Ford, FDR scrisse: "Vi invio questa nota da parte del signor G. Hall Roosevelt, mio cognato, che conosce bene l'intera questione". G. Hall Roosevelt, che lavorava per la General Electric come direttore di divisione, si dimostrò un abile negoziatore, ma non abbastanza da convincere Ford nei primi scambi.

Tuttavia, il 18 febbraio 1922, l'American Investigation Corporation aveva compilato una lista di abbonati molto solida, come conferma il seguente elenco parziale[300] :

Nome	Affiliazione	Posizione
W.E. Boeing	Presidente della Boeing Airplane Co.	Seattle
Edward H. Clark	Presidente della Homestake Mining Co.	New York
Benedict Crowell	Crowell & Little Construction Co.	Cleveland
Arthur V. Davis	Presidente di Aluminum Co. of America	Pittsburgh
L.L. Dunham	Associazione edilizia Equitable	New York
Snowden A. Fahnestock	Bertron, Griscom & Co.	New York
Marshall Field, III	Capitalista	Chicago
E.M. Herr	Presidente di Westinghouse Electric & Mfg. Co.	Pittsburg
J.R. Lovejoy	Vicepresidente della General Electric Company	New York
John R. McCune	Presidente della Union National Bank	Pittsburgh
Samuel McRoberts	Capitalista	New York
R.B. Mellon	Presidente della Mellon National Bank	Pittsburgh
W.L. Mellon	Presidente della Gulf Oil Co.	Pittsburgh
Theodore Pratt	Compagnia petrolifera Standard	New York
Franklin D. Roosevelt	Vicepresidente di Fidelity & Deposit Co.	New York
Philip N. Wrigley	Vicepresidente, Wm. Wrigley Co.	Chicago
Owen D. Giovane	Vicepresidente della General Electric Co.	New York

Il primo consiglio di amministrazione comprendeva Samuel McRoberts[301] , vicepresidente della National City Bank, William B. Joyce, presidente della National Surety Company - uno dei concorrenti di FDR nel settore delle fideiussioni e delle obbligazioni - e Benedict Crowell, ex assistente del segretario alla Guerra e presidente del consiglio di amministrazione della Crowell & Little Construction di Cleveland. Snowden A. Fahnestock di Bertron, Griscom era figlio del finanziere newyorkese Gibson Fahnestock e socio della società di titoli

---

[300] Elenco del 18 febbraio 1922 nei documenti di FDR.

[301] Samuel McRoberts occupa un posto di rilievo in Sutton, *Wall Street and the Bolshevik Revolution*, op. cit.

Fahnestock & Company. Il fratello di Gibson, William Fahnestock, socio dello stesso studio, è stato direttore di diverse grandi società, tra cui la Western Union e, con Allen Dulles, la Gold Dust Corporation. David Goodrich, un altro sottoscrittore, era presidente del consiglio di amministrazione della B.F. Goodrich Company e direttore della American Metals Company del Nuovo Messico.

Va notato con attenzione che si trattava di un'impresa privata in cui i rischi e le ricompense erano assunti da capitalisti esperti e lungimiranti. Non si critica il finanziamento di questa impresa, ma il modo in cui ha acquisito il suo bene principale, i brevetti tedeschi.

La Relazione del Presidente per l'anno 1922, pubblicata l'8 gennaio 1923, riassume i risultati ottenuti dall'A.I.C. fino a quella data.

La Commissione tedesca per le riparazioni rifiutò di autorizzare la costruzione di grandi dirigibili in Germania, e ci fu un ritardo nel completamento e nel collaudo del nuovo apparato progettato dall'American Bureau of Mines per la produzione economica di gas elio, ma si ritenne che l'A.I.C. fosse a pochi mesi dall'appello al pubblico per un sostegno finanziario. Secondo questo rapporto, la prima fase del lavoro si era conclusa con la firma di un contratto tra l'American Investigation Corporation e la Schuette-Lanz Company l'11 marzo 1922, in base al quale l'American Investigation Corporation aveva ottenuto i diritti di brevetto mondiale sui progetti e sui metodi di costruzione dei dirigibili rigidi di Schuette. Il contratto prevedeva pagamenti scaglionati e includeva un accordo con Schuette-Lanz per la costruzione di un dirigibile o per la fornitura di servizi di esperti per intraprendere la costruzione negli Stati Uniti.

La società aveva "definitivamente stabilito, attraverso il Dipartimento di Stato, che il Consiglio per le riparazioni e il Consiglio degli ambasciatori non avrebbero acconsentito alla costruzione in Germania della grande nave prevista dall'American Investigation Corporation", e al dottor Schuette fu quindi chiesto di recarsi negli Stati Uniti per raggiungere un accordo definitivo. L'obiettivo finale, continuava il rapporto, era la creazione dell'industria dei dirigibili negli Stati Uniti e "non va dimenticato, tuttavia, che è altamente auspicabile ottenere la prima nave dalla Germania a un costo inferiore e costruita dai migliori esperti".

L'importanza di assicurarsi una fornitura di elio per i dirigibili è stata evidenziata dalla distruzione dei dirigibili britannici R. 38 e dell'italiano *Roma*. Dopo essersi consultati con l'Helium Board e il Chief Chemist del Bureau of Mines, la decisione sulla questione dell'elio è stata rimandata fino al completamento dell'apparecchiatura migliorata che il Bureau stava progettando per la produzione commerciale di elio. Secondo i termini dell'accordo tra l'American Investigation Corporation e l'ingegner Hardesty e i suoi associati di Washington, oltre ai 20.000 dollari previsti per coprire il loro lavoro prima della formazione dell'American Investigation Corporation, dovevano essere rimborsate alcune spese effettive per l'assistenza nell'organizzazione della società. L'accordo finale, tuttavia, era subordinato alla firma da parte di Hardesty e dei suoi collaboratori di un contratto relativo alla quota di partecipazione all'American Investigation Corporation e a una delle sue filiali in cambio del loro lavoro promozionale: soprattutto, richiedeva che i brevetti tedeschi detenuti per conto del pubblico americano dall'Alien Property Custodian fossero consegnati all'AIC.

POLITICA, BREVETTI E DIRITTI DI APPRODO

Di conseguenza, il sindacato A.I.C. aveva un ostacolo importante da superare prima di poter iniziare a lavorare allo sviluppo commerciale dei dirigibili negli Stati Uniti. Questo ostacolo politico - l'acquisizione dei diritti sui brevetti di costruzione dei dirigibili Schuette-Lanz - richiese l'astuta assistenza politica di FDR. Questi brevetti erano tedeschi, ma sotto il controllo del governo statunitense. Secondo la legge statunitense, i beni stranieri sequestrati possono essere ceduti solo tramite asta e offerta. Tuttavia, nel Rapporto del Presidente dell'A.I.C. del 26 maggio 1922 si legge che l'A.I.C. era allora "proprietaria degli attuali brevetti Schuette-Lanz" e che elencava 24 brevetti e 6 domande di brevetto provenienti dalla Germania, 6 domande dall'Inghilterra e 13 brevetti e 6 domande dagli Stati Uniti. Il rapporto prosegue: "Negli Stati Uniti, 7 brevetti sono soggetti a restituzione da parte dell'Alien Property Custodian. Grazie alla cessione dei depositi, tutti i nuovi brevetti statunitensi vengono rilasciati direttamente all'AIC. Come ha fatto l'A.I.C. ad ottenere i brevetti tedeschi detenuti in custodia dagli Stati Uniti? Si tratta di un aspetto particolarmente importante, in quanto non vi è traccia di aste o gare d'appalto. Il rapporto dell'A.I.C. contiene solo note:

> Gli interessi dell'A.I.C. furono protetti dalla collaborazione nella stesura di contratti e mandati di comparizione di J. Pickens Neagle (Solicitor del Dipartimento della Marina), Franklin Roosevelt, Howe e Blackwood Brothers.

Ciò solleva certamente la questione della legittimità di un avvocato del Dipartimento della Marina degli Stati Uniti che agisce per conto di un sindacato di interessi privati. I brevetti tedeschi furono rilasciati dal governo statunitense per l'A.I.C. grazie all'intervento personale di Franklin D. Roosevelt. Vediamo come ha fatto.

Franklin D. Roosevelt era l'ex Segretario aggiunto della Marina, uno dei Roosevelt a ricoprire quella posizione, e quindi aveva buoni contatti politici all'interno del Dipartimento della Marina. A metà del 1921, FDR iniziò a indagare su due questioni con i suoi ex amici della Marina: (1) la posizione dei brevetti Schuette e (2) la possibilità di acquisire l'uso privato per il sindacato A.I.C. della base navale di Lakehurst per i dirigibili dell'A.I.C. Il 4 maggio 1921, l'ammiraglio R.R. Byrd, dell'Ufficio delle operazioni navali, rispose a un invito a visitare la tenuta di Campobello di FDR. Nove mesi dopo, il 23 maggio 1922, anche il comandante E.S. Land del Bureau of Naval Aviation Operations della marina riconobbe l'invito a visitare FDR in occasione della sua prossima visita a New York. Land ha aggiunto che "sembra improbabile che io sia a New York nelle prossime tre o quattro settimane". Se potesse indicarmi la natura delle sue richieste, potrei fornirle qualche informazione in merito.

FDR rispose al Comandante delle forze terrestri con una lettera contrassegnata come *"Personale"* ma inviata al Dipartimento della Marina, affermando che la sua richiesta non poteva essere fatta per telefono o per lettera. FDR passò poi brevemente in rassegna la posizione dell'A.I.C. e dichiarò che l'azienda "è in procinto di procedere alla costruzione e al funzionamento effettivo dei dirigibili", ma aveva bisogno di saperne di più sul programma del governo americano per questi mezzi: "Non sono alla ricerca di informazioni riservate, ma semplicemente di fatti che sono sicuro di poter ottenere senza troppe difficoltà se potessi recarmi personalmente a Washington".

FDR scrisse a Land che queste informazioni erano "per il bene della causa in generale" e si offrì di pagare le spese del maggiore Land se si fosse recato a New York. A quanto pare, questa offerta non ebbe molto successo, perché il 1^{oer} giugno FDR richiese nuovamente le informazioni e si spinse oltre: "A proposito, ci sarebbe qualche obiezione se ottenessimo una copia del contratto Zeppelin? In teoria, questi sono tutti documenti pubblici.

In ultima analisi, fu Pickens Neagle, dell'ufficio del Giudice Avvocato Generale della Marina, il primo a ottenere i brevetti tedeschi necessari per l'AIC; Neagle fu chiaramente utile a FDR anche in altri settori. Il 15 maggio 1922, FDR scrisse a Neagle a proposito di Hardesty, l'avvocato-ingegnere che stava gestendo le trattative sui brevetti a Washington:

> Io e il signor Fahnestock abbiamo approvato senza ombra di dubbio la modestissima somma che Hardesty ha messo a sua disposizione, [Neagle] e sono certo che i direttori l'approveranno nella loro riunione, che si terrà a breve.

Il 16 giugno il Solicitor della Marina Neagle ha risposto per fornire alla FDR informazioni su possibili casi di cauzione:

> Mi vergogno a menzionare una cosa così piccola come la cauzione che accompagnerebbe un contratto da 29.000 dollari, ma al momento le cose sono molto noiose negli appalti pubblici. La Midvale Steel and Ordnance Company si è appena aggiudicata un contratto per fucinati da 8 pollici per un importo totale inferiore a 29.000 dollari. La cauzione sarà pari a qualcosa come il 15-20% dell'importo del contratto.

Ancora una volta, il 9 agosto 1922, Neagle scrisse a Louis Howe e fece riferimento ai documenti navali di FDR, che a quanto pare stavano subendo la consueta revisione dipartimentale prima di essere consegnati a FDR. Il problema di FDR era quello di evitare che i documenti "passassero nelle mani di impiegati dell'ufficio archivi o di curiosi con scarso senso di responsabilità". Il Dipartimento della Marina non ha voluto rilasciare i documenti senza un adeguato esame, anche dopo l'intervento personale di Neagle. Neagle scrisse a FDR:

> Non vedevo come avrei potuto far cambiare idea al signor Curtis sull'argomento, così l'ho lasciato in quello stato con l'avvertenza che presto sarete qui anche voi e forse lo scuoterete.

I dati finora disponibili suggeriscono che Pickens Neagle, un avvocato dell'ufficio del Giudice Avvocato Generale, lavorava più per FDR che per il contribuente e il Dipartimento della Marina. Il contenuto di questo fascicolo si sposta poi sul tentativo di acquisizione dell'uso di brevetti tedeschi per l'A.I.C.;

queste lettere non sono più su carta intestata della Marina, ma su carta normale, senza indirizzo stampato, ma firmate da Neagle. Il 16 febbraio 1922, una lettera di Neagle a Howe afferma che :

> il nostro back office. (sic) tornò al Bureau of Aeronautics che suggerì una forma di contratto con una clausola che diceva che la stazione poteva essere affittata all'A.I.C. e che i dipendenti [della Marina] sarebbero stati licenziati per essere assunti dalla società.

Neagle aggiunse che, sebbene gli ufficiali della marina non potessero dirigere e supervisionare i dipendenti dell'A.I.C., potevano essere distaccati presso l'industria privata per imparare il mestiere di costruire dirigibili. Queste informazioni private sono seguite da una lettera ufficiale di Neagle a Fahnestock dell'A.I.C. (che ora indossa il suo cappello ufficiale come Solicitor della Marina degli Stati Uniti) che conferma il fatto che la Marina era disposta ad affittare la stazione e la fabbrica di Cape May, un'autorizzazione revocabile senza preavviso. Un'altra, datata 6 gennaio 1923, riferisce che Hardesty ha firmato un contratto che "dovrebbe essere accettabile per la società".

È chiaro che i brevetti Schuette sono stati trasferiti senza asta pubblica o gara d'appalto, ma con un accordo privato tra il governo degli Stati Uniti e gli avvocati che agiscono per conto di una società privata. Si tratta di una violazione della legge sul commercio con il nemico.

I documenti mostrano anche un altro dipendente del Dipartimento della Marina che accorse in aiuto di FDR. Una lettera del 31 marzo 1923 di M.N. McIntyre, capo del Navy News Bureau, a Louis Howe, suggerisce che l'A.I.C. sequestri il "dirigibile tedesco in costruzione per la Marina" e l'accesso alla base navale di Lakehurst. McIntyre è di una franchezza rinfrescante riguardo alla sua proposta di assistenza politica: Se mi fate sapere qual è la vostra posizione sulla proposta di Lakehurst, forse posso fare qualcosa per aiutarvi a "ungere le ruote". Lo stesso vale per l'altra proposta.

Dai documenti possiamo stabilire che FDR e il suo sindacato erano in grado di ricorrere a fonti di informazione e assistenza all'interno del Dipartimento della Marina. Come ha fatto l'AIC a prendere il controllo dei brevetti Schuette-Lanz? Erano presumibilmente di proprietà pubblica e dovevano essere smaltiti tramite gara d'appalto. Il Rapporto Hardesty del febbraio 1921 spiega lo status giuridico dei brevetti e fa luce sul loro trasferimento.

I brevetti erano stati sequestrati dal Custode della Proprietà Straniera e fino ad allora erano stati concessi in licenza solo ai Dipartimenti della Guerra e della Marina. Il 10 gennaio 1921 Fred Hardesty presentò una domanda in cui affermava che sarebbe stata costituita una società (presumibilmente l'A.I.C.) che aveva bisogno dei brevetti, ma Hardesty negava "che i brevetti stessi avessero un valore intrinseco". In altre parole, Hardesty stava camminando sul filo del rasoio. L'AIC aveva assolutamente bisogno dei brevetti per proteggersi dagli esterni. Allo stesso tempo, Hardesty sostiene che i brevetti non avevano un grande valore. Erano necessarie, scrisse al custode dei beni degli stranieri, "per fornirci un baluardo morale contro le aggressioni esterne". Hardesty ha sostenuto che l'interesse pubblico era vitale e che sarebbe stato "lieto di ricevere informazioni sul valore stabilito per i brevetti, se il loro valore è stato valutato, e sulle condizioni alle quali possono essere venduti a noi".

In allegato a questa lettera nei file di FDR c'è un "Memorandum per il signor Hardesty" sui brevetti di Johann Schuette, che sembra essere stato emesso dall'Ufficio per la conservazione della proprietà estera. Il memorandum conferma che i brevetti erano detenuti in base al Trading with the Enemy Act del 1917, che l'unico diritto rimasto al titolare tedesco era quello di chiedere la restituzione e che tali richieste dovevano essere risolte secondo le istruzioni del Congresso. È improbabile, secondo il memorandum, che i brevetti vengano venduti dal custode della proprietà straniera ma, se i brevetti venissero messi in vendita, "ci sarebbe poca o nessuna concorrenza, dato che probabilmente ci sono pochissime aziende esistenti o proposte che prenderebbero in considerazione la possibilità di utilizzarli, e quindi i prezzi offerti non sarebbero molto alti". Il memorandum affronta poi il cuore del problema dell'ACI:

> L'A.P.C. vende i brevetti, ad eccezione di quelli per uso governativo, solo a cittadini statunitensi in una vendita pubblica al miglior offerente dopo un annuncio pubblico, a meno che il Presidente non decida diversamente. L'acquisto di beni dall'A.P.C. per un committente non dichiarato o per la rivendita a, o a beneficio di, un cittadino non statunitense è vietato a pena di severe sanzioni.

Ciò lascia aperta la possibilità che il Ministro della Guerra o il Ministro della Marina possano raccomandare al Presidente una vendita immediata "per una questione di sana politica commerciale e di interesse pubblico".

Il sindacato ha quindi cercato di seguire la via presidenziale, apparentemente con successo. Il 4 febbraio 1921, FDR a New York scrive ad Hardesty a Washington:

> "Sono d'accordo con lei sul fatto che dovremmo fare qualcosa immediatamente per i brevetti Schuette, e almeno fare un tentativo prima che l'attuale amministrazione si dimetta."

In secondo luogo, un memorandum dei servizi riprodotto negli archivi indica che il 9 e il 17 febbraio 1921 FDR si recò a Washington e incontrò almeno il custode dei beni stranieri. Successivamente, Schuette ha conferito ad Hardesty una procura e i brevetti sono stati restituiti dal custode dei beni stranieri, ma non immediatamente. I fascicoli di FDR non contengono documenti originali firmati di rilascio, ma solo bozze, ma poiché i brevetti furono alla fine consegnati all'A.I.C., si può presumere che queste bozze di lavoro siano ragionevolmente vicine al documento finale firmato. In un documento firmato dal depositario del patrimonio estero e dal titolare del brevetto tedesco Johann Schuette si legge quanto segue:

> È inoltre inteso e concordato tra le parti che il prezzo o i prezzi ai quali i brevetti sopra elencati di Johann Schuette possono essere venduti alla American Investigation Corporation dal Custode della Proprietà Straniera è e sarà considerato

esclusivamente un valore nominale di tali brevetti fissato e concordato tra le parti e il loro valore effettivo; e che tale agente dia, esegua e consegni al Custode della Proprietà Straniera una liberatoria senza riserve a nome di Johann Schuette e del suo agente e dei loro eredi, cessionari e rappresentanti legali da ogni rivendicazione, richiesta, ecc.

Da questo documento si evince che (1) il depositario della proprietà straniera ha venduto i brevetti all'A.I.C., (2) ha addebitato all'A.I.C. solo un "prezzo nominale", (3) non c'è stata alcuna gara d'appalto per i brevetti e (4) l'ex titolare tedesco Schuette ha ottenuto un diritto direttamente o indirettamente. Queste quattro azioni sembrano essere contrarie ai requisiti del Trading with the Enemy Act del 1917, anche se le procedure (1) e (2) erano soggette all'autorità presidenziale.

Successivamente, il 9 maggio 1922, fu stipulato un contratto tra l'American Investigation Corporation e Johann Schuette. Il contratto prevedeva il pagamento di 30.000 dollari in contanti a Schuette, con altri 220.000 dollari pagabili in rate mensili, l'ultimo dei quali doveva essere effettuato entro il 1er luglio 1923. In caso di mancato pagamento da parte dell'A.I.C., tutti i diritti di brevetto sarebbero stati restituiti a Schuette. Nei documenti di FDR è presente anche un memorandum interno che sembra essere stato scritto con la macchina da scrivere normalmente utilizzata per le lettere di FDR, quindi potrebbe trattarsi di un memorandum scritto da FDR o più probabilmente da Louis Howe. Questo memorandum riassume la strategia dell'AIC, elencando "cosa abbiamo da vendere" e rispondendo a questa domanda come segue:

1. I brevetti Schuette-Lanz, descritti come fondamentali e necessari dagli ingegneri Ford che lavoravano anche alla costruzione di dirigibili.
2. Un contratto provvisorio per la Marina che consente di risparmiare più di 1 milione di dollari per la costruzione di una fabbrica e di un capannone. Si tratta di una nostra proprietà, poiché il contratto proposto è in cambio di una licenza d'uso dei brevetti Schuette da parte della Marina.

In altre parole, l'A.I.C. non solo riuscì ad acquisire i brevetti senza una gara d'appalto dietro le quinte delle manovre politiche, ma acquisì anche il diritto di rivenderli alla Marina. Questo è il tipo di accordo che la maggior parte dei contribuenti poveri non si sognerebbe nemmeno di fare, anche se alla fine sono loro a pagare il conto.

3. Tutti i dati, i disegni e i test dei brevetti Schuette-Lanz.
4. Un sistema per la produzione di elio.
5. Una lista di azionisti composta da uomini di spirito pubblico con mezzi considerevoli.

Questo non era sufficiente, perché la sezione successiva, intitolata "Di cosa abbiamo bisogno", elenca (1) fondi e (2) lavoro. La nota prosegue proponendo una fusione del lavoro dell'A.I.C. con quello degli ingegneri della Ford.

Possiamo riassumere l'accordo di FDR con l'American Investigation Corporation come segue:

In primo luogo, l'AIC è stata in grado, grazie all'intervento personale di Franklin D. Roosevelt, di ottenere i brevetti sequestrati come regalo o a un prezzo simbolico. La legge richiedeva che questi brevetti sequestrati fossero offerti con una gara pubblica e non a beneficio del precedente proprietario tedesco. In pratica, furono restituiti a porte chiuse in seguito a un accordo privato tra FDR e il custode dei beni esteri, forse con l'intervento del Presidente, anche se non è stato possibile reperire alcuna traccia di tale assistenza. Questi brevetti, precedentemente descritti come privi di valore, sono stati oggetto di un contratto che prevedeva il pagamento di 250.000 dollari al cittadino tedesco Schuette e il principale asset di una società per promuovere la costruzione di dirigibili negli Stati Uniti. A ben vedere, i documenti contenuti nei fascicoli indicano una violazione della legge sia da parte di FDR che del custode dei beni esteri.

In secondo luogo, questi brevetti sembrano essere stati concessi a beneficio indiretto di una parte straniera, una procedura soggetta a severe sanzioni secondo la legge.

In terzo luogo, l'AIC è riuscita a ottenere l'uso di strutture della Marina per un valore di 1 milione di dollari e di informazioni ufficiali all'interno del Dipartimento della Marina.

In quarto luogo, l'unico rischio assunto dagli operatori di Wall Street è stato quello di costituire la società. I brevetti furono ottenuti nominalmente, i fondi provenivano da fuori New York e le competenze erano tedesche o della Ford Motor Company. Franklin Delano Roosevelt fornì la leva politica per mettere in atto un accordo che, a prima vista, era illegale e certamente lontano dalla nozione di "fiducia pubblica" che FDR e i suoi associati amavano promuovere nei loro scritti e discorsi.

FDR NEL SETTORE DEI DISTRIBUTORI AUTOMATICI

Le vendite di timbratrici automatiche iniziarono nel 1911, ma non ebbero un vero sbocco fino allo sviluppo della macchina Shermack negli anni Venti. Nel 1927, la Sanitary Postage Stamp Corporation fu costituita per commercializzare le macchine Shermack per la distribuzione automatica dei francobolli, precedentemente venduti nei negozi come francobolli sciolti che, secondo la letteratura di vendita dell'azienda, esponevano l'utente alla trasmissione di malattie. Il consiglio di amministrazione della società comprendeva l'inventore Joseph J. Shermack, Edward S. Steinam, J.A. de Camp (120 Broadway), il banchiere George W. Naumburg, A.J. Sach, Nathan S. Smyth e Franklin D. Roosevelt.

Nell'aprile del 1927, l'azienda vendeva circa 450 installazioni di macchine alla settimana. Secondo una lettera scritta da FDR a A.J. Sach, vicepresidente dell'azienda, c'erano grossi problemi con le riscossioni; infatti, dieci siti di francobolli non avevano avuto notizie da più di sei mesi e il flusso di cassa era inadeguato. FDR suggerì in modo estremamente sensato che i venditori avrebbero dovuto interrompere le vendite per una settimana e utilizzare il tempo per raccogliere denaro. A parte questi suggerimenti occasionali, il ruolo di FDR nel settore dei francobolli sanitari fu minimo. Henry Morgenthau, Jr. lo coinvolse inizialmente e pagò persino la sottoscrizione iniziale di 812,50 dollari per le prime 100 azioni di FDR: "Potete inviarmi un assegno per lo stesso importo a vostro piacimento". FDR inviò il suo assegno lo stesso giorno. Gli sponsor emisero 3.000 azioni ordinarie di FDR "in cambio dei vostri servizi", ovviamente per usare il suo nome come esca per gli investitori.

FDR si dimise alla fine del 1928 quando fu eletto governatore di New York.

FDR fu anche direttore della CAMCO (Consolidated Automatic Merchandising Corporation), ma non partecipò mai attivamente alla sua IPO. La CAMCO era una holding destinata a rilevare il 70% del capitale azionario in circolazione di una serie di società, tra cui la Sanitary Postage Stamp Corporation, e si distingue per il fatto che il consiglio di amministrazione comprendeva non solo FDR, ma anche Saunders Norwell, che dal 1926 al 1933 era stato presidente della Remington Arms Company. Nel 1933, Remington Arms fu venduta alla Du Pont Company. Nel capitolo 10 esamineremo l'affare Butler, un tentativo fallito di installare una dittatura alla Casa Bianca. Sia la Remington Arms che la Du Pont sono citate nella testimonianza soppressa della Commissione d'inchiesta del Congresso. Eppure nel 1928 troviamo FDR e Saunders Norwell come co-direttori della CAMCO.

FONDAZIONE GEORGIA WARM SPRINGS

La personale e lodevole lotta di FDR per riacquistare l'uso delle gambe dopo un attacco di poliomielite nel 1921 lo portò a visitare le terme di Georgia Warm Springs. Riprendendo le forze, FDR decise di convertire queste sorgenti abbandonate e quasi inutilizzate in una proposta commerciale per aiutare altre vittime della polio.

Purtroppo, l'origine precisa dei principali fondi utilizzati per lo sviluppo di Georgia Warm Springs non può essere determinata dagli archivi FDR così come esistono oggi. L'archivio FDR sulla Georgia Warm Springs è relativamente scarno ed è altamente improbabile che contenga tutti i documenti relativi allo sviluppo del progetto. Il fascicolo dà l'impressione di essere stato rivisto prima di essere trasmesso agli archivi di Hyde Park. Non esistono documenti pubblici sul finanziamento di Georgia Warm Springs. Date le ristrettezze economiche di FDR negli anni Venti, è improbabile che i fondi provengano dalle sue risorse personali. Abbiamo le prove di tre fonti di finanziamento. In primo luogo, è molto probabile che sua madre, la signora James Roosevelt, fosse una di loro. Infatti, Eleanor Roosevelt scrisse a FDR: "Non permetterti di spendere troppi soldi e non farne investire molti alla mamma, perché se perdesse non si riprenderebbe più!".[302] In secondo luogo, si dice che Edsel B. Ford abbia contribuito ai fondi per la costruzione della copertura della piscina, ma non era un amministratore della fondazione. Terzo, e più importante, la proprietà originale era del socialista George Foster Peabody. Secondo il figlio di FDR, Elliott Roosevelt, esisteva una

---

[302] Elliott Roosevelt, *The Untold Story*, op. cit. p. 232.

consistente ipoteca personale sulla proprietà stessa, e questa obbligazione era probabilmente detenuta da Peabody:

> Il 29 aprile 1926 acquistò la proprietà abbandonata, dove Loyless si indebitò sempre di più. All'apice dei suoi obblighi come nuovo proprietario, il padre aveva investito nel luogo esattamente 201.667,83 dollari sotto forma di debito privato, che non è stato completamente ripagato fino alla sua morte, e solo grazie a una polizza di assicurazione sulla vita che aveva stipulato su Warm Springs. Gli oltre 200.000 dollari erano più di due terzi di tutto ciò che possedeva. Era l'unica volta che aveva corso un rischio così grande. La mamma era terrorizzata dal fatto che, se fosse andata come molte delle sue imprese, nessuno di noi sarebbe stato in grado di andare all'università, un destino che io, per esempio, ero più che disposto ad affrontare.[303]

È significativo che Elliott Roosevelt riferisca dell'esistenza di un prestito privato di 200.000 dollari che non fu rimborsato prima della morte di FDR. In effetti, è ragionevole supporre che i fondi siano stati messi a disposizione da alcuni o da tutti gli amministratori. Ciò pone FDR nella stessa posizione di Woodrow Wilson, asservito ai suoi creditori di Wall Street. Poiché questi fiduciari erano tra gli uomini più potenti di Wall Street, l'accusa che FDR fosse "sotto il controllo dei banchieri" è perfettamente plausibile.

È quindi ragionevole supporre che i fondi per la Georgia Warm Springs siano stati istituiti o siano stati sotto il controllo degli amministratori della Georgia Warm Springs Foundation e della relativa Meriweather Reservation. Di seguito sono elencati gli amministratori della fondazione nel 1934 e le loro principali affiliazioni commerciali:

Fondazione Georgia Warm Springs: amministratori nel 1934[304]

Nome dell'amministratore[305]	Principali affiliazioni
Franklin D. Roosevelt	Presidente degli Stati Uniti d'America
Basil O'Connor	Avvocato, 120 Broadway, ex partner legale di FDR
Geremia Milbank	Direttore della Chase National Bank di New York.
James A. Moffett	Vicepresidente e direttore della Standard Oil del New Jersey
George Foster Peabody	Proprietario originario della proprietà e titolare della nota Georgia Hot Springs
Leighton McCarthy	Direttore di Aluminum, Ltd (filiale canadese di ALCOA)
Eugene S. Wilson	Presidente, American Telephone & Telegraph (195 Broadway)

---

[303] Ibidem.

[304] Da una lettera del 5 marzo 1932 di Fred Botts, direttore commerciale di Warm Springs, a FDR alla Casa Bianca.

[305] Tra gli altri direttori, Frank C. Root di Greenwich, Connecticut, Keith Morgan di New York e Arthur Carpenter, direttore residente.

WALL STREET E FRANKLIN D. ROOSEVELT

William H. Woodin	Segretario al Tesoro sotto FDR
Henry Pope	Direttore di Link-Belt
Cason J. Callaway	Presidente di Callaway Mills, Inc. di New York

I direttori di Georgia Warm Springs hanno ovviamente collegato FDR a Wall Street. Il più importante di questi era Eugene Smith Wilson (1879-1973), vicepresidente dell'American Telephone and Telegraph di Broadway 195, New York. Wilson ha ricoperto anche incarichi di amministratore in molte altre società telefoniche, tra cui Northwestern e Southwestern Bell e Wisconsin Telephone Company. Nel 1919 è stato avvocato della Western Electric, poi è diventato consulente legale della A.T.&T. prima di essere nominato vicepresidente nel 1920. Wilson è stato a lungo associato alla campagna contro la polio, ha collaborato con Franklin D. Roosevelt e, a metà degli anni Trenta, ha fatto parte del comitato di investimento della Georgia Warm Springs Foundation. Tra i suoi colleghi di A.T.&T. c'era John W. Davis, che compare nel caso Butler (vedi capitolo 10).

Un altro dei direttori della Georgia Warm Springs era James A. Moffett, vicepresidente della Standard Oil del New Jersey. Walter Teagle, della stessa società, era uno dei principali direttori dell'NRA.

Il direttore Jeremiah Milbank era un direttore della Chase National Bank, controllata da Rockefeller e dalla Equitable Trust Company.

Il direttore William H. Woodin è stato direttore della Federal Reserve Bank di New York dal 1926 al 1931 ed è stato nominato Segretario al Tesoro da Franklin D. Roosevelt dopo aver sostenuto con forza la candidatura di FDR alle elezioni del 1932. Woodin si dimise entro sei mesi, ma per motivi di salute e non per mancanza di interesse nella posizione di tesoriere.

Il direttore George Peabody è stato identificato nel precedente volume[306] ed è stato associato in modo significativo alla rivoluzione bolscevica del 1917 in Russia e alla Federal Reserve Bank di New York.

---

[306] Sutton, *Wall Street e la rivoluzione bolscevica,* op. cit.

CAPITOLO V

LA GENESI DEL SOCIALISMO AZIENDALE

Mentre la società lotta per la libertà, questi uomini famosi che hanno preso il sopravvento sono impregnati dello spirito del XVII e XVIII secolo^e e^e. Pensano solo a sottomettere l'umanità alla tirannia filantropica delle loro invenzioni sociali.

Frederic Bastiat, *La legge*, (New York: Foundation for Economic Education, 1972), pag. 52.

Abbiamo descritto i sette anni di carriera di Franklin D. Roosevelt a Wall Street, culminati con l'elezione a governatore di New York nel 1928. Questa descrizione è tratta dai documenti epistolari di FDR. Per evitare fraintendimenti, alcune parti di queste lettere sono state riprodotte testualmente e in dettaglio. Sulla base di queste lettere, non c'è dubbio che FDR abbia usato la sua influenza politica quasi esclusivamente per assicurarsi contratti di bonding mentre era vicepresidente della Fidelity & Deposit Co; che nel caso della United European Investors e dell'International Germanic Trust sono emerse significative e dubbie connessioni finanziarie e politiche internazionali; e che i suoi intimi collaboratori andavano da Owen D. Young, presidente della General Electric, membro dell'establishment finanziario elitario, a uomini descritti da un agente dell'Agenzia Proudfoot come un "gruppo di delinquenti".

C'è un tema ricorrente nel metodo di lavoro di FDR: egli utilizzò il canale politico in misura straordinaria. In altre parole, FDR utilizzò il potere di polizia dello Stato, attuato dalle agenzie di regolamentazione, dai regolamenti governativi e dai funzionari governativi attraverso la sua intercessione, ad esempio, con il Custode dei Beni Esteri, la Marina degli Stati Uniti, il Sistema della Federal Reserve e il Sovrintendente delle Assicurazioni dello Stato di New York, per i propri scopi. Tutti questi contatti politici, stabiliti nel corso del suo servizio pubblico, diedero a FDR un vantaggio competitivo nel mondo degli affari. Si tratta di accordi politici, non di accordi di libero mercato. Sono accordi che riflettono la coercizione politica, non uno scambio volontario sul mercato.

I quattro capitoli successivi della Parte II di questo libro sviluppano il tema della politicizzazione dell'impresa commerciale. In primo luogo, abbiamo gettato una rete più ampia per formulare la tesi del socialismo aziendale e identificare alcuni socialisti aziendali di spicco, principalmente associati a FDR. Poi torniamo indietro nel tempo fino al 1840, a uno degli antenati di FDR, l'uomo d'affari newyorkese Clinton Roosevelt e alla sua prima versione dell'NRA. Questo schema viene paragonato al War Industries Board di Baruch del 1917, al funzionamento del Federal Reserve System e all'American Construction Council di Roosevelt-Hoover degli anni Venti. Infine, nell'ultimo capitolo di questa sezione, si illustra l'investimento finanziario di Wall Street nel New Deal.

LE ORIGINI DEL SOCIALISMO AZIENDALE

Il vecchio John D. Rockefeller e i suoi colleghi capitalisti del XIX secolo[e] erano convinti di una verità assoluta: nessuna grande ricchezza monetaria poteva essere accumulata secondo le regole imparziali di una società basata sul libero scambio competitivo. L'unica strada sicura per l'acquisizione di enormi ricchezze era il monopolio: scacciare i concorrenti, ridurre la concorrenza, eliminare la libera concorrenza e, soprattutto, ottenere la protezione dello Stato per la propria industria attraverso i politici e la regolamentazione governativa a proprio favore. Quest'ultimo processo porta a un monopolio legale, e un monopolio legale porta sempre all'accumulo di grandi ricchezze.

Questo schema di rapina è anche, sotto diverse etichette, lo schema socialista. La differenza tra un monopolio statale corporativo e un monopolio statale socialista è essenzialmente solo l'identità del gruppo che controlla la struttura di potere. L'essenza del socialismo è il controllo monopolistico da parte dello Stato attraverso pianificatori e funzionari assunti. D'altra parte, Rockefeller, Morgan e i loro amici imprenditori cercano di acquisire e controllare il loro monopolio e di massimizzare i loro profitti esercitando un'influenza sull'apparato politico dello Stato; anche se questo richiede ancora pianificatori e propagandisti accademici, è un processo discreto e molto più sottile rispetto alla proprietà statale nel socialismo. Parte del successo dello stratagemma di Rockefeller è stato quello di attirare l'attenzione del pubblico su controversie storiche in gran parte superficiali e irrilevanti, come il mito della lotta tra capitalisti e comunisti, e di far sì che le forze politiche fossero accuratamente sostenute dalle grandi imprese. Chiamiamo questo fenomeno di monopolio legale delle imprese - il controllo del mercato acquisito attraverso l'influenza politica - "socialismo aziendale".

La descrizione più lucida e franca del socialismo aziendale, dei suoi costumi e dei suoi obiettivi, si trova nel pamphlet di Frederick Clemson Howe del 1906, *Confessioni di un monopolista.*[307]

Il ruolo di Frederick Howe nella Rivoluzione bolscevica del 1917 e nelle sue conseguenze è stato descritto in *Wall Street e la Rivoluzione bolscevica*[308] . Howe apparve anche nel New Deal di Roosevelt come consulente per i consumatori dell'Agricultural Adjustment Administration. [e]L'interesse di Howe per la società

---

[307] Frederic C. Howe, *Confessioni di un monopolista* (Chicago: Public Publishing Co. 1906). Lo sponsor del libro di Howe è lo stesso editore che nel 1973 pubblicò un libro che scimmiottava il collettivismo di John D. Rockefeller III, intitolato *La seconda rivoluzione americana.*

[308] Sutton, *Wall Street e la rivoluzione bolscevica*, op. cit.

e i suoi problemi si estende quindi ai primi anni del XX secolo, a partire dalla sua associazione con Newton D. Baker, poi Segretario alla Guerra, al comunista Lincoln Steffens. In qualità di commissario speciale degli Stati Uniti, Howe studiò la proprietà municipale dei servizi pubblici in Inghilterra e nel 1914 fu nominato dal presidente Wilson commissario degli Stati Uniti per l'immigrazione.

Qual è il segreto per creare grande ricchezza? Howe risponde alla domanda come segue:

> "Il signor Rockefeller può pensare di aver guadagnato centinaia di milioni grazie all'economia, risparmiando sulle bollette del gas, ma non è così. È semplicemente riuscito a far lavorare le persone di tutto il mondo per lui....".[309]

In breve, il socialismo aziendale è intimamente legato all'idea di far funzionare la società a vantaggio di pochi.

FAR FUNZIONARE LA SOCIETÀ AD ESCLUSIVO VANTAGGIO DI POCHI

Questo è il tema importante del libro di Howe, espresso più volte, con esempi dettagliati del sistema "lascia che gli altri lavorino per te". Come hanno fatto Rockefeller e i suoi colleghi monopolisti a far lavorare il mondo intero per loro? Ecco come è andata, secondo Howe:

> È una storia su qualcosa che non serve a nulla: far pagare l'altro. Questa storia di far pagare l'altro, di ottenere qualcosa per niente, spiega la fame di franchigie, di diritti minerari, di privilegi tariffari, di controllo delle ferrovie, di evasione fiscale. Tutte queste cose sono sinonimo di monopolio, e tutto il monopolio si basa sulla legislazione.
> E le leggi sul monopolio nascono nella corruzione. Il commercialismo nella stampa, o nell'istruzione, o anche nella beneficenza, fa parte del prezzo da pagare per i privilegi speciali creati dalla legge. Il desiderio di avere qualcosa in cambio di niente, di far pagare l'altro, di monopolizzare una risorsa in qualche forma, è la causa della corruzione. Il monopolio e la corruzione sono una causa e un effetto conseguente.
> Insieme lavorano al Congresso, nel Commonwealth e nei nostri comuni. È sempre stato così. È sempre stato così. Il privilegio genera corruzione, proprio come una fogna avvelenata genera malattie. Le pari opportunità, un accordo equo senza favori, gli scambi diretti non sono mai corrotti. Non finiscono nelle aule dei tribunali o davanti alle camere dei consigli. Perché queste attività significano lavoro per lavoro, valore per valore, qualcosa per qualcosa. Ecco perché il piccolo imprenditore, il commerciante all'ingrosso e al dettaglio, l'impiegato e il produttore non sono gli uomini d'affari le cui attività corrompono il processo politico.[310]

---

[309] Howe, op. cit. p. 145.

[310] Howe, op. cit. pp. V-VI.

L'opposto di Howe a questo sistema monopolistico corrotto è descritto come "lavoro per lavoro, valore per valore, qualcosa per qualcosa". Ma questi valori sono anche i tratti essenziali di un sistema di mercato, cioè di un sistema puramente competitivo, in cui i prezzi di compensazione sono stabiliti dall'interazione imparziale di domanda e offerta sul mercato. Un sistema così imparziale non può, ovviamente, essere influenzato o corrotto dall'interventismo politico. Il sistema economico monopolistico basato sulla corruzione e sul privilegio descritto da Howe è un'economia gestita politicamente. È anche un sistema di lavoro forzato mascherato, chiamato da Ludwig von Mises sistema *Zwangswirtschaft*, sistema di coercizione. Questo elemento di costrizione è comune a tutte le economie gestite politicamente: il Nuovo Ordine di Hitler, lo Stato corporativo di Mussolini, la Nuova Frontiera di Kennedy, la Grande Società di Johnson e il Federalismo Creativo di Nixon. La coercizione è stata anche una caratteristica della risposta di Herbert Hoover alla Grande Depressione e, in modo molto più evidente, del New Deal di Franklin D. Roosevelt e della National Recovery Administration.

È questo elemento di costrizione che permette ai pochi - coloro che detengono il monopolio legale e ne traggono profitto - di vivere nella società a spese dei molti. Coloro che controllano o traggono profitto dalle franchigie legislative e dalle regolamentazioni e che contemporaneamente influenzano le burocrazie governative determinano le norme e i regolamenti per proteggere la loro attuale ricchezza, per trarre profitto dalla ricchezza degli altri e per impedire ai nuovi entranti di arricchirsi attraverso la loro attività. Ad esempio, per essere chiari, la Commissione per il Commercio Interstatale, istituita nel 1880, esiste per limitare la concorrenza nel settore dei trasporti, non per ottenere il miglior accordo possibile per i caricatori. Allo stesso modo, il Civil Aeronautics Board esiste per proteggere l'industria aeronautica nazionale, non i viaggiatori aerei. Per un esempio attuale, tra centinaia, si veda il sequestro da parte del CAB nel luglio 1974 di un DC-10 della Philippines Air Lines (PAL) all'aeroporto di San Francisco. Quale peccato aveva commesso PAL? La compagnia aerea si limitò a sostituire un DC-10, per il quale il CAB non aveva concesso l'autorizzazione, con un DC-8. Chi ha vinto? Le compagnie aeree statunitensi, a causa della riduzione della concorrenza. Chi ha perso? Al viaggiatore sono stati negati i posti a sedere e la possibilità di scegliere l'equipaggiamento. I dubbi su quale fosse la parte del CAB furono fugati da un articolo di qualche settimana dopo del *Wall Street Journal* (13 agosto 1974) intitolato "Il CAB è un entusiasta sostenitore delle misure per migliorare il servizio aereo e aumentare le tariffe". L'articolo conteneva una perla del vicepresidente del CAB Whitney Gillilland: "In passato abbiamo dato troppa importanza al comfort dei passeggeri". Gilland ha aggiunto che il CAB deve essere più tollerante nei confronti degli aerei pieni di capacità, "anche se ciò significa che qualcuno deve aspettare un giorno per salire su un volo".

In breve, le agenzie di regolamentazione sono strumenti per usare il potere di polizia dello Stato per proteggere le industrie favorite dall'assalto della concorrenza, per proteggere le loro inefficienze e per massimizzare i loro profitti. E, naturalmente, questi dispositivi sono difesi con veemenza dai loro beneficiari: gli imprenditori regolamentati o, come li chiamiamo noi, i "socialisti aziendali".

Questo sistema di coercizione legale è l'espressione moderna della massima di Frederic Bastiat secondo cui il socialismo è un sistema in cui ognuno cerca di vivere a spese degli altri. Pertanto, il socialismo aziendale è un sistema in cui i pochi che detengono i monopoli legali del controllo finanziario e industriale traggono profitto a spese di tutti gli altri membri della società.

Nell'America moderna, l'esempio più significativo di come la società nel suo complesso lavori per pochi è il Federal Reserve Act del 1913. Il Federal Reserve System è, di fatto, un monopolio bancario privato, che non deve rendere conto al Congresso o al pubblico contribuente, ma che esercita un controllo monopolistico legale sull'offerta di moneta, senza alcun vincolo o controllo da parte della Ragioneria Generale dello Stato.[311] Fu la manipolazione irresponsabile dell'offerta di moneta da parte del Federal Reserve System a causare l'inflazione degli anni Venti, la depressione del 1929 e quindi la presunta necessità di un New Deal da parte di Roosevelt. Nel prossimo capitolo esamineremo più da vicino il Federal Reserve System e i suoi promotori. Per ora, diamo un'occhiata più da vicino alle argomentazioni addotte dai filosofi della finanza di Wall Street per giustificare il loro credo di "far funzionare la società a vantaggio di pochi".

I SOCIALISTI AZIENDALI PRESENTANO IL LORO CASO

Possiamo tracciare il percorso delle produzioni intellettuali con cui importanti finanzieri hanno spinto per una pianificazione e un controllo nazionale a proprio vantaggio e che alla fine si è evoluto nel New Deal di Roosevelt.

Negli anni successivi alla pubblicazione di *Confessioni di un monopolista* di Howe nel 1906, i finanzieri di Wall Street diedero contributi letterari sotto forma di libri, nessuno specifico come quello di Howe, ma tutti a favore delle istituzioni giuridiche che avrebbero garantito il desiderato monopolio e il controllo che ne deriva. Da questi libri possiamo risalire alle idee del New Deal e alle basi teoriche su cui è stato poi giustificato il socialismo aziendale. Due temi sono comuni a questi sforzi intellettuali di Wall Street. In primo luogo, che l'individualismo, lo sforzo individuale e l'iniziativa individuale sono superati e che la competizione "distruttiva", solitamente chiamata "competizione cieca" o "competizione sfrenata", è superata, indesiderata e distruttiva degli ideali umani. In secondo luogo, possiamo individuare un tema che deriva da questo attacco all'individualismo e alla competizione, ossia che dalla cooperazione derivano grandi benefici, che la cooperazione fa progredire la tecnologia e che la cooperazione impedisce lo "spreco di energie concorrenti". Questi filosofi della finanza concludono quindi che le associazioni imprenditoriali e, in ultima analisi, la pianificazione economica - in altre parole, la "cooperazione" forzata - sono un obiettivo primario per gli imprenditori moderni responsabili e illuminati.

Questi temi della cooperazione e del rifiuto della competizione sono espressi in modi diversi e con vari gradi di lucidità. Gli uomini d'affari non sono scrittori

---

[311] Nel 1974 il Congresso ha approvato una revisione molto limitata del Federal Reserve System.

persuasivi. I loro libri tendono a essere turgidi, superficialmente egoistici e in qualche modo pesantemente pedanti. Alcuni esempi di questo tipo mostreranno, tuttavia, come i socialisti aziendali di Wall Street abbiano fatto valere le loro ragioni.

Bernard Baruch è stato un importante socialista aziendale le cui idee verranno esaminate nel prossimo capitolo. Dopo Baruch e i Warburg, di cui si parlerà nel prossimo capitolo, il successivo scrittore più prolifico fu l'influente banchiere Otto Kahn della Kuhn, Loeb & Co.

Kahn è noto per il suo sostegno alla rivoluzione bolscevica e a Benito Mussolini, che esprimeva con frasi totalitarie come "Il peggior nemico della democrazia non è l'autocrazia, ma la libertà sfrenata".[312] Per quanto riguarda il socialismo, Otto Kahn dichiarò più volte la sua simpatia per i suoi obiettivi. Ad esempio, il suo discorso alla Lega socialista della democrazia industriale nel 1924 comprendeva quanto segue:

> Vorrei sottolineare che misure come, ad esempio, l'imposta progressiva sul reddito, la contrattazione collettiva per i dipendenti, la giornata di otto ore, la supervisione e la regolamentazione governativa delle ferrovie e di altri monopoli o semi-monopoli naturali simili, sono approvate dal senso di giustizia aziendale, a condizione che l'applicazione di queste misure sia mantenuta entro limiti ragionevoli e che non siano abrogate dalle aziende se avessero la possibilità di farlo. Ciò su cui voi radicali e noi, con i nostri punti di vista opposti, differiamo non è tanto il fine quanto i mezzi, non tanto ciò che si dovrebbe ottenere quanto il modo in cui lo si dovrebbe e lo si può ottenere, nella convinzione, come noi, che il vaneggiamento dell'utopia non solo è inutile e inefficace, ma ostacola e ritarda il progresso verso il raggiungimento di possibili miglioramenti.
> Con tutto il rispetto, mi permetto di suggerire che il radicalismo tende troppo spesso a rivolgersi più alla perfezione teorica che al miglioramento concreto; a lamentele fantasma, o a lamentele del passato che hanno perso la loro realtà, piuttosto che alle questioni reali del giorno; a slogan, dogmi, professioni, piuttosto che ai fatti.[313]

Alcuni di questi filosofi-finanziatori di Wall Street erano fiduciari della Brookings Institution di Washington D.C., responsabile di molte delle guide politiche per realizzare il sistema che sognavano. Robert S. Brookings, fondatore della Brookings Institution, viene generalmente definito un economista, ma lo stesso Brookings ha scritto: "Non ho certo diritto a questo titolo professionale. Scrivo solo come persona che, grazie a una lunga esperienza commerciale di oltre sessant'anni, ha avuto molto a che fare con la produzione e la distribuzione...".[314] In qualità di uomo d'affari, Brookings ha pubblicato tre libri: *Industrial Ownership*, *Economic Democracy* e *The Way Forward*. In questi tre libri, Brookings sostiene che l'economia politica classica, così come si riflette nel lavoro

---

[312] Otto H. Kahn, *Frenzied Liberty: The Myth of a Rich Man's War*, discorso all'Università del Wisconsin, 14 gennaio 1918, pag. 8.

[313] Otto H. Kahn, *Of Many Things*, (New York: Boni & Liveright, 1925), p. 175.

[314] R. S. Brookings, *Economic Democracy*, (New York: Macmillan, 1929), p. xvi.

di Adam Smith e della sua scuola, è il modo migliore per promuovere la crescita economica:

> pur essendo logicamente convincente, era di fatto incompleta in quanto non teneva conto dello sviluppo morale e intellettuale dell'uomo e della sua dipendenza dal nazionalismo per la sua espressione, così abilmente presentato in seguito da Adam Müller e Frederick List, né dell'influenza economica della produzione meccanica sul rapporto tra capitale e lavoro.[315]

Di conseguenza, senza presentare le sue prove, Brookings rifiuta le idee di Adam Smith sulla libera impresa e accetta le idee stataliste della Lista, che si riflettono nello Stato corporativo hitleriano. Dal rifiuto della libera impresa, Brookings deduce abbastanza facilmente un sistema "morale" che rifiuta il mercato e sostituisce un'approssimazione della teoria marxista del valore del lavoro. Ad esempio, Brookings scrive:

> Un sano sistema di moralità economica richiede quindi che, invece di pagare al lavoro un mero salario di mercato, il minimo necessario per fornire i suoi servizi, il capitale riceva il salario di mercato necessario per fornire i suoi servizi, e il saldo vada al lavoro e al pubblico dei consumatori.[316]

A partire da questa argomentazione quasi marxista, Brookings costruisce, in modo piuttosto vago e senza un supporto dettagliato, le grandi linee delle proposte necessarie per combattere i "mali" del sistema di mercato dominante. Tra queste proposte, "la prima è la revisione delle leggi antitrust per consentire una cooperazione estesa".[317] Secondo Brookings, ciò avrebbe due effetti: far progredire la ricerca e lo sviluppo e attenuare il ciclo economico. Brookings non specifica come questi obiettivi derivino dalla "cooperazione", ma cita a lungo Herbert Hoover per sostenere la sua tesi, e in particolare l'articolo di Hoover "If business won't do it, government will".[318]

Poi, come ogni buon socialista, Brookings conclude: "Le imprese gestite in modo efficiente non hanno nulla da temere da un'intelligente supervisione pubblica volta a proteggere il pubblico e il commercio da minoranze prigioniere e intrattabili".[319] Questo è necessario perché, come sostiene Brookings in un'altra sede, le statistiche indicano che la maggior parte delle imprese opera in modo inefficiente: "Sappiamo quindi per triste esperienza che la concorrenza cieca o

---

[315] Ibidem, pp. XXI-XXII.

[316] R. S. Brookings, *Industrial Ownership* (New York: Macmillan, 1925), pag. 28.

[317] Ibidem, p. 44.

[318] The *Nation's Business*, 5 giugno 1924, pp. 7-8.

[319] Brookings, *Proprietà industriale,* op. cit. p. 56.

sfrenata non è riuscita a dare il suo ragionevole contributo attraverso le entrate alle nostre esigenze economiche nazionali".[320]

Nel 1932, Brookings uscì dal suo guscio in *The Way Forward* per essere ancora più esplicito sull'evoluzione del comunismo sovietico:

> La condanna verbale del comunismo, ora molto popolare negli Stati Uniti, non ci porterà da nessuna parte. La differenza tra capitalismo e comunismo sta in una cosa. Il capitalismo può adattarsi a questa nuova era? Può uscire dal suo vecchio individualismo, dominato dalla ricerca egoistica del profitto, e creare così una nuova era cooperativa con pianificazione e controllo sociale, per servire il benessere di tutte le persone meglio di quanto abbia fatto finora? Se può, può sopravvivere. Se non ci riuscirà, ai nostri figli verrà imposta una qualche forma di comunismo. Assicuratevi di questo![321]

E nello stesso libro, Brookings ha buone parole da dire su un altro sistema di lavoro forzato, il fascismo italiano:

> Sebbene l'Italia sia un'autocrazia sotto la dittatura del Duce, a tutti gli interessi economici del Paese viene data la possibilità di discutere e negoziare in modo da arrivare, di comune accordo, a un giusto compromesso delle loro differenze. Il governo, tuttavia, non permetterà alcuna interferenza con la produttività della nazione, né con blocchi né con scioperi, e se, in ultima analisi, i gruppi non riusciranno a trovare un accordo tra loro, sarà il governo, attraverso il suo ministro o il tribunale della prudenza, a determinare la soluzione di tutti i problemi. Ma in Italia come altrove, l'autocrazia del capitale sembra esistere e la sensazione generale delle classi lavoratrici è che il governo favorisca il padronato.[322]

Ciò che domina gli scritti di Brookings è la sua predilezione per qualsiasi sistema sociale, comunismo, fascismo, chiamatelo come volete, che riduca l'iniziativa e lo sforzo individuale e lo sostituisca con la pianificazione e il funzionamento collettivo. Quello che non viene detto da Brookings e dai suoi colleghi filosofi della finanza è l'identità delle poche persone che gestiscono questo collettivo di lavoro forzato.

Implicitamente nelle loro argomentazioni è che gli operatori del sistema saranno gli stessi socialisti aziendali.

Dalle proposte puramente teoriche di Brookings, possiamo passare a quelle di George W. Perkins, che ha combinato proposte parallele con alcuni modi efficaci, ma non molto morali, di metterle in pratica.

George W. Perkins è stato l'energico costruttore della grande compagnia di assicurazioni sulla vita di New York. Perkins era anche, insieme a Kahn e Brookings, l'esperto dei mali della concorrenza e dei grandi benefici derivanti da una cooperazione ordinata negli affari commerciali. Perkins predicò questo tema

---

[320] Brookings, *Democrazia economica*, op. cit. p. 4.

[321] R. S. Brookings, *The Way Forward* (New York: Macmillan, 1932), pag. 6.

[322] Ibidem, p. 8.

collettivista in una serie di conferenze a uomini d'affari alla Columbia University nel dicembre 1907. Il suo discorso non ebbe molto successo; il biografo John Garraty dice che quando fu terminato:

> ... Il presidente della Columbia University, Nicholas Murray Butler, se ne andò senza una parola di congratulazione, evidentemente convinto, secondo Perkins, di aver involontariamente invitato un pericoloso radicale a Morningside Heights. Perkins aveva attaccato alcuni dei concetti fondamentali della concorrenza e della libera impresa.[323]

Garraty riassume la filosofia aziendale di Perkins:

> Il principio fondamentale della vita è la cooperazione piuttosto che la competizione: questa è l'idea che Perkins ha sviluppato nella sua presentazione. La competizione è crudele, dispendiosa, distruttiva, superata; la cooperazione, insita in qualsiasi teoria di un universo ben ordinato, è umana, efficiente, inevitabile e moderna.[324]

Anche in questo caso, come nel caso di Brookings, troviamo proposte per "eliminare gli sprechi" e per una maggiore "pianificazione" nella gestione delle risorse materiali e umane e il concetto che le grandi aziende hanno "responsabilità verso la società" e sono più propense ad agire in modo equo nei confronti dei lavoratori rispetto alle piccole imprese. Queste frasi, formulate con forza, sono ovviamente impressionanti, soprattutto se la New York Life Insurance fosse stata all'altezza dei suoi sermoni di benevolenza sociale. Purtroppo, indagando più a fondo, si scoprono prove di illeciti da parte di New York Life Insurance e un'indagine dello Stato di New York, che ha portato alla luce un modus operandi decisamente antisociale per quanto riguarda il comportamento delle compagnie di New York Life. Nel 1905-06, il Comitato Armstrong (la commissione congiunta della legislatura dello Stato di New York che indagava sulle assicurazioni sulla vita) scoprì che la New York Life Insurance Company aveva contribuito regolarmente al Comitato nazionale repubblicano nel 1896, 1900 e 1904. Non c'è dubbio che questi contributi finanziari fossero destinati a promuovere gli interessi dell'azienda negli ambienti politici. Nel 1905, John A. McCall, presidente della New York Life Insurance, fu chiamato davanti al New York Board of Inquiry e sostenne che la sconfitta di Byran e la libertà di fondere moneta d'argento erano per lui una questione *morale*. Secondo McCall, ".... ho acconsentito a un pagamento per sconfiggere il Free Silver, non per sconfiggere il partito democratico, ma per sconfiggere l'eresia del Free Silver, e grazie a Dio l'ho fatto.[325]

---

[323] John A. Garraty, *Right hand man: The Life of George W. Perkins*, (New York: Harper & Row, n.d.), pag. 216.

[324] Ibidem.

[325] Citato in Louise Overacker, *Money in Elections*, (New York: Macmillan, 1932), pag. 18.

Nel corso della stessa audizione, il vicepresidente della Mutual Life Insurance ha anche avanzato l'interessante concetto che le aziende hanno il "dovere" di "contrastare" idee e politiche indesiderate. La storia del finanziamento della politica da parte delle imprese ha difficilmente preservato i principi della Costituzione e di una società libera. In particolare, c'è una contraddizione evidente tra i principi di cooperazione sociale e di benevolenza avanzati da Perkins e dai suoi colleghi uomini d'affari e il comportamento antisociale contemporaneo della sua stessa compagnia di assicurazioni sulla vita di New York.

È chiaro che i principi del socialismo aziendale sono solo una sottile facciata per l'acquisizione di ricchezza da parte di pochi a spese di molti.

Ora possiamo guardare con lucidità alla predicazione dei finanzieri più strettamente associati a Roosevelt e al New Deal. Un finanziere filosofo che espresse per iscritto le sue idee collettiviste fu Edward Filene (1860-1937). I Filene erano una famiglia di imprenditori altamente innovativi, proprietari dei grandi magazzini William Filene's Sons Co. di Boston. Un vicepresidente di Filene divenne uno dei tre moschettieri a capo della National Recovery Administration nel 1933; gli altri due membri del triumvirato erano Walter Teagle, presidente della Standard Oil e John Raskob, vicepresidente della Du Pont e della General Motors.

A partire dall'inizio del secolo, Edward Filene si impegnò negli affari pubblici. È stato presidente della Metropolitan Planning Commission di Boston, promotore di banche popolari e ha aiutato diversi movimenti cooperativi. Filene fu attivo nella Croce Rossa e nella Camera di Commercio Americana; fondò la League to Enforce Peace; fondò e presiedette la Cooperative League, poi rinominata Twentieth Century Fund; fu membro della Foreign Policy Association e del Council on Foreign Relations. Durante l'era Roosevelt, Filene fu presidente del Massachusetts State Recovery Board e fu attivo nella campagna del 1936 per la rielezione di FDR. Filene scrisse diversi libri, tra cui due, *The Way Out* (1924)[326] e *Successful Living in this Machine Age* (1932),[327] che esprimono le sue inclinazioni filosofiche. In *The Way Out*, Filene enfatizza il tema della riduzione degli sprechi e della cecità della concorrenza, sottolineando il valore della cooperazione tra imprese e governo. Filene riassume la sua argomentazione come segue:

> Due cose sono chiare. Il primo è che, per essere una buona impresa, l'attività stessa deve essere condotta come un servizio pubblico. La seconda è che il miglior servizio pubblico possibile per gli uomini d'affari è quello fornito nelle e dalle imprese private del mondo.[328]

---

[326] Edward A. Filene, *The Way Out*, (*A Forecast of Coming Changes in American Business and Industry*) (New York: Doubleday, Page, 1924).

[327] Edward A. Filene, *Successful Living in this Machine Age* (New York: Simon & Schuster, 1932).

[328] Filene, *La via d'uscita*, op. cit. p. 281.

Questo tema del "servizio pubblico è una questione privata" è sviluppato in un altro dei suoi libri:

> Il mio atteggiamento è che le aziende devono intraprendere una pianificazione sociale, ma non per soffocare l'emergere di nuove teorie o per conservare quelle vecchie, bensì perché c'è stata una rivoluzione sociale. Il vecchio ordine è scomparso ed è impossibile ristabilirlo. Viviamo in un mondo nuovo. È un mondo in cui la produzione di massa ha messo tutti in contatto con tutti gli altri, e i nostri progetti devono quindi tenere conto di tutti.[329]

Filene sostiene anche[e] che "la strada per la pace è nell'equilibrio di potere" - una ripetizione di una formula del XIX secolo resuscitata da Henry Kissinger negli anni '70 che ha sempre finito per portare alla guerra piuttosto che alla pace. Filene formula la sua versione come segue:

> Non c'è da stupirsi che ci sia stata una guerra. Si scoprì presto che la pace poteva essere mantenuta solo da un equilibrio di potere tra i maggiori concorrenti, equilibrio che spesso si rompeva. Infine, tutta questa situazione impossibile esplose nella più grande guerra della storia dell'umanità. La guerra mondiale non ha portato al cambiamento globale che abbiamo visto di recente. Piuttosto, fu uno dei fenomeni di quel cambiamento, proprio come la Rivoluzione francese fu un fenomeno della prima rivoluzione industriale.[330]

Questo tema della promozione dell'interesse pubblico come questione di primaria importanza per le aziende stesse è ripreso da Myron C. Taylor, presidente della United States Steel Company. Taylor, presidente della United States Steel Company. L'interesse pubblico, secondo Taylor, ha bisogno della cooperazione delle imprese per una produzione razionale. La cecità delle grandi imprese è evidente quando Taylor nega che questo sarebbe anche una restrizione del commercio. Taylor non riesce a spiegare come si possa adeguare la produzione al consumo senza che coloro che non vogliono collaborare siano costretti a farlo. Taylor riassume le sue proposte come segue:

> Si tratta quindi di scoprire ciò che abbiamo come nazione e di imparare a usarlo, piuttosto che andare alla ricerca del nuovo solo perché è nuovo. La responsabilità primaria dell'industria è quella di trovare il modo di promuovere l'interesse pubblico e gli interessi dei propri produttori, dipendenti, distributori e clienti, sviluppando e realizzando tutti i piani costruttivi consentiti dalle leggi esistenti, agendo apertamente e, ove possibile, in collaborazione con il governo. Confesso che mi è estremamente difficile credere che i piani costruttivi e cooperativi sinceramente intrapresi da un'industria di prodotti di base per l'adeguamento razionale della produzione alla domanda in quell'industria, e che evitano tutti i tentativi di fissare o controllare artificialmente i prezzi, possano essere giustamente considerati un ostacolo al commercio e agli scambi. L'unico effetto sarebbe quello

---

[329] Filene, *Successful Living in This Machine Age*, op. cit. p. 269.

[330] Ibidem, p. 79.

di rimuovere gli ostacoli vitali alla produzione, al commercio e agli scambi e di promuovere l'interesse pubblico.[331]

Il contributo della Standard Oil a questa liturgia è espresso da Walter C. Teagle, presidente della Standard Oil Company del New Jersey e nominato dal Presidente Roosevelt a una posizione di rilievo nel suo NRA. Teagle esprime la sua versione del socialismo aziendale come segue:

> I mali dell'industria petrolifera sono unici e richiedono rimedi specifici. Tra queste, le modifiche alle leggi antitrust, la cooperazione tra i produttori e l'esercizio dei poteri di polizia degli Stati.[332]

Più schiettamente degli altri, Teagle vuole che il potere di polizia dello Stato imponga la cooperazione volontaria:

> La cooperazione volontaria all'interno del settore non è sufficiente per rimediare ai suoi mali. Non sarebbe sufficiente nemmeno se venissero eliminate le restrizioni legali alla cooperazione, anche se l'eliminazione di tali restrizioni portasse a notevoli progressi.
> Per proteggere i diritti correlati dei produttori e per far rispettare le leggi di conservazione appropriate, è necessario utilizzare il potere di polizia dello Stato. Si tratta di una questione di competenza statale piuttosto che federale, ma sarà necessaria anche la cooperazione tra i singoli Stati e tra le unità operative dell'industria se si vuole che la produzione in tutto il Paese sia limitata ai mercati nazionali.
> La soluzione del problema dipende quindi dalla cooperazione volontaria all'interno dell'industria, dall'esercizio del potere di polizia statale e dalla cooperazione tra i vari Stati coinvolti e tra le unità industriali (sic) dei vari Stati. A tal fine, sarà necessario rivedere le leggi antitrust statali e federali.[333]

Questi estratti riflettono la visione fondamentale dei nostri filosofi finanziari di Wall Street. Non si trattava di figure minori del mondo del lavoro. Al contrario, erano elementi potenti e influenti e, in casi importanti, associati a Roosevelt e al New Deal. Otto Kahn è stato uno dei principali promotori del sistema della Federal Reserve. Lamont e Perkins erano figure chiave nel settore bancario e assicurativo. L'uomo d'affari Brookings ha dato il suo nome e il suo denaro all'influente istituto di ricerca che ha prodotto i rapporti su cui si è basata gran parte della politica. Louis Kirstein, vicepresidente della Filene, e Walter Teagle della Standard Oil divennero due dei tre uomini dominanti che diressero la National Recovery Administration sotto il pupillo di Bernard Baruch, Hugh Johnson.

---

[331] Da Samuel Crowther, *A Basis for Stability*, (Boston: Little, Brown, 1932), pag. 59.

[332] Ibidem, p. 111.

[333] Ibidem, p. 113.

Bernard Baruch è stato probabilmente il più prestigioso Wall Streeter di tutti i tempi, superando forse in influenza Morgan e Rockefeller. Esamineremo ora il ruolo di Baruch e quello dei Warburg.

Qual è la filosofia dei finanzieri descritta finora? Certamente tutto tranne la libera concorrenza, che è l'ultimo sistema che volevano veder fiorire. Solo il socialismo, il comunismo, il fascismo o le loro varianti erano accettabili. L'ideale per questi finanziatori era la "cooperazione", se necessario forzata. L'individualismo era inaccettabile e la competizione immorale. D'altra parte, la cooperazione è stata costantemente sostenuta come morale e dignitosa, e da nessuna parte la coercizione è stata respinta come immorale. Perché? Perché, se si spoglia la verbosità di tutte le frasi pompose, la cooperazione obbligatoria era la loro strada maestra verso il monopolio legale. Con il pretesto del servizio pubblico, degli obiettivi sociali e di un contingente di buone intenzioni, si trattava fondamentalmente di "far lavorare l'azienda per Wall Street".

CAPITOLO VI

PRELUDIO AL NEW DEAL

Qualunque sia il partito che vince, i tiranni o i demagoghi sono i più sicuri di ricoprire la carica.
Il deputato Clinton Roosevelt di New York, 1841.

Un resoconto completo della costruzione del socialismo aziendale negli Stati Uniti, come previsto dai filosofi della finanza identificati nel capitolo precedente, esula dagli scopi di questo libro, ma possiamo aprire prospettive più ampie esaminando brevemente alcune sfaccettature del processo storico: ad esempio, il sistema di Clinton Roosevelt un secolo prima di FDR, il War Industries Board di Bernard Baruch e il Federal Reserve System di Paul Warburg.

Nel 1841, il lontano cugino di FDR, l'uomo d'affari newyorkese Clinton Roosevelt, propose un piano simile al New Deal per la pianificazione economica e il controllo della società da parte delle minoranze. Sotto il presidente Woodrow Wilson nel 1918, Bernard Baruch, *la quintessenza del* socialismo aziendale,[334] seguì lo schema del piano Roosevelt, quasi certamente inconsapevolmente e probabilmente per un parallelismo inconscio di azioni, quando creò il War Industries Board, il precursore organizzativo della National Recovery Administration del 1933. Alcuni esponenti dell'élite imprenditoriale del WIB del 1918, nominati da Baruch-Hugh Johnson, trovarono nicchie amministrative nell'NRA di Roosevelt, ad esempio. Nel 1922, Herbert Hoover, allora Segretario al Commercio, e Franklin D. Roosevelt, futuro membro di Wall Street, unirono le forze per promuovere le associazioni commerciali, attuando le proposte di pianificazione economica postbellica di Bernard Baruch. Poco dopo, l'ex editore socialista Benito Mussolini marciò su Roma e istituì - con l'aiuto liberale della J.P. Morgan - lo Stato italiano delle imprese, la cui struttura organizzativa ricorda chiaramente la NRA di Roosevelt. Negli Stati Uniti, la glorificazione di Mussolini e dei suoi successi italiani fu incoraggiata dagli immancabili finanzieri Thomas Lamont, Otto Kahn e altri. Accenneremo solo brevemente al coinvolgimento di Wall Street nella Russia bolscevica e nella Germania hitleriana - entrambi Stati totalitari governati da un'élite autoproclamata - poiché questi aspetti sono trattati

---

[334] In francese nel testo.

in dettaglio in altri volumi.³³⁵ In breve, la costruzione della National Recovery Administration di FDR è stata solo una sfaccettatura di un processo storico più ampio - la costruzione di sistemi economici in cui i pochi potevano trarre profitto a spese dei molti costituiti dai cittadini-contribuenti - e tutti ovviamente promossi con la scusa del bene pubblico, che si tratti della Russia di Stalin, dell'Italia di Mussolini, della Germania di Hitler o del New Deal di Roosevelt.

CLINTON ROOSEVELT RNA - 1841

ᵉIl deputato di New York Clinton Roosevelt era un cugino del XIX secolo di Franklin Delano Roosevelt e, incidentalmente, era anche imparentato con il presidente Theodore Roosevelt, John Quincy Adams e il presidente Martin Van Buren. L'unico sforzo letterario di Clinton Roosevelt è contenuto in un raro pamphlet del 1841.³³⁶ Si tratta essenzialmente di una discussione socratica tra l'autore Roosevelt e un "Produttore" che presumibilmente rappresenta il resto di noi (cioè i molti). Roosevelt propone un governo totalitario sulla falsariga della società di 1984 di George Orwell, dove ogni individualità è sommersa da un collettivo guidato da un gruppo aristocratico elitario (cioè i pochi) che promulga tutte le leggi. Roosevelt chiese l'abbandono definitivo, ma non immediato, della Costituzione.

> P. Ma vi chiedo di nuovo: abbandonereste immediatamente le vecchie dottrine della Costituzione?
> A. Per niente. Non più di quanto, se ci si trovasse in una barca che perde, si dovrebbe saltare in mare per evitare di annegare. Era una nave messa insieme frettolosamente quando abbiamo lasciato la bandiera britannica, e si pensava che fosse un esperimento molto dubbio.³³⁷

Questa prima espressione di scetticismo della famiglia Roosevelt nei confronti della Costituzione ricorda il rifiuto della Corte Suprema nell'ottobre 1934 (*Schechter Poultry Corp. v. U.S.*) di un altro tipo di cambiamento promosso da Roosevelt, un cambiamento "senza vincoli" secondo la Corte, libero dalle regole

---

³³⁵ Per Wall Street e i primi bolscevichi, si veda Sutton, *Wall Street and the Bolshevik Revolution*, op. cit. Il coinvolgimento di Wall Street nell'ascesa di Hitler e del nazismo tedesco è oggetto di un altro volume, *Wall Street e l'ascesa di Hitler*.

³³⁶ Clinton Roosevelt, *The Science of Government Founded on Natural Law* (New York: Dean & Trevett, 1841). Di questo libro si conoscono due copie: una presso la Biblioteca del Congresso di Washington D.C. e l'altra presso la Biblioteca dell'Università di Harvard. L'esistenza di questo libro non è registrata nell'ultima edizione del catalogo della Library of Congress, ma è stata registrata nella precedente edizione del 1959 (pagina 75). Un'edizione in facsimile è stata pubblicata da Emanuel J. Josephson come parte del suo *Roosevelt Communist Manifesto* (New York: Chedney Press, 1955).

³³⁷ Ibidem.

di una società costituzionale: il National Recovery Act, esso stesso una strana replica del programma di Clinton Roosevelt del 1841 per un'economia collettiva.

Il vecchio sistema Roosevelt dipendeva "principalmente dall'arte e dalla scienza della cooperazione". Si tratta di far funzionare il tutto a vantaggio reciproco.[338] È questa cooperazione, la capacità di sfruttare il tutto a vantaggio di pochi, che, come abbiamo visto, è il tema generale degli scritti e delle predicazioni di Otto Kahn, Robert Brookings, Edward Filene, Myron Taylor e degli altri filosofi della finanza discussi nel Capitolo 5. Nello schema di Roosevelt, ogni uomo sale determinati gradini del sistema sociale e viene nominato alla carica per cui è più adatto, con la scelta della professione strettamente limitata. Nelle parole di Clinton Roosevelt:

> **P.** Chi sarà responsabile della designazione di ciascuna classe?
> **A.** Il Gran Maresciallo.
> **P.** Chi sarà responsabile del fatto che gli uomini nominati siano i più qualificati?
> **A.** Un collegio di fisiologi, filosofi morali, agricoltori e meccanici, scelti dal Gran Maresciallo e da lui responsabilizzati.
> **P.** Costringereste un cittadino a sottomettersi alle vostre decisioni nella scelta della vocazione?
> **A.** No. Se qualcuno di buon carattere insiste, può provare finché non trova la professione più adatta ai suoi gusti e sentimenti.[339]

La produzione nel sistema doveva essere equiparata al consumo e il trattamento di "eccessi e carenze" rifletteva le idee perseguite nel Piano Swope,[340] la base intellettuale della NAR di Roosevelt. Il sistema è certamente simile a quello utilizzato dal War Industries Board di Bernard Baruch durante la Prima Guerra Mondiale. Così Clinton Roosevelt descriveva i compiti del Creation Marshal, il cui compito è quello di bilanciare produzione e consumo:

> **P.** Qual è il compito del Maresciallo dell'Ordine creativo o produttivo?
> **A.** Si tratta di stimare la quantità di produzione necessaria per indurre la sufficienza in ogni reparto sotto di lui. Quando è in carica, segnala al Gran Maresciallo gli eccessi e le carenze.
> **P.** Come scoprirà questi eccessi e queste carenze?
> **A.** I vari commercianti gli indicheranno la domanda e l'offerta in ogni settore di attività, come si vedrà di seguito.
> **P.** Sotto quest'ordine ci sono l'agricoltura, le manifatture e il commercio, per come la vedo io. Qual è dunque il compito del maresciallo dell'agricoltura?
> **A.** Dovrebbe avere quattro regioni sotto di sé, altrimenti il commercio estero deve colmare questa lacuna.
> **P.** Quali sono le quattro regioni?
> **A.** La regione temperata, la regione calda, la regione molto calda e la regione umida.
> **P.** Perché dividerli in questo modo?

---

[338] Ibidem.

[339] Ibidem.

[340] Si veda l'Allegato A.

A. Perché i prodotti di queste diverse regioni richiedono sistemi di coltivazione diversi e sono giustamente soggetti a organizzazioni diverse.[341]

C'è poi un maresciallo dell'industria che supervisiona l'intero sistema, come Baruch come dittatore economico nel 1918 e Hugh Johnson come amministratore della National Recovery Administration nel 1933. I compiti del Marshal sono descritti da Clinton Roosevelt come segue:

P. Quali sono le funzioni del Maresciallo delle Manifatture?
A. Divide gli uomini in cinque classi generali, secondo lo schema stampato.
1er. I produttori di tutti i mezzi di difesa contro le intemperie.
2d. Tutti i tipi di carne.
3d. Metalli e minerali.
4ème. Prodotti chimici.
5ème. Macchine.
Tutti questi sono rappresentati nei diagrammi stampati, gli stendardi, con un colore su un lato e un motto adatto sul retro, che mostra il vantaggio che ogni classe rappresenta per tutte le altre: e in effetti, notiamo che questo dovrebbe essere adottato universalmente, per dare una giusta direzione alla vanità dell'uomo.
Facendo riferimento alla tabella e a quanto osservato in precedenza, le funzioni dei funzionari di questo dipartimento saranno tutte evidenti.

Le categorie industriali del 1841 non sono ovviamente quelle del 1930, ma è possibile individuare una somiglianza generale. La divisione 1ère è quella dell'abbigliamento e dei tessuti, limitata nel 1841 al cotone, alla lana e al lino, ma ora estesa ai materiali sintetici, comprese le materie plastiche e le fibre. La divisione 2ème è quella dei prodotti alimentari. La divisione 3ème è costituita da materie prime, mentre la divisione 4ème comprende i farmaci. La Divisione 5ème è la divisione macchine. Oggi la divisione in 5ème comprende le numerose suddivisioni dell'elettronica, della meccanica e dell'ingegneria civile, ma tutte e cinque le categorie potrebbero essere utilizzate per dividere un'economia moderna.

La società di Clinton Roosevelt può essere riassunta dalla sua frase: "Il sistema deve governare, e il sistema deve preoccuparsi principalmente del bene comune".

LA DITTATURA DI GUERRA DI BERNARD BARUCH

Se il Federal Reserve System e il suo monopolio legale privato sull'offerta di moneta sono stati una fonte di ricchezza per i suoi operatori, l'obiettivo finale di far funzionare la società a beneficio di pochi, come descritto da Frederick Howe e Clinton Roosevelt, può essere raggiunto solo attraverso il controllo pianificato dell'intera economia, che richiede l'adesione obbligatoria dei molti piccoli imprenditori ai dettami dei pochi che decidono quali piani seguire.

---

[341] Clinton Roosevelt, *La scienza del governo fondata sulla legge naturale*, op. cit.

La genesi dell'NRA di Roosevelt, un sistema che prevedeva l'adesione obbligatoria dei piccoli appaltatori a un piano ideato dalle grandi aziende, può essere fatta risalire all'American War Industries Board di Bernard Baruch, creato e sviluppato come misura di emergenza in tempo di guerra. Nel 1915, prima che gli Stati Uniti entrassero nella Prima Guerra Mondiale, Howard E. Coffin, allora presidente della General Electric, diresse l'American Committee on Industrial Preparedness. Insieme a Bernard Baruch e Daniel Willard della Baltimore and Ohio Railroad, Coffin fu anche membro del comitato consultivo del Council of National Defence. Nel 1915, Bernard Baruch fu incaricato dal presidente Woodrow Wilson di elaborare un piano per un comitato di mobilitazione della difesa. Questo piano di Baruch divenne in seguito il War Industries Board, che assorbì e sostituì il precedente General Munitions Board. Margaret L. Coit, biografa di Baruch, descrive il War Industries Board come un concetto simile a quello delle associazioni commerciali cooperative, uno strumento a lungo desiderato da Wall Street per controllare le imponderabilità della concorrenza di mercato:

> L'industria, i comitati delle grandi e delle piccole imprese, entrambi rappresentati a Washington, con una rappresentanza di Washington in patria, potrebbero costituire la spina dorsale dell'intera struttura.[342]

Nel marzo 1918, il presidente Wilson, agendo senza l'autorità del Congresso, aveva dato a Baruch più potere di qualsiasi altro individuo nella storia degli Stati Uniti. Il War Industries Board, presieduto da Baruch, divenne responsabile della costruzione di tutte le fabbriche e della fornitura di tutte le materie prime, i prodotti e i trasporti, e tutte le sue decisioni finali furono prese dal presidente Bernard Baruch. In breve, Baruch divenne il dittatore economico degli Stati Uniti, o "Maresciallo dei Produttori" secondo lo schema di Clinton Roosevelt. Tuttavia, come sottolinea Margaret Coit, "... la creazione di questo ufficio non è mai stata specificamente autorizzata da un atto del Congresso".[343]

Così, nell'estate del 1918, Baruch, dotato di poteri straordinari e anticostituzionali, aveva, secondo le sue stesse parole, "finalmente escogitato un sistema di "controllo" positivo sulla maggior parte del tessuto industriale...". Il successo ha generato successo e il commercio è stato acquisito con sempre maggiore disponibilità da parte degli interessi coinvolti.[344]

Al momento dell'armistizio, il W.I.B. era composto da Baruch (presidente), Alexander Legge della International Harvester (vicepresidente), E.B. Parker e R.S.

---

[342] Margaret L. Coit, M. Baruch (Boston: Houghton, Mifflin, 1957), p. 147.

[343] Ibidem, p. 172.

[344] Bernard M. Baruch, *American Industry in the War: A Report of the War Industries Board* (March 1921), con un'introduzione di Hugh S. Johnson (New York: Prentice-Hall, 1941) (che include "una ristampa del rapporto del War Industries Board della Prima Guerra Mondiale, il programma dello stesso Baruch per la mobilitazione totale della nazione presentato alla War Policy Commission nel 1931, e documenti attuali su priorità e prezzi").

Brookings (di cui abbiamo già esaminato le idee), responsabile della fissazione dei prezzi. Gli assistenti del presidente erano: Herbert Bayard Swope, fratello di Gerard Swope della General Electric; Clarence Dillon della Dillon, Read & Co. di Wall Street; Harrison Williams; e Harold T. Clark.[345]

Il rapporto finale di Baruch sul lavoro del W.I.B. era più di una storia delle sue operazioni; era anche un piano specifico e una raccomandazione per la pianificazione economica in tempo di pace.

Baruch non si accontentò di riassumere le lezioni da trarre per la pianificazione bellica o per la preparazione industriale in tempi di pace travagliata. Le conclusioni di Baruch erano piuttosto, secondo le sue stesse parole, rivolte a "pratiche industriali in tempo di pace" e a formulare raccomandazioni "relative alle pratiche commerciali in tempi normali". La maggior parte delle conclusioni riguarda la transizione da un sistema economico pianificato in tempo di guerra a uno pianificato in tempo di pace, e anche i suggerimenti per le pratiche di guerra sono legati alle funzioni del tempo di pace. Baruch suggerì che le "lezioni dirette più importanti da apprendere dalla guerra" sul funzionamento del War Industries Board erano:

1. La creazione di un'organizzazione strutturata in tempo di pace con 50 divisioni di prodotto, che si riunisce per monitorare lo sviluppo del settore e sviluppare informazioni. L'idea di fondo di questa proposta era che le informazioni necessarie per la pianificazione in tempo di pace dovessero essere raccolte e che la leadership dell'organizzazione dovesse provenire dall'industria su larga scala.
2. Che il governo "dovrebbe elaborare un sistema per proteggere e stimolare la produzione nazionale di alcune materie prime utilizzate in guerra", e
3. Che le industrie legate alla guerra dovrebbero essere incoraggiate dal governo a mantenere organizzazioni strutturate per l'uso bellico.

A parte questi suggerimenti piuttosto elementari, Baruch si concentra esclusivamente sulla "pianificazione" in tempo di pace. In un primo momento ci viene presentata la bufala che, in modo non dichiarato, "i processi del commercio" sono cambiati e sono ora costretti a piegarsi a "certi nuovi principi di supervisione". Questo non sequitur è seguito dall'affermazione:

> Siamo stati gradualmente costretti ad abbandonare la vecchia dottrina del diritto anglo-americano, secondo la quale la sfera del governo dovrebbe essere limitata alla prevenzione di violazioni contrattuali, frodi, danni fisici e danni alla proprietà, e il governo dovrebbe esercitare la sua protezione solo sugli incompetenti.

---

[345] Per un elenco completo del personale del W.I.B., vedi Grosvenor B. Clarkson, *Industrial America in the World War* (New York: Houghton, Mifflin, 1923), Appendice III. Brush (American Smelting and Refining), F. Y. Robertson (United States Metals Refining Co.), Harry F. Sinclair (Sinclair Refining Co.), Charles W. Baker (American Zinc) e Sidney J. Jennings (United States Smelting, Refining and Mining Co.).

È necessario, scrive Baruch, che il governo "tenda la mano" per proteggere "gli individui competenti dalle pratiche discriminatorie del potere industriale di massa". Sebbene Baruch faccia riferimento al controllo federale delle ferrovie e della flotta mercantile, non spiega perché i rappresentanti delle grandi imprese sarebbero nella posizione migliore per esercitare questo controllo. In altre parole, non dice perché la volpe viene proposta come l'essere più competente a gestire il pollaio. Baruch attacca poi le leggi antitrust di Sherman e Clayton, sostenendo che si tratta di semplici sforzi per costringere l'industria a conformarsi a "principi più semplici, sufficienti per le condizioni di un'epoca passata", e si congratula per il successo del War Industries Board, che ha creato centinaia di associazioni di categoria che controllano i prezzi e i metodi di distribuzione e produzione:

> Molti uomini d'affari sperimentarono durante la guerra, per la prima volta nella loro carriera, i notevoli vantaggi, sia per loro stessi che per il pubblico in generale, derivanti dalla combinazione, dalla cooperazione e dall'azione congiunta con i loro concorrenti naturali.

Se questi attributi cooperativi non vengono mantenuti, sostiene Baruch, gli uomini d'affari saranno tentati "e molti di loro non saranno in grado di resistere" a condurre "i loro affari per un guadagno privato con scarso riferimento al benessere pubblico generale". D'altra parte, le associazioni imprenditoriali possono essere di grande utilità pubblica per raggiungere l'obiettivo desiderato della cooperazione, conclude Baruch:

> La domanda è quindi quale tipo di organizzazione governativa possa essere concepita per salvaguardare l'interesse pubblico e allo stesso tempo preservare queste associazioni affinché possano continuare il buon lavoro di cui sono capaci.

Baruch, come ogni buon socialista, propone organizzazioni governative per sviluppare questi principi di cooperazione e coordinamento.

Se il lettore abbandona per un momento l'idea di un antagonismo reciproco tra comunismo e capitalismo, potrà facilmente vedere negli scritti di Bernard Baruch gli obiettivi fondamentali di Karl Marx descritti nel *Manifesto comunista*. Ciò che differisce tra i due sistemi sono i nomi dei pochi elitari che gestiscono l'operazione nota come pianificazione statale; l'avanguardia del proletariato di Karl Marx è sostituita dall'avanguardia del grande capitale di Bernard Baruch.

Chi beneficerebbe della proposta di Baruch? Il consumatore? Niente affatto, perché gli interessi dei consumatori sono *sempre* protetti dalla libera concorrenza del mercato, dove i beni e i servizi sono prodotti al costo più basso, nel modo più efficiente, e dove il consumatore ha la massima scelta tra i produttori concorrenti. I vincitori delle proposte di Baruch sarebbero i pochi che controllano i principali settori industriali - in particolare ferro e acciaio, materie prime, prodotti elettrici, cioè industrie già consolidate che temono la concorrenza di nuovi operatori più efficienti. In altre parole, i vincitori della sua proposta sarebbero Bernard Baruch e la sua cricca di Wall Street, che controllano di fatto le grandi imprese grazie alle loro posizioni dirigenziali interconnesse. Quindi la domanda fondamentale è: chi trae vantaggio da queste proposte di associazioni di categoria e di coordinamento governativo del settore? Il principale, se non l'unico grande beneficiario - a parte gli sciami di consulenti accademici, burocrati e pianificatori - sarebbe l'élite finanziaria di Wall Street.

Ecco quindi, con le parole e le idee di Baruch, l'attuazione dell'ingiunzione di Frederic Howe di "far lavorare la società per voi", il monopolista. Si tratta inoltre di una proposta paragonabile al sistema Roosevelt di Clinton. Non ci sono prove che Baruch avesse sentito parlare di Clinton Roosevelt. Non era necessario che lo conoscesse; i vantaggi di limitare il commercio e le opportunità erano sempre evidenti per le imprese già affermate. Non sorprende quindi trovare Bernard Baruch al centro dell'NRA di Roosevelt, che a sua volta ricalca molte delle proposte di Baruch del dopoguerra e che ha investito 200.000 dollari nell'elezione di FDR. Questo spiega perché i collaboratori di Baruch durante la Prima Guerra Mondiale appoggiarono il New Deal. Il generale Hugh Johnson, ad esempio, trascorse gli anni Venti a studiare l'organizzazione industriale a spese di Baruch e nel 1933 divenne il capo della National Recovery Administration. Ciò spiega anche perché Franklin Delano Roosevelt, anch'egli membro dell'élite finanziaria di Wall Street per gran parte degli anni Venti, abbia co-fondato con Herbert Hoover - un altro esponente di Wall Street negli anni Venti - la prima delle associazioni commerciali proposte da Baruch, l'American Steel Construction Association, di cui si parlerà nel prossimo capitolo.

Accanto alle idee di Bernard Baruch, che hanno preso forma nella NRA, c'è un esempio contemporaneo di socialismo aziendale molto più riuscito nella pratica: il Federal Reserve System.

PAUL WARBURG E LA CREAZIONE DEL FEDERAL RESERVE SYSTEM

Sebbene molti avessero contribuito, o pensassero di aver contribuito, allo sviluppo della legislazione sulla Federal Reserve, il sistema era essenzialmente frutto dell'ingegno di un solo uomo: Paul Warburg, fratello di Max Warburg, che abbiamo conosciuto nel Capitolo 3. Paul Moritz Warburg (1868-1932) discendeva dalla famiglia di banchieri tedeschi Oppenheim. Dopo una formazione iniziale negli uffici di Samuel Montagu & Co. a Londra e della Banque Russe pour le Commerce Étranger a Parigi, Warburg entrò a far parte della banca di famiglia M.M. Warburg & Co. ad Amburgo. Nel 1902, Warburg divenne socio della banca newyorkese Kuhn, Loeb & Co. pur continuando a essere socio della Hamburg Warburg. Cinque anni dopo, in seguito al panico finanziario del 1907, Warburg scrisse due pamphlet sul sistema bancario americano: *Defects and Needs of our Banking System* e *A Plan for a Modified Central Bank*.[346]

Negli anni successivi al 1907, Warburg continuò a parlare e a scrivere pubblicamente della necessità di una riforma bancaria e monetaria negli Stati Uniti

---

[346] Si veda anche Paul Warburg, *The Federal Reserve System, Its Origin & Growth; Reflections & Recollections* (New York: Macmillan, 1930).

e nel 1910 propose formalmente la creazione di una United States Reserve Bank. Questo piano divenne il Federal Reserve System e Warburg fu nominato dal presidente Woodrow Wilson membro del primo Consiglio della Federal Reserve. Durante la prima guerra mondiale, a causa del ruolo del fratello Max in Germania, Warburg venne criticato in modo significativo e nel 1918 non fu riconfermato nel Consiglio di amministrazione. Tuttavia, dal 1921 al 1926, dopo il placarsi delle critiche, Warburg divenne membro del Consiglio consultivo del Federal Reserve Board e ne fu presidente dal 1924 al 1926.

Dopo l'approvazione del Federal Reserve Act del 1913, Warburg e i suoi soci bancari iniziarono rapidamente a utilizzare il monopolio bancario legale per i propri scopi e obiettivi, come suggerito da Frederic Howe. Nel 1919, Warburg organizzò l'American Acceptance Council e fu presidente del suo comitato esecutivo nel 1919-20 e presidente nel 1921-22. Poi, nel 1921, Warburg organizzò e divenne presidente della banca privata International Acceptance Bank, Inc. continuando a far parte del comitato consultivo del Federal Reserve Board. Nel 1925, Warburg aggiunse altre due banche di accettazione private: l'American and Continental Corp. e l'International Acceptance Trust Co. Queste banche erano affiliate alla Bank of the Manhattan Company, controllata da Warburg. A margine, si può notare che Paul Warburg era anche direttore dell'americana IG Chemical Corp, la filiale americana della IG Farben in Germania. I.G. Farben ha svolto un ruolo importante nel portare Hitler al potere nel 1933 e ha prodotto il gas Zyklon-B utilizzato nei campi di concentramento nazisti. Warburg è stato membro fondatore della Carl Schurz Memorial Foundation, un'organizzazione di propaganda fondata nel 1930, direttore del prestigioso Council on Foreign Relations, Inc. e amministratore della Brookings Institution.

Ma fu grazie al monopolio virtuale della International Acceptance Bank Inc. e delle sue unità affiliate che Warburg riuscì a far lavorare la società per i Warburg e i loro amici banchieri. Lo storico revisionista Murray Rothbard ha esaminato le origini dell'inflazione degli anni Venti che ha portato al crollo del 1929 e ha fatto questa osservazione pertinente:

> Sebbene l'acquisto di titoli statunitensi sia stato maggiormente pubblicizzato, le note acquistate erano almeno altrettanto importanti, se non addirittura più importanti degli sconti. Le banconote acquistate hanno guidato la parata inflazionistica del credito della Riserva nel 1921 e 1922, sono state molto più importanti dei titoli nell'impennata inflazionistica del 1924 e altrettanto importanti nell'impennata del 1927. Inoltre, le banconote acquistate da sole continuarono a guidare l'inflazione nell'ultima metà del 1928, che fu fatale.[347]

Quali erano queste "banconote acquistate" che Rothbard indicava come il principale responsabile della depressione del 1929? Le banconote acquistate erano accettazioni, e quasi tutte erano accettazioni bancarie.

---

[347] Murray N. Rothbard, *America's Great Depression* (Los Angeles: Nash Publishing Corp. 1972), pag. 117.

Chi ha creato il mercato dell'accettazione negli Stati Uniti, in gran parte sconosciuto prima del 1920? Paul Warburg.

Chi ha fatto la parte del leone in questa attività di accettazione a tariffe sovvenzionate artificialmente basse? La Banca Internazionale di Accettazione, Inc.

Il suo presidente era Paul Warburg, con Felix Warburg e James Paul Warburg come co-direttori. Tuttavia, un'analisi più attenta della composizione delle banche (vedi sotto a pagina 95) suggerisce che si trattava di un veicolo che rappresentava l'élite finanziaria di Wall Street.

I Warburg e i loro amici di Wall Street sapevano dove avrebbe portato la loro politica finanziaria? In altre parole, c'era una qualche deliberazione nella loro politica finanziaria negli anni '20? Esiste un memorandum di Paul Warburg in cui si nota chiaramente che le banche avevano la capacità di prevenire l'inflazione:

> Se il governo e le banche statunitensi fossero degli automi impotenti, l'inflazione dovrebbe probabilmente seguirli. Ma è offensivo nei confronti delle nostre banche avere l'impressione che non debbano essere in grado di cooperare in un piano comune di protezione come, ad esempio, il mantenimento di tutte le riserve di liquidità a un livello superiore a quello richiesto dalla legge, se tale misura dovesse effettivamente diventare auspicabile per una maggiore sicurezza del Paese.[348]

Pertanto, Rothbard conclude giustamente:

> Il ruolo di primo piano di Warburg nel Federal Reserve System non è certo estraneo al fatto che egli abbia raccolto la maggior parte dei benefici della sua politica di accettazione.[349]

In breve, la politica di creazione di accettazioni a tassi artificiali sovvenzionati non solo fu inflazionistica, ma fu il fattore più importante, apparentemente una politica bancaria deliberata, che portò all'inflazione degli anni Venti e al crollo finale del 1929, facendo apparire necessario il New Deal o la pianificazione economica nazionale di FDR. Inoltre, come dice Rothbard, "... la concessione di privilegi speciali a un piccolo gruppo a spese del pubblico in generale". In altre parole, Wall Street ha fatto lavorare l'intera società americana per un oligopolio finanziario.

Il piano rivoluzionario di Warburg per far funzionare la società americana a favore di Wall Street era sorprendentemente semplice. Ancora oggi, nel 1975, i teorici accademici coprono le loro lavagne con equazioni prive di significato, e il pubblico in generale lotta con sconcerto contro l'inflazione e l'imminente stretta creditizia, mentre la spiegazione abbastanza semplice del problema rimane ignorata e quasi del tutto incompresa. Il Federal Reserve System è un monopolio

---

[348] Senato degli Stati Uniti, audizioni sull'industria delle munizioni, parte 25, op. cit. p. 8103.

[349] Murray Rothbard, *La grande depressione americana*, op. cit. p. 119.

legale privato della massa monetaria che opera a beneficio di pochi con il pretesto di proteggere e promuovere l'interesse pubblico.

Rivoluzionario? Sì, è così! Ma come ha osservato uno degli ammirati biografi di Warburg:

> Paul M. Warburg era probabilmente l'uomo più mite che abbia mai guidato personalmente una rivoluzione. Fu una rivoluzione incruenta: non cercò di spingere la popolazione a prendere le armi. È uscito con un'idea semplice. E ha vinto. Questa è la cosa più sorprendente. Uomo timido e sensibile, impose la sua idea a una nazione di cento milioni di persone.[350]

In cosa si differenzia questa rivoluzione warburghiana dalla rivoluzione socialista? Solo che nel socialismo, una volta compiuta la rivoluzione e concentrato il potere statale nelle giuste mani ideologiche, le ricompense personali maturate non sono generalmente così sostanziose - anche se i feudi creati dal nazionalsocialismo hitleriano e dai moderni soviet possono sfidare questa osservazione - né i risultati sono così esili. La dittatura monetaria dei sovietici è evidente. La dittatura monetaria del Federal Reserve System viene soffocata ed elusa.

Dovremmo poi esaminare più da vicino l'International Acceptance Bank, il veicolo di questa manovra di sfruttamento rivoluzionario, in quanto fornisce preziosi segnali del fatto che anche Wall Street aveva un reale interesse per la pianificazione economica nazionale e per un New Deal in stile FDR.

LA BANCA INTERNAZIONALE DI ACCETTAZIONE, INC.

La banca è stata fondata nel 1921 a New York ed è affiliata alla Bank of the Manhattan Company di Warburg. Tuttavia, il consiglio di amministrazione suggerisce che anche gli elementi più importanti di Wall Street avevano un interesse e un controllo significativo nella International Acceptance Bank e ne traevano vantaggio. Inoltre, vediamo un legame sorprendente tra le istituzioni finanziarie affiliate e un piano generale per stabilire il socialismo aziendale negli Stati Uniti.

Come si è detto, Paul M. Warburg era presidente del consiglio di amministrazione: suo fratello Felix, anch'egli socio di Kuhn Loeb & Co, e suo figlio James P. Warburg erano co-amministratori. Il vicepresidente era John Stewart Baker, anche presidente e direttore della Bank of Manhattan Trust Co. e della International Manhattan Co. e presidente del comitato esecutivo e direttore della Manhattan Trust Co. Baker è stato anche direttore dell'American Trust Co. e della New York Title and Mortgage Co. F. Abbot Goodhue è stato presidente e direttore della International Acceptance Bank, membro del consiglio di amministrazione delle altre banche Warburg e direttore della First National Bank

---

[350] Harold Kellock, "Warburg, il rivoluzionario", in *The Century Magazine*, maggio 1915, p. 79.

di Boston. Altri direttori della International Acceptance Bank erano Newcomb Carlton, direttore della Chase National Bank controllata da Rockefeller, della Metropolitan Life Insurance Co. controllata da Morgan e di altre grandi società come l'American Express Co. l'American Sugar Refining Co. e l'American Telegraph and Cable Co. Newcomb Carlton fu anche direttore dell'American Telegraph and Cable e direttore dell'American International Corporation, una società strettamente legata alla rivoluzione bolscevica.[351] Un altro direttore della International Acceptance Bank che era anche direttore della American International Corp. era Charles A. Stone, situato al 120 di Broadway e direttore della Federal Reserve Bank dal 1919 al 1932. Bronson Winthrop è stato anche direttore dell'American International Corp. e dell'International Acceptance Corp. Così, tre direttori dell'International Acceptance Bank avevano rapporti di parentela con l'American International Corp, il veicolo chiave per il coinvolgimento americano nella rivoluzione bolscevica.

Un altro direttore della International Acceptance Bank era David Franklin Houston, che era anche direttore della Carnegie Corp, della Guaranty Trust Co. controllata da Morgan, della U.S. Steel e della A.T.&T., e presidente della Mutual Life Insurance Co. Tra gli altri direttori della I.A.B. figurano Philip Stockton, presidente della First National Bank di Boston e direttore di A.T.&T., General Electric, International Power Securities e di molte altre società; William Skinner, direttore di Irving Trust Co. Schrenk, direttore di Agfa Ansco, Krupp Nirosta e Mercedes Benz; e Henry Tatnall, direttore di Girard Trust. Paul Warburg era anche direttore di Agfa Ansco, Inc, una società posseduta al 60% da I.G. Farben e una "facciata" per l'azienda negli Stati Uniti.

In breve, i direttori della International Acceptance Bank riflettevano gli elementi più potenti di Wall Street: i Morgan, i Rockefeller e gli Harriman, oltre ai banchieri di Boston.

Inoltre, Warburg fu associato ai Roosevelt per tutta la vita e in modo intimo, dall'infanzia al New Deal. L'associazione Warburg-Roosevelt è illustrata da un estratto delle memorie di James P. Warburg:

> "Mi è capitato di conoscere il figlio maggiore del presidente eletto, James Roosevelt, per alcuni anni, poiché viveva in una delle case di campagna nella tenuta di mio zio Felix a White Plains".[352]

In seguito, lo stesso James P. Warburg divenne consulente del presidente Franklin D. Roosevelt per gli affari monetari nazionali e internazionali. Il profondo interesse di Warburg per il programma NAR si riflette in un memorandum del 1933 di Warburg a FDR:

> Memorandum al Presidente: Problema della moneta nazionale. A mio parere, l'amministrazione non si è mai trovata di fronte a una situazione più grave di quella

---

[351] Si veda Sutton, *Wall Street e la rivoluzione bolscevica*, op. cit. capitolo 8.

[352] James P. Warburg, *The Long Road Home: The Autobiography of a Maverick* (Garden City: Doubleday, 1964), p. 106.

attuale. L'intero programma di ripresa, che è al centro della sua politica, è messo a rischio dall'incertezza e dai dubbi in campo monetario. Il National Recovery Act non può funzionare utilmente se si teme una svalutazione sconosciuta della moneta e se si teme la sperimentazione monetaria. C'è già stata un'enorme fuga di capitali, che continuerà ad aumentare finché ci sarà incertezza.[353]

Poi, seguendo la propensione al monopolio di Warburg, James Warburg raccomandò a FDR di centralizzare tutte le idee, le azioni e le decisioni monetarie nel Dipartimento del Tesoro e nel Federal Reserve Board.

Ovviamente, questa proposta garantirebbe che tutte le decisioni monetarie siano prese dal gruppo elitario associato alla Banca di Accettazione Internazionale e al Federal Reserve System. Nel luglio 1933, quando James Warburg scrisse il suo memorandum a FDR, il Segretario del Tesoro era William H. Woodin, che era stato direttore della FRB di New York dal 1925 al 1931. Possiamo anche citare i rapporti di FDR con il Federal Reserve System. Il suo "zio preferito" Frederic Delano fu nominato Vicepresidente del Consiglio della Federal Reserve dal Presidente Woodrow Wilson nel 1914 e dal 1931 al 1936 Delano fu Presidente del Consiglio della Federal Reserve Bank di Richmond, Virginia. Nel 1934 FDR nominò Delano presidente del National Resources Planning Board.

Nel 1933-34 gli Stati Uniti hanno affrontato la più grande crisi finanziaria della loro storia. E cosa fece FDR? Ha chiamato gli stessi operatori responsabili della crisi come medici finanziari - una politica sensata come lasciare che i pazzi gestiscano il manicomio.

Esistono quindi associazioni tra Franklin D. Roosevelt, la famiglia Warburg e il sistema di banche centrali di ispirazione warburghiana, che vanno dall'infanzia alla nomina di Warburg come principale consigliere monetario di FDR. Vedremo in seguito che fu Warburg a determinare la forma finale della National Industrial Recovery Administration. D'altra parte, la famiglia Warburg e i suoi amici di Wall Street controllavano il monopolio privato dell'offerta di moneta noto come Federal Reserve System e, attraverso la International Acceptance Bank, sfruttavano questo monopolio per i loro scopi.

I Padri fondatori hanno dimostrato grande saggezza e intuizione sui pericoli dell'emissione monopolistica di cartamoneta, che si riflette nell'articolo I, sezione 9 della Costituzione degli Stati Uniti:

> "Nessuno Stato potrà... emettere qualcosa di diverso dalle monete d'oro e d'argento per servire come strumento di pagamento del debito.... "

Una sfida costituzionale all'emissione di banconote della Federal Reserve da parte di un monopolio bancario privato, il Federal Reserve System, è attesa da tempo. Si spera che il valore del dollaro non debba essere azzerato, come nella

---

[353] Franklin D. Roosevelt e gli affari esteri, vol. I, p. 325. Memorandum di James P. Warburg a Roosevelt, 24 luglio 1933

Germania del dopoguerra, prima che una simile sfida venga lanciata e sostenuta dalla Corte Suprema degli Stati Uniti.

CAPITOLO VII

ROOSEVELT, HOOVER, E CARTA COMMERCIALE

> *È raro che persone dello stesso settore si incontrino, anche solo per divertimento, senza che la conversazione finisca in una cospirazione contro il pubblico o in una manovra per aumentare i prezzi.*
> Adam Smith, *An Inquiry into the Nature and Causes of the Wealth of Nations*
> (Londra: George Routledge, 1942), p. 102.

L'idea di far funzionare la società per un gruppo privilegiato al suo interno non è nata con i socialisti aziendali di Wall Street, né con la comunità finanziaria in generale, e nemmeno con i socialisti marxisti. ᵉIn realtà, questa nozione è antecedente alla nostra società industriale e c'è un interessante parallelo tra i codici del New Deal americano (che analizzeremo più avanti) e la legislazione commerciale dell'Inghilterra del XIII secolo.[354]

UN NEW DEAL MEDIEVALE

Nel 1291, i conciatori di Norwich, in Inghilterra, furono portati davanti al tribunale locale con l'accusa di aver organizzato e codificato le loro attività conciarie a scapito dei cittadini locali. Due anni dopo, nel 1293, i calzolai e i sellai di Norwich dovettero affrontare accuse simili. Ungendo i legislatori, la struttura del potere politico della Norwich medievale fu indotta a credere che forse i conciatori avevano bisogno di protezione, dopo tutto.

Questa protezione arrivò a incorporare gli stessi principi di base della pianificazione economica che furono implementati quasi 700 anni dopo nel New Deal di Roosevelt. Così, nel 1307, l'industria conciaria di Norwich fu codificata legalmente e vennero prescritti i salari e le condizioni di lavoro, con il pretesto di proteggere i consumatori, ma in pratica concedendo un monopolio legale ai conciatori.

---

[354] Si veda Erwin F. Meyer, "English Medieval Industrial Codes" in *The American Federationist*, gennaio 1934. Meyer traccia affascinanti paralleli tra le corporazioni medievali e la pratica dell'ANR sotto Roosevelt. Nel Medioevo, il risultato, come negli anni Trenta, fu quello di creare "un'oligarchia di capitalisti" nell'economia inglese.

Nel decennio precedente al New Deal, negli anni Venti, Wall Streeter Roosevelt fu attivo per conto delle imprese nel promuovere queste stesse idee di base, ovvero usare il potere dello Stato per limitare il commercio, promuovere la cooperazione e usare la regolamentazione governativa per prevenire la concorrenza indesiderata di stranieri più efficienti. Le associazioni di categoria degli anni '20 erano più discrete nelle loro proposte rispetto ai conciatori di Norwich del XIII secolo[e], ma il principio di fondo era lo stesso.

Purtroppo, il ruolo di Franklin D. Roosevelt nella Wall Street degli anni Venti è stato ignorato dagli storici. Daniel Fusfield osserva giustamente che FDR "prese parte attiva al movimento associativo che sarebbe diventato la N.R.A. del primo New Deal";[355] d'altra parte, Fusfield, che offre l'unica descrizione dettagliata delle attività imprenditoriali di FDR, conclude che il suo atteggiamento nei confronti degli affari era "un curioso miscuglio". Secondo Fusfield, FDR "insisteva sul fatto che i meri profitti non giustificavano completamente l'attività imprenditoriale", e che un uomo d'affari doveva anche "avere la motivazione del servizio pubblico". Per Fusfield, ciò era incompatibile con il coinvolgimento "in una serie di imprese puramente speculative e attività commerciali che avevano poco a che fare con il servizio pubblico".[356]

Fusfield e i suoi colleghi storici dell'era Roosevelt non hanno notato che il "servizio pubblico" per un uomo d'affari è assolutamente coerente con la "massimizzazione del profitto"; infatti, il servizio pubblico è la via più facile e certamente la più lucrativa per la massimizzazione del profitto. Inoltre, quanto più rischiosa e speculativa è l'attività, tanto maggiore è il beneficio che si può trarre dal servizio pubblico.

Se si adotta questa visione più realistica del bene sociale, allora l'atteggiamento di Roosevelt nei confronti dell'impresa non è affatto "curioso". Si tratta infatti di un programma coerente di massimizzazione del profitto.

IL CONSIGLIO AMERICANO DELLE COSTRUZIONI

L'American Construction Council (A.C.C.), fondato nel maggio del 1922, è stata la prima di molte associazioni di categoria create negli anni '20, strumenti utilizzati per aumentare i prezzi e ridurre la produzione. La proposta e l'impulso iniziali per il consiglio vennero dal Segretario al Commercio Herbert Hoover, e il consiglio operò sotto la guida di Franklin D. Roosevelt, che all'epoca stava iniziando la sua carriera a Wall Street dopo essere stato Assistente del Segretario della Marina. Gli obiettivi pubblici dichiarati dell'A.C.C. erano un "codice etico" (un eufemismo per limitare il libero commercio), l'efficienza e la standardizzazione della produzione. Ancora più importante, ma meno noto, il C.C.A. doveva dare all'industria la possibilità di fissare i propri prezzi e livelli di

---

[355] Daniel R. Fusfield, *Il pensiero economico di Franklin D. Roosevelt e le origini del New Deal*.

[356] Ibidem.

produzione senza temere di essere perseguita dal governo in materia di antitrust. Il *New York Times* ha riportato la notizia:

> Furono queste enormi possibilità, in termini di dedizione al servizio pubblico e di eliminazione degli sprechi, ad accendere l'immaginazione di Hoover e Roosevelt e ad invitarli ad accettare posizioni di leadership nel movimento.[357]

Come i comitati per i prezzi del War Industries Board di Baruch, l'A.C.C. era in realtà un'associazione industriale primitiva, anche se l'obiettivo dichiarato del consiglio era molto ambizioso:

> ... di porre l'industria delle costruzioni su un piano elevato di integrità ed efficienza e di correlare gli sforzi di miglioramento delle agenzie esistenti attraverso un'associazione dedicata al miglioramento del servizio all'interno dell'industria delle costruzioni... .[358]

e quindi di stabilizzare le condizioni di profitto per l'industria, i lavoratori e il pubblico in generale. Questo era anche l'obiettivo di Baruch per le associazioni di categoria in tempo di pace: regolamentare l'industria sotto il controllo del governo, tutto in nome del bene pubblico. Nel caso dell'American Building Council, l'interesse pubblico è stato preteso per eliminare gli scandali scoperti dalla Commissione Lockwood che indagava sull'industria edile di New York.

Tuttavia, poiché questo scandalo riguardava in gran parte l'esclusività e simili condizioni coercitive imposte agli appaltatori e ai costruttori dalla United States Steel Corporation e dalla Bethlehem Steel, il bene pubblico come giustificazione ha poco senso. Questi giganti dell'industria erano controllati dagli interessi di Morgan a Wall Street che, come vedremo, erano anche dietro la proposta della C.C.A. In breve, le presunte condizioni antisociali che dovevano essere risolte da un'associazione di categoria avrebbero potuto essere fermate molto più semplicemente ed efficacemente da un memorandum di J.P. Morgan e dei suoi associati; non c'era bisogno di promuovere un'associazione di categoria per fermare questi abusi. Dobbiamo quindi cercare altrove la ragione dell'esistenza delle associazioni di categoria. Il vero motivo, ovviamente, è proteggere l'industria da una concorrenza indesiderata e stabilire condizioni di monopolio per coloro che già operano nel settore. Come ci ha detto Howe, un monopolio legale è la strada sicura per il profitto. Fu la formazione di questo monopolio legale che spinse Roosevelt e Herbert Hoover ad unirsi contro l'interesse pubblico, anche se, secondo Freidel :

> Elliott Brown, amico di FDR, lo mise in guardia dalle tendenze "socialiste" di queste associazioni e di Hoover in particolare. Socialista, perché non appena un'associazione viene costituita, il governo se ne interessa attraverso un impiegato

---

[357] *The New York Times*, 15 maggio 1922, p. 19.

[358] Citato in Fusfield, *Economic Thought*, op. cit. p. 102.

del Dipartimento del Commercio, che approva o disapprova molte questioni che riguardano l'iniziativa e il benessere di tutte le persone.[359]

Il ruolo di FDR non è davvero sorprendente. Stava cercando di lanciare una carriera commerciale. Aveva contatti politici ed era più che disposto, persino desideroso, di usarli. D'altra parte, c'è una strana dicotomia nelle idee e nelle pratiche di Herbert Hoover in questo settore del rapporto tra governo e imprese. Herbert Hoover dichiarò la sua adesione ai principi della libera impresa e dell'iniziativa individuale e il suo sospetto verso l'intervento del governo. Queste affermazioni si mescolavano ad altre contrarie che incoraggiavano, o addirittura consentivano, l'intervento del governo per ragioni quasi banali. Sfortunatamente, le memorie di Herbert Hoover, l'unica fonte autorevole in ultima analisi, non risolvono questi conflitti. L'American Building Council non è menzionato nelle Memorie di Hoover, anche se il volume II, "The Cabinet and the Presidency", mette in evidenza i mali dell'intervento del governo nell'economia, indicando il comunismo, il socialismo e il fascismo e commentando: "Questa cura di sinistra per tutti i mali dell'economia" ora appare come "pianificazione nazionale". Hoover aggiunse che gli "abusi" delle imprese erano solo "marginali" e che, invece dell'intervento del governo, "era meglio che le imprese cooperassero per rimediare ai propri abusi".[360]

D'altra parte, la corrispondenza privata di Hoover con Roosevelt sull'American Building Council suggerisce che Hoover, pur essendo favorevole all'intervento del governo, era attento a nascondere questo suo continuo interesse per paura di far ricadere l'opposizione dell'opinione pubblica sulla sua testa e di rovinare la proposta. Una lettera di Hoover a Roosevelt, datata 12 giugno 1923, lo dimostra:

12 giugno 1923
Franklin D. Roosevelt, vicepresidente.
Fidelity and Deposit Company of Maryland 120 Broadway
New York
Mio caro Roosevelt :
Il suo telegramma del 7 giugno mi lascia un po' perplesso. Speravo che il Consiglio per l'Edilizia fosse composto esclusivamente da rappresentanti dell'industria, senza pressioni da parte dell'amministrazione. In caso contrario, si troverà presto a dover affrontare la stessa opposizione che si manifesta immediatamente per qualsiasi cosa venga toccata dal governo su questo tema.
Il diffuso sentimento delle imprese contro l'interferenza del governo tende a distruggere anche uno sforzo volontario se si pensa che sia ispirato dal governo.
Voglia accettare, signor Presidente, l'assicurazione della mia più alta considerazione.

Herbert Hoover

---

[359] Freidel, *Il calvario*, op. cit. p. 152.

[360] *Le memorie di Herbert Hoover*. The Cabinet and the Presidency 1920-1933, (Londra: Hollis and Carter 1952), p. 67.

In ogni caso, l'American Construction Council era un'associazione cooperativa di imprese, lavoratori e governo,

> costituita a Washington il 19 giugno su suggerimento e sotto la direzione del Segretario Hoover del Dipartimento del Commercio (che) ha mosso i primi passi verso l'attuazione di un programma di sforzi edilizi che si spera possa eliminare molti dei mali che si sono sviluppati nel settore nell'ultimo decennio.[361]

Così, fu il libero imprenditore Herbert Hoover a diventare il patrocinatore della prima delle associazioni professionali, l'American Construction Council, che fu progettata per includere :

> architetti, ingegneri, lavoratori del settore edile, appaltatori generali, subappaltatori, produttori di materiali e attrezzature, rivenditori di materiali e attrezzature, interessi in materia di cauzioni, assicurazioni e proprietà immobiliari, nonché dipartimenti edilizi delle amministrazioni federali, statali e locali.[362]

La riunione organizzativa dell'American Construction Council si è tenuta all'FDR di New York e ha visto la partecipazione di circa 20 persone. Il gruppo ha discusso il concetto di consiglio, anche se dovrebbe essere :

> se debba essere una camera di compensazione per le varie associazioni nazionali, una camera di compensazione per le informazioni professionali, o se debba essere un'organizzazione attiva, aggressiva (sic) e militante al servizio del bene pubblico dell'industria delle costruzioni.[363]

È stato deciso all'unanimità che il Consiglio deve essere un'organizzazione attivista aggressiva e non solo un centro di informazione. Questo concetto è stato discusso con Dwight Morrow della J.P. Morgan, con Dick, segretario del giudice Gary della U.S. Steel Corporation, con Gano Dunn, presidente della J.G. White Engineering Corporation e con Stone & Webster. È interessante notare che la maggior parte di queste persone e aziende sono presenti nel mio precedente volume, *Wall Street e la rivoluzione bolscevica*.

Dopo che l'istituzione finanziaria ha espresso il suo sostegno al C.C.A., è stata interpellata l'industria delle costruzioni nel suo complesso per conoscere la sua reazione. Questo lavoro preliminare è culminato in una riunione organizzativa presso il Washington Hotel, Washington D.C., martedì 20 giugno 1922. Franklin D. Roosevelt fu eletto presidente del consiglio di amministrazione e John B. Larner, vicepresidente dell'American Bankers Association, fu eletto tesoriere. Il presidente della commissione per le finanze era Willis H. Cabina di regia della

---

[361] *The New York Times*, 9 luglio 1922, VIII 1:3.

[362] *The New York Times*, 15 maggio 1922, p. 19, col. 8.

[363] Verbale del Consiglio di amministrazione dell'American Construction Council, 20 giugno 1922. Fascicoli FDR, gruppo 14: Consiglio americano delle costruzioni.

Guaranty Trust Company. Il comitato ha quindi istituito i propri comitati e ha definito le priorità.

L'interpretazione di Roosevelt sulle cause dei problemi dell'industria edilizia è stata riportata dal *New York Times*:

> "Il metodo tipico utilizzato dall'industria delle costruzioni negli ultimi anni è stato il "business as usual". Non c'è stato nessun sistema, nessuna cooperazione, nessuna pianificazione nazionale intensiva.

Dopo aver sottolineato che un ferroviere non viene licenziato a causa del maltempo, Roosevelt commentò:

> Nel settore delle costruzioni, tuttavia, abbiamo il grande imponderabile della nostra vita economica, il lavoro stagionale. Tutto il lavoro si concentra nei mesi estivi e non viene svolto in inverno. I risultati di questo accatastamento sono evidenti. In estate la manodopera scarseggia e i prezzi salgono, in inverno la disoccupazione e il reddito diminuiscono. L'unica cosa che dura tutto l'anno è l'amarezza degli uomini impegnati nel lavoro.[364]

Come propone FDR di cambiare tutto questo?

> Gran parte del lavoro può essere distribuito nell'arco dell'anno. Non c'è alcuna ragione al mondo per cui un meccanico specializzato che vive a New York, ad esempio, debba essere chiamato a giugno per aiutare a costruire un edificio pubblico in Georgia. La Georgia può costruire durante le stagioni dell'anno in cui New York non può farlo; lo stesso vale per la Louisiana e per tutti gli Stati del Sud.

Il suggerimento di Roosevelt, un non sequitur senza scopo, era che l'industria edilizia avrebbe dovuto "consultarsi su questa situazione: spostare i materiali da costruzione durante la bassa stagione e allocare la manodopera". In occasione di una prima riunione del Consiglio dei governatori, tenutasi a casa di FDR a New York il 16 maggio 1923, FDR richiamò l'attenzione sul corso che il Consiglio stava prendendo:

> "L'American Building Council è stato organizzato, ma francamente da allora non ha fatto altro che raccogliere le quote di 115 organizzazioni diverse".

FDR pose ai governatori riuniti una scelta di fondo: volevano continuare a seguire il vecchio metodo, "Costruire tutto quello che possiamo, pagando qualsiasi

---

[364] *New York Times*, 4 giugno 1922. La ricerca di una proposta praticabile e realizzabile per risolvere i presunti problemi dell'industria delle costruzioni è infruttuosa. I suggerimenti più validi avanzati da Roosevelt e dai suoi colleghi pianificatori chiedevano di risparmiare tempo per consentire la costruzione o il movimento di uomini e materiali durante tutto l'anno, "programmando". Naturalmente, un sistema di mercato sposta automaticamente uomini e materiali, un punto probabilmente sconosciuto a FDR.

prezzo, purché si ottengano gli ordini? Perché se così fosse, FDR disse: "Tanto vale rimandare". D'altra parte, ha proseguito, questa non sembra essere l'opinione della maggioranza e "vogliamo tornare al vero scopo fondamentale del Consiglio, che era quello di prevenire questo tipo di cose". A ciò ha fatto seguito una serie di proposte di risoluzione, adottate all'unanimità, che avrebbero avuto l'effetto di rallentare la costruzione. Il Consiglio continuò ad avere i suoi problemi, riassunti in una lettera del 29 aprile 1924 del vicepresidente esecutivo D. Knickerbocker Boyd a Franklin D. Roosevelt, "per richiamare l'attenzione sul gravissimo stato di cose esistente in quel momento". Boyd ricordò a FDR che il Segretario Esecutivo Dwight L. Hoopingarner aveva prestato servizio "praticamente" senza retribuzione e che gli dovevano 7.000 dollari di stipendio arretrato. Boyd ha aggiunto: "Non è giusto e non si deve permettere che questo continui. Il lavoratore non solo deve ricevere prontamente tutti gli stipendi arretrati, ma deve anche avere la garanzia di un pagamento tempestivo in futuro, altrimenti il lavoro deve essere interrotto. In secondo luogo, Boyd ha affermato che anche lui si aspetta di essere pagato per il tempo trascorso nel Consiglio di amministrazione, notando che il tempo trascorso finora ammonta a 3168,41 dollari, più le spese di viaggio. Boyd ha suggerito che il Consiglio di amministrazione si assuma le proprie responsabilità, si metta in regola dal punto di vista finanziario o si sciolga. L'ultimo paragrafo della lettera di Boyd dimostra l'obiettivo fondamentale di chi promuove l'American Building Council:

> Se il Consiglio dovesse scomparire, sarebbe, a mio avviso, una calamità nazionale - perché dubito che, dopo questo secondo tentativo di nazionalizzare la grande industria edilizia su basi umane, si possano trovare abbastanza persone con l'entusiasmo, la fede e la pazienza per fare un terzo tentativo.

Franklin D. Roosevelt, presidente dell'American Construction Council, aveva chiesto una "pianificazione economica"; oggi il vicepresidente esecutivo riconosce uno "sforzo per nazionalizzare" l'industria delle costruzioni. Questo sforzo di organizzare l'industria delle costruzioni sotto l'occhio sonnolento del governo, apparentemente per il bene pubblico, è fallito.

CAPITOLO VIII

WALL STREET COMPRA IL NEW DEAL

> B.M. [Bernard Baruch] ha svolto un ruolo più efficace. La sede centrale semplicemente non aveva soldi. A volte non riuscivano nemmeno a pagare la radio per i discorsi dei candidati. Non avevano praticamente nulla per portare avanti la campagna nello Stato critico del Maine. Ogni volta che c'era una crisi, B.M. donava il denaro o andava a prenderlo.
>
> Hugh S. Johnson, *L'aquila blu dalle uova alla terra*
> (New York: Doubleday, Doran, 1935), p. 141.
> Sulla campagna elettorale di FDR del 1932.

La campagna presidenziale del 1928 contrappose il governatore Alfred E. Smith, un cattolico sostenuto dalla Tammany Hall e convinto collettivista, a Herbert Hoover, un quacchero che sposava il tradizionale individualismo e l'autosufficienza americana. Herbert Hoover vinse con 21.392.000 voti contro i 15.016.000 di Smith.

Dove hanno collocato il loro sostegno e la loro influenza i banchieri-filosofi di Wall Street nell'elezione di Smith-Hoover? In base all'interpretazione accettata della filosofia dei finanzieri, il loro sostegno sarebbe dovuto andare a Herbert Hoover. Hoover promosse le amate associazioni di categoria, amate, cioè, dalla comunità finanziaria e commerciale. Inoltre, in *American Individualism*,[365] Herbert Hoover chiarì che il sistema ideale per l'America non era, nelle sue parole, "un sistema di libera impresa" ma, al contrario, un'economia regolamentata. D'altra parte, il membro più politicamente impegnato dell'establishment finanziario di Wall Street nel 1928 era John J. Raskob, vicepresidente di Du Pont e General Motors e direttore della Bankers Trust Co. e della County Trust Co. Su insistenza personale del governatore Al Smith, Raskob divenne presidente del Comitato finanziario democratico. Raskob è stato anche il più grande donatore individuale, contribuendo alla campagna con oltre 350.000 dollari. Quali erano gli obiettivi politici perseguiti da Raskob e dai suoi alleati che rendevano Al Smith così attraente come candidato?

Nel 1928, John J. Raskob, Bernard Baruch e altri esponenti di Wall Street presentarono al pubblico gli elementi chiave di quello che divenne il National Recovery Program. La promozione dell'NRA da parte di Roosevelt risale in realtà ai discorsi di Raskob del 1928 per la campagna presidenziale di Al Smith. Sebbene

---

[365] New York: Doubleday, pagina 1922.

sia Al Smith che Herbert Hoover si siano affidati pesantemente al "cerchio d'oro" di Wall Street per i fondi della campagna elettorale, come verrà illustrato più avanti in questo capitolo, il denaro di Du Pont-Raskob-Baruch si appoggiava pesantemente ad Al Smith.

Smith, ovviamente, perse le elezioni del 1928 a favore dei democratici e Herbert Hoover divenne presidente repubblicano. Nonostante la tiepidezza di Wall Street, Hoover nominò molti esponenti di Wall Street nei suoi comitati e consigli di amministrazione. Poi, a metà del 1932, di fronte alla scelta tra un programma di ripresa nazionale nella forma del Piano Swope e politiche meno fasciste, Hoover si rifiutò di istituire il socialismo corporativo, identificò il Piano Swope per quello che era e si attirò addosso l'ira di Wall Street.

Pertanto, in questo capitolo possiamo e vogliamo ripercorrere le proposte di Baruch per l'NRA e il sostegno finanziario ai due candidati presidenziali in ogni elezione da parte di Raskob, Baruch, Du Pont, Rockefeller e altri membri dell'élite finanziaria. In ogni caso, il sostegno principale è andato al candidato democratico disposto a promuovere il socialismo aziendale. Nel 1928 fu Al Smith, che era anche direttore della Metropolitan Life Insurance Company controllata da Morgan; nel 1930 andò a Roosevelt con i contributi per la convention del 1932. A metà del 1932, Herbert Hoover aveva perso gran parte del sostegno di Wall Street e l'influenza e il denaro furono trasferiti in massa all'elezione di Roosevelt.

In seguito, FDR non abbandonò i suoi sostenitori. Il National Recovery Act, con la sua capacità di costringere le piccole imprese, fu promulgato ed entrò in vigore nel giugno 1933. Diamo quindi un'occhiata più da vicino a questi eventi e alle prove che ne sono alla base.

L'INFLUENZA DI BERNARD BARUCH SU FDR

Secondo le sue stesse dichiarazioni, l'amministratore dell'ANR di Roosevelt, Hugh Johnson, partecipò a un programma di formazione negli anni Venti sotto la tutela di Bernard Baruch. Johnson racconta questa esperienza come segue:

> Dubito che qualcuno abbia avuto un accesso più diretto e completo alle fonti di informazione di B.M. e mi ha sempre lasciato mano libera nel consultare e utilizzare tutti gli scienziati e gli esperti di cui potevo avere bisogno. Per diversi anni sono stato l'unico membro del personale di ricerca che ha consultato in modo permanente. Questo e quello che lo ha preceduto sono stati un'ottima formazione per il servizio nel NAR, perché questi studi coprivano un segmento considerevole di tutta l'industria americana e l'esperienza con il governo collegava le due cose.[366]

Lo stesso Johnson considera i discorsi di Raskob del settembre e ottobre 1928 nella campagna di Al Smith come l'inizio dell'NRA di Roosevelt:

---

[366] Hugh S. Johnson, *The Blue Eagle from Egg to Earth* (New York: Doubleday, Doran, 1935), pag. 116.

"Non c'era nulla di particolarmente nuovo nella sostanza dei principi sviluppati. Avevamo sviluppato ed espresso esattamente la stessa filosofia nella campagna di Al Smith nel 1928...".[367]

Al Smith, il candidato democratico alle presidenziali del 1928, era, come abbiamo notato, un direttore della Metropolitan Life Insurance, la più grande compagnia di assicurazioni sulla vita degli Stati Uniti, controllata da J.P. Morgan, e la maggior parte dei fondi della sua campagna elettorale provenivano dal circolo d'oro di Wall Street. Bernard Baruch stesso presentò il piano dell'ANR il 1er maggio 1930 - un buon giorno per una misura socialista - in un discorso a Boston. C'erano tutti i contenuti dell'ANR, la regolamentazione, i codici, l'applicazione e la carota del welfare per i lavoratori. Fu ripresa nella piattaforma Baruch del giugno 1932 - quella che Herbert Hoover si rifiutò di adottare. L'NRA è stata reintrodotta da Baruch in una testimonianza davanti al Senato e in discorsi tenuti davanti alla Brookings Institution e alla Johns Hopkins University. In tutto, Hugh Johnson conta dieci documenti e discorsi, tutti pronunciati prima dell'elezione di Roosevelt nel 1932, in cui "è presente lo sviluppo della filosofia economica della campagna del 1928 e di quasi tutto ciò che è accaduto da allora". Di parte di questa filosofia l'NRA era un'espressione concreta.[368]

I seguenti estratti del discorso di Baruch del 1er maggio 1930 contengono l'essenza delle sue proposte:

> Le imprese hanno bisogno di un forum comune in cui i problemi che richiedono cooperazione possano essere discussi e affrontati con la sanzione costruttiva e non politica del governo. Può essere stato saggio proibire per legge tutto ciò che cercava di regolare la produzione quando il mondo temeva la carestia, ma è una follia pubblica decretare il funzionamento illimitato di un sistema che periodicamente sbocca masse indigeste di prodotti non consumabili. Nessun ufficio repressivo, inquisitorio e mediocre sarà sufficiente: dobbiamo sviluppare un nuovo concetto di tribunale - un tribunale investito, come la Corte Suprema, di un prestigio e di una dignità tali che i nostri più grandi dirigenti d'azienda saranno felici di abbandonare qualsiasi interesse personale negli affari e servire così il bene comune. Come la Corte Suprema, deve essere assolutamente non politica.
> Non dovrebbe avere il potere di reprimere o costringere, ma dovrebbe avere il potere di convocare una conferenza, di suggerire e sanzionare o di autorizzare una cooperazione di buon senso tra le unità industriali, al fine di evitare che le nostre benedizioni economiche diventino oneri insopportabili. Il suo unico potere punitivo dovrebbe essere quello di prescrivere i termini delle sue licenze, per poi revocarle in caso di violazione di tali termini.
> Le sue delibere dovrebbero essere aperte e pienamente scientifiche, presentate come un rapporto di un ingegnere e pubblicate in tutto il mondo. Tale sistema preserverebbe l'interesse pubblico e dovrebbe sostituire la copertura inibitoria delle leggi Sherman e Clayton...
> Non si tratta di un'interferenza del governo nel mondo degli affari nel senso che viene qui condannato. Si tratta solo di un allentamento della presa che il governo

---

[367] Ibidem, p. 141.

[368] Ibidem, p. 157.

ha già esercitato sulle imprese attraverso le leggi antitrust. Non c'è alcun errore nel limitare la rovinosa sovrapproduzione - una politica che il governo federale sta ora promuovendo con forza in agricoltura. Ma se il passaggio concettuale da un precedente burocratico a un forum aperto in cui le aziende possono praticare l'autonomia di gruppo, agendo di propria iniziativa sotto la sanzione di un tribunale non politico, costruttivo e utile, è impraticabile, allora l'idea non è realizzabile. Ma la possibilità di una tale autonomia industriale sotto la sanzione del governo è stata chiaramente dimostrata nel 1918. Le difficoltà sono molte. In primo luogo, tutto ciò che viene fatto nell'euforia e nel fervore della guerra deve essere accettato come criterio solo con cautela.

Nella regolazione della produzione, il prezzo è solo un elemento di riferimento. Ma è un argomento esplosivo.

Ci sono altre ovvie riserve. Il pensiero viene ripreso in questo momento critico perché sembra degno di essere preso in considerazione come aiuto per minacciare uno sviluppo economico "di insolita portata" e come alternativa all'interferenza del governo e alla vasta estensione dei poteri politici nel regno economico - un'eventualità che, in assenza di un'azione costruttiva da parte delle imprese stesse, è quasi certa come la morte e le tasse.[369]

Baruch voleva, secondo le sue stesse parole, una resurrezione delle associazioni di categoria, un allentamento delle leggi antitrust e il controllo dei leader aziendali. Egli rimanda il lettore al War Industries Board del 1918. È vero che Baruch suggerisce "nessun potere coercitivo" e deliberazioni "aperte", ma queste proteste in buona fede hanno poco peso alla luce della storia economica e dei furiosi sforzi compiuti in passato da questo stesso gruppo per creare cartelli e cause per restrizione del commercio. A questo scopo è stato dato sostegno finanziario sia ai candidati democratici che a quelli repubblicani; la maggior parte dei finanziamenti proveniva da un'area geografica relativamente piccola di New York.

WALL STREET FINANZIA LA CAMPAGNA PRESIDENZIALE DEL 1928

La direzione del sostegno politico può essere misurata e identificata dal corrispondente sostegno finanziario. È possibile identificare le origini dei contributi finanziari alle campagne di Smith e Hoover del 1928 e scoprire, contrariamente alle credenze prevalenti, che furono i democratici a ricevere la parte del leone dei fondi di Wall Street; come abbiamo visto, fu durante la campagna democratica che i contorni del National Recovery Act furono promulgati per la prima volta da Baruch e Raskob.

Dopo le elezioni presidenziali del 1928, la Commissione Steiwer della Camera dei Rappresentanti degli Stati Uniti indagò sulle fonti dei fondi della campagna elettorale ricevuti per le elezioni[370]. I dettagli sono stati pubblicati, ma il Comitato

---

[369] Ibidem, pp. 156-7. Corsivo nell'originale.

[370] Congresso degli Stati Uniti, Senate Select Committee to Investigate Presidential Campaign Expenditures, Presidential Campaign Expenditures. Relazione ai sensi della

Steiwer non ha indagato sulle origini e sulle affiliazioni dei donatori, limitandosi a elencare i nomi e gli importi dei contributi. La tabella XIII del rapporto è intitolata "Individui che hanno contribuito con 5.000 dollari o più per conto del candidato repubblicano alla presidenza". Il candidato repubblicano alla presidenza era, ovviamente, Herbert Hoover. Questa tabella elenca i nomi completi e gli importi dei contributi, ma non l'affiliazione dei collaboratori. Allo stesso modo, la Tabella XIV del rapporto è intitolata "Individui che hanno contribuito con 5000 dollari o più per conto del candidato democratico alla presidenza". Anche in questo caso vengono indicati i nomi completi e gli importi, ma non viene specificata l'affiliazione dell'individuo.

Questi elenchi sono stati presi e confrontati dall'autore con la *Directory of Directors in the City of New York 1929-1930*.[371] Quando il contributore elencato dal Comitato Steiwer è stato identificato come avente un indirizzo nel raggio di un miglio dal numero 120 di Broadway a New York, sono stati annotati il nome e l'importo del contributo. Non sono state menzionate le persone non elencate nell'elenco e che probabilmente risiedono al di fuori di New York, ma è stato tenuto un registro delle somme di denaro versate da persone non residenti a New York. In altre parole, dai dati del Comitato Steiwer sono stati ricavati due totali: (1) i contributi di coloro che sono elencati come amministratori di società con sede a New York e (2) i contributi di tutte le altre persone. Inoltre, è stato compilato un elenco di nomi di collaboratori di New York. In pratica, la procedura di ricerca è stata sbilanciata verso l'inclusione di direttori con sede a New York. Ad esempio, nella lista dei Democratici, Van-Lear Black è stato indicato dall'autore come non residente a New York, sebbene Black fosse presidente della Fidelity & Casualty Co; la società aveva uffici al 120 di Broadway e Franklin D. Roosevelt era il loro vicepresidente a New York nei primi anni Venti. Tuttavia, Black aveva sede a Baltimora e quindi non era considerato un regista newyorkese. Anche Rudolph Spreckels, il milionario dello zucchero, figura nel rapporto del Comitato Steiwer come contributo di 15.000 dollari, ma non è incluso nel totale di New York, poiché non aveva sede a New York. Allo stesso modo, James Byrne contribuì con 6.500 dollari alla campagna di Smith for President, ma non è elencato nel totale di New York - era un direttore della Fulton Savings Bank di Brooklyn e non rientrava nel cerchio di un miglio. Jesse Jones, il banchiere texano, ha contribuito con 20.000 dollari, ma non figura nell'elenco dei direttori di New York perché era un banchiere texano e non newyorkese. In altre parole, la definizione di collaboratore di Wall Street è stata stabilita in modo molto rigoroso e coerente.

S.Res. 234, 25 febbraio (giorno di calendario, 28 febbraio), 1929. 70° Congresso, 2a sessione. Relazione del Senato. 2024 (Washington: Government Printing Office, 1929). In seguito citato come Rapporto della Commissione Steiwer.

[371] New York: *Directory of Directors Co.*, 1929.

I principali collaboratori di Wall Street di Al Smith
Per la campagna presidenziale - 1928

Nome	Contributi La campagna del 1924 contro il deficit	1928	Contributo al deficit del 1928	Totale
John J. Raskob (Du Pont e General Motors)	-	$110,000	$250,000	$360,000
William F. Kenny (W.A. Harriman)	$25,000	$100,000	$150,000	$275,000
Herbert H. Lehman	$10.000	$100.00	$150,000	$260,000
M.J. Meehan (120 Broadway)	-	$50,000	$100,000	$150,000

Fonte: Adattato da Louise Overacker, *Money in Elections* (New York: Macmillan, 1932), p. 155.

Secondo questa definizione ristretta, il contributo totale dei dirigenti di Wall Street, la maggior parte dei quali legati alle grandi banche, alla campagna presidenziale di Al Smith del 1928 fu di 1.864.339 dollari. Il contributo totale di coloro che non appartengono a questa cerchia dorata è stato di 500.531 dollari, per un totale complessivo di 2.364.870 dollari. In breve, la percentuale dei fondi della campagna presidenziale di Al Smith provenienti da persone che hanno donato più di 5.000 dollari e che sono state identificate come dirigenti di Wall Street è stata del 78,83%. La percentuale di donatori al di fuori del cerchio d'oro era solo del 21,17%. Guardando ai contributi totali di Al Smith in un altro modo, i grandi donatori (oltre i 5.000 dollari) alla campagna di Smith, quelli che si trovano nella posizione migliore per chiedere e ricevere favori politici, hanno contribuito con quasi quattro dollari su cinque.

Le identità dei principali finanziatori della campagna di Al Smith e del fondo del Comitato nazionale democratico sono elencate nelle tabelle allegate.

Contributori di 25.000 dollari o più al Comitato Nazionale Democratico da gennaio a dicembre 1928 (compresi i contributi elencati nella tabella precedente)

			NOTA
Herbert H. Lehman e Edith A. Lehman	Lehman Brothers e Studebaker Corp.	$135,000	Il principale consigliere politico di FDR
John J. Raskob	Vicepresidente di Du Pont e General Motors	$110,000	Amministratore dell'RNA
Thomas F. Ryan	Presidente, Bankers Mortgage Co, Houston	$75,000	Presidente della Reconstruction Finance Corp.
Harry Payne Whitney	Garanzia di fiducia	$50,000	Si veda il capitolo 10: "Il caso Butler".
Pierre S. Du Pont	Du Pont Company, General Motors	$50,000	Si veda il capitolo 10: "Il caso Butler".
Bernard M. Baruch	Finanziario, 120 Broadway	$37,590	Pianificatore di RNA
Robert Sterling Clark	Singer Sewing Machine Co.	$35,000	Si veda il capitolo 10: "Il caso Butler".

John D. Ryan	City National Bank, Anaconda Copper	$27,000	-
William H. Woodin	General Motors	$25,000	Segretario al Tesoro, 1932

Fonte: *Rapporto della Commissione Steiwer*, op. cit.

Contributi alle primarie presidenziali democratiche del 1928 da parte dei direttori* della County Trust Company.

Nome del direttore	Contributo alla campagna e al deficit	Altre affiliazioni
Vincent Astor	$10,000	Great Northern Railway, U.S. Trust Co. Amministratore fiduciario, N.Y. Biblioteca pubblica Metropolitan Opera
Howard S. Cullman	$6,500	Vicepresidente, Cullman Brothers, Inc.
William J. Fitzgerald	$6,000	-
Edward J. Kelly	$6,000	-
William F. Kenny	$275,000 **	Presidente e direttore, William F. Kenny Co. Direttore, The Aviation Corp, Chrysler Corp.
Arthur Lehman	$14,000 ***	Partner, Lehman Brothers. Direttore, American International Corp, RKO Corp, Underwood-Elliott-Fisher Co.
M.J. Meehan	$150,000**	61 Broadway
Daniel J. Mooney	-	120 Broadway
John J. Raskob	$360,000 **	Direttore, American International Corp, Bankers Trust Co, Christiania Securities Co. Vicepresidente, E.I. Du Pont de Nemours & Co e General Motors Corp.
James J. Riordan	$10,000	-
Alfred E. Smith	-	Candidato alla presidenza Direttore: Metropolitan Life Insurance Co.
Totale	$842,000	

Note: *I seguenti amministratori della County Trust Company non hanno contribuito (secondo i registri): John J. Broderick, Peter J. Carey, John J. Cavanagh, William H. English, James P. Geagan, G. Le Boutillier, Ralph W. Long, John J. Pulleyn e Parry D. Saylor.
**Comprende i contributi al deficit della campagna.
***Esclude i contributi di altri membri della famiglia Lehman alla campagna presidenziale democratica, che ammontavano a 168.000 dollari.

Guardando i nomi in questi grafici, non sarebbe scortese o ingiusto dire che il candidato democratico è stato comprato da Wall Street prima delle elezioni. Inoltre, Al Smith era un direttore della County Trust Company, e la County Trust

Company era la fonte di una percentuale straordinariamente grande dei fondi della campagna elettorale dei Democratici.

I FONDI ELETTORALI DI HERBERT HOOVER

Se guardiamo alla campagna elettorale di Herbert Hoover del 1928, notiamo anche un ricorso ai finanziamenti di Wall Street, che hanno avuto origine nel Golden Square, ma non nella stessa misura della campagna di Al Smith. Su un totale di 3.521.141 dollari di grandi donazioni a Herbert Hoover, circa il 51,4% proveniva dal Golden Square di New York e il 48,6% dall'esterno del distretto finanziario.

Contributi di 25.000 dollari o più al Comitato nazionale repubblicano, da gennaio a dicembre 1928

La famiglia Mellon	Banca nazionale Mellon	$50,000
La famiglia Rockefeller	Olio standard	$50,000
La famiglia Guggenheim	Fusione del rame	$75,000
Eugene Meyer	Federal Reserve Bank	$25,000
William Nelson Cromwell	Avvocato di Wall Street	$25,000
Otto Kahn	Società fiduciaria Equitable	$25,000
Mortimer Schiff	Banchiere	$25,000
	Totale	$275,000

Fonte: *Rapporto della Commissione Steiwer*, op. cit.

Herbert Hoover fu ovviamente eletto presidente; il suo rapporto con l'istituzione del socialismo aziendale è stato mal interpretato dalla maggior parte delle fonti accademiche e mediatiche. La maggior parte della letteratura di orientamento liberale sostiene che Herbert Hoover fosse una sorta di laissez-faire neandertaliano non ricostruito. Ma questa visione è respinta dalle stesse dichiarazioni di Hoover: ad esempio:

> Coloro che sostengono che durante la mia amministrazione il nostro sistema economico era un sistema di laissez-faire sanno molto poco della portata della regolamentazione governativa. La filosofia economica del laissez-faire, o "concorrenza sfrenata", era morta negli Stati Uniti quarant'anni prima, quando il Congresso approvò l'Interstate Commerce Commission e lo Sherman Antitrust Acts.[372]

---

[372] *The Memoirs of Herbert Hoover*: The Cabinet and the Presidency 1920-1923 (Londra: Hollis and Carter, 1952), p. 300.

Murray Rothbard sottolinea su[373] che Herbert Hoover fu un importante sostenitore del Partito Progressista di Theodore Roosevelt e, secondo Rothbard, Hoover "sfidò in modo neo-marxista la visione ortodossa del laissez-faire secondo cui il lavoro è una merce e i salari dovrebbero essere regolati dalle leggi della domanda e dell'offerta".[374] Come Segretario al Commercio, Hoover spinse per la cartellizzazione governativa delle imprese e delle associazioni di categoria; il suo "notevole" contributo, secondo Rothbard, "fu quello di imporre il socialismo all'industria radiofonica", mentre i tribunali lavoravano su un sistema ragionevole di diritti di proprietà privata sulle frequenze radio. Rothbard spiega queste incursioni nel socialismo con il fatto che Hoover "fu vittima di una comprensione tristemente inadeguata dell'economia".[375] In effetti, Rothbard sostiene che Herbert Hoover fu il vero creatore del New Deal di Roosevelt.

Sebbene le prove qui presentate suggeriscano che Baruch e Raskob abbiano avuto più a che fare con il New Deal di FDR, l'argomento di Rothbard ha una certa validità. Le politiche pratiche di Hoover non erano coerenti. Ci sono azioni a favore del libero mercato, ma ci sono anche molte azioni contro il libero mercato. Sembra plausibile che Hoover fosse disposto ad accettare una parte, forse sostanziale, di un programma socialista, ma che avesse un chiaro limite oltre il quale non era disposto ad andare.

Negli anni '20, dopo la formazione dell'American Construction Council, furono adottati più di 40 codici di pratica compilati dalle associazioni di categoria. Quando divenne presidente, e nonostante la sua prima associazione con l'A.C.C., Herbert Hoover eliminò rapidamente questi codici industriali. Lo ha fatto sostenendo che si trattava di associazioni probabilmente illegali, progettate per controllare i prezzi e la produzione, e che nessun governo poteva regolamentarle nell'interesse pubblico. Poi, nel febbraio del 1931, la Camera di Commercio Americana formò un gruppo chiamato "Committee on Continuity of Business and Employment" sotto la guida di Henry I. Harriman. Questo comitato avanzò proposte molto simili a quelle del New Deal: bilanciare la produzione a parità di consumo, modificare le leggi antitrust Sherman per consentire accordi di restrizione del commercio, istituire un consiglio economico nazionale sotto l'egida della Camera di Commercio degli Stati Uniti e prevedere orari di lavoro più brevi nell'industria, pensioni e assicurazione contro la disoccupazione. Questa proposta fu seguita da un'altra commissione di Hoover, nota come "Committee on Work Periods in Industry", sotto la guida di P.W. Litchfield, presidente della Goodyear Tire and Rubber Company. Un'altra commissione, guidata da Walter Teagle, presidente della Standard Oil Company del New Jersey, raccomandò la condivisione del lavoro, una proposta approvata dalla commissione di Litchfield. Poi è arrivato il piano Swope nel 1931 (vedi Appendice A). I piani furono presentati, ma Herbert Hoover fece ben poco.

---

[373] *New Individualist Review*, inverno 1966.

[374] Ibidem, p. 5.

[375] Ibidem, p. 10.

Così, sotto Herbert Hoover, le grandi imprese sono state prolifiche nel pubblicare piani per modificare lo Sherman Antitrust Act, per consentire l'autoregolamentazione dell'industria e per stabilire codici di restrizione del commercio. Il presidente Herbert Hoover non fece nulla al riguardo.

In realtà, Hoover riconobbe il piano Swope come una misura fascista e lo annotò nelle sue memorie, insieme al rammarico per il fatto che Wall Street gli avesse dato la possibilità di scegliere se adottare il piano Swope - fascista o meno - e se far sì che i loro soldi e la loro influenza sostenessero la candidatura di Roosevelt. Così Herbert Hoover descrisse l'ultimatum di Wall Street con il titolo "Il fascismo arriva alle imprese - con conseguenze terribili":

> Tra le prime misure fasciste di Roosevelt c'è il National Industrial Recovery Act (NIRA) del 16 giugno 1933. Le origini di questo schema meritano di essere ribadite. L'idea fu suggerita per la prima volta da Gerard Swope (della General Electric Company) durante una riunione dell'industria elettrica nell'inverno del 1932. In seguito sono stati adottati dalla Camera di Commercio degli Stati Uniti. Durante la campagna del 1932, Henry I. Harriman, presidente di quell'organismo, mi chiese di accettare di sostenere queste proposte, informandomi che Roosevelt aveva accettato di farlo. Ho cercato di dimostrargli che questa roba era puro fascismo, che era semplicemente una rielaborazione dello "Stato corporativo" di Mussolini e mi sono rifiutato di accettare qualsiasi cosa. Mi informò che, visto il mio atteggiamento, la comunità imprenditoriale avrebbe sostenuto Roosevelt con denaro e influenza. Ciò si è rivelato in gran parte vero.[376]

WALL STREET SOSTIENE FDR COME GOVERNATORE DI NEW YORK

Il principale raccoglitore di fondi per la campagna di rielezione di FDR nel 1930 fu Howard Cullman, commissario del porto di New York e direttore della County Trust Company. Freidel[377] elenca i donatori della campagna del 1930, senza indicare la loro affiliazione aziendale. Quando identifichiamo le affiliazioni societarie di questi donatori, scopriamo ancora una volta che la County Trust Company di 97 Eighth Avenue, New York, aveva una partecipazione straordinariamente grande nella rielezione di FDR. Oltre a Howard Cullman, i seguenti grandi contribuenti della campagna elettorale di FDR erano anche direttori della County Trust Company: Alfred Lehman, Alfred (Al) Smith, Vincent Astor e John Raskob. Un altro direttore era il vecchio amico di FDR Dan Riordan, cliente della Fidelity & Deposit days al 120 di Broadway, e William F. Kenny, un altro sostenitore di FDR e direttore della County Trust. Per evidenziare questo elenco, dobbiamo ricordare che Freidel elenca 16 persone come principali contributori di questa campagna, e di queste 16, possiamo identificare non meno

---

[376] Herbert Hoover, *The Memoirs of Herbert Hoover*: The Great Depression 1929-1941 (New York: Macmillan, 1952), pag. 420.

[377] Freidel, *Il calvario*, op. cit, p. 159.

di cinque come direttori del County Trust e altri due direttori non elencati come noti sostenitori di FDR. Tra gli altri esponenti di Wall Street che finanziarono la campagna elettorale di FDR nel 1930 figurano la famiglia Morgenthau (con i Lehman come maggiori finanziatori); Gordon Rentschler, presidente della National City Bank e direttore della International Banking Corporation; Cleveland Dodge, direttore della National City Bank e della Bank of New York; Caspar Whitney; August Heckscher della Empire Trust Company (120 Broadway); Nathan S. Jones della Manufacturers Trust Company; William Woodin della Remington Arms Company; Ralph Pulitzer; e la famiglia Warburg. In breve, nella campagna del 1930, la maggior parte del sostegno finanziario di FDR proveniva dai banchieri di Wall Street.

Contributi alle spese precongressuali della FDR (3.500 dollari e oltre)

Edward Flynn	$21,500	Direttore della Bronx County Safe Deposit Co.
W.H. Woodin	$20,000	Federal Reserve Bank di New York, Remington Arms Co.
Frank C. Walker	$15,000	Finanziere di Boston
Joseph Kennedy	$10,000	-
Lawrence A. Steinhardt	$8,500	Membro dello studio Guggenheim, Untermeyer & Marshall, 120 Broadway
Henry Morgenthau	$8,000	Sottobosco-Elliott-Fisher
F.J. Matchette	$6,000	
La famiglia Lehman	$6,000	Lehman Brothers, 16 William Street
Dave H. Morris	$5,000	Direttore di diverse società di Wall Street
Sara Roosevelt	$5,000	-
Guy P. Helvering	$4,500	
H.M. Warner	$4,500	Direttore, Produttori e distributori cinematografici d'America
James W. Gerard	$3,500	Finanziario, 57 William Street
Totale	$117,500	

Poco dopo la rielezione di FDR nel 1930, questi donatori iniziarono a raccogliere fondi per la campagna presidenziale del 1932. Flynn descrive questi contributi "iniziali" prima del congresso: "Questi contribuenti, che hanno aiutato fin dall'inizio quando il bisogno era grande, hanno conquistato la devozione di Roosevelt al punto che, nella maggior parte dei casi, alla fine hanno ricevuto sostanziali ricompense in cariche pubbliche e onorificenze".[378]

WALL STREET FA ELEGGERE FDR NEL 1932

Nel 1932, Bernard Baruch fu l'operatore chiave che lavorò dietro le quinte - e a volte non tanto - per far eleggere FDR, con il denaro e l'influenza delle grandi

---

[378] John T. Flynn, "Di chi è figlio l'NRA? *"Harper's Magazine"*, settembre 1932, pp. 84-5.

imprese (si veda l'epigrafe di questo capitolo). Inoltre, Bernard Baruch e Hugh Johnson raccolsero numerose statistiche e documenti durante gli anni Venti per sostenere il loro concetto di pianificazione economica nazionale attraverso le associazioni di categoria. Johnson racconta come queste informazioni furono rese disponibili agli autori dei discorsi di FDR. Durante la campagna di Roosevelt del 1932:

> Ray Moley e Rex Tugwell sono venuti a casa di B.M. e abbiamo esaminato tutto il materiale che B.M. e io avevamo raccolto e riassunto nel corso degli anni. Insieme ad Adolf Berle, avevano da tempo elaborato gli argomenti di quello che ritenevano essere un discorso economico ideale per un candidato alla presidenza, ma avevano pochi fatti. Da quel momento, abbiamo unito le nostre forze a quelle di Ray Moley e ci siamo messi al lavoro per trovare per Franklin Roosevelt le idee che ha sviluppato nella straordinaria serie di discorsi espressi semplicemente sull'economia nazionale che hanno convinto il Paese che egli era il leader su cui contare.[379]

Rileggendo i discorsi della campagna elettorale di FDR, appare chiaro che mancavano di concretezza e di fatti specifici. Il team di Moley-Tugwell ha indubbiamente delineato il tema generale e Baruch e Johnson hanno introdotto dichiarazioni di supporto in aree quali l'espansione del credito, le conseguenze della speculazione, il ruolo del Federal Reserve System, ecc. In modo notevole, ma forse non sorprendente, questi discorsi influenzati da Baruch riportavano il lettore alla Prima Guerra Mondiale, citavano l'emergenza contemporanea come più grande di quella della guerra e poi suggerivano sottilmente soluzioni simili a quelle sostenute da Baruch. Ad esempio, nel discorso della cena del Jefferson Day del 18 aprile 1932, Roosevelt disse, o fu spinto a dire:

> Confrontate questa politica di ritardo e improvvisazione, dettata dal panico, con quella concepita per rispondere all'emergenza della guerra quindici anni fa. Abbiamo risposto a situazioni specifiche con misure ponderate, pertinenti e costruttive. C'erano il War Industries Board, la Food and Fuel Administration, il War Trade Board, il Shipping Board e molti altri.[380]

Poi, il 22 maggio 1932, Roosevelt affrontò il tema "I bisogni del Paese, le esigenze del Paese, l'esperimento persistente" e chiese una pianificazione economica nazionale. Questo discorso fu seguito, il 2 luglio 1932, dal primo indice del New Deal.

Infine, nell'accettare la candidatura presidenziale a Chicago, FDR disse: "Vi prometto che mi impegnerò per un New Deal per il popolo americano".

---

[379] Hugh S. Johnson, *L'aquila blu dall'uovo alla terra*, op. cit. pp. 140-1.

[380] *The Public Papers and Addresses of Franklin D. Roosevelt*; Vol. 1, The Genesis of the New Deal, 1928-1932 (New York: Random House, 1938), p. 632.

NOTA: Elenco dei collaboratori di Freidel prima del congresso per la campagna presidenziale di Franklin Delano Roosevelt del 1932.

[381]Contribuenti alla riconvenzione del 1932 (più di 2000 $)	Affiliazioni
James W. Gerard	Gerard, Bowen & Halpin (vedi Julian A. Gerard)
Guy Helvering	-
Col. E.M. House, New York	-
Joseph P. Kennedy, 1560 Broadway	Ambasciatore presso la Corte di San Giacomo New England Fuel & Transportation Co.
Henry Morgenthau, Sr.	Banca di N.Y. Bank of N.Y. & Trust Co (vice controllore)
Underwood-Elliott-Fisher 1133 Fifth Avenue	American Savings Bank (fiduciario)
Dave Hennen Morris	-
Signora Sara Delano Roosevelt, Hyde Park, New York.	La madre di FDR
Laurence A. Steinhardt 120 Broadway	Guggenheim, Untermeyer & Marshall
Harry M. Warner 321W. 44th St.	Motion Picture Producers & Distributors of America, Inc.
William H. Woodin Segretario del Tesoro	American, Car & Foundry; Remington Arms Co.
Edward J. Flynn 529 Courtlandt Ave.	Bronx County Safe Deposit Co.

James A. Farley si aggiunge a questo elenco:

William A. Julian	Direttore, Central Trust Co.
Jesse I. Straus 1317 Broadway	Presidente, R.H. Macy & Co N.Y. Assicurazione sulla vita
Robert W. Bingham	Editore, Louisville Courier-Journal
Basil O'Connor 120 Broadway	Partner legale di FDR

---

[381] Freidel, *Il calvario*, op. cit. p. 172.

CAPITOLO IX

FDR E I SOCIALISTI AZIENDALI

Penso che sia rivoluzionario come tutto ciò che è accaduto in questo Paese nel 1776, o in Francia nel 1789, o in Italia sotto Mussolini o in Russia sotto Stalin.
Il senatore Thomas P. Gore alle audizioni sulla National Recovery Administration, Commissione finanziaria del Senato degli Stati Uniti, 22 maggio 1933.

IL PIANO SWOPE

Sebbene il New Deal e la sua componente più importante, la National Recovery Administration (NRA), siano generalmente presentati come il frutto delle eminenze grises di FDR, come abbiamo visto, i principi essenziali erano stati elaborati nei dettagli molto prima che FDR e i suoi collaboratori entrassero in carica. Il think tank dietro FDR non ha fatto altro che dare il sigillo di approvazione accademica a un piano già pronto.

Le radici dell'NRA di Roosevelt sono particolarmente importanti. Come abbiamo visto nel Capitolo 6, nel consentire ampi cambiamenti nella struttura industriale, l'ANR si avvicinò a uno schema sviluppato nel 1841 dall'antenato di FDR, l'imprenditore newyorkese Clinton Roosevelt.

Abbiamo poi notato che il dittatore Bernard Baruch stava preparando un programma di tipo NRA negli anni '20 e che lui e il suo aiutante Hugh Johnson erano parte integrante della pianificazione preliminare. Inoltre, l'ANR di Roosevelt ricalcava nei dettagli il piano presentato da Gerard Swope (1872-1957), presidente di lunga data della General Electric Company.

Questo piano di Swope[382] era a sua volta paragonabile a un piano tedesco sviluppato durante la Prima Guerra Mondiale dal suo omologo Walter Rathenau, a capo della German General Electric Company (Allgemeine Elektizitäts Gesellschaft) in Germania, dove era noto come Piano Rathenau. Diamo quindi un'occhiata più da vicino al Piano Swope.

LA FAMIGLIA SWOPE

---

[382] Per il testo completo si veda l'Allegato A.

La famiglia Swope era di origine tedesca. Nel 1857, Isaac Swope, un immigrato tedesco, si stabilì a St. Louis come produttore di casse per orologi. Due dei figli di Swope, Herbert Bayard Swope e Gerard Swope, raggiunsero i vertici dell'imprenditoria americana. Herbert Bayard Swope fu a lungo redattore del *New York World*, appassionato di corse, amico intimo di Bernard Baruch e utilizzato da FDR come inviato non ufficiale durante il periodo del New Deal. Il fratello di Herbert, Gerard, ha fatto carriera presso la General Electric Company. Swope iniziò come aiutante di fabbrica nel 1893, divenne rappresentante di vendita nel 1899, direttore dell'ufficio di St. Louis nel 1901 e direttore della Western Electric Company nel 1913. Durante la Prima Guerra Mondiale, Swope ricoprì il ruolo di vicedirettore degli acquisti, del magazzino e del traffico del governo federale sotto il generale George W. Goethals e pianificò il programma di approvvigionamento dell'esercito americano. Nel 1919, Swope divenne il primo presidente della International General Electric Company. Il successo di Swope nel promuovere gli affari esteri del G.E. lo portò alla presidenza del G.E. nel 1922, succedendo a Edwin Rice, Jr. Swope rimase presidente di G.E. dal 1922 al 1939.

La General Electric era una società controllata da Morgan e aveva sempre uno o due soci di Morgan nel suo consiglio di amministrazione, mentre Swope era anche direttore di altre aziende di Wall Street, tra cui la International Power Securities Co. e la National City Bank.

Lo sviluppo politico di Gerard Swope iniziò negli anni Novanta del XIX secolo. Il biografo David Loth riferisce che subito dopo il suo arrivo a Chicago, Swope fu presentato alle socialiste Jane Addams, Ellen Gates Starr e alla loro Hull House Colony. Questo interesse per gli affari sociali si sviluppò nel Piano Swope del 1931 per la stabilizzazione dell'industria, che consisteva per il 90% in un piano per il risarcimento dei lavoratori, l'assicurazione sulla vita e sull'invalidità, le pensioni di vecchiaia e la protezione dalla disoccupazione. Il piano Swope è un documento straordinario. Un breve paragrafo elimina l'intero settore dalle leggi antitrust - un obiettivo di lunga data dell'industria - mentre molti lunghi paragrafi descrivono in dettaglio i piani sociali proposti. In breve, il piano Swope era un dispositivo trasparente progettato per gettare le basi dello Stato corporativo, disinnescando la potenziale opposizione dei lavoratori con una massiccia carota sociale.

Il piano Swope e la precedente proposta simile di Bernard Baruch divennero il Roosevelt National Recovery Act. Le origini dell'NRA a Wall Street non sono passate inosservate quando la legge è stata discussa al Congresso. Lo testimonia, ad esempio, l'indignazione, anche se non del tutto accurata, del senatore Huey P. Long:

> Ora vengo qui e mi lamento. Mi lamento a nome del popolo del mio Paese, dello Stato sovrano che rappresento. Mi lamento a nome del popolo, ovunque sia conosciuto. Mi lamento se è vero, come mi è stato riferito dai senatori qui presenti, che in base a questa legge il signor Johnson, un ex dipendente del signor Baruch, è stato messo a capo dell'applicazione della legge e ha già chiamato come assistenti il direttore della Standard Oil Co. e il direttore della General Motors e il direttore della General Electric Co.

> Mi lamento se il signor Peek, che è un dipendente del signor Baruch, o era, come mi è stato detto al Senato, incaricato di applicare la legge sull'agricoltura, non importa quanto sia bravo o quali siano le sue idee.
> Mi lamento se il signor Brown, che, mi è stato detto in Senato, è stato reso un influente manipolatore dell'ufficio del Direttore del Bilancio, era un dipendente del signor Baruch, e ora gli è stata conferita tale autorità. Mi lamento perché il 12 maggio 1932, prima che andassimo a Chicago per nominare un Presidente degli Stati Uniti, mi sono alzato in piedi in questa sala e ho detto alla gente di questo Paese che non avremmo avuto l'influenza del signor Baruch, che allora era così potente con Hoover, che manipolava il partito democratico prima della nomina, dopo la nomina o dopo l'elezione.[383]

Huey Long ha giustamente sottolineato il predominio di Wall Street sull'NRA, ma le sue identificazioni sono un po' deboli. Hugh Johnson, collaboratore di lunga data di Bernard Baruch, fu effettivamente nominato a capo dell'ANR. Inoltre, i principali aiutanti di Johnson nell'NRA erano tre dirigenti d'azienda: Walter C. Teagle, presidente della Standard Oil del New Jersey; Gerard Swope, presidente della General Electric e autore del piano Swope; e Louis Kirstein, vicepresidente della William Filene's Sons di Boston. Come abbiamo visto, Filene è stato a lungo un sostenitore del socialismo aziendale. Il "capo della General Motors" citato dal senatore Long era Alfred P. Sloan, senza alcun legame con l'NRA, ma il vicepresidente della G.M. John Raskob, che fu il grande raccoglitore di fondi nel 1928 e nel 1932 e l'operatore dietro le quinte che promosse l'elezione di Franklin D. Roosevelt nel 1932. In altre parole, le posizioni chiave dell'NRA e della stessa amministrazione Roosevelt erano occupate da uomini di Wall Street. La spiegazione delle relazioni pubbliche per gli uomini d'affari che diventano burocrati è che gli uomini d'affari hanno esperienza e dovrebbero essere coinvolti nel servizio pubblico. In pratica, l'intenzione è stata quella di controllare il settore. Non dovrebbe sorprenderci, tuttavia, se i socialisti aziendali si recano a Washington D.C. dopo che i loro figli prediletti sono stati eletti per prendere le redini dell'amministrazione del monopolio. Bisognerebbe essere ingenui per pensare il contrario dopo i massicci investimenti elettorali del Capitolo 8.

Prima dell'insediamento del Presidente Roosevelt, nel marzo 1933, fu istituito, in modo più o meno informale, un "brain trust" per sviluppare i piani economici per l'era Roosevelt. Questo gruppo comprendeva il generale Hugh Johnson, Bernard Baruch (vedi sopra per i suoi contributi politici), Alexander Sachs di Lehman Brothers (vedi sotto per i suoi contributi politici), Rexford G. Tugwell e Raymond Moley. Questo piccolo gruppo, tre provenienti da Wall Street e due dal mondo accademico, generò la pianificazione economica di Roosevelt.

Questo legame tra Bernard Baruch e la pianificazione dell'ANR è stato registrato da Charles Roos nel suo volume definitivo sull'ANR:

> All'inizio di marzo del 1933, Johnson e Baruch intrapresero una battuta di caccia e si fermarono a Washington. Moley cenò con loro e suggerì a Johnson di rimanere a Washington per elaborare un piano di rilancio industriale.... L'idea piacque a

---

[383] Senatore Huey P. Long, Congressional Record, 8 giugno 1933, pag. 5250.

Baruch, che concesse subito a Johnson un'aspettativa dalle sue mansioni abituali. Quindi Johnson e Moley, dopo aver studiato le varie proposte che Moley riteneva valide, si misero a redigere un progetto di legge che avrebbe organizzato l'industria per contrastare gli effetti della depressione.[384]

Secondo Roos, la prima proposta di Johnson per l'NRA fu scritta su due fogli di carta straccia e prevedeva semplicemente la sospensione delle leggi antitrust, nonché il potere quasi illimitato del Presidente Roosevelt di fare quasi tutto ciò che desiderava con l'economia, comprese le licenze e il controllo dell'industria. Secondo Roos, "questa proposta fu ovviamente rifiutata dall'amministrazione, perché avrebbe reso il presidente un dittatore, e un tale potere non era auspicabile".

Questo rifiuto apparentemente casuale di un potere dittatoriale indesiderato da parte dell'amministrazione Roosevelt può avere un certo significato. Nel capitolo 10 descriveremo l'affare Butler, un tentativo degli stessi interessi di Wall Street di insediare Roosevelt come dittatore o di sostituirlo con una figura più duttile se si fosse opposto. I primi tentativi di Johnson di istituire la NRA in una forma compatibile con Roosevelt come dittatore economico e il suo rifiuto da parte di Roosevelt sono coerenti con le gravi accuse mosse a Wall Street (p. 141). In questa fase di pianificazione, secondo Roos, Johnson e Moley furono affiancati da Tugwell e successivamente da Donald R. Richberg, un avvocato del lavoro di Chicago. Tutti e tre si sono proposti di redigere un disegno di legge più "completo", qualunque cosa significhi.

Il generale Hugh Johnson fu nominato a capo della National Recovery Administration, creata come N.I.R.A., e per un certo periodo si pensò che avrebbe diretto anche la Public Works Administration. I piani e i progetti elaborati dal generale Johnson e da Alexander Sachs di Lehman Brothers presupponevano che il capo della N.I.R.A. avrebbe diretto anche il programma di lavori pubblici.

Pertanto, è in questo piccolo gruppo di Wall Street che si trovano le radici della legge sull'ANR e della Public Works Administration. Il loro sforzo rispecchia i piani di Swope e Baruch per il socialismo aziendale, con un primo tentativo di organizzare una dittatura commerciale di Stato negli Stati Uniti.

I PIANIFICATORI SOCIALISTI DEGLI ANNI '30

Naturalmente, all'inizio degli anni Trenta c'erano molti altri piani; in effetti, la pianificazione economica era endemica tra gli accademici, i politici e gli uomini d'affari dell'epoca. Il peso dell'opinione pubblica ritiene che la pianificazione economica sia essenziale per far uscire l'America dalla Depressione. Coloro che dubitavano dell'efficacia e della saggezza della pianificazione economica erano pochi. Purtroppo, all'inizio degli anni Trenta non c'erano prove empiriche che la pianificazione economica fosse inefficace, che creasse più problemi di quanti ne risolvesse e che portasse a una perdita di libertà individuale. Ludwig von Mises aveva scritto *Il socialismo* e aveva fatto previsioni precise sul caos della

---

[384] Charles F. Ross, *NRA Economic Planning* (Indianapolis: The Principia Press 1937), pag. 37.

pianificazione, ma von Mises era un teorico economico sconosciuto all'epoca. La pianificazione economica esercita un fascino mistico. I suoi sostenitori si vedono sempre implicitamente come pianificatori e la psicologia anticapitalista, così ben descritta da von Mises, è la pressione psicologica dietro le quinte per realizzare il piano. Ancora oggi, nel 1975, molto tempo dopo che la pianificazione economica è stata totalmente screditata, abbiamo ancora il canto delle sirene della prosperità attraverso la pianificazione. J. Kenneth Galbraith ne è un esempio lampante, probabilmente perché la stima personale di Galbraith delle sue capacità e della sua saggezza è superiore a quella dell'America in generale. Galbraith riconosce che la pianificazione offre un mezzo per esercitare appieno le sue presunte capacità. Il resto di noi deve essere costretto a partecipare al piano dal potere di polizia dello Stato: una negazione dei principi liberali, forse, ma la logica non è mai stata un punto di forza dei teorici dell'economia.

In ogni caso, negli anni Trenta la pianificazione economica aveva molti più sostenitori entusiasti e molti meno critici di oggi. Quasi tutti erano Galbraith e il contenuto di base dei piani proposti era molto simile al suo. La tabella seguente elenca i piani più importanti e le loro caratteristiche più rilevanti. L'industria, sempre ansiosa di trovare riparo dalla concorrenza nel potere statale, ha proposto essa stessa tre piani. Il più importante di questi piani industriali, il Piano Swope, aveva caratteristiche obbligatorie per tutte le aziende con più di 50 dipendenti, combinando una continua regolamentazione con, come abbiamo notato, proposte di welfare straordinariamente costose. Il piano Swope è riprodotto integralmente nell'Appendice A; il testo completo riflette l'assenza di proposte amministrative ben ponderate e la preponderanza di caratteristiche sociali irresponsabili. I paragrafi iniziali del piano forniscono l'essenza delle proposte di Swope: associazioni di categoria, controllate dallo Stato, con il potere esecutivo concentrato nelle mani delle grandi imprese attraverso un sistema di voti industriali. Mentre il 90% del testo della proposta è dedicato alle pensioni dei lavoratori, all'assicurazione contro la disoccupazione, all'assicurazione sulla vita, ecc. In breve, il piano Swope era una carota per ottenere ciò che Wall Street desiderava ardentemente: associazioni di categoria monopolistiche con la possibilità di utilizzare il potere dello Stato per applicare nella pratica la massima di Frederic Howe "fai lavorare l'azienda per te".

Piani di stabilizzazione economica: 1933

Nome del piano	Proposta per il settore	Regolamentazione governativa	Proposte di assistenza sociale
Piano Swope (General Electric)	Piani per il settore Associazioni di categoria, iscrizione obbligatoria dopo tre anni per le aziende con 50 o più dipendenti. Decisioni obbligatorie	Continua regolamentazione da parte della Commissione federale per il commercio	Assicurazione vita e invalidità, pensioni e assicurazione contro la disoccupazione
Mappa della Camera di Commercio Americana	Consiglio economico nazionale; potere non vincolante	Nessun regolamento	Piani aziendali individuali; pianificazione delle opere pubbliche
Piano degli Associated General Contractors of America	Il Congresso concede maggiori poteri al Federal Reserve Board. Autorizzazione all'emissione di obbligazioni per il fondo di rotazione per l'edilizia; aumento delle obbligazioni per l'edilizia pubblica e semipubblica. La Federal Reserve deve garantire la solvibilità delle banche	Regolamentazione finanziaria. Autorizzazione degli appaltatori. Istituzione di uffici per il credito edilizio	Stimolo all'occupazione grazie all'aumento dell'attività edilizia. Obbligazioni statali per edifici pubblici; sviluppo della banca per i prestiti per l'edilizia abitativa
Piano della Federazione Americana del Lavoro	Piani di lavoro Consiglio economico nazionale; potere non vincolante	Nessun regolamento	Distribuzione dei posti di lavoro; mantenimento dei salari; garanzie occupazionali; piani di stabilizzazione a lungo termine. Settimana di cinque giorni e giorno più breve immediatamente. Programma di edilizia pubblica
Piano Stuart Chase	Accademico e generale Consiglio per la rinascita dell'industria bellica che utilizza il potere coercitivo e obbligatorio, limitato a 20 o 30 industrie principali.	Regolamentazione in corso	Uffici nazionali di collocamento; riduzione dell'orario di lavoro; assicurazione contro la disoccupazione; aumenti salariali; distribuzione del lavoro

Piano della Federazione Civica Nazionale	"Congresso aziendale delle organizzazioni di settore. Nessuna limitazione o restrizione; pieno potere di fissare prezzi o combinazioni.	Regolamentazione in corso	Schema di assicurazione contro la disoccupazione. Aumento dei salari
Piano Barbe	Consiglio economico nazionale", autorizzato dal Congresso, per coordinare le finanze, le operazioni, la distribuzione e le imprese di servizio pubblico. Ogni settore è governato da sindacati sussidiari	Regolamentazione in corso	Utilizzo dei disoccupati nei programmi abitativi e nei progetti pubblici

Il piano della Camera di Commercio degli Stati Uniti era simile al piano Swope, ma richiedeva solo il rispetto volontario del codice e non conteneva le ampie clausole sociali del piano Swope. Il piano della Camera si basa anche sull'adesione volontaria, non sulla regolamentazione governativa coercitiva insita nella proposta Swope.

Il terzo piano industriale è stato proposto dall'Associated General Contractors of America. Il piano dell'AGC proponeva di conferire maggiori poteri al Federal Reserve System per garantire le obbligazioni bancarie per l'edilizia pubblica e, non a caso, la creazione di speciali uffici di credito edilizio finanziati dal governo, insieme alla concessione di licenze agli appaltatori. In breve, il GCI voleva evitare la concorrenza e utilizzare i fondi federali (dei contribuenti) per promuovere l'industria delle costruzioni.

Il piano della Federazione americana del lavoro proponeva un Consiglio economico nazionale per diffondere e garantire l'occupazione e intraprendere una pianificazione economica per la stabilizzazione. I sindacati non hanno spinto per una regolamentazione governativa.

I piani universitari erano notevoli in quanto sostenevano gli obiettivi dell'industria. Stuart Chase, un noto socialista, ha proposto qualcosa di molto simile ai piani di Wall Street: in effetti, una ripresa del War Industries Board di Bernard Baruch del 1918, con potere coercitivo dato all'industria, ma limitato a 20 o 30 industrie principali, con una regolamentazione continua. Il piano Chase era un'approssimazione del fascismo italiano. Il piano Beard proponeva anche sindacati sul modello italiano, con una regolamentazione continua e l'utilizzo dei disoccupati in programmi pubblici ispirati a Marx e al suo "Manifesto Comunista". La Federazione Civica Nazionale sosteneva il concetto di pianificazione totale: potere totale e completo di fissare i prezzi e le combinazioni, con una regolamentazione statale e accordi di welfare per placare le richieste dei lavoratori.

Quasi nessuno, tranne ovviamente Ludwig von Mises, ha evidenziato le radici del problema per trarre la logica conclusione dalla storia economica che la migliore pianificazione economica non è la pianificazione economica.[385]

I SOCIALISTI ACCOLGONO IL PIANO SWOPE

I socialisti ortodossi accolsero il piano di Swope con curiosa, anche se forse comprensibile, moderazione. Da un lato, sostengono i socialisti, Swope aveva riconosciuto i mali del capitalismo sfrenato. D'altra parte, il sistema Swope, lamentavano i socialisti, avrebbe lasciato il controllo dell'industria nelle mani dell'industria stessa piuttosto che dello Stato. Come ha spiegato Norman Thomas:

> Il piano di regolamentazione del signor Swope è un piano probabilmente incostituzionale per mettere il potere del governo nelle mani di potenti sindacati capitalisti che cercheranno di controllare il governo che li regolamenta e, in caso contrario, lo combatteranno.[386]

La critica socialista al piano Swope della General Electric non affrontava la questione se il sistema Swope avrebbe funzionato o sarebbe stato efficace dal punto di vista operativo, o come si proponeva di funzionare; la critica socialista ortodossa si limitava all'osservazione che il controllo sarebbe stato nelle mani sbagliate se l'industria avesse preso il controllo, e non nelle mani giuste dei pianificatori governativi, cioè dei socialisti stessi. In breve, il conflitto riguardava chi avrebbe controllato l'economia: Gerard Swope o Norman Thomas.

Di conseguenza, la critica di Thomas a Swope presenta una curiosa e talvolta lodevole dualità:

> È certamente significativo che almeno uno dei nostri autentici capitani d'industria, uno dei veri leader americani, abbia superato la profonda e sconcertante riluttanza dei potenti ad andare oltre i più tristi luoghi comuni, dicendoci come riparare gli effetti della depressione che hanno fatto tanto per provocare e così poco per evitare. Chiaramente, il discorso del signor Swope aveva i suoi punti di forza...[387]

In altri momenti, Thomas è scettico e sottolinea che Swope "... non ha più fiducia nell'iniziativa individuale, nella concorrenza e nel funzionamento automatico dei mercati", ma propone di pilotare il sistema a vantaggio della "classe degli azionisti".

Non c'è alcuna prova che Gerard Swope e i suoi collaboratori abbiano mai avuto fiducia nell'iniziativa individuale, nella concorrenza e nel libero mercato più

---

[385] Se il lettore desidera trovare una spiegazione a questa pervasiva incapacità di vedere l'ovvio, non potrebbe iniziare con un autore migliore di Ludwig von Mises, *The Anti-Capitalistic Mentality* (New York; Van Nostrand, 1956).

[386] "Un socialista guarda al piano Swope", *The Nation*, 7 ottobre 1931, p. 358.

[387] Ibidem, p. 357.

di Norman Thomas. Si tratta di un'osservazione importante, perché una volta abbandonati i miti di tutti i capitalisti come imprenditori e di tutti i pianificatori liberali come salvatori dell'uomo medio, li vediamo entrambi per quello che sono: totalitari e avversari della libertà individuale. L'unica differenza tra loro è chi dovrebbe essere il dittatore.

I TRE MOSCHETTIERI DELL'NRA

La National Recovery Administration, il segmento più importante del New Deal, è stata progettata, costruita e promossa da Wall Street. L'NRA è nata essenzialmente con Bernard Baruch e il suo aiutante di lunga data, il generale Johnson. Nel dettaglio, il NAR era il Piano Swope e i suoi principi generali sono stati promossi nel corso degli anni da molti esponenti di spicco di Wall Street.

Esistevano, ovviamente, varianti della pianificazione da parte di pianificatori socialisti e di influenza marxista, ma queste varianti non erano quelle che alla fine sono diventate l'ANR. L'ANR era essenzialmente fascista, in quanto il potere di pianificare spettava all'industria e non allo Stato centrale, e questi pianificatori industriali provenivano dall'establishment finanziario di New York. L'ufficio di Bernard Baruch si trovava al 120 di Broadway; anche gli uffici di Franklin D. Roosevelt (la sede di New York di Fidelity & Deposit e lo studio legale Roosevelt & O'Connor) erano al 120 di Broadway. L'ufficio di Gerard Swope e gli uffici esecutivi della General Electric Company si trovavano allo stesso indirizzo. Possiamo quindi dire, in senso limitato, che la Roosevelt NAR è nata al 120 di Broadway, a New York.

Il generale Hugh Johnson aveva tre assistenti senior all'NRA, e "questi tre moschettieri erano in servizio più a lungo e entravano e uscivano dal mio ufficio ogni volta che trovavano qualcosa che richiedeva attenzione".[388] I tre assistenti erano uomini di Wall Street provenienti dalle principali industrie e che a loro volta ricoprivano posizioni importanti nelle principali aziende di quelle industrie: Gerard Swope, presidente della General Electric, Walter C. Teagle della Standard Oil of New Jersey e Louis Kirstein della William Filene's Sons, i commercianti al dettaglio. Con questo trio, un elemento dominante del grande capitale aveva il controllo all'apice dell'NRA. Questa concentrazione del controllo spiega le migliaia di denunce di oppressione dell'ANR provenienti da imprenditori medi e piccoli.

Chi erano questi uomini? Come abbiamo notato, Gerard Swope della General Electric era stato assistente del generale Johnson nel War Industries Board durante la prima guerra mondiale. Mentre si discuteva dell'NRA, Johnson "suggerì immediatamente il suo nome al segretario Roper". Mentre l'ANR era in discussione, Johnson "suggerì immediatamente il suo nome al Segretario Roper". Nel 1930, General Electric era il più grande produttore di apparecchiature elettriche, con Westinghouse che deteneva molti dei brevetti di base in questo campo, oltre a una grande partecipazione in RCA e a numerose filiali e affiliate

---

[388] Hugh S. Johnson, *L'aquila blu dall'uovo alla terra*, op. cit. p. 217.

internazionali. Alla fine degli anni Venti, G.E. e Westinghouse producevano circa tre quarti delle apparecchiature di base per la distribuzione e la generazione di energia elettrica negli Stati Uniti. General Electric, tuttavia, era l'azienda dominante nel settore delle apparecchiature elettriche.[389] Nell'ambito dell'ANR, la National Electrical Manufacturers Association (NEMA) è stata designata come agenzia per la supervisione e l'amministrazione del codice del settore elettrico. Il NEMA agì rapidamente e nel luglio 1933 presentò il secondo codice di "concorrenza leale" alla firma del Presidente.

Il secondo moschettiere di Johnson era Walter Teagle, presidente del consiglio di amministrazione della Standard Oil del New Jersey. Standard of New Jersey era la più grande compagnia petrolifera integrata degli Stati Uniti e solo Royal Dutch la sfidava nelle vendite internazionali. Standard of New Jersey era controllata dalla famiglia Rockefeller, le cui partecipazioni all'inizio degli anni '30 erano stimate tra il 20 e il 25%.[390] Si può quindi affermare che Teagle rappresentava gli interessi di Rockefeller nell'NRA, mentre Swope rappresentava gli interessi di Morgan. È interessante notare che il principale concorrente della Standard era la Gulf Oil, controllata dagli interessi di Mellon, e che durante la prima amministrazione Roosevelt si cercò insistentemente di perseguire Mellon per evasione fiscale.

Il terzo dei tre moschettieri di Johnson all'NRA era Louis Kirstein, vicepresidente della Filene's di Boston. Edward Filene è noto per i suoi libri sui vantaggi delle associazioni commerciali, della concorrenza leale e della cooperazione (vedi pag. 81).

Il vertice della Roosevelt National Recovery Administration era composto dal presidente della più grande compagnia elettrica, dal presidente della più grande compagnia petrolifera e dal rappresentante del più grande speculatore finanziario degli Stati Uniti.

In breve, l'amministrazione dell'ANR rifletteva l'establishment finanziario di New York e i suoi interessi pecuniari. Inoltre, come abbiamo visto, poiché il piano stesso è nato a Wall Street, la presenza di uomini d'affari nell'amministrazione dell'ANR non può essere spiegata sulla base della loro esperienza e capacità amministrativa. L'NRA era una creatura di Wall Street implementata dall'élite di Wall Street.

L'OPPRESSIONE DELLE PICCOLE IMPRESE

I sostenitori del National Industrial Recovery Act sostenevano con forza che l'ANR avrebbe protetto le piccole imprese, che secondo loro avevano sofferto in passato di un'applicazione ingiusta delle leggi antitrust; la sospensione delle leggi antitrust avrebbe eliminato le loro caratteristiche più indesiderate, mentre l'ANR avrebbe preservato le loro gradite disposizioni antimonopolistiche. Il senatore Wagner ha dichiarato che l'intero settore avrebbe formulato i codici industriali

---

[389] Per maggiori informazioni, si veda Harry W. Laidler, *Concentration of Control in American Industry* (New York: Crowell, 1931), capitolo XV.

[390] Ibidem, p. 20.

proposti, non solo le grandi aziende. Il senatore Borah, invece, ha sostenuto che il "monopolio" stava per ricevere un servizio agognato da più di 25 anni, cioè "la morte delle leggi antitrust" e che i codici industriali dell'ANR "saranno tute o contratti che limitano il commercio, e non ci sarà bisogno di sospendere le leggi antitrust". Il senatore Borah ha anche accusato il senatore Wagner di aver tradito il legittimo imprenditore con Wall Street:

> Il vecchio Rockefeller non aveva bisogno del diritto penale per arricchirsi. Ha distrutto gli indipendenti ovunque, li ha dispersi ai quattro venti, ha concentrato il suo grande potere. Ma il Senatore non solo ha dato alle mietitrebbie tutto il potere di scrivere il loro codice, ma ha anche dato loro il potere di accusare e perseguire l'uomo che ha violato il codice, anche se stava perseguendo un'impresa perfettamente legittima.
> Signor Presidente, non mi interessa quanto rafforziamo, quanto costruiamo, quanto rafforziamo la legge antitrust; mi oppongo a una sospensione a qualsiasi titolo, perché so che quando queste leggi vengono sospese, diamo a queste 200 società non bancarie, che controllano la ricchezza degli Stati Uniti, un potere prodigioso, che non potrà mai essere controllato se non dalle leggi penali applicate dai tribunali.[391]

Il senatore Borah ha quindi citato Adam Smith, sottolineando che il disegno di legge non contiene alcuna definizione di concorrenza leale e che i codici di concorrenza leale degenerano in imposizioni aziendali. Allo stesso modo, il senatore Gore ha sollevato la possibilità che il Presidente possa richiedere a tutti i membri di un'industria di avere una licenza e che questo significhi che il Presidente possa revocare una licenza a piacimento, una chiara violazione della legge e dei diritti di proprietà fondamentali:

> **SENATORE GORE**. Il Presidente può revocare questa licenza a suo piacimento?
> **SENATORE WAGNER**. Sì, per una violazione del codice federale.
> **SENATORE GORE**. Su quale tipo di pubblico?
> **SENATORE WAGNER**. Dopo un'udienza. È previsto che prima di revocare una licenza si possa tenere un'audizione.
> **SENATORE GORE**. Si tratta di qualcosa che influisce realmente sulla vita o sulla morte di un particolare settore o di un'azienda, se ha il potere di revocare la licenza.
> **SENATORE WAGNER**. Sì, è una sanzione.
> **SENATORE GORE**. Quello che volevo chiederle, senatore, è questo: Pensate di poter dare questo potere a un dirigente di alto livello?
> **SENATORE WAGNER**. Lo faccio, in caso di emergenza.
> **SENATORE GORE**. Per spazzare via un'industria?
> **SENATORE WAGNER**. Tutti questi poteri, ovviamente, sono racchiusi in un unico individuo, e dobbiamo fare affidamento su di lui per amministrarli in modo giusto ed equo. Avevamo lo stesso tipo di potere durante la guerra.
> **SENATORE GORE**. Lo so, e signor Hoover, se posso usare queste parole, questo dispositivo manda in bancarotta i cittadini americani nati liberi senza un processo con giuria.

---

[391] Verbale del Congresso, 1933, pag. 5165.

SENATORE WAGNER. La filosofia di questo disegno di legge è quella di incoraggiare l'azione e l'iniziativa volontaria da parte dell'industria, e dubito che questi metodi obbligatori saranno utilizzati, se non in rarissime occasioni; ma se si vuole elevare lo standard, è necessario avere qualche sanzione per far rispettare il codice che potrebbe essere adottato.

SENATORE GORE. Capisco, ma se si vuole creare questo sistema, bisogna avere il potere di farlo. Il punto è perché in un paese libero un uomo libero dovrebbe essere obbligato a prendere una licenza per esercitare un'attività legittima, e perché nel nostro sistema costituzionale qualcuno dovrebbe avere il potere di distruggere il valore della sua proprietà, che è ciò che si fa quando si crea una situazione in cui non può operare. Mi sembra che ci si stia avvicinando al punto in cui si prende una proprietà senza un giusto processo.[392]

Se guardiamo ai risultati della N.R.A., anche pochi mesi dopo l'approvazione della legge, vediamo che i timori del Senato erano pienamente giustificati e che il Presidente Roosevelt aveva abbandonato il piccolo imprenditore degli Stati Uniti al controllo di Wall Street. Molti settori erano dominati da poche grandi aziende, a loro volta controllate da società di investimento di Wall Street. Queste grandi aziende hanno dominato, attraverso i Tre Moschettieri, l'impostazione dei codici dell'ANR. Avevano il maggior numero di voti e potevano fissare prezzi e condizioni rovinose per le piccole imprese.

L'industria siderurgica è un buon esempio di come le grandi aziende abbiano dominato il codice dell'ANR. Negli anni '30, due grandi aziende, United States Steel, con il 39%, e Bethlehem Steel, con il 13,6%, controllavano più della metà della capacità produttiva di lingotti d'acciaio del Paese. Il consiglio di amministrazione di U.S. Steel includeva J.P. Morgan e Thomas W. Lamont, oltre al presidente Myron C. Taylor. Il consiglio di amministrazione di Bethlehem comprendeva Percy A. Rockefeller e Grayson M-P. Murphy di Guaranty Trust, di cui si parlerà nel Capitolo 10.

Nel 1930, i maggiori azionisti di U.S. Steel erano George F. Baker e George F. Baker, Jr. con un totale di 2.000 azioni privilegiate e 107.000 azioni ordinarie; Myron C. Taylor, capo del comitato finanziario di U.S. Steel, possedeva 27.800 azioni ordinarie; J. P. Morgan possedeva 1.261 azioni e James A. Morgan 1.861 azioni. Taylor, capo del comitato finanziario di U.S. Steel, possedeva 27.800 azioni ordinarie; J. P. Morgan possedeva 1.261 azioni; e James A. Farrell era titolare di 4.850 azioni privilegiate. Questi uomini sono stati anche i principali finanziatori della campagna presidenziale. Per esempio, nella campagna elettorale di Hoover del 1928, hanno contribuito con

J.P. Morgan	$5000
J.P. Morgan Company	$42.500
George F. Baker	$27.000
George F. Baker Jr.	$20.000

---

[392] Senato degli Stati Uniti, National Industrial Recovery, Hearings before the Committee on Finance, 73th Congress, 1ère session, S.17 and H.R. 5755 (Washington: Government Printing Office, 1933), p. 5.

WALL STREET E FRANKLIN D. ROOSEVELT

Myron C. Taylor............................ 25.000 dollari

All'interno dell'NRA, scopriamo che U.S. Steel e Bethlehem Steel controllavano di fatto l'intero settore in virtù dei loro voti nei codici industriali; su un totale di 1.428 voti, queste due società hanno ricevuto da sole un totale di 671 voti, pari al 47,2%, pericolosamente vicino al controllo assoluto e con un'innegabile capacità di trovare un alleato tra le società più piccole ma comunque importanti.

La forza del voto dell'ANR nel codice dell'industria siderurgica

Azienda[393]	Voti all'interno dell'autorità del codice	Percentuale del totale
Acciaio americano	511	36.0
Acciaio Bethlehem	160	11.2
Repubblica dell'acciaio	86	6.0
Acciaio nazionale	81	5.7
Jones e Laughlin	79	5.5
Lastre e tubi Youngstown	74	5.1
Acciaio per le ruote	73	5.1
Laminatoio americano	69	4.8
Acciaio interno	51	3.6
Acciaio per crogioli	38	2.7
Stagno McKeesport	27	1.9
Acciaio Allegheny	21	1.5
Spang-Chalfant	17	1.2
Cerchio in acciaio Sharon	16	1.1
Acciaio Continentale	16	1.1

Fonte: Rapporto dell'ANR sul funzionamento del sistema di punti base nell'industria siderurgica.

Sebbene U.S. Steel e Bethlehem fossero le unità leader dell'industria siderurgica prima dell'adozione della NIRA, non erano in grado di controllare la concorrenza di molte aziende più piccole. Dopo l'adozione della NIRA, queste due aziende sono riuscite a dominare anche l'industria siderurgica, grazie al loro dominio sul sistema dei codici.

---

[393] Inoltre, le seguenti aziende minori hanno avuto voti: Acme Steel (9), Granite City Steel (8), Babcock and Wilcox (8), Alan Wood (7), Washburn Wire (7), Interlake Iron (7), Follansbee Bros. (6), Ludlum Steel (6), Superior Steel (6), Bliss and Laughlin (6), Laclede Steel (5), Apollo Steel (5), Atlantic Steel (4), Central Iron and Steel (4), A.M. Byers Company (4), Sloss-Sheffield (4), Woodward Iron (3), Firth-Sterling (2), Davison Coke and Iron (2), Soullin Steel (1), Harrisburg Pipe (1), Eastern Rolling Mill (1), Michigan Steel Tube (1), Milton Manufacturing Company (1) e Cranberry Furnace (1).

John D. Rockefeller organizzò il trust Standard Oil nel 1882 ma, in seguito alle ordinanze del tribunale in base allo Sherman Act, il cartello fu sciolto in 33 società indipendenti. Nel 1933, queste aziende erano ancora controllate dagli interessi della famiglia Rockefeller; lo Sherman Act era più ombra che sostanza:

Azienda	Utile netto (1930) in milioni di dollari.
Standard Oil del New Jersey	57
Standard Oil dell'Indiana	46
Standard Oil of California	46
Standard Oil di New York	16

Gli uffici delle società "indipendenti" di Standard continuarono a essere situati presso la sede centrale di Rockefeller, all'epoca al 25 e 26 di Broadway. Nel corso degli anni Venti, l'ingresso di nuovi capitali e l'importanza delle varie compagnie Standard Oil cambiarono relativamente.

All'epoca del New Deal, l'unità più grande era la Standard Oil of New Jersey, di cui i Rockefeller detenevano una quota del 20-25%. Il presidente della Standard of New Jersey, Walter S. Teagle, divenne uno dei tre moschettieri del New Deal. Teagle, è diventato uno dei tre moschettieri dell'NRA.

Se consideriamo l'industria automobilistica nel 1930, scopriamo che due società, Ford e General Motors, vendevano circa tre quarti delle auto prodotte negli Stati Uniti. Se includiamo Chrysler, le tre aziende hanno venduto circa cinque sesti di tutte le auto prodotte negli Stati Uniti:

```
Ford Motor Co...................................... 40 per cento
General Motors.................................... 35 per cento
Chrysler Corp..................................... 8 per cento
```

Sotto il suo fondatore, Henry Ford, la Ford Motor Company aveva poco a che fare con la politica, anche se James Couzens, uno dei primi azionisti della Ford, divenne in seguito senatore del Michigan. Ford mantenne gli uffici direzionali a Dearborn, nel Michigan, e solo un ufficio vendite a New York. Ford era anche fermamente contrario alla NRA e a Wall Street, e Henry Ford si distingue per la sua assenza dagli elenchi dei finanziatori delle campagne presidenziali.

D'altra parte, General Motors era una creatura di Wall Street. La società era controllata dalla J.P. Morgan; il presidente del consiglio di amministrazione era Pierre S. Du Pont della Du Pont Company, che nel 1933 deteneva circa il 25% delle azioni della General Motors. Du Pont, della Du Pont Company, che nel 1933 deteneva circa il 25% delle azioni della General Motors. Nel 1930, il consiglio di amministrazione della General Motors era composto da Junius S. Morgan, Jr. e George Whitney dello studio Morgan, i direttori della First National Bank e della Bankers Trust, sette direttori di Du Pont e Owen D. Young di General Electric.

Un altro esempio è l'International Harvester Company, nel 1930 sotto il suo presidente Alexander Legge, il gigante dell'industria delle attrezzature agricole. Legge era un membro dell'NRA. La Agricultural Equipment Association fu costituita nel 1920 dalla J.P. Morgan Company e controllava circa l'85% della produzione totale di macchine per la raccolta negli Stati Uniti. Nel 1930, l'azienda era ancora dominante nel settore:

Azienda	Attività	Percentuale del mercato
International Harvester (11 Broadway)	384 milioni (1929)	60
Deere & Co.	$107	17
Caso J.I.	$55	8
Altro	$100	15
Totale	646 milioni di euro	100

Nel 1930, almeno 80 grandi società estraevano carbone bituminoso negli Stati Uniti; di queste, due - Pittsburgh Coal e Consolidation Coal - erano dominanti. Pittsburgh Coal era controllata dalla famiglia di banchieri di Pittsburgh, i Mellon. Consolidation Coal era in gran parte di proprietà di J.D. Rockefeller, che possedeva il 72% delle azioni privilegiate e il 28% delle azioni ordinarie. Sia i Mellon che i Rockefeller sono grandi finanziatori politici. Allo stesso modo, la produzione di antracite era concentrata nelle mani della Reading Railroad, che gestiva il 44% del carbone americano. La Reading era controllata dalla Baltimore and Ohio Railroad, che deteneva il 66% delle sue azioni, e il presidente della B&O era E.T. Stotesbury, socio dello studio Morgan.

Se analizziamo le aziende costruttrici di macchine negli Stati Uniti nel 1930, scopriamo che la più grande era di gran lunga la General Electric - e il presidente della G.E. Swope era intimamente coinvolto con l'NRA.

Grandi aziende di ingegneria meccanica (1929)

Azienda	Attività in milioni	Profitti (1929) in milioni	Vendite (1929) in milioni
General Electric, 120 Broadway	$500	$71	$415.3
Radiatore sanitario American & Standard, 40 W. 40th St.	$226	$20	
Westinghouse Electric, 150 Broadway	$225	$27	$216.3
Locomotiva Baldwin, 120 Broadway	$100	$3	$40
Locomotiva americana, 30 Church St.	$106	$7	
American Car & Foundry, 30 Church St.	$120	$2.7	
International Business Machines, 50 Broadway	$40	$6.7	
Otis Elevator, 260 11th Avenue	$57	$8	

| Società di gru | $116 | $11.5 |

Scorrendo l'elenco, si nota che American, Car & Foundry (il cui presidente, Woodin, divenne Segretario del Tesoro sotto Roosevelt), American Radiator & Standard e Crane Company contribuirono in modo significativo alla carriera politica di FDR.

Data l'influenza dominante delle grandi imprese nell'NRA e nell'amministrazione Roosevelt, non sorprende che l'NRA sia stata amministrata in modo oppressivo per le piccole imprese. Anche durante la breve esistenza della NRA, fino a quando non è stata dichiarata incostituzionale, troviamo prove di oppressione: guardate le lamentele delle piccole imprese nei settori che abbiamo discusso, rispetto ad altri settori della piccola impresa con molte più unità:

Industria	Numero di denunce di oppressione (gennaio-aprile 1934)
Grande industria	
Ferro e acciaio	66
Banca d'investimento	47
Olio	60
Produzione elettrica	9
Piccole imprese	
Pulizia e tintura	31
Ghiaccio	12
Stampa	22
Stivali e scarpe	10
Lavanderia	9

Fonte: Roos, *NRA Economic Planning*, pag. 411, basato su dati non pubblicati dell'ANR.

CAPITOLO X

FDR, IL CAVALIERE BIANCO

Nelle ultime settimane della sua vita ufficiale, la commissione ha ricevuto prove che alcune persone avevano tentato di creare un'organizzazione fascista in questo Paese. Non c'è dubbio che questi tentativi sono stati discussi, sono stati pianificati e avrebbero potuto essere realizzati quando e se i finanziatori lo avessero ritenuto opportuno....
Questa Commissione ha ricevuto la testimonianza del generale Smedley D. Butler (in pensione), due volte decorato dal Congresso degli Stati Uniti... la vostra Commissione ha potuto verificare tutte le dichiarazioni pertinenti fatte dal generale Butler....
John W. McCormack, presidente del Comitato ristretto sulle attività antiamericane, Camera dei Rappresentanti, 15 febbraio 1935.

Nel Natale del 1934, la notizia di un bizzarro complotto per l'insediamento di un dittatore alla Casa Bianca emerse a Washington e a New York, e la storia - di importanza senza precedenti - fu rapidamente soppressa dal Congresso e dalla stampa di regime.[394]

Il 21 novembre 1934, il *New York Times* pubblicò la prima parte della storia di Butler raccontata alla Commissione per le attività antiamericane della Camera, dedicandole la prima pagina e un intrigante paragrafo di apertura:

---

[394] Si veda Jules Archer, *The Plot to Seize the White House* (New York: Hawthorn Books, 1973) Il libro di Archer è "il primo sforzo per raccontare l'intera storia del complotto in ordine e con tutti i dettagli". Si veda anche George Wolfskill, *The Revolt of the Conservatives* (Boston: Houghton, Mifflin, 1962), che contiene molto materiale sul complotto. Il lettore interessato dovrebbe anche dare un'occhiata a George Seldes, *One Thousand Americans* (New York: Honi & Gaer, 1947).
Purtroppo, sebbene questi libri abbiano mantenuto la memoria dell'evento - uno sforzo coraggioso che non va assolutamente sottovalutato - riflettono una confusione tra fascismo e moderazione. I sostenitori della Costituzione ovviamente rifiuterebbero assolutamente gli sforzi dittatoriali descritti. Alcuni gruppi, come l'American Conservative Union, ad esempio, per un decennio hanno diretto i loro attacchi agli obiettivi identificati da Archer e Seldes. L'errore di interpretazione di questi ultimi autori è accentuato dal fatto che la confusione sul significato di conservatorismo ha impedito loro anche di esplorare la possibilità che Wall Street avesse in mente solo Franklin Delano Roosevelt come "uomo sul cavallo bianco".

Un complotto di interessi di Wall Street per rovesciare il Presidente Roosevelt e instaurare una dittatura fascista, sostenuto da un esercito privato di 500.000 ex soldati e altri, è stato incriminato dal Maggiore Generale Smedley D. Butler, un ufficiale del Corpo dei Marines in pensione...

Il *New York Times* aggiunge che il generale Butler "... disse ai suoi amici che il generale Hugh S. Johnson, ex amministratore dell'NRA, era destinato al ruolo di dittatore, e che dietro il complotto c'erano J.P. Morgan & Co. e Murphy & Co."

Dopo questa promettente apertura, la storia del *New York Times* si è gradualmente affievolita fino a scomparire. Fortunatamente, da allora sono emerse informazioni sufficienti a dimostrare che l'affare Butler, o il complotto per impadronirsi della Casa Bianca, è parte integrante della nostra storia di FDR e Wall Street.

GRAYSON M-P. MURPHY COMPANY, AL 52 BROADWAY

La figura centrale della trama era il Maggiore Generale Smedley Darlington Butler, un ufficiale del Corpo dei Marines colorato, popolare e noto, due volte insignito della Medaglia d'Onore del Congresso e veterano del servizio militare per 33 anni. Il generale Butler testimoniò nel 1934 davanti alla Commissione McCormack-Dickstein che indagava sulle attività naziste e comuniste negli Stati Uniti, che un piano per una dittatura della Casa Bianca gli era stato esposto da due membri della Legione Americana: Gerald C. MacGuire, che lavorava per Grayson M-P. Murphy & Co, 52 Broadway, New York City, e Bill Doyle, che Butler identificò come un ufficiale della Legione Americana. Il generale Butler ha dichiarato che questi uomini volevano "togliere alla Famiglia Reale il controllo della Legione Americana durante la convention che si terrà a Chicago, e [erano] molto ansiosi di farmi partecipare". Al generale Butler fu presentato un piano: egli si sarebbe presentato alla convention come delegato della Legione di Honolulu; tra il pubblico ci sarebbero stati due o trecento membri della Legione Americana; "questi uomini sparsi avrebbero iniziato ad applaudire e a chiedere un discorso, e poi io sarei salito sulla piattaforma e avrei fatto un discorso"."

Il discorso preparato doveva essere scritto dal socio di Morgan John W. Davis. Per dimostrare il suo sostegno finanziario a Wall Street, MacGuire mostrò al generale Butler un libretto bancario che elencava depositi di 42.000 e 64.000 dollari e menzionava che la loro fonte era il deputato Grayson. Murphy, direttore della Guaranty Trust Company e di altre società controllate da Morgan. È coinvolto anche un banchiere milionario, Robert S. Clark, i cui uffici si trovano nell'edificio Exchange all'11 di Wall Street.

Robert Clark era noto al generale Butler per la sua campagna in Cina. MacGuire e Doyle hanno anche offerto a Butler una notevole somma di denaro per tenere un discorso simile alla Convention dei Veterani delle Guerre Straniere di Miami Beach. Secondo MacGuire, il suo gruppo aveva studiato il background di Mussolini e del fascismo italiano, dell'organizzazione di Hitler in Germania e della Croix de Feu in Francia e aveva suggerito che era giunto il momento di creare un'organizzazione simile negli Stati Uniti. Il generale Butler ha testimoniato davanti alla commissione del Congresso sulla dichiarazione di MacGuire che

> Disse: "È giunto il momento di radunare i soldati.
> "Sì", risposi, "lo penso anch'io". Ha detto: "Sono andato all'estero per studiare il ruolo del veterano nelle varie strutture dei governi stranieri. Mi sono recato in Italia per due o tre mesi e ho studiato la posizione dei veterani d'Italia nella struttura governativa fascista, scoprendo che sono il sostegno di fondo di Mussolini. Li tengono a libro paga in vari modi e li rendono felici e soddisfatti; e sono la sua vera spina dorsale, la forza su cui può contare, nei momenti di difficoltà, per sostenerlo. Ma questa soluzione non ci soddisfa affatto. Ai soldati americani non piacerebbe. Così sono andato in Germania per vedere cosa stava facendo Hitler, e tutta la sua forza è anche nelle organizzazioni militari. Ma non sarebbe stato possibile. Mi sono informato sulle questioni russe. Ho scoperto che l'impiego di soldati in quel luogo non sarebbe piaciuto ai nostri uomini. Così sono andato in Francia e ho trovato esattamente l'organizzazione che stiamo per avere. È un'organizzazione di super-soldati". Mi ha dato il nome francese di questa organizzazione, ma non ricordo quale sia. Non sono mai riuscito a pronunciarlo. Ma so che è una super organizzazione di membri di tutte le altre organizzazioni di soldati in Francia, composta da sottufficiali e ufficiali. Mi disse che erano circa 500.000 e ognuno di loro era a capo di altri 10, il che dava loro 5.000.000 di voti. E ha detto: "È nostra idea, qui in America, creare un'organizzazione del genere".[395]

Quale sarebbe l'obiettivo di questa super organizzazione? Secondo il *New York Times*[396] , il generale Butler avrebbe affermato che si trattava di un tentativo di *colpo di Stato*[397] per rovesciare il presidente Roosevelt e sostituirlo con un dittatore fascista. A questa interpretazione fanno eco Archer, Seldes e altri scrittori. Tuttavia, non è questa l'accusa che il generale Butler ha rivolto alla commissione. La dichiarazione precisa di Butler riguardo all'organizzazione pianificata, all'uso che ne verrà fatto una volta stabilita e al ruolo del presidente Roosevelt è la seguente: il generale Butler ha riferito della sua conversazione con MacGuire:

> Ho detto: "Che cosa vuoi fare quando la porterai al potere? "
> "Beh", ha detto, "vogliamo sostenere il Presidente.
> Ho detto: "Il Presidente non ha bisogno del sostegno di questo tipo di organizzazioni. Da quando sei diventato un sostenitore del Presidente? L'ultima volta che ti ho parlato, eri contro di lui".
> Disse: "Beh, ora verrà con noi".
> "Davvero?"
> "Sì".
> "Ebbene, cosa farete con questi uomini, supponendo di avere questi 500.000 uomini in America? Cosa ne farete? "
> "Beh", ha detto, "saranno il sostegno del presidente".

---

[395] House of Representatives, Inquiry into Nazi Propaganda Activities and Inquiry into Certain Other Propaganda Activities, Hearings No. 73-D.C.-6, op. cit. p. 17.

[396] *New York Times*, 21 novembre 1934.

[397] In francese nel testo.

Ho detto: "Il Presidente ha ricevuto tutto il popolo americano. Perché li vuole? "
Mi ha detto: "Non capisci che dobbiamo cambiare un po' la configurazione? Ora ce l'abbiamo, abbiamo il Presidente. Deve avere più soldi. Non c'è più denaro da dargli. L'80% del denaro è ora in titoli di Stato, e non può più continuare questo racket. Deve fare qualcosa al riguardo. O deve ottenere più soldi da noi, o deve cambiare il modo in cui il governo viene finanziato, e noi ci assicureremo che non lo faccia. Non lo cambierà.
Dissi: "Quindi l'idea di questo grande gruppo di soldati è di spaventarlo, giusto?"
"No, no, no; non per spaventarlo. È per sostenerlo quando gli altri lo attaccano".
Ho detto: "Beh, non lo so. Come lo spiegherebbe il Presidente? "
E ha aggiunto: "Non dovrà necessariamente dare spiegazioni, perché lo aiuteremo. Le è venuto in mente che il Presidente è oberato di lavoro? Potremmo avere un vicepresidente, qualcuno da incolpare; e se le cose non funzionano, può lasciar perdere.
Ha poi aggiunto che non c'è bisogno di emendare la Costituzione per consentire a un altro membro del gabinetto, qualcuno che si occupi dei dettagli dell'ufficio - per toglierlo dalle spalle del Presidente. Ha detto che la posizione sarebbe stata quella di un segretario per gli affari generali, una sorta di super-segretario.
PRESIDENTE [Deputato McCormack]. Un Segretario agli Affari Generali?
BUTLER. Questo è il termine che ha usato - o qualche segretario dello stato sociale - non ricordo quale. Sono uscito dal colloquio con quel nome in mente. L'idea mi è venuta parlando con entrambi. Entrambi hanno parlato dello stesso tipo di sgravio che dovrebbe essere concesso al Presidente, e lui ha detto: "Sapete, il popolo americano lo accetterà. Abbiamo i giornali. Lanceremo una campagna sul fatto che la salute del Presidente sta cedendo. Chiunque può capirlo guardandolo, e gli stupidi americani ci cascano in un secondo.
E io lo vedevo. Avevano questa simpatia, che avrebbero avuto qualcuno che gli avrebbe tolto il patronato dalle spalle e tutte le preoccupazioni e i dettagli, e poi sarebbe stato come il presidente della Francia.
Ho detto: "Quindi è da lì che hai preso l'idea? "
Ha detto: "Ho viaggiato per osservare il mondo. Ora, a proposito di questa grande organizzazione, sareste interessati a dirigerla? "
Ho detto: "Sono interessato, ma non so se lo dirigerò". Mi interessa molto, perché sapete. Jerry, il mio interesse è, il mio unico hobby è, mantenere una democrazia. Se lei ha queste 500.000 truppe che sostengono qualcosa che puzza di fascismo, io ne prenderò altre 500.000 e le prenderò a calci nel sedere, e avremo una vera guerra in casa. Lo sai bene".
"Oh, no. Non vogliamo questo. Vogliamo che il presidente sia meno esigente".
"Sì; e poi ci metterete qualcuno che potete guidare; è questa l'idea? Il Presidente andrà in giro a battezzare bambini, ad aprire ponti e a baciare bambini. Il signor Roosevelt non lo accetterà mai".
"Oh sì, lo farà. Gli andrà bene".[398]

In altre parole, il complotto di Wall Street non era affatto quello di sbarazzarsi del presidente Roosevelt, ma di cacciarlo e di installare un vicepresidente con poteri assoluti. Non è chiaro perché sia stato necessario insediare un vicepresidente, visto che il vicepresidente era già in carica. In ogni caso, il piano

---

[398] House of Representatives, Investigation of Nazi Propaganda Activities and Investigation of Certain Other Propaganda Activities, Hearings No. 73-D.C.-6, op. cit, pp. 17-18.

prevedeva di gestire gli Stati Uniti con un Segretario agli Affari Generali, che l'opinione pubblica americana credulona avrebbe accettato con il pretesto della necessaria protezione contro una presa di potere comunista.

A questo punto, è interessante ricordare il ruolo di questi stessi finanzieri e società finanziarie nella rivoluzione bolscevica - un ruolo, tra l'altro, che il generale Butler non poteva conoscere[399] - e l'uso di simili tattiche di paura da parte dei rossi nell'organizzazione degli Stati Uniti del 1922. All'inizio degli anni '30 Grayson M-P. Murphy era direttore di diverse società controllate dagli interessi di J.P. Morgan, tra cui la Guaranty Trust Company, ben nota nella rivoluzione bolscevica, la New York Trust Company e la Bethlehem Steel, e faceva parte del consiglio di amministrazione della Inspiration Copper Company, della National Aviation Corporation, della Intercontinental Rubber Co. e della U.S. & Foreign Securities. John W. Davis, autore dei discorsi del generale Butler, era socio dello studio Davis, Polk, Wardwell, Gardner & Reed di Broad Street 15. Polk e Wardwell di questo prestigioso studio legale, insieme a Grayson Murphy, hanno entrambi avuto un ruolo nella Rivoluzione bolscevica. Inoltre, Davis era anche co-amministratore con Murphy della Guaranty Trust, controllata da Morgan, e co-amministratore con la speranza presidenziale Al Smith della Metropolitan Life Insurance Co. nonché amministratore della Mutual Life Insurance Co. e della U.S. Rubber Co. e della American Telephone and Telegraph, l'unità di controllo del Bell System.

Fortunatamente per la storia. Il generale Butler ha discusso l'offerta con una fonte giornalistica imparziale all'inizio dei suoi colloqui con MacGuire e Doyle. La Commissione McCormack-Dickstein ha ascoltato la testimonianza giurata di questo confidente, Paul Comley French. French ha confermato di essere un giornalista del *Philadelphia Record* e del *New York Evening Post e* che il generale Butler gli aveva parlato del complotto nel settembre 1934. Successivamente, il 13 settembre 1934, French si recò a New York e incontrò MacGuire. Di seguito è riportata una parte della dichiarazione di French al Comitato:

> MR. FRANCESE. [Ho visto] Gerald P. MacGuire negli uffici della Grayson M.-P. Murphy & Co. al dodicesimo piano della Broadway 52 poco dopo le 13. C'è un piccolo ufficio privato e sono entrato nel suo ufficio. C'è un piccolo ufficio privato e sono entrata nel suo ufficio. Ho qui alcune sue citazioni dirette. Appena uscito dal suo ufficio, mi sono avvicinato a una macchina da scrivere e ho scritto tutto quello che mi aveva detto. "Abbiamo bisogno di un governo fascista in questo Paese", ha insistito, "per salvare la nazione dai comunisti che vogliono abbatterla e distruggere tutto ciò che abbiamo costruito in America". Gli unici uomini che hanno il patriottismo per farlo sono i soldati e Smedley Butler è il leader ideale. Potrebbe mobilitare un milione di uomini in una notte. Nel corso della conversazione mi disse che era stato in Italia e in Germania nell'estate del 1934 e nella primavera del 1934 e che aveva studiato a fondo i retroscena dei movimenti nazista e fascista e il ruolo dei veterani in essi. Ha detto di aver ottenuto sufficienti informazioni sui movimenti fascisti e nazisti e sul ruolo svolto dai veterani per crearne uno in questo Paese.

---

[399] Si veda Sutton, *Wall Street e la rivoluzione bolscevica*, op. cit.

Durante la conversazione con me ha sottolineato che tutto questo era estremamente patriottico, che si trattava di salvare la nazione dai comunisti, e che gli uomini con cui hanno a che fare hanno la folle idea che i comunisti la smantelleranno. Ha detto che l'unica salvaguardia sarebbe stata quella dei soldati. All'inizio suggerì che il Generale avrebbe dovuto organizzare lui stesso questo gruppo e chiedere a tutti di pagare un dollaro all'anno di quote. Ne abbiamo discusso e poi è arrivato al punto di ottenere fondi esterni e ha detto che non sarebbe stato un problema raccogliere un milione di dollari.

Nel corso della conversazione continuò a parlare della necessità di un cavaliere bianco, come lo chiamava lui, un dittatore che sarebbe arrivato al galoppo sul suo cavallo bianco. Ha detto che questo è l'unico modo per salvare il sistema capitalista, sia con la minaccia della forza armata che con la delega del potere e l'uso di un gruppo di veterani organizzati.

Dopo che ce ne siamo andati si è riscaldato notevolmente e ha detto: "Potremmo seguire Roosevelt e poi fare con lui quello che Mussolini ha fatto con il Re d'Italia". Questo è coerente con ciò che disse al generale [Butler], cioè che avremmo avuto un Segretario agli Affari Generali, e che se Roosevelt fosse stato al suo fianco, sarebbe stato fantastico; se non l'avesse fatto, l'avrebbero cacciato.[400]

Ackson Martindell, 14 Wall Street

Le testimonianze giurate del generale Smedley Butler e di Paul French alle audizioni della commissione hanno un filo conduttore. Il generale Butler ha divagato di tanto in tanto e alcune parti della sua dichiarazione sono vaghe, ma è chiaro che c'è di più nella storia di un'innocente riunione di membri della Legione Americana in una super organizzazione. Esistono prove indipendenti a sostegno delle affermazioni del generale Butler e di Paul French? All'insaputa di Butler e French, Guaranty Trust era stata coinvolta nelle manovre di Wall Street durante la rivoluzione bolscevica del 1917, indicando almeno una predisposizione a mescolare gli affari finanziari con la politica dittatoriale; due delle persone coinvolte nel complotto erano direttori di Guaranty Trust. Inoltre, prima che le udienze fossero bruscamente interrotte, la commissione ha ascoltato la testimonianza di una fonte indipendente, che ha confermato molti dei dettagli raccontati dal generale Butler e da Paul French. Nel dicembre 1934, il capitano Samuel Glazier, comandante del campo CCC di Elkridge, Maryland,[401] fu convocato davanti alla commissione.

Il 2 ottobre 1934, come testimonia il capitano Glazier, aveva ricevuto una lettera da A.P. Sullivan, assistente dell'Adjutant General dell'esercito americano, che gli presentava un certo Jackson Martindell, "che sarà molto cortese con voi". Questa lettera fu inviata a Glazier dal comando dell'esercito americano del maggiore generale Malone. Chi era Jackson Martindell? Era un consulente finanziario che lavorava al 14 di Wall Street, precedentemente associato a Stone

---

[400] House of Representatives, Inquiry into Nazi Propaganda Activities and Inquiry into Certain Other Propaganda Activities, Hearings No. 73-D.C.-6, op. cit. p. 26.

[401] Ibidem, parti 1 e 2. Basato sulla testimonianza davanti alla Commissione McCormack-Dickstein.

& Webster & Blodget, Inc, banchieri d'investimento del 120 di Broadway, e Carter, Martindell & Co, banchieri d'investimento del 115 di Broadway.[402] Secondo il *New York Times*, Martindell era un uomo di sostanza, che viveva "al centro di una magnifica tenuta di sessanta acri" che aveva acquistato da Charles Pfizer[403], ed era abbastanza influente da far sì che il generale Malone organizzasse una visita al campo dell'Elkridge Conservation Corps nel Maryland.

L'associazione di Martindell con Stone & Webster (120 Broadway) è significativa e di per sé giustifica il monitoraggio dei suoi associati nell'area di Wall Street.

Il capitano Glazier fece visitare a Martindell il campo richiesto e testimoniò davanti alla commissione che Martindell fece molte domande su un campo simile per gli uomini che lavoravano nell'industria piuttosto che nelle foreste. Circa una settimana dopo la visita. Il capitano Glazier visitò la casa di Martindell nel New Jersey, apprese che era un amico personale del generale Malone e fu informato che Martindell voleva organizzare campi simili al CCC per formare 500.000 giovani. Secondo Glazier, questa conversazione aveva toni antisemiti e suggeriva un tentativo di colpo di Stato negli Stati Uniti. L'organizzazione promotrice di questo rovesciamento si chiamava American Vigilantes, il cui emblema era una bandiera con un'aquila rossa su sfondo blu al posto della svastica tedesca. Si trattava in parte di una verifica indipendente della testimonianza del generale Butler.

LA TESTIMONIANZA DI GERALD C. MACGUIRE

Gerald MacGuire, uno dei cospiratori accusati, è stato chiamato davanti alla commissione e ha testimoniato a lungo sotto giuramento. Dichiarò di aver incontrato il generale Butler nel 1933 e che le ragioni della sua visita a Butler erano: (1) discutere del Comitato per il dollaro sonante e (2) pensare che Butler sarebbe stato "un buon uomo per diventare comandante della Legione".

MacGuire ammise di aver detto al generale Butler di essere un membro del Distinguished Guest Committee dell'American Legion; aveva un "vago ricordo" che il milionario Robert S. Clark avesse parlato con Butler, ma aveva "categoricamente negato" di aver organizzato l'incontro di Clark con Butler. MacGuire ha ammesso di aver inviato cartoline a Butler dall'Europa, di aver avuto una conversazione con il generale all'Hotel Bellevue-Stratford e di aver detto a Butler che sarebbe andato alla convention di Miami. Tuttavia, quando gli è stato chiesto se avesse parlato con Butler del ruolo svolto dai veterani nei governi europei, ha risposto di no, anche se ha detto di aver detto a Butler che pensava che

---

[402] 120 Broadway è l'argomento di un capitolo di questo libro e di un libro precedente, Sutton, *Wall Street and the Bolshevik Revolution*, op. cit.

[403] *New York Times,* 28 dicembre 1934.

"Hitler non sarebbe durato un altro anno in Germania e che Mussolini era in declino".[404]

Il resoconto di MacGuire sul suo incontro con French differisce in modo significativo da quello di French:

> **DOMANDA**. Perché il signor French ha chiamato per vederla, signor MacGuire?
> **RISPOSTA**. Mi chiamò, secondo il racconto del signor French, per incontrarmi e fare la mia conoscenza, perché avevo conosciuto il generale Butler ed ero un suo amico, e lui voleva conoscermi, e questo era l'obiettivo principale della sua visita.
> **DOMANDA**. Si è discusso di altro?
> **RISPOSTA**. Sono state discusse diverse cose; sì. La posizione del mercato obbligazionario, il mercato azionario; cosa ritenevo fosse un buon acquisto in questo momento; cosa avrebbe potuto comprare se avesse avuto sette o ottocento dollari; la posizione del Paese; le prospettive di ripresa e varie cose di cui due uomini avrebbero discusso se si fossero riuniti.
> **DOMANDA**. C'è altro?
> **RISPOSTA**. Nient'altro, tranne questo, signor Presidente: come ho detto ieri, credo, quando il signor French è venuto da me, ha detto che il generale Butler è o è stato avvicinato da due o tre organizzazioni - e credo che abbia menzionato una di queste come un comitato di vigilanza in questo paese - e ha detto: "Cosa ne pensa?" "E credo di aver detto: "Perché, non credo che il generale debba essere coinvolto in queste questioni in questo Paese". Penso che tutte queste persone stiano cercando di usarlo, di usare il suo nome per farsi pubblicità e per diventare un membro, e credo che dovrebbe stare lontano da queste organizzazioni.
> **DOMANDA**. C'è altro?
> **RISPOSTA**. Nient'altro. Questa era l'essenza dell'intera conversazione.[405]

MacGuire ha inoltre testimoniato di aver lavorato per Grayson Murphy e che Robert S. Clark aveva messo a disposizione 300.000 dollari per formare l'Healthy Dollar Committee.

La Commissione McCormack-Dickstein ha potuto confermare che Robert Sterling Clark ha passato del denaro a MacGuire per scopi politici:

> Egli [MacGuire] ha inoltre dichiarato che questo denaro gli era stato dato dal signor Clark molto tempo dopo la Convention della Legione di Chicago, e che aveva anche ricevuto da Walter E. Frew della Corn Exchange Bank & Trust Co. la somma di 1.000 dollari, anch'essa messa a credito del Sound Money Committee.
> MacGuire ha poi testimoniato di aver ricevuto da Robert Sterling Clark circa 7200 dollari, per le spese di viaggio da, per e all'interno dell'Europa, più 2.500 dollari in un'altra occasione e 1.000 dollari in un'altra occasione, e ha testimoniato di non aver ricevuto nulla da nessun altro e di averli depositati sul suo conto personale presso la Manufacturers Trust Co. 55 Broad Street.
> MacGuire ha inoltre testimoniato che attualmente aveva un conto di prelievo di 432 dollari al mese, più alcune commissioni. In seguito, MacGuire ha testimoniato che

---

[404] House of Representatives, Inquiry into Nazi Propaganda Activities and Inquiry into Certain Other Propaganda Activities, Hearings No. 73-D.C.-6, op. cit. p. 45.

[405] Ibidem, p. 45.

i 2500 e i 1000 dollari erano legati all'organizzazione Committee for a Healthy Dollar.
Il Presidente McCormack ha quindi chiesto: "Il signor Clark ha contribuito in qualche altro modo, oltre ai 30.000 dollari e agli altri importi che ha elencato, che le ha dato personalmente? "No, signore, gli è stato chiesto più volte di contribuire a diversi fondi, ma lui ha rifiutato".[406]

Nel comunicato stampa di New York, la Commissione ha rilevato diverse discrepanze nella testimonianza di MacGuire sulla ricezione dei fondi. La sezione recita come segue:

> MacGuire non ricordava nemmeno quale fosse lo scopo del suo viaggio a Washington, né se avesse consegnato alla Banca Centrale di Hannover tredici banconote da mille dollari o se avesse acquistato una delle lettere di credito con un assegno certificato emesso sul conto del signor Christmas.
> Durante l'interrogatorio, MacGuire non ricordava se avesse mai maneggiato banconote da mille dollari, e di certo non ricordava di averne prodotte tredici alla volta in banca. A questo proposito va ricordato che l'acquisto di 13.000 dollari in banconote da mille dollari presso la banca avvenne solo sei giorni dopo che Butler aveva affermato che MacGuire gli aveva mostrato diciotto banconote da mille dollari a Newark.
> Da quanto sopra, è facile capire che oltre ai 30.000 dollari che Clark ha dato a MacGuire per il Sound Money Committee, ha prodotto circa 75.000 dollari in più, che MacGuire ha ammesso con riluttanza quando è stato messo di fronte alle prove. Questi 75.000 dollari sono contenuti nei 26.000 dollari versati sul conto Manufacturers Trust, nei 10.000 dollari in valuta estera a pranzo, nell'acquisto di lettere di credito per un totale di 30.300 dollari, di cui l'assegno natalizio certificato era rappresentato da 15.000 dollari, nelle spese per l'Europa che sfiorano gli 8.000 dollari. Tutto ciò rimane inspiegabile. Il Comitato non sa ancora se c'è stato dell'altro e quanto.[407]

La commissione ha poi posto a MacGuire una domanda ovvia: conosceva Jackson Martindell? Purtroppo, un errore altrettanto evidente nella risposta di MacGuire è passato inosservato. La trascrizione della commissione recita come segue:

> A cura del Presidente :
> **DOMANDA**. Conosce il signor Martindell, signor MacGuire?
> **RISPOSTA**. Il signor Martin Dell? No, signore, non lo conosco. Si chiama così?
> **MR. DICKSTEIN**. Penso di sì.[408]

---

[406] Comunicato stampa. New York City, p. 12.

[407] Ibidem, p. 13.

[408] House of Representatives, Inquiry into Nazi Propaganda Activities and Inquiry into Certain Other Propaganda Activities, Hearings No. 73-D.C.-6, op. cit. p. 85.

In breve, abbiamo tre testimoni attendibili - il generale Butler, Paul French e il capitano Samuel Glazier - che testimoniano sotto giuramento i piani di un complotto per installare una dittatura negli Stati Uniti. E abbiamo una testimonianza contraddittoria da parte di Gerald MacGuire che richiede chiaramente ulteriori indagini. Tale indagine era originariamente l'intenzione dichiarata del Comitato: "Il Comitato attende il ritorno in questo Paese del signor Clark e del signor Christmas. Allo stato attuale delle prove, ciò richiede una spiegazione che il Comitato non è riuscito a ottenere dal signor MacGuire.[409]

Ma la Commissione non ha chiamato a testimoniare né il signor Clark né il signor Christmas. Non ha fatto alcuno sforzo ulteriore - perlomeno, nessun altro sforzo appare nei documenti pubblici - per trovare una spiegazione alle incongruenze e alle imprecisioni della testimonianza di MacGuire, resa alla commissione sotto giuramento.

ELIMINAZIONE DEL COINVOLGIMENTO DI WALL STREET

La storia di un tentativo di presa di potere da parte dell'esecutivo negli Stati Uniti è stata soppressa, non solo dalle parti direttamente coinvolte, ma anche da diverse istituzioni solitamente considerate protettrici della libertà costituzionale e della libertà di indagine. Tra i gruppi che sopprimono le informazioni ci sono (1) il Congresso degli Stati Uniti, (2) la stampa, in particolare *il Time* e il *New York Times*, e (3) la stessa Casa Bianca. È anche notevole che non ci sia stata alcuna indagine accademica su quello che è sicuramente uno degli eventi più inquietanti della storia americana recente. La repressione è ancora più deplorevole alla luce dell'attuale tendenza al collettivismo negli Stati Uniti e della probabilità di un altro tentativo di presa di potere dittatoriale che utilizzi come pretesto presunte minacce da sinistra o da destra.

Il giro di vite da parte della Commissione per le Attività Antiamericane della Camera si concretizzò nella cancellazione di molti brani riguardanti finanzieri di Wall Street, tra cui il direttore di Guaranty Trust Grayson Murphy, J.P. Morgan, gli interessi di Du Pont, Remington Arms e altri presunti coinvolti nel tentativo di complotto. Ancora oggi, nel 1975, è impossibile trovare una trascrizione completa delle udienze.

Alcune delle parti eliminate della trascrizione sono state scoperte dal giornalista John Spivak.[410] Un riferimento all'amministratore dell'ANR Hugh Johnson indicava il tipo di informazioni eliminate; la commissione ha cancellato le parole in corsivo dalla testimonianza stampata; Butler parla con MacGuire:

> Ho detto: "C'è ancora qualcosa da spostare?
> "Sì", disse, "guardi, tra due o tre settimane lo vedrà apparire sui giornali". Ci saranno dei pezzi grossi"... e nel giro di due settimane apparve l'American Liberty League, che è più o meno quello che ha descritto. Potremmo avere un

---

[409] Comunicato stampa, New York City, p. 13.

[410] Si veda Jules Archer, *The Plot to Seize the White House*, op. cit.

vicepresidente, qualcuno da incolpare; e se le cose non funzionano, può lasciar perdere.
Ha detto: "È per questo che ha costruito Hugh Johnson. Hugh Johnson ha parlato troppo e lo ha messo in difficoltà, e lo licenzierà nelle prossime tre o quattro settimane.
Ho detto: "Come fai a sapere tutto questo? "
"Oh", dice, "siamo sempre con lui. Sappiamo cosa succederà".[411]

Anche la testimonianza di Paul French è stata censurata dalla commissione parlamentare. Ciò è dimostrato dal seguente estratto della testimonianza di French, che fa riferimento a John W. Davis, J.P. Morgan, alla Du Pont Company e ad altri esponenti di Wall Street e conferma fortemente la testimonianza del generale Butler:

> All'inizio egli [MacGuire] suggerì al generale [Butler] di organizzare lui stesso questo incontro e di chiedere a tutti un contributo di un dollaro all'anno. Ne abbiamo discusso e poi è arrivato al punto di ottenere fondi esterni, dicendo che non sarebbe stato difficile raccogliere un milione di dollari. Disse che poteva rivolgersi a John W. Davis [avvocato di J.P. Morgan & Co.] o a Perkins della National City Bank e a chiunque altro per ottenerlo. Naturalmente, può significare o meno qualcosa. Si riferisce cioè a John W. Davis e Perkins della National City Bank. Nel corso della mia conversazione con lui, naturalmente non ho impegnato il Generale in nulla. Ho avuto un buon presentimento su di lui.
> In seguito discutemmo della questione delle armi e dell'equipaggiamento e lui suggerì che potevano essere ottenute dalla Remington Arms Co a credito attraverso i Du Pont.
> Non credo che all'epoca abbia menzionato i legami di Du Pont con l'American Liberty League, ma ci ha girato intorno. In altre parole, non credo che abbia menzionato la Liberty League, ma ha evitato l'idea che si trattasse di un'ultima risorsa; uno dei Du Pont fa parte del consiglio di amministrazione dell'American Liberty League e ha una partecipazione di controllo nella Remington Arms Co. Ha detto che il generale non avrebbe avuto problemi ad arruolare 500.000 uomini.[412]

John L. Spivak, il giornalista che ha scoperto la cancellazione nelle trascrizioni del Congresso, ha contestato la testimonianza del co-presidente della commissione, Samuel Dickstein di New York. Dickstein ha ammesso che:

> la commissione aveva soppresso parti della testimonianza perché si trattava di dicerie.
> "Ma i vostri rapporti pubblicati sono pieni di prove per sentito dire". "Lo sono?", disse.
> "Perché non è stato chiamato Grayson Murphy? Il vostro comitato sapeva che gli uomini di Murphy fanno parte dell'organizzazione spionistica antisemita Order of '76?"

---

[411] George Seldes, *Mille americani*, op. cit, p. 288.

[412] Ibidem, pp. 289-290.

"Non abbiamo avuto tempo. Ci saremmo occupati dei gruppi di Wall Street se avessimo avuto tempo. Non avrei esitato a dare la caccia ai Morgan".
"Avete chiamato Belgrano, comandante della Legione Americana, come testimone. Perché non è stato interrogato? "
"Non lo so. Forse può chiedere al signor McCormack di spiegarglielo. Io non c'entro nulla".[413]

Il fatto è che la commissione non ha chiamato Grayson Murphy, Jackson Martindell o John W. Davis, tutti direttamente accusati in una testimonianza giurata. Inoltre, la commissione soppresse tutte le parti della testimonianza che coinvolgevano altre personalità: J.P. Morgan, i Du Pont, gli interessi dei Rockefeller, Hugh Johnson e Franklin D. Roosevelt. Quando il deputato Dickstein si dichiarò innocente con John Spivak, ciò era in contrasto con la sua stessa lettera al Presidente Roosevelt, in cui affermava di aver imposto restrizioni persino alla pubblicazione delle audizioni della commissione, così come erano state stampate, "affinché non cadessero in mani irresponsabili". Il rapporto finale della commissione, pubblicato il 15 febbraio 1935, insabbiò ancora di più la storia. John L. Spivak riassume sinteticamente l'insabbiamento: "Ho ... ha studiato il rapporto della commissione. Dedicava sei pagine alla minaccia di agenti nazisti che operavano in questo Paese e undici pagine alla minaccia dei comunisti, oltre a una pagina alla cospirazione per prendere il controllo del governo e distruggere il nostro sistema democratico".[414]

Anche il ruolo dei principali quotidiani e riviste d'opinione nella copertura del caso Butler è sospetto. In realtà, il loro trattamento dell'evento ha l'aspetto di una totale distorsione e censura. La veridicità di alcuni grandi giornali è stata ampiamente messa in discussione negli ultimi 50 anni,[415] e in alcuni ambienti i media sono stati addirittura accusati di una cospirazione per sopprimere "qualsiasi cosa contraria ai desideri degli interessi dei potenti". Nel 1917, ad esempio, il deputato Callaway inserì nel Congressional Record la seguente devastante critica al controllo della stampa da parte di Morgan:

> **MR CALLAWAY**. Signor Presidente, con il consenso unanime dell'Assemblea, inserisco a questo punto nel verbale una dichiarazione che indica la combinazione dei giornali, che spiega la loro attività in questa questione di guerra, a cui il signore della Pennsylvania (Mr. Moore) ha appena fatto riferimento:
> Nel marzo del 1915, gli interessi di J.P. Morgan nel settore dell'acciaio, della costruzione navale e della polvere da sparo, e le loro organizzazioni affiliate, riunirono 12 uomini di alto livello nel mondo dei giornali e li incaricarono di selezionare i giornali più influenti degli Stati Uniti e un numero sufficiente di essi per controllare in generale la politica della stampa quotidiana negli Stati Uniti.
> Questi 12 uomini hanno risolto il problema selezionando 179 giornali e poi hanno iniziato un processo di eliminazione, mantenendo solo quelli necessari per

---

[413] John L. Spivak, *A Man in his Time* (New York: Horizon Press, 1967), pp. 311, 322-25.

[414] Ibidem, p. 331.

[415] Si veda Herman Dinsmore, *All the News That Fits*, (New Rochelle: Arlington House, 1969).

controllare la politica generale della stampa quotidiana in tutto il Paese. Hanno scoperto che era necessario acquistare il controllo di 25 tra i maggiori quotidiani. Vennero concordati i 25 giornali; vennero inviati emissari per acquistare l'analisi politica, sia nazionale che internazionale, di questi giornali; venne raggiunto un accordo; le pubblicazioni dei giornali vennero acquistate su base mensile; venne fornito un redattore per ogni giornale per supervisionare e redigere correttamente le informazioni riguardanti la preparazione, il militarismo, le politiche finanziarie e altri argomenti di natura nazionale e internazionale considerati vitali per gli interessi degli sponsor.

Questo contratto esiste attualmente e spiega perché le colonne della stampa quotidiana del Paese sono piene di ogni sorta di argomentazioni e travisamenti sullo stato attuale dell'esercito e della marina statunitensi e sulla possibilità e probabilità che gli Stati Uniti vengano attaccati da nemici stranieri.

Questa politica prevedeva anche la soppressione di tutto ciò che si opponeva ai desideri degli interessi serviti. L'efficacia di questo sistema è stata definitivamente dimostrata dal carattere delle notizie pubblicate dalla stampa quotidiana in tutto il Paese a partire dal marzo 1915. Hanno usato tutto il necessario per orientare il sentimento pubblico e per mettere in difficoltà il Congresso Nazionale, al fine di ottenere stanziamenti stravaganti e non necessari per l'esercito e la marina con il falso pretesto della necessità. Il loro argomento di base è che si tratta di "patriottismo". Fanno leva su tutti i pregiudizi e le passioni del popolo americano.[416]

Nel caso Butler, gli interessi accusati erano anche quelli identificati dal deputato Callaway: la società J.P. Morgan e le industrie dell'acciaio e della polvere. Il generale Butler accusò Grayson Murphy, un direttore della Guaranty Trust Company controllata da Morgan; Jackson Martindell, associato alla Stone & Webster, alleata dei Morgan; la Du Pont Company (l'industria della polvere da sparo) e la Remington Arms Company, controllata da Du Pont e da interessi finanziari Morgan-Harriman. Inoltre, le società che compaiono nella testimonianza soppressa del Congresso del 1934 sono J.P. Morgan, Du Pont e Remington Arms. In breve, possiamo verificare la soppressione da parte del Congresso del 1934 delle informazioni a sostegno delle accuse del 1917 contro il deputato Callaway.

Questa soppressione si estende anche ai principali quotidiani? Possiamo fare due esempi lampanti: il *New York Times* e la rivista *Time*. Se esistesse una combinazione come quella accusata da Callaway, allora questi due giornali sarebbero certamente tra i "primi 25 giornali coinvolti negli anni '30". La relazione del *New York Times* sulla "cospirazione" inizia con un articolo in prima pagina del 21 novembre 1934: "Il generale Butler accenna a un "complotto fascista" per prendere il governo con la forza", con il paragrafo principale citato sopra (p. 143). L'articolo del *Times* è un buon reportage e include una dichiarazione diretta del deputato Dickstein: "Dalle indicazioni attuali, Butler ha le prove. Non farà accuse gravi se non ha qualcosa per sostenerle. Avremo qui uomini con nomi più grandi di lui". Poi, l'articolo del Times afferma che "il signor Dickstein ha detto che circa 16 persone citate dal generale Butler davanti alla commissione saranno citate in giudizio e che un'udienza pubblica potrebbe tenersi lunedì prossimo". Il *Times*

---

[416] Congressional Record, Vol. 55, pp. 2947-8 (1917).

riporta anche le smentite enfatiche e talvolta rabbiose di Hugh Johnson, Thomas W. Lamont e Grayson M-P. Murphy di Guaranty Trust.

La mattina successiva, il 22 novembre, il *Times* cambiò radicalmente il suo resoconto del complotto. Le rivelazioni furono pubblicate in una pagina interna, anche se la testimonianza riguardava ora Gerald MacGuire, uno degli accusati del complotto. Inoltre, si può notare un deciso cambiamento nell'atteggiamento della commissione. Il deputato McCormack ha dichiarato che "la commissione non ha deciso di chiamare altri testimoni". Ha detto che il testimone più importante, oltre al signor MacGuire, era Robert Sterling Clark, un ricco newyorkese con uffici nell'Exchange Building.

Mentre la storia del *Times* è stata registrata in un'unica colonna, la pagina editoriale, la sezione più influente, ha presentato un editoriale principale che ha dato il tono alle storie successive. Sotto il titolo "Credulità illimitata", il giornale sosteneva che l'accusa di Butler era una "storia traballante e poco convincente". ... L'intera storia sembra una gigantesca bufala... non merita una discussione seria", e così via. In breve, prima che venissero chiamati i 16 testimoni chiave, prima che venissero registrate le prove, prima che venisse esaminata l'accusa, il *New York Times* decise che non voleva sentir parlare della storia perché era una bufala, non degna di nota.

Il giorno successivo, il 23 novembre, il *Times* cambiò nuovamente il suo resoconto. I titoli dei giornali parlavano ora dei rossi, della lotta sindacale rossa e delle presunte attività comuniste nei sindacati americani, mentre la testimonianza di Butler e le prove che si stavano accumulando venivano relegate in fondo alla storia delle attività rosse. La storia che ne risultò fu, ovviamente, vaga e confusa, ma di fatto insabbiò le prove di Butler.

Il 26 novembre le audizioni sono proseguite, ma la commissione stessa è diventata cauta e ha rilasciato una dichiarazione:

> "Questa Commissione non aveva davanti a sé alcuna prova che giustificasse in minima parte il richiamo di uomini come John W. Davis, il generale Hugh Johnson, il generale James G. Harbord, Thomas W. Lamont, l'ammiraglio William S. Sims o Hanford MacNider. Harbord, Thomas W. Lamont, l'ammiraglio William S. Sims o Hanford MacNider".

Va notato che questi nomi sono apparsi in una testimonianza giurata, per poi essere cancellati dagli atti ufficiali. Il *Times* continuò a riferire su questo sviluppo in forma abbreviata in una pagina interna con il titolo "La commissione Calm sulla 'cospirazione' di Butler non ha prove per giustificare la testimonianza di Johnson e altri". Il 27 novembre, il *Times* ridusse il suo resoconto a cinque colonne in una pagina interna, sotto il titolo minaccioso "L'indagine Butler non deve essere abbandonata". Le udienze di dicembre furono riportate dal *Times* in prima pagina (28 dicembre 1934), ma il complotto era ora descritto come "Complotto rosso per rapire il Presidente, accuse dei testimoni all'inchiesta parlamentare".

Esaminando la storia del *Times* sull'affare Butler 40 anni dopo l'evento e confrontando il suo resoconto con la testimonianza ufficiale stampata, a sua volta pesantemente censurata, è chiaro che il giornale, di propria iniziativa o su pressione esterna, decise che la storia non doveva essere resa pubblica.

Coerentemente con questa interpretazione, troviamo che il *New York Times*, il "giornale dei record", omette la testimonianza di Butler dalle voci del suo indice annuale, da cui dipendono ricercatori e studiosi. L'indice del *Times* per il 1934 riporta una voce "BUTLER (Maj Gen), Smedley D", ma elenca solo alcuni dei suoi discorsi e uno schizzo biografico. La testimonianza di Butler non è elencata. C'è una voce "Vedi anche: Fascismo-U.S.", ma sotto questo rimando c'è solo: "Il Magg. Gen. S.D. Butler accusa un complotto per rovesciare l'attuale governo; gli interessi di Wall Street e G.P. MacGuire sono coinvolti nell'udienza della commissione congressuale". L'unico nome significativo di Wall Street menzionato nell'indice è quello di R.S. Clark, che viene definito "perplesso" dalle accuse. Nessuno dei principali collaboratori di Morgan e Du Pont citati dal generale Butler è elencato nell'indice. In altre parole, sembra esserci stato un tentativo deliberato da parte di questo giornale di fuorviare gli storici.

Il reportage della rivista *Time* è caduto nel regno della fiction per i suoi tentativi di ridurre le prove del generale Butler al rango di sciocchezze. Se mai uno studente volesse costruire un esempio di cronaca distorta, ne ha un esempio lampante nel confronto tra le prove presentate alla Commissione McCormack-Dickstein dal generale Butler e il successivo rapporto pubblicato dal *Time*. Il numero di *Time* del 3 dicembre 1934 presentò la storia con il titolo "The Plot without Plotters", ma la storia non ha alcuna somiglianza con la testimonianza, nemmeno con la testimonianza censurata. La storia mostra il generale Butler che guida mezzo milione di uomini lungo un'autostrada americana gridando: "Signori, Washington è a sole 30 miglia di distanza! Mi seguirai? "Butler viene poi ritratto come se avesse preso con la forza il controllo del governo degli Stati Uniti dal presidente Roosevelt. Il resto della storia *del Time* è pieno di riferimenti al passato di Butler e di una serie di smentite da parte dell'accusato. Da nessuna parte si cerca di riportare le dichiarazioni del generale Butler, anche se vengono citate correttamente le smentite di J.P. Morgan, Hugh Johnson, Robert Sterling Clark e Grayson Murphy. Sono incluse due fotografie: J.P. Morgan, il geniale nonno, e il generale Butler in una posa che simboleggia universalmente la follia - un dito puntato all'orecchio. Il servizio è stato un giornalismo scadente, disonesto e vergognoso all'estremo. Qualunque sia la nostra opinione sulla propaganda nazista o sulla distorsione della stampa sovietica, *né* Goebbels né *Goslit* hanno mai raggiunto la competenza ipnotica dei giornalisti e dei redattori di *Time*. Il problema è che le opinioni e i costumi di milioni di americani e di anglofoni in tutto il mondo sono stati plasmati da questa scuola di giornalismo distorta.

Per mettere in prospettiva la nostra critica, va notato che il *Time* era apparentemente imparziale nel perseguire il giornalismo corrotto. Anche Hugh S. Johnson, fiduciario dell'ANR e uno dei presunti complottisti nel caso Butler, è stato bersaglio delle malefatte di *Time*. Come riporta Johnson nel suo libro :

> Ero in galleria a quella marcia e conoscevo centinaia di persone che salutavano al loro passaggio. In basso c'erano batterie di telecamere e sapevo che se avessi alzato la mano oltre le spalle, sarebbe sembrato un "saluto fascista" e sarebbe stato reso pubblico. Quindi non ho mai alzato la mano più di tanto. Ho solo allungato il braccio e agitato la mano. Ma non è servito a nulla: *il Time ha* riportato che avevo sempre salutato alla maniera di Mussolini e c'era anche una foto che lo dimostrava,

ma in quella foto non c'era il mio braccio. Indossava il polsino nastrato di un cappotto a taglio e un polsino rotondo rigido con un gemello all'antica e non ho mai indossato nessuno dei due in vita mia. Credo che il braccio del sindaco O'Brien accanto a me fosse stato sovrapposto al mio corpo.[417]

UNA VALUTAZIONE DEL CASO BUTLER

Il punto più importante da valutare è la credibilità del generale Smedley Darlington Butler. Il generale Butler stava mentendo? Stava dicendo la verità? Stava esagerando per motivi di credibilità?

Il generale Butler è stato un uomo straordinario con un curriculum eccezionale nelle forze armate: due volte insignito della Medaglia d'Onore, leader indiscusso di uomini, con un indiscutibile coraggio personale, una profonda lealtà verso i suoi simili e un acuto senso della giustizia. Tutte queste qualità sono ammirevoli. Di certo, il generale Butler non era il tipo di uomo che mentiva o esagerava per un motivo futile. La sua propensione alla drammatizzazione lascia aperta la porta all'esagerazione, ma è altamente improbabile che abbia mentito deliberatamente.

Le prove supportano la sua versione o la invalidano? Il giornalista Paul French del *Philadelphia Record* sostiene pienamente Butler. La testimonianza del capitano Glazier, comandante del campo CCC, sostiene Butler. In questi due casi, non c'è alcuna discrepanza nelle prove. Le dichiarazioni giurate di MacGuire davanti al Congresso non supportano Butler. Quindi abbiamo un conflitto nelle prove presentate sotto giuramento. Inoltre, MacGuire è stato giudicato colpevole per diversi aspetti dalla commissione; ha usato l'elusione "non ricordo" in diverse occasioni e, in aree importanti come il finanziamento di Clark, MacGuire sostiene Butler contro la sua volontà. C'è un nucleo di plausibilità nella storia di Butler. C'è la possibilità di un'esagerazione, forse non atipica per un uomo con una personalità così ostentata, ma non è né provata né smentita.

Non c'è dubbio che il Congresso degli Stati Uniti abbia reso un grave servizio alla causa della libertà sopprimendo la storia di Butler. Speriamo che qualche membro del Congresso o delle commissioni congressuali, anche a questo punto, riprenda il filo e renda pubblica l'intera testimonianza non censurata. Possiamo anche sperare che la prossima volta, in un caso di importanza paragonabile, il *New York Times* sia all'altezza della sua pretesa di essere il giornale di riferimento, nome che ha giustificato in modo così ammirevole quattro decenni dopo nell'inchiesta sul Watergate.

---

[417] Hugh S. Johnson, *L'aquila blu dall'uovo alla terra*, op. cit. p. 267.

CAPITOLO XI

SOCIALISTI AZIENDALI AL 120 DI BROADWAY, NEW YORK CITY

> *Egli [FDR] aveva già iniziato a riapparire nell'ufficio della Fidelity and Deposit Company al 120 di Broadway. Non si recava ancora nel suo studio legale al 52 di Wall Street, a causa dell'altezza dei gradini d'ingresso: non poteva sopportare l'idea di essere portato in pubblico. A 120 Broadway, riusciva a fare un piccolo passo sul marciapiede da solo.*
> Frank Freidel, Franklin D. Roosevelt: *Il calvario*
> (Boston; Little, Brown, 1954), p. 119.

In *Wall Street e la rivoluzione bolscevica*, molti dei personaggi principali (tra cui FDR) e delle aziende, e persino alcuni degli eventi, descritti in questo libro sono situati a un indirizzo, l'Equitable Office Building al 120 di Broadway, a New York.

L'ufficio di Franklin D. Roosevelt nei primi anni Venti, quando era vicepresidente della Fidelity and Deposit Company, si trovava al 120 di Broadway. Il biografo Frank Freidel racconta sopra il suo ritorno all'edificio dopo l'attacco paralizzante di poliomielite. All'epoca, l'ufficio di Bernard Baruch si trovava al 120 di Broadway e Hugh Johnson, che in seguito sarebbe diventato amministratore dell'ANR, era l'assistente di ricerca di Bernard Baruch allo stesso indirizzo.

Erano presenti anche gli uffici esecutivi della General Electric e gli uffici di Gerard Swope, autore del Piano Swope che divenne l'ANR di Roosevelt. Il Bankers Club si trovava all'ultimo piano dello stesso Equitable Office Building e fu la sede di una riunione dei cospiratori di Butler nel 1926. È chiaro che in questo indirizzo particolare c'era una concentrazione di talenti che merita di essere descritta ulteriormente.

LA RIVOLUZIONE BOLSCEVICA E 120 BROADWAY

A *Wall Street e nella rivoluzione bolscevica*, abbiamo visto che i finanzieri associati alla rivoluzione erano concentrati a un unico indirizzo di New York, lo stesso Equitable Office Building. Nel 1917, la sede del Distretto n. 2 del Federal Reserve System, il più grande dei distretti della Federal Reserve, si trovava al 120 di Broadway; dei nove direttori della Federal Reserve Bank di New York, quattro si trovavano fisicamente al 120 di Broadway, e due di questi direttori facevano contemporaneamente parte del consiglio di amministrazione dell'American International Corporation. L'American International Corporation era stata fondata nel 1915 dagli interessi di Morgan con la partecipazione entusiasta dei gruppi Rockefeller e Stillman. Gli uffici generali dell'A.I.C. si trovavano al 120 di Broadway. I suoi dirigenti erano fortemente intrecciati con altri grandi interessi finanziari e industriali di Wall Street ed è certo che l'American International Corporation abbia svolto un ruolo importante nel successo e nel consolidamento della rivoluzione bolscevica del 1917. Il Segretario esecutivo dell'A.I.C. William Franklin Sands, a cui il Dipartimento di Stato chiese il suo parere sulla rivoluzione bolscevica poche settimane dopo il suo scoppio nel novembre 1917 (ben prima che una frazione della Russia passasse sotto il controllo sovietico), espresse il suo forte sostegno alla rivoluzione. La lettera di Sands è citata in *Wall Street e la rivoluzione bolscevica*. Anche un memorandum a David Lloyd George, primo ministro inglese, da parte del socio di Morgan, Dwight Morrow, esortava a sostenere i rivoluzionari bolscevichi e i loro eserciti. Un direttore della FRB di New York, William Boyce Thompson, donò un milione di dollari alla causa bolscevica e intervenne presso Lloyd George a favore dei sovietici che stavano salendo al potere.

In breve, abbiamo trovato un modello identificabile di attività pro-bolscevica da parte di membri influenti di Wall Street, concentrati presso la Federal Reserve Bank di New York e l'American International Corporation, entrambe situate al 120 di Broadway. Nel 1933 la banca si trasferì in Liberty Street.

LA FEDERAL RESERVE BANK DI NEW YORK E 120 BROADWAY

I nomi dei direttori della FRB cambiarono tra il 1917 e gli anni Trenta, ma è stato stabilito che, nonostante il trasferimento della FRB, quattro direttori della FRB avevano ancora uffici a questo indirizzo durante il periodo del New Deal, come mostrato nella tabella seguente:

Direttori della Federal Reserve Bank di New York durante il periodo del New Deal

Nome	Amministratori di società con sede in al 120 di Broadway
Charles E. Mitchell	Direttore della FRB di New York, 1929-1931, e direttore della Corporation Trust Co. al 120 di Broadway.
Albert H. Wiggin	Succedette a Charles E. Mitchell come direttore della FRB di New York nel 1932-34 e come direttore dell'American International Corp e della Stone and Webster, Inc (entrambe al 120 di Broadway).
Clarence M. Woolley	Direttore della FRB di New York, 1922-1936, e direttore della General Electric Co. (120 Broadway), e direttore della General Electric Co.

Wall Street e Franklin D. Roosevelt

Owen D. Giovane — Direttore della FRB di New York, dal 1927 al 1935, e presidente della General Electric Co (120 Broadway).

Persone e aziende situate in :

120 BROADWAY
Franklin Delano Roosevelt
Bernard Baruch
Gerard Swope
Owen D. Giovane

42 BROADWAY
Herbert Clark Hoover

Altro

American International Corp.
La Corporation Trust Co. Empire Trust Co. Inc.
Fidelity Trust Co.
American Smelting & Refining Co.
Armour & Co (ufficio di New York).
Stabilimento locomotive Baldwin
Federal Mining & Smelting Co.
General Electric Co.
Kennecott Copper Corp.
Metal & Thermit Corp.
National Dairy Products Corp.
Yukon Gold Co.
Stone & Webster & Blodget, Inc.

Grayson M-P Murphy (52 Broadway)
Banca Internazionale di Accettazione, (52 Cedar St.)
Fiducia di accettazione internazionale (52 Cedar St.)
International Manhattan Co Inc. (52 Cedar St.)
Jackson Martindell (14 Wall St.)
John D. Rockefeller, Jr (26 Broadway)
Percy A. Rockefeller (25 Broadway)
Robert S. Clark (11 Wall St.)

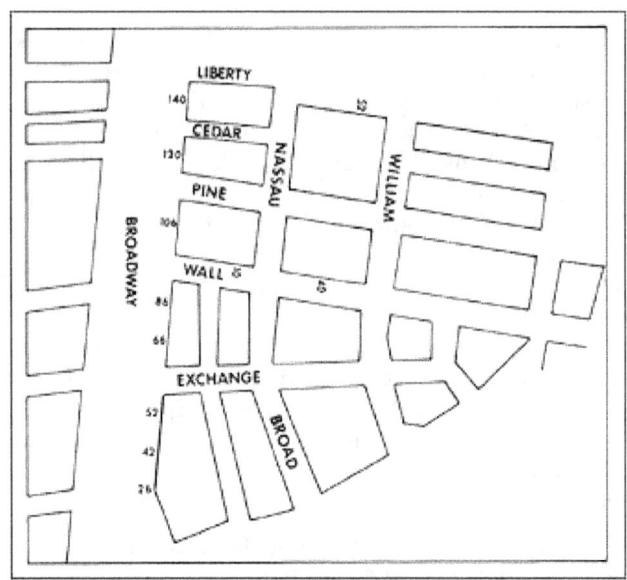

Mappa dell'area di Wall Street che mostra l'ubicazione degli uffici delle persone e delle aziende citate in questo libro.

AMERICAN INTERNATIONAL CORPORATION E 120 BROADWAY

L'American International Corporation (AIC) fu costituita nel 1915 da una coalizione di interessi di Morgan, Stillman e Rockefeller; i suoi uffici generali furono al 120 di Broadway dal 1915 al 1920. Il grande entusiasmo di Wall Street per la formazione dell'AIC ha portato alla concentrazione dei più potenti elementi finanziari nel suo consiglio di amministrazione - in pratica un'organizzazione monopolistica per lo sviluppo e lo sfruttamento delle risorse straniere.[418] Dei nove direttori del consiglio di amministrazione nel 1930, cinque avevano fatto parte del consiglio di amministrazione dell'AIC nel 1917, all'epoca della rivoluzione bolscevica: Matthew C. Brush, presidente del comitato esecutivo dell'American International Corporation e direttore dell'Empire Trust Company; Pierre S. Du Pont, membro della famiglia Du Pont e direttore della Bankers Trust Company; Percy A. Rockefeller, della famiglia Rockefeller e direttore della National City Bank; Albert H. Wiggin, direttore della Federal Reserve Bank di New York e della Rockefeller Chase National Bank; Beekman Winthrop, della Warburg International Banking Corporation e della National City Bank. Negli anni '20 entrarono a far parte del consiglio di amministrazione dell'AIC diversi finanzieri di spicco, tra cui Frank Altschul e Halstead G. Freeman della Chase National Bank, Arthur Lehman della Lehman Brothers e della Manufacturers Trust Company, e John J. Raskob, vicepresidente della Du Pont e direttore della General Motors e della Bankers Trust Company.

Matteo C. Brush, presidente, direttore e presidente del comitato esecutivo di American International Corporation e presidente di Allied Machinery, una consociata, è stato anche direttore e membro del comitato esecutivo di International Acceptance Bank (si veda il capitolo 6), direttore e membro del comitato esecutivo di Barnsdall Corporation,[419] direttore della Empire Trust Company (120 Broadway) e della Equitable Office Corporation (che possedeva e gestiva l'edificio al 120 Broadway), direttore della Georgian Manganese Company,[420] e direttore e membro del comitato esecutivo della Remington Arms Co, identificata dal generale Butler nell'ultimo capitolo. Matteo C. Brush era davvero in prima linea a Wall Street.

I contributi politici di Brush, a differenza di quelli di altri direttori dell'AIC, furono apparentemente limitati a 5.000 dollari per la campagna di Herbert Hoover del 1928. Brush è stato direttore della International Acceptance Bank, che ha tratto profitto dall'inflazione degli anni Venti, e direttore della Remington Arms (un

---

[418] Si veda Sutton, *Wall Street e la rivoluzione bolscevica*, op. cit.

[419] La Barnsdall Corporation fu la società che entrò in Unione Sovietica nel 1921 per riaprire ai sovietici i giacimenti petroliferi del Caucaso, consentendo così all'Unione Sovietica di generare la valuta estera necessaria allo sviluppo della Russia sovietica; cfr. Sutton, *Western Technology and Soviet Economic Development*, 1917 to 1930 (Stanford: Hoover Institution, 1968), vol. 1.

[420] Ibidem.

nome che è stato fatto cadere nell'affare Butler) mentre era presidente dell'American International, ma sembra essere stato ai margini degli eventi esplorati in questo libro. D'altra parte, quattro direttori dell'American International sono stati identificati come importanti sostenitori finanziari di Franklin D. Roosevelt: Frank Altschul, Pierre S. Du Pont, Arthur Lehman e John J. Raskob tra il 1928 e il 1932. La famiglia Lehman e John J. Raskob erano, come abbiamo visto, al centro del sostegno di Roosevelt. È significativo che l'AIC, il principale veicolo per la partecipazione americana alla rivoluzione bolscevica, venga anche scoperta, sebbene in forma incidentale, in uno studio dell'era Roosevelt.

IL CASO BUTLER E 120 BROADWAY

La testimonianza della Commissione per le attività antiamericane della Camera sul tentativo di convertire l'amministrazione Roosevelt in una dittatura, con il Maggiore Generale Butler in un ruolo chiave come Segretario degli Affari Generali, aveva diversi collegamenti con 120 Broadway. La commissione avrebbe dovuto incaricare almeno una mezza dozzina di persone di indagare sulle dichiarazioni giurate del generale Butler, del capitano Glazier e di Paul French; quattro di loro erano al 120 di Broadway o avevano un qualche legame significativo con esso.

Secondo l'accusato Gerald MacGuire, la prima riunione dei presunti partecipanti si tenne nel 1926 al Bankers Club, al 120 di Broadway. Il seguente estratto delle audizioni della commissione riporta la dichiarazione di MacGuire; l'interrogante era il presidente McCormack:

> **DOMANDA**. Da quanto tempo conosci Clark?
> **RISPOSTA**. Credo di aver detto che ho fatto affari con lui e che lo conosco dal 1925 o 1926.
> **DOMANDA**. Le ha mai dato quel tipo di denaro prima di usarlo, come lei dice, nel modo in cui voleva che lei lo rappresentasse in queste transazioni?
> **RISPOSTA**. In quali transazioni?
> **DOMANDA**. In queste transazioni monetarie, da allora?
> **RISPOSTA**. In quali transazioni monetarie?
> **DOMANDA**. Intendo dire che dal 1926, quando lo ha incontrato e in seguito, è stata davvero la prima volta che ha ricevuto questo denaro senza alcuna ricevuta o carta o altro?
> **RISPOSTA**. Sì.
> **DOMANDA**. E questa cena era al Bankers Club, al 120 di Broadway, vero?
> **RISPOSTA**. Sì.
> **DOMANDA**. A chi è stata data questa cena; è stata data a qualcuno in particolare?
> **RISPOSTA**. Era un pranzo normale.
> **DOMANDA**. Chi c'era al vostro tavolo?
> **RISPOSTA**. Signor Natale.
> **DOMANDA**. E voi?
> **RISPOSTA**. Sì.
> **DOMANDA**. E il signor Clark?

RISPOSTA. Sì.[421]

Così, sebbene il primo incontro tra Robert S. Clark, il suo avvocato Christmas e il venditore di obbligazioni Gerald MacGuire si sia tenuto al 120 di Broadway, e Christmas e Clark fossero collegati in molti modi a MacGuire, né Christmas né Clark sono stati convocati davanti alla commissione. Inoltre, il capitano Samuel Glazier del campo CCC di Elkridge, nel Maryland, ha riferito alla commissione che Jackson Martindell aveva chiesto di addestrare 500.000 soldati civili per scopi politici. Martindell non è stato chiamato dalla commissione per contestare o confermare la testimonianza che lo coinvolge nel caso Butler.

La Du Pont Company, citata nella parte cancellata della testimonianza, si trovava al 120 di Broadway. Hugh S. Johnson, citato dal generale Butler come probabile partecipante, si trovava al 120 di Broadway quando lavorava come assistente di ricerca per Baruch; l'ufficio di Baruch era allo stesso indirizzo.[422] Clark, MacGuire e Grayson M-P. Murphy avevano uffici in fondo alla strada a partire dal 120; Clark all'11 di Wall Street e MacGuire e Murphy al 52 di Broadway.

È anche significativo che i nomi cancellati dalla commissione fossero situati al 120 di Broadway: l'ufficio esecutivo della Du Pont Company e la Remington Arms, una filiale della Du Pont. Gli altri partecipanti nominati, MacGuire, Clark, Christmas, Martindell, Grayson M-P. Murphy (presso il quartier generale di Rockefeller, 25 Broadway) si trovavano tutti a pochi isolati dal 120 Broadway e all'interno del cerchio d'oro sopra descritto.

FRANKLIN D. ROOSEVELT E 120 BROADWAY

Abbiamo scoperto che l'ufficio preferito di FDR - ne aveva due nei primi anni Venti - era al 120 di Broadway. La Georgia Warm Springs Foundation, Inc. di FDR fu costituita come società per azioni nel Delaware nel luglio 1926 con sede al 120 di Broadway e rimase a quell'indirizzo almeno fino al 1936. Il rapporto annuale del 1934 della Georgia Warm Springs Foundation indica che il presidente era Franklin D. Roosevelt, Casa Bianca, Washington D.C., e che la sede della fondazione si trovava al 120 di Broadway. Il Vicepresidente e il Segretario aggiunto erano Raymond H. Taylor, e il segretario-tesoriere Basil O'Connor, entrambi al 120 di Broadway.

Basil O'Connor era uno stretto collaboratore e socio in affari di Franklin D. Roosevelt. Nato nel 1892, Basil O'Connor si è laureato alla Harvard Law School nel 1915 ed è entrato a far parte dello studio Cravath and Henderson di New York

---

[421] House of Representatives, Inquiry into Nazi Propaganda Activities and Inquiry into Certain Other Propaganda Activities, Hearing No. 73-D.C.-6, op. cit. p. 80. "Mr. Clark" era Robert Sterling Clark e "Mr. Christmas" era l'avvocato di Clark.

[422] Senato degli Stati Uniti, *Digest of Data From the Files of a Special Committee to Investigate Lobbying Activities*, 74° Congresso, Seconda Sessione, Parte I: List of Contributions, (Washington, 1936), p. 3.

per un anno, prima di passare allo studio Streeter & Holmes di Boston per tre anni. Nel 1919, Basil O'Connor aprì uno studio legale a New York con il proprio nome. Nel 1925 fu costituito lo studio Roosevelt e O'Connor, fino all'apertura di FDR nel 1933. Dopo il 1934, O'Connor fu socio anziano di O'Connor & Farber e nel 1944 succedette a Norman H. Davis come presidente della Croce Rossa Americana.

O'Connor fu direttore di diverse società: negli anni '20 della New England Fuel Oil Corp. e negli anni '40 della American Reserve Insurance Co. e della West Indies Sugar Corp. Dal 1928 fino alla sua morte, è stato responsabile dell'amministrazione della Georgia Warm Springs Foundation.

Il New Deal roosveltiano fu una miniera d'oro per alcuni partner di FDR, tra cui Basil O'Connor. Globe & Rutgers era una compagnia assicurativa ricapitalizzata con fondi pubblici e la riorganizzazione si è rivelata una ricca fonte di onorari per gli avvocati che si sono occupati della liquidazione e della riorganizzazione. Tra questi avvocati, l'ex studio del Presidente Roosevelt, O'Connor & Farber, applicava gli onorari più alti fino a quando Jesse Jones della Reconstruction Finance Corporation non li ridusse. Ecco una lettera che Jesse Jones scrisse a Earle Bailie della J. & W. Seligman & Company in merito a queste tariffe:

> 6 ottobre 1933. Caro signor Bailie:
> Il nostro Consiglio di Amministrazione non è disposto a investire o a prestare azioni in una compagnia assicurativa, ammesso che ne abbiamo il diritto, che stia valutando di pagare spese legali, di riorganizzazione o altro, come proposto nel caso di Globe & Rutgers, che a noi risulta essere
>
> | | |
> |---|---|
> | Basil O'Connor | $200,000 |
> | Root, Clark, Buckner & Ballantine | $165,000 |
> | Sullivan & Cromwell | $95,000 |
> | Prentice & Townsend | $50,000 |
> | Cravath, di Gersdorff, Swaine & Wood37. | $500 |
> | Martin Conboy | $35,000 |
> | Giuseppe V. McKee | $25,000 |
> | Fratelli Coudert | $12,000 |
>
> ovvero un totale di 619.500 dollari. Anche la riduzione suggerita a un totale di 426.000 dollari sarebbe di gran lunga superiore a quello che a questa società sembrerebbe un compenso adeguato da pagare da parte di una compagnia assicurativa ricapitalizzata con fondi pubblici.
> Cordiali saluti, JESSE J. JONES

In base a un ordine del tribunale, la società di O'Connor ricevette 100.000 dollari nel 1934 e altri 35.000 dollari l'anno successivo.[423]

CONCLUSIONI SU 120 BROADWAY

---

[423] Jesse H. Jones, *Cinquanta miliardi di dollari*, pagg. 209-210.

È praticamente impossibile trarre una conclusione certa sul significato di 120 Broadway; le spiegazioni possono andare dalla cospirazione alla coincidenza.

Cosa possiamo dimostrare con prove dirette piuttosto che con prove indiziarie?

In primo luogo, sappiamo che l'aiuto americano alla rivoluzione bolscevica ha avuto origine nel Circolo d'Oro di Wall Street nel 1917 ed è stato fortemente concentrato a questo particolare indirizzo. In secondo luogo, quando FDR entrò nel mondo degli affari nel 1921, uno dei suoi due uffici si trovava a questo indirizzo, così come la sua partnership legale con Basil O'Connor e la Georgia Warm Springs Foundation. In terzo luogo, Bernard Baruch e il suo assistente Hugh Johnson, che in seguito contribuirono a pianificare e amministrare il National Industrial Recovery Act, si trovavano nello stesso edificio. L'NRA è stata la logica conseguenza delle associazioni di categoria degli anni Venti e FDR ha svolto un ruolo di primo piano, insieme a Herbert Hoover, nell'attuazione degli accordi delle associazioni di categoria negli anni Venti. In quarto luogo, c'era un'associazione tra General Electric e la rivoluzione bolscevica, almeno nella costruzione della nascente Unione Sovietica. Gli uffici esecutivi di G.E. si trovavano a questo indirizzo, così come quelli di Gerard Swope, il presidente di G.E. che scrisse il piano Swope.

Infine, la strana vicenda di Butler aveva un qualche legame con 120 Broadway. Ad esempio, era l'indirizzo di Du Pont a New York, anche se Remington Arms andò alla sede di Rockefeller al 25 di Broadway. La maggior parte dei cospiratori aveva altri indirizzi, ma sempre nel Circolo d'Oro.

Nulla è provato da una posizione geografica comune. Se il 120 di Broadway era un edificio imponente, non era certo il più grande di New York. Ma come si spiega la concentrazione in un unico indirizzo di così tanti collegamenti a eventi storici così importanti? Si potrebbe dire che gli uccelli della stessa specie si uniscono. D'altra parte, è più che plausibile che questi uomini di Wall Street seguissero la massima di Frederick Howe e trovassero più conveniente, o forse più efficace per i loro scopi, essere ad un unico indirizzo. Il punto è che non esiste un'altra concentrazione geografica di questo tipo e, se ignoriamo le persone e le imprese al 120 di Broadway, non c'è motivo di collegare questi eventi storici a Wall Street. Questo è un ottimo motivo per mantenere la prospettiva accettando il fatto che stiamo parlando di una piccola frazione della comunità bancaria, una frazione che ha di fatto tradito il centro finanziario di un'economia libera.

CAPITOLO XII

FDR E I SOCIALISTI AZIENDALI

> *Alla prima riunione di gabinetto dopo l'insediamento del Presidente nel 1933, il finanziere e consigliere di Roosevelt Bernard Baruch e il suo amico generale Hugh Johnson, che sarebbe diventato il capo della National Recovery Administration, portarono una copia di un libro di Gentile, il teorico fascista italiano, per ogni membro del gabinetto, e tutti lo leggemmo con grande attenzione.*
>
> Frances Perkins, Segretario del Lavoro della FDR.

Vale la pena ricordare a questo punto l'epigrafe del capitolo 1, secondo cui Franklin D. Roosevelt credeva privatamente che il governo degli Stati Uniti fosse di proprietà di un'élite finanziaria. Non c'è nulla di particolarmente originale^e in questa osservazione, naturalmente: era comune nel XIX secolo. In tempi moderni, scrittori diversi come Robert Welch e William Domhoff hanno sostenuto che l'America è controllata da un'élite finanziaria con sede a New York.

I sovietici, che non hanno sempre torto, hanno usato questo tema nella loro propaganda per decenni, ed era un tema marxista prima che Lenin salisse al potere.[424]

Fu sotto Roosevelt che vennero introdotte a Washington le pittoresche nozioni keynesiane - versioni moderne del gioco della carta moneta di John Law - e quindi i semi del nostro attuale caos economico furono gettati all'inizio degli anni Trenta sotto Roosevelt. L'inflazione a due cifre di oggi, il sistema di previdenza sociale in bancarotta, la burocrazia statale in crisi, la disoccupazione in aumento: tutto

---

[424] È forse superfluo citare questa letteratura, ma per completezza e a beneficio del lettore innocente si possono citare alcuni titoli: William Domhoff, *Who Runs America?* (Englewood Cliffs, N.J.). Prentice-Hall, 1967); Ferdinand Lundberg, *The Rich and the Super Rich* (New York: Lyle Stuart, 1968), e Gary Allen, *None Dare Call It Conspiracy* (Seal Beach, Calif.: Concord Press, 1972) Sicuramente, se il peso della carta stampata ha una qualche influenza, il potere di qualsiasi élite finanziaria sarebbe dovuto crollare da tempo. L'establishment sembra avere una notevole forza di resistenza, ma la sua influenza non è così grande come molti credono. La comunità accademica è il pilastro più importante che mantiene la credibilità e quindi il potere dell'élite. Questo gruppo ha ampiamente barattato la verità e l'integrità con una parte di potere politico e di azione finanziaria. A quanto pare, gli accademici possono essere acquistati - e non troppo a buon mercato!

questo e altro ancora può essere attribuito a Franklin Delano Roosevelt e al suo vortice legislativo.

Ma mentre oggi paghiamo il prezzo di queste politiche malsane e irresponsabili, la disinformazione è così diffusa che persino l'identità degli ideatori del New Deal di Roosevelt e le loro ragioni sono state dimenticate. Mentre i nostri economisti coprono le loro lavagne con equazioni statiche senza senso, è in corso un'operazione di saccheggio dinamico dell'economia da parte dei veri formulatori del New Deal liberale.

Mentre gli ingegneri sociali dal cuore tenero hanno invocato il capitalismo come causa della miseria del mondo, sono stati beatamente inconsapevoli del fatto che le loro stesse formule sociali erano in parte emanate - e certamente sono state tranquillamente sovvenzionate - da queste stesse cosiddette élite capitaliste. La ristrettezza del nostro mondo accademico è difficile da battere ed è pari solo alla sua avidità di sovvenzioni.

Quello che vediamo è che l'intervento del governo nell'economia è la radice dei nostri problemi attuali; che una cricca di Wall Street ha un'influenza sostanziale, anche se sottile, all'interno della struttura governativa per ottenere una legislazione che li avvantaggi; e che un primo esempio di questa legislazione egoistica per stabilire un monopolio legale sotto il controllo delle grandi imprese è stato il New Deal di FDR e, in particolare, la National Recovery Administration.

Il nome di Franklin Delano Roosevelt dovrebbe suggerire, ma raramente lo fa, un legame con Wall Street. Sia Delano che Roosevelt sono nomi importanti nella storia delle istituzioni finanziarie americane.

Chi era Franklin Delano Roosevelt?

La carriera pre-politica di Roosevelt può essere descritta solo come quella di un finanziere. La sua famiglia e la sua carriera prima del 1928, così come la sua elezione a governatore di New York, erano entrambe nel mondo degli affari, in particolare nel mondo finanziario. Tra il 1921 e il 1928, Roosevelt fu direttore di 11 società con sede nel Golden Circle di Wall Street e presidente di un'importante associazione di categoria, l'American Building Council. L'American Building Council.

Inoltre, Roosevelt non solo era presidente della United European Investors, Ltd, creata per trarre vantaggio finanziario dalla miseria dell'iperinflazione tedesca, ma era anche uno degli organizzatori dell'American Investigation Corporation, un potente sindacato finanziario. I Roosevelt formarono la società finanziaria Roosevelt & Son alla fine del XVIII secolo[e], e i Delano operarono nell'arena finanziaria almeno dalla metà del XIX secolo.[e]

I Roosevelt e i Delano non avranno accumulato le grandi ricchezze dei Morgan e dei Rockefeller, ma erano nomi noti e rispettati negli ambienti della finanza internazionale. Anche negli anni Venti, troviamo lo zio Frederic Delano nel consiglio di amministrazione della Federal Reserve e George Emlen Roosevelt come direttore del Guaranty Trust, la bête noire della sinistra.

È anche noto che il Partito Progressista di Theodore Roosevelt, il primo passo verso il moderno stato sociale, era finanziato dagli interessi di J.P. Morgan, quindi non sorprende che Wall Street abbia sostenuto Roosevelt nel 1928, 1930 e 1932.

In breve, abbiamo dimostrato che Roosevelt era un Wall Streeter, discendente di importanti famiglie di Wall Street e sostenuto finanziariamente da Wall Street. Le politiche attuate dal regime di Roosevelt erano proprio quelle richieste dal mondo della finanza internazionale. Non dovrebbe essere una novità che i banchieri internazionali influenzino la politica. Ciò che sembra essere stato trascurato nella storia dell'era Roosevelt è che non solo FDR rispecchiava i suoi obiettivi, ma era più incline a farlo del cosiddetto reazionario Herbert Hoover. In effetti, Hoover perse nel 1932 perché, secondo le sue stesse parole, non era disposto ad accettare il piano Swope, alias NRA, che definì, non senza ragione, una "misura fascista".

Non si può dire che il Wall Streeter Roosevelt sia sempre stato un promotore molto etico nelle sue decisioni finanziarie. Gli acquirenti delle sue obbligazioni hanno perso denaro, e in misura considerevole, come suggerisce la seguente breve tabella, basata sui dati presentati:

Come gli investitori hanno beneficiato delle misure di leadership di FDR

Azienda associata a FDR	Prezzo di emissione delle azioni	Storico dei prezzi successivi
Investitori Europei Uniti, Ltd	10.000 marchi (circa 13 dollari)	Liquidazione della società, offerta agli azionisti di 7,50 dollari
Società fiduciaria internazionale germanica, Inc.	$170	Nel 1928 la società raggiunse i 257 dollari e fu liquidata nel 1930 a 19 dollari per azione.

Tuttavia, la perdita di fondi degli azionisti può essere legata a un incidente o a una cattiva gestione. Molti finanzieri onesti hanno fallito. Tuttavia, l'associazione con persone notoriamente cattive come Roberts e Gould in United European Investors, Ltd. non è stata casuale.

L'associazione di FDR con l'American Building Council ricorda l'*obita dicta di* Adam Smith, secondo cui la legge "... non può impedire alle persone dello stesso mestiere di incontrarsi talvolta, ma non deve fare nulla per facilitare tali incontri, tanto meno renderli necessari".[425] E perché no? Perché l'American Construction Council agiva nell'interesse dell'industria delle costruzioni, non dei consumatori di servizi di costruzione.

L'attività di bonding a New York era fatta su misura per FDR. Come vicepresidente della Fidelity & Deposit Company del Maryland, FDR sapeva esattamente come operare nel mondo degli affari politicizzato, dove il prezzo e la qualità dei prodotti sul mercato sono sostituiti da domande come "Chi conosci?" e "Quali sono le vostre politiche?"

La mossa degli Investitori Europei Uniti fu un tentativo di approfittare della miseria dell'iperinflazione tedesca del 1921-23. La società operava in base a uno statuto canadese, presumibilmente perché all'epoca i requisiti di registrazione in

---

[425] Adam Smith, *An Inquiry Into the Nature and Causes of the Wealth of Nations* (Londra: George Routledge n.d.), p. 102.

Canada erano più morbidi. L'osservazione più evidente riguarda i collaboratori di FDR all'U.E.I., tra cui John von Berenberg Gossler, co-direttore dell'HAPAG del cancelliere tedesco Cuno, responsabile dell'inflazione! E poi c'è William Schall, collaboratore di FDR a New York, che qualche anno prima era stato coinvolto nello spionaggio tedesco negli Stati Uniti - al 120 di Broadway. L'elemento Roberts-Gould della United European Investors era sotto inchiesta penale; FDR sapeva che era sotto inchiesta, ma continuò le sue associazioni d'affari.

Abbiamo poi scoperto che il fondo New Deal era costellato di finanziatori di alto livello. La parte di stimolo economico del New Deal fu una creazione di Wall Street - in particolare di Bernard Baruch e Gerard Swope della General Electric - sotto forma di Piano Swope. Nel capitolo 5, quindi, abbiamo sviluppato l'idea della politicizzazione delle imprese e formulato la tesi del socialismo aziendale: il modo politico di gestire un'economia è più attraente per le grandi imprese perché evita i rigori e l'efficienza forzata di un sistema di libero mercato. Inoltre, attraverso il controllo delle imprese o l'influenza delle agenzie di regolamentazione e del potere di polizia dello Stato, il sistema politico è un mezzo efficace per ottenere un monopolio, e un monopolio legale porta sempre alla ricchezza. Pertanto, Wall Street è intensamente interessata all'arena politica e sostiene i candidati politici in grado di massimizzare il numero di decisioni politiche, comunque denominate, e di ridurre al minimo la misura in cui le decisioni economiche della società sono prese dal mercato.

Wall Street ha un interesse personale nella politica perché, attraverso la politica, può far lavorare la società per Wall Street. In questo modo può evitare le sanzioni e i rischi del mercato.

Abbiamo esaminato una prima versione di questa idea: la Planned Society di Clinton Roosevelt, pubblicata nel 1841. Abbiamo poi discusso brevemente la dittatura economica di Bernard Baruch nel 1917 e la sua intenzione dichiarata di seguire il corso di un'economia pianificata in tempo di pace. Abbiamo tracciato la storia di Baruch e del suo assistente economico Hugh Johnson fino al cuore dell'amministrazione della ripresa nazionale. È stata poi prestata attenzione al Federal Reserve System come esempio più importante di monopolio legale privato e al ruolo dei Warburg attraverso la International Acceptance Bank e a come la banca sia riuscita a far lavorare la società per Wall Street. Per un ultimo sguardo agli anni che hanno preceduto il New Deal di FDR, abbiamo esaminato il funzionamento dell'American Construction Council, un'associazione di categoria la cui idea è nata con Herbert Hoover, ma di cui FDR era presidente. Gli obiettivi dichiarati del consiglio erano la limitazione della produzione e la regolamentazione dell'industria, un eufemismo per dire che l'industria controllava la massimizzazione dei propri profitti.

In secondo luogo, abbiamo esaminato i contributi finanziari delle elezioni del 1928, 1930 e 1932, ritenendo che questi contributi siano una misura molto accurata delle tendenze politiche. Nel 1928, una percentuale straordinaria dei maggiori contributi, quelli superiori a 25.000 dollari, proveniva dal circolo d'oro di Wall Street. Somme così ingenti sono rivelatrici perché i loro finanziatori sono molto probabilmente identificabili dopo le elezioni, quando chiedono favori in cambio delle loro precedenti sovvenzioni. Abbiamo scoperto che ben il 78,83% dei contributi superiori a 1.000 dollari alla campagna presidenziale di Al Smith proveniva da un cerchio di un miglio centrato al 120 di Broadway. Allo stesso modo, un minore ma comunque significativo 51,4% dei contributi di Hoover proveniva da questa stessa area. Abbiamo poi dimostrato che dopo la sua elezione, Herbert Hoover ricevette un ultimatum da Wall Street: o accettava il piano Swope (la NRA) o il denaro e l'influenza di Wall Street andavano a FDR, che era disposto ad attuare il piano. Per amore del suo onore eterno, Herbert Hoover si rifiutò di introdurre un piano del genere, sostenendo che fosse equivalente allo Stato fascista di Mussolini. FDR non era così esigente.

Nella campagna elettorale di FDR per la carica di governatore di New York nel 1930, abbiamo individuato un'importante influenza da parte di Wall Street. Ci fu un flusso straordinario di fondi attraverso la County Trust Company, e John J. Raskob della Du Pont e della General Motors divenne il presidente del Comitato per la Campagna del Partito Democratico e il potere dietro le quinte che determinò l'elezione di FDR. Il 78% dei contributi "early-bird" prima del congresso per la candidatura di FDR alle presidenziali del 1932 proveniva da Wall Street.

Il piano Swope era un piano per costringere l'industria statunitense ad aderire ad associazioni di categoria obbligatorie ed esentarla dalle leggi antitrust. Ha usato l'esca di un'enorme carota sociale per placare i timori dei lavoratori e di altri gruppi. L'amministratore della National Recovery Administration, nata dal Piano Swope, era l'assistente di Baruch. Generale Hugh Johnson. I Tre Moschettieri, la cerchia di assistenti di Johnson, comprendevano Gerard Swope della General Electric, Walter Teagle della Standard Oil del New Jersey e Louis Kirstein della Filene's di Boston. L'adesione ai codici ANR era obbligatoria per tutte le aziende con più di 50 dipendenti. Il piano Swope NRA fu accolto con favore da socialisti come Norman Thomas, la cui principale obiezione era che loro, i socialisti ortodossi, non avrebbero dovuto gestire il piano.

Fortunatamente, l'ANR ha fallito. Le grandi imprese hanno cercato di opprimere la classe media. I codici erano pieni di abusi e incongruenze. La Corte Suprema ha posto fine a questa situazione con la decisione Schechter Poultry del 1935, anche se il suo fallimento era evidente molto prima della decisione della Corte Suprema. A causa del fallimento dell'ANR, il cosiddetto caso Butler del 1934 diventa di particolare interesse. Secondo la testimonianza del generale Smedley Butler al Congresso, supportata da testimoni indipendenti, esisteva un piano per installare un dittatore alla Casa Bianca. Il presidente Roosevelt fu cacciato e un nuovo segretario generale, il generale Butler, fu incaricato di gestire l'economia per conto di Wall Street. Per quanto questa accusa possa sembrare inverosimile, possiamo isolare tre affermazioni principali:

1. Le dichiarazioni del generale Butler sono state confermate in modo indipendente e, in parte, uno dei complottisti non ha voluto confermarle.

2. Wall Street aveva un motivo per fare una scommessa così disperata: la proposta NRA-Swope stava crollando.

3. La presunta identità degli uomini dietro le quinte è la stessa degli uomini identificati nella rivoluzione bolscevica e nella promozione politica di FDR.

Sfortunatamente, e con sua eterna vergogna, il Congresso ha soppresso la maggior parte della testimonianza di Butler. Inoltre, il *New York Times ha* inizialmente riportato la storia in modo corretto, ma poi ha insabbiato e distorto la copertura, al punto da rendere incompleta l'indicizzazione. Rimane la netta possibilità che il fallimento del piano Baruch-Swope-Johnson dell'ANR sia seguito da un'acquisizione più occulta e coercitiva dell'industria statunitense. Questo evento merita tutta l'attenzione che studiosi imparziali possono dedicargli. Ovviamente, la storia completa non è ancora stata rivelata.

Ancora una volta, come nel volume precedente, abbiamo trovato una notevole concentrazione di persone, aziende ed eventi a un unico indirizzo: 120 Broadway, New York City. Questo era l'indirizzo dell'ufficio di FDR come presidente della Fidelity & Deposit Company. Era l'indirizzo di Bernard Baruch e Gerard Swope. I tre principali promotori della National Recovery Administration - FDR, Baruch e Swope - si trovavano allo stesso indirizzo negli anni Venti. La cosa più preoccupante è che la prima riunione per il caso Butler si tenne nel 1926 al Bankers Club, sempre al 120 di Broadway.

Non è ancora stata fornita una spiegazione per questa notevole concentrazione di talenti e idee in un unico indirizzo. È chiaro che si tratta di una constatazione che prima o poi dovrà essere affrontata. Abbiamo anche trovato una concentrazione di direttori dell'American International Corporation, il veicolo per il coinvolgimento di Wall Street nella rivoluzione bolscevica, e i principali contribuenti della campagna di Roosevelt.

Possiamo guardare a questa storia in una prospettiva più ampia? Le idee alla base del New Deal di Roosevelt non erano in realtà idee di Wall Street, ma risalivano all'epoca romana. Dal 49 al 44 a.C., Giulio Cesare ha realizzato i suoi progetti di opere pubbliche del New Deal; nel 91 d.C., Domiziano ha fatto intervenire l'equivalente del Consiglio Americano delle Costruzioni per fermare la sovrapproduzione. La caduta finale di Roma riflette tutti gli elementi che riconosciamo oggi: spese pubbliche stravaganti, inflazione rapida e tassazione schiacciante, il tutto combinato con una regolamentazione statale totalitaria.[426]

Sotto Woodrow Wilson Wall Street ottenne un monopolio bancario centrale, il Federal Reserve System. Il significato della Banca di Accettazione Internazionale, controllata dall'establishment finanziario di Wall Street, è che le banche della Federal Reserve hanno usato il potere di polizia dello Stato per creare per sé una macchina perpetua per fare soldi: la capacità di creare denaro con un colpo di penna o con la pressione di un tasto del computer. I Warburg, figure chiave dell'International Acceptance Bank - una macchina per fare soldi all'estero - erano consulenti dell'amministrazione Roosevelt e delle sue politiche monetarie. L'oro fu etichettato come "reliquia barbarica", aprendo la strada alla cartamoneta senza valore negli Stati Uniti. Nel 1975, al momento in cui scriviamo, l'inconvertibile valuta fiat del dollaro è chiaramente avviata verso il suo definitivo deprezzamento.

Wall Street ha riconosciuto il risultato del ritiro dell'oro come un sostegno alla valuta? Certo che sì! Ecco la testimonianza di Paul Warburg davanti a una commissione del Congresso:

---

[426] H. J. Haskell, *The New Deal in Old Rome: How Government in the Ancient World Tried to Deal with Modern Problems* (New York: Knopf, 1947), pp. 239-40.

"L'abbandono del gold standard comporta una forte fluttuazione dei tassi di cambio e, di conseguenza, la distruzione del libero flusso di capitali e di affari esteri. I Paesi deboli ripudieranno - o, per usare un'espressione più educata, "finanzieranno i loro debiti" - ma non ci sarà una demonetizzazione generale dell'oro. Alla fine della guerra, l'oro non varrà di meno, ma di più. "[427]

La conclusione ineluttabile di queste prove è che esiste effettivamente un'élite finanziaria, come ha sottolineato Franklin D. Roosevelt, e che l'obiettivo di questa élite è l'acquisizione monopolistica della ricchezza. Abbiamo descritto questa élite come sostenitrice del socialismo aziendale. Prospera nel processo politico e si estinguerebbe se fosse esposta all'attività del libero mercato. Il grande paradosso è che l'influente movimento socialista mondiale, che si considera nemico di questa élite, è in realtà il generatore di questa politicizzazione dell'attività economica che mantiene il monopolio al potere, e che il suo grande eroe, Franklin D. Roosevelt, ne è stato uno strumento spaventosamente efficace.

---

[427] Senato degli Stati Uniti, audizioni sull'industria delle munizioni, parte 25, op. cit. p. 8105.

Allegato A

Il Piano Swope

1. Tutte le aziende industriali e commerciali (comprese le filiali) che impiegano 50 o più persone e che svolgono attività interstatali possono formare un'associazione di categoria che sarà supervisionata da un'agenzia federale di cui sotto.
2. Queste associazioni di categoria possono descrivere le pratiche commerciali, l'etica degli affari, i metodi standard di contabilità e di calcolo dei costi, i moduli standard per il bilancio e il conto economico, ecc. Gran parte di questo tipo di scambio di informazioni e dati è già svolto dalle associazioni di categoria esistenti. È possibile svolgere un lavoro molto più prezioso di questo tipo.
3. L'interesse pubblico è tutelato dalla supervisione delle società e delle associazioni imprenditoriali da parte della Commissione Federale per il Commercio o da un ufficio del Ministero del Commercio o da un organo di controllo federale appositamente costituito.
4. Tutte le aziende che rientrano in questo schema sono tenute ad adottare sistemi standard di contabilità e di calcolo dei costi e moduli standardizzati per lo stato patrimoniale e il conto economico. Questi sistemi e moduli possono variare da un settore all'altro, ma seguiranno un piano uniforme per ogni settore, adottato dall'associazione di categoria e approvato dall'organo di vigilanza federale.
5. Le società con 25 o più azionisti o soci residenti in più di uno Stato devono inviare ai propri azionisti o soci e all'organo di vigilanza, almeno una volta al trimestre, un rendiconto delle attività e degli utili nella forma prescritta. Almeno una volta all'anno, inviano ai partecipanti o agli azionisti e all'organo di vigilanza uno stato patrimoniale completo e un conto economico nella forma prescritta. In questo modo, i proprietari saranno informati sulle condizioni dell'azienda in modo sufficientemente dettagliato, in modo che non si possano muovere critiche di irregolarità o scarsità nei rendiconti o nei metodi di presentazione.
6. L'Autorità di Vigilanza Federale collabora con il Ministero delle Imposte e con le associazioni professionali per sviluppare forme standardizzate di bilanci e conti economici per ogni settore, a seconda della natura dell'attività, al fine di riconciliare i metodi di rendicontazione delle attività e dei redditi con la base dei valori e dei redditi calcolati ai fini dell'imposta federale.
7. Tutte le società del tipo descritto nel presente documento possono adottare immediatamente le disposizioni del presente piano, ma sono tenute a farlo entro tre anni, a meno che tale periodo non venga prorogato dall'organo di

vigilanza federale. Le società analoghe costituite dopo l'entrata in vigore del piano possono iniziare immediatamente l'attività, ma sono tenute a farlo prima della scadenza di tre anni dalla data di costituzione, a meno che questo periodo non venga prorogato dall'organo di vigilanza federale.
8. Per la tutela dei dipendenti, tutte queste società adottano i seguenti piani:

A. **Una legge sul risarcimento dei lavoratori, che fa** parte della legislazione necessaria per questo piano, deve, dopo un attento studio, essere modellata sulle migliori caratteristiche delle leggi che sono state emanate dai vari Stati.
B. **ASSICURAZIONE VITA E INVALIDITÀ.** Tutti i dipendenti delle aziende incluse in questo piano possono, dopo due anni di servizio in queste aziende, e devono, prima della scadenza dei cinque anni di servizio, essere coperti da un'assicurazione sulla vita e sull'invalidità.

1) La forma della polizza sarà stabilita dall'associazione di cui fa parte la società e approvata dall'organo di vigilanza federale. La polizza apparterrà al dipendente e potrà essere conservata da quest'ultimo e rimarrà in vigore a tutti gli effetti quando il dipendente cambierà lavoro o cesserà un particolare servizio, come descritto di seguito.
2) Il valore nominale di una polizza dovrà essere approssimativamente pari a un anno di stipendio, ma non superiore a 5.000 dollari, salvo che il dipendente possa, a proprie spese, aumentare l'importo dell'assicurazione acquistata, previa approvazione del Consiglio di amministrazione, che verrà stabilita in seguito.
3) Il costo di questa assicurazione sulla vita e sull'invalidità è pagato per metà dal dipendente e per metà dall'azienda per cui lavora, con la seguente eccezione: il costo dell'azienda è determinato sulla base dei premi all'età effettiva per i dipendenti di età inferiore a 35 anni e sulla base dell'età di 35 anni per tutti i dipendenti di età pari o superiore a 35 anni ed è di un valore nominale di circa mezzo anno di stipendio, ma limitato a un premio massimo di 2500 dollari di assicurazione. I dipendenti che acquistano l'assicurazione all'età di 35 anni o più pagheranno il premio in eccesso rispetto all'importo basato sull'età di 35 anni. Questo eliminerà la necessità di limitare l'assunzione di dipendenti o il loro trasferimento da un'azienda all'altra a causa dell'età avanzata, in quanto non imporrà all'azienda un onere eccessivo di premi elevati.
4) Le assicurazioni sulla vita e sull'invalidità possono essere sottoscritte da una compagnia di assicurazione sulla vita scelta dall'associazione professionale e approvata dall'Organo federale di vigilanza, oppure possono essere sottoscritte da una compagnia organizzata dall'associazione professionale e approvata dall'Organo federale di vigilanza, o ancora può essere costituita un'unica compagnia per servire tutte le associazioni.
5) L'amministrazione del regime assicurativo in ogni società è affidata a un consiglio di rappresentanti, la metà dei quali è eletta dai soci dipendenti. I poteri e i doveri del consiglio per ogni azienda saranno quelli di formulare regole generali relative all'idoneità dei dipendenti, ecc. ma tali regole devono essere conformi al piano generale elaborato dal consiglio generale dell'associazione di categoria di cui l'azienda fa parte e approvato dall'organo di vigilanza federale.
6) Le disposizioni relative alla continuazione della polizza dopo che il dipendente lascia un'azienda e passa a un'altra della stessa associazione, o passa a un'azienda di un'altra associazione professionale; la continuazione della polizza dopo il pensionamento; le disposizioni relative ai beneficiari; l'invalidità totale o parziale; le modalità di pagamento dei premi mediante detrazione dallo stipendio o in altro modo, settimanalmente, mensilmente o annualmente, devono essere incorporate nel piano

formulato dall'associazione professionale, con l'approvazione dell'organo di vigilanza federale.

7) Se un dipendente lascia un'azienda per entrare in un'azienda non iscritta all'associazione di categoria, intraprende un'attività in proprio o si ritira da un'attività industriale o commerciale, può scegliere di mantenere la parte di polizza che ha pagato, in tutto o in parte, continuando a pagare l'intero costo dei premi in proporzione, oppure può ricevere una polizza liquidata o il valore di riscatto della parte per cui ha pagato i premi. Il valore in contanti della parte di polizza pagata dalla compagnia sarà versato alla compagnia che ha pagato i premi.

C. PENSIONI. Tutti i dipendenti delle società incluse in questo piano sono coperti da piani pensionistici di vecchiaia che saranno adottati dalle associazioni professionali e approvati dall'organo di vigilanza federale. Le principali disposizioni saranno le seguenti:

1) Ogni dipendente può, dopo due anni di servizio in un'impresa che rientra nel campo di applicazione di questo regime, e deve, prima della scadenza di cinque anni di servizio, essere coperto dal regime di pensione di vecchiaia.

2) Ogni dipendente può, dopo due anni di servizio, ed è tenuto, dopo cinque anni di servizio, ad accantonare per il fondo pensione un minimo dell'1% dei suoi guadagni, ma non più di 50 dollari all'anno. Il dipendente può, se lo desidera, accantonare un importo maggiore, previa approvazione del Consiglio di amministrazione.

3) L'azienda è tenuta ad accantonare un importo pari al suddetto minimo dell'1% dei guadagni dei dipendenti, ma non superiore a 50 dollari all'anno per dipendente.

4) La percentuale minima di cui sopra è la stessa per tutti i dipendenti che hanno meno di 35 anni al momento dell'inizio dei pagamenti e la percentuale minima per questi dipendenti rimane invariata in seguito. La percentuale da accantonare per i dipendenti che entrano nel regime pensionistico all'età di 35 anni o più è determinata in modo tale da garantire che essi ricevano un assegno di pensione all'età di 70 anni, come se avessero iniziato a versare l'1% all'età di 35 anni. Queste disposizioni consentono ai dipendenti di passare da un'azienda a un'altra della stessa associazione o di associazioni diverse a qualsiasi età, con un'indennità di pensionamento che non sarà inferiore al tasso minimo di un dipendente che entra nel regime pensionistico all'età di 35 anni.

5) Gli importi accantonati dal dipendente e dall'azienda con interessi composti semestralmente al 5% fino al pensionamento all'età di 70 anni, per un dipendente medio tipico, darebbero una pensione pari a circa la metà dello stipendio.

6) L'amministrazione del regime pensionistico di ciascuna società è affidata a un consiglio di amministrazione, composto da rappresentanti, per metà nominati dalla direzione e per l'altra metà eletti dai dipendenti. I poteri e i doveri del consiglio per ogni azienda saranno quelli di formulare regole generali relative all'idoneità dei dipendenti, alle condizioni pensionistiche, ecc. ma tali regole devono essere conformi al piano generale elaborato dal consiglio generale dell'associazione di categoria di cui l'azienda fa parte e approvato dall'organo di vigilanza federale.

7) Le somme raccolte dai dipendenti e dalle aziende vengono versate nel fondo pensione organizzato dall'associazione, la cui gestione è affidata al consiglio di amministrazione generale di cui sotto. In nessun caso questi fondi possono essere lasciati sotto il controllo di una singola società.

8) Il fondo pensione deve investire tutti i fondi e metterli a credito dei singoli dipendenti, compresi i redditi percepiti dal fondo. Se un dipendente si trasferisce da un'azienda a un'altra della stessa associazione, i fondi accumulati a suo credito vengono

mantenuti a suo credito con un'apposita registrazione di trasferimento. Se un dipendente passa a un'azienda di un'altra associazione, i fondi accumulati a suo favore vengono trasferiti nel fondo pensione dell'associazione in cui si reca. Se un dipendente passa a un'azienda non coperta da queste disposizioni o che non è membro di un'associazione professionale, o se diventa un lavoratore autonomo o si ritira da un'attività industriale o commerciale, gli viene restituito l'importo dei suoi pagamenti, più gli interessi al tasso medio dei fondi. Se un dipendente muore prima di aver raggiunto l'età pensionabile, il suo beneficiario riceverà l'importo dei suoi pagamenti più gli interessi al tasso medio guadagnato dai fondi. Quando un dipendente raggiunge l'età pensionabile, gli verrà consegnato sotto forma di rendita l'intero importo accumulato a suo favore, compresi i versamenti propri e dell'azienda, più gli interessi maturati. Se un dipendente passa a un'azienda che non rientra in queste disposizioni o non è membro di un'associazione di categoria, diventa un lavoratore autonomo o si ritira da un'attività industriale o commerciale, può scegliere di lasciare l'importo a suo credito (cioè i propri versamenti più quelli dell'azienda e gli interessi maturati) presso il fondo pensione per essere trasferito, se torna a lavorare con un'azienda che rientra nelle disposizioni di questo regime. Se non riprende il lavoro presso un'azienda coperta da queste disposizioni, può ritirare in qualsiasi momento successivo l'importo dei propri versamenti più gli interessi al tasso medio maturato dai fondi fino a quel momento. I contributi aziendali e gli interessi maturati accreditati ai dipendenti che muoiono o che, per i motivi sopra indicati, ricevono o ritirano i propri contributi e interessi, vengono restituiti al datore di lavoro o ai datori di lavoro che li hanno versati.

9) Le norme che regolano il pagamento delle pensioni e tutte le altre norme che ne regolano il mantenimento sono stabilite dall'associazione professionale, approvate dall'organo di vigilanza federale e osservate dal consiglio generale e dai consigli di amministrazione delle società affiliate.

D. ASSICURAZIONE CONTRO LA DISOCCUPAZIONE. Tutti i dipendenti che lavorano a cottimo, su base oraria, giornaliera, settimanale o mensile, con un salario regolare di 5.000 dollari all'anno o meno (circa 96,15 dollari a settimana) sono coperti dall'assicurazione contro la disoccupazione.

1) Tutti questi dipendenti possono, dopo due anni di servizio in un'impresa coperta dalle disposizioni di questo regime, e sono tenuti, dopo cinque anni di servizio, a contribuire con un minimo dell'1% del loro stipendio ciascuno, ma non più di 50 dollari all'anno, a un fondo di assicurazione contro la disoccupazione.
2) La società è tenuta ad accantonare un importo pari a quello accantonato dai dipendenti, come sopra indicato, ovvero l'1% dello stipendio di ciascun dipendente, ma non più di 50 dollari all'anno per ciascuno di essi.
3) Se un'azienda regolarizza e garantisce l'impiego di almeno il 50% del normale stipendio versato ogni anno a questi dipendenti, non è necessario effettuare una valutazione aziendale per i dipendenti coperti da questa garanzia, ma i dipendenti verseranno un minimo dell'1% del loro reddito, ma non più di 50 dollari all'anno, in un fondo speciale a loro beneficio.
Se il dipendente lascia l'azienda, muore o va in pensione, l'importo del suo credito nel fondo speciale, più gli interessi al tasso medio del fondo speciale, viene pagato a lui o ai suoi beneficiari o viene aggiunto alla sua pensione.
4) Se un'azienda pianifica il proprio lavoro in modo tale da ridurre la disoccupazione, quando l'importo del suo credito nel fondo di disoccupazione normale è pari, ma non

inferiore, al 5% della normale retribuzione annuale dei dipendenti coperti, l'azienda può smettere di versare al fondo. I pagamenti da parte dei dipendenti continueranno.
L'azienda riprenderà i pagamenti quando il suo credito nel fondo di disoccupazione normale scenderà al di sotto del 5% della normale retribuzione annua dei dipendenti coperti.

5) Quando i pagamenti settimanali effettuati dal fondo di indennità di disoccupazione ammontano al 2% o più del salario medio settimanale dei dipendenti partecipanti, l'azienda dichiara l'emergenza disoccupazione e i normali pagamenti da parte dei dipendenti e dell'azienda cessano. Successivamente, tutti i dipendenti dell'azienda (compresi i dirigenti) che guadagnano il 50% o più del loro stipendio medio a tempo pieno pagano l'1% del loro stipendio attuale al fondo di disoccupazione. Un importo analogo viene versato al fondo dall'azienda. L'emergenza disoccupazione si protrae fino al ripristino delle condizioni normali, stabilito dal consiglio di amministrazione di ciascuna società. A quel punto, riprenderanno i normali pagamenti.

6) Le principali disposizioni per la distribuzione dei fondi seguono questi principi, a meno che non vengano modificate dal Consiglio di amministrazione come indicato nella sezione D, paragrafo 7, del presente documento. Una certa percentuale dei normali pagamenti dei dipendenti e dell'azienda può essere considerata disponibile per aiutare i dipendenti partecipanti in difficoltà. Una percentuale maggiore di questi pagamenti normali può essere considerata disponibile per prestiti ai dipendenti partecipanti per importi non superiori a 200 dollari USA ciascuno, con o senza interessi, come stabilito dal Consiglio di amministrazione. Il saldo dei fondi sarà disponibile per i sussidi di disoccupazione. L'indennità di disoccupazione inizia a essere versata dopo le prime due settimane di disoccupazione e ammonta a circa il 50% del salario medio settimanale o mensile del dipendente partecipante per un impiego a tempo pieno, ma in nessun caso a più di 20 dollari a settimana. Questi pagamenti ai singoli dipendenti continuano per un massimo di dieci settimane in dodici mesi consecutivi, a meno che non vengano prorogati dal Consiglio. Se un dipendente partecipante lavora a tempo parziale per mancanza di lavoro e percepisce meno del 50% della sua retribuzione media settimanale o mensile a tempo pieno, ha diritto a pagamenti dal fondo pari alla differenza tra l'importo che riceve come retribuzione dall'azienda e il massimo a cui può avere diritto come sopra.

7) La custodia e l'investimento dei fondi e l'amministrazione del programma di assicurazione contro la disoccupazione in ogni società sono sotto la direzione di un consiglio di amministrazione, per metà nominato dalla direzione e per metà eletto dai membri del personale. I poteri e i doveri del consiglio sono quelli di formulare regole generali riguardanti l'idoneità dei dipendenti, il periodo di attesa prima del pagamento delle prestazioni, l'ammontare delle prestazioni e la loro durata nell'arco di un anno, l'eventuale concessione di prestiti in caso di disoccupazione o di necessità, l'eventuale messa a disposizione del consiglio di una parte dei fondi per sopperire alle necessità derivanti da cause diverse dalla disoccupazione, ecc.

8) Se un dipendente lascia l'azienda e va a lavorare per un'altra società coperta dalle disposizioni di questo piano, l'importo proporzionale rimanente dei suoi contributi normali, più gli interessi al tasso medio del fondo, viene trasferito a tale società e accreditato a quest'ultima. Se lascia l'azienda per altri motivi, muore o va in pensione, la quota residua dei suoi contributi normali più gli interessi al tasso medio del fondo viene versata a lui o al suo beneficiario o aggiunta alla sua pensione. Nel caso in cui il credito di tale dipendente sia trasferito a un'altra società o sia versato al dipendente o al suo beneficiario ai sensi della presente disposizione, un importo equivalente sarà versato alla società che ha collaborato.

AMMINISTRAZIONE GENERALE. Ogni associazione di categoria formerà un consiglio di amministrazione generale, composto da nove membri, tre dei quali saranno eletti o nominati dall'associazione, tre saranno eletti dai dipendenti delle aziende associate e tre, in rappresentanza del pubblico, saranno nominati dall'organo di vigilanza federale. I membri del Consiglio generale, ad eccezione dei rappresentanti dei dipendenti, non sono retribuiti. I rappresentanti dei lavoratori sono remunerati alla normale tariffa per il tempo dedicato ai lavori del consiglio e tutti i membri ricevono un'indennità di viaggio, il cui importo è interamente pagato dall'associazione di categoria. I poteri e i doveri di questo Consiglio generale consistono nell'interpretare i programmi di assicurazione sulla vita e sull'invalidità, di pensione e di disoccupazione adottati dall'associazione di categoria e approvati dall'organo federale di vigilanza, nel controllare i consigli di amministrazione di ciascuna società, nell'istituire e dirigere un fondo pensione per la custodia, l'investimento e l'erogazione dei fondi pensione e, in generale, nel controllare e dirigere tutte le attività relative all'assicurazione sulla vita e sull'invalidità, alla pensione e alla disoccupazione.

Allegato B

Sponsor dei piani presentati per la pianificazione economica negli Stati Uniti nell'aprile 1932.[428]

Consiglio americano di ingegneria, New York.

Federazione americana del lavoro, Washington.

Associated General Contractors, Washington.

Charles A. Beard, New Milford, Conn.

Ralph Borsodi, scrittore ed economista. New York.

Camera di commercio degli Stati Uniti, Washington.

Stuart Chase, scrittore ed economista. Ufficio del lavoro, New York.

Wallace B. Donham, preside della Harvard School of Business.

Ordine Fraterno delle Aquile (fattura Ludlow).

Jay Franklin, autore di *The Forum*.

Guy Greer, economista, *The Outlook*.

Otto Kahn, banchiere. New York.

Senatore Robert M. La Follette, Senato degli Stati Uniti.

Lewis L. Lorwin, economista, Brookings Institute, Washington.

Paul M. Mazur, banchiere d'investimento. New York.

McGraw-Hil Publishing Co. di New York.

Consiglio del New England, Boston.

Conferenza progressista (legge La Follette).

P. Redmond, Economista, Schenectady, N.Y.

Sumner Slichter, economista e scrittore, Madison Wis.

George Soule, direttore di *The New Republic*.

C. R. Stevenson, dello studio Stevenson, Jordan e Harrison, New York.

Gerard Swope, presidente della General Electric Co.

Piano regionale del Wisconsin, legislatura statale, Madison, Wisconsin.

---

[428] Elenco compilato dal Dipartimento del Commercio degli Stati Uniti.

Federazione civica nazionale, New York.

BIBLIOGRAFIA SELETTIVA

FONTI INEDITE

Gli archivi Franklin D. Roosevelt a Hyde Park, New York

FONTI PUBBLICATE

Archer, Jules. *The Plot to Seize the White House,* (New York: Hawthorn Books, 1973).

Baruch, Bernard M., Baruch, *The Public Years* (New York: Holt, Rinehart and Winston, 1960).

Bennett, Edward W., *Germany and the Diplomacy of the Financial Crisis,* 1931 (Cambridge: Harvard University Press, 1962).

Bremer, Howard, *Franklin Delano Roosevelt,* 1882-1945, (New York; Oceana Publications, Inc., 1971),

Burton, David H., *Theodore Roosevelt,* (New York: Twayne Publishers, Inc., 1972)

Davis, Kenneth S., *FDR, The Beckoning of Destiny 1882-1928, A History* (New York: G. P. Putnam's Sons, 1971).

Dilling, Elizabeth, *Il disco rosso di Roosevelt e il suo contesto,* (Illinois: dall'autore, 1936)

Farley, James A., *Behind the Ballots, The Personal History of a Politician* (New York, Harcourt, Brace and Company, 1938).

Filene, Edward A., *Vivere con successo nell'era delle macchine* (New York: Simon and Schuster, 1932).

Filene, Edward A., *The Way Out, A Forecast of Coming Changes in American Business and Industry* (New York: Doubleday, Page & Company, 1924).

Flynn, John T., *Il mito di Roosevelt* (New York: *The* Devin-Adair Company, 1948).

Freedman, Max, *Roosevelt e Frankfurter, la* loro corrispondenza - 1928-1945, (Boston, Toronto: Little, Brown and Company, 1967)

Freidel, Frank, *Franklin D. Roosevelt, The Ordeal* (Boston: Little, Brown and Company, 1952).

Hanfstaengl, Ernst, *Unheard Witness* (New York: J.B. Lippincott Company, 1957).

Haskell, H.J., *The New Deal in Old Rome, How Government in the Ancient World Tried to Deal with Modern Problems* (New York: Alfred A. Knopf, 1947).

Hoover, Herbert C., *Memorie. The Great Depression, 1929-1941,* (New York: Macmillan Company, 1952), Vol. 3.

Howe, Frederic C., *Le confessioni di un monopolista* (Chicago, Public Publishing Company, 1906).

Hughes, T.W., *Quarant'anni di Roosevelt,* (1944...T.W. Hughes)

Ickes, Harold L., Administrator, *National Planning Board Federal Emergency Administration of Public Works,* (Washington, D.C. Government Printing Office, 1934). Relazione finale 1933-34.

Johnson, Hugh S., *L'aquila blu dall'uovo alla terra* (New York: Doubleday, Doran & Company, Inc., 1935).

Josephson, Emanuel M., Il *manifesto comunista di Roosevelt.* Incorporando una ristampa di *Science of Government Founded on Natural Law,* di Clinton Roosevelt, (New York: Chedney Press, 1955).

Kahn, Otto H., *Di molte cose,* (New York: Boni & Liveright, 1926)

Kolko, Gabriel, *Il trionfo del conservatorismo, una reinterpretazione della storia americana* (Londra: Collier-Macmillan Limited, 1963).

Kuczynski, Robert P., *Profitti dei banchieri dai prestiti tedeschi* (Washington, D.C.: Brookings Institution, 1932).

Laidler, Harry W., *Concentrazione del controllo nell'industria americana* (New York: Thomas Y. Crowell Company, 1931).

Lane, Rose Wilder, *The Making of Herbert Hoover* (New York: The Century Co., 1920).

Leuchtenburg, William E., *Franklin D. Roosevelt e il New Deal 1932-1940,* (New York, Evanston e Londra: Harper & Row, 1963).

Moley, Raymond, *Il primo New Deal* (New York: Harcourt Brace & World, Inc., n.d.)

Nixon, Edgar B., editore, *Franklin D. Roosevelt and Foreign Affairs,* (Cambridge: The Belknap Press of Harvard University Press, 1969), Volume I: gennaio 1933-febbraio 1934. Biblioteca Franklin D. Roosevelt. Hyde Park, New York.

Overacker, Louise, *Money in Elections* (New York: The Macmillan Company, 1932).

Pecora, Ferdinand, *Wall Street Under Oath, The Story of our Modern Money Changers,* (New York: Augustus M. Kelley Publishers, 1968).

Peel, Roy V. e Donnelly, Thomas C., *The 1928 Campaign An Analysis,* (New York: Richard R. Smith, Inc., 1931).

Roos, Charles Frederick, *Pianificazione economica dell'ANR* (Bloomington, Indiana: The Principia Press, Inc., 1937).

Roosevelt, Elliott e Brough, James, *Una storia non raccontata, I Roosevelt di Hyde Park* (New York: G.P. Putnam's Sons, 1973).

Roosevelt, Franklin D., *The Public Papers and Addresses of Franklin D. Roosevelt,* (New York: Random House, 1938), primo volume.

Roosevelt, Franklin D., *The Public Papers and Addresses of Franklin D. Roosevelt,* (New York: Random House, 1938), vol. 4.

Schlesinger, Arthur M., Jr, *L'età di Roosevelt, La crisi del vecchio ordine 1919-1933,* (Boston: Houghton Mifflin Company, 1957)

Seldes, George, *Mille americani* (New York: Boni & Gaer, 1947).

Spivak, John L. *Un uomo nel suo tempo,* (New York: Horizon Press, 1967).

Stiles, Leia, *L'uomo dietro Roosevelt, la storia di Louis McHenry Howe* (New York: The World Publishing Company, 1954).

Congresso degli Stati Uniti, Camera dei Rappresentanti. Comitato speciale sulle attività americane. *Indagine sulle attività di propaganda nazista e su alcune altre attività di propaganda.* 29 dicembre 1934 (73° Congresso, 2a sessione. Udienza n. 73-D. C.-6). (Washington, D.C., Government Printing Office; 1935)

Congresso degli Stati Uniti, Senato. Commissione speciale per indagare sulle attività di lobbying. *Elenco dei contributi.* Relazione ai sensi delle risoluzioni 165 e 184 (74° Congresso, 2a sessione). Washington, D.C., Ufficio stampa del governo, 1936).

Congresso degli Stati Uniti. Senato. Audizioni davanti a una sottocommissione del Comitato per gli affari militari. *Mobilitazione scientifica e tecnica.* 30 marzo 1943 (78° Congresso, 1° sessione. S. 702). Parte I. (Washington, D.C., Government Printing Office, 1943)

Congresso degli Stati Uniti. Camera dei Rappresentanti. Comitato speciale sulle attività americane (1934) *Indagine sulla propaganda nazista e di altro tipo,* (74° Congresso, 1ère sessione. Rapporto n. 153) (Washington, D.C., Government Printing Office)

Congresso degli Stati Uniti. Senato, audizioni davanti alla Commissione Finanze. *Recupero industriale nazionale.* S. 1712 e H.R. 5755, 22, 26, 29, 31 maggio e 1 giugno 1933 (73° Congresso, 1a sessione) (Washington, D.C.: Government Printing Office, 1933).

Congresso degli Stati Uniti. Senato. Commissione speciale per indagare sulle spese della campagna presidenziale. *Spese per la campagna presidenziale.* Relazione ai sensi della S.Res. 234, 25 febbraio (giorno di calendario, 28 febbraio), 1929 (70° Congresso, 2° sessione. Rapporto del Senato 2024). (Washington, D.C., Government Printing Office, 1929)

Warren, Harris, Gaylord, *Herbert Hoover e la Grande Depressione* (New York: Oxford University Press, 1959).

Wolfskill, George, *The Revolt of the Conservatives, A History of The American Liberty League 1934-1940* (Boston: Houghton Mifflin Company, 1962).

Wall Street e l'ascesa di Hitler

Dedicato alla memoria di Floyd Paxton - imprenditore, inventore, scrittore e americano, che credeva e lavorava per i diritti individuali in una società libera secondo la Costituzione.

PREFAZIONE

Questo libro è il terzo e ultimo volume^e di una trilogia che descrive il ruolo dei socialisti aziendali americani, noti anche come l'élite finanziaria di Wall Street o l'establishment liberale della East Coast, in tre importanti eventi storici del XX secolo: la rivoluzione di Lenin-Trotsky del 1917 in Russia, l'elezione di Franklin D. Roosevelt nel 1933 negli Stati Uniti e la presa di potere di Adolf Hitler in Germania nel 1933.

Ognuno di questi eventi ha introdotto una variante del socialismo in un paese importante: il socialismo bolscevico in Russia, il socialismo del New Deal negli Stati Uniti e il nazionalsocialismo in Germania.

La storia ufficiale contemporanea, con la possibile eccezione di *Tragedia e speranza* di Carroll Quigley, ignora queste prove. D'altra parte, è comprensibile che le università e gli istituti di ricerca, che dipendono dal sostegno finanziario di fondazioni controllate dalla stessa élite finanziaria newyorkese, abbiano scarso interesse a sostenere e pubblicare ricerche su questi aspetti della politica internazionale. Il più coraggioso degli amministratori difficilmente morderà la mano che nutre la sua organizzazione.

Dalle prove raccolte in questa trilogia risulta inoltre evidente che gli "uomini d'affari dallo spirito pubblico" non vanno a Washington come lobbisti e amministratori per servire gli Stati Uniti. Sono a Washington per servire i loro interessi di massimizzazione del profitto. Il loro obiettivo non è promuovere un'economia di mercato competitiva, ma manipolare un regime politicizzato, chiamatelo come volete, a proprio vantaggio.

La manipolazione commerciale dell'ascesa al potere di Hitler nel marzo 1933 è *il* tema di *Wall Street e l'ascesa di Hitler*.

Luglio 1976
Antony C. Sutton

Introduzione

Le sfaccettature inesplorate del nazismo

Fin dall'inizio degli anni Venti, sono circolate notizie infondate secondo le quali non solo gli industriali tedeschi, ma anche i finanzieri di Wall Street avrebbero avuto un ruolo, forse significativo, nell'ascesa di Hitler e del nazismo. Questo libro presenta prove inedite, in gran parte provenienti dai fascicoli dei tribunali militari di Norimberga, a sostegno di questa ipotesi. Tuttavia, la sola lettura di questo volume non consente di cogliere appieno l'impatto e la suggestività di queste evidenze. I due libri precedenti di questa serie, *Wall Street e la Rivoluzione bolscevica*[429] e *Wall Street e FDR*[430], descrivono il ruolo delle stesse aziende, e spesso degli stessi individui e dei loro colleghi direttori, che hanno lavorato duramente per manipolare e aiutare la Rivoluzione bolscevica in Russia nel 1917, per sostenere Franklin D. Roosevelt nella sua ascesa alla presidenza degli Stati Uniti nel 1933, e per favorire l'ascesa di Hitler nella Germania prebellica. In breve, questo libro fa parte di uno studio più ampio sullo sviluppo del socialismo moderno da parte dei socialisti aziendali.

Questo gruppo politicamente attivo a Wall Street è più o meno la stessa cerchia elitaria generalmente conosciuta dai conservatori come "establishment liberale", dai liberali (ad esempio G. William Domhoff) come "classe dirigente",[431] e dai teorici della cospirazione Gary Allen[432] e Dan Smoot[433] come "gli addetti ai lavori". Ma comunque si chiami questo gruppo elitario che si autoperpetua, a quanto pare ha un'importanza fondamentale nel determinare gli affari mondiali, a un livello di gran lunga superiore a quello dei politici eletti.

L'influenza e l'opera di questo stesso gruppo nell'ascesa di Hitler e della Germania nazista è il tema di questo libro. Si tratta di un'area di ricerca storica

---

[429] (New York: Arlington House Publishers, 1974)

[430] (New York: Arlington House Publishers, 1975)

[431] *The Higher Circles: The Governing Class in America* (New York: Vintage, 1970).

[432] *Nessuno osi chiamarla cospirazione*, (Rossmoor: Concord Press, 1971). Per un altro punto di vista basato su documenti "interni", si veda Carroll Quigley, *Tragedy and Hope* (New York: The Macmillan Company, 1966).

[433] *Il governo invisibile*, (Boston: Western Islands, 1962)

quasi del tutto inesplorata dal mondo accademico. È un campo minato storico per gli incauti e gli sprovveduti che non conoscono le complessità delle procedure di ricerca. I sovietici hanno a lungo accusato i banchieri di Wall Street di sostenere il fascismo internazionale, ma la loro stessa accuratezza storica dà poco credito alle loro accuse in Occidente, e naturalmente non criticano il sostegno alla loro forma di fascismo politico.

Questo autore si colloca in un campo diverso. Accusato in passato di essere eccessivamente critico nei confronti del sovietismo e del nazionalsocialismo, ignorando invece Wall Street e l'ascesa di Hitler, questo libro si spera che corregga uno squilibrio filosofico presumibilmente del tutto inesatto e si concentri sul vero problema: In qualsiasi modo si chiami il sistema collettivista - socialismo sovietico, socialismo del New Deal, socialismo aziendale o nazionalsocialismo - è il cittadino medio, l'uomo della strada, che alla fine perde contro gli opinionisti che dirigono lo spettacolo al vertice. Ogni sistema, a suo modo, è un sistema di saccheggio, un dispositivo organizzativo per mantenere tutti in vita (o cercare di vivere) a spese degli altri, mentre i leader elitari, i capi e i politici, ottengono la crema del raccolto in cima.

Il ruolo di questa élite americana nell'ascesa al potere di Hitler deve essere considerato anche in relazione a un aspetto poco noto dell'hitlerismo che viene esplorato solo ora: le origini mistiche del nazismo e il suo rapporto con la Società Thule e altri gruppi cospiratori. L'autore non è un esperto di occultismo o cospirazione, ma è chiaro che le origini mistiche e le radici storiche neopagane del nazismo, degli Illuminati di Baviera e della Società Thule sono aree relativamente sconosciute che devono ancora essere esplorate da ricercatori tecnicamente competenti. Alcune ricerche sono già state scritte in francese; la migliore introduzione in inglese è probabilmente la traduzione di *Hitler et la Tradition Cathare di* Jean Michel Angebert.[434]

Angebert rivela la crociata del 1933 di Otto Rahn, membro *delle Schutzstaffel, alla ricerca* del Santo Graal, che si sarebbe trovato nella roccaforte catara della Francia meridionale. La prima gerarchia nazista (Hitler e Himmler, oltre a Rudolph Hess e Rosenberg) era impregnata di teologia neopagana, in parte associata alla Società Thule, i cui ideali erano vicini a quelli degli Illuminati di Baviera. Questa società è stata una forza trainante del nazismo, con una potente presa mistica sui fedeli delle SS. I nostri storici contemporanei dell'establishment menzionano a malapena, e tanto meno esplorano, queste origini occulte; di conseguenza, si perdono qualcosa di così importante come le origini finanziarie del nazionalsocialismo.

Nel 1950, James Stewart Martin pubblicò un libro completo, *All Honorable Men*,[435] , che descriveva le sue esperienze come capo della sezione di guerra economica del Dipartimento di Giustizia che indagava sulla struttura dell'industria nazista. Martin sostiene che uomini d'affari americani e britannici furono nominati

---

[434] Pubblicato in inglese come *The Occult and the Third Reich* (New York: The Macmillan Company, 1974). Si veda anche Reginald H. Phelps, "*Before Hitler* Came" *Thule Society and Germanen Orden*", in *Journal of Modern History*, settembre 1968, n. 3.

[435] (Boston: Little Brown and Company, 1950)

in posizioni chiave in questa indagine del dopoguerra per deviare, insabbiare e infine sabotare le indagini sugli industriali nazisti e tenere così nascosto il proprio coinvolgimento. Un ufficiale britannico fu deferito alla corte marziale e condannato a due anni di prigione per aver protetto un nazista, e diversi ufficiali americani furono rimossi dai loro incarichi. Perché gli uomini d'affari americani e britannici dovrebbero voler proteggere gli uomini d'affari nazisti? In pubblico, hanno sostenuto che si trattava di semplici uomini d'affari tedeschi che non avevano nulla a che fare con il regime nazista e che erano innocenti di qualsiasi complicità nelle cospirazioni naziste. Martin non approfondisce questa spiegazione, ma ne è chiaramente insoddisfatto e scettico. Le prove suggeriscono che c'è stato uno sforzo concertato non solo per proteggere gli uomini d'affari nazisti, ma anche per proteggere gli elementi collaborativi delle aziende americane e britanniche.

Gli uomini d'affari tedeschi avrebbero potuto rivelare molti fatti imbarazzanti: In cambio di protezione, non hanno detto molto. Probabilmente non è una coincidenza che gli industriali hitleriani processati a Norimberga abbiano ricevuto meno di un buffetto sulla mano. Ci chiediamo se i processi di Norimberga non avrebbero dovuto tenersi a Washington - con alcuni importanti uomini d'affari americani e nazisti sul banco degli imputati!

Due estratti da fonti contemporanee introdurranno e suggeriranno il tema da sviluppare. Il primo estratto proviene dagli archivi di Roosevelt stesso. L'ambasciatore americano in Germania, William Dodd, scrisse a FDR da Berlino il 19 ottobre 1936 (tre anni dopo l'ascesa al potere di Hitler), a proposito degli industriali americani e del loro aiuto ai nazisti:

> *Anche se credo che la pace sia la nostra migliore politica, non posso ignorare i timori che Wilson ha sottolineato più di una volta nelle sue conversazioni con me, il 15 agosto 1915 e successivamente: il crollo della democrazia in tutta Europa sarà un disastro per i popoli. Ma cosa si può fare? Attualmente, più di cento aziende americane hanno filiali qui o accordi di cooperazione.*
>
> *I DuPont hanno tre alleati in Germania che li aiutano con gli armamenti. Il loro principale alleato è la I.G. Farben Company, un fornitore governativo che dà 200.000 marchi all'anno a un'organizzazione di propaganda che opera sull'opinione pubblica americana. La Standard Oil Company (una sotto-società di New York) ha inviato qui 2.000.000 di dollari nel dicembre 1933 e ha guadagnato 500.000 dollari all'anno aiutando i tedeschi a produrre gas surrogato per scopi bellici; ma la Standard Oil non può portare fuori dal Paese nessuna delle sue entrate se non in merci. Guadagna poco, dichiara il suo reddito a casa, ma non spiega i fatti. Il presidente della International Harvester Company mi ha detto che la loro attività qui cresceva del 33% all'anno (produzione di armi, credo), ma non riuscivano a far uscire nulla. Anche i nostri aeromobili hanno un accordo segreto con Krupps. La General Motor Company e la Ford fanno grandi affari qui attraverso le loro filiali e non ne traggono alcun profitto. Cito questi fatti perché complicano le cose e aumentano i pericoli della guerra.[436]*

---

[436] Edgar B. Nixon, ed, *Franklin D. Roosevelt and Foreign Affairs,* Volume III: September 1935-January 1937, (Cambridge: Belknap Press, 1969), p. 456.

In secondo luogo, una citazione dal diario dello stesso ambasciatore americano in Germania. Il lettore deve tenere presente che un rappresentante della Vacuum Oil Company citata - così come i rappresentanti di altre aziende americane che sostengono i nazisti - è stato nominato nella Commissione di controllo del dopoguerra per denazificare i nazisti:

> *25 gennaio. Giovedì. Il nostro addetto commerciale ha mandato a trovarmi il dottor Engelbrecht, presidente della Vacuum Oil Company di Amburgo. Engelbrecht ha ripetuto ciò che aveva detto un anno fa: "La Standard Oil Company di New York, la società madre della Vacuum, ha speso 10.000.000 di marchi in Germania per cercare di trovare risorse petrolifere e costruire una grande raffineria vicino al porto di Amburgo". Engelbrecht continuò a perforare pozzi e a trovare molto petrolio grezzo nell'area di Hannover, ma non aveva speranza di trovare grandi giacimenti. Spera che il dottor Schacht sovvenzioni la sua azienda, come fanno alcune società tedesche che non hanno trovato il petrolio grezzo. Il Vacuum spende qui tutte le sue entrate, impiega 1000 uomini e non manda mai soldi a casa. Non potevo incoraggiarlo.*[437]

E altro ancora:

> *Gli uomini avevano appena lasciato l'edificio quando l'avvocato tornò a riferire le sue difficoltà. Non potevo fare nulla. Ma io gliel'ho chiesto: Perché la Standard Oil Company di New York inviò 1.000.000 di dollari nel dicembre 1933 per aiutare i tedeschi a produrre benzina dal carbone dolce per le emergenze belliche? Perché i dipendenti di International Harvester continuano a produrre in Germania quando la loro azienda non riceve nulla dal Paese e non è riuscita a incassare le perdite di guerra? Ha capito il mio punto di vista e ha convenuto che sembrava stupido e che avrebbe portato a perdite maggiori se fosse scoppiata un'altra guerra.*[438]

L'alleanza tra il potere politico nazista e le grandi imprese americane poteva sembrare stupida all'ambasciatore Dodd e all'avvocato americano da lui intervistato. In pratica, ovviamente, le grandi imprese sono tutt'altro che stupide quando si tratta di promuovere i propri interessi. Gli investimenti nella Germania nazista (così come quelli analoghi nell'Unione Sovietica) riflettevano una politica superiore, con in gioco molto più del profitto immediato, anche se i profitti non potevano essere rimpatriati. Per rintracciare queste "politiche superiori", bisogna penetrare nel controllo finanziario delle multinazionali, perché chi controlla il flusso di finanziamenti controlla in ultima analisi le politiche quotidiane.

Carroll Quigley[439] ha dimostrato che l'apice di questo sistema di controllo finanziario internazionale prima della seconda guerra mondiale era la Banca dei

---

[437] A cura di William E. Dodd Jr. e Martha Dodd, *Ambassador Dodd's Diary*, 1933-1938, (New York: Harcourt Brace and Company, 1941), pag. 303.

[438] Ibidem, p. 358.

[439] Quigley, op. cit.

Regolamenti Internazionali, con i rappresentanti delle società bancarie internazionali di Europa e Stati Uniti, in un accordo che è continuato per tutta la seconda guerra mondiale. Durante il periodo nazista, il rappresentante della Germania nella Banca dei Regolamenti Internazionali era il genio finanziario di Hitler e presidente della Reichsbank, Hjalmar Horace Greeley Schacht.

HJALMAR HORACE GREELEY SCHACHT

Il coinvolgimento di Wall Street nella Germania hitleriana mette in evidenza due tedeschi legati a Wall Street: Hjalmar Schacht e "Putzi" Hanfstaengl, amico di Hitler e Roosevelt, che svolse un ruolo sospetto nell'incidente che portò Hitler all'apice del potere dittatoriale: l'incendio del Reichstag nel 1933.[440]

La storia iniziale di Hjalmar Schacht, e in particolare il suo ruolo nell'Unione Sovietica dopo la Rivoluzione bolscevica del 1917, è stata descritta nel mio libro precedente, *Wall Street e la Rivoluzione bolscevica*. Il maggiore Schacht aveva lavorato nell'ufficio berlinese della Equitable Trust Company di New York all'inizio del XX secolo[e]. Hjalmar è nato in Germania anziché a New York solo a causa della malattia della madre, che ha costretto la famiglia a tornare in Germania. Il fratello William Schacht era un cittadino americano di nascita. Per sottolineare le sue origini americane, i secondi nomi di Hjalmar sono stati chiamati "Horace Greeley", in onore del famoso politico democratico. Di conseguenza, Hjalmar parlava correntemente l'inglese e l'interrogatorio di Schacht nel dopoguerra, nell'ambito del Progetto Dustbin, fu condotto sia in tedesco che in inglese. Vale la pena di notare che la famiglia Schacht aveva origini a New York, lavorava per la principale società finanziaria di Wall Street, la Equitable Trust (controllata dalla Morgan), e che per tutta la vita Hjalmar mantenne questi legami con Wall Street.[441] I giornali e le fonti contemporanee riferiscono di ripetute visite con Owen Young della General Electric, Farish, presidente della Standard Oil of New Jersey, e le loro controparti bancarie. In breve, Schacht era un membro dell'élite finanziaria internazionale che esercita il potere dietro le quinte dell'apparato politico di una nazione. È un collegamento chiave tra l'élite di Wall Street e la cerchia ristretta di Hitler.

Questo libro è diviso in due parti principali. La prima parte ripercorre l'ascesa dei cartelli tedeschi attraverso i piani Dawes e Young negli anni Venti. Questi cartelli furono i principali sostenitori di Hitler e del nazismo e furono direttamente responsabili della salita al potere dei nazisti nel 1933. Viene descritto il ruolo delle società americane I.G. Farben, General Electric, Standard Oil of New Jersey, Ford e altre società americane. La seconda parte presenta le prove documentali conosciute del finanziamento di Hitler, con una riproduzione fotografica dei

---

[440] Per ulteriori informazioni sul "Putzi" di Hanfstaengl, vedere il capitolo 9.

[441] Per i rapporti di Schacht con i sovietici e con Wall Street e per la sua gestione di una banca sovietica, si veda Sutton, *Wall Street and the Bolshevik Revolution,* op. cit.

bollettini bancari utilizzati per trasferire fondi dalla Farben, dalla General Electric e da altre aziende a Hitler, attraverso Hjalmar Horace Greeley Schacht.

CAPITOLO I

WALL STREET APRE LA STRADA LA STRADA PER HITLER

Il Piano Dawes, adottato nell'agosto 1924, si inserisce perfettamente nei piani degli economisti militari dello Stato Maggiore tedesco. (Testimonianza davanti alla Commissione per gli Affari Militari del Senato degli Stati Uniti, 1946).

Il Comitato Kilgore del Senato degli Stati Uniti del dopoguerra ha ascoltato testimonianze dettagliate da parte di funzionari governativi, secondo cui

... quando i nazisti salirono al potere nel 1933, si accorsero che dal 1918 erano stati fatti molti progressi nel preparare la Germania alla guerra dal punto di vista economico e industriale.[442]

Gran parte della preparazione alla guerra europea prima e dopo il 1933 fu dovuta all'assistenza finanziaria di Wall Street negli anni Venti per creare il sistema di cartelli tedesco e all'assistenza tecnica di note aziende americane, che sarebbero state in seguito identificate, per costruire la Wehrmacht tedesca. Mentre questa assistenza finanziaria e tecnica viene descritta come "accidentale" o dovuta alla "cecità" degli uomini d'affari americani, le prove presentate di seguito suggeriscono fortemente un certo grado di premeditazione da parte di questi finanziatori americani. Simili inaccettabili appelli al "caso" sono stati fatti a nome dei finanzieri e degli industriali americani nell'esempio parallelo della costruzione della potenza militare dell'Unione Sovietica dal 1917 in poi. Eppure questi capitalisti statunitensi erano pronti a finanziare e sovvenzionare l'Unione Sovietica durante la guerra del Vietnam, sapendo che i sovietici stavano sovvenzionando il nemico che l'esercito statunitense stava combattendo dall'altra parte.

---

[442] Congresso degli Stati Uniti. Senato. Audizioni davanti a una sottocommissione del Comitato per gli affari militari. Eliminazione delle risorse tedesche per la guerra. Report under Resolutions 107 and 146, July 2, 1945, Part 7, (78th Congress and 79th Congress), (Washington: Government Printing Office, 1945), di seguito denominato Eliminazione delle risorse tedesche.

Il contributo del capitalismo americano ai preparativi bellici tedeschi prima del 1940 può essere definito fenomenale. Era certamente cruciale per le capacità militari tedesche.

Ad esempio, nel 1934 la Germania produceva solo 300.000 tonnellate di prodotti petroliferi naturali e meno di 800.000 tonnellate di benzina sintetica; il resto veniva importato. Tuttavia, dieci anni più tardi, durante la Seconda Guerra Mondiale, dopo il trasferimento dei brevetti e della tecnologia di idrogenazione dalla Standard Oil del New Jersey alla I.G. Farben (utilizzata per produrre benzina sintetica dal carbone), la Germania produsse circa 6,5 milioni di tonnellate di petrolio, di cui l'85% (5,5 milioni di tonnellate) era costituito da petrolio sintetico ottenuto con il processo di idrogenazione della Standard Oil. Inoltre, il controllo della produzione di olio sintetico in Germania era detenuto dalla filiale di I.G. Farben, Braunkohle-Benzin A. G., e il cartello Farben stesso fu creato nel 1926 con l'assistenza finanziaria di Wall Street.

D'altra parte, l'impressione generale che gli storici moderni lasciano al lettore è che l'assistenza tecnica americana sia stata casuale e che gli industriali americani fossero innocenti. Ad esempio, il Comitato Kilgore ha dichiarato:

> *Gli Stati Uniti hanno accidentalmente svolto un ruolo importante nell'armamento tecnico della Germania. Anche se i pianificatori militari tedeschi ordinarono e convinsero le aziende manifatturiere a installare attrezzature moderne per la produzione di massa, né gli economisti militari né le aziende sembrano essersi resi conto della portata di ciò che questo significava. Gli occhi si sono aperti quando due delle principali aziende automobilistiche americane hanno costruito fabbriche in Germania per poter vendere sul mercato europeo senza l'handicap degli alti costi di spedizione e delle tariffe tedesche. I tedeschi furono portati a Detroit per apprendere le tecniche di produzione di componenti specializzati e di catena di montaggio. Ciò che videro portò alla riorganizzazione e alla riprogettazione di altri importanti impianti bellici tedeschi. Le tecniche apprese a Detroit furono poi utilizzate per costruire gli Stukas da bombardamento in picchiata .... in un periodo successivo... La I.G. Farben in questo Paese permise a un flusso di ingegneri tedeschi di visitare non solo fabbriche di aerei, ma anche altre fabbriche di importanza militare, in cui impararono molte cose che furono poi utilizzate contro gli Stati Uniti.*[443]

A seguito di queste osservazioni, che evidenziano la natura "accidentale" degli aiuti, autori accademici come Gabriel Kolko, che non è generalmente un sostenitore delle grandi imprese, hanno concluso che :

> *È quasi superfluo sottolineare che le motivazioni delle aziende americane legate ai contratti con le aziende tedesche non erano del tutto pronte...*[444]

---

[443] Eliminazione delle risorse tedesche, p. 174.

[444] Gabriel Kolko, "American Business and Germany, 1930-1941", *The Western Political Quarterly*, Volume XV, 1962.

Tuttavia, Kolko sostiene che le analisi della stampa economica americana contemporanea confermano che i giornali e le riviste economiche erano pienamente consapevoli della minaccia nazista e della sua natura, mentre mettevano in guardia i loro lettori dai preparativi bellici tedeschi. E anche Kolko lo ammette:

> *La stampa economica [negli Stati Uniti] sapeva già dal 1935 che la prosperità tedesca era basata sui preparativi per la guerra. Soprattutto, era consapevole che l'industria tedesca era sotto il controllo nazista ed era destinata a servire il riarmo tedesco, e l'azienda più spesso citata in questo contesto era il gigante chimico I.G. Farben.*[445]

Inoltre, le prove presentate di seguito suggeriscono che non solo un settore influente dell'economia americana era consapevole della natura del nazismo, ma che lo aiutava ogni volta che era possibile (e redditizio) - *sapendo bene che il risultato probabile sarebbe stata una guerra che avrebbe coinvolto Europa e Stati Uniti*. Come vedremo, le dichiarazioni di innocenza non corrispondono ai fatti.

1924: Il piano Dawes

Il Trattato di Versailles, dopo la Prima Guerra Mondiale, impose un pesante fardello di riparazioni alla Germania sconfitta. Questo onere finanziario - la vera causa del malcontento tedesco che ha portato all'accettazione dell'hitlerismo - è stato utilizzato dai banchieri internazionali a proprio vantaggio.

L'opportunità di concedere prestiti redditizi ai cartelli tedeschi negli Stati Uniti si presentò con il Piano Dawes e successivamente con il Piano Young. Entrambi i piani sono stati concepiti da questi banchieri centrali, che hanno formato i comitati per i propri benefici pecuniari e, sebbene tecnicamente i comitati non siano stati nominati dal governo statunitense, i piani sono stati di fatto approvati e sponsorizzati dal governo.

I mercanti e i politici del dopoguerra fissarono le riparazioni tedesche a un importo annuo di 132 miliardi di marchi d'oro. Questo rappresenta circa un quarto del totale delle esportazioni tedesche nel 1921. Quando la Germania non riuscì a far fronte a questi ingenti pagamenti, la Francia e il Belgio occuparono la Ruhr per prendere con la forza ciò che non poteva essere ceduto volontariamente. Nel 1924, gli Alleati nominarono un comitato di banchieri (guidato dal banchiere americano Charles G. Dawes) per elaborare un programma di pagamenti di riparazione. Secondo Carroll Quigley, professore di relazioni internazionali alla Georgetown University, il Piano Dawes che ne risultò fu "in gran parte una produzione di J.P. Morgan".[446] Il Piano Dawes organizzò una serie di prestiti esteri per un totale di 800 milioni di dollari, i cui proventi andarono alla Germania. Questi prestiti sono importanti per la nostra storia perché i proventi, raccolti in gran parte negli Stati

---

[445] Ibidem, p. 715.

[446] Carroll Quigley, op. cit.

Uniti da investitori in dollari, furono utilizzati a metà degli anni Venti per creare e consolidare le gigantesche aggregazioni chimiche e siderurgiche di I.G. Farben e Vereinigte Stahlwerke, rispettivamente. Questi cartelli non solo aiutarono Hitler a salire al potere nel 1933, ma fornirono anche gran parte del materiale bellico tedesco utilizzato nella Seconda Guerra Mondiale.

Tra il 1924 e il 1931, nell'ambito del Piano Dawes e del Piano Young, la Germania pagò agli Alleati circa 86 miliardi di marchi in risarcimenti. Allo stesso tempo, la Germania prese in prestito all'estero, principalmente dagli Stati Uniti, circa 138 miliardi di marchi, con un pagamento netto di soli tre miliardi di marchi per le riparazioni. Così, l'onere delle riparazioni monetarie tedesche agli Alleati fu di fatto sostenuto dai sottoscrittori stranieri di obbligazioni tedesche emesse da istituzioni finanziarie di Wall Street - con, ovviamente, sostanziali profitti per loro stessi. E si noti che queste aziende erano di proprietà degli stessi finanzieri che periodicamente si toglievano il cappello da banchiere e ne indossavano uno nuovo per diventare "statisti". Come "statisti" hanno formulato i piani Dawes e Young per "risolvere" il "problema" delle riparazioni. Come banchieri, hanno fatto circolare i prestiti. Come sottolinea Carroll Quigley,

> Va notato che questo sistema è stato creato dai banchieri internazionali e che il successivo prestito di denaro altrui alla Germania è stato molto redditizio per questi banchieri.[447]

Chi sono i banchieri internazionali di New York che hanno formato queste commissioni di riparazione?

Gli esperti americani del Piano Dawes del 1924 erano il banchiere Charles Dawes e il rappresentante di Morgan Owen Young, che era presidente della General Electric Company. Dawes fu presidente del Comitato di esperti alleati nel 1924. Nel 1929 Owen Young divenne presidente del Comitato di esperti, sostenuto dallo stesso J.P. Morgan, mentre T. W. Lamont, socio di Morgan, e T. N. Perkins, banchiere della Morgan Association. In altre parole, le delegazioni americane erano semplicemente, come ha sottolineato Quigley, delegazioni di J.P. Morgan che utilizzavano l'autorità e il sigillo degli Stati Uniti per promuovere schemi finanziari a proprio vantaggio pecuniario. Di conseguenza, come ha detto Quigley, i "banchieri internazionali si sono seduti in paradiso, facendo piovere tasse e commissioni".[448]

I membri tedeschi del comitato di esperti sono stati altrettanto interessanti. Nel 1924, Hjalmar Schacht era presidente della Reichsbank e aveva svolto un ruolo importante nell'organizzazione del Piano Dawes, così come il banchiere tedesco Carl Melchior. Tra i delegati tedeschi del 1928 c'era A. Voegler del cartello tedesco dell'acciaio Stahlwerke Vereinigte. In breve, i due principali Paesi coinvolti - gli Stati Uniti e la Germania - erano rappresentati dai banchieri Morgan da un lato e Schacht e Voegler dall'altro, che avevano entrambi giocato un ruolo chiave nell'ascesa della Germania di Hitler e nel successivo riarmo tedesco.

---

[447] Ibidem, p. 308.

[448] Carroll Quigley, op. cit. p. 309.

Infine, i membri e i consulenti delle Commissioni Dawes e Young non solo erano associati alle case finanziarie di New York ma, come vedremo in seguito, erano direttori di società all'interno dei cartelli tedeschi che aiutarono Hitler a prendere il potere.

1928: Il Piano Giovani

Secondo il genio finanziario di Hitler, Hjalmar Horace Greeley Schacht, e l'industriale nazista Fritz Thyssen, fu il Piano Young del 1928 (il successore del Piano Dawes), formulato dall'agente di Morgan Owen D. Young, che portò Hitler al potere nel 1933. Fritz Thyssen afferma che,

> Sono passato al Partito Nazionalsocialista solo dopo essermi convinto che la lotta contro il Piano Young era inevitabile se si voleva evitare il crollo completo della Germania.[449]

La differenza tra il Piano Young e il Piano Dawes è che, mentre quest'ultimo richiedeva pagamenti in beni di produzione tedesca finanziati da prestiti esteri, il Piano Dawes richiedeva pagamenti monetari e "a mio giudizio [scrive Thyssen], il debito finanziario così creato era destinato a sconvolgere l'intera economia del Reich".

Il Piano Young era presumibilmente un piano per occupare la Germania con capitali statunitensi e impegnare i beni immobili tedeschi in un'enorme ipoteca detenuta negli Stati Uniti. Va notato che le società tedesche affiliate agli Stati Uniti sono sfuggite al piano grazie alla proprietà estera temporanea. Ad esempio, A.E.G. (German General Electric), affiliata a General Electric negli Stati Uniti, è stata venduta a una holding franco-belga ed è sfuggita alle condizioni del piano Young. Vale la pena di ricordare che Owen Young fu il principale finanziatore di Franklin D. Roosevelt nella United European Company quando FDR, come finanziere emergente di Wall Street, cercò di trarre vantaggio dall'iperinflazione tedesca del 1925. La United European Enterprise fu un veicolo di speculazione e di profitto durante l'imposizione del Piano Dawes e rappresenta una chiara prova dell'uso da parte di finanzieri privati (tra cui Franklin D. Roosevelt) del potere dello Stato per promuovere i propri interessi manipolando la politica estera.

L'accusa parallela di Schacht, secondo cui Owen Young sarebbe stato responsabile dell'ascesa di Hitler, anche se chiaramente auto-assolutoria, è riportata in un rapporto dell'intelligence del governo statunitense sull'interrogatorio del dottor Fritz Thyssen nel settembre 1945:

> L'accettazione del piano Young e dei suoi principi finanziari fece aumentare sempre di più la disoccupazione, fino a raggiungere circa un milione di persone senza lavoro.

---

[449] Fritz Thyssen, *I Paid Hitler*, (New York: Farrar & Rinehart, Inc., n.d.), p. 88.

> *La gente era disperata. Hitler disse che avrebbe eliminato la disoccupazione. Il governo al potere in quel momento era pessimo e la situazione del popolo stava peggiorando. Ecco perché Hitler ha avuto un enorme successo alle elezioni. Alle ultime elezioni ha ottenuto circa il 40%.*[450]

Tuttavia, fu Schacht, e non Owen Young, a concepire l'idea che poi divenne la Banca dei Regolamenti Internazionali. I dettagli concreti furono elaborati in una conferenza presieduta da Jackson Reynolds, "uno dei principali banchieri di New York", con Melvin Traylor della First National Bank di Chicago, Sir Charles Addis, ex della Hong Kong and Shanghai Banking Corporation, e vari banchieri francesi e tedeschi.[451] La B.I.S. era essenziale per il Piano Young, in quanto forniva uno strumento già pronto per promuovere le relazioni finanziarie internazionali. Secondo le sue stesse dichiarazioni, Schacht diede a Owen Young anche l'idea che poi divenne la Banca Internazionale per la Ricostruzione e lo Sviluppo nel dopoguerra:

> *"Una banca di questo tipo richiederà una cooperazione finanziaria tra i vinti e i vincitori che porterà a una comunità di interessi che, a sua volta, darà origine alla fiducia e alla comprensione reciproca, promuovendo e garantendo così la pace.*
> *Ricordo ancora vividamente l'ambientazione di questa conversazione. Owen Young era seduto sulla sua sedia, sbuffando dalla pipa, con le gambe aperte e gli occhi penetranti fissi su di me. Come faccio di solito quando propongo argomenti di questo tipo, camminavo silenziosamente e costantemente "avanti e indietro" su e giù per la stanza. Quando ho finito, c'è stata una breve pausa. Poi tutto il suo volto si illuminò e la sua determinazione trovò espressione nelle parole:*
> *"Dottor Schacht, lei mi ha dato un'idea meravigliosa e io la venderò al mondo".*[452]

LA B. R. I. - L'APICE DEL CONTROLLO

Questa interazione di idee e cooperazione tra Hjalmar Schacht in Germania e, attraverso Owen Young, gli interessi di J.P. Morgan a New York, era solo una sfaccettatura di un vasto e ambizioso sistema di cooperazione e alleanza internazionale per il controllo del mondo. Come lo descrive Carroll Quigley, questo sistema consisteva in :

---

[450] Consiglio del Gruppo di Controllo degli Stati Uniti (Germania), Ufficio del Direttore dell'Intelligence, Rapporto dell'Intelligence n. EF/ME/1, 4 settembre 1945. Si veda anche Hjalmar Schacht, *Confessioni di un vecchio mago* (Boston: Houghton Mifflin, 1956).

[451] Hjalmar Schacht, op. cit. p. 18. Fritz Thyssen aggiunge: "Già all'epoca il signor Dillon, un banchiere newyorkese di origine ebraica che ammiro molto, mi disse: "Se fossi in lei, non firmerei il piano"".

[452] Ibidem, p. 282.

"... niente di meno che creare un sistema globale di controllo finanziario, in mani private, in grado di dominare il sistema politico di ogni paese e l'economia del mondo nel suo complesso".[453]

Questo sistema feudale operava negli anni Venti, come oggi, attraverso i banchieri centrali privati di ogni Paese che controllano la massa monetaria nazionale delle varie economie. Negli anni Venti e Trenta, anche il Federal Reserve System di New York, la Banca d'Inghilterra, la Reichsbank in Germania e la Banque de France influenzarono più o meno indirettamente l'apparato politico dei rispettivi Paesi attraverso il controllo dell'offerta di moneta e la creazione dell'ambiente monetario. Un'influenza più diretta è stata ottenuta fornendo fondi politici o ritirando il sostegno a politici e partiti. Negli Stati Uniti, ad esempio, il presidente Herbert Hoover attribuì la colpa della sua sconfitta nel 1932 al ritiro del sostegno di Wall Street e al trasferimento della finanza e dell'influenza di Wall Street a Franklin D. Roosevelt.

I politici che condividono gli obiettivi del capitalismo finanziario e le accademie che proliferano con idee di controllo globale utili ai banchieri internazionali sono tenuti in riga con un sistema di premi e sanzioni. All'inizio degli anni Trenta, la Banca dei Regolamenti Internazionali di Basilea, in Svizzera, era il veicolo di questo sistema internazionale di controllo finanziario e politico, che Quigley chiamava "il vertice del sistema". Il vertice del B.I.S. continuò il suo lavoro durante la Seconda Guerra Mondiale come mezzo per cui i banchieri - che apparentemente non erano in guerra tra loro - perseguivano uno scambio reciprocamente vantaggioso di idee, informazioni e pianificazione per il mondo postbellico. Come ha osservato uno scrittore, la guerra non ha fatto alcuna differenza per i banchieri internazionali:

> *Il fatto che la Banca avesse un personale veramente internazionale era, ovviamente, una situazione molto anomala in tempo di guerra. Un presidente americano gestiva gli affari quotidiani della Banca attraverso un direttore generale francese, che aveva un vicedirettore generale tedesco, mentre il segretario generale era un soggetto italiano. Altri cittadini hanno ricoperto altre posizioni. Questi uomini erano, ovviamente, in contatto personale quotidiano tra loro.*
>
> *Ad eccezione di McKittrick [vedi sotto], i voli si trovavano ovviamente in Svizzera in modo permanente durante questo periodo e non ci si aspettava che fossero soggetti agli ordini dei loro governi in qualsiasi momento. Tuttavia, i direttori della Banca sono rimasti, ovviamente, nei loro rispettivi Paesi e non hanno avuto contatti diretti con il personale della Banca. Si sostiene, tuttavia, che H. Schacht, presidente della Reichsbank, abbia tenuto un rappresentante personale a Basilea durante la maggior parte di questo periodo.[454]*

---

[453] Carroll Quigley, op. cit. p. 324.

[454] Henry H. Schloss, *The Bank for International Settlements* (Amsterdam: North Holland Publishing Company, 1958).

Sono queste riunioni segrete, "...riunioni più segrete di quelle mai tenute dai massoni dell'Arco Reale o da qualsiasi ordine rosacrociano..."[455] tra i banchieri centrali ai "vertici" del controllo che hanno tanto incuriosito i giornalisti contemporanei, anche se hanno penetrato questo segreto solo raramente e brevemente.

LA COSTRUZIONE DEI CARTELLI TEDESCHI

Il sistema di cartelli tedesco è un esempio pratico di come la finanza internazionale operi dietro le quinte per costruire e manipolare i sistemi politico-economici. I tre maggiori prestiti gestiti dai banchieri internazionali di Wall Street per i mutuatari tedeschi negli anni Venti nell'ambito del Piano Dawes andarono a beneficio di tre cartelli tedeschi che pochi anni dopo aiutarono Hitler e i nazisti a salire al potere. I finanzieri americani erano direttamente rappresentati nei consigli di amministrazione di due di questi tre cartelli tedeschi. Questo aiuto americano ai cartelli tedeschi è stato descritto da James Martin come segue:

> "Questi prestiti per la ricostruzione divennero un veicolo per accordi che favorirono più la Seconda Guerra Mondiale che la pace dopo la Prima Guerra Mondiale. "[456]

I tre cartelli dominanti, gli importi presi in prestito e il sindacato fluttuante di Wall Street erano i seguenti:

Il cartello tedesco	Sindacato di Wall Street	Importo emesso
Elektrizitats-Gesellschaft (A.E.G.) (società elettrica generale tedesca)	National City Co.	$35,000,000
Vereinigte Stahlwerke (Acciaierie Unite)	Dillon, Read & Co.	$70,225,000
I.G. Chemical americana (I.G. Farben)	National City Co.	$30,000,000

Se si considerano tutti i prestiti concessi[457], sembra che solo una manciata di istituzioni finanziarie newyorkesi si sia fatta carico del finanziamento delle riparazioni tedesche. Tre società - Dillon, Read Co. e Harris, Forbes & Co. e la National City Company - emisero quasi tre quarti del valore nominale totale dei prestiti e raccolsero la maggior parte dei profitti:

---

[455] John Hargrave, *Montagu Norman*, (New York: The Greystone Press, n.d.). p. 108.

[456] James Stewart Martin, op. cit. p. 70.

[457] Per maggiori dettagli sui prestiti di Wall Street all'industria tedesca si veda il Capitolo 7.

Responsabile dell'Unione di Wall Street	Partecipazione a emissioni industriali tedesche nel mercato dei capitali statunitense	Profitti sui prestiti tedeschi*.	Percentuale del totale
Dillon, Read & Co.	$241.325.000	2,7 milioni di euro	29.2
Harris, Forbes & Co.	$186.500.000	1,4 milioni di euro	22.6
National City Co.	$173.000.000	5,0 milioni di euro	20.9
Speyer & Co.	$59.500.000	0,6 milioni di euro	7.2
Lee, Higginson & Co.	$53.000.000	n.d.	6.4
Guaranty Co. of N.Y.	$41.575.000	0,2 milioni di euro	5.0
Kuhn, Loeb & Co.	$37.500.000	0,2 milioni di euro	4.5
Equitable Trust Co.	$34.000.000	0,3 milioni di euro	4.1
TOTALE	$826.400.000	10,4 milioni di euro	99.9

Fonte: cfr. Allegato A
*Robert R. Kuczynski, Bankers Profits from German Loans (Washington, D.C.: Brookings Institution, 1932), p. 127.

Dopo la metà degli anni Venti, i due grandi gruppi tedeschi, I.G. Farben e Vereinigte Stahlwerke, dominarono il sistema di cartello chimico e siderurgico creato da questi prestiti.

Sebbene queste aziende avessero una maggioranza di voto nei cartelli solo per due o tre prodotti, erano in grado - attraverso il controllo di questi prodotti - di imporre la loro volontà in tutto il cartello. L'I.G. Farben era il principale produttore di prodotti chimici di base utilizzati in combinazione da altri produttori chimici, quindi la sua posizione di potere economico non può essere misurata solo in base alla sua capacità di produrre alcuni prodotti chimici di base. Analogamente, Vereinigte Stahlwerke, che ha una capacità di produzione di ghisa superiore a quella di tutti gli altri produttori tedeschi di ferro e acciaio messi insieme, è stata in grado di esercitare un'influenza sul cartello dei semilavorati siderurgici molto maggiore di quanto la sua capacità di produzione di ghisa farebbe pensare. Nonostante ciò, la percentuale di produzione del cartello per tutti i prodotti era significativa:

Tutti i prodotti di Vereinigte Stahlwerke	Percentuale della produzione totale tedesca nel 1938
Ferro	50.8
Tubi e flessibili	45.5
Piastra pesante	36.0
Esplosivi	35.0
Catrame di carbone	33.3
Barre d'acciaio	37.1
I.G. Farben	**Percentuale del totale tedesco produzione nel 1937**
Metanolo sintetico	100.0
Magnesio	100.0
Azoto chimico	70.0
Esplosivi	60.0
Benzina sintetica (ad alto numero di ottani)	46.0 (1945)
Lignite	20.0

Tra i prodotti che portarono I.G. Farben e Vereinigte Stahlwerke a una collaborazione reciproca c'erano il catrame di carbone e l'azoto chimico, entrambi di primaria importanza per la produzione di esplosivi. I.G. Farben si trovava in una posizione di cartello che le conferiva una posizione dominante nella produzione e nella vendita di azoto chimico, ma possedeva solo l'1% circa della capacità di cokeria della Germania. Fu quindi raggiunto un accordo in base al quale le filiali di Farben che si occupavano di esplosivi ottenevano benzolo, toluolo e altri prodotti primari a base di catrame di carbone alle condizioni dettate da Vereinigte Stahlwerke, mentre la filiale di Vereinigte Stahlwerke che si occupava di esplosivi dipendeva da Farben per i nitrati. In base a questo sistema di collaborazione e interdipendenza reciproca, i due cartelli, I.G. Farben e Vereinigte Stahlwerke, produssero il 95% degli esplosivi tedeschi nel 1957-8, alla vigilia della Seconda Guerra Mondiale. *Questa produzione è stata resa possibile dai prestiti americani e, in parte, dalla tecnologia americana.*

La cooperazione I.G. Farben-Standard Oil per la produzione di olio sintetico dal carbone diede al cartello I.G. Farben il monopolio della produzione tedesca di benzina durante la Seconda Guerra Mondiale. Nel 1945, poco meno della metà della benzina tedesca ad alto numero di ottani era prodotta direttamente da I.G. Farben e la maggior parte del resto dalle sue affiliate.

In breve, nel caso della benzina sintetica e degli esplosivi (due dei prodotti base della guerra moderna), il controllo della produzione tedesca della Seconda Guerra Mondiale era nelle mani di due conglomerati tedeschi creati grazie ai prestiti di Wall Street nell'ambito del Piano Dawes.

Inoltre, il sostegno americano allo sforzo bellico nazista si estese ad altri settori.[458] I due maggiori produttori di carri armati nella Germania di Hitler erano la Opel, una filiale interamente controllata dalla General Motors (controllata dalla J.P. Morgan), e la Ford A.G., filiale della Ford Motor Company di Detroit. I nazisti

---

[458] Per molti esempi si veda Gabriel Kolko, op. cit.

concessero lo status di esenzione fiscale a Opel nel 1936, per consentire a General Motors di espandere i propri impianti di produzione. General Motors ha reinvestito i profitti ottenuti nell'industria tedesca. Henry Ford è stato decorato dai nazisti per i suoi servizi al nazismo. (Alcoa e Dow Chemical lavorarono a stretto contatto con l'industria nazista, trasferendo gran parte della tecnologia americana. Bendix Aviation, in cui la General Motors controllata da J.P. Morgan aveva una partecipazione importante, ha fornito a Siemens & Halske A. G. in Germania con dati su autopiloti e strumenti di volo. Fino al 1940, durante la "guerra non ufficiale", Bendix Aviation fornì a Robert Bosch dati tecnici completi per l'avviamento di aerei e motori diesel, ricevendo in cambio delle royalties.

In breve, le aziende americane associate ai banchieri d'investimento internazionali Morgan-Rockefeller - e non, va notato, la stragrande maggioranza degli industriali americani indipendenti - erano intimamente coinvolte nella crescita dell'industria nazista. È importante notare, nello sviluppo della nostra storia, che la General Motors, la Ford, la General Electric, la DuPont e la manciata di aziende americane intimamente legate allo sviluppo della Germania nazista erano - con l'eccezione della Ford Motor Company - controllate dall'élite di Wall Street - la società J.P. Morgan, la Rockefeller Chase Bank e, in misura minore, la Warburg Manhattan Bank.[459] Questo libro non è un'accusa a tutta l'industria e la finanza americana. È un atto d'accusa contro le "élite" - quelle corporazioni controllate da una manciata di case finanziarie, il sistema della Federal Reserve Bank, la Banca dei Regolamenti Internazionali e i loro accordi di cooperazione internazionale e cartelli che cercano di controllare il corso della politica e dell'economia mondiale.

---

[459] Nel 1956, le banche Chase e Manhattan si sono fuse per diventare la Chase Manhattan.

CAPITOLO II

L'IMPERO DI I.G. FARBEN

La Farben era Hitler e Hitler era la Farben.
(Il senatore Homer T. Bone alla Commissione militare del Senato).
Commissione per gli affari militari, 4 giugno 1943).

Alla vigilia della Seconda Guerra Mondiale, il complesso chimico tedesco della I.G. Farben era la più grande azienda chimica del mondo, con uno straordinario potere e influenza politica ed economica all'interno dello Stato nazista. La I.G. Farben è stata giustamente descritta come uno "Stato nello Stato".

Il cartello Farben risale al 1925, quando il genio organizzativo Hermann Schmitz (con l'aiuto finanziario di Wall Street) creò il colosso chimico partendo da sei aziende chimiche tedesche già gigantesche: Badische Anilin, Bayer, Agfa, Hoechst, Weilertermeer e Griesheim-Elektron. Queste società si sono fuse per diventare Internationale Gesellschaft Farbenindustrie A.G. - o in breve I.G. Farben. Vent'anni dopo, lo stesso Hermann Schmitz fu processato a Norimberga per i crimini di guerra commessi dal cartello I.G. Altri dirigenti della I.G. Farben furono processati, ma le filiali americane della I.G. Farben e i dirigenti americani della stessa I.G. furono tranquillamente dimenticati; la verità fu sepolta negli archivi.

Sono questi legami americani con Wall Street che ci preoccupano. Senza il capitale fornito da Wall Street, non ci sarebbe stata la I.G. Farben e quasi certamente non ci sarebbero stati Adolf Hitler e la Seconda Guerra Mondiale.

Tra i banchieri tedeschi che facevano parte del Farben *Aufsichsrat* (consiglio di vigilanza)[460] alla fine degli anni Venti c'era il banchiere amburghese Max Warburg, il cui fratello Paul Warburg fu uno dei fondatori del Federal Reserve System negli Stati Uniti. Non è un caso che Paul Warburg sia stato anche membro del consiglio di amministrazione di American IG. filiale americana interamente controllata da Farben. Oltre a Max Warburg e Hermann Schmitz, che furono gli architetti dell'impero Farben, i primi membri del *Vorstand* Farben furono Carl Bosch, Fritzter Meer, Kurt Oppenheim e George von Schnitzler.[461] Tutti, tranne

---

[460] Le società tedesche hanno un consiglio di amministrazione a due livelli. L'*Aufsichsrat si occupa* della supervisione generale, compresa la politica finanziaria, mentre il *Vorstand si occupa della* gestione quotidiana.

[461] Da *Der Farben-Konzern* 1928, (Hoppenstedt, Berlino: I928), pp. 4-5.

Max Warburg, furono accusati di "crimini di guerra" dopo la Seconda Guerra Mondiale.

Nel 1928, le holding americane di I.G. Farben (Bayer, General Aniline Works, Agfa Ansco e Winthrop Chemical Company) furono organizzate in una holding svizzera, I.G. Chemic (Inter-nationale Gesellschaft fur Chemisehe Unternehmungen A. G.), controllata da I.G. Farben in Germania. L'anno successivo, queste società americane si sono fuse per diventare l'American I.G. Chemical Corporation, poi rinominata General Aniline & Film. Hermann Schmitz, organizzatore della I.G. Farben nel 1925, divenne uno dei primi nazisti di spicco e un sostenitore di Hitler, nonché presidente della società svizzera I.G. Chemic e presidente della società americana I.G. Il complesso Farben, sia in Germania che negli Stati Uniti, divenne parte integrante della formazione e del funzionamento della macchina statale nazista, della Wehrmacht e delle SS.

La I.G. Farben è di particolare interesse per la formazione dello Stato nazista, in quanto i suoi dirigenti vi contribuirono materialmente. Hitler e i nazisti al potere nel 1933. Abbiamo prove fotografiche (vedi pagina 60) che la I.G. Farben ha contribuito con 400.000 RM al "fondo cassa" politico di Hitler. Fu questo fondo segreto a finanziare il golpe nazista nel marzo 1933. Molti anni prima, Farben aveva ottenuto fondi da Wall Street per la cartellizzazione e l'espansione in Germania nel 1925 e 30 milioni di dollari per l'I.G. americana nel 1929, e aveva avuto direttori di Wall Street nel consiglio di amministrazione di Farben. Va notato che questi fondi furono raccolti e i direttori nominati anni prima che Hitler fosse promosso a dittatore tedesco.

IL POTERE ECONOMICO DI I.G. FARBEN

Alcuni osservatori esperti hanno sostenuto che la Germania non sarebbe potuta entrare in guerra nel 1939 senza la I.G. Farben. Tra il 1927 e lo scoppio della Seconda Guerra Mondiale, la I.G. Farben raddoppiò le sue dimensioni, un'espansione resa possibile in gran parte dall'assistenza tecnica americana e dalle emissioni obbligazionarie americane, come quella da 30 milioni di dollari offerta dalla National City Bank. Nel 1939, I.G. ha acquisito una partecipazione e un'influenza manageriale in circa 380 altre società tedesche e in più di 500 società straniere. L'impero Farben possedeva miniere di carbone, centrali elettriche, unità siderurgiche, banche, unità di ricerca e numerose imprese commerciali. Esistevano più di 2.000 accordi di cartello tra I.G. e aziende straniere, tra cui Standard Oil del New Jersey, DuPont, Alcoa, Dow Chemical e altre negli Stati Uniti. La storia completa della I.G. Farben e delle sue attività a livello mondiale prima della Seconda Guerra Mondiale non potrà mai essere conosciuta, poiché i principali documenti tedeschi furono distrutti nel 1945 in previsione della vittoria alleata. Tuttavia, un'indagine del dopoguerra condotta dal Dipartimento della Guerra degli Stati Uniti ha concluso che :

> *Senza gli immensi impianti di produzione, l'intensa attività di ricerca e le vaste affiliazioni internazionali di I.G., la ricerca della guerra da parte della Germania sarebbe stata impensabile e impossibile. La Germania, con i suoi impianti di*

> *produzione, la sua intensa attività di ricerca e le sue ampie affiliazioni internazionali, avrebbe perseguito la guerra in modo impensabile e impossibile. La Farben concentrò le sue energie non solo nell'armare la Germania, ma anche nell'indebolire le sue potenziali vittime, e questo duplice tentativo di espandere il potenziale industriale tedesco per la guerra e di limitare quello del resto del mondo non fu concepito ed eseguito "nel corso ordinario degli affari". Prove schiaccianti che i funzionari della I.G. Farben erano a conoscenza del piano di conquista del mondo da parte della Germania e di ogni specifico atto aggressivo intrapreso in seguito.*[462]

Tra i direttori delle società Farben (ovvero i "funzionari I.G. Farben" citati nel sondaggio) non vi erano solo tedeschi ma anche importanti finanzieri americani. Questo rapporto del 1945 del Dipartimento della Guerra degli Stati Uniti conclude che la missione dell'I.G., assegnata da Hitler nel periodo prebellico, era quella di rendere la Germania autosufficiente in gomma, benzina, oli lubrificanti, magnesio, fibre, agenti concianti, grassi ed esplosivi. Per adempiere a questa missione essenziale, l'I.G. spese somme considerevoli per i processi di estrazione di questi materiali bellici dalle materie prime indigene tedesche, in particolare le abbondanti risorse di carbone della Germania. Quando questi processi non potevano essere sviluppati in Germania, venivano acquistati all'estero in base ad accordi di cartello. Ad esempio, il processo per l'iso-ottano, essenziale per i carburanti per l'aviazione, è stato ottenuto dagli Stati Uniti,

> ... *in realtà interamente [dall'] America e l'abbiamo conosciuta in dettaglio nelle sue varie fasi attraverso i nostri accordi con loro [Standard Oil of New Jersey] e la usiamo molto estesamente.*[463]

Il processo di produzione del piombo tetraetile, essenziale per la benzina per aviazione, fu ottenuto dalla I.G. Farben dagli Stati Uniti e nel 1939 acquistò 20 milioni di dollari di benzina per aviazione di alta qualità dalla Standard Oil del New Jersey. Prima ancora di produrre piombo tetraetile con il processo americano, la Germania riuscì a "prendere in prestito" 500 tonnellate dalla Ethyl Corporation. Questo prestito di piombo tetraetile essenziale non fu rimborsato e I.G. perse la garanzia di un milione di dollari. Inoltre, I.G. acquistò grandi scorte di magnesio dalla Dow Chemical per l'uso nelle bombe incendiarie e accumulò esplosivi, stabilizzatori, fosforo e cianuri dall'estero.

Nel 1939, dei 43 prodotti principali fabbricati da I.G., 28 erano di "primaria importanza" per le forze armate tedesche. Il controllo finale dell'economia bellica tedesca da parte di Farben, acquisito negli anni Venti e Trenta con l'aiuto di Wall Street, può essere valutato al meglio esaminando la percentuale della produzione tedesca di materiale bellico prodotta dalle fabbriche Farben nel 1945. All'epoca, Farben produceva il 100% della gomma sintetica tedesca, il 95% del gas velenoso tedesco (compreso tutto il gas Zyklon B usato nei campi di concentramento), il

---

[462] *Eliminazione delle risorse tedesche*, p. 943.

[463] Ibidem, p. 945.

90% della plastica tedesca, l'88% del magnesio tedesco, l'84% degli esplosivi tedeschi, il 70% della polvere da sparo tedesca, il 46% della benzina ad alto numero di ottani (per l'aviazione) tedesca e il 33% della benzina sintetica tedesca.[464] (Vedere Figura 2-1 e Tabella 2-1).

Tabella 2-1: Dipendenza dell'esercito tedesco (Wehrmacht) dalla produzione della I.G. Farben (1943) :

Prodotto	Produzione totale tedesca	Percentuale prodotta da I.G. Farben
Gomma sintetica	118.600 tonnellate	100
Metanolo	251.000 tonnellate	100
Olio lubrificante	60.000 tonnellate	100
Coloranti	31.670 tonnellate	98
Gas tossico	-	95
Nichel	2000 tonnellate	95
Plastica	57.000 tonnellate	90
Magnesio	27.400 tonnellate	88
Esplosivi	221.000 tonnellate	84
Polvere da sparo	210.000 tonnellate	70
Alto numero di ottani (aviazione) Benzina	650.000 tonnellate	46
Acido solforico	707.000 tonnellate	35

Il dottor von Schnitzler dell'*Aufsichsrat* della I.G. Farben fece la seguente dichiarazione nel 1943:

> *Non è esagerato affermare che senza i servizi della chimica tedesca forniti nell'ambito del piano quadriennale, la continuazione della guerra moderna sarebbe stata impensabile.*[465]

---

[464] *New York Times*, 21 ottobre 1945, sezione 1, pag. 1, 12.

[465] Ibidem, p. 947.

Chart 2-1: German Army (Wehrmacht) Dependence on I.G. Farben Production (1943):

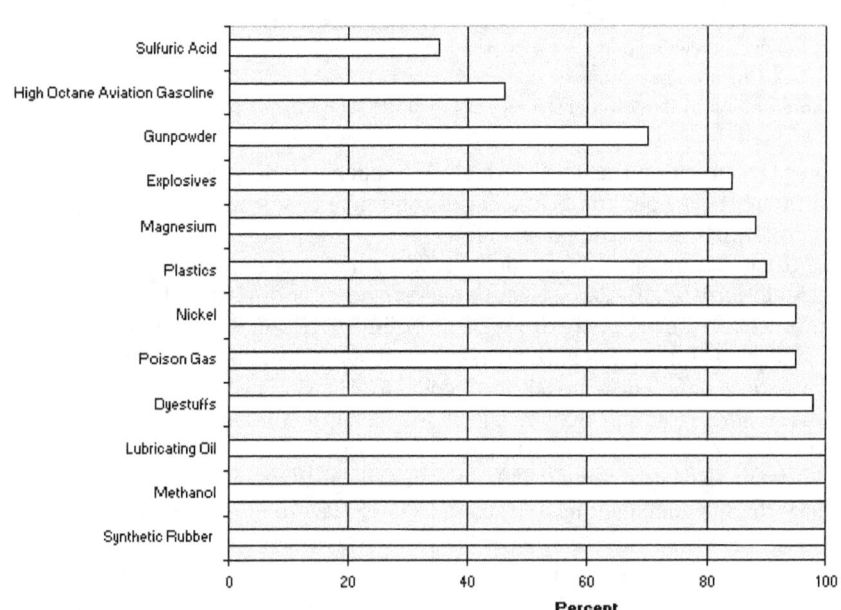

Purtroppo, quando si indaga sulle origini tecniche del più importante di questi materiali militari - a parte il sostegno finanziario a Hitler - si scoprono legami con l'industria e gli uomini d'affari americani. Esistevano numerosi accordi tra Farben e le aziende americane, tra cui accordi di marketing di cartello, accordi sui brevetti e scambi tecnici, come illustrato dai trasferimenti di tecnologia Standard Oil-Ethyl menzionati in precedenza. Questi accordi furono utilizzati dall'I.G. per promuovere la politica nazista all'estero, per raccogliere informazioni strategiche e per consolidare un cartello chimico globale.

Uno degli aspetti più terribili del cartello I.G. Farben fu l'invenzione, la produzione e la distribuzione del gas Zyklon B, utilizzato nei campi di concentramento nazisti. Lo Zyklon B era acido prussico puro, un veleno mortale prodotto dalla I.G. Farben Leverkusen e venduto dall'ufficio vendite della Bayer attraverso Degesch, un licenziatario indipendente. Le vendite di Zyklon B rappresentavano quasi i tre quarti del fatturato della Degesch; l'I.G. Farben produceva e vendeva gas sufficiente a uccidere 200 milioni di esseri umani. Il rapporto del Comitato Kilgore del 1942 chiarisce che i direttori della I.G. Farben avevano una conoscenza precisa dei campi di concentramento nazisti e dell'uso dei prodotti chimici della I.G. Questa conoscenza preliminare diventa significativa se si considera il ruolo dei direttori americani nella filiale americana della I.G.:

> **Q.** Cosa avete fatto quando vi è stato detto che le sostanze chimiche a base di azoto venivano usate per uccidere, per assassinare le persone detenute nei campi di concentramento?
> **A.** Ero inorridito.

Q. Avete fatto qualcosa al riguardo?
A. L'ho tenuto per me perché era troppo terribile..... Ho chiesto a Muller-Cunradi se sapeva, come Ambros e altri direttori di Auschwitz, che i gas e le sostanze chimiche venivano usati per uccidere le persone.
Q. Che cosa ha detto?
A. Sì: tutti i direttori del G.I. di Auschwitz lo sanno.[466]

La I.G. Farben non tentò di fermare la produzione di questi gas - un modo piuttosto inefficace per von Schnitzler di esprimere la sua preoccupazione per la vita umana, "perché era troppo orribile".

L'ufficio berlinese N.W. 7 della I.G. Farben era il principale centro di spionaggio nazista all'estero. L'unità operava sotto la direzione di Max Ilgner, direttore della Farben, nipote di Hermann Schmitz, presidente della I.G. Farben. Max Ilgner e Hermann Schmitz facevano parte del consiglio di amministrazione dell'American I.G., insieme ai loro colleghi Henry Ford della Ford Motor Company, Paul Warburg della Bank of Manhattan e Charles E. Mitchell della Federal Reserve Bank di New York.

All'inizio della guerra, nel 1939, i dipendenti del VOWI furono integrati nella Wehrmacht, ma continuarono a svolgere lo stesso lavoro di quando erano sotto il comando della I.G. Farben. Uno dei più importanti lavoratori dell'intelligence Farben nel N.W. 7 fu il principe Bernhard dei Paesi Bassi, che si unì alla Farben all'inizio degli anni '30 dopo aver completato un periodo di 18 mesi di servizio nelle S.S. in uniforme nera.[467]

Il ramo americano della rete di intelligence VOWI era Chemnyco, Inc. Secondo il Ministero della Guerra,

> *Grazie ai suoi regolari contatti commerciali, Chemnyco è stata in grado di inviare alla Germania enormi quantità di documenti, da fotografie e progetti a descrizioni dettagliate di interi impianti industriali.*[468]

Il vicepresidente di Chemnyco a New York era Rudolph Ilgner, cittadino americano e fratello del direttore di American I, Max Ilgner. G. Farben. In breve, Farben gestiva il VOWI, l'operazione di intelligence estera nazista, prima della Seconda Guerra Mondiale e l'operazione VOWI era associata a membri di spicco dell'establishment di Wall Street attraverso American I.G. e Chemnyco.

Il Dipartimento della Guerra degli Stati Uniti accusò inoltre la I.G. Farben e i suoi associati americani di aver guidato i programmi nazisti di guerra psicologica ed economica, diffondendo la propaganda attraverso gli agenti Farben all'estero e

---

[466] Eliminazione delle risorse tedesche.

[467] Bernhard è oggi noto soprattutto per il suo ruolo di presidente delle riunioni segrete, i cosiddetti "Bilderberg". Cfr. Congresso degli Stati Uniti, Camera dei Rappresentanti, Comitato ristretto sulle attività antiamericane, *Indagine sulle attività di propaganda nazista e su alcune altre attività di propaganda*. 73° Congresso, 2a sessione, Hearings No. 73-DC-4 (Washington: Government Printing Office, 1934), volume VIII, pag. 7525.

[468] Ibid. p. 949.

fornendo valuta estera per la propaganda nazista. Gli accordi di cartello Farben facilitarono la guerra economica nazista - l'esempio più evidente è la restrizione volontaria della Standard Oil del New Jersey sullo sviluppo della gomma sintetica negli Stati Uniti su ordine della I.G. Farben. Come si legge nel rapporto del Ministero della Guerra:

> *In sintesi, la determinazione della Standard Oil a mantenere un monopolio assoluto sullo sviluppo della gomma sintetica negli Stati Uniti permise alla I.G. di raggiungere pienamente il suo obiettivo di impedire la produzione americana scoraggiando le aziende americane della gomma dall'intraprendere ricerche indipendenti sullo sviluppo di processi di gomma sintetica.*[469]

Nel 1945, il dottor Oskar Loehr, vice capo della I.G. "Tea Buro", confermò che la I.G. Farben e la Standard Oil del New Jersey avevano messo in atto un "piano preconcetto" per sopprimere lo sviluppo dell'industria della gomma sintetica negli Stati Uniti, a vantaggio della Wehrmacht tedesca e a danno degli Stati Uniti durante la Seconda Guerra Mondiale.

La testimonianza del Dr. Loehr recita (in parte) come segue

Q. È vero che durante il ritardo nella divulgazione dei processi di produzione della buna [gomma sintetica] alle aziende statunitensi, Chemnyco e Jasco tenevano nel frattempo I.G. ben informata sullo sviluppo della gomma sintetica negli Stati Uniti?
A. Sì.
Q. Quindi, in ogni momento, I.G. era pienamente consapevole dello stato di sviluppo dell'industria americana della gomma sintetica?
A. Sì.
Q. Era presente alla riunione dell'Aia quando Mr. Howard [della Standard Oil] vi si recò nel 1939?
A. No.
Q. Chi era presente?
A. M. Ringer, accompagnato dal dottor Brown di Ludwigshafen. Le hanno parlato dei negoziati?
A. Sì, nella misura in cui erano sulla parte in buna.
Q. È vero che in quell'incontro il signor Howard disse a I.G. che gli sviluppi negli Stati Uniti erano arrivati a un punto tale che non sarebbe stato più possibile per lui mantenere le informazioni sul processo di produzione della buna con le aziende americane?
A. Lo ha riferito M. Ringer.
Q. Fu in quell'incontro che Howard disse per la prima volta a I.G. che le aziende americane produttrici di gomma avrebbero potuto essere informate dei processi e che assicurò a I.G. che la Standard Oil avrebbe controllato l'industria della gomma sintetica negli Stati Uniti? È corretto?
A. Proprio così. Questa è la conoscenza che ho ricevuto dal signor Ringer.
Q. In tutti questi accordi, fin dall'inizio dello sviluppo dell'industria della gomma sintetica, la soppressione dell'industria della gomma sintetica negli Stati Uniti faceva quindi parte di un piano preconcetto tra I.G. da un lato e il signor Howard della Standard Oil dall'altro?

---

[469] Ibid. p. 952.

A. Questa è una conclusione che si deve trarre dai fatti sopra descritti.[470]

La I.G. Farben è stata la più grande fonte di valuta estera della Germania nel periodo prebellico e questa valuta ha permesso alla Germania di acquistare materie prime strategiche, attrezzature militari e processi tecnici e di finanziare lo spionaggio, la propaganda e varie attività militari e politiche all'estero prima della Seconda Guerra Mondiale. Agendo per conto dello Stato nazista, la Farben ampliò i propri orizzonti su scala globale con stretti legami con il regime nazista e la Wehrmacht. Fu istituito un ufficio di collegamento, la *Vermittlungsstelle W*, per mantenere le comunicazioni tra la I.G. Farben e il Ministero della Guerra tedesco:

> *L'obiettivo di questo lavoro è quello di creare una struttura per gli armamenti che possa essere integrata senza difficoltà nell'organizzazione esistente dell'I.G. e delle sue varie fabbriche. In caso di guerra, l'I.G. sarà trattata dalle autorità competenti in materia di armamenti come una grande fabbrica che, nel suo compito di armamento, per quanto tecnicamente possibile, si regolerà da sola senza alcuna influenza organizzativa dall'esterno (il lavoro in questa direzione è stato concordato in linea di principio con il Ministero della Guerra Wehrwirtschaftsant) e da questo ufficio con il Ministero dell'Economia. Oltre all'organizzazione e alla pianificazione a lungo termine, il campo di attività della Vermittlungsstelle W comprendeva anche la cooperazione continua con le autorità del Reich e con le fabbriche dell'I.G. in materia di armamenti e questioni tecniche.*[471]

Purtroppo i registri degli uffici della Vermittlungsstelle furono distrutti prima della fine della guerra, anche se da altre fonti si sa che a partire dal 1934 si sviluppò una complessa rete di transazioni tra l'I.G. e la Wehrmacht. Nel 1934, la I.G. Farben iniziò a mobilitarsi per la guerra e ogni fabbrica I.G. preparò i propri piani di produzione bellica e li sottopose ai Ministeri della Guerra e dell'Economia. Nel 1935, negli stabilimenti I.G. Farben si tennero sei simulazioni di guerra e vennero provate le procedure tecniche di guerra.[472] Queste simulazioni sono state descritte dal Dr. Struss, capo della segreteria del Comitato Tecnico di I.G. Farben:

> *È vero che fin dal 1934 o 1935, poco dopo la creazione della Vermittlungsstelle W, erano state organizzate simulazioni di guerra teoriche per esaminare come si sarebbero concretizzati gli effetti dei bombardamenti su alcune fabbriche. In particolare, si è pensato a cosa sarebbe successo se fossero cadute bombe da 100 o 500 chili su una certa fabbrica e quale sarebbe stato il risultato. È anche vero che il termine "Kriegsspiele" è stato usato per questo.*
>
> *I Kriegsspiele furono preparati dal signor Ritter e dal dottor Eckell, poi in parte dal dottor von Brunning su ordine personale del dottor Krauch o su ordine dell'aeronautica, non lo so. I compiti erano assegnati in parte dalla Vermittlungsstelle W e in parte da ufficiali delle forze aeree. A questi Kriegsspiele*

---

[470] Ibidem, p. 1293.

[471] Ibidem, p. 954.

[472] Ibidem, p. 954.

parteciparono numerosi ufficiali di tutti i gruppi della Wehrmacht (marina, aviazione ed esercito).

Le aree colpite dalle bombe sono state segnate su una mappa della fabbrica, in modo da poter determinare quali parti della fabbrica sarebbero state danneggiate, ad esempio un contatore del gas o una conduttura principale. Non appena l'incursione è terminata, la direzione della fabbrica ha preso nota dei danni e ha indicato quali parti della fabbrica avrebbero dovuto smettere di funzionare e quanto tempo sarebbe stato necessario per riparare i danni. In una riunione successiva, vennero descritte le conseguenze della Kriegsspiele e si stabilì che nel caso della Leuna [la fabbrica], i danni erano considerevolmente elevati; in particolare, si notò che si sarebbero dovute apportare modifiche alle tubature con costi considerevoli.[473]

Pertanto, durante gli anni Trenta, I.G. Farben non si limitò a rispettare gli ordini del regime nazista. Farben è stato l'iniziatore e l'operatore dei piani nazisti per la conquista del mondo. La Farben fungeva da organizzazione di ricerca e intelligence per l'esercito tedesco e avviava volentieri i progetti della Wehrmacht. In realtà, l'esercito raramente dovette rivolgersi alla Farben; si stima che circa il 40-50% dei progetti Farben per l'esercito siano stati avviati dalla Farben stessa. In breve, nelle parole del dottor von Schnitzler:

> *Così, agendo, I.G. si assunse una grande responsabilità e costituì un aiuto sostanziale nel campo chimico e un aiuto decisivo alla politica estera di Hitler, che portò alla guerra e alla rovina della Germania. Devo quindi concludere che l'IG è in gran parte responsabile della politica di Hitler.*

ALIMENTARE LA REPUTAZIONE DI I.G. FARBEN

Questo misero quadro di preparazione militare prebellica era noto all'estero e doveva essere venduto - o mascherato - al pubblico americano per facilitare la raccolta di fondi e l'assistenza tecnica da parte di Wall Street per conto della I.G. Farben negli Stati Uniti. Un'importante società di pubbliche relazioni di New York è stata scelta per vendere il trafficante di morte I.G. Farben negli Stati Uniti. La più nota società di pubbliche relazioni alla fine degli anni Venti e Trenta era Ivy Lee & T.J. Ross di New York. Ivy Lee aveva intrapreso in precedenza una campagna di pubbliche relazioni per i Rockefeller, al fine di ripristinare la loro immagine presso il pubblico americano. Lo studio aveva anche prodotto un libro sconclusionato intitolato *USSR*, impegnandosi nello stesso compito di ripulire l'Unione Sovietica, anche se i campi di lavoro sovietici erano in pieno svolgimento alla fine degli anni Venti e all'inizio degli anni Trenta.

Dal 1929, Ivy Lee divenne consulente per le pubbliche relazioni della I.G. Farben negli Stati Uniti. Nel 1934, Ivy Lee testimoniò alla Commissione per le

---

[473] Ibidem, pp. 954-5.

Attività Antiamericane della Camera dei Deputati su questo lavoro per Farben.[474] Lee ha testimoniato che la I.G. Farben era affiliata alla società americana Farben e che "la I.G. americana è una holding con direttori come Edsel Ford, Walter Teagle, uno dei direttori della City Bank.... ". Lee ha spiegato di essere stato pagato 25.000 dollari all'anno in base a un contratto con Max Ilgner della I.G. Farben. Il suo compito era quello di contrastare le critiche alla I.G. Farben negli Stati Uniti. Il consiglio di Ivy Lee a Farben su questo problema era abbastanza accettabile:

> *In primo luogo, dissi loro che non avrebbero mai potuto riconciliare il popolo americano agli occhi del mondo con il loro trattamento degli ebrei: era semplicemente estraneo alla mentalità americana e non avrebbe mai potuto essere giustificato dall'opinione pubblica americana, e che era inutile provarci.*
>
> *In secondo luogo, tutto ciò che ha a che fare con la propaganda nazista in questo Paese è stato un errore e non dovrebbe essere ripetuto. Il nostro popolo ritiene che si siano immischiati negli affari americani e che sia stata una cattiva idea.*[475]

Il pagamento iniziale di 4.500 dollari a Ivy Lee in base a questo contratto fu effettuato da Hermann Schmitz, presidente della I.G. Farben in Germania. Fu depositato presso la New York Trust Company con il nome di I.G. Chemic (o "la I.G. svizzera", come la chiamava Ivy Lee).

Tuttavia, il secondo e più consistente pagamento di 14.450 dollari fu effettuato da William von Rath di American I.G. e depositato anche da Ivy Lee presso la New York Trust Company, a credito del suo conto personale. (Questo punto sull'origine dei fondi è "importante quando si considera l'identità dei direttori dell'American I.G., perché il pagamento da parte dell'American I.G. significava che la maggior parte dei fondi della propaganda nazista non erano di origine tedesca". Si *trattava di fondi americani guadagnati negli Stati Uniti e sotto il controllo di direttori americani, sebbene fossero utilizzati per la propaganda nazista negli Stati Uniti.*

In altre parole, la maggior parte dei fondi di propaganda nazista gestiti da Ivy Lee non furono importati dalla Germania.

L'uso di questi fondi statunitensi è stato messo in discussione dalla Commissione per le attività antiamericane della Camera dei Rappresentanti:

> **MR DICKSTEIN**. Se ho capito bene, lei ha testimoniato di non aver ricevuto alcuna propaganda e di non aver avuto nulla a che fare con la diffusione della propaganda in questo Paese?
> **MR LEE**. Non ho testimoniato di non aver ricevuto nulla dal signor Dickstein.
> **MR DICKSTEIN**. Eliminerò quindi questa parte della domanda.
> **MR LEE**. Ho testimoniato di non aver diffuso alcuna informazione.

---

[474] Congresso degli Stati Uniti. House of Representatives, Select Committee on Un-American Activities, *Inquiry into Nazi Propaganda Activities* and *Inquiry into Certain Other Propaganda Activities*, op. cit.

[475] Ibidem, p. 178.

> **MR DICKSTEIN**. Lei o la sua azienda avete mai ricevuto materiale propagandistico dalla Germania?
> **MR LEE**. Sì, signore.
> **MR. DICKSTEIN**. E quando è successo?
> **MR LEE**. Abbiamo ricevuto - dipende da cosa si intende per propaganda. Abbiamo ricevuto un'enorme quantità di letteratura.
> **MR. DICKSTEIN**. Non sa cosa fosse quella letteratura e cosa contenesse?
> **MR LEE**. Abbiamo ricevuto libri, opuscoli, ritagli di giornale e documenti in grande quantità.
> **MR DICKSTEIN**. Suppongo che qualcuno del suo ufficio possa esaminarli e vedere di cosa si tratta?
> **MR LEE**. Sì, signore.
> **MR DICKSTEIN**. E poi, dopo aver scoperto cosa fossero, suppongo che ne abbia conservato delle copie?
> **MR LEE**. In alcuni casi sì, in altri no. Molti di essi, naturalmente, erano in tedesco, e io avevo quello che mi aveva mandato mio figlio. Mi disse che erano interessanti e significativi e che io li avevo tradotti o ne avevo fatto degli estratti.[476]

Infine, Ivy Lee assunse Burnham Carter per studiare i nuovi rapporti americani sulla Germania e preparare le risposte pronte. Va notato che questa letteratura tedesca non era letteratura Farben, ma letteratura ufficiale di Hitler:

> **MR DICKSTEIN**. In altre parole, voi ricevete questo materiale che tratta delle attuali condizioni tedesche: lo esaminate e lo consigliate. Non ha nulla a che fare con il governo tedesco, anche se il materiale, la letteratura, sono pubblicazioni ufficiali del regime hitleriano. È così, non è vero?
> **MR LEE**. Gran parte della letteratura era non ufficiale.
> **MR. DICKSTEIN**. Non era letteratura IG, vero?
> **MR LEE**. No, me l'ha mandato IG.
> **MR DICKSTEIN**. Può mostrarci un pezzo di carta che è arrivato qui e che ha a che fare con il G.I.?
> **MR LEE**. Oh, sì. Pubblicano molta letteratura. Ma non voglio porre la domanda. Non c'è dubbio che sotto la loro autorità ho ricevuto un'immensa quantità di materiale da fonti ufficiali e non.
> **MR DICKSTEIN**. Esattamente. In altre parole, il materiale inviato qui dall'I.G. era materiale distribuito - lo chiameremmo propaganda - dall'autorità del governo tedesco. Ma la distinzione che lei fa nella sua dichiarazione è, se ho capito bene, che il governo tedesco non glielo ha inviato direttamente; che glielo ha inviato l'I.G.
> **MR LEE**. Bene.
> **MR DICKSTEIN**. E non ha nulla a che fare con i loro precedenti rapporti d'affari.
> **MR LEE**. È corretto.

LA I.G. FARBEN AMERICANA

---

[476] Ibidem, p. 183.

Chi erano i finanzieri dell'establishment di Wall Street che gestivano le attività di American I.G., la filiale statunitense di I.G. Farben che promuoveva la propaganda nazista?

I direttori americani della I.G. Farben erano tra i membri più in vista di Wall Street. Gli interessi tedeschi si stabilirono negli Stati Uniti dopo la prima guerra mondiale e riuscirono a superare gli ostacoli che impedivano a I.G. di entrare nel mercato americano. Né il sequestro dei brevetti tedeschi, né la creazione della Chemical Foundation, né le elevate barriere tariffarie costituivano un problema importante.

Nel 1925, la General Dyestuff Corporation divenne l'agente di vendita esclusivo dei prodotti fabbricati da Gasselli Dyestuff (rinominata General Aniline Works, Inc. nel 1929) e importati dalla Germania. Le azioni della General Aniline Works furono trasferite nel 1929 alla American I.G. Chemical Corporation e nel 1939 alla General Aniline & Film Corporation, nella quale American I.G. e General Aniline Works si fusero. American I.G. e il suo successore, General Aniline & Film, è l'unità attraverso la quale è stato mantenuto il controllo delle attività di I.G. negli Stati Uniti. Il numero di azioni di American I.G. era di 3.000.000 azioni ordinarie A e 3.000.000 azioni ordinarie B. In cambio di partecipazioni in General Aniline Works e Agfa-Ansco Corporation, I.G. Farben in Germania ha ricevuto tutte le azioni B e 400.000 azioni A. Trenta milioni di dollari di obbligazioni convertibili sono state vendute al pubblico statunitense e garantite per il capitale e gli interessi dalla tedesca I.G. Farben, che ha ricevuto un'opzione per l'acquisto di ulteriori 1.000.000 di azioni A.

Tabella 2-2: Direttori dell'American I.G. al 1930: American I.G.

Direttore USA I,G.	Cittadinanza	Altre associazioni importanti
Carl BOSCH	Tedesco	FORD MOTOR CO. A-G
Edsel B. FORD	STATI UNITI	FORD MOTOR CO. DETROIT
Max ILGNER	Tedesco	Teste I.G. FARBEN N.W.7 (INTELLIGENZA). Colpevole al processo di Norimberga per crimini di guerra.
F. Ter MEER	Tedesco	Colpevole al processo di Norimberga per crimini di guerra
H.A. METZ	STATI UNITI	Direttore di I.G. Farben Germania e BANK OF MANHATTAN (USA)
C.E. MITCHELL	STATI UNITI	Direttore della FEDERAL RESERVE BANK OF N.Y. e della NATIONAL CITY BANK
Herman SCHMITZ	Tedesco	Membro dei consigli di amministrazione di I.G. Farben (Presidente) (Germania), Deutsche Bank (Germania) e BANK FOR INTERNATIONAL SETTLEMENTS. Colpevole al processo di Norimberga per crimini di guerra.
Walter TEAGLE	STATI UNITI	Direttore FEDERAL RESERVE BANK OF NEW YORK e STANDARD OIL OF NEW JERSEY
W.H. von RATH	Naturalizzato	Direttore di GERMAN GENERAL U.S. ELECTRIC (A.E.G.)
Paul M. WARBURG	STATI UNITI	Primo membro della FEDERAL RESERVE BANK DI NEW YORK e della BANCA DI MANHATTAN
W.E. WEISS	STATI UNITI	Prodotti in sterline

Fonte: Moody's Investment Handbook; 1930, pag. 2149.
Nota: Walter DUISBERG (USA), W. GRIEF (USA) e Adolf KUTTROFF (USA) erano anche direttori della I.G. Farben americana in quel periodo.

La gestione della G.I. americana (poi General Aniline) era dominata da funzionari della G.I. o da ex funzionari della G.I. Hermann Schmitz fu presidente dal 1929 al 1936, e gli successe il fratello Dietrich A. Schmitz, cittadino naturalizzato americano, fino al 1941. Hermann Schmitz, che era anche direttore della Banca dei Regolamenti Internazionali, il "vertice" del sistema di controllo finanziario internazionale. Rimase presidente del consiglio di amministrazione dal 1936 al 1939.

Il consiglio di amministrazione originario era composto da nove membri che erano, o erano stati, membri del consiglio di amministrazione di I.G. Farben in Germania (Hermann Schmitz, Carl Bosch, Max Ilgner, Fritzter Meer e Wilfred Grief), o erano stati precedentemente impiegati da I.G. Farben in Germania (Walter Duisberg, Adolf Kuttroff, W.H. von Rath, Herman A. Metz). Herman A. Metz era un cittadino americano, convinto democratico in politica ed ex controllore della città di New York. Un decimo, W.E. Weiss, era stato messo sotto contratto con I.G.

I direttori dei G.I. americani non solo erano importanti a Wall Street e nell'industria americana, ma provenivano da istituzioni molto influenti:

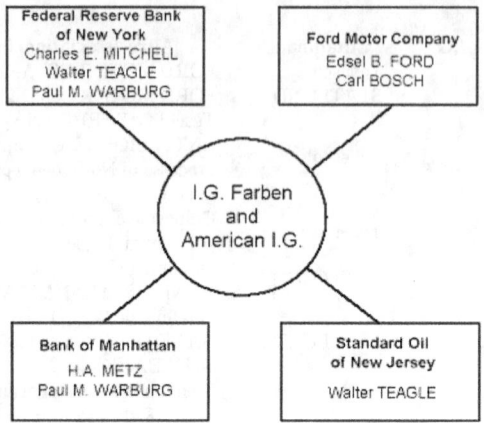

Gli altri quattro membri del consiglio della G.I. statunitense erano cittadini americani di spicco e membri dell'élite finanziaria di Wall Street: C.E. Mitchell, presidente della National City Bank e della Federal Reserve Bank di New York; Edsel B. Ford, presidente della Ford Motor Company; W.C. Teagle, altro direttore della Standard Oil del New Jersey; e Paul Warburg, membro anziano della Federal Reserve Bank di New York e presidente della Bank of Manhattan Company.

I direttori dei G.I. americani non solo erano importanti a Wall Street e nell'industria americana, ma provenivano principalmente da poche istituzioni molto influenti. (Vedi tabella precedente).

Tra il 1929 e il 1939, la composizione del consiglio di amministrazione di American I.G. cambiò. Il numero dei direttori variava di volta in volta, anche se la maggioranza di essi aveva sempre un passato o una relazione con I.G., e il consiglio non aveva mai meno di quattro direttori americani. Nel 1939 - probabilmente con l'avvicinarsi della Seconda Guerra Mondiale - si cercò di dare al consiglio di amministrazione un carattere più americano, ma nonostante le dimissioni di Hermann Schmitz, Carl Bosch e Walter Duisberg e la nomina di sette nuovi direttori, sette membri appartenevano ancora al gruppo I.G. Questo predominio I.G. aumentò negli anni 1940 e 1941, quando i direttori americani, tra cui Edsel Ford, si resero conto della politica malsana dell'I.G. e si dimisero.

Da queste evidenze si possono trarre diverse osservazioni di base. In primo luogo, il consiglio di amministrazione di American I.G. comprendeva tre direttori della Federal Reserve Bank di New York, la più influente tra le varie Federal Reserve Bank. American I.G. aveva anche legami con Standard Oil of New Jersey, Ford Motor Company, Bank of Manhattan (poi Chase Manhattan) e A.E.G. (German General Electric). Successivamente, tre membri del consiglio di amministrazione di questa società americana sono stati condannati al processo di Norimberga per crimini di guerra. Si trattava di membri tedeschi, non americani. Tra questi tedeschi c'era Max Ilgner, direttore della I.G. Farben N.W. 7 di Berlino, l'ufficio di intelligence nazista di prima della guerra. Se i direttori di una società sono collettivamente responsabili delle attività dell'azienda, allora anche i direttori americani avrebbero dovuto essere processati a Norimberga, insieme ai direttori tedeschi, se lo scopo dei processi era quello di determinare la colpevolezza in tempo di guerra. Naturalmente, se lo scopo dei processi era quello di distogliere l'attenzione dal coinvolgimento degli Stati Uniti nell'ascesa al potere di Hitler, ci sono riusciti molto bene...

CAPITOLO III

GENERAL ELECTRIC FINANZIA HITLER

> *Tra le prime misure fasciste di Roosevelt c'è il National Industrial Recovery Act (NIRA) del 16 giugno 1933. Le origini di questo schema meritano di essere ribadite. Le idee furono suggerite per la prima volta da Gerard Swope della General Electric Company ... furono poi adottate dalla Camera di Commercio degli Stati Uniti ...*
> (Herbert Hoover, *The Memoirs of Herbert Hoover: The Great Depression*, 1929-1941, New York: The Macmillan Company, 1952, p. 420).

La multinazionale General Electric Company ha avuto un ruolo senza precedenti nella storia del XX secolo[e]. La General Electric Company ha elettrificato l'Unione Sovietica negli anni '20 e '30, tenendo fede alla massima di Lenin: "Il socialismo è potere sovietico + elettricità".[477] Il piano Swope, creato dall'ex presidente della General Electric Gerard Swope, divenne il New Deal di Franklin D. Roosevelt, in un processo deplorato dall'ex presidente Herbert Hoover e descritto in *Wall Street e FDR*.[478] Tra Swope e Young della General Electric Company e la famiglia Roosevelt esisteva un rapporto intimo e duraturo, così come tra la General Electric e l'Unione Sovietica. Nel 1936, il senatore James A. Reed del Missouri, un primo sostenitore di Roosevelt, si rese conto del tradimento delle idee liberali di Roosevelt e attaccò il programma del New Deal di Roosevelt come una misura "tirannica" che "portava al dispotismo, [e] cercata dai suoi sponsor sotto la veste dell'aspirazione comunista alla 'giustizia sociale'". "Il senatore Reed ha anche accusato in Senato che Franklin D. Roosevelt era "un uomo impegnato con i registi economici" di Wall Street e che la famiglia Roosevelt "è uno dei maggiori azionisti della General Electric Company".[479]

Approfondendo i retroscena della storia tedesca tra le due guerre e la storia di Hitler e del nazismo, troviamo Owen D. Young e Gerard Swope della General Electric legati all'ascesa dell'hitlerismo e alla soppressione della democrazia tedesca. Young e Gerard Swope della General Electric legati all'ascesa

---

[477] Per i dettagli tecnici, si veda lo studio in tre volumi Antony C. Sutton, *Western Technology and Soviet Economic Development* (Stanford, California: Hoover Institution Press, 1968, 1971, 1973), di seguito denominato *Western Technology Series*.

[478] Pubblicato in 1 volume da Le Retour aux Sources, www.leretourauxsources.com.

[479] *New York Times*, 6 ottobre 1936. Si veda anche Antony C. Sutton, *Wall Street e FDR*, op. cit.

dell'hitlerismo e alla soppressione della democrazia tedesca. Il fatto che i direttori della General Electric rientrino in ognuna di queste tre distinte categorie storiche - cioè lo sviluppo dell'Unione Sovietica, la creazione del New Deal di Roosevelt e l'ascesa dell'hitlerismo - suggerisce quanto gli elementi del Big Business siano fortemente interessati a socializzare il mondo per i propri scopi e obiettivi, piuttosto che a mantenere il mercato imparziale in una società libera.[480] General Electric trasse grandi benefici dal bolscevismo, dal socialismo del New Deal di Roosevelt e, come vedremo più avanti, dal nazionalsocialismo della Germania di Hitler.

GENERAL ELECTRIC A WEIMAR, GERMANIA

Walter Rathenau fu, fino al suo assassinio nel 1922, amministratore delegato della Allgemeine Elekrizitats Gesellschaft (A.E.G.), o General Electric tedesca, e come Owen Young e Gerard Swope, suoi omologhi negli Stati Uniti, fu un importante sostenitore del socialismo aziendale. Walter Rathenau si è espresso pubblicamente contro la concorrenza e la libera impresa. Perché lo ha fatto? Perché sia Rathenau che Swope volevano la protezione e la cooperazione dello Stato per i loro scopi e profitti particolari. (Ma ovviamente non per gli obiettivi e i profitti di altri). Rathenau ha espresso la sua posizione in *La nuova economia politica:*

> *La nuova economia non sarà, come abbiamo visto, un'economia statale o governativa, ma un'economia privata impegnata in un potere di risoluzione civica che richiederà certamente la cooperazione dello Stato per un consolidamento organico che superi le frizioni interne e aumenti la produzione e la resistenza.*[481]

Se si districa la prosa enfatica di Rathenau, significa che il potere dello Stato doveva essere messo a disposizione dell'impresa privata per i suoi scopi, ovvero ciò che è comunemente noto come nazionalsocialismo. Rathenau si è espresso pubblicamente contro la concorrenza e la libera impresa ereditabile.[482] Non per quanto riguarda la propria ricchezza, per quanto è possibile determinare, ma per quanto riguarda la ricchezza di coloro che non avevano alcuna influenza politica nell'apparato statale.

Owen D. Young della General Electric fu uno dei tre delegati americani alla riunione del Piano Dawes del 1923 che stabilì il programma di riparazioni tedesco. Sia nel piano Dawes che in quello Young, possiamo vedere come alcune aziende private siano state in grado di trarre vantaggio dal potere dello Stato. I maggiori

---

[480] Naturalmente, gli appelli socialisti degli uomini d'affari sono ancora attuali. Si pensi alle grida dei feriti quando il Presidente Ford propose la deregolamentazione delle compagnie aeree e degli autotrasporti. Si veda, ad esempio, il *Wall Street Journal* del 25 novembre 1975.

[481] Traduzione ciclostilata presso la Hoover Institution Library, p. 67. Si veda anche Walter Rathenau, *In Days to Come* (Londra: Allen & Unwin, n.d.).

[482] Ibidem, p. 249.

prestiti concessi da Wall Street alla Germania negli anni Venti erano prestiti per riparazioni; fu l'investitore americano che alla fine pagò le riparazioni tedesche. La cartellizzazione dell'industria elettrica tedesca sotto l'egida della G.E.A. (così come l'industria siderurgica e chimica, di cui si è parlato nei capitoli uno e due) è stata resa possibile da questi prestiti di Wall Street:

Data dell'offerta	Mutuatario	Banca di gestione negli Stati Uniti	Importo nominale dell'emissione
26 gennaio 1925	Compagnie générale d'électricité (A. E, G.)	National City Co.	$10,000,000
9 dicembre 1925	Allgemeine National City Co. Elektrizitätsitats-Gesellschaft (A. E.G.)		$10,000,000
22 maggio 1928	Compagnie générale d'électricité (A.E.G.)	National City Co.	$10,000,000
7 giugno 1928	Compagnie générale d'électricité (A. E.G.)	National City Co.	$5,000,000

Nel 1928, alle riunioni di riparazione del Piano Young, troviamo il presidente della General Electric, Owen D. Young, in qualità di delegato principale degli Stati Uniti, incaricato dal governo americano di usare il potere e il prestigio del governo statunitense per decidere le questioni finanziarie internazionali aumentando i profitti di Wall Street e della General Electric. Young, sulla poltrona di capo delegato americano, nominato dal governo degli Stati Uniti per usare il potere e il prestigio del governo americano per decidere le questioni finanziarie internazionali, aumentando i profitti di Wall Street e della General Electric. Nel 1930, Owen D. Young, che diede il suo nome al piano Young per le riparazioni tedesche, divenne presidente del consiglio di amministrazione della General Electric Company di New York. Young è stato anche presidente del comitato esecutivo della Radio Corporation of America e direttore della German General Electric (A.E.G.) e della Osram in Germania. Young ha fatto parte anche dei consigli di amministrazione di altre importanti società americane, tra cui General Motors, NBC e RKO; è stato consulente del National Industrial Conference Board, direttore della Camera di Commercio Internazionale e vicepresidente del consiglio della Federal Reserve Bank di New York.

Gerard Swope è stato presidente e direttore della General Electric Company e di aziende francesi e tedesche associate, tra cui A.E.G. e Osram in Germania. Swope è stato anche direttore di RCA, NBC e della National City Bank di New York. Gli altri direttori della International General Electric in questo periodo riflettono il controllo di Morgan sulla società, e Young e Swope erano generalmente conosciuti come i rappresentanti di Morgan nel consiglio di amministrazione della G.E., che comprendeva Thomas Cochran, un altro socio dello studio J.P. Morgan. Il direttore della General Electric, Clark Haynes Minor, è stato presidente della International General Electric negli anni Venti. Un altro direttore era Victor M. Cutter della First National Bank di Boston e figura delle "repubbliche delle banane" in America centrale.

Alla fine degli anni Venti, Young, Swope e Minor dell'International General Electric entrarono nell'industria elettrica tedesca e acquisirono, se non il controllo come alcuni hanno riferito, almeno una voce significativa negli affari interni di A.E.G. e Osram. Nel luglio 1929 fu raggiunto un accordo tra General Electric e tre società tedesche - A.E.G., Siemens & Halske e Koppel and Company - che insieme detenevano tutte le azioni di Osram, il produttore di lampadine. General Electric acquista il 16% delle azioni di Osram e stipula un accordo congiunto per il controllo internazionale della produzione e della commercializzazione delle lampadine. Clark Minor e Gerard Swope diventano direttori di Osram.[483]

Nel luglio 1929, negli ambienti finanziari tedeschi circolò la voce che anche la General Electric stesse acquistando la A.E.G. e che fossero in corso trattative tra la A.E.G. e la G.E. a tal fine.[484] In agosto fu confermato che 14 milioni di marchi di azioni ordinarie della A.E.G. sarebbero stati emessi a favore della General Electric. Queste azioni, insieme a quelle acquistate sul mercato libero, hanno dato a General Electric una partecipazione del 25% in A.E.G. È stato firmato un accordo di cooperazione più stretta tra le due società, che ha fornito all'azienda tedesca tecnologia e brevetti americani. I media hanno sottolineato che A.E.G. non avrebbe avuto una partecipazione in G.E., ma che d'altra parte G.E. avrebbe finanziato l'espansione di A.E.G. in Germania.[485] La stampa finanziaria tedesca ha anche notato che negli Stati Uniti non c'era alcuna rappresentanza di A.E.G. nel consiglio di amministrazione di G.E., ma che cinque americani facevano ora parte del consiglio di amministrazione di A.E.G.:

> *L'industria elettrica americana ha conquistato il mondo e solo pochi bastioni di opposizione sono riusciti a resistere all'assalto...*[486]

Nel 1930, all'insaputa della stampa finanziaria tedesca, la General Electric aveva raggiunto un effettivo monopolio tecnico dell'industria elettrica sovietica e presto avrebbe penetrato anche gli ultimi bastioni della Germania, in particolare il gruppo Siemens. Nel gennaio 1930, tre uomini del G.E. furono eletti nel consiglio dell'A.E.G. - Clark H. Minor, Gerard Swope e E. H. Baldwin - e l'International General Electric (I.G.E.) ha continuato i suoi sforzi per fondere l'industria elettrica mondiale in un gigantesco cartello sotto il controllo di Wall Street.

A febbraio, General Electric si concentrò sul restante gigante tedesco dell'elettricità, Siemens & Halske, e sebbene fosse in grado di assicurarsi un grosso blocco di obbligazioni emesse per conto dell'azienda tedesca da Dillon, Read di New York, G.E. non riuscì a ottenere alcuna partecipazione azionaria o consiglieri nel consiglio di amministrazione di Siemens. Sebbene la stampa tedesca abbia riconosciuto che anche questo controllo limitato fosse "un evento economico storico di prim'ordine e un passo importante verso la formazione di un

---

[483] *New York Times*, 2 luglio 1929.

[484] Ibidem, 28 luglio 1929.

[485] Ibidem, 2 agosto 1929 e 4 agosto 1929.

[486] Ibidem, 6 agosto 1929.

futuro trust elettrico globale",[487] Siemens ha mantenuto la propria indipendenza da General Electric - e questa indipendenza è importante per la nostra storia. Il *New York Times* ha riportato la notizia:

> Tutta la stampa sottolinea il fatto che Siemens, a differenza di A.E.G., mantiene la sua indipendenza per il futuro e specifica che nessun rappresentante di General Electric siederà nel consiglio di amministrazione di Siemens.[488]

Non ci sono prove che Siemens, sia attraverso Siemens & Halske che attraverso Siemens-Schukert, fosse direttamente coinvolta nel finanziamento di Hitler. Siemens contribuì a Hitler solo in minima parte e indirettamente attraverso una partecipazione in Osram. Al contrario, sia A.E.G. che Osram finanziarono Hitler direttamente attraverso la Nationale Treuhand in modo sostanziale. All'inizio degli anni Trenta Siemens mantenne la propria indipendenza, mentre sia A.E.G. che Osram erano sotto il dominio americano e con direttori americani. Non ci sono prove che la Siemens, senza direttori americani, abbia finanziato Hitler. D'altra parte, abbiamo prove documentali inconfutabili che la tedesca General Electric e la Osram, entrambe con direttori americani, hanno finanziato Hitler.

Nei mesi successivi al tentativo di acquisizione di Siemens da parte di Wall Street, il modello di sviluppo della fiducia mondiale nell'industria elettrica divenne più chiaro; le battaglie internazionali sui brevetti terminarono e la partecipazione della G.E. nell'A.E.G. salì a quasi il 30%.[489]

Così, all'inizio degli anni Trenta, mentre Hitler si preparava a prendere il potere dittatoriale in Germania - sostenuto da alcuni, ma non da tutti, gli industriali tedeschi e americani - la German General Electric (G.E.A.) era di proprietà della International General Electric (circa il 30%), della Gesellschaft für Electrische Unternemungen (25%) e di Ludwig Lowe (25%). International General Electric deteneva anche una partecipazione di circa il $16^{2/3}$ % in Osram, oltre ad avere

---

[487] Ibidem, 2 febbraio 1930.

[488] Ibidem, 2 febbraio 1930.

[489] Ibidem, 11 maggio 1930. Per le macchinazioni prebelliche di General Electric, Osram e della società olandese N.V. Philips Gloeilampenfabrieken di Eindhoven Olanda, si veda il capitolo 11, "Electric Eels", in James Stewart Martin, op. cit. Martin era a capo della Divisione Guerra Economica del Dipartimento di Giustizia degli Stati Uniti e commenta che "l'A.E.G. della Germania era in gran parte controllata dalla società americana General Electric". L'ipotesi di questo autore è che l'influenza del G.E. sia stata leggermente inferiore a quella del controllo, anche se abbastanza significativa. Data la posizione ufficiale di Martin e l'accesso a documenti ufficiali, sconosciuti all'autore, la sua affermazione che la G.E.A. era "largamente controllata" dall'azienda americana General Electric non può essere liquidata con leggerezza. Tuttavia, se accettiamo che G.E. "controllava in larga misura" l'A.E.G., allora sorgono le domande più serie che richiedono un'indagine. A.E.G. era uno dei principali finanziatori di Hitler e il "controllo" coinvolgerebbe la casa madre americana più profondamente di quanto le prove presentate qui suggeriscano.

un'ulteriore influenza indiretta nelle società collegate a German General Electric attraverso i Common Electric Directors:

Società legate alla tedesca General Electric attraverso gestori comuni di energia elettrica	Direttori della società tedesca General Electric (A.E.G.)	Relazione tra la società collegata e il finanziamento di Hitler
Fabbrica di accumulatori	Quandt Pfeffer	Finanziamento diretto
Osram	Mamroth Peierls	Finanziamento diretto
Tedesco Babcock-Wilcox	Landau Wolff	Non conosciuto
Acciaierie Unite	Nathan Kirdorf Goldschmidt	Finanziamento diretto
Krupp	Nathan Klotzbach Bucher	Finanziamento diretto
I.G. Farben	Flechtheim von Rath	Finanziamento diretto
Alleanza e Associazione di Stoccarda	von Rath Wolff	Segnalato, ma non giustificato
Phoenix	Fahrenhorst	Finanziamento diretto
Thyssen	Fahrenhorst	Finanziamento diretto
Demag	Fahrenhorst Flick	Finanziamento diretto
Dynamit Gelsenkirchener	Flechtheim Kirdorf	Da I.G. Farben
Bergwerks	Flechtheim	Finanziamento diretto
Internazionale General Electric	Giovani Swope Minore Baldwin	Attraverso l'A.E.G.
L'americana I.G. Farben	von Rath	Da I.G. Farben
Banca internazionale (Amsterdam)	H. Furstenberg Goldschmidt	Non conosciuto

Nel consiglio di amministrazione dell'A.E.G., oltre ai quattro direttori americani (Young, Swope, Minor e Baldwin), ci sono Pferdmenges di Oppenheim & Co. (un altro dei finanziatori di Hitler) e Quandt, che possedeva il 75% della Accumlatoren-Fabrik, un importante finanziatore diretto di Hitler. In altre parole, tra i membri tedeschi del consiglio di amministrazione dell'A.E.G. troviamo i rappresentanti di molte delle aziende tedesche che hanno finanziato Hitler negli anni Venti e Trenta.

GENERAL ELECTRIC E IL FINANZIAMENTO DI HITLER

Le radici del moderno socialismo aziendale sono profondamente radicate nella gestione di due affiliate multinazionali: la General Electric Company negli Stati Uniti e le sue affiliate estere, tra cui la tedesca General Electric (G.E.A.) e la Osram in Germania. Abbiamo notato che Gerard Swope, il secondo presidente e presidente del consiglio di amministrazione della General Electric, e Walter

Rathenau della G.E.A. hanno promosso idee radicali di controllo statale da parte di interessi commerciali privati.

A partire dal 1915, l'International General Electric (I.G.E.), con sede al 120 di Broadway a New York, fungeva da organizzazione di investimenti, produzione e vendita all'estero per la General Electric Company. I.G.E. deteneva partecipazioni in aziende manifatturiere straniere, tra cui una quota del 25-30% nella società tedesca General Electric (A.E.G.), nonché partecipazioni in Osram G.m.b.H. Kommanditgesellschaft, sempre a Berlino. Queste partecipazioni hanno permesso a International General Electric di avere quattro consiglieri nel consiglio di amministrazione di A.E.G. e un altro consigliere in Osram, e di esercitare un'influenza significativa sulle politiche interne di queste società tedesche. Il significato di questa proprietà di General Electric è che A.E.G. e Osram sono stati i principali fornitori di fondi a Hitler durante la sua ascesa al potere in Germania nel 1933. Un bonifico bancario datato 2 marzo 1933 da A.E.G. a Delbruck Schickler & Co. a Berlino richiede che 60.000 Reichsmark siano depositati sul conto della "Nationale Treuhand" (Amministrazione fiduciaria nazionale) per uso di Hitler. La scheda è riprodotta qui di seguito.

La I.G. Farben era il più importante dei finanziatori interni di Hitler e (come si è detto altrove) la I.G. Farben controllava la I.G. americana. Inoltre, diversi dirigenti di A.E.G. erano anche nel consiglio di amministrazione di I.G. Farben: Hermann Bucher, presidente di A.E.G., era nel consiglio di amministrazione di I.G. Farben, così come Julius Flechtheim e Walter von Rath. La I.G. Farben contribuì per il 30% al fondo di amministrazione fiduciaria (o acquisizione) nazionale di Hitler del 1933.

Walter Fahrenhorst dell'A.E.G. era anche nel consiglio di amministrazione di Phoenix A-G, Thyssen A-G e Demag A-G - e tutti hanno contribuito al fondo di Hitler. Demag A-G ha contribuito con 50.000 RM al fondo di Hitler. Aveva un direttore nell'A.E.G., il famigerato Friedrich Flick, un primo sostenitore di Hitler, che fu poi condannato al processo di Norimberga. La Accumulatoren Fabrik A-G è stata un contributore di Hitler (25.000 RM, vedi pagina 60) con due direttori nel consiglio di amministrazione di A.E.G., August Pfeffer e Gunther Quandt. Quandt possedeva personalmente il 75% della Accumulatoren Fabrik.

Ricevuta bancaria originale di un bonifico datato 2 marzo 1933, dalla General Electric tedesca alla Banca Delbrück, Schickler di Berlino, con le istruzioni per il versamento di 60.000 RM alla Nationale Treuhand (amministrata da Hjalmar Schacht e Rudolf Hess) che fu utilizzata per far eleggere Hitler nel marzo 1933. Fonte: Documento del Tribunale militare di Norimberga n. 391-395.

Anche Osram Gesellschaft, di cui International General Electric deteneva una partecipazione diretta del $16^{2/3}$, aveva due direttori nel consiglio di amministrazione di A.E.G.: Paul Mamroth e Heinrich Pferls. Osram ha contribuito direttamente con 40.000 RM al Fondo Hitler. Il gruppo Otto Wolff, Vereinigte Stahlwerke A-G, che ricevette ingenti prestiti a New York negli anni Venti, aveva tre direttori nel consiglio di amministrazione della G.E.A.: Otto Wolff, Henry Nathan e Jakob Goldschmidt. Alfred Krupp von Bohlen, proprietario unico dell'organizzazione Krupp e primo sostenitore di Hitler, era un membro dell'Aufsichsrat dell'A.E.G. Robert Pferdmenges, membro della cerchia di amici di Himmler, era anche un direttore dell'A.E.G.

In altre parole, quasi tutti i direttori tedeschi della General Electric erano sostenitori finanziari di Hitler ed erano associati non solo alla A.E.G. ma anche ad altre società che finanziavano Hitler.

Walter Rathenau[490] è diventato direttore di A. E.G. nel 1899 e all'inizio del XX secolo[e] era direttore di oltre 100 società. Rathenau fu anche l'autore del "Piano Rathenau", che ha una notevole somiglianza con il "Piano Swope" - cioè il New Deal di FDR, ma scritto da Swope della G.E. In altre parole, abbiamo la straordinaria coincidenza che gli autori dei piani modello del New Deal negli Stati Uniti e in Germania sono stati anche i principali sostenitori dei loro esecutori: Hitler in Germania e Roosevelt negli Stati Uniti.

Swope è stato presidente del consiglio di amministrazione della General Electric Company e della International General Electric. Nel 1932, i direttori americani del G.E.A. erano strettamente legati ai circoli bancari e politici americani, come segue

GERARD SWOPE	Presidente di International General Electric e presidente di General Electric Company, direttore della National City Bank (e di altre società), direttore di A.E.G. e Osram in Germania. Autore del New Deal di FDR e membro di numerose organizzazioni roosveltiane.
Owen D. Giovane	Presidente del Consiglio di Amministrazione di General Electric e Vicepresidente della Federal Reserve Bank di New York. Autore, insieme a J. P. Morgan, del Piano Young che sostituì il Piano Dawes nel 1929 (vedi primo capitolo).
CLARK H. Minor	Presidente e direttore di International General Electric, direttore di British Thomson Houston, di Compania Generale di Electtricita (Italia) e di Japan Electric Bond & Share Company (Giappone).

In breve, abbiamo prove solide e di indiscutibile autenticità che dimostrano che la General Electric tedesca ha contribuito in modo sostanziale al finanziamento politico di Hitler. I direttori americani della G.E.A. erano quattro (Baldwin, Swope, Minor e Clark), che apparteneva all'80% alla International General Electric. Inoltre, l'I.G.E. e i quattro direttori americani rappresentavano i maggiori interessi e quindi avevano la massima influenza sulle azioni e sulle politiche dell'A.E.G. Inoltre, quasi tutti gli altri direttori dell'A.E.G. erano legati a società (I.G. Farben, Accumulatoren Fabrik, ecc.) che contribuivano direttamente al

---

[490] Figlio di Emil Rathenau, fondatore dell'A.E.G., nato nel 1867 e assassinato nel 1922.

finanziamento politico di Hitler. Tuttavia, solo i direttori tedeschi del G.E.A. furono processati a Norimberga nel 1945.

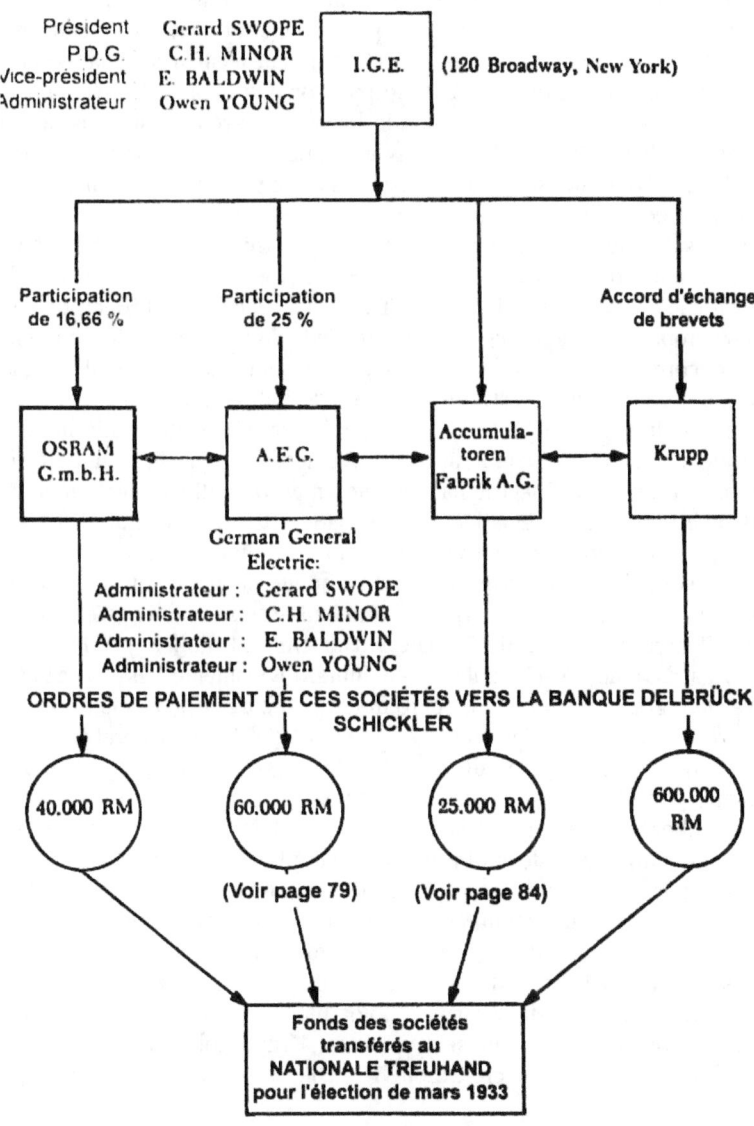

COOPERAZIONE TECNICA CON KRUPP

Oltre agli aiuti finanziari a Hitler, la General Electric estese la sua assistenza ad accordi con altri finanziatori di Hitler per il loro reciproco vantaggio e per quello dello Stato nazista. Il carburo di tungsteno cementato è un esempio di questa collaborazione tra G.E. e nazisti. Prima del novembre 1928, le industrie americane disponevano di diverse fonti di approvvigionamento di carburo di tungsteno e di utensili e stampi contenenti questo metallo pesante. Queste fonti comprendevano la Krupp di Essen, in Germania, e due società americane a cui la Krupp effettuava spedizioni e vendite, la Union Wire Die Corporation e la Thomas Prosser & Son. Nel 1928, Krupp si impegnò a concedere in licenza i brevetti statunitensi in suo possesso alla Firth-Sterling Steel Company e alla Ludlum Steel Company. Prima del 1928, il carburo di tungsteno per utensili e stampi veniva venduto negli Stati Uniti a circa 50 dollari al chilo.

I brevetti statunitensi che Krupp sosteneva di possedere erano stati assegnati da Osram Kommanditgesellschaft, e in precedenza erano stati assegnati dalla società tedesca Osram a General Electric. Tuttavia, anche General Electric aveva sviluppato i propri brevetti, principalmente i brevetti Hoyt e Gilson, che coprivano processi concorrenti per il carburo di tungsteno cementato. General Electric pensava di poter utilizzare questi brevetti in modo indipendente senza violare o competere con i brevetti Krupp. Ma invece di utilizzare i brevetti di G.E. in modo indipendente in concorrenza con Krupp, o di verificare i propri diritti in base alle leggi sui brevetti, General Electric ha stipulato un accordo di cartello con Krupp per mettere in comune i brevetti delle due parti e dare a General Electric il controllo del monopolio del carburo di tungsteno negli Stati Uniti.

Il primo passo di questo accordo è stato compiuto dalla Carboloy Company, Inc, una filiale della General Electric, costituita allo scopo di estrarre carburo di tungsteno. Il prezzo negli anni '20, che era di circa 50 dollari per libbra, fu aumentato da Carboloy a 458 dollari per libbra. Ovviamente nessuna azienda poteva vendere grandi quantità di carburo di tungsteno a questa fascia di prezzo, ma il prezzo avrebbe massimizzato i profitti di G.E. Nel 1934, General Electric e Carboloy furono anche in grado di acquistare la licenza di Krupp dalla Ludlum Steel Company, eliminando così un concorrente. Nel 1936, Krupp fu indotta ad astenersi da ulteriori importazioni negli Stati Uniti. Parte del prezzo pagato per eliminare il carburo di tungsteno di produzione straniera dal mercato statunitense è stato l'impegno reciproco di General Electric e Carboloy a non esportare dagli Stati Uniti. Queste aziende statunitensi hanno quindi stipulato contratti, o hanno permesso a Krupp di stipularli, e hanno negato i mercati esteri all'industria statunitense. Carboloy ha poi rilevato l'attività di Thomas Prosser & Son e nel 1937, per quasi un milione di dollari, Carboloy ha rilevato la concorrente Union Wire Die Corporation. Rifiutandosi di vendere, Krupp collaborò con General Electric e Carboloy per convincere Union Wire Die Corporation a vendere.

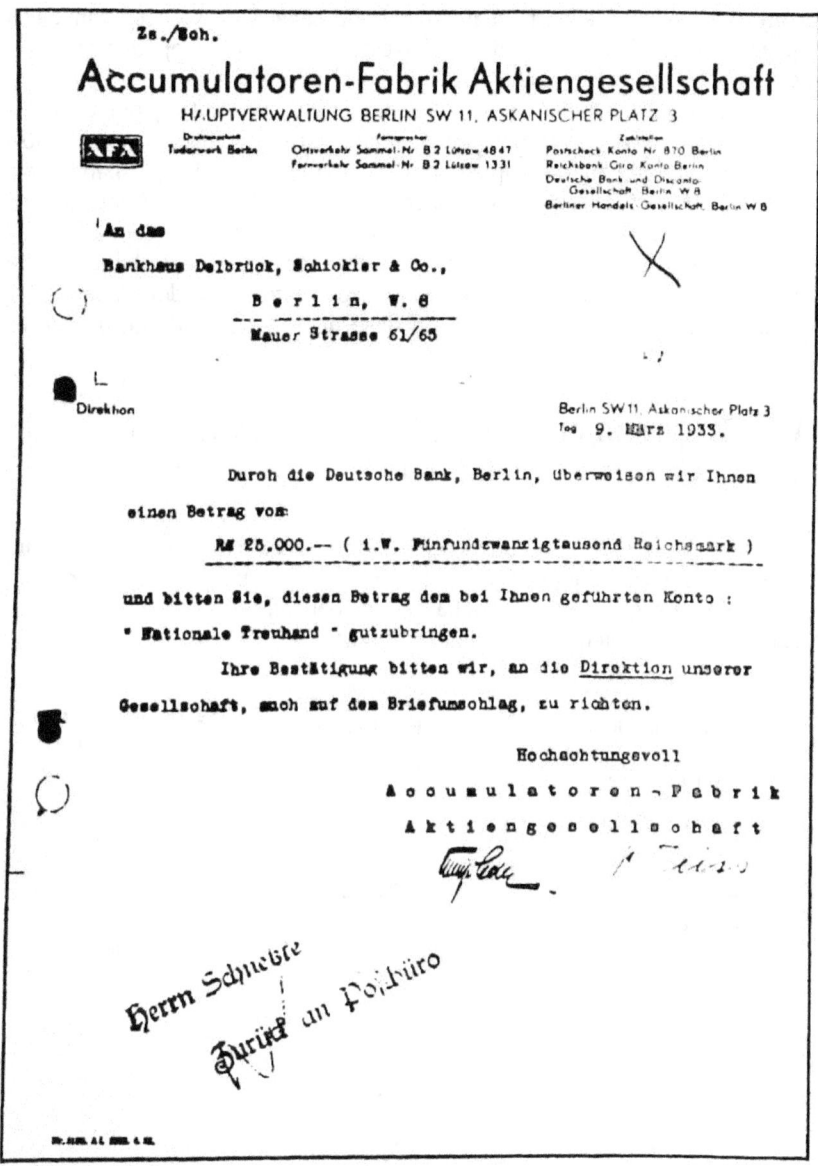

Ricevuta del bonifico originale del 9 marzo 1933 dalla Accumulatoren-Fabrik alla Banca Delbrück Schickler di Berlino, con le istruzioni per il versamento di 25.000 RM al Nationale Treuhand (amministrato da Hjalmar Schacht e Rudolf Hess) utilizzato per far eleggere Hitler nel marzo 1933.

Le licenze per la produzione di carburo di tungsteno sono state poi rifiutate. Una richiesta di licenza da parte della Crucible Steel Company fu rifiutata nel 1936. Una richiesta di licenza da parte della Chrysler Corporation fu rifiutata nel 1938. Il 25 aprile 1940 fu rifiutata una licenza dalla Triplett Electrical Instrument

Company. La licenza è stata rifiutata anche alla General Cable Company. Per diversi anni, la Ford Motor Company ha espresso una forte opposizione alla politica dei prezzi elevati seguita dalla Carboloy Company, e a un certo punto ha chiesto il diritto di produrre per il proprio uso. La richiesta è stata respinta. Grazie a queste tattiche, nel 1936 o 1937 la General Electric e la sua filiale Carboloy ottennero il monopolio quasi completo del carburo di tungsteno negli Stati Uniti.

In breve, la General Electric - con la collaborazione di un altro sostenitore di Hitler, Krupp - ottenne congiuntamente per la G.E. il monopolio del carburo di tungsteno negli Stati Uniti. Così, all'inizio della Seconda Guerra Mondiale, la General Electric aveva il monopolio ad un prezzo fissato di 450 dollari per libbra - quasi dieci volte il prezzo del 1928 - e l'uso negli Stati Uniti era limitato di conseguenza.

L'A.E.G. EVITA I BOMBARDAMENTI DURANTE LA SECONDA GUERRA MONDIALE

Nel 1939, l'industria elettrica tedesca era diventata strettamente legata a due società americane: International General Electric e International Telephone and Telegraph. Le maggiori aziende della produzione elettrica tedesca e le loro affiliazioni sono state elencate in ordine di importanza:

Azienda e tipo di produzione	Percentuale della produzione tedesca nel 1939	Società affiliata negli Stati Uniti
Industria ad alta corrente		
General Electric (A.E.G.)	40 per cento	Internazionale General Electric
Siemens Schukert A.G	40 per cento	No
Brown Boveri & Co.	17 per cento	No
Telefono e telegrafo		
Siemens e Halske	60 per cento	No
Lorenz A.G.	85 per cento	I.T.T.
Radio		
Telefunken (A.E.G. dopo il 1941)	60 per cento	Internazionale General Electric
Lorenz	35 per cento	I.T.T.
Fili e cavi		
Felton & Guilleaume A.G.	20 per cento	I.T.T.
Siemens	20 per cento	No
A.E.G.	20 per cento	Internazionale General Electric

In altre parole, nel 1939 l'industria tedesca delle apparecchiature elettriche era concentrata in poche grandi aziende legate da un cartello internazionale e da partecipazioni azionarie a due grandi società americane. Questo complesso industriale non è mai stato un obiettivo primario dei bombardamenti della Seconda Guerra Mondiale. Le fabbriche dell'A.E.G. e dell'I.T.T. sono state colpite solo incidentalmente durante i raid occasionali, ma piuttosto raramente. Le fabbriche di apparecchiature elettriche bombardate non erano affiliate a società americane. Furono bombardati gli stabilimenti Brown Boveri di Mannheim e Siemensstadt di Berlino, che non erano legati agli Stati Uniti. Di conseguenza, la produzione tedesca di materiale bellico elettrico aumentò costantemente per tutta la Seconda Guerra Mondiale, raggiungendo l'apice nel 1944. Secondo i rapporti dell'US Strategic Bombing Survey :

> "Secondo gli assistenti di Speers e i direttori di fabbrica, lo sforzo bellico in Germania non è mai stato ostacolato in modo significativo da una carenza di apparecchiature elettriche.[491]

La A. La fabbrica E.G. al 185 di Muggenhofer Strasse, a Norimberga, è un esempio della politica di non bombardamento della General Electric tedesca. Lo studio della produzione di questa fabbrica durante la Seconda Guerra Mondiale è interessante perché illustra come la produzione in tempo di pace sia stata convertita in lavoro bellico. La fabbrica, prima della guerra, produceva apparecchiature domestiche come piastre elettriche, fornelli elettrici, ferri da stiro, tostapane, forni industriali, radiatori, scaldabagni, forni da cucina e riscaldatori industriali. Nel 1939, 1940 e 1941, la maggior parte degli impianti di produzione dello stabilimento di Norimberga fu utilizzata per la produzione in tempo di pace. Nel 1942, la produzione della fabbrica fu reindirizzata alla produzione di materiale bellico. Vengono prodotte parti metalliche per apparecchiature di comunicazione e munizioni come bombe e mine. La produzione bellica consisteva anche in parti per proiettori e amplificatori. La tabella seguente mostra la conversione al lavoro di guerra in modo molto evidente:

Anno	Vendite totali in RM 1000	Percentuale per la guerra	Percentuale della produzione ordinaria
1939	12,469	5	95
1940	11,754	15	85
1941	21,194	40	60
1942	20,689	61	39
1948	31,455	67	33
1944	31,205	69	31

Il danno fisico effettivo causato dal bombardamento di questa fabbrica è stato insignificante. Non si verificarono danni gravi fino ai raid del 20 e 21 febbraio

---

[491] The United States Strategic Bombing Survey, *German Electrical Equipment Industry/Report*, (Equipment Division, gennaio 1947), pag. 4.

1945, verso la fine della guerra, quando la protezione era ormai abbastanza sviluppata. Di seguito sono elencati i raid in cui le bombe hanno colpito l'area della fabbrica e i danni insignificanti che sono stati causati:

Data del raid	Bombe che colpiscono una fabbrica	Danni causati
8 marzo 1943	30 bastoncini tipo I.B.	Un'inezia, ma tre magazzini fuori dalla fabbrica principale sono stati distrutti.
9 settembre 1944	Nessuno (danni da esplosione)	Danni causati da passamanerie, vetri e tende oscuranti.
26 novembre 1944	HE da 14.000 lb nello spazio aperto della fabbrica	Laboratorio di legno distrutto, tubo dell'acqua rotto.
20 febbraio 1945	2 EO	3 edifici danneggiati.
21 febbraio 1945	5 EO, molta B.I.	L'edificio amministrativo fu distrutto e le opere di smaltatura danneggiate dall'amministrazione centrale.

Un altro esempio di stabilimento della General Electric tedesca che non è stato bombardato è la fabbrica A.E.G. di Koppelsdorf, che produce antenne per radar e bombardieri. Altre fabbriche dell'A.E.G. non furono bombardate[492] e la loro produzione di materiale bellico sì:

ELENCO DELLE FABBRICHE CHE NON SONO STATE BOMBARDATE DURANTE LA SECONDA GUERRA MONDIALE, AD ESEMPIO

Nome della filiale	Posizione	Prodotto
1ère Stabilimento di Reiehmannsdoff con suddivisioni a Wallendorf e Unterweissbach	Kries Saalfeld	Strumenti di misura
2. Werk Marktschorgast	Bayreuth	Avvio
3. Werk F18ha	Sassonia	Set di trasmissione a onde corte
4. Werk Reichenbach	Vogtland	Batterie a secco
5. Lavoro Burglengefeld	Sassonia/S.E. Chemnitz	Avviatori per impieghi gravosi
6. Werk Norimberga	Belringersdorf/Norimberga	Piccoli componenti
7. Werk Zirndorf	Norimberga	Avviatori per impieghi gravosi
8. Lavoro a Mattinghofen	Oberdonau	1 KW Invianti 250 metri e onda lunga per torpediniere e U-boot
9. Centro di lavoro di Neustadt	Coburgo	Apparecchiature radar

Il fatto che gli stabilimenti di A.E.G. in Germania non siano stati bombardati durante la Seconda Guerra Mondiale è stato confermato dallo U.S. Strategic Bombing Survey, guidato da accademici come John K. Galbraith e da uomini di

---

[492] U.S. Strategic Bombing Survey, Plant Report of A.E.G. (Allgemeine Elektrizitats Gesellschaft), Norimberga, Germania: giugno 1945), p. 6.

Wall Street come George W. Ball e Paul H. Nitze. Il loro "Rapporto sull'industria tedesca delle apparecchiature elettriche" del gennaio 1947 conclude:

> *L'industria non fu mai attaccata come sistema di obiettivi di base, ma alcune fabbriche, come la Brown Boveri a Mannheim, la Bosch a Stoccarda e la Siemenstadt a Berlino, furono prese di mira in raid di precisione; molte altre furono colpite in raid di area.*[493]

Alla fine della Seconda Guerra Mondiale, una squadra investigativa alleata, nota come FIAT, fu inviata a indagare sui danni causati dalle bombe agli impianti dell'industria elettrica tedesca. Il team dell'industria elettrica era composto da Alexander G.P.E. Sanders della International Telephone and Telegraph di New York, Whitworth Ferguson della Ferguson Electric Company di New York e Erich J. Borgman della Westinghouse Electric. Sebbene lo scopo dichiarato di queste squadre fosse quello di esaminare gli effetti dei bombardamenti alleati sugli obiettivi tedeschi, l'obiettivo di questa squadra in particolare era quello di rimettere in produzione l'industria tedesca delle apparecchiature elettriche il più rapidamente possibile. Whirworth Ferguson scrisse un rapporto del 31 marzo 1945 sull'A.E.G. Ostland-werke e concluse che "questo impianto è immediatamente disponibile per la produzione di parti e assemblaggi in metallo pregiato".[494]

In conclusione, vediamo che sia Rathenau della G.E.A. che Swope della General Electric negli Stati Uniti avevano idee simili per mettere lo Stato al servizio dei propri obiettivi. General Electric ha svolto un ruolo importante nel finanziamento di Hitler, ha tratto grandi profitti dalla produzione bellica - eppure è riuscita a evitare i bombardamenti durante la Seconda Guerra Mondiale. È chiaro che la storia qui brevemente esplorata merita un'indagine molto più approfondita e, se possibile, ufficiale.

---

[493] Di conseguenza, "la produzione bellica fu sufficiente fino al novembre 1944" e "secondo gli assistenti di Speer e i direttori di fabbrica, lo sforzo bellico in Germania non fu mai ostacolato in modo significativo da una carenza di materiali elettrici". Le difficoltà sono sorte solo alla fine della guerra, quando l'intera economia ha rischiato il collasso. Il rapporto conclude: "Si può quindi affermare che tutte le esigenze importanti di materiale elettrico nel 1944 sono state soddisfatte, perché i piani erano sempre ottimistici".

[494] Studio sui bombardamenti strategici americani, AEG-Ostlandwerke GmbH, di Whitworth Ferguson, 31 maggio 1945.

Ricevuta del bonifico originale, datato 27 febbraio 1933, dalla IG Farben alla Delbrück-Schickler Bank di Berlino, con le istruzioni di versare 400.000 RM alla Nationale Treuhand (amministrata da Hjalmar Schacht e Rudolf Hess), utilizzata per far eleggere Hitler nel marzo 1933. Fonte: Tribunale militare di Norimberga, documento n. 391-395.

CAPITOLO IV

STANDARD OIL FORNITURE DELLA SECONDA GUERRA MONDIALE

> *In poco tempo, la Germania produrrà dal carbone petrolio e gas a sufficienza per una lunga guerra. La Standard Oil di New York ha fornito milioni di dollari per aiutare.*
> (Rapporto dell'addetto commerciale dell'ambasciata statunitense a Berlino, Germania, gennaio 1933, al Dipartimento di Stato di Washington).

Il gruppo di compagnie Standard Oil, di cui la famiglia Rockefeller deteneva un quarto delle azioni (e del controllo), ha svolto un ruolo chiave[495] nella preparazione della Germania nazista alla Seconda guerra mondiale. Questo aiuto alla preparazione militare derivava dal fatto che le riserve di petrolio grezzo della Germania, relativamente insignificanti, erano del tutto insufficienti per la moderna guerra meccanizzata; nel 1934, ad esempio, circa l'85% dei prodotti petroliferi finiti tedeschi era importato. La soluzione adottata dalla Germania nazista fu quella di produrre benzina sintetica dalle abbondanti riserve di carbone nazionali. Fu il processo di idrogenazione per produrre benzina sintetica e le proprietà dell'iso-ottano nella benzina che permisero alla Germania di entrare in guerra nel 1940 - e questo processo di idrogenazione fu sviluppato e finanziato dagli Standard Oil Laboratories negli Stati Uniti in collaborazione con I.G. Farben.

Le prove presentate alle commissioni Truman, Bone e Kilgore dopo la Seconda guerra mondiale confermarono che la Standard Oil aveva allo stesso tempo "messo in serio pericolo i preparativi bellici degli Stati Uniti". Alle tre commissioni del Congresso è stata presentata la prova documentale[496] che prima della Seconda Guerra Mondiale la Standard Oil aveva concordato con la I.G. Farben, nel cosiddetto accordo "Jasco", che la gomma sintetica rientrava nella sfera di influenza della Farben, mentre la Standard Oil avrebbe avuto un monopolio

---

[495] Nel 1935, John D. Rockefeller, Jr. possedeva azioni per un valore di 245 milioni di dollari nelle società Standard Oil of New Jersey, Standard Oil of California e Socony-Vacuun Company, *New York Times*, 10 gennaio 1935.

[496] Eliminazione delle risorse tedesche, op. cit. p. 1085.

assoluto negli Stati Uniti solo se e quando la Farben avesse permesso lo sviluppo della gomma sintetica negli Stati Uniti:

> *Di conseguenza, lo standard [del Comitato Kilgore] ha raggiunto pienamente l'obiettivo del governo statunitense di impedire la produzione americana scoraggiando le aziende statunitensi della gomma dall'intraprendere ricerche indipendenti per sviluppare processi di gomma sintetica.*[497]

Purtroppo, le commissioni del Congresso non hanno esplorato un aspetto ancora più inquietante di questa collusione tra la Standard Oil e la I.G. Farben: all'epoca, i direttori della Standard Oil del New Jersey non solo avevano affiliazioni belliche strategiche con la I.G. Farben, ma anche altri legami con la Germania hitleriana - persino contribuendo, attraverso filiali tedesche, al fondo personale di Heinrich Himmler e facendo parte del Circolo degli Amici di Himmler fino al 1944.

Durante la Seconda Guerra Mondiale, la Standard Oil del New Jersey fu accusata di tradimento per la sua alleanza prebellica con la Farben, anche se le sue attività belliche nel Circolo degli Amici di Himmler erano sconosciute. Le accuse di tradimento furono negate con veemenza dalla Standard Oil. Una delle più importanti di queste difese è stata pubblicata da R.T. Haslam, un dirigente della Standard Oil del New Jersey, nel *Petroleum Times* (25 dicembre 1943), intitolato "Secrets Turned into Powerful Weapons of War by the I.G. Farben Agreement".[498] Si trattava di un tentativo di ribaltare la situazione e di presentare la collusione prebellica come vantaggiosa per gli Stati Uniti.

A prescindere dai ricordi di guerra e dalla frettolosa difesa della Standard Oil, i negoziati e i contratti del 1929 tra la Standard Oil e la I.G. Farben sono stati registrati dalla stampa contemporanea e descrivono gli accordi tra la Standard Oil of New Jersey e la I.G. Farben e le loro intenzioni. Nell'aprile del 1929, Walter C. Teagle, presidente della Standard Oil del New Jersey, divenne direttore della nuova organizzazione americana I.G. Farben. Non perché Teagle fosse interessato all'industria chimica, ma perché,

> *Da alcuni anni mantiene rapporti molto stretti con alcuni rami del lavoro di ricerca della I.G. Farben, strettamente legati all'industria petrolifera.*[499]

Teagle annunciò che da tempo erano in corso ricerche congiunte sulla produzione di petrolio dal carbone e che un laboratorio di ricerca per questo lavoro sarebbe stato istituito negli Stati Uniti[500]. Nel novembre 1929, sotto la direzione della Standard Oil Company del New Jersey, *fu* costituita questa società di ricerca congiunta Standard-Farben e furono messi in comune tutti i brevetti e le ricerche

---

[497] Ibidem.

[498] *NMT*, caso I.G. Farben, pag. 1304.

[499] *New York Times*, 28 aprile 1929.

[500] Ibidem.

relativi alla produzione di petrolio dal carbone detenuti da I.G. e Standard. In precedenza, nel periodo 1926-1929, le due società avevano collaborato allo sviluppo del processo di idrogenazione, con la messa in funzione di impianti sperimentali negli Stati Uniti e in Germania. Si proponeva ora di costruire nuovi impianti negli Stati Uniti a Bayway, nel New Jersey, e a Baytown, in Texas, oltre all'espansione del precedente impianto sperimentale di Baton Rouge. Lo standard è annunciato:

> ... l'importanza del nuovo contratto per il nostro Paese è che garantisce che il processo di idrogenazione sarà sviluppato commercialmente in questo Paese sotto la direzione degli interessi petroliferi statunitensi.[501]

Nel dicembre 1929 viene costituita la nuova società, Standard I.G. Company. F.A. Howard è stato nominato presidente e i direttori tedeschi e americani sono stati annunciati come segue: E.M. Clark, Walter Duisberg, Peter Hurll, R.A. Reidemann, H.G. Seidel, Otto von Schenck e Guy Wellman.

La maggior parte delle azioni della società di ricerca era detenuta dalla Standard Oil. Il lavoro tecnico, lo sviluppo dei processi e la costruzione di tre nuovi impianti di olio di carbone negli Stati Uniti sono stati intrapresi dalla Standard Oil Development Company, la filiale tecnica della Standard Oil. Da questi rapporti contemporanei emerge chiaramente che il lavoro di sviluppo del petrolio dal carbone è stato intrapreso dalla Standard Oil nel New Jersey, negli Stati Uniti, negli stabilimenti della Standard Oil e con il finanziamento e il controllo maggioritario della Standard. I risultati di questa ricerca furono messi a disposizione della I.G. Farben e divennero la base per lo sviluppo del programma hitleriano di estrazione del petrolio dal carbone che rese possibile la Seconda Guerra Mondiale.

L'articolo di Haslam, scritto da un ex professore di ingegneria chimica del M.I.T. (allora vicepresidente della Standard Oil of New Jersey), sosteneva - contrariamente a questi fatti registrati - che la Standard Oil era in grado, grazie agli accordi con la Farben, di ottenere tecnologia tedesca per gli Stati Uniti. Haslam ha citato la produzione di gomma buna, toluolo e paratone (Oppanol), utilizzati per stabilizzare la viscosità dell'olio, un materiale essenziale per le operazioni di rifornimento nel deserto e in inverno in Russia. Tuttavia, questo articolo, con le sue affermazioni erronee, arrivò nella Germania della guerra e divenne oggetto di un memorandum "segreto" della I.G. Farben del 6 giugno 1944, indirizzato dall'imputato di Norimberga e dall'allora funzionario von Knieriem ai suoi colleghi della direzione della Farben. Questa nota "segreta" di von Knieriem espone i fatti che Haslam ha evitato nel suo articolo sul *Petroleum Times*. Il memo era in realtà un riassunto di ciò che Standard non voleva rivelare all'opinione pubblica americana, ovvero il grande contributo dato dalla Standard Oil del New Jersey alla macchina da guerra nazista. Il memorandum di Farben indica che gli accordi con Standard Oil erano *assolutamente essenziali* per I.G. Farben:

---

[501] Ibidem, 24 novembre 1929.

> *L'accordo con Standard era necessario per ragioni tecniche, commerciali e finanziarie:dal punto di vista tecnico, perché per sviluppare il nostro processo era necessaria l'esperienza specialistica che solo una grande compagnia petrolifera possedeva, e un'industria di questo tipo non esisteva in Germania; dal punto di vista commerciale, perché in assenza di un controllo economico statale in Germania all'epoca, la IG doveva evitare una lotta competitiva con le grandi potenze petrolifere, che vendevano sempre la benzina migliore al prezzo più basso in mercati contesi; finanziaria, perché IG, che aveva già speso somme straordinariamente elevate per lo sviluppo del processo, ha dovuto chiedere uno sgravio finanziario per poter continuare lo sviluppo in altre nuove aree tecniche, come la buna.[502]*

Il memorandum Farben rispondeva poi alla domanda chiave: cosa aveva acquisito la I.G. Farben dalla Standard Oil di "vitale importanza per la conduzione della guerra"? Il memorandum esamina i prodotti citati da Haslam - iso-ottano, toluolo, oppanolo-paratone e buna - e dimostra che, contrariamente alle affermazioni pubbliche della Standard Oil, la loro tecnologia proveniva in gran parte dagli Stati Uniti, non dalla Germania.

Per quanto riguarda l'iso-ottano, il memorandum Farben dice, in parte:

> *Grazie al loro lavoro pluridecennale sui combustibili, gli americani erano più avanti di noi nella conoscenza dei requisiti di qualità per i diversi usi dei combustibili. In particolare, avevano sviluppato, con grandi spese, un gran numero di metodi per testare la benzina per diversi usi. In base alle loro esperienze, avevano riconosciuto la buona qualità antidetonante dell'iso-ottano molto prima di conoscere il nostro processo di idrogenazione. Lo dimostra il semplice fatto che in America i carburanti sono classificati in base al loro numero di ottano, e l'iso-ottano è stato classificato come il miglior carburante con il numero 100. Tutte queste conoscenze sono diventate naturalmente nostre grazie all'accordo, che ci ha risparmiato molti sforzi e molti errori.*

I.G. Farben ha aggiunto che l'affermazione di Haslam secondo cui la produzione di iso-ottano era nota in America solo grazie al processo di idrogenazione di Farben non era corretta:

> *Nel caso dell'iso-ottano, in particolare, si dimostra che dobbiamo molto agli americani, perché nel nostro lavoro abbiamo potuto attingere a piene mani dalle informazioni americane sul comportamento dei carburanti nei motori. Inoltre, gli americani ci hanno informato sull'evoluzione del loro processo produttivo e sul suo ulteriore sviluppo.*
>
> *Poco prima della guerra, in America fu scoperto un nuovo metodo di produzione dell'iso-ottano: l'alchilazione con isomerizzazione come fase preliminare. Questo processo, che il signor Haslain non cita affatto, in realtà è nato interamente dagli americani e lo abbiamo reso noto in dettaglio nelle sue varie fasi*

---

[502] NMT, caso I.G. Farben, volumi VII e VIII, pagg. 1304-1311.

attraverso gli accordi che abbiamo concluso con loro, e lo utilizziamo molto ampiamente.

Per quanto riguarda il toluolo, I.G. Farben sottolinea un'imprecisione nell'articolo di Haslam: il professor Haslam afferma che il toluolo non è stato prodotto per idrogenazione negli Stati Uniti. Nel caso dell'oppanolo, il memo dell'I.G. descrive le informazioni di Haslam come "incomplete" e, per quanto riguarda la gomma buna, "non abbiamo mai fornito informazioni tecniche agli americani e non c'è stata alcuna cooperazione tecnica nel campo della buna". Ma soprattutto, la nota di Farben descrive alcuni dei prodotti non menzionati da Haslam nel suo articolo:

Come risultato dei nostri contratti con gli americani, abbiamo ricevuto da loro, al di là dell'accordo, molti contributi molto preziosi per la sintesi e il miglioramento dei carburanti e degli oli lubrificanti, che in questo momento, durante la guerra, ci sono molto utili; e abbiamo ricevuto da loro anche altri benefici. In primo luogo, possiamo citare quanto segue:
1) Soprattutto, il miglioramento dei carburanti mediante l'aggiunta di piombo tetraetile e la fabbricazione di questo prodotto. Non è necessario ricordare in particolare che senza il piombo tetraetile gli attuali metodi di guerra sarebbero impossibili. Il fatto che dall'inizio della guerra siamo riusciti a produrre piombo tetraetile è interamente dovuto alle circostanze in cui, poco tempo prima, gli americani ci avevano presentato i piani per la sua produzione, con il loro know-how. Era la prima volta che gli americani decidevano di autorizzare questo processo in un paese straniero (a parte la divulgazione di segreti non protetti) e questo solo su nostra pressante richiesta alla Standard Oil di esaudire il nostro desiderio. Per contratto non potevamo pretenderlo, e in seguito scoprimmo che il Dipartimento della Guerra di Washington aveva dato il suo permesso solo dopo lunghe deliberazioni.
2) Conversione di insaturi a basso peso molecolare in benzina utilizzabile (polimerizzazione). Molto lavoro è stato fatto in questo campo, sia qui che in America. Ma gli americani sono stati i primi a realizzare il processo su larga scala, il che suggerisce che anche noi dovremmo sviluppare il processo su larga scala tecnica. Ma oltre a questo, in Germania sono in funzione impianti costruiti secondo i processi americani.
3) Anche nel campo degli oli lubrificanti la Germania, grazie al contratto con l'America, ha acquisito esperienze straordinariamente importanti per la guerra attuale.
A questo proposito, abbiamo ottenuto non solo l'esperienza di Standard, ma anche, attraverso Standard, quella di General Motors e di altre importanti aziende automobilistiche statunitensi.
4) Vale la pena di citare un altro esempio notevole dell'effetto vantaggioso per noi del contratto tra l'IG e la Standard Oil: negli anni 1934/1935, il nostro governo aveva il massimo interesse a ritirare dall'estero uno stock di prodotti petroliferi particolarmente pregiati (in particolare, benzina e olio lubrificante per l'aviazione), e a tenerlo in riserva per un importo pari a circa 20 milioni di dollari al valore di mercato. Il governo tedesco chiese all'IG se non fosse possibile, sulla base delle relazioni amichevoli con la Standard Oil, acquistare questa quantità per conto della Farben; di fatto, però, come rappresentante del governo tedesco. Il fatto che siamo effettivamente riusciti, attraverso le più difficili trattative, ad acquistare

la quantità desiderata dal nostro governo dalla Standard Oil Company americana e dal gruppo olandese-inglese Royal-Dutch-Shell e a trasportarla in Germania, è stato possibile solo grazie all'aiuto della Standard Oil Co.

PIOMBO ETILICO PER LA WEHRMACHT

Un altro importante esempio di assistenza della Standard Oil alla Germania nazista - in collaborazione con la General Motors - fu la fornitura di piombo etilico. Il fluido etilico è un composto antidetonante utilizzato nei carburanti per l'aviazione e per le autovetture per eliminare i colpi e migliorare così l'efficienza dei motori; senza questi composti antidetonanti, la moderna guerra mobile sarebbe impraticabile.

Nel 1924 fu costituita a New York la Ethyl Gasoline Corporation, di proprietà congiunta della Standard Oil Company del New Jersey e della General Motors Corporation, per controllare e utilizzare i brevetti statunitensi per la produzione e la distribuzione di piombo tetraetile e fluido etilico negli Stati Uniti e all'estero. Fino al 1935, la fabbricazione di questi prodotti veniva effettuata solo negli Stati Uniti. Nel 1935, la Ethyl Gasoline Corporation trasferì il suo know-how in Germania per utilizzarlo nel programma di riarmo nazista. Questo trasferimento è avvenuto nonostante le proteste del governo statunitense[503].

L'intenzione della Ethyl di trasferire la sua tecnologia antidetonante alla Germania nazista fu portata all'attenzione dell'Army Air Corps di Washington, D.C. Il 15 dicembre 1934, E.W. Webb, presidente della Ethyl Gasoline, fu informato che Washington aveva appreso dell'intenzione di "formare una società tedesca con il G.I. per produrre piombo etilico in quel paese". Il Dipartimento della Guerra riferì che c'erano molte critiche a questo trasferimento di tecnologia, che avrebbe potuto "avere le più gravi ripercussioni" per gli Stati Uniti; che la domanda commerciale di piombo etilico in Germania era troppo piccola per essere interessante,

> ... è stato detto che la Germania si sta armando segretamente [e] che il piombo etilico sarebbe probabilmente un valido aiuto per gli aerei militari.[504]

La Ethyl fu quindi informata dall'Army Air Corps che "voi o il consiglio di amministrazione della Ethyl Gasoline non dovete in nessun caso rivelare in Germania alcun segreto o 'know-how' relativo alla produzione di piombo tetraetile".[505]

---

[503] Si veda la lettera del Dipartimento della Guerra degli Stati Uniti riprodotta nell'Allegato D.

[504] Congresso degli Stati Uniti. Senato. Audizioni davanti a una sottocommissione della Commissione per gli affari militari. *Scientific and Technical Mobilization*, (78° Congresso, 1ère sessione, S. 702), parte 16, (Washington: Government Printing Office, 1944), pag. 939. In seguito citata come "Mobilitazione *scientifica e tecnica*".

[505] Ibidem.

Il 12 gennaio 1935, Webb inviò al capo dell'Army Air Corps una "dichiarazione dei fatti", che era in effetti una negazione di qualsiasi trasferimento di queste conoscenze tecniche; propose di inserire una clausola di questo tipo nel contratto per evitare qualsiasi trasferimento. Tuttavia, contrariamente al suo impegno nei confronti dell'Army Air Corps, la Ethyl firmò successivamente un accordo di produzione congiunta con la I.G. Farben in Germania per formare la Ethyl G.m.b.H. e con la Montecatini nell'Italia fascista per lo stesso scopo.

Vanno ricordati i direttori della Ethyl Gasoline Corporation al momento del trasferimento[506] : E.W. Webb, presidente e direttore; C.F. Kettering; R.P. Russell; W.C. Teagle, Standard Oil of New Jersey e direttore della Georgia Warm Springs Foundation di FDR; F. A. Howard; E. M. Clark, Standard Oil of New Jersey; A. P. Sloan, Jr; D. Brown; J. T. Smith; e W. S. Parish della Standard Oil of New Jersey.

I file della I.G. Farben sequestrati alla fine della guerra confermano l'importanza di questo particolare trasferimento tecnico per la Wehrmacht tedesca:

> Dall'inizio della guerra, siamo stati in grado di produrre piombo tetraetile solo perché, poco prima dello scoppio della guerra, gli americani avevano allestito per noi impianti pronti per la produzione e ci avevano fornito tutto il know-how. In questo modo, non abbiamo dovuto svolgere il difficile lavoro di sviluppo, potendo avviare immediatamente la produzione sulla base di tutta l'esperienza acquisita dagli americani nel corso degli anni.[507]

Nel 1938, poco prima dello scoppio della guerra in Europa, la Luftwaffe tedesca aveva urgentemente bisogno di 500 tonnellate di piombo tetraetile. Un funzionario di DuPont informò la Germania che tali quantità di etile sarebbero state utilizzate per scopi militari.[508] Queste 500 tonnellate furono prestate dalla Ethyl Export Corporation di New York alla società tedesca Ethyl G.m.b.H., in una transazione concordata dal Ministero dell'Aria del Reich con il direttore della I.G. Farben, Mueller-Cunradi. La garanzia è stata concordata in una lettera del 21 settembre 1938[509] tramite Brown Brothers, Harriman & Co. di New York.

STANDARD OIL OF NEW JERSEY E GOMMA SINTETICA

Il trasferimento della tecnologia etilica alla macchina da guerra nazista si ripeté nel caso della gomma sintetica. Non c'è dubbio che la capacità della Wehrmacht tedesca di combattere la Seconda Guerra Mondiale sia dipesa dalla gomma sintetica - oltre che dal petrolio sintetico - perché la Germania non ha gomma

---

[506] Yearbook of Petroleum and Petroleum Products, 1938, pag. 89.

[507] *New York Times*, 19 ottobre 1945, p. 9.

[508] George W. Stocking & Myron W. Watkins, *Cartels in Action, (New* York: The Twentieth Century Fund, 1946), pag. 9.

[509] Per i documenti originali, si veda *NMT*, caso I.G. Farben, Volume VIII, pagg. 1189-94.

naturale e la guerra sarebbe stata impossibile senza la produzione di gomma sintetica della Farben. La Farben aveva un monopolio virtuale in questo campo e il programma di produzione delle grandi quantità necessarie era finanziato dal Reich:

> *Il volume di produzione previsto in questo settore superava di gran lunga le esigenze dell'economia in tempo di pace. Gli enormi costi coinvolti erano solo considerazioni di carattere militare, in cui era decisiva la necessità di autosufficienza a prescindere dai costi.*[510]

Come nel caso dei trasferimenti di tecnologia etilica, la Standard Oil of New Jersey era strettamente legata alla gomma sintetica di I.G. Farben. Alla fine degli anni '20 furono stipulati una serie di accordi di cartello congiunti per formare un monopolio mondiale comune della gomma sintetica. Il piano quadriennale di Hitler entrò in vigore nel 1937 e nel 1938 Standard fornì a I.G. Farben il suo nuovo processo per la gomma butilica. D'altro canto, Standard tenne segreto il processo tedesco di produzione della buna negli Stati Uniti e solo nel giugno 1940 Firestone e U.S. Rubber furono autorizzate a partecipare agli esperimenti sul butile e ottennero le licenze per la produzione di buna. Anche allora, lo Standard cercò di convincere il governo statunitense a finanziare un programma su larga scala per la buna, riservando i propri fondi al più promettente processo del butile.[511]

Pertanto, l'aiuto standard alla Germania nazista non si limitò al petrolio ricavato dal carbone, anche se questo fu il trasferimento più importante. Non solo il processo per il tetraetile fu trasferito a I.G. Farben e fu costruito un impianto in Germania di proprietà congiunta di I.G., General Motors e delle filiali di Standard, ma nel 1939 la filiale tedesca di Standard progettò un impianto tedesco per il gas d'aviazione. Il tetraetile fu consegnato in fretta e furia alla Wehrmacht e fu dato un aiuto significativo alla produzione di gomma butilica, mantenendo segreto negli Stati Uniti il processo Farben per la buna. In altre parole, la Standard Oil del New Jersey (prima sotto il presidente W.C. Teagle, poi sotto W.S. Farish) aiutò costantemente la macchina da guerra nazista rifiutandosi di aiutare gli Stati Uniti.

Questa sequenza di eventi non è stata casuale. Il presidente W.S. Farish sostenne che non fornire tale assistenza tecnica alla Wehrmacht "sarebbe stato ingiustificato".[512] L'assistenza era ben informata, durò più di un decennio e fu così importante che senza di essa la Wehrmacht non avrebbe potuto entrare in guerra nel 1939.

---

[510] *NMT*, caso I.G. Farben, volume VIII, pagg. 1264-5.

[511] Mobilitazione scientifica e tecnica, pag. 543.

[512] Robert Engler, *The Politics of Oil*, (New York: The MacMillan Company, 1961), pag. 102.

LA COMPAGNIA PETROLIFERA TEDESCO-AMERICANA (DAPAG)

La filiale di Standard Oil in Germania, Deutsche-Amerikanische Petroleum A.G. (DAPAG), era controllata al 94% da Standard Oil of New Jersey. DAPAG aveva filiali in tutta la Germania, una raffineria a Brema e una sede centrale ad Amburgo. Attraverso il DAPAG, la Standard Oil del New Jersey era rappresentata nei circoli interni del nazismo: il circolo Keppler e il circolo degli amici di Himmler. Uno dei direttori della DAPAG era Karl Lindemann, anche presidente della Camera di Commercio Internazionale in Germania, nonché direttore di diverse banche, tra cui la Dresdner Bank, la Deutsche Reichsbank e la banca privata di orientamento nazista C. Melchior & Company, e di numerose società, tra cui la HAPAG (Hamburg-Amerika Line). Lindemann rimase membro della cerchia di amici di Keppler fino al 1944, dando così alla Standard Oil del New Jersey un rappresentante nel cuore del nazismo. Un altro membro del consiglio di amministrazione del DAPAG era Emil Helfrich, che era stato uno dei primi membri del Circolo Keppler.

In breve, la Standard Oil of New Jersey aveva due membri del Circolo Keppler come direttori della sua filiale tedesca interamente controllata. I pagamenti al Circolo da parte della filiale della Standard Oil e di Lindemann e Helffrich in qualità di singoli direttori continuarono fino al 1944, l'anno prima della fine della Seconda guerra mondiale.[513]

---

[513] Per maggiori dettagli si veda il Capitolo 9.

CAPITOLO V

L'I.T.T. AIUTA ENTRAMBI I BELLIGERANTI

Così, mentre gli aerei Focke-Wolfe I.T.T. bombardavano le navi alleate e le linee I.T.T. trasmettevano informazioni ai sommergibili tedeschi, i radiotelecomandi I.T.T. salvavano altre navi dai siluri.
(Anthony Sampson, *Lo Stato sovrano dell'ITT.*, New York: Stein & Day, 1973, p. 40).

Il gigante multinazionale International Telephone and Telegraph (I.T.T.)[514] è stato fondato nel 1920 da Sosthenes Behn, un imprenditore originario delle Isole Vergini. Durante la sua vita, Behn fu l'incarnazione dell'uomo d'affari politicizzato, guadagnando i suoi profitti e costruendo l'impero I.T.T. attraverso manovre politiche piuttosto che attraverso il mercato competitivo. Nel 1923, grazie alla sua abilità politica, Behn acquisì il monopolio telefonico spagnolo, Compania Telefonica de España. Nel 1924, I.T.T., ora sostenuta dalla società J.P. Morgan, acquistò quello che in seguito divenne il gruppo International Standard Electric, con stabilimenti di produzione in tutto il mondo.

Il consiglio di amministrazione di I.T.T. rifletteva gli interessi di J.P. Morgan, con i soci Arthur M. Anderson e Russell Leffingwell. Lo studio legale Davis, Polk, Wardwell, Gardiner & Reed era rappresentato dai due soci minori Gardiner & Reed.

DIRETTORI DELL'I.T.T. NEL 1933 :

Direttori	Affiliazione con altre società di Wall Street
Arthur M. ANDERSON	Socio, J.P. MORGAN e New York Trust Company
Hernand BEHN	Banca d'America
Sostituire BEHN	BANCA NAZIONALE DELLA CITTÀ
F. Wilder BELLAMY	Partner di Dominick & Dominicik
John W. CUTLER	BANCA NAZIONALE GRACE, Lee Higginson
George H. GARDINER	Partner di Davis, Polk, Wardwell, Gardiner & Reed
Allen G. HOYT	BANCA NAZIONALE DELLA CITTÀ
Russell C. LEFFINGWELL	J.P. MORGAN, partner, e CARNEGIE CORP.
Bradley W. PALMER	Presidente del Comitato esecutivo, FRUIT UNI

---

[514] Per un'eccellente rassegna delle attività mondiali dell'I.T.T., si veda Anthony Sampson, *The Sovereign State of I.T.T.*, (New York: Stein & Day, 1973).

Lansing P. REED — Partner presso Davis, Polk Wardwell, Gardiner & Reed

La National City Bank (NCB) del Gruppo Morgan era rappresentata da due amministratori, Sosthenes Behn e Allen G. Hoyt. In breve, I.T.T. era una società controllata da Morgan; e abbiamo già notato l'interesse delle società controllate da Morgan per la guerra e la rivoluzione all'estero e per le manovre politiche negli Stati Uniti.[515]

Nel 1930, Behn acquisisce la holding tedesca Standard Elekrizitäts A.G., controllata da I.T.T. (62% delle azioni con diritto di voto), A.E.G. (81,1% delle azioni con diritto di voto) e Felton & Guilleaume (6% delle azioni con diritto di voto). In questa transazione, Standard ha acquisito due impianti di produzione tedeschi e una partecipazione di maggioranza nella Telefonfabrik Berliner A.G.I.T.T. Ha fornito anche le filiali di Standard in Germania, Ferdinand Schuchardt Berliner Fernsprech-und Telegraphenwerk A.G. nonché Mix & Genest di Berlino e Suddeutsche Apparate Fabrik G.m.b.H. di Norimberga.

È interessante notare che mentre l'I.T.T. di Sosthenes Behn controllava le compagnie telefoniche e gli impianti di produzione in Germania, il traffico via cavo tra gli Stati Uniti e la Germania era controllato dalla Deutsch-Atlantische Telegraphengesellschaft (la Compagnia Tedesca dei Cavi Atlantici). Questa società, insieme alla Commercial Cable Company e alla Western Union Telegraph Company, deteneva il monopolio delle comunicazioni via cavo transatlantiche tra gli Stati Uniti e la Germania. W.A. Harriman & Company acquistò un blocco di 625.000 azioni della Deutsch-Atlantische nel 1925, e il consiglio di amministrazione della società comprendeva un'insolita serie di personaggi, molti dei quali già incontrati altrove. Ne facevano parte, ad esempio, H. F. Albert, l'agente di spionaggio tedesco negli Stati Uniti durante la Prima Guerra Mondiale, Von Berenberg-Gossler, ex collaboratore di Franklin D. Roosevelt, e il dottor Cuno, ex cancelliere tedesco dell'era inflazionistica del 1923. L'I.T.T. negli Stati Uniti era rappresentata nel consiglio di amministrazione da von Guilleaume e Max Warburg della famiglia bancaria Warburg.

IL BARONE KURT VON SCHRODER E L'I.T.T.

Non vi è traccia di pagamenti diretti effettuati dall'I.T.T. a Hitler prima della presa di potere nazista nel 1933. Invece, numerosi pagamenti sono stati effettuati a Heinrich Himmler alla fine degli anni '30 e durante la stessa Seconda Guerra Mondiale attraverso le filiali tedesche di I.T.T.. Il primo incontro tra Hitler e i funzionari dell'I.T.T. - per quanto ne sappiamo - fu riferito nell'agosto 1933[516], quando Sosthenes Behn e il rappresentante tedesco dell'I.T.T., Henry Manne, si incontrarono con Hitler a Berchtesgaden. Successivamente, Behn entrò in contatto con la cerchia di Keppler (si veda il Capitolo 9) e, sotto l'influenza di Keppler, il barone nazista Kurt von Schröder divenne il custode degli interessi dell'I.T.T. in

---

[515] Si veda anche Sutton, *Wall Street e la rivoluzione bolscevica*, op. cit.

[516] *New York Times*, 4 agosto 1933.

Germania. Schröder ha fatto da tramite per il denaro dell'I.T.T. all'organizzazione delle SS di Heinrich Himmler nel 1944, quando era in corso la Seconda Guerra Mondiale e gli Stati Uniti erano in guerra con la Germania.[517]

Tramite Kurt Schröder, Behn e la sua I.T.T. ottennero l'accesso all'industria tedesca degli armamenti, altamente redditizia, e acquisirono importanti partecipazioni in aziende tedesche di armamenti, tra cui gli aerei Focke-Wolfe. Queste operazioni di armamento generavano profitti considerevoli, che avrebbero potuto essere rimpatriati alla casa madre americana. Ma furono reinvestiti nel riarmo tedesco. Questo reinvestimento dei profitti nelle aziende tedesche produttrici di armi con il pretesto che Wall Street era innocente dei mali del riarmo tedesco - e che non conosceva nemmeno le intenzioni di Hitler - è fraudolento. In particolare, l'acquisto da parte di I.T.T. di una quota sostanziale di Focke-Wolfe significava, come ha sottolineato Anthony Sampson, che I.T.T. produceva aerei tedeschi usati per uccidere gli americani e i loro alleati - e la società realizzava ottimi profitti.

Con Kurt von Schröder, l'I.T.T. ebbe accesso al cuore dell'élite di potere nazista. Chi era Schröder? Il barone Kurt von Schröder nacque ad Amburgo nel 1889 da un'antica e consolidata famiglia di banchieri tedeschi. Un ex membro della famiglia Schröder si trasferì a Londra, cambiò il suo nome in Schroder (senza la dieresi) e organizzò la società bancaria J. Henry Schroder a Londra e la J. Henry Schroder Banking Corporation a New York. ᵉKurt von Schröder divenne anche socio della banca privata di Colonia, J. H. Stein & Company, fondata alla fine del XVIII secolo. Sia Schröder che Stein erano stati promotori, insieme a finanziatori francesi, del movimento separatista tedesco del 1919 che tentava di separare la ricca Renania dalla Germania e dai suoi problemi. Durante questa fuga, i principali industriali renani si incontrarono a casa di J. H. Stein il 7 gennaio 1919 e qualche mese dopo organizzarono un incontro, sotto la presidenza di Stein, per costruire il sostegno pubblico al movimento separatista. L'azione del 1919 è fallita. Il gruppo ci riprovò nel 1923 e guidò un altro movimento per separare la Renania dalla Germania e porla sotto la protezione francese. Anche questo tentativo è fallito. Kurt von Schröder si legò poi a Hitler e ai primi nazisti e, come nei movimenti separatisti della Renania del 1919 e del 1923, Schröder rappresentò e lavorò per gli industriali tedeschi e i produttori di armi.

In cambio del sostegno finanziario e industriale organizzato da von Schröder, egli ottenne in seguito prestigio politico. Subito dopo l'ascesa al potere dei nazisti nel 1933, Schröder divenne il rappresentante tedesco presso la Banca dei Regolamenti Internazionali, che Quigley definisce l'apice del sistema di controllo internazionale, nonché il capo del gruppo di banchieri privati che consigliavano la Reichsbank tedesca. Heinrich Himmler nominò Schroder capo gruppo delle S.S. e Himmler divenne a sua volta un membro di spicco del Circolo di Keppler (vedi capitolo nove).

Nel 1938, la Schroder Bank di Londra divenne l'agente finanziario tedesco in Gran Bretagna, rappresentato alle riunioni finanziarie dal suo amministratore delegato (e direttore della Banca d'Inghilterra), F.C. Tiarks. Durante la Seconda

---

[517] Si veda anche il Capitolo 9 per le prove documentali di questi pagamenti I.T.T. alle SS.

guerra mondiale, il barone Schröder aveva acquisito un'impressionante lista di connessioni politiche e bancarie che riflettevano un'ampia influenza; è stato persino riferito al Comitato americano Kilgore che Schroder era abbastanza influente nel 1940 da portare Pierre Laval al potere in Francia. Secondo l'elenco del Comitato Kilgore, le acquisizioni politiche di Schroder nei primi anni '40 erano le seguenti:

Senior Group Leader SS.	Gruppo commerciale per il commercio all'ingrosso e all'estero - Responsabile.
Croce di ferro, prima e seconda classe.	Akademie fur Deutsches Recht (Accademia di diritto tedesco) - Membro
Console generale di Svezia.	Città di Colonia - Consigliere.
Camera di Commercio Internazionale - Membro del Comitato amministrativo.	Università di Colonia - Membro del consiglio di amministrazione.
Consiglio postale del Reich - Membro del comitato consultivo.	Fondazione Kaiser Wilhelm - Senatore.
Assemblea dell'industria e del commercio tedesco - Membro di presidenza.	Consiglio consultivo tedesco-albanese.
Membro del Consiglio del Reich per gli affari economici.	Commodity Clearing House - Membro.
Deutsche Reichsbahn - Presidente del Consiglio di Amministrazione.	Comitato di lavoro del Gruppo del Reich per l'Industria e il Commercio - Vicepresidente[518]

Le connessioni bancarie di Schröder erano altrettanto impressionanti e le sue connessioni commerciali (non menzionate qui) occupavano due pagine:

Banca dei Regolamenti Internazionali - Membro del Comitato esecutivo.	Deutsche Verkehrs-Kredit-Bank, A.G., Berlino (controllata da Deutsche Reichsbank) - Presidente del Consiglio di Amministrazione.
J.H. Stein & Co, Colonia - Partner (la Banque Worms era il corrispondente francese).	Deutsche Ueberseeische Bank (controllata da Deutsche Bank, Berlino) - Amministratore[519]
Deutsche Reichsbank, Berlino. Consulente del Consiglio di amministrazione.	Wirtschaftsgruppe Private Bankegewerbe - Leader.

Fu Schroder che, dopo il 1933, rappresentò Sosthenes Behn dell'I.T.T. e gli interessi dell'I.T.T. nella Germania nazista. Proprio perché Schroder aveva ottimi rapporti politici con Hitler e con lo Stato nazista, Behn lo nominò nei consigli di amministrazione di tutte le aziende tedesche del settore I.T.T.: Standard Electrizitatswerke A.G. di Berlino, C. Lorenz A.G. di Berlino e Mix & Genest A.G. (di cui Standard deteneva il 94%).

A metà degli anni Trenta, un altro legame fu stabilito tra Wall Street e Schroder, questa volta dai Rockefeller. Nel 1936, le attività di sottoscrizione e di titoli generali della J. Henry Schroder Banking Corporation di New York furono fuse in una nuova società di investment banking, la Schroder, Rockefeller & Company, Inc. al 48 di Wall Street. Carlton P. Fuller della Schroder Banking

---

[518] Eliminazione delle risorse tedesche, pag. 871.

[519] Ibidem.

Corporation divenne presidente e Avery Rockefeller, figlio di Percy Rockefeller (fratello di John D. Rockefeller) divenne vicepresidente e direttore della nuova società. In precedenza, Avery Rockefeller era stato un collaboratore dietro le quinte della J. Henry Schroder Banking Corporation; la nuova società lo fece uscire dal guardaroba.[520]

WESTRICK, TEXACO E I.T.T.

L'I.T.T. aveva un'altra via d'accesso alla Germania nazista, attraverso l'avvocato tedesco Gerhard Westrick. Westrick faceva parte di un gruppo selezionato di tedeschi che erano stati spie negli Stati Uniti durante la Prima guerra mondiale. Questo gruppo comprendeva non solo Kurt von Schröder e Westrick, ma anche Franz von Papen - che incontriamo in compagnia di James Paul Warburg della Manhattan Bank nel capitolo dieci - e il dottor Heinrich Albert. Albert, apparentemente addetto commerciale tedesco negli Stati Uniti durante la Prima guerra mondiale, era in realtà responsabile del finanziamento del programma di spionaggio di von Papen. Dopo la prima guerra mondiale, Westrick e Albert formarono lo studio legale Albert & Westrick, specializzato in prestiti di riparazione a Wall Street, da cui trassero grandi vantaggi. Albert & Westrick si occupò della parte tedesca dei prestiti della J. Henry Schroder Bank, mentre lo studio Sullivan and Cromwell di John Foster Dulles a New York si occupò della parte americana dei prestiti di Schroder.

Poco prima della Seconda Guerra Mondiale, l'operazione di spionaggio Albert-Papen-Westrick iniziò a ripetersi negli Stati Uniti, ma questa volta le autorità americane furono più vigili. Westrick giunse negli Stati Uniti nel 1940, apparentemente come addetto commerciale ma in realtà come rappresentante personale di Ribbentrop. Il flusso di visite all'influente Westrick da parte di importanti direttori di compagnie petrolifere e industriali americane portò Westrick all'attenzione dell'FBI.

A quel punto, Westrick è diventato direttore di tutte le I. operazioni T.T. in Germania, al fine di proteggere I. Gli interessi di T.T. durante il previsto coinvolgimento degli Stati Uniti nella guerra europea.[521] Tra le altre iniziative, Westrick tentò di persuadere Henry Ford a tagliare le forniture alla Gran Bretagna, e il trattamento favorevole riservato dai nazisti agli interessi di Ford in Francia suggerisce che Westrick ebbe un parziale successo nel neutralizzare gli aiuti americani alla Gran Bretagna.

Sebbene il rapporto commerciale più importante di Westrick negli Stati Uniti durante la guerra fosse quello con la International Telephone and Telegraph, egli rappresentò anche altre aziende americane, tra cui Underwood Elliott Fisher, proprietaria dell'azienda tedesca Mercedes Buromaschinen A.G., Eastman Kodak,

---

[520] *New York Times*, 20 luglio 1936.

[521] Anthony Sampson riferisce di un incontro tra il vicepresidente dell'I.T.T. Kenneth Stockton e Westrick in cui è stata pianificata la conservazione delle proprietà dell'I.T.T.. Cfr. Anthony Sampson, op. cit. p. 39.

che aveva una filiale Kodak in Germania, e la International Milk Corporation, con una filiale ad Amburgo. Tra i contratti di Westrick (e quello che ha ricevuto maggiore pubblicità) c'è un contratto per la fornitura di petrolio alla Marina tedesca da parte di Texaco, che egli organizzò con Torkild Rieber, presidente del consiglio di amministrazione di Texaco.

Nel 1940, Rieber discusse un accordo petrolifero con Hermann Goering, e Westrick negli Stati Uniti lavorò per la Texas Oil Company. La sua auto è stata acquistata con fondi Texaco e la domanda di patente di Westrick riportava Texaco come indirizzo di lavoro. Queste attività furono rese pubbliche il 12 agosto 1940. Rieber si dimise da Texaco e Westrick tornò in Germania. Due anni dopo, Rieber era presidente della South Carolina Shipbuilding and Dry Docks, che supervisionava la costruzione di navi della Marina degli Stati Uniti per un valore di oltre 10 milioni di dollari, e direttore della Barber Asphalt Corporation e della Seaboard Oil Company of Ohio, di proprietà della famiglia Guggenheim.[522]

I. T.T. IN GERMANIA DURANTE LA GUERRA

Nel 1939, I.T.T. negli Stati Uniti controllava Standard Elektrizitats in Germania, e a sua volta Standard Elektrizitats controllava il 94% di Mix & Genest. Nel consiglio di amministrazione della Standard Elektrizitats c'erano il barone Kurt von Schröder, un banchiere nazista al centro del nazismo, ed Emil Heinrich Meyer, cognato del Segretario di Stato Keppler (fondatore del Circolo Keppler) e direttore della General Electric tedesca. Schröder e Meyer erano anche direttori di Mix & Genest e dell'altra filiale di I.T.T., la C. Lorenz Company. Lorenz Company; entrambe le filiali di I.T.T. hanno contribuito in termini monetari al Circolo degli Amici di Himmler, ovvero al fondo cassa delle SS naziste. Fino al 1944, Mix & Genest pagò 5.000 RM a Himmler e 20.000 RM a Lorenz. In breve, durante la Seconda Guerra Mondiale, la International Telephone and Telegraph effettuò pagamenti in contanti al leader delle S.S. Heinrich Himmler. Questi pagamenti hanno permesso a I.T.T. di proteggere il suo investimento in Focke-Wolfe, un'azienda produttrice di aerei da combattimento utilizzati contro gli Stati Uniti.

L'interrogatorio di Kurt von Schröder del 19 novembre 1945 evidenzia la natura deliberata della stretta e proficua relazione tra il colonnello dell'I.T.T. Sosthenes Behn, Westrick, Schröder e la macchina bellica nazista durante la Seconda Guerra Mondiale, e che tale relazione era deliberata e ben informata:

---

[522] Le notizie secondo cui Rieber avrebbe ricevuto 20.000 dollari dai nazisti sono infondate. Questi rapporti sono stati indagati dall'FBI senza alcuna prova. Cfr. Senato degli Stati Uniti, Sottocommissione per indagare sull'amministrazione del . Internal Security Act, Committee on the Judiciary, *Morgenthau Journal (Germany)*, Volume I, 90ème Congress, 1ère session, 20 November 1967, (Washington: U.S. Government Printing Office, 1967), pp. 316-8. Su Rieber, si veda anche l'*Appendice al Congressional Record*, 20 agosto 1942, p, A 1501-2, osservazioni dell'onorevole John M. Coffee.

Q. Nella sua precedente testimonianza ha citato una serie di società in Germania in cui la International Telephone and Telegraph Company o la Standard Electric Company avevano interessi. L'International Telephone and Telegraph Company o la Standard Electric Company avevano partecipazioni in altre aziende in Germania?
A. Sì. Poco prima della guerra, l'azienda Lorenz acquisì una partecipazione di circa il 25% nella società Focke-Wolfe A.G. di Brema. Focke-Wolfe produceva aerei per il Ministero dell'Aviazione tedesco. Credo che in seguito, quando Focke-Wolfe si espanse e acquisì più capitale, la partecipazione della società Lorenz scese un po' al di sotto di questo 25%.
Q. Quindi questa partecipazione della società Lorenz in Focke-Wolfe è iniziata dopo che la società Lorenz era quasi al 100% di proprietà e controllata dal colonnello Behn attraverso la International Telephone and Telegraph Company?
A. Sì.
Q. Il colonnello Behen *[sic]* approvò questo investimento della società Lorenz in Focke-Wolfe?
A. Sono convinto che il colonnello Behn abbia approvato la transazione prima che i suoi rappresentanti, che erano in stretto contatto con lui, la approvassero ufficialmente.
Q. In quale anno Lorenz ha effettuato l'investimento che le ha permesso di ottenere una partecipazione del 25% in Foeke-Wolfe?
A. Ricordo che era poco prima dello scoppio della guerra, cioè poco prima dell'invasione della Polonia. [Ed: 1939]
Q Westrick è a conoscenza dei dettagli delle partecipazioni della società Lorenz in Foeke-Wolfe, Bremen AG?
A. Sì, meglio di me.
Q. Quanto ha investito la società Lorenz nella AG Focke-Wolfe di Brema, conferendole una quota iniziale del 25%?
A. RM 250.000.000 inizialmente, importo che fu aumentato considerevolmente, ma non ricordo a quanto ammontino gli investimenti aggiuntivi effettuati dalla società Lorenz presso la Focke-Wolfe A.G. di Brema.
Q. Dal 1933 fino allo scoppio della guerra europea, il colonnello Behn era in grado di trasferire i profitti degli investimenti delle sue società in Germania alle sue società negli Stati Uniti?
A. Sì. Anche se le sue società avrebbero dovuto prendere un po' meno dei dividendi completi a causa della difficoltà di ottenere la valuta estera, la maggior parte dei profitti avrebbe potuto essere trasferita alla società del colonnello Behn negli Stati Uniti. Tuttavia, il colonnello Behn non ha scelto di farlo e non mi ha mai chiesto se potevo farlo per lui. Sembrava invece perfettamente soddisfatto che tutti i profitti delle aziende in Germania, che lui e i suoi interessi controllavano, fossero reinvestiti in nuovi edifici e macchinari e in qualsiasi altra impresa di produzione di armi.
Un'altra di queste aziende, la Huth and Company, G.m.b.H., di Berlino, produceva componenti radio e radar, molti dei quali venivano utilizzati nelle attrezzature delle forze armate tedesche. Se non ricordo male, la Lorenz Company aveva una quota del 50% della Huth and Company. L'azienda Lorenz aveva anche una piccola filiale che fungeva da agenzia di vendita per l'azienda Lorenz ai privati.
Q. Lei è stato membro del consiglio di amministrazione dell'azienda Lorenz dal 1935 circa fino ad oggi. In quel periodo, l'azienda Lorenz e alcune altre società, come Foeke-Wolfe, con cui aveva una partecipazione sostanziale, erano impegnate nella produzione di attrezzature per gli armamenti e la produzione bellica. Ha saputo o sentito parlare di qualche protesta da parte del colonnello Behn o dei suoi rappresentanti contro queste società impegnate in queste attività di preparazione della Germania alla guerra?

A. No.

Q. È sicuro che in nessun'altra occasione Westrick, Mann [sic], il colonnello Behn o qualsiasi altra persona legata agli interessi della Compagnia Internazionale del Telefono e del Telegrafo in Germania le abbiano chiesto di intervenire per conto della compagnia presso le autorità tedesche?

A. Sì. Non ricordo alcuna richiesta di intervento in un caso importante per la società Lorenz o per qualsiasi altro interesse telefonico e telegrafico internazionale in Germania.

Ho letto il verbale di questo interrogatorio e giuro che le risposte che ho dato alle domande dei signori Adams e Pajus sono corrette per quanto a mia conoscenza. s/Kurt von Schröder

È questa storia di cooperazione dell'I.T.T. con i nazisti durante la Seconda Guerra Mondiale e di associazione dell'I.T.T. con il nazista Kurt von Schröder che l'I.T.T. ha cercato di nascondere - e ci è quasi riuscita. James Stewart Martin racconta che durante le riunioni di pianificazione della Divisione Finanza della Commissione di Controllo, gli fu assegnato di lavorare con il capitano Norbert A. Bogdan, che, fuori dall'uniforme, era vicepresidente della J. Henry Schroder Banking Corporation di New York. Martin racconta che "il capitano Bogdan si era opposto con forza all'indagine sulla Stein Bank, sostenendo che fosse una "sciocchezza".[523] Poco dopo aver bloccato questa manovra, due membri dello staff permanente di Bogdan chiesero il permesso di indagare sulla Stein Bank - sebbene Colonia non fosse ancora caduta sotto le forze statunitensi. Martin ricorda che "la divisione di intelligence lo bloccò", ma alcune informazioni sull'operazione bancaria Stein-Schröder-I.T.T. furono diffuse.

---

[523] James Stewart Martin, op. cit. p. 52.

CAPITOLO VI

HENRY FORD E I NAZISTI

Vorrei sottolineare l'importanza che gli alti funzionari [nazisti] attribuiscono al rispetto del desiderio e al mantenimento della buona volontà di "Ford", e per "Ford" intendo suo padre, lei e la Ford Motor Company di Dearborn.
(Josiah E. Dubois, Jr, *Generals in Grey Suits*,
London: The Bodley Head, 1953, p. 250).

Henry Ford è spesso considerato un enigma tra l'élite di Wall Street. Per molti anni, negli anni Venti e Trenta, Ford fu conosciuto come un nemico dell'establishment finanziario. Ford accusò Morgan e altri di usare la guerra e la rivoluzione come mezzo per ottenere profitti colossali e di usare la loro influenza nei circoli socio-politici come mezzo di arricchimento personale. Nel 1938, Henry Ford, nelle sue dichiarazioni pubbliche, aveva diviso i finanzieri in due classi: quelli che traevano profitto dalla guerra e usavano la loro influenza per provocare la guerra con grande profitto, e i finanzieri "costruttivi". In quest'ultimo gruppo includeva ora la Casa di Morgan. [524]In un'intervista rilasciata al *New York Times* nel 1938, Ford ha dichiarato: "Non è un caso che il nostro Paese abbia un'idea di come si possa fare:

> *Qualcuno ha detto che sessanta famiglie gestiscono le fortune della nazione. Si potrebbe dire che, se si puntassero i riflettori su venticinque persone che gestiscono le finanze della nazione, si evidenzierebbero con forza i veri artefici della guerra nel mondo.*

Il giornalista *del Times* ha chiesto a Ford in che modo confrontasse questa valutazione con le sue critiche di lunga data a Morgan House, e Ford ha risposto:

> *Esiste una Wall Street costruttiva e una Wall Street distruttiva. La Casa di Morgan rappresenta il lato costruttivo. Conosco il signor Morgan da molti anni. Ha sostenuto e appoggiato Thomas Edison, che era anche mio buon amico...*

Dopo aver denunciato i mali della limitata produzione agricola - presumibilmente causata da Wall Street - Ford continuò,

---

[524] 4 giugno 1938, 2:2.

... se questi finanzieri avessero avuto la loro strada, ora saremmo in guerra. Vogliono la guerra perché guadagnano da questi conflitti, dalla miseria umana che le guerre portano.

D'altra parte, se indaghiamo su queste dichiarazioni pubbliche, scopriamo che Henry Ford e suo figlio Edsel Ford erano all'avanguardia tra gli uomini d'affari americani che cercavano di essere presenti su entrambi i lati di ogni recinto ideologico nella ricerca del profitto. Secondo gli standard della stessa Ford, i Ford sono tra gli elementi "distruttivi".

Fu Henry Ford che negli anni '30 costruì la prima fabbrica di automobili moderne dell'Unione Sovietica (a Gorky) e che negli anni '50 e '60 produsse i camion utilizzati dai nordvietnamiti per trasportare armi e munizioni da usare contro gli americani.[525] Nello stesso periodo, Henry Ford fu anche il più famoso finanziatore straniero di Hitler e, negli anni Trenta, fu ricompensato per questo sostegno sostenuto con la più alta decorazione nazista per stranieri.

Questo favore nazista ha provocato una tempesta di polemiche negli Stati Uniti e alla fine è degenerato in uno scambio di note diplomatiche tra il governo tedesco e il Dipartimento di Stato. Sebbene Ford abbia pubblicamente protestato di non amare i governi totalitari, nella pratica scopriamo che Ford ha consapevolmente tratto profitto da entrambe le parti della Seconda Guerra Mondiale: dalle fabbriche francesi e tedesche che producevano veicoli per la Wehrmacht e da quelle americane che costruivano veicoli per l'esercito statunitense, a tutto vantaggio del gruppo Ford.

Le proteste di innocenza di Henry Ford suggeriscono, come vedremo in questo capitolo, che egli non approvava che i finanzieri ebrei traessero profitto dalla guerra (come alcuni fecero), ma se l'antisemita Morgan[526] e Ford stesso traevano profitto dalla guerra, ciò era accettabile, morale e "costruttivo".

HENRY FORD: IL PRIMO FINANZIATORE STRANIERO DI HITLER

Il 20 dicembre 1922, il *New York Times* riportò su[527] che il costruttore di automobili Henry Ford stava finanziando i movimenti nazionalisti e antisemiti di Adolf Hitler a Monaco.

Contemporaneamente, il giornale berlinese *Berliner* Tageblatt chiese all'ambasciatore statunitense a Berlino di indagare e fermare l'intervento di Henry Ford negli affari interni tedeschi. Si dice che i finanziatori stranieri di Hitler abbiano fornito un "quartier generale spazioso" con una "schiera di luogotenenti e

---

[525] Un elenco di questi veicoli Gorky e dei loro numeri di modello si trova in Antony G. Sutton, *National Suicide: Military Aid to the Soviet Union,* (New York: Arlington House Publishers, 1973), Tabella 7-2, pag. 125.

[526] La Morgan House era nota per le sue posizioni antisemite.

[527] Pagina 2, colonna 8.

funzionari altamente pagati". Il ritratto di Henry Ford era ben visibile sulle pareti dell'ufficio personale di Hitler:

> *La parete dietro la scrivania dell'ufficio privato di Hitler è decorata con una grande fotografia di Henry Ford. Nell'anticamera c'è un grande tavolo coperto di libri, quasi tutti traduzioni di un libro scritto e pubblicato da Henry Ford.*[528]

Lo stesso *New York* Times ha commentato che la domenica precedente Hitler aveva recensito,

> *Il Battaglione d'assalto..., 1000 giovani in uniformi nuove di zecca e armati di revolver e mazze, mentre Hitler e i suoi scagnozzi girano su due potenti auto nuove di zecca.*

Il *Times* fa una chiara distinzione tra i partiti monarchici tedeschi e il partito fascista antisemita di Hitler. Henry Ford, è stato notato, ignorò i monarchici Hohenzollern e investì il suo denaro nel movimento rivoluzionario di Hitler.

Questi fondi Ford furono utilizzati da Hitler per fomentare la ribellione bavarese. La ribellione fallì e Hitler fu catturato e processato. Nel febbraio 1923, durante il processo, Auer, il vicepresidente del parlamento bavarese, testimoniò:

> *Il Parlamento bavarese sa da tempo che il movimento hitleriano è stato in parte finanziato da un leader antisemita americano, che è Henry Ford. L'interesse di Ford per il movimento antisemita bavarese è iniziato un anno fa, quando uno dei suoi agenti, cercando di vendere trattori, è entrato in contatto con Diedrich Eckhart, il noto pantedesco. Poco dopo, il signor Eckhart chiese all'agente del signor Ford un aiuto finanziario. L'agente tornò in America e subito il denaro del signor Ford cominciò ad arrivare a Monaco.*
>
> *Hitler si vanta apertamente del sostegno di Ford e lo elogia come grande individualista e antisemita. Una fotografia del signor Ford è appesa nell'ufficio del signor Hitler, che è il centro del movimento monarchico.*[529]

Hitler ricevette una pena detentiva morbida e confortevole per le sue attività rivoluzionarie bavaresi. Il resto delle sue attività gli permise di scrivere *il Mein Kampf*. Il libro di Henry Ford *"L'ebreo internazionale"*, precedentemente distribuito dai nazisti, fu tradotto da questi ultimi in una dozzina di lingue e Hitler ne utilizzò testualmente alcune parti per scrivere *il Mein Kampf*.[530]

---

[528] Ibidem.

[529] Jonathan Leonard, *The Tragedy of Henry Ford* (New York: G.P. Putnam's Sons, 1932), pag. 208. Si veda anche il fascicolo decimale del Dipartimento di Stato degli Stati Uniti, microcopia M 336 dell'Archivio Nazionale, rotolo 80, documento 862.00S/6, "Fonti di denaro di Hitler", un rapporto dell'ambasciata statunitense a Berlino.

[530] Cfr. Keith Sward, *The Legend of Henry Ford* (New York: Rinehart & Co, 1948), pag. 139.

Vedremo più avanti che il sostegno di Hitler alla fine degli anni Venti e all'inizio degli anni Trenta proveniva dai cartelli dell'industria chimica, siderurgica ed elettrica, piuttosto che direttamente da singoli industriali. Nel 1928, Henry Ford fonde i suoi beni tedeschi con quelli del cartello chimico I.G. Farben. Una quota importante, il 40% della Ford Motor A.G. tedesca, fu trasferita alla I.G. Farben; Carl Bosch della I.G. Farben divenne il capo della Ford A.G. Motor in Germania.

Contemporaneamente, negli Stati Uniti, Edsel Ford entrò a far parte del consiglio di amministrazione dell'americana I.G. Farben (vedi capitolo due).

HENRY FORD RICEVE UNA DECORAZIONE NAZISTA

Un decennio dopo, nell'agosto del 1938 - dopo che Hitler era salito al potere con l'aiuto dei cartelli - Henry Ford fu insignito della Gran Croce dell'Aquila Tedesca, un premio nazista destinato agli stranieri illustri. Il *New York Times* riportò che questa era la prima volta che la Gran Croce veniva assegnata negli Stati Uniti e che era per celebrare il 75° compleanno di Henry Ford.[e531]

La decorazione ha sollevato una tempesta di critiche nei circoli sionisti statunitensi. Ford fece marcia indietro fino al punto di incontrare pubblicamente il rabbino Leo Franklin di Detroit per esprimere la sua simpatia per la situazione degli ebrei tedeschi:

> *La mia accettazione di una medaglia del popolo tedesco [dice Ford] non implica, come alcuni sembrano pensare, alcuna simpatia da parte mia per il nazismo. Chi mi conosce da molti anni si renderà conto che tutto ciò che genera odio mi ripugna.*[532]

La questione della medaglia nazista fu ripresa in un discorso a Cleveland dal Segretario agli Interni Harold Ickes. Ickes ha criticato Henry Ford e il colonnello Charles A. Lindbergh per aver accettato le medaglie naziste. La parte curiosa del discorso di Ickes, pronunciato a un banchetto della Società sionista di Cleveland, è la sua critica agli "ebrei ricchi" e alla loro acquisizione e uso della ricchezza:

> *Un errore commesso da un milionario non ebreo si riflette solo su di lui, ma un passo falso commesso da un ricco ebreo si riflette su tutta la sua razza. È dura e ingiusta, ma è un fatto che va affrontato.*[533]

Forse Ickes si riferiva tangenzialmente al ruolo dei Warburg nel cartello I.G. Farben: i Warburg facevano parte del consiglio di amministrazione di I.G. Farben negli Stati Uniti e in Germania. Nel 1938, i Warburg furono cacciati dalla

---

[531] *New York Times*, 1er agosto 1938.

[532] Ibidem, 1er dicembre 1938, 12:2.

[533] Ibidem, 19 dicembre 1938, 5:3.

Germania dai nazisti. Altri ebrei tedeschi, come i banchieri Oppenheim, fecero pace con i nazisti e ricevettero lo "status onorario di ariano".

FORD MOTOR COMPANY CONTRIBUISCE ALLO SFORZO BELLICO TEDESCO

Una sottocommissione del Congresso del dopoguerra che indagò sul sostegno americano allo sforzo militare nazista descrisse il modo in cui i nazisti riuscirono a ottenere assistenza tecnica e finanziaria dagli Stati Uniti come "abbastanza fantastico".[534] Tra le altre prove, alla commissione è stato mostrato un memorandum preparato negli uffici della Ford-Werke A.G. il 25 novembre 1941, scritto dal Dr. H. F. Albert a R. H. Schmidt, allora presidente del consiglio di amministrazione della Ford-Werke A.G.. Il memorandum citava i vantaggi di avere la maggioranza dell'azienda tedesca di proprietà della Ford Motor Company di Detroit. La Ford tedesca era stata in grado di scambiare i pezzi della Ford con la gomma e i materiali bellici essenziali necessari nel 1938 e nel 1939 "e non avrebbe potuto farlo se la Ford non fosse stata di proprietà degli Stati Uniti". Inoltre, con una maggioranza di interessi americani, la Ford tedesca "sarebbe stata più facilmente in grado di intervenire e dominare le partecipazioni della Ford in tutta Europa". Il Comitato ha persino riferito che due alti dirigenti tedeschi della Ford avevano discusso personalmente su chi avrebbe controllato la Ford d'Inghilterra, tanto che "uno di loro alla fine si è alzato e ha lasciato la stanza disgustato".

Secondo le prove presentate al Comitato, alla fine degli anni '30 la Ford-Werke A.G. è stata tecnicamente trasformata in una società tedesca. Tutti i veicoli e le loro parti erano prodotti in Germania, da operai tedeschi, con materiali tedeschi e sotto la gestione tedesca, ed esportati nei territori europei e d'oltremare degli Stati Uniti e della Gran Bretagna.

Le materie prime straniere necessarie, gomma e metalli non ferrosi, sono state ottenute attraverso l'azienda americana Ford. L'influenza americana era stata più o meno trasformata in una posizione di supporto *(Hilfsstellung)* per le fabbriche Ford tedesche.

All'inizio della guerra, la Ford-Werke si mise a disposizione della Wehrmacht per la produzione di armi. I nazisti ritenevano che, finché la Ford-Werke A.G. fosse stata prevalentemente americana, sarebbe stato possibile portare sotto l'influenza tedesca anche le altre aziende europee della Ford, cioè la Ford-Werke A.G. - e quindi attuare la politica nazista della "Grande Europa" negli stabilimenti Ford di Amsterdam, Anversa, Parigi, Budapest, Bucarest e Copenaghen:

> *Una maggioranza, anche se esigua, di americani è indispensabile per la trasmissione degli ultimi modelli americani, nonché dei metodi di produzione e di vendita americani. Con l'abolizione della maggioranza americana, questo vantaggio, così come l'intervento della Ford Motor Company per ottenere materie prime ed esportazioni, andrebbero persi e la fabbrica tedesca non varrebbe praticamente più della sua capacità produttiva.[535]*

E, naturalmente, questo tipo di rigorosa neutralità, che adotta una visione internazionale piuttosto che nazionale, aveva già dato i suoi frutti per la Ford Motor Company in Unione Sovietica, dove la Ford era vista come il massimo dell'efficienza tecnica ed economica da raggiungere per gli stakanovisti.

Nel luglio 1942, la Ford Company francese inviò a Washington informazioni sulle attività della Ford nello sforzo bellico tedesco in Europa. Le informazioni

---

[534] Eliminazione delle risorse tedesche, p. 656.

[535] Eliminazione delle risorse tedesche, pag. 657-8.

incriminate furono rapidamente insabbiate e ancora oggi solo una parte della documentazione conosciuta può essere ricondotta a Washington.

Sappiamo, tuttavia, che il Console Generale degli Stati Uniti in Algeria era in possesso di una lettera di Maurice Dollfuss della Ford Company francese - che sosteneva di essere stato il primo francese a recarsi a Berlino dopo la caduta della Francia - indirizzata a Edsel Ford e riguardante un piano con cui la Ford Motor avrebbe potuto contribuire allo sforzo bellico nazista. La Ford francese era in grado di produrre 20 camion al giorno per la Wehrmacht, il che [scrive Dollfuss] è meglio di così,

> ... rispetto ai nostri meno fortunati concorrenti francesi. Il motivo è che i nostri autocarri sono molto richiesti dalle autorità tedesche e credo che, finché durerà la guerra e almeno per qualche tempo, tutto ciò che produciamo sarà preso dalle autorità tedesche .... ; le dirò solo che... l'atteggiamento di stretta neutralità che lei e suo padre avete adottato è stato un bene inestimabile per la produzione delle vostre aziende in Europa.[536]

Dollfuss rivelò che i profitti di questa azienda tedesca ammontavano già a 1,6 milioni di franchi e che i profitti netti per il 1941 non erano inferiori a 58.000.000 di franchi - perché i tedeschi pagavano rapidamente la produzione di Ford. Quando ricevette questa notizia, Edsel Ford inviò una lettera:

> Sono lieto di sapere che state facendo progressi. Le sue lettere sono molto interessanti. Vi rendete perfettamente conto del grande handicap in cui state lavorando. Spero che tu e la tua famiglia stiate bene.
> Saluti.
>
> s/ Edsel Ford[537]

Sebbene sia provato che le fabbriche europee di proprietà degli interessi di Wall Street non siano state bombardate dall'aviazione statunitense durante la Seconda Guerra Mondiale, sembra che questa restrizione non abbia raggiunto il comando di bombardamento britannico. Nel marzo 1942, la Royal Air Force bombarda la fabbrica Ford di Poissy, in Francia. In una lettera successiva di Edsel Ford all'amministratore delegato della Ford, Sorenson, a proposito di questo raid della RAF, si legge: "I giornali americani hanno pubblicato fotografie dello stabilimento in fiamme, ma fortunatamente non è stato fatto alcun riferimento alla Ford Motor Company". "[538] In ogni caso, il governo di Vichy pagò 38 milioni di franchi alla Ford Motor Company come risarcimento per i danni causati allo stabilimento di Poissy. Questo non è stato riportato dalla stampa americana e non sarebbe stato apprezzato dagli americani in guerra contro il nazismo. Dubois sostiene che questi messaggi privati di Ford in Europa furono trasmessi a Edsel

---

[536] Josiah E. Dubois, Jr, *Generals in Grey Suits*, (Londra: The Bodley Head, 1958), pag. 248.

[537] Ibidem, p. 249.

[538] Ibidem, p. 251.

Ford dall'assistente del Segretario di Stato Breckenridge Long. Fu lo stesso segretario Long che, un anno dopo, cancellò i messaggi privati del Dipartimento di Stato sullo sterminio degli ebrei in Europa. La divulgazione di questi messaggi avrebbe potuto essere utilizzata per aiutare queste persone disperate.

Un rapporto di intelligence sui bombardamenti dell'aeronautica statunitense del 1943 lo riporta,

> Le principali attività belliche [dello stabilimento Ford] sono probabilmente la produzione di autocarri leggeri e di pezzi di ricambio per tutti gli autocarri e le auto Ford in servizio nell'Europa dell'Asse (comprese le Molotov russe catturate).[539]

Le Molotov russe erano ovviamente prodotte dalla fabbrica Ford di Gorky, in Russia. In Francia, durante la guerra, la produzione di autovetture fu interamente sostituita da veicoli militari e, a tal fine, furono aggiunti tre grandi edifici alla fabbrica di Poissy. L'edificio principale conteneva circa 500 macchine utensili, tutte importate dagli Stati Uniti e comprendenti molti dei tipi più complessi, come le dentatrici Gleason, le automatiche Bullard e le alesatrici Ingersoll.[540]

Ford estese le sue operazioni di guerra anche al Nord Africa. Nel dicembre 1941, una nuova società Ford, la Ford-Afrique, fu registrata in Francia e ottenne tutti i diritti della precedente Ford Motor Company, Ltd. dell'Inghilterra in Algeria, Tunisia, Marocco francese, Equatore francese e Africa occidentale francese. Il Nord Africa non era accessibile alla Ford britannica, quindi questa nuova società Ford - registrata nella Francia occupata dai tedeschi - fu organizzata per colmare il vuoto. I direttori erano filo-nazisti e comprendevano Maurice Dollfuss (corrispondente di Edsel Ford) e Roger Messis (descritto dal Console Generale degli Stati Uniti ad Algeri come "noto a questo ufficio, reputato senza scrupoli, è dichiarato essere al 100% filo-tedesco").[541]

Il Console Generale degli Stati Uniti ha anche indicato che la propaganda era comune ad Algeri su :

> ... la collaborazione del capitale franco-tedesco-americano e la dubbia sincerità dello sforzo bellico americano, [egli] sta già puntando il dito accusatore contro una transazione che è stata a lungo oggetto di discussione negli ambienti commerciali.[542]

In breve, esistono prove documentali che la Ford Motor Company ha lavorato su entrambi i fronti della Seconda Guerra Mondiale. Se gli industriali nazisti sotto processo a Norimberga erano colpevoli di crimini contro l'umanità, lo erano anche i loro colleghi della famiglia Ford, Henry ed Edsel Ford. Tuttavia, la storia di Ford

---

[539] Ibidem.

[540] U.S. Army Air Force, *Rapporto sui punti di mira n. I.E. 2*, 29 maggio 1943.

[541] Fascicolo decimale del Dipartimento di Stato americano, 800/610.1.

[542] Ibidem.

è stata insabbiata da Washington - apparentemente come quasi tutto ciò che riguardava il nome e il sostentamento dell'élite finanziaria di Wall Street.

CAPITOLO VII

CHI HA FINANZIATO ADOLF HITLER?

Il finanziamento di Hitler e del movimento nazista non è ancora stato studiato in modo approfondito e completo. L'unico esame pubblicato delle finanze personali di Hitler è un articolo di Oron James Hale, "Adolf Hitler: Taxpayer" (Adolf Hitler: contribuente),[543], che racconta i rapporti di Adolf con le autorità fiscali tedesche prima che diventasse *Reichskanzler* [Cancelliere del Reich]. Negli anni Venti, Hitler si presentò alle autorità fiscali tedesche come un semplice scrittore impoverito che viveva di prestiti bancari, con un'auto acquistata a credito. Purtroppo, i documenti originali utilizzati da Hale non rivelano la fonte del reddito, dei prestiti o dei crediti di Hitler, e la legge tedesca "non richiedeva ai lavoratori autonomi o ai professionisti di rivelare in dettaglio le fonti di reddito o la natura dei servizi resi".[544] È chiaro che i fondi per le sue auto, per lo stipendio del suo segretario privato Rudolf Hess, per un altro assistente, per un autista e per le spese sostenute dall'attività politica, provenivano da qualche parte.

Ma, come per il soggiorno di Leon Trotsky a New York nel 1917, è difficile conciliare le spese note di Hitler con la fonte precisa delle sue entrate.

ALCUNI DEI PRIMI SOSTENITORI DI HITLER

Sappiamo che all'epoca importanti industriali europei e americani sponsorizzavano ogni sorta di gruppo politico totalitario, compresi i comunisti e vari gruppi nazisti. Il Comitato americano Kilgore riferisce:

> *Nel 1919, Krupp forniva già un sostegno finanziario a uno dei gruppi politici reazionari che avevano gettato i semi dell'attuale ideologia nazista. Hugo Stinnes fu uno dei primi a contribuire al partito nazista (National Socialistische Deutsche Arbeiter Partei). Nel 1924, altri importanti industriali e finanzieri, tra cui Fritz Thyssen, Albert Voegler, Adolf [sic] Kirdorf e Kurt von Schroder, donarono segretamente ingenti somme ai nazisti. Nel 1931, i membri dell'associazione dei proprietari di carbone guidata da Kirdorf si impegnarono a pagare 50 pfennig per*

---

[543] *The American Historical Review*, volume LC, n. 4, luglio. 1955. p, 830.

[544] Ibidem, nota (2).

ogni tonnellata di carbone venduta, il cui denaro sarebbe andato all'organizzazione che Hitler stava costruendo.[545]

Il processo di Hitler a Monaco nel 1924 dimostrò che il partito nazista aveva ricevuto 20.000 dollari dagli industriali di Norimberga. Il nome più interessante di questo periodo è quello di Emil Kirdorf, che in precedenza aveva agito come intermediario nel finanziamento della partecipazione tedesca alla rivoluzione bolscevica.[546] Il ruolo di Kirdorf nel finanziamento di Hitler fu, secondo le sue stesse parole:

> *Nel 1923 entrai per la prima volta in contatto con il movimento nazionalsocialista; sentii per la prima volta il Führer nella sala espositiva di Essen. Il suo discorso chiaro mi ha completamente convinto e travolto. Nel 1927 incontrai personalmente il Führer per la prima volta. Sono andato a Monaco e ho avuto un colloquio con il Führer nella casa di Bruckmann. Per quattro ore e mezza Adolf Hitler mi spiegò dettagliatamente il suo programma. Ho quindi pregato il Führer di mettere insieme la presentazione che mi aveva fatto sotto forma di opuscolo. Ho poi distribuito questo opuscolo a mio nome negli ambienti commerciali e industriali.*
>
> *Da allora mi sono messo completamente a disposizione del suo movimento. Poco dopo la nostra conversazione a Monaco, e in seguito all'opuscolo che il Führer ha composto e che io ho distribuito, si sono svolti diversi incontri tra il Führer e figure di spicco dell'industria. Per l'ultima volta prima della presa del potere, gli imprenditori si incontrarono a casa mia con Adolf Hitler, Rudolf Hess, Hermann Goering e altri esponenti del partito.*[547]

Nel 1925, la famiglia Hugo Stinnes contribuì finanziariamente alla trasformazione del settimanale nazista *Volkischer Beobachter* in un quotidiano. Putzi Hanfstaengl, amico e protetto di Franklin D. Roosevelt, ha fornito i fondi rimanenti. La Tabella 7-1 (vedi sotto) riassume i contributi finanziari e le associazioni professionali dei contributori statunitensi attualmente noti. Putzi non è incluso nella Tabella 7-1, in quanto non era né un industriale né un finanziere.

All'inizio degli anni Trenta, il sostegno finanziario a Hitler cominciò a fluire più facilmente. In Germania si svolse una serie di incontri, documentati in modo inconfutabile da diverse fonti, tra gli industriali tedeschi, lo stesso Hitler e, più spesso, i rappresentanti di Hitler, Hjalmar Schacht e Rudolf Hess. Il punto critico è che gli industriali tedeschi che finanziarono Hitler erano principalmente direttori di cartelli con associazioni, proprietà, partecipazione o qualche forma di legame sussidiario americano. I finanziatori di Hitler non erano, nel complesso, imprese

---

[545] *Eliminazione delle risorse tedesche*, pag. 648. L'Albert Voegler citato nell'elenco del Comitato Kilgore dei primi sostenitori di Hitler era il rappresentante tedesco nella Commissione del Piano Dawes. Owen Young della General Electric (vedi Capitolo 3) è stato un rappresentante americano del Piano Dawes e ha formulato il suo successore, il Piano Young.

[546] Antony C. Sutton, *Wall Street e la rivoluzione bolscevica*, op. cit.

[547] *Preussiche Zettung*, 3 gennaio 1937.

di origine puramente tedesca, né rappresentanti di aziende familiari tedesche. Con l'eccezione di Thyssen e Kirdoff, si trattava per lo più di multinazionali tedesche - I.G. Farben, A.E.G., DAPAG, ecc. Queste multinazionali erano state create con prestiti americani negli anni Venti e all'inizio degli anni Trenta erano gestite da americani e avevano una forte partecipazione finanziaria americana.

Un flusso di fondi politici esteri non considerato in questa sede è quello riportato dalla Royal Dutch Shell, con sede in Europa, grande concorrente della Standard Oil negli anni Venti e Trenta, e gigantesca invenzione dell'uomo d'affari anglo-olandese Sir Henri Deterding. È stato ampiamente affermato che Henri Deterding ha finanziato personalmente Hitler. Questa tesi è sostenuta, ad esempio, dal biografo Glyn Roberts in *The Most Powerful Man in the World*. Roberts osserva che Deterding era rimasto impressionato da Hitler già nel 1921:

> ... e la stampa olandese riportò che, tramite l'agente Georg Bell, egli [Deterding] aveva messo a disposizione di Hitler, mentre il partito era "ancora in gestazione", non meno di quattro milioni di fiorini.[548]

È stato riferito (da Roberts) che nel 1931 Georg Bell, agente di Deterding, partecipò alle riunioni dei patrioti ucraini a Parigi "come delegato congiunto di Hitler e Deterding".[549] Roberts riferisce anche:

> Deterding fu accusato, come testimonia Edgar Ansell Mowrer nel suo libro *Germany Sets the Record Straight*, di aver consegnato un'ingente somma di denaro ai nazisti con l'intesa che il successo gli avrebbe garantito una posizione più favorevole nel mercato petrolifero tedesco. In altre occasioni, sono state menzionate cifre fino a 55.000.000 di sterline.[550]

Il biografo Roberts ha trovato davvero sgradevole il forte antibolscevismo di Deterding e, piuttosto che presentare solide prove di finanziamento, è propenso a supporre piuttosto che a dimostrare che Deterding fosse favorevole a Hitler. Ma il filo-hitlerismo non è una conseguenza necessaria dell'antibolscevismo; in ogni caso, Roberts non offre alcuna prova di finanziamento, e questo autore non ha trovato prove concrete del coinvolgimento di Deterding.

Il libro di Mowrer non contiene alcun indice o nota a piè di pagina sulla fonte delle sue informazioni e Roberts non ha prove specifiche per le sue accuse. Esistono prove circostanziali del fatto che Deterding fosse filo-nazista. Poi andò a vivere nella Germania di Hitler e aumentò la sua quota del mercato petrolifero tedesco. Quindi potrebbero esserci stati dei contributi, ma non sono stati dimostrati.

Allo stesso modo, in Francia (11 gennaio 1932), Paul Faure, membro della Camera dei Deputati, accusò l'azienda industriale francese Schneider-Creuzot di

---

[548] Glyn Roberts, *L'uomo più potente del mondo*, (New York: Covicl, Friede, 1938), p. 305.

[549] Ibidem, p. 313.

[550] Ibidem, p. 322.

finanziare Hitler - e incidentalmente coinvolse Wall Street in altri canali di finanziamento.[551]

Il Gruppo Schneider è una famosa azienda francese produttrice di armi. Dopo aver ricordato l'influenza di Schneider nell'instaurazione del fascismo in Ungheria e le sue vaste operazioni internazionali di armamento, Paul Fauré fa riferimento a Hitler e cita il quotidiano francese *Le Journal* secondo cui "Hitler aveva ricevuto 300.000 franchi oro svizzeri" da sottoscrizioni aperte in Olanda a nome di un professore universitario di nome von Bissing. Paul Fauré afferma che la fabbrica Skoda di Pilsen era controllata dalla famiglia francese Schneider e che furono i direttori della Skoda, von Duschnitz e von Arthaber, a fare le sottoscrizioni a Hitler. Fauré conclude:

> ... *Mi disturba vedere i dirigenti della Skoda, controllata da Schneider, sovvenzionare la campagna elettorale del signor Hitler; mi disturba vedere le vostre aziende, i vostri finanziatori, i vostri cartelli industriali unirsi al più nazionalista dei tedeschi...*

Anche in questo caso, non sono state trovate prove concrete di questo presunto flusso di fondi hitleriani.

FRITZ THYSSEN E LA SOCIETÀ W.A. HARRIMAN DI NEW YORK

Un altro caso sfuggente di finanziamento di Hitler è quello di Fritz Thyssen, il magnate tedesco dell'acciaio che si associò al movimento nazista nei primi anni Venti. Intervistato nel 1945 nell'ambito del Progetto Dustbin,[552] Thyssen ha ricordato di essere stato avvicinato nel 1923 dal generale Ludendorff durante l'evacuazione francese della Ruhr. Poco dopo questo incontro, Thyssen fu presentato a Hitler e fornì fondi ai nazisti attraverso il generale Ludendorff. Nel 1930-31, Emil Kirdorf si avvicinò a Thyssen e poi inviò Rudolf Hess a negoziare nuovi finanziamenti per il partito nazista. Questa volta la Thyssen accorda un prestito di 250.000 marchi alla Bank Voor Handel en Scheepvaart N.V., situata al numero 18 di Zuidblaak a Rotterdam, in Olanda, fondata nel 1918 con H.J. Kouwenhoven e D.C. Schutte come soci amministratori.[553] Questa banca era una filiale della August Thyssen Bank of Germany (ex von der Heydt's Bank A.G.). Era la banca personale di Thyssen ed era affiliata agli interessi finanziari di W. A.

---

[551] Cfr. *Chambre des Députés - Débats*, 11 febbraio 1932, pp. 496-500.

[552] American Group Control Board (Germania0 Ufficio del Direttore dell'Intelligence, Field Information Agency, Technical). Rapporto di intelligence n. EF/ME/1, 4 settembre 1945. "Examination of Dr. Fritz Thyssen", pag. 13, di seguito citato come "Examination of Dr. Fritz Thyssen", pag. 13.

[553] La banca era nota in Germania come Bank *fur Handel und Schiff*.

Harriman a New York. Thyssen riferì ai suoi interrogatori del Progetto Dustbin che :

> Ho scelto una banca olandese perché non volevo essere confuso con le banche tedesche nella mia posizione, e perché pensavo che fosse meglio fare affari con una banca olandese, e pensavo di avere i nazisti un po' più in pugno.[554]

Il libro di Thyssen, *I Paid Hitler*, pubblicato nel 1941, si dice sia stato scritto da Fritz Thyssen stesso, anche se Thyssen ne nega la paternità. Il libro sostiene che i fondi per Hitler - circa un milione di marchi - provenivano principalmente da Thyssen stesso. *I Paid Hitler* fa altre affermazioni prive di fondamento, per esempio che Hitler discendeva in realtà da un figlio illegittimo della famiglia Rothschild. La nonna di Hitler, Frau Schickelgruber, sarebbe stata una serva della famiglia Rothschild e sarebbe rimasta incinta:

> ... un'indagine ordinata dal defunto cancelliere austriaco Engelbert Dollfuss ha dato risultati interessanti, poiché gli archivi del dipartimento di polizia del monarca austro-ungarico erano notevolmente completi.[555]

Questa affermazione sull'illegittimità di Hitler è interamente smentita da un libro di Eugene Davidson, più solido, che chiama in causa la famiglia Frankenberger e non la famiglia Rothschild.

In ogni caso, e questo è più rilevante dal nostro punto di vista, la banca di facciata August Thyssen nei Paesi Bassi, ovvero la Bank voor Handel en Scheepvaart N.V., è stata la prima a essere contattata. - controllava la Union Banking Corporation di New York. Gli Harrimans avevano interessi finanziari in questa Union Banking Corporation, di cui E. Roland Harriman (fratello di Averell) era uno dei direttori. La Union Banking Corporation of New York era un'operazione congiunta di Thyssen e Harriman con i seguenti direttori nel 1932[556] :

E. Roland HARRIMAN	Vicepresidente di W. A. Harriman & Co, New York
H.J. KOUWENHOVEN	Banchiere nazista, socio amministratore della August Thyssen Bank e della Bank voor Handel Scheepvaart N.V.
J. G. GROENINGEN	Vereinigte Stahlwerke (il cartello dell'acciaio che finanziò anche Hitler)
C. LIEVENTO	Presidente, Union Banking Corp, New York City
E. S. GIACOMO	Partner Brown Brothers, poi Brown Brothers, Harriman & Co.

Liquidando queste aziende russe nel 1929, Averell Harriman ricevette un profitto di 1 milione di dollari dai sovietici, noti per essere duri e non regalare

---

[554] Recensione del Dr. Fritz Thyssen.

[555] Fritz Thyssen, *I Paid Hitler*, (New York: Farrar & Rinehart, Inc., 1941). p. 159.

[556] Da *Bankers Directory*, edizione 1932, pag. 2557 e Poors, *Directory of Directors*. J.L. Guinter e Knight Woolley erano anche direttori.

nulla. Oltre a questi successi nella finanza internazionale, Averell Harriman fu sempre attratto dal cosiddetto "servizio pubblico". Nel 1913, il servizio "pubblico" di Harriman iniziò con la nomina a membro della Commissione del Parco delle Palisades. Nel 1933, Harriman fu nominato presidente del Comitato per l'occupazione dello Stato di New York e nel 1934 divenne fiduciario dell'ANR di Roosevelt, una creazione mussoliniana di Gerard Swope della General Electric.[557] Seguirono una serie di incarichi "pubblici", prima nel programma Lend-Lease, poi come ambasciatore in Unione Sovietica, quindi come Segretario al Commercio.

---

[557] Si veda Antony C. Sutton, *Wall Street and FDR*. Capitolo 9, "Il piano Swope", *op. cit.*

TABELLA 7-1: LEGAMI FINANZIARI TRA GLI INDUSTRIALI AMERICANI E ADOLF HITLER

Data	Banchieri americani e l'industria	Società affiliata negli Stati Uniti	Fonte tedesca		Intermediario per i fondi/agente
1923	Henry FORD	AZIENDA AUTOMOBILISTICA FORD	–		–
1931	E.R. HARRIMAN	UNION BANKING CORP	Fritz THYSSEN	RM 250.000	Bank voor Handel en Scheepvaart N.V. (Filiale della August Thyssen Bank)
1932		Flick (un regista AEG)	Friedrich FLICK	RM 150.000	Direttamente alla NSDAP
		NESSUNO	Emil KIRDORF	RM 600.000	"Nationale Treuhand" a/c a Delbrück Schickler Bank
Febbraio-marzo 1933	Edsel B. FORD C.E. MITCHELL	I.G. AMERICANO	I.G. FARBEN	RM 400.000	"Treuhand nazionale"
Febbraio-marzo 1933	Walter TEAGLE Paul M. WARBURG	NESSUNO	Reichsverband der Automobilindustrie	RM 100.000	"Treuhand nazionale"
Febbraio-marzo 1933	Gérard SWOPE Owen D. GIOVANNI C.H. MINOR	INTERNATIONAL GENERAL ELECTRIC	A.E.G.	RM 60.000	"Treuhand nazionale"
Febbraio-marzo 1933	E. Arthur BALDWIN	NESSUNO	DEMAG	RM 50.000	"Treuhand nazionale"
Febbraio-marzo 1933	Owen D. GIOVANNI	INTERNATIONAL GENERAL ELECTRIC	OSRAM G.m.b.H.	RM 40.000	"Treuhand nazionale"

Febbraio-marzo 1933	Sostituire BEHN	I.T.T.	Telefunken	RM 35.000	"Treuhand nazionale"
Febbraio-marzo 1933		NESSUNO	Karl Herman	RM 300.000	"Treuhand nazionale"
Febbraio-marzo 1933		NESSUNO	A. Steinke (Direttore di BYBUAG)	RM 200.000	"Treuhand nazionale"
Febbraio-marzo 1933		NESSUNO	Karl Lange (Industria meccanica)	RM 50.000	"Treuhand nazionale"
Febbraio-marzo 1933		NESSUNO	F. Springorum (Hoesch A.G.)	RM 36.000	"Treuhand nazionale"
Febbraio-marzo 1933	Edsel B. FORD	Ford Motor Co.	Carl BOSCH (I.G. Farben e Ford Motor A.G.)		
1932-1944	Walter TEAGLE J.A. MOFFETT W.S. FARISH	Standard Oil of N.J.	Emil HELFFRICH (German-American Petroleum Co)		Heinrich Himmler S.S. tramite il Circolo Keppler
1932-1944	Sostituire BEHN	I.T.T.	Kurt von SCHRÖDER Mix & Genest Lorenz		Heinrich Himmler S.S. tramite il Circolo Keppler

Al contrario, E. Roland Harriman limitò le sue attività agli affari privati nel campo della finanza internazionale senza avventurarsi, come fece il fratello Averell, nel servizio "pubblico". Nel 1922, Roland e Averell fondarono la W. A. Harriman & Company. In seguito, Roland divenne presidente del consiglio di amministrazione della Union Pacific Railroad e direttore della rivista *Newsweek*, della Mutual Life Insurance Company di New York, membro del consiglio di amministrazione della Croce Rossa americana e membro dell'American Museum of Natural History.

Il finanziere nazista Hendrik Jozef Kouwenhoven, co-direttore di Roland Harriman presso la Union Banking Corporation di New York, era amministratore delegato della Bank voor Handel en Scheepvaart N.V. (BHS) di Rotterdam. Nel 1940, la BHS deteneva circa 2,2 milioni di dollari di attività nella Union Banking Corporation, che a sua volta svolgeva la maggior parte dei suoi affari con la BHS.[558] Negli anni Trenta, Kouwenhoven fu anche direttore della Vereinigte Stahlwerke A.G., il cartello dell'acciaio fondato con i fondi di Wall Street a metà degli anni Venti. Come il barone Schroder, era un importante sostenitore di Hitler.

Un altro direttore della New York Union Banking Corporation era Johann Groeninger, un cittadino tedesco con ampie affiliazioni industriali e finanziarie con la Vereinigte Stahlwerke, il gruppo August Thyssen e la direzione della August Thyssen Hutte A.G..[559]

Questa affiliazione e i reciproci interessi commerciali tra Harriman e Thyssen non suggeriscono che gli Harriman abbiano finanziato direttamente Hitler. Tuttavia, dimostra che gli Harrimans erano intimamente coinvolti con i nazisti Kouwenhoven e Groeninger e con una banca di facciata nazista, la Bank voor Handel en Scheepvaart. Ci sono tutte le ragioni per credere che gli Harrimans fossero a conoscenza del sostegno della Thyssen ai nazisti. Nel caso degli Harrimans, è importante tenere presente la loro stretta e duratura relazione con l'Unione Sovietica e la posizione degli Harrimans al centro del New Deal di Roosevelt e del Partito Democratico. L'evidenza suggerisce che alcuni membri dell'élite di Wall Street sono legati, e certamente hanno influenza, su tutti i principali raggruppamenti politici dello spettro socialista globale contemporaneo: il socialismo sovietico, il nazionalsocialismo di Hitler e il New Deal socialista di Roosevelt.

Il finanziamento di Hitler delle elezioni generali del marzo 1933

Mettendo da parte i casi Georg Bell-Deterding e Thyssen-Harriman, esaminiamo ora il nucleo del sostegno di Hitler. Nel maggio 1932 si svolse il cosiddetto incontro "Kaiserhof" tra Schmitz della I.G. Farben, Max Ilgner della I.G. Farben americana, Kiep della Hamburg-America Line e Diem della German

---

[558] Cfr. Eliminazione delle risorse tedesche, pagg. 728-30.

[559] Per ulteriori collegamenti tra la Union Banking Corp. e le società tedesche, si veda Ibidem, pp. 728-30.

Potash Trust. In questa riunione furono raccolti più di 500.000 marchi, depositati a credito di Rudolf Hess presso la Deutsche Bank. È interessante notare, alla luce del "mito di Warburg" descritto nel capitolo 10, che Max Ilgner dell'americana I.G. Farben contribuì con 100.000 RM, un quinto del totale. Il libro di Sidney Warburg sostiene il coinvolgimento di Warburg nel finanziamento di Hitler, e Paul Warburg era un direttore della I.G. Farben americana[560] mentre Max Warburg era un direttore della I.G. Farben.

Esistono prove documentali inconfutabili di un altro ruolo dei banchieri e degli industriali internazionali nel finanziamento del partito nazista e della *Volkspartei* per le elezioni tedesche del marzo 1933. Un totale di tre milioni di Reichsmark furono sottoscritti da importanti aziende e uomini d'affari, opportunamente "lavati" attraverso un conto presso la Delbruck Schickler Bank, e poi messi nelle mani di Rudolf Hess per essere utilizzati da Hitler e dal NSDAP. Questo trasferimento di fondi fu seguito dall'incendio del Reichstag, dall'abrogazione dei diritti costituzionali e dal consolidamento del potere nazista. L'accesso al Reichstag da parte dei piromani avvenne attraverso un tunnel da una casa in cui alloggiava Putzi Hanfstaengl; lo stesso incendio del Reichstag fu usato da Hitler come pretesto per abolire i diritti costituzionali. In breve, a poche settimane dal grande finanziamento di Hitler, seguirono una serie di grandi eventi: il contributo finanziario di importanti banchieri e industriali alle elezioni del 1933, l'incendio del Reichstag, l'abrogazione dei diritti costituzionali e la successiva presa del potere da parte del partito nazista.

La riunione di raccolta fondi si tenne il 20 febbraio 1933 nella casa di Goering, allora presidente del Reichstag, con Hjalmar Horace Greeley Schacht come ospite. Tra i presenti, secondo von Schnitzler della I.G. Farben, c'erano:

> Krupp von Bohlen, che all'inizio del 1933 era presidente della Reichsverband der Deutschen Industrie Associazione dell'Industria Tedesca; il Dr. Albert Voegler, leader della Vereinigte Stahlwerke; Von Loewenfeld; il Dr. Stein, capo della Gewerkschaft Auguste-Victoria, una miniera di proprietà della IG.[561]

Hitler illustrò le sue idee politiche agli uomini d'affari riuniti in un lungo discorso di due ore e mezza, facendo buon uso della minaccia del comunismo e di una presa di potere comunista:

> *Non basta dire che non vogliamo il comunismo nella nostra economia. Se continuiamo sulla nostra vecchia strada politica, allora periremo. .... Il compito più nobile del leader è quello di trovare ideali più forti dei fattori che uniscono le persone. Ho riconosciuto, già in ospedale, che dovevamo cercare nuovi ideali che ci aiutassero a ricostruire. Li ho trovati nel nazionalismo, nel valore della personalità e nel rifiuto della riconciliazione tra le nazioni...*
>
> *Siamo ormai alla vigilia delle ultime elezioni. Qualunque sia il risultato, non ci saranno passi indietro, anche se le prossime elezioni non porteranno a una*

---

[560] Si veda il Capitolo 10.

[561] *NMT*, volume VII, pag. 555.

> *decisione in un senso o nell'altro. Se le elezioni non decidono, la decisione deve essere presa con altri mezzi. Sono intervenuto per dare al popolo ancora una volta la possibilità di decidere da solo il proprio destino ....*
>
> *Ci sono solo due possibilità: o respingere l'avversario su basi costituzionali, e a tal fine ancora una volta queste elezioni; oppure si combatterà con altre armi, che potrebbero richiedere maggiori sacrifici. Spero che il popolo tedesco si renda conto della gravità dell'ora.*[562]

Dopo l'intervento di Hitler, Krupp von Bohlen espresse il sostegno degli industriali e dei banchieri riuniti nella forma concreta di un fondo politico di tre milioni di marchi. Questo fondo si rivelò più che sufficiente per conquistare il potere, dato che 600.000 marchi rimasero inutilizzati dopo le elezioni.

Hjalmar Schacht organizzò questo storico incontro. Abbiamo già descritto i legami di Schacht con gli Stati Uniti: suo padre era cassiere della filiale berlinese della Equitable Assurance e Hjalmar era intimamente coinvolto con Wall Street quasi ogni mese.

Il maggior contributore al fondo è stato I.G. Farben, che ha impegnato l'80% (o 500.000 marchi) del totale. Il direttore A. Steinke della BUBIAG (Braunkohlen-u. Brikett-Industrie A.G.), una filiale della I.G. Farben, contribuì personalmente con altri 200.000 marchi. In breve, il 45% dei fondi per le elezioni del 1933 proveniva dalla I.G. Farben. Se consideriamo i direttori della società americana I.G. Farben - la filiale americana di I.G. Farben - ci avviciniamo alle radici del coinvolgimento di Wall Street con Hitler. Il consiglio di amministrazione della I.G. Farben americana comprendeva all'epoca alcuni dei nomi più prestigiosi tra gli industriali americani: Edsel B. Ford della Ford Motor Company, C.E. Mitchell della Federal Reserve Bank di New York e Walter Teagle, direttore della Federal Reserve Bank di New York, della Standard Oil Company del New Jersey e della Georgia Warm Springs Foundation del presidente Franklin D. Roosevelt.

Paul M. Warburg, primo direttore della Federal Reserve Bank di New York e presidente della Bank of Manhattan, era un direttore della Farben e in Germania anche suo fratello Max Warburg era un direttore della I.G. Farben. H. A. Metz, della I.G. Farben, era anche direttore della Bank of Manhattan di Warburg. Infine, Carl Bosch, dell'americana I.G. Farben, era anche direttore della Ford Motor Company A-G in Germania.

Tre membri del consiglio di amministrazione dell'americana I.G. Farben sono stati giudicati colpevoli al processo di Norimberga per crimini di guerra: Max Ilgner, F. Ter Meer e Hermann Schmitz. Come si è detto, i membri americani del consiglio di amministrazione - Edsel Ford, C. E. Mitchell, Walter Teagle e Paul Warburg - non furono processati a Norimberga e, dagli atti, sembra che non siano stati nemmeno interrogati sulla loro conoscenza del fondo Hitler del 1933.

---

[562] Josiah E. Dubois, Jr, *Generals in Grey Suits*, op. cit. p. 323.

I CONTRIBUTI POLITICI DEL 1933

Chi erano gli industriali e i banchieri che misero a disposizione del partito nazista i fondi elettorali nel 1933? L'elenco dei collaboratori e l'importo del loro contributo sono i seguenti:

CONTRIBUTI FINANZIARI A HITLER: 23 febbraio-marzo. 13, 1933 :
(Il conto di Hjalmar Schacht a Delbruck, Banca Schickler)

Contributi politici aziendali (con alcuni amministratori affiliati)	Importo impegnato	Percentuale del totale dell'azienda
Associazione per gli interessi minerari (Kitdorf)	$600,000	45.8
I.G. Farbenindustrie (Edsel Ford, C.E. Mitchell, Walter Teagle, Paul Warburg)	400,000	30.5
Salone dell'automobile, Berlino (Reichsverbund der Automobilindustrie S.V.)	100,000	7.6
A.E.G., German General Electric (Gerard Swope, Owen Young, C.H. Minor, Arthur Baldwin)	60,000	4.6
Demag	50,000	3.8
Osram G.m.b.H. (Owen Young)	40,000	3.0
Società Telefunken per la telegrafia senza fili	85,000	2.7
Accumulatoren-Fabrik A.G. (Quandt di A.E.G.)	25,000	1.9
Totale industria	1,310,000	99.9

Più i contributi politici dei singoli imprenditori:

Karl Hermann	300,000
Il direttore A. Steinke (BUBIAG- Braunkohlen-u. Brikett - Industrie A.G.)	200,000

Tu. Karl Lange (membro del Consiglio di amministrazione del 50,000
Verein Deutsches Maschinenbau-Anstalten)

Dr. F. Springorum (Presidente: Eisen-und Stahlwerke Hoesch 36,000
A.G.)

Fonte: Per la traduzione del documento originale si veda l'allegato.

Come possiamo dimostrare che questi pagamenti politici sono stati effettivamente effettuati? I pagamenti a Hitler in questa fase finale del percorso verso il nazismo dittatoriale furono effettuati dalla banca privata di Delbruck Sehickler. La Delbruck Schickler Bank era una filiale della Metallgesellschaft A.G. ("Metall"), un gigante industriale, la più grande azienda di metalli non ferrosi in Germania e l'influenza dominante nel "commercio" dei metalli non ferrosi a livello mondiale. I principali azionisti di *"Metall"* erano I.G. Farben e la British Metal Corporation. Si noti per inciso che i direttori britannici dell'*Aufsichsrat* "Metall" erano Walter Gardner (Amalgamated Metal Corporation) e il capitano Oliver Lyttelton (anch'egli nel consiglio di amministrazione dell'Amalgamated Metal e, paradossalmente, più tardi nella Seconda Guerra Mondiale, ministro britannico della Produzione).

Tra i reperti del processo di Norimberga ci sono le ricevute originali dei bonifici effettuati dalla divisione bancaria della I.G. Farben e dalle altre società elencate a pagina 110 alla Delbruck Schickler Bank di Berlino, che informavano la banca del trasferimento di fondi dalla Dresdner Bank e da altre banche al loro conto Nationale Treuhand (National Trust*).* Questo conto è stato utilizzato da Rudolf Hess per le spese del partito nazista durante le elezioni. La traduzione del documento di trasferimento di I.G. Farben, scelto come campione, è la seguente

Traduzione della lettera della I.G. Farben del 27 febbraio 1933, con la quale si comunica il trasferimento di 400.000 Reichsmark sul conto della National Trusteehip:
I.G. FARBENINDUSTRIE AKTIENGESELLSCHAFT
Dipartimento Banca

  Azienda: Delbruck Schickler & Cie, BERLINO W.8
  Mauerstrasse 63/65, Francoforte (Main) 20
  Il nostro riferimento: (menzionare nella risposta)
  27 febbraio 1933 B./Goe.
  Con la presente vi informiamo che abbiamo autorizzato la Dresdner Bank, Francoforte sul Meno, a pagarvi domani mattina: 400.000 RM da utilizzare a favore del conto "NATIONALE TREUHAND" (fiduciario nazionale).
  Con rispetto,
  I.G. Farbenindustrie Aktiengesellschaft per ordine :
  (Firmato) SELCK (Firmato) BANGERT
  Con consegna speciale.[563]

---

[563] *NMT*, volume VII, pag. 565.

A questo punto, dovremmo prendere atto degli sforzi compiuti per distogliere l'attenzione dai finanzieri americani (e tedeschi legati a società affiliate agli Stati Uniti) coinvolti nel finanziamento di Hitler. Di solito la responsabilità del finanziamento di Hitler è stata attribuita esclusivamente a Fritz Thyssen o a Emil Kirdorf. Nel caso di Thyssen, questa accusa è stata ampiamente pubblicizzata in un libro che si presume sia stato scritto da Thyssen a metà della Seconda Guerra Mondiale, ma che in seguito ha rinnegato.[564] Il motivo per cui Thyssen volle dimettersi prima della sconfitta del nazismo rimane inspiegabile.

Emil Kirdorf, morto nel 1937, è sempre stato orgoglioso della sua associazione con l'ascesa del nazismo. Il tentativo di limitare i finanziamenti di Hitler a Thyssen e Kirdorf si estese ai processi di Norimberga del 1946 e fu contestato solo dal delegato sovietico. Anche il delegato sovietico non è stato disposto a produrre prove di associazioni americane; ciò non sorprende, dal momento che l'Unione Sovietica dipende dalla buona volontà di questi stessi finanziatori per trasferire all'URSS la tecnologia occidentale avanzata di cui ha bisogno.

A Norimberga vennero fatte e lasciate passare inosservate dichiarazioni che erano direttamente contrarie alle prove dirette conosciute presentate sopra. Ad esempio, Buecher, amministratore delegato della General Electric tedesca, fu scagionato da qualsiasi simpatia per Hitler:

> *Thyssen confessò il suo errore da uomo e pagò coraggiosamente una pesante sanzione. Dall'altra parte c'erano uomini come Reusch della Gutehoffnungshuette, Karl Bosch, il defunto presidente dell'Aufsichtsrat della I.G. Farben, che molto probabilmente avrebbe fatto una triste fine se non fosse morto in tempo. I loro sentimenti sono stati condivisi dal vicepresidente dell'Aufsichtsrat di Kalle. Le società Siemens e AEG, che insieme alla I.G. Farben erano le più potenti aziende tedesche, erano decise oppositrici del nazionalsocialismo.*
>
> *So che questo atteggiamento ostile di Siemens nei confronti dei nazisti si tradusse in un trattamento piuttosto brutale dell'azienda. L'amministratore delegato della AEG (Allgemeine Elektrizitats Gesellschaft), Geheimrat Buecher, che conobbi durante il mio soggiorno nelle colonie, era tutt'altro che un nazista. Posso assicurare al Generale Taylor che non è certo vero che i grandi industriali in quanto tali abbiano favorito Hitler prima che salisse al potere.[565]*

Eppure, a pagina 56 di questo libro viene riprodotto un documento della General Electric, che trasferisce fondi dalla General Electric al conto del National Trusteeship controllato da Rudolf Hess per conto di Hitler e utilizzato nelle elezioni del 1933.

Allo stesso modo, von Schnitzler, che era presente alla riunione del febbraio 1933 per conto della I.G. Farben, negò i contributi della I.G. Farben alla Nationale Treuhand del 1933:

---

[564] Fritz Thyssen, *I Paid Hitler*, (New York: Toronto: Farrat & Rinehart, Inc., 1941).

[565] *NMT*, Volume VI, pp. 1169-1170.

> *Non ho più sentito parlare di questa vicenda [il finanziamento di Hitler], ma credo che l'ufficio di Goering o di Schacht o il Reichsverband der Deutschen Industrie abbiano chiesto all'ufficio di Bosch o di Schmitz il pagamento della quota dell'IG del fondo elettorale. Non avendo preso in carico il caso, all'epoca non sapevo nemmeno quanto fosse stato pagato dall'IG. In base al volume della IG, dovrei stimare la quota della IG a circa il 10% del fondo elettorale, ma per quanto ne so, non ci sono prove che la I.G. Farben abbia partecipato ai pagamenti.*[566]

Come abbiamo visto, le prove sono schiaccianti per quanto riguarda i contributi politici in denaro a Hitler nel momento cruciale della presa di potere tedesca - e il precedente discorso di Hitler agli industriali ha chiaramente rivelato che un'acquisizione coercitiva era l'intenzione premeditata.

Sappiamo esattamente chi ha contribuito, quanto e attraverso quali canali. Vale la pena notare che i maggiori contribuenti - I.G. Farben, German General Electric (e la sua affiliata Osram) e Thyssen - erano affiliati ai finanzieri di Wall Street. Questi finanzieri di Wall Street erano il cuore dell'élite finanziaria e occupavano un posto di rilievo nella politica americana contemporanea. Gerard Swope della General Electric fu l'autore del New Deal di Roosevelt, Teagle fu uno dei principali direttori dell'NRA, Paul Warburg e i suoi soci dell'americana I.G. Farben furono i consiglieri di Roosevelt. Non è forse una straordinaria coincidenza che il New Deal di Roosevelt - definito "misura fascista" da Herbert Hoover - assomigli così tanto al programma di Hitler per la Germania e che Hitler e Roosevelt siano saliti al potere nello stesso mese dello stesso anno, il marzo 1933.

---

[566] *NMT*, volume VII, pag. 565.

CAPITOLO VIII

PUTZI: AMICO DI HITLER E ROOSEVELT

Ernst Sedgewiek Hanfstaengl (o Hanfy o Putzi, come era più comunemente conosciuto), come Hjalmar Horace Greeley Schacht, fu un altro tedesco-americano al centro dell'ascesa dell'hitlerismo. Hanfstaengl era nato in una nota famiglia del New England; era cugino del generale della Guerra Civile John Sedgewiek e nipote di un altro generale della Guerra Civile, William Heine. Presentato a Hitler all'inizio degli anni Venti dal capitano Truman-Smith, addetto militare statunitense a Berlino, Putzi divenne un ardente sostenitore di Hitler, talvolta finanziò i nazisti e, secondo l'ambasciatore William Dodd, "... salvò la vita a Hitler nel 1923".[567]

Per coincidenza, il padre del leader delle S.S. Heinrich Himmler era anche l'istruttore di Putzi al Bavarian Royal Gymnasium Wilhelms. Gli amici di Putzi all'Università di Harvard erano "notevoli personalità del futuro" come Walter Lippman, John Reed (che ha svolto un ruolo importante descritto in *Wall Street e la rivoluzione bolscevica*) e Franklin D. Roosevelt. Dopo alcuni anni ad Harvard, Putzi avviò l'attività artistica di famiglia a New York; fu una deliziosa combinazione di affari e piacere, perché, come racconta, "i nomi famosi che mi visitarono erano una legione, Pierpont Morgan, Toscanini, Henry Ford, Caruso, Santos-Dumont, Charlie Chaplin, Paderewski e una figlia del presidente Wilson".[568] Sempre ad Harvard Putzi fece amicizia con il futuro presidente Franklin Delano Roosevelt:

> Consumai la maggior parte dei miei pasti all'Harvard Club, dove feci amicizia con il giovane Franklin D. Roosevelt, allora senatore in ascesa dello Stato di New York. Ricevetti anche diversi inviti a visitare il suo lontano cugino Teddy, l'ex presidente, che si era ritirato nella sua tenuta di Sagamore Hill.[569]

---

[567] William E. Dodd, *Ambassador Dodd's Diary, 1933-1938*, (New York: Harcourt, Brace & Co., 1941), p. 360.

[568] Ernst Hanfstaengl, *Unheard Witness*, (New York: J.B. Lippincott, 1957), p. 28.

[569] Ibidem.

Da queste varie amicizie (e dopo aver letto questo libro e i suoi predecessori, *Wall Street e FDR* e *Wall Street e la Rivoluzione bolscevica*), il lettore può ritenere che l'amicizia di Putzi fosse limitata a una cerchia particolarmente elitaria, Putzi divenne non solo amico, finanziatore e finanziatore di Hitler, ma uno dei suoi primi sostenitori. Era "... quasi l'unica persona che poteva permettersi di oltrepassare il limite tra i suoi conoscenti (di Hitler)".[570]

In breve, Putzi era un cittadino americano al centro dell'entourage di Hitler dai primi anni Venti alla fine degli anni Trenta. Nel 1943, dopo essere caduto in disgrazia presso i nazisti ed essere stato internato dagli Alleati, Putzi fu salvato dalle miserie di un campo di prigionia canadese dal suo amico e protettore, il presidente Franklin D. Roosevelt. Quando le azioni di FDR rischiarono di diventare un problema politico interno agli Stati Uniti, Putzi fu nuovamente internato in Inghilterra. Come se non fosse abbastanza sorprendente vedere Heinrich Himmler e Franklin D. Roosevelt giocare un ruolo significativo nella vita di Putzi, scopriamo anche che le canzoni di marcia delle sezioni d'assalto naziste sono state composte da Hanfstaengl, "compresa quella suonata dalle Brigate della Camicia Marrone mentre marciavano attraverso la Porta di Brandeburgo il giorno in cui Hitler prese il potere".[571] Per finire, Putzi ha detto che la genesi del canto nazista "Sieg Heil, Sieg Heil", usato nei raduni di massa nazisti, non era altro che "Harvard, Harvard, Harvard, rah, rah, rah".[572]

Putzi contribuì certamente a finanziare il primo giornale nazista, il *Volkische Beobachter*. È meno facile accertare se abbia salvato la vita di Hitler dai comunisti, e sebbene sia stato tenuto fuori - con suo rammarico - dal processo di stesura del *Mein Kampf* Putzi ebbe l'onore di finanziarne la pubblicazione, "e il fatto che Hitler abbia trovato uno staff funzionante quando fu rilasciato dalla prigione è interamente dovuto ai nostri sforzi".[573]

Quando Hitler salì al potere nel marzo 1933, contemporaneamente a Franklin Delano Roosevelt a Washington, un "emissario" privato fu inviato da Roosevelt a Washington D.C. per incontrare Hanfstaengl a Berlino, con il messaggio che, poiché sembrava che Hitler sarebbe presto salito al potere in Germania, Roosevelt sperava, vista la loro lunga conoscenza, che Putzi avrebbe fatto del suo meglio per evitare qualsiasi precipitazione e mossa affrettata. "Pensate a come suonate il pianoforte e cercate di usare il pedale morbido se le cose si fanno troppo rumorose", è stato il messaggio di FDR. "Se le cose cominciano a diventare imbarazzanti, contattate immediatamente il nostro ambasciatore.[574]

Hanfstaengl rimase in stretto contatto con l'ambasciatore statunitense a Berlino, William E. Dodd - apparentemente con suo disappunto, poiché i commenti registrati da Putzi su Dodd sono decisamente poco lusinghieri:

---

[570] Ibidem, p. 52.

[571] Ibidem, p. 53.

[572] Ibidem, p. 59.

[573] Ibidem, p. 122.

[574] Ibidem, pp. 197-8.

"L'ambasciatore statunitense a Berlino, William E. Dodd Dodd - a quanto pare con suo disappunto, dato che i commenti registrati di Putzi su Dodd sono decisamente poco lusinghieri:

> Per molti versi egli [Dodd] è stato un rappresentante insoddisfacente. Era un modesto professore di storia del Sud, che gestiva la sua ambasciata con pochi soldi e probabilmente cercava di risparmiare sul suo stipendio. In un'epoca in cui ci voleva un milionario robusto per eguagliare l'ostentazione dei nazisti, egli ondeggiava con autoironia come se fosse ancora nel suo campus universitario. La sua mente e i suoi pregiudizi erano meschini.[575]

In effetti, l'ambasciatore Dodd cercò di rifiutare la nomina di Roosevelt ad ambasciatore. Dodd non aveva eredità e preferiva vivere del suo stipendio al Dipartimento di Stato piuttosto che del bottino politico; a differenza del politico Dodd era esigente con coloro da cui riceveva denaro. In ogni caso, Dodd commentò altrettanto duramente Putzi: "... diede del denaro a Hitler nel 1923, lo aiutò a scrivere *il Mein Kampf* e conosceva in ogni modo le motivazioni di Hitler"...

Hanfstaengl era un agente dell'establishment liberale degli Stati Uniti? Probabilmente possiamo escludere questa possibilità, perché, secondo Ladislas Farago, fu Putzi a denunciare la penetrazione britannica ad alto livello nella leadership hitleriana. Farago riferisce che il barone William S. de Ropp era penetrato nelle più alte sfere naziste prima della Seconda guerra mondiale e che Hitler lo aveva utilizzato "... come consulente per gli affari britannici".[576] De Ropp era sospettato di essere un agente doppiogiochista solo da Putzi. Secondo Farago:

> L'unica persona... che sospettò di tale doppiezza e mise in guardia il Führer da lui fu l'irregolare Putzi Hanfstaengl, il capo ufficio di Hitler, istruito ad Harvard, che si occupava della stampa estera.

Come osserva Farago, "Bill de Ropp ha giocato su entrambi i fronti, facendo il doppio gioco ai vertici.[577] Putzi fu altrettanto diligente nell'avvertire i suoi amici, come Hermann Goering, di potenziali spie dalla loro parte. Il seguente estratto dalle memorie di Putzi, in cui punta il dito accusatore di spionaggio contro il giardiniere di Goering, ne è la testimonianza...

> "Herman", dissi un giorno, "scommetto qualsiasi cifra che questo Greinz è una spia della polizia". "Putzi", interviene Karin [la signora Herman Goering], "è una

---

[575] Ibidem, p. 214.

[576] Ladislas Farago, *Il gioco delle volpi*, (New York: Bantam, 1973), p. 97.

[577] Ibidem, p. 106.

> *persona così gentile e un giardiniere meraviglioso". "Sta facendo esattamente quello che dovrebbe fare una spia", le dissi, "si è reso indispensabile".*[578]

Nel 1941, Putzi non era più gradito a Hitler e ai nazisti, fuggì dalla Germania e fu internato in un campo di prigionia canadese. Con la Germania e gli Stati Uniti ormai in guerra, Putzi ricalcolò le probabilità e concluse: "Ora sapevo con certezza che la Germania sarebbe stata sconfitta".[579] Il rilascio di Putzi dal campo di prigionia avvenne grazie all'intervento personale del suo vecchio amico, il presidente Roosevelt:

> *Un giorno un corrispondente della stampa Hearst di nome Kehoe ebbe il permesso di visitare Fort Hens. Sono riuscito a scambiare qualche parola con lui in un angolo. "Conosco bene il tuo capo", gli dissi. "Mi faresti un piccolo favore? "Per fortuna ha riconosciuto il mio nome.*
> *Gli diedi una lettera che mise in tasca. Era indirizzata al Segretario di Stato americano, Cordell Hull. Pochi giorni dopo era sulla scrivania del mio amico dell'Harvard Club, Franklin Delano Roosevelt. In essa mi offrivo di fungere da consulente politico e psicologico nella guerra contro la Germania.*[580]

La risposta e l'offerta di "lavorare" per la parte americana furono accettate. Putzi è stato installato in un ambiente confortevole con il figlio, il sergente dell'esercito americano Egon Hanfstaengl, presente anche come assistente personale. Nel 1944, sotto la pressione di un repubblicano che minacciava di rivelare il favoritismo di Roosevelt per un ex nazista, Egon fu inviato in Nuova Guinea e Putzi si precipitò in Inghilterra, dove gli inglesi lo internarono rapidamente per tutta la durata della guerra, Roosevelt o non Roosevelt.

IL RUOLO DI PUTZI NELL'INCENDIO DEL REICHSTAG

Le amicizie e le manipolazioni politiche di Putzi possono avere o meno grandi conseguenze, ma il suo ruolo nell'incendio del Reichstag è significativo. L'incendio del Reichstag del 27 febbraio 1933 è uno degli eventi chiave dei tempi moderni. L'attacco fu utilizzato da Adolf Hitler per rivendicare un'imminente rivoluzione comunista, sospendere i diritti costituzionali e prendere il potere totalitario. Da quel momento in poi, la Germania non poté più tornare indietro; il mondo si avviò verso la Seconda Guerra Mondiale.

All'epoca, l'incendio del Reichstag fu attribuito ai comunisti, ma ci sono pochi dubbi, da un punto di vista storico, che l'incendio sia stato appiccato deliberatamente dai nazisti per fornire una scusa per la presa del potere politico.

---

[578] Ernst Hanfstaengl, *Testimone inascoltato, op.* cit. p. 76.

[579] Ibidem.

[580] Ibidem, pp. 310-11.

Fritz Thyssen fece questo commento durante gli interrogatori alla Dustbin dopo la guerra:

> *Quando il Reichstag fu bruciato, tutti erano sicuri che fosse opera dei comunisti. Più tardi, in Svizzera, ho scoperto che era tutta una bugia.*[581]

Schacht afferma con forza:

> *Oggi è chiaro che questa azione non può essere legata al Partito Comunista. Sarà difficile stabilire in che misura i vari nazionalsocialisti abbiano collaborato alla pianificazione e all'esecuzione di questo atto terroristico, ma alla luce di tutto ciò che è stato rivelato nel frattempo, si deve ammettere che Goebbels e Goering hanno avuto un ruolo di primo piano, l'uno nella pianificazione e l'altro nell'esecuzione del piano.*[582]

L'incendio del Reichstag fu appiccato deliberatamente, probabilmente con un liquido infiammabile, da un gruppo di esperti. È qui che entra in gioco Putzi Hanfstaengl. La domanda chiave è come questo gruppo, determinato ad appiccare il fuoco, abbia avuto accesso al Reichstag per svolgere il proprio lavoro. Dopo le 20, solo una porta dell'edificio principale era aperta e sorvegliata. Poco prima delle 21.00, un giro dell'edificio da parte delle guardie ha indicato che tutto era a posto; non sono stati notati liquidi infiammabili e non c'era nulla da segnalare nella sala delle sedute dove è scoppiato l'incendio. A quanto pare, nessuno poteva accedere all'edificio del Reichstag dopo le 21.00 e nessuno è stato visto entrare o uscire tra le 21.00 e l'inizio dell'incendio.

Un gruppo di persone con materiali infiammabili poteva entrare nel Reichstag in un solo modo: attraverso un tunnel che collegava il Reichstag e il Palazzo del Presidente del Reichstag. Hermann Goering era presidente del Reichstag e viveva nel palazzo, ed è noto che molti uomini delle SA e delle SS si trovavano nel palazzo. Nelle parole di un autore:

> *L'uso del passaggio sotterraneo, con tutte le sue complicazioni, era possibile solo per i nazionalsocialisti, l'avanzata e la fuga della banda di incendiari era possibile solo con la connivenza di impiegati di alto rango del Reichstag. Tutte le prove, tutte le probabilità puntano prepotentemente in una direzione, alla conclusione che l'incendio del Reichstag è stato opera dei nazionalsocialisti.*[583]

Come si inserisce Putzi Hanfstaengl in questo quadro di incendi dolosi e intrighi politici? Putzi - per sua stessa ammissione - si trovava nella Sala del Palazzo, all'altra estremità del tunnel che portava al Reichstag. E secondo il

---

[581] *Dustbin* Report EF/Me/1, intervista a Thyssen, p. 13.

[582] Hjalmar Horace Greeley Schacht, *Confessioni del "Vecchio Mago"*, (Boston: Houghton Mifflin, 1956), p. 276.

[583] George Dimitrov, *The Reichstag Fire Trial*, (Londra: The Bodley Head, 1934), pag. 309.

processo per l'incendio del Reichstag, Putzi Hanfstaengl si trovava proprio nel Palazzo durante l'incendio:

> *L'apparato propagandistico era pronto e i capi delle truppe d'assalto erano al loro posto. Con i bollettini ufficiali pianificati in anticipo, gli ordini di arresto preparati, Karwahne, Frey e Kroyer che aspettavano pazientemente nei loro caffè, i preparativi erano completi, lo schema quasi perfetto.*[584]

Dimitrov dice anche:

> *I leader nazionalsocialisti Hitler, Goering e Goebbels, così come gli alti funzionari nazionalsocialisti Daluege, Hanfstaengl e Albrecht, erano presenti a Berlino il giorno dell'incendio, nonostante la campagna elettorale fosse al culmine in tutta la Germania sei giorni prima delle elezioni. Goering e Goebbels, sotto giuramento, fornirono spiegazioni contrastanti sulla loro presenza "casuale" a Berlino con Hitler quel giorno. Il nazionalsocialista Hanfstaengl, in qualità di "ospite" di Goering, era presente nel palazzo dei relatori del Reichstag, proprio accanto al Reichstag, quando scoppiò l'incendio, anche se il suo "ospite" non era presente in quel momento.*[585]

Secondo il nazista Kurt Ludecke, esisteva un documento firmato dal leader delle SA Karl Ernst - che avrebbe appiccato l'incendio e sarebbe stato poi ucciso da altri nazisti - che implicava Goering, Goebbels e Hanfstaengl nella cospirazione.

IL NEW DEAL DI ROOSEVELT E IL NUOVO ORDINE DI HITLER

Hjalmar Schacht sfidò i suoi interrogatori di Norimberga nel dopoguerra sottolineando che il programma del *Nuovo* Ordine di Hitler era lo stesso del *New Deal* di Roosevelt negli Stati Uniti. Gli interroganti hanno comprensibilmente considerato e respinto questa osservazione. Tuttavia, alcune ricerche suggeriscono che non solo i due programmi sono abbastanza simili nei contenuti, ma che i tedeschi non hanno avuto problemi ad osservare le somiglianze. Nella Biblioteca Roosevelt si trova un piccolo libro presentato a FDR dal dottor Helmut Magers nel dicembre 1933.[586] Sul frontespizio di questa copia di presentazione è riportata l'iscrizione:

---

[584] Ibidem, p. 310.

[585] Ibidem, p. 311.

[586] Helmut Magers, *Ein Revolutionar Aus Common Sense*, (Lipsia: R. Kittler Verlag, 1934).

Al Presidente degli Stati Uniti, Franklin D. Roosevelt, con profonda ammirazione per la sua concezione di un nuovo ordine economico e con devozione al suo carattere. L'autore, Baden, Germania, 9 novembre 1933.

La risposta di FDR a questa ammirazione per il suo nuovo ordine economico fu[587]:

(Washington) 19 dicembre 1933
Caro dottor Magers, vorrei ringraziarla per la copia del suo piccolo libro su di me e sul "New Deal". Anche se, come lei sa, ho studiato in Germania e un tempo ero in grado di parlare il tedesco con notevole scioltezza, sto leggendo il suo libro non solo con grande interesse, ma anche perché mi aiuterà a migliorare il mio tedesco.

Molto sinceramente,

Il New Deal o "nuovo ordine economico" non era una creatura del liberalismo classico. Era una creatura del socialismo aziendale. Le grandi imprese, rappresentate da Wall Street, stavano cercando di stabilire un ordine statale che permettesse loro di controllare l'industria ed eliminare la concorrenza, e questo era il cuore del New Deal di FDR. General Electric, ad esempio, ha una forte presenza nella Germania nazista e nel New Deal. La General Electric tedesca era uno dei principali finanziatori di Hitler e del partito nazista, e anche A.E.G. finanziava Hitler direttamente e indirettamente attraverso Osram.

La International General Electric di New York è stata una delle principali partecipanti alla proprietà e alla gestione di A.E.G. e Osram. Gerard Swope, Owen Young e A. Baldwin della General Electric negli Stati Uniti era direttore dell'A.E.G. Tuttavia, la storia non finisce con la General Electric e il finanziamento di Hitler nel 1933.

In un libro precedente, *Wall Street e la Rivoluzione bolscevica*, l'autore ha identificato il ruolo della General Electric nella Rivoluzione bolscevica e la posizione geografica dei partecipanti americani al 120 di Broadway, New York City; anche gli uffici esecutivi della General Electric erano al 120 di Broadway. Quando Franklin Delano Roosevelt lavorava a Wall Street, il suo indirizzo era anche il 120 di Broadway. In effetti, la Georgia Warm Springs Foundation, la Fondazione FDR, aveva sede al 120 di Broadway. Il principale finanziatore di una delle prime società Roosevelt Wall Street al 120 di Broadway fu Gerard Swope della General Electric. E fu il "piano" di Swope a diventare il "New Deal" di Roosevelt, il piano fascista che Herbert Hoover non volle imporre agli Stati Uniti. In breve, sia il New Order di Hitler che il New Deal di Roosevelt erano sostenuti dagli stessi industriali e avevano un contenuto abbastanza simile: si *trattava* cioè di piani per la formazione di uno Stato corporativo.

C'erano ponti, sia aziendali che individuali, tra l'America di FDR e la Germania di Hitler. Il primo ponte fu quello dell'americana I.G. Farben, la filiale

---

[587] Nixon, Edgar B., editore, *Franklin D. Roosevelt and Foreign Affairs*, (Cambridge: The Belknap Press of Harvard University Press, 1969), Volume 1: gennaio 1933-febbraio 1934. Biblioteca Franklin D. Roosevelt. Hyde Park, New York.

americana di I.G. Farben, la più grande azienda tedesca. Paul Warburg, della Manhattan Bank e della Federal Reserve Bank di New York, faceva parte del consiglio di amministrazione dell'americana I.G. Farben. Il secondo "ponte" fu tra la International General Electric, una filiale interamente controllata dalla General Electric Company e la sua filiale parzialmente tedesca, la A.E.G. Gerard Swope, che formulò il New Deal di FDR, era presidente della I.G.E. e membro del consiglio di amministrazione della A.E.G. Il terzo "ponte" fu tra la Standard Oil of New Jersey e la Vacuum Oil e la sua filiale interamente controllata in Germania, la Deutsche-Amerikanisehe Gesellschaft. Il presidente della Standard Oil of New Jersey era Walter Teagle della Federal Reserve Bank di New York. È stato amministratore della Georgia Warm Springs Foundation di Franklin Delano Roosevelt ed è stato nominato da FDR a una posizione amministrativa chiave nella National Recovery Administration.

Queste aziende erano profondamente coinvolte nella promozione del New Deal di Roosevelt e nella costruzione della potenza militare della Germania nazista. Il ruolo di Putzi Hanfstaengl nei primi tempi, almeno fino alla metà degli anni Trenta, era un collegamento informale tra l'élite nazista e la Casa Bianca. Dopo la metà degli anni Trenta, quando il mondo entrò in guerra, l'importanza di Putzi diminuì, mentre le grandi aziende americane continuarono a essere rappresentate da intermediari come il barone Kurt von Schroder, l'avvocato Westrick e l'appartenenza al Circolo degli Amici di Himmler.

CAPITOLO IX

WALL STREET E IL PRIMO CIRCOLO NAZISTA

Durante il periodo dei nostri contatti commerciali, non avevamo idea del ruolo di Farben come complice delle politiche brutali di Hitler. Offriamo tutto l'aiuto possibile per portare alla luce tutta la verità e per garantire che sia fatta giustizia in modo imparziale.

(F. W. Abrams, Presidente del Consiglio di Amministrazione, Standard Oil of New Jersey, 1946).

Adolf Hitler, Hermann Goering, Josef Goebbels e Heinrich Himmler, il gruppo interno del nazismo, erano allo stesso tempo i leader di feudi minori all'interno dello Stato nazista. I gruppi di potere o le cricche politiche erano incentrate su questi leader nazisti e in particolare, dopo la fine degli anni Trenta, su Adolf Hitler e Heinrich Himmler, il capo delle SS del Reich (la temuta *Schutzstaffel*). Il più importante di questi circoli interni nazisti fu creato per ordine del Führer; fu conosciuto prima come "Circolo Keppler" e poi come "Circolo degli amici di Himmler".

Il Circolo Keppler fu creato da un gruppo di uomini d'affari tedeschi che sostenevano l'ascesa al potere di Hitler prima e durante il 1933. A metà degli anni Trenta, il Circolo Keppler finì sotto l'influenza e la protezione del capo delle SS Himmler e sotto il controllo organizzativo del banchiere di Colonia e importante uomo d'affari nazista Kurt von Schroder. Schroder, si ricorda, era a capo della J.H. Stein Bank in Germania e affiliato alla L. Henry Schroder Banking Corporation di New York. È all'interno di questi circoli ristretti, il nucleo stesso del nazismo, che troviamo Wall Street, compresa la Standard Oil del New Jersey e la I.T.T., rappresentata dal 1933 al 1944.

Wilhelm Keppler, fondatore del primo Circolo degli Amici, illustra il ben noto fenomeno dell'uomo d'affari politicizzato, ovvero dell'uomo d'affari che si muove nell'arena politica piuttosto che nel libero mercato per ottenere un profitto. Questi uomini d'affari sono interessati a promuovere le cause socialiste, perché una società socialista pianificata offre la possibilità di ottenere contratti più redditizi grazie all'influenza politica.

Avvertendo tali opportunità di guadagno, Keppler si unì ai nazionalsocialisti e fu vicino a Hitler prima del 1933. Il Circolo degli Amici nacque da un incontro tra Adolf Hitler e Wilhelm Keppler nel dicembre 1931. Durante la loro conversazione - avvenuta diversi anni prima che Hitler diventasse dittatore - il futuro Führer espresse il desiderio di avere a disposizione uomini d'affari tedeschi affidabili per la consulenza economica quando i nazisti avessero preso il potere. "Cercate di ottenere alcuni leader economici - non devono essere necessariamente membri del Partito - che saranno a nostra disposizione quando prenderemo il potere.[588] Questo è ciò che Keppler si è impegnato a fare.

Nel marzo 1933, Keppler fu eletto al Reichstag e divenne l'esperto finanziario di Hitler. Questo è durato poco. Keppler fu sostituito dall'infinitamente più competente Hjalmar Schacht e inviato in Austria, dove divenne Commissario del Reich nel 1938, ma riuscì comunque a sfruttare la sua posizione per ottenere un notevole potere nello Stato nazista. Nel giro di pochi anni assunse una serie di lucrosi incarichi dirigenziali in aziende tedesche, tra cui quello di presidente del consiglio di amministrazione di due filiali di I.G. Farben: Braunkohle-Benzin A.G. e Kontinental Oil A.G. Braunkohle-Benzin era l'operatore tedesco della tecnologia della Standard Oil of New Jersey per la produzione di benzina dal carbone (vedi Capitolo 4).

In breve, Keppler entrò in guerra con il presidente della stessa azienda che utilizzava la tecnologia americana per la tanto necessaria benzina sintetica che permise alla Wehrmacht di entrare in guerra nel 1939. Questo fatto è significativo perché, insieme alle altre prove presentate in questo capitolo, suggerisce che i profitti e il controllo di queste tecnologie di fondamentale importanza per gli scopi militari tedeschi sono stati mantenuti da un piccolo gruppo di aziende e uomini d'affari internazionali che operavano oltre i confini nazionali.

Anche il nipote di Keppler, Fritz Kranefuss, sotto la protezione dello zio, si fece un nome come aiutante del capo delle SS Heinrich Himmler e come uomo d'affari e operatore politico. Fu il legame di Kranefuss con Himmler che portò il Circolo Keppler ad allontanarsi gradualmente da Hitler negli anni Trenta e ad entrare nell'orbita di Himmler, dove in cambio di donazioni annuali ai progetti delle SS di Himmler, i membri del Circolo ricevettero favori politici e una sostanziale protezione dalle SS.

Il barone Kurt von Schroder era, come abbiamo notato, il rappresentante dell'I.T.T. nella Germania nazista e un primo membro del Circolo Keppler. Il primo Circolo Keppler era composto da

I MEMBRI ORIGINALI (PRIMA DEL 1932) DEL CIRCOLO KEPPLER

Membro del circolo	Associazioni principali
Wilhelm KEPPLER	Presidente di Braunkohle-Benzin A.G., una filiale di I.G. Farben (gestita da Standard Oil of N.J., tecnologia dell'olio di carbone)
Fritz KRANEFUSS	Nipote di Keppler e aiutante di Heinrich Himmler. Allo stand BRABAG
Kurt von SCHRODER	A bordo di tutte le filiali telefoniche e telegrafiche internazionali in Germania
Karl Vincenz KROGMANN	Sindaco di Amburgo
Agosto ROSTERG	Amministratore delegato di WINTERSHALL
Otto STEINBRINCK	Vicepresidente di VEREINIGTE STAHLWERKE

---

[588] Dalla dichiarazione giurata di Wilhem Keppler, *NMT*, volume VI, pag. 285.

	(cartello dell'acciaio fondato con prestiti da Wall Street nel 1926)
Hjalmar SCHACHT	Presidente della banca REICHSBANK
Emil HELFFRICH	Presidente del Consiglio di amministrazione di GERMAN-AMERICAN PETROLEUM CO. (94% di proprietà della Standard Oil of New Jersey) (vedi sopra alla voce Wilhelm Keppler)
Friedrich REINHARDT	Presidente del Consiglio di amministrazione COMMERZBANK
Ewald HECKER	Presidente del Consiglio di Amministrazione di ILSEDER HUTTE
Graf von BISMARCK	Presidente del Governo STETTIN

IL CIRCOLO DEGLI AMICI DELLA S.S.

Il primo Circolo degli Amici si incontrò con Hitler nel maggio 1932 e ascoltò una dichiarazione degli obiettivi nazisti. Heinrich Himmler partecipava spesso a questi incontri e attraverso di lui diversi ufficiali delle SS e altri uomini d'affari si unirono al gruppo. Questo gruppo si espanse nel tempo fino a diventare il Circolo degli Amici di Himmler, con Himmler che fungeva da protettore e facilitatore per i suoi membri.

Di conseguenza, gli interessi bancari e industriali erano fortemente rappresentati nella cerchia ristretta del nazismo e i loro contributi finanziari all'hitlerismo prima del 1933, che abbiamo elencato in precedenza, furono ampiamente ripagati. Tra le "cinque grandi" banche tedesche, la Dresdner Bank aveva i legami più stretti con il partito nazista: almeno una dozzina di membri del consiglio di amministrazione della Dresdner Bank erano di alto rango nazista e non meno di sette direttori della Dresdner Bank facevano parte della cerchia allargata di amici di Keppler, che non superava mai la quarantina.

Se osserviamo i nomi che compongono sia la cerchia originale di Keppler prima del 1933 sia la cerchia allargata di Keppler e Himmler dopo il 1933, notiamo che le multinazionali di Wall Street sono fortemente rappresentate, più di qualsiasi altro gruppo istituzionale. Prendiamo a turno ogni multinazionale di Wall Street o la sua consociata tedesca - quelle identificate nel Capitolo 7 come legate al finanziamento di Hitler - ed esaminiamo i loro legami con Keppler e Heinrich Himmler.

I.G. FARBEN E IL CIRCOLO KEPPLER

I.G. Farben era fortemente rappresentata nella cerchia di Keppler: non meno di otto dei 40 membri della cerchia ristretta erano direttori di I.G. Farben o di una filiale di Farben. Oltre al barone Kurt von Schroder, questi otto membri comprendevano Wilhelm Keppler e suo nipote Kranefuss, descritto in precedenza. La presenza della Farben è stata sottolineata dal membro Hermann Schmitz, presidente della I.G. Farben e direttore della Vereinigte Stahlwerke, due cartelli costruiti e consolidati dai prestiti di Wall Street degli anni Venti. Un rapporto del Congresso degli Stati Uniti descrive Hermann Schmitz come segue:

> Hermann Schmitz, una delle personalità più importanti della Germania, ha ottenuto un notevole successo contemporaneamente nei tre campi distinti dell'industria, della finanza e del governo, e ha servito con zelo e dedizione tutti i governi in carica. Egli simboleggia il cittadino tedesco che, dalla devastazione della Prima Guerra Mondiale, ha reso possibile la Seconda.
> Ironia della sorte, la sua colpevolezza è probabilmente maggiore perché nel 1919 fu membro della delegazione del Reich per la pace e negli anni '30 poté insegnare ai nazisti ciò che dovevano sapere sulla penetrazione economica, sugli usi dei cartelli, sui materiali sintetici per la guerra.[589]

Friedrich Flick, fondatore del cartello dell'acciaio Vereinigte Stahlwerke e direttore di Allianz Versicherungs A.G. e German General Electric (A.E.G.), era un altro membro del Circolo Keppler nel consiglio di amministrazione di I.G. Farben.

Heinrich Schmidt, direttore della Dresdner Bank e presidente del consiglio di amministrazione della Braunkohle-Benzin A.G., una filiale della I.G. Farben, faceva parte del circolo; così come Karl Rasehe, altro direttore della Dresdner Bank e direttore della Metallgesellschaft (società madre della Delbruck Schickler Bank) e della Accumulatoren-Fabriken A.G. Anche Heinrich Buetefisch era direttore della I.G. Farben e membro del circolo Keppler. In breve, il contributo di I.G. Farben al Fondo Nazionale di Rudolf Hess - il fondo di finanziamento politico - fu confermato dopo il golpe del 1933 da una forte rappresentanza nella cerchia interna nazista.

Quanti dei membri del Circolo Keppler nel complesso della I.G. Farben erano affiliati a Wall Street?

MEMBRI DEL PRIMO CIRCOLO KEPPLER ASSOCIATI A MULTINAZIONALI AMERICANE

Membro del Circolo Keppler	I.G. Farben	I.T.T.	Standard Oil del New Jersey	General Electric
Wilhelm KEPPLER	Presidente di BRABAG, una filiale di Farben		-	
Fritz KRANEFUSS	Informazioni sul BRABAG Aufsichrat		-	
Emil Heinrich MEYER		Presente in tutte le filiali tedesche di I.T.T.: Standard/Mix & Genest/Lorenz	-	Consiglio di amministrazione dell'A.E.G.
Emil HELFFRICH			Presidente di DAPAG (posseduta al 94% da New Jersey Standard)	

---

[589] Eliminazione delle risorse tedesche, pag. 869.

Friedrich FLICK	I.G. Farben	-	- Consiglio di amministrazione dell'A.E.G.
Kurt von SCHRODER	A bordo di tutte le filiali I.T.T. in Germania		

Allo stesso modo, possiamo identificare altre istituzioni di Wall Street rappresentate nella prima cerchia di amici di Keppler, confermando i loro contributi monetari al National Trust Fund gestito da Rudolf Hess per conto di Adolf Hitler. Questi rappresentanti erano Emil Heinrich Meyer e il banchiere Kurt von Schroder, nei consigli di amministrazione di tutte le filiali I.T.T. in Germania, ed Emil Helffrich, presidente del consiglio di amministrazione della DAPAG, posseduta al 94% dalla Standard Oil del New Jersey.

WALL STREET NEL CIRCOLO S.S.

Anche le grandi multinazionali americane erano ben rappresentate nel futuro Circolo Heinrich Himmler e hanno versato contributi in denaro alla S.S. (al Sonder Konto S) fino al 1944 - mentre era in corso la Seconda Guerra Mondiale.

Quasi un quarto dei contributi versati al Sonder Konto S nel 1944 proveniva dalle filiali della International Telephone and Telegraph, rappresentate da Kurt von Schröder. I pagamenti del 1943 dalle filiali I.T.T. al conto speciale sono stati i seguenti:

Mix & Genest A.G.	RM 5.000
C. Lorenz AG	RM 20.000
Felten & Guilleaume25.	RM 25.000
Kurt von Schroder	RM 16.000

E i pagamenti del 1944 erano:

Mix & Genest A.G .	RM 5.000
C. Lorenz AG	RM 20.000
Felten & Guilleaume20.	RM 25.000
Kurt von Schroder	RM 16.000

Sosthenes Behn, della International Telephone and Telegraph, trasferì il controllo di Mix & Genest, C. Lorenz e altri interessi della Standard Telephone in Germania a Kurt von Schroder - che era un membro fondatore del Circolo Keppler e l'organizzatore e tesoriere del Circolo degli Amici di Himmler. Emil H. Meyer, Untersturmführer delle S.S., membro del Vorstand della Dresdner Bank, A.E.G., e direttore di tutte le filiali dell'I.T.T. in Germania, era anche membro del Circolo degli Amici di Himmler - dando all'I.T.T. due potenti rappresentanti nel cuore delle S.S.

Una lettera del barone von Schroder al suo collega Emil Meyer, datata 25 febbraio 1936, descrive gli obiettivi e le richieste della cerchia di Himmler e la precedente natura del conto speciale "S" con fondi della banca di Schroder - la J.H. Stein Bank a Colonia:

> Al Prof. Dr. Emil H. Meyer
> Berlino, 25 febbraio 1936 (scrittura illeggibile)
> S.S. (Untersturmführer) (Sottotenente) Membro del Consiglio di Amministrazione (Vorstand) della Dresdner Bank
> Berlino W. 56, Behrenstr. 38
> Personale!
> Al Circolo degli Amici del Capo del Reich SS,
> In seguito alla visita d'ispezione di due giorni a Monaco di Baviera a cui il Capo del Reich ci ha invitato a gennaio, il Circolo degli Amici ha deciso di mettere a disposizione del Capo del Reich dei fondi - ciascuno secondo le proprie possibilità - nel "Conto speciale S" (Sonder Konto S), da istituire presso la società bancaria J.H. Stein di Colonia, da utilizzare per alcuni compiti al di fuori del bilancio.
> Questo dovrebbe permettere al leader del Reich di fare affidamento su tutti i suoi amici. A Monaco si è deciso che i sottoscritti si sarebbero resi disponibili per la creazione e la gestione di questo conto. Nel frattempo il conto è stato aperto e vogliamo che ogni partecipante sappia che se desidera versare contributi al Reich Leader per i compiti di cui sopra - a nome della sua azienda o a nome del Circolo degli Amici - può effettuare i pagamenti alla società bancaria J.H. Stein, Colonia (conto di compensazione della Banca del Reich, assegno postale n. 1392) sul conto speciale S.
> Heil Hitler!
>
> (Firmato) Kurt Baron von Sehroder
> (Firmato) Steinbrinck[590]

La lettera spiega anche perché il colonnello dell'esercito americano Bogdan, ex della Schroder Banking Corporation di New York, era ansioso di deviare l'attenzione degli investigatori dell'esercito americano del dopoguerra dalla J. H. Stein Bank di Colonia alle "grandi banche" della Germania nazista. È stata la banca di Stein a custodire i segreti delle associazioni delle filiali americane con le autorità naziste durante la Seconda guerra mondiale. Gli interessi finanziari di New York non potevano conoscere la natura precisa di queste transazioni (e in particolare la natura dei documenti che potevano essere conservati dai loro associati tedeschi), ma sapevano che poteva esserci una traccia dei loro affari di guerra, sufficiente a metterli in imbarazzo agli occhi dell'opinione pubblica americana. È questa la possibilità che il colonnello Bogdan ha cercato di escludere senza successo.

La tedesca General Electric trasse grandi benefici dalla sua associazione con Himmler e altri importanti nazisti. Diversi membri della cricca di Schroder erano direttori del G.E.A., il più importante dei quali era Robert Pferdmenges, che non solo era un membro dei circoli di Keppler o Himmler, ma era anche socio della

---

[590] *NMT*, volume VII, pag. 238, "Traduzione del documento N1-10103, reperto 788". Lettera di von Schroder e dell'accusato Steinbrinck al Dr. Meyer, funzionario della Dresdner Bank, del 25 febbraio 1936, in cui si fa presente che il Circolo degli Amici avrebbe messo a disposizione di Himmler dei fondi "per alcuni compiti al di fuori del bilancio" e che aveva istituito un "conto speciale a questo scopo".

casa bancaria arianizzata Pferdmenges & Company, successore della precedente casa bancaria ebraica Sal. Oppenheim di Colonia. Waldemar von Oppenheim ottenne la dubbia distinzione (per un ebreo tedesco) di "ariano onorario" e poté continuare l'attività della sua vecchia casa bancaria fondata sotto Hitler in collaborazione con Pferdmenges.

MEMBRI DELLA CERCHIA DI AMICI DI HIMMLER CHE ERANO ANCHE DIRETTORI DI SOCIETÀ AFFILIATE NEGLI USA:

	I.G. Farben	I.T.T.	A.E.G.	Standard Oil del New Jersey
KRANEFUSS, Fritz	X			
KEPPLER, Wilhelm	X			
SCHRODER, Kurt	X			
Von BUETEFISCH, Heinrich		X		
RASCHE, Dr. Karl	X			
FLICK, Friedrich	X		X	
LINDEMANN, Karl				X
SCHMIDT, Heinrich	X			
ROEHNERT, Kellmuth			X	
SCHMIDT, Kurt			X	
MEYER, Dr. Emil		X		
SCHMITZ, Hermann	X			

Pferdmenges era anche direttore dell'A.E.G. e usava la sua influenza nazista per ottenere buoni risultati.[591]

Altri due direttori della General Electric tedesca erano membri del Circolo degli amici di Himmler e hanno versato contributi in denaro al Sonder Konto S nel 1943 e nel 1944:

Friedrich Flick   RM 100.000
Otto Steinbrinck (un socio di Flick)   RM 100.000

Kurt Schmitt era presidente del consiglio di amministrazione del G.E.A. e membro della cerchia di amici di Himmler, ma il nome di Schmitt non compare nell'elenco dei pagamenti del 1943 o del 1944.

Anche la Standard Oil of New Jersey contribuì in modo significativo al conto speciale di Himmler attraverso la sua filiale tedesca al 94%, la Deutsche-Amerikanische Gesellschaft (DAG). Nel 1943 e nel 1944, il DAG ha fornito i seguenti contributi:

Consigliere di Stato Helfferich della German-American Petroleum A.G.   RM 10.000
Consigliere di Stato Lindemann della German-American Petroleum A.G.   RM 10.000
e personalmente   RM 4.000

---

[591] Eliminazione delle risorse tedesche, pag. 857.

Tableau 9-1 : Représentation de Wall Street dans les cercles de Keppler et de Himmler, 1933 et 1944

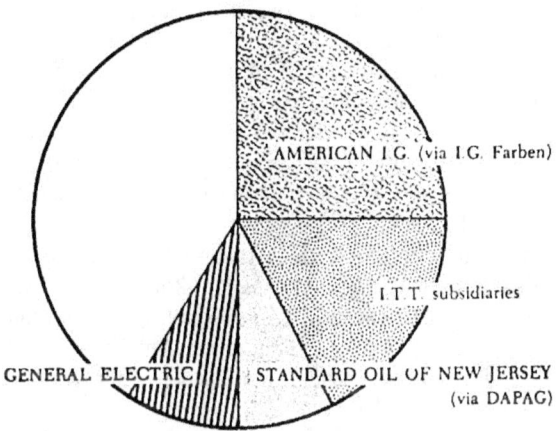

REPRESENTATION DE WALL STREET DANS LE CERCLE D'AMIS DE KEPPLER
(basée sur la déclaration de Keppler en 1933, relative aux membres)

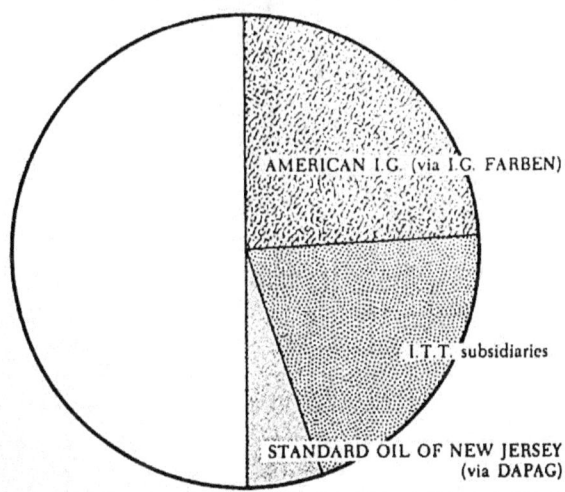

REPRESENTATION DE WALL STREET DANS LE CERCLE D'AMIS DE HIMMLER
(basée sur les contributions faites à Himmler en 1944)

È importante notare che lo Staatsrat Lindemann ha dato un contributo personale di 4.000 RM, facendo così una chiara distinzione tra il contributo di 10.000 RM della filiale interamente controllata dalla Standard Oil of New Jersey e il contributo personale del direttore Lindemann. Nel caso dello Staatsrat Hellfrich, l'unico contributo è stato quello di 10.000 RM della Standard Oil; non è stata registrata alcuna donazione personale.

Anche la I.G. Farben, la società madre dell'American I.G. (si veda il capitolo 2), diede un contributo significativo alla Sonder Konto S di Heinrich Himmler, fornendole quattro direttori: Karl Rasehe, Fritz Kranefuss, Heinrich Schmidt e Heinrich Buetefisch. Karl Rasche è stato membro del consiglio di amministrazione della Dresdner Bank e specialista in diritto bancario internazionale. Sotto Hitler, Karl Rasche divenne un importante direttore di molte società tedesche, tra cui la Accumulatoren-Fabrik A.G. di Berlino, che finanziò Hitler, la Metallgesellschaft e la Felten & Guilleame, una società di informatica. Fritz Kranefuss è stato membro del consiglio di amministrazione della Dresdner Bank e direttore di diverse società oltre a I.G. Farben. Kranefuss, nipote di Wilhelm Keppler, era un avvocato e svolse un ruolo importante in molte organizzazioni pubbliche naziste. Heinrich Schmidt, direttore della I.G. Farben e di numerose altre aziende tedesche, era anche direttore della Dresdner Bank.

È importante notare che queste tre persone - Rasche, Kranefuss e Schmidt - erano direttori di una filiale di I.G. Farben, Braunkohle-Benzin A.G. - il produttore tedesco di benzina sintetica che utilizza la tecnologia della Standard Oil, frutto degli accordi I.G. Farben-Standard Oil dei primi anni Trenta.

In breve, l'élite finanziaria di Wall Street era ben rappresentata nei primi circoli di Keppler e poi di Himmler.[592]

---

[592] La natura significativa di questa rappresentazione si riflette nella Figura 8-1, "Rappresentazione di Wall Street nei circoli Keppler e Himmler, 1933 e 1944".

CAPITOLO X

IL MITO DI "SIDNEY WARBURG

La domanda fondamentale, che trova una risposta solo parziale, è in che misura l'ascesa al potere di Hitler nel 1933 sia stata favorita direttamente dai finanzieri di Wall Street. Abbiamo dimostrato, con l'aiuto di documenti originali, che c'è stato un coinvolgimento e un sostegno americano indiretto attraverso affiliati tedeschi e (come ad esempio nel caso dell'I.T.T.) che c'è stato uno sforzo consapevole e deliberato per ottenere il sostegno del regime nazista. Il finanziamento indiretto è stato esteso al finanziamento diretto?

Dopo l'ascesa al potere di Hitler, le aziende e gli individui americani hanno lavorato per conto del nazismo e hanno certamente tratto profitto dallo Stato nazista. Dai diari di William Dodd, ambasciatore degli Stati Uniti in Germania, sappiamo che nel 1933 un flusso di banchieri e industriali di Wall Street si presentò all'ambasciata statunitense a Berlino, esprimendo la propria ammirazione per Adolf Hitler e desiderando trovare il modo di fare affari con il nuovo regime totalitario. Per esempio, il 1er settembre 1933, Dodd riferisce che Henry Mann della National City Bank e Winthrop W. Aldrich della Chase Bank aveva incontrato Hitler e "questi banchieri sentono di poter lavorare con lui".[593] Ivy Lee, responsabile delle pubbliche relazioni di Rockefeller, secondo Dodd, "è stata sia capitalista che filofascista".[594]

Quindi possiamo almeno notare un'accoglienza simpatica alla nuova dittatura nazista, che ricorda il modo in cui i banchieri internazionali di Wall Street accolsero la nuova Russia di Lenin e Trotsky nel 1917.

CHI ERA "SIDNEY WARBURG"?

La questione posta in questo capitolo è l'accusa che alcuni finanzieri di Wall Street (i Rockefeller e i Warburg sono stati specificamente nominati) abbiano direttamente pianificato e finanziato la presa di potere di Hitler nel 1933, e che lo abbiano fatto da Wall Street. A questo proposito, il cosiddetto mito di "Sidney

---

[593] William E. Dodd, *Diario dell'Ambasciatore Dodd*, op. cit. p. 31.

[594] Ibidem, p. 74.

Warburg" è rilevante. L'importante nazista Franz von Papen ha dichiarato nelle sue *memorie*[595] :

> ... il resoconto più documentato dell'improvvisa acquisizione di fondi da parte dei nazionalsocialisti è contenuto in un libro pubblicato in Olanda nel 1933, dall'ex casa editrice di Amsterdam Van Holkema & Warendorf, intitolato De Geldbronnen van Het Nationaal-Socialisme (Drie Gesprekken Met Hitler) sotto il nome di "Sidney Warburg".

Un libro con questo titolo in olandese di "Sidney Warburg" fu effettivamente pubblicato nel 1933, ma rimase sugli scaffali dei libri in Olanda solo per pochi giorni. Il libro è stato distrutto e ritirato dalla vendita.[596] Una delle tre copie originali superstiti è stata tradotta in inglese. La traduzione era un tempo depositata al British Museum, ma ora non è più in circolazione e non è disponibile per la ricerca. Non si sa nulla della copia originale olandese su cui è stata basata questa traduzione inglese.

La seconda copia olandese apparteneva al cancelliere Schussnigg in Austria e la sua attuale collocazione è sconosciuta. La terza copia olandese è stata inviata in Svizzera ed è stata tradotta in tedesco. La traduzione tedesca è sopravvissuta fino ad oggi nell'Archivio Sociale Svizzero di Zurigo, in Svizzera. Una copia autenticata della traduzione tedesca di questo sopravvissuto svizzero è stata acquistata dall'autore nel 1971 e tradotta in inglese. È su questa traduzione inglese della traduzione tedesca che si basa il testo di questo capitolo.

La pubblicazione del libro "Sidney Warburg" fu debitamente riportata dal *New York Times* (24 novembre 1933) con il titolo "Si teme una bufala nazista". Un breve articolo segnala che in Olanda è stato pubblicato un pamphlet di "Sidney Warburg" e che l'autore non è il figlio di Felix Warburg. Il traduttore è J. G. Shoup, un giornalista belga che vive in Olanda. Gli editori e Shoup "si chiedono se siano stati vittime di un imbroglio". Il resoconto del *Times* aggiunge:

---

[595] Franz von Papen, *Memoirs*, (New York: E.P. Dutton & Co., 1953), pag. 229.

[596] Il testo inglese di questo capitolo è tradotto da una traduzione tedesca autenticata di una copia dell'edizione olandese di *De Geldbronnen van Het Nationaal-Socialisme (Drie Gesprekken Met Hitler)*, ovvero *Le fonti finanziarie del nazionalsocialismo (Tre conversazioni con Hitler)*. L'autore originale olandese è indicato come "Door Sidney Warburg, vertaald door I.G. Shoup" (Da Sidney Warburg, come raccontato da I.G. Shoup).

La copia qui utilizzata è stata tradotta dai Paesi Bassi dal Dr. Walter Nelz, Wilhelm Peter e René Sonderegger a Zurigo l'11 febbraio 1947, e la traduzione tedesca reca una dichiarazione giurata secondo cui "I tre testimoni sottoscritti verificano che il documento allegato non è altro che una traduzione fedele e letterale dall'olandese al tedesco del libro di Sidney Warburg, una copia del quale è stata costantemente messa a loro disposizione durante tutto il processo di traduzione". Essi attestano di aver tenuto tra le mani l'originale e di averlo letto al meglio delle proprie possibilità, frase per frase, traducendolo in tedesco e confrontando poi il contenuto della traduzione allegata con l'originale in tutta coscienza fino a raggiungere un accordo completo.

> *L'opuscolo ripete una vecchia storia secondo cui importanti americani, tra cui John D. Rockefeller, avrebbero finanziato Hitler tra il 1929 e il 1932 per un ammontare di 32 milioni di dollari, con l'obiettivo di "liberare la Germania dalla morsa finanziaria della Francia provocando una rivoluzione". Molti lettori dell'opuscolo hanno sottolineato che contiene molte inesattezze.*

Perché l'originale olandese fu ritirato dalla circolazione nel 1933? Perché "Sidney Warburg" non esisteva e un "Sidney Warburg" è stato rivendicato come autore. Dal 1933, il libro "Sidney Warburg" è stato presentato da varie parti come un falso o come un documento autentico. La stessa famiglia Warburg si è impegnata a fondo per dimostrarne la falsità.

Cosa dice il libro? Secondo il libro, cosa accadde in Germania all'inizio degli anni '30? E questi eventi hanno una qualche somiglianza con eventi che sappiamo essere veri da altre prove?

Dal punto di vista della metodologia di ricerca, è meglio presumere che il libro "Sidney Warburg" sia un falso, a meno che non si possa dimostrare il contrario. Questa è la procedura che adotteremo. Il lettore potrebbe chiedersi: perché preoccuparsi di esaminare da vicino un possibile falso? Ci sono almeno due buone ragioni, oltre alla curiosità accademica.

Innanzitutto, i Warburg sostengono che il libro è un falso, e ciò che usano per giustificare la loro negazione è un curioso difetto. I Warburg definiscono falso un libro che ammettono di non aver letto e nemmeno visto. La smentita dei Warburg si limita in particolare a denunciare che potrebbe essere stato scritto da un Warburg. Questa negazione è accettabile, ma non nega o rifiuta la validità del contenuto. La smentita si limita a ripudiare la paternità del libro.

In secondo luogo, abbiamo già identificato la I.G. Farben come uno dei principali finanziatori e sostenitori di Hitler. Abbiamo fornito prove fotografiche della distinta di bonifico della I.G. Farben per 400.000 marchi a favore del conto del fondo politico "Nationale Treuhand" di Hitler, gestito da Rudolf Hess. È ormai probabile e quasi certo che "Sidney Warburg" non sia mai esistito. D'altra parte, è risaputo che i Warburg erano strettamente legati alla gestione della I.G. Farben in Germania e negli Stati Uniti. In Germania, Max Warburg era direttore della I.G. Farben e negli Stati Uniti, il fratello Paul Warburg (padre di James Paul Warburg) era direttore della I.G. Farben americana. In breve, abbiamo prove inconfutabili che alcuni Warburg, tra cui il padre di James Paul, l'informatore del libro "Sidney Warburg", erano direttori della I.G. Farben. E la I.G. Farben è nota per aver finanziato Hitler. "Sidney Warburg" può essere un mito, ma i direttori della I.G. Farben, Max Warburg e Paul Warburg, erano reali. Questo è un motivo sufficiente per andare oltre.

Riassumiamo innanzitutto il libro che James Paul Warburg sostiene essere un falso.

SINOSSI DEL LIBRO "SIDNEY WARBURG" CANCELLATO

The Financial Sources of National Socialism[597] si apre con una presunta conversazione tra "Sidney Warburg" e il coautore/traduttore I.G. Shoup. "Warburg" racconta perché stava consegnando un manoscritto inglese a Shoup per la traduzione in olandese e la pubblicazione in Olanda, alle condizioni del mitico "Sidney Warburg":

> *Ci sono momenti in cui vorrei allontanarmi da un mondo di intrighi, inganni, truffe e manipolazioni del mercato azionario... Sai cosa non riesco mai a capire? Come è possibile che persone di carattere buono e onesto - di cui ho ampie prove - partecipino a truffe e frodi, ben sapendo che ciò interesserà migliaia di persone.*

Shoup descrive poi "Sidney Warburg" come "il figlio di uno dei maggiori banchieri degli Stati Uniti, membro della società bancaria Kuhn, Loeb & Co. di New York". "Sidney Warburg" dice poi a Shoup che lui ("Warburg") vuole testimoniare per la storia su come il nazionalsocialismo sia stato finanziato dai finanzieri di New York.

La prima parte del libro è intitolata semplicemente *"1929"*. Il documento racconta che nel 1929 Wall Street aveva ingenti crediti in sospeso in Germania e in Austria e che questi crediti erano stati, per la maggior parte, congelati. Se da un lato la Francia era economicamente debole e temeva la Germania, dall'altro riceveva la "parte del leone" dei fondi di riparazione, finanziati in realtà dagli Stati Uniti. Nel giugno del 1929 si tenne una riunione tra i membri della Federal Reserve Bank e i principali banchieri statunitensi per decidere cosa fare nei confronti della Francia e, in particolare, per sostenere il ricorso alle riparazioni tedesche. A questo incontro parteciparono (secondo il libro di Warburg) i direttori della Guaranty Trust Company, i "presidenti" delle banche della Federal Reserve e cinque banchieri indipendenti, il "giovane Rockefeller" e Glean della Royal Dutch Shell. Carter e Rockefeller, secondo il testo, "dominarono le discussioni". Gli altri hanno ascoltato e annuito".

Il consenso generale alla riunione dei banchieri era che l'unico modo per liberare la Germania dalle grinfie finanziarie francesi era la rivoluzione, comunista o nazionalista tedesca. In una riunione precedente era stato deciso di contattare Hitler per "cercare di capire se fosse pronto a ricevere il sostegno finanziario americano". Tuttavia, Rockefeller aveva visto di recente un opuscolo tedesco-americano sul movimento nazionalsocialista di Hitler e lo scopo di questo secondo incontro era quello di stabilire se "Sidney Warburg" fosse disposto a recarsi in Germania come messaggero per stabilire un contatto personale con Hitler.

In cambio del sostegno finanziario, Hitler doveva perseguire una "politica estera aggressiva e suscitare l'idea di vendetta contro la Francia". Questa politica, si pensava, avrebbe portato la Francia a chiedere aiuto agli Stati Uniti e alla Gran Bretagna per "questioni internazionali riguardanti una possibile aggressione

---

[597] La versione inglese è pubblicata da Omnia Veritas Ltd, con il titolo *Hitler's Secret Backers, the Financial Sources of National Socialism*. www.omnia-veritas.com.

tedesca". Hitler non doveva conoscere lo scopo dell'assistenza di Wall Street. Sarebbe stato lasciato "alla sua ragione e al suo ingegno scoprire i motivi della proposta". "Warburg" accettò la missione proposta e partì da New York per Cherbourg sul transatlantico Île de France, "con un passaporto diplomatico e lettere di raccomandazione di Carter, Tommy Walker, Rockefeller, Glean e Herbert Hoover".

A quanto pare, "Sidney Warburg" ha avuto qualche difficoltà a incontrare Hitler. Il console americano a Monaco non riuscì a mettersi in contatto con i nazisti e alla fine Warburg si rivolse direttamente al sindaco di Monaco Deutzberg, "con una raccomandazione del console americano" e un appello a indirizzare Warburg a Hitler. Shoup presenta poi alcuni estratti delle dichiarazioni di Hitler a questo primo incontro. Questi estratti includono i soliti sproloqui antisemiti hitleriani, e va notato che tutte le parti antisemite del libro "Sidney Warburg" sono pronunciate da Hitler (questo è importante, poiché James Paul Warburg sostiene che il libro di Shoup è totalmente antisemita). In questo incontro si discusse del finanziamento dei nazisti e si dice che Hitler abbia insistito sul fatto che i fondi non potessero essere depositati in una banca tedesca, ma solo in una banca estera a sua disposizione. Hitler chiese 100 milioni di marchi e suggerì che "Sidney Warburg" riferisse sulla reazione di Wall Street attraverso von Heydt a Lutzowufer, 18 Berlino.[598]

Dopo aver fatto rapporto a Wall Street, Warburg si sentì dire che 24 milioni di dollari erano troppi per i banchieri americani, che offrirono 10 milioni di dollari. Warburg contattò von Heydt e fu organizzato un altro incontro, questa volta con un "uomo dall'aspetto indistinto, che mi fu presentato come Frey". Furono date istruzioni di mettere a disposizione della banca Mendelsohn & Co. di Amsterdam, Olanda, 10 milioni di dollari. Warburg doveva incaricare la Banca Mendelsohn di emettere assegni in marchi a favore dei nazisti in dieci città tedesche.

Successivamente, Warburg si recò ad Amsterdam, completò la sua missione con Mendelsohn & Co. e poi si recò a Southampton, in Inghilterra, per poi essere riportato a New York con la nave *Olympia*, dove fece il suo rapporto a Carter della Guaranty Trust Company. Due giorni dopo, Warburg trasmise il suo rapporto all'intero gruppo di Wall Street, ma "questa volta accanto a Glean della Royal Dutch sedeva un rappresentante inglese, un uomo di nome Angell, uno dei dirigenti della Asiatic Petroleum Co. A Warburg fu chiesto di parlare di Hitler e "Rockefeller mostrò un interesse insolito per le dichiarazioni di Hitler sui comunisti".

Nelle settimane successive al ritorno di Warburg dall'Europa, i giornali di Hearst mostrarono un "insolito interesse" per il nuovo partito nazista tedesco e persino il *New York Times* pubblicò regolarmente brevi servizi sui discorsi di Hitler. In precedenza, questi giornali non avevano mostrato troppo interesse, ma

---

[598] Si noti che "von Heydt" era il nome originale della Dutch Bank voor Handel en Seheepvaart N.V., una sussidiaria degli interessi di Thyssen e ora nota per essere stata un imbuto per i fondi nazisti. Vedere *"Eliminazione delle risorse tedesche"*.

la situazione è cambiata.⁵⁹⁹ Inoltre, nel dicembre 1929, un lungo studio sul movimento nazionalsocialista tedesco apparve "in una pubblicazione mensile dell'Università di Harvard".

La seconda parte del libro soppresso *Le fonti finanziarie del nazionalsocialismo* è intitolata "1931" e si apre con una discussione sull'influenza francese sulla politica internazionale. Nel documento si legge che Herbert Hoover promise a Pierre Laval di non risolvere la questione del debito senza prima consultare il governo francese e [scrive Shoup]:

> Quando Wall Street lo scoprì, Hoover perse in un sol colpo il rispetto di quella cerchia. Anche le elezioni successive ne risentirono: molti ritengono che la mancata rielezione di Hoover sia da attribuire a questo problema.⁶⁰⁰

Nell'ottobre del 1931, Warburg ricevette una lettera da Hitler che trasmise a Carter della Guaranty Trust Company; fu quindi convocata un'altra riunione di banchieri presso gli uffici della Guaranty Trust Company. In questa riunione i pareri sono stati discordanti. "Sidney Warburg riferì che Rockefeller, Carter e McBean erano a favore di Hitler, mentre gli altri finanzieri erano incerti. Montague Norman della Banca d'Inghilterra e Glean della Royal Dutch Shell sostennero che i 10 milioni di dollari già spesi per Hitler erano troppi e che Hitler non avrebbe mai agito. Alla fine, l'incontro si accordò in linea di principio per aiutare ulteriormente Hitler e Warburg intraprese nuovamente una missione di messaggeria e tornò in Germania.

Durante questo viaggio, Warburg avrebbe discusso di affari tedeschi con "un banchiere ebreo" di Amburgo, con un magnate dell'industria e con altri sostenitori di Hitler. In particolare, incontrò il banchiere von Heydt e un certo Luetgebrumm. Quest'ultimo affermava che le truppe d'assalto naziste erano incompletamente equipaggiate e che le SS avevano un grande bisogno di mitragliatrici, rivoltelle e fucili.

Nel successivo incontro tra Warburg e Hitler, Hitler sostenne che "i sovietici non possono fare a meno dei nostri prodotti industriali". Daremo loro credito e se non sarò in grado di indebolire la Francia da solo, i sovietici mi aiuteranno. Hitler disse di avere due piani per conquistare la Germania: (a) il piano della rivoluzione e (b) il piano dell'acquisizione legale. Il primo piano sarebbe una questione di tre mesi, il secondo di tre anni. Si dice che Hitler abbia detto: "La rivoluzione costa cinquecento milioni di marchi, l'acquisizione legale costa duecento milioni di

---

⁵⁹⁹ Un esame dell'indice del *New York* Times conferma l'accuratezza dell'ultima parte di questa affermazione. Si veda, ad esempio, l'improvvisa ondata di interesse del *New York Times* del 15 settembre 1930 e l'articolo su "Hitler, la forza trainante del fascismo tedesco" nel numero del 21 settembre 1930 del *New York Times*. Nel 1929, il *New York Times* pubblicò solo un breve articolo su Adolf Hitler. Nel 1931 pubblicò una ventina di articoli importanti, tra cui ben tre "Ritratti".

⁶⁰⁰ Hoover sostenne di aver perso l'appoggio di Wall Street nel 1931 perché non avrebbe seguito il suo piano per un New Deal: cfr. Antony C. Sutton, *Wall Street and FDR, op. cit.*

marchi - cosa decideranno i vostri banchieri? Dopo cinque giorni arrivò a Warburg un cablogramma di Guaranty Trust, che nel libro è citato come segue:

> *Gli importi suggeriti sono fuori discussione. Non lo faremo e non possiamo farlo. Spiegategli che un simile trasferimento in Europa sconvolgerà il mercato finanziario. Assolutamente inaudito in territorio internazionale. Aspettatevi una lunga relazione prima che venga presa una decisione. Soggiorno in loco. Continuare l'indagine. Convincere l'uomo che le sue richieste sono insostenibili. Non dimenticate di includere nella relazione la vostra opinione sulle possibilità future dell'uomo.*

Warburg telegrafò il suo rapporto a New York e tre giorni dopo ricevette un secondo telegramma:

> *Relazione ricevuta. Preparatevi a consegnare dieci, massimo quindici milioni di dollari. Consigliare all'uomo la necessità di aggredire un Paese straniero.*

I 15 milioni di dollari sono stati accettati per la via dell'acquisizione legale, non per il piano rivoluzionario. Il denaro fu trasferito da Wall Street a Hitler tramite Warburg nel modo seguente: 5 milioni di dollari a Mendelsohn & Company, Amsterdam; 5 milioni di dollari alla Rotterdamsehe Bankvereiniging di Rotterdam e 5 milioni di dollari alla "Banca Italiana".

Warburg visitò ognuna di queste banche, dove si dice abbia incontrato Heydt, Strasser e Hermann Goering. I gruppi hanno fatto in modo che gli assegni fossero identificati con nomi diversi in diverse città della Germania. In altre parole, i fondi sono stati "riciclati" secondo la tradizione moderna per nascondere le loro origini a Wall Street. In Italia, il gruppo di pagamento sarebbe stato ricevuto nella sede principale della banca dal suo presidente e, in attesa nel suo ufficio, due fascisti italiani, Rossi e Balbo, sarebbero stati presentati a Warburg, Heydt, Strasser e Goering. Tre giorni dopo il pagamento, Warburg tornò a New York da Genova con il *Savoya*.

Anche in questo caso, egli riferiva a Carter, Rockefeller e agli altri banchieri.

La terza sezione di *Fonti finanziarie del nazionalsocialismo* è intitolata semplicemente "1933". La sezione racconta il terzo e ultimo incontro di "Sidney Warburg" con Hitler, la notte in cui fu bruciato il Reichstag (nel capitolo 8 abbiamo notato la presenza dell'amico di Roosevelt Putzi Hanfstaengl nel Reichstag).) Durante questo incontro, Hitler informò Warburg dei progressi dei nazisti verso un'acquisizione legale. Dal 1931, il Partito Nazionalsocialista aveva triplicato le sue dimensioni. Nei pressi del confine tedesco, in Belgio, Olanda e Austria, erano stati effettuati ingenti depositi di armi, che però richiedevano pagamenti in contanti prima della consegna. Hitler chiese un minimo di 100 milioni di marchi per garantire la fase finale del programma di acquisizione. Guaranty Trust inviò a Warburg un'offerta fino a 7 milioni di dollari, da versare come segue: 2 milioni di dollari alla Renania Joint Stock Company di Düsseldorf (la filiale tedesca di Royal Dutch) e 5 milioni di dollari ad altre banche. Warburg riferì questa offerta a Hitler, il quale chiese che i 5 milioni di dollari fossero inviati alla Banca Italiana a Roma e (sebbene il rapporto non lo dica) si può presumere che gli altri 2 milioni di dollari siano stati pagati a Düsseldorf. Il libro si conclude con la seguente dichiarazione di Warburg:

> Ho portato a termine la mia missione nei minimi dettagli. Hitler è il dittatore del più grande Paese d'Europa. Il mondo lo ha visto all'opera per diversi mesi. La mia opinione su di lui non ha più importanza. Ma resto convinto che le sue azioni dimostreranno che è malvagio. Per il bene del popolo tedesco, spero di cuore di sbagliarmi. Il mondo continua a soffrire sotto un sistema che deve piegarsi a un Hitler per mantenersi in vita. Povero mondo, povera umanità.

Questo è il riassunto del libro soppresso "Sidney Warburg" sulle origini finanziarie del nazionalsocialismo in Germania. Alcune delle informazioni contenute nel libro sono oggi di dominio pubblico, anche se solo alcune di esse erano generalmente note all'inizio degli anni Trenta. È straordinario che l'ignoto autore abbia avuto accesso a informazioni che sono emerse solo molti anni dopo - ad esempio, l'identità della von Heydt Bank come circuito finanziario di Hitler. Perché il libro è stato ritirato dalle librerie e accantonato? Il motivo del ritiro era che "Sidney Warburg" non esisteva, che il libro era un falso e che la famiglia Warburg sosteneva che contenesse dichiarazioni antisemite e diffamatorie.

Le informazioni contenute nel libro sono state riesumate dopo la Seconda guerra mondiale e pubblicate in altri libri in un contesto antisemita che non esiste nel libro originale del 1933. Due di questi libri del dopoguerra erano *Spanischer Sommer* di René Sonderegger e *Liebet Eure Feinde* di Werner Zimmerman.

Soprattutto, James P. Warburg di New York firmò una dichiarazione giurata nel 1949, pubblicata in appendice alle *Memorie di* von Papen. Questa dichiarazione giurata di Warburg negava categoricamente l'autenticità del libro "Sidney Warburg" e affermava che si trattava di una bufala. Purtroppo, James P. Warburg si concentra sul libro antisemita *Spanischer Sommer* di Sonderegger del 1947, e non sul libro originale scritto dal soppresso "Sidney Warburg" e pubblicato nel 1933 - dove l'unico antisemitismo deriva dalle presunte dichiarazioni di Hitler.

In altre parole, la dichiarazione giurata di Warburg ha sollevato molti più interrogativi di quanti ne abbia risolti. Dobbiamo quindi considerare l'affidavit di Warburg del 1949 che nega l'autenticità delle fonti finanziarie del nazionalsocialismo.

DICHIARAZIONE GIURATA DI JAMES PAUL WARBURG

Nel 1953, il nazista Franz von Papen pubblicò le sue *memorie*.[601] Si tratta dello stesso Franz von Papen che era stato attivo negli Stati Uniti per conto dello spionaggio tedesco durante la Prima guerra mondiale. Nelle sue *memorie*, Franz von Papen affronta la questione del finanziamento di Hitler e incolpa l'industriale Fritz Thyssen e il banchiere Kurt von Schröder. Papen nega di aver finanziato Hitler e, in effetti, non è stata presentata alcuna prova credibile che colleghi von Papen ai fondi di Hitler (sebbene Zimmerman in *Liebert Eure Feinde* accusi Papen di aver donato 14 milioni di marchi). In questo contesto, von Papen cita *Le fonti finanziarie del nazionalsocialismo* di Sidney Warburg e i due libri più recenti di Werner Zimmerman e René Sonderegger (alias Severin Reinhardt), pubblicati dopo la seconda guerra mondiale.[602] Papen aggiunge che :

> James P. Warburg è in grado di confutare qualsiasi falsificazione nella sua dichiarazione giurata... Da parte mia, sono molto grato al signor Warburg per aver eliminato questa calunnia maligna una volta per tutte. È quasi impossibile confutare accuse di questo tipo con una semplice smentita, e la sua autorevole smentita mi ha permesso di dare corpo alle mie proteste.[603]

L'Appendice II del libro di Papen è composta da due sezioni. Il primo è una dichiarazione di James P. Warburg; il secondo è l'affidavit, datato 15 luglio 1949.

Il primo paragrafo della dichiarazione afferma che nel 1933 la casa editrice olandese Holkema e Warendorf pubblicò *De Geldbronnen van Het Nationaal-Socialisme. Drie Gesprekken Met Hitler*, e aggiunge che :

> Questo libro sarebbe stato scritto da "Sidney Warburg". Un socio della Warburg & Co. di Amsterdam informò James P. Warburg dell'esistenza di questo libro e Holkema e Warendorf furono informati che "Sidney Warburg" non esisteva. Hanno quindi ritirato il libro dalla circolazione.

James Warburg fa poi due affermazioni successive e apparentemente contraddittorie:

> ... il libro conteneva una massa di materiale diffamatorio contro vari membri della mia famiglia e contro una serie di banche e persone importanti di New York - a

---

[601] Franz von Papen, *Memoirs*, (New York: E.P. Dutton & Co., Inc., 1958). Traduzione di Brian Connell.

[602] Werner Zimmerman, *Liebet Eure Feinde*, (Frankhauser Verlag: Thielle-Neuchatel, 1948), che contiene un capitolo, "I sostenitori finanziari segreti di Hitler" e René Sonderegger, *Spanischer Sommer*, (Afroltern, Svizzera: Aehren Verlag, 1948).

[603] Franz von Papen, *Memorie, op.* cit. p. 23.

tutt'oggi non ho mai visto una copia del libro. Pare che solo una manciata di copie sia sfuggita al ritiro dell'editore.

Ora, da un lato Warburg dichiara di non aver mai visto una copia del "libro di Sidney Warburg", dall'altro afferma che questo libro è *"diffamatorio"* e procede a una dettagliata dichiarazione giurata frase per frase per confutare le informazioni presumibilmente contenute in un libro che afferma di non aver visto! È molto difficile accettare la validità dell'affermazione di Warburg di non aver "mai visto una copia del libro fino ad oggi". O se non l'ha fatto, la dichiarazione giurata non ha valore.

James Warburg aggiunge che il libro "Sidney Warburg" mostra un "evidente antisemitismo", e il senso della dichiarazione di Warburg è che la storia di *"Sidney Warburg"* è pura propaganda antisemita. In realtà (e Warburg lo avrebbe scoperto se avesse letto il libro), le uniche dichiarazioni antisemite del libro del 1933 sono quelle attribuite ad Adolf Hitler, i cui sentimenti antisemiti non sono certo una grande scoperta. A parte le farneticazioni di Hitler, non c'è nulla nel libro originale di "Sidney Warburg" che sia lontanamente collegato all'antisemitismo, a meno che non classifichiamo Rockefeller, Glean, Carter, McBean, ecc. come ebrei. Infatti, è degno di nota il fatto che nel libro non viene nominato nemmeno un banchiere ebreo, ad eccezione del mitico "Sidney Warburg" che è un intermediario, non uno dei presunti finanziatori. Eppure sappiamo da una fonte autentica (l'ambasciatore Dodd) che il banchiere ebreo Eberhard von Oppenheim donò effettivamente 200.000 marchi a Hitler[604], ed è improbabile che a "Sidney Warburg" sia sfuggita questa osservazione se stava deliberatamente facendo una falsa propaganda antisemita.

La prima pagina della dichiarazione di James Warburg riguarda il libro del 1933. Dopo la prima pagina, Warburg introduce René Sonderegger e un altro libro scritto nel 1947. Un'attenta analisi della dichiarazione di Warburg e dell'affidavit dimostra che le sue negazioni e affermazioni si riferiscono principalmente a Sonderegger e non *a* Sidney Warburg. Ora, Sonderegger era un antisemita e probabilmente faceva parte di un movimento neonazista dopo la Seconda Guerra Mondiale, ma questa affermazione di antisemitismo non può essere applicata al libro del 1933 - e questo è il nocciolo della questione. In breve, James Paul Warburg inizia affermando di discutere di un libro che non ha mai visto ma che sa essere diffamatorio e antisemita, e poi, senza preavviso, sposta l'accusa su un altro libro certamente antisemita ma pubblicato un decennio dopo. In questo modo, l'affidavit di Warburg confonde così completamente i due libri che il lettore è portato a condannare il mitico "Sidney Warburg" con Sonderegger.[605] Esaminiamo alcune dichiarazioni di J.P. Warburg:

---

[604] William E. Dodd, *Diario dell'ambasciatore Dodd*, op. cit. pp. 593-602.

[605] Il lettore può esaminare la dichiarazione completa di Warburg e l'affidavit; si veda Franz von Papen, *Memoirs, op. cit.* pp. 593-602.

Dichiarazione giurata di James P. Warburg New York City, 15 luglio 1949	Commenti dell'autore sulla dichiarazione giurata di James P. Warburg
1. In relazione alle accuse totalmente false e malevole fatte da René Sonderegger di Zurigo, Svizzera, e altri, come indicato nella parte precedente di questa dichiarazione, io, James Paul Warburg, di Greenwich, Connecticut, USA, presento quanto segue:	Si noti che l'affidavit si riferisce a René Sonderegger, non al libro pubblicato da J.G. Shoup nel 1933.
2. Non esisteva alcuna persona come "Sidney Warburg" a New York nel 1933, né in nessun altro luogo, a mia conoscenza, né in quel periodo né in nessun altro.	Si può supporre che il nome "Sidney Warburg" sia uno pseudonimo o che sia usato in modo errato.
3. Non ho mai consegnato alcun manoscritto, diario, appunti, cablogrammi o altri documenti a nessuno per la traduzione e la pubblicazione in Olanda e, più specificamente, non ho mai consegnato tali documenti al presunto J.G. Shoup di Anversa. Per quanto ne so e posso ricordare, non ho mai incontrato una persona del genere.	L'affidavit si limita alla concessione di documenti "per la traduzione e la pubblicazione in Olanda".
4. La conversazione telefonica tra me e Roger Baldwin, riportata da Sonderegger, non ha mai avuto luogo ed è una pura invenzione.	Riportato da Sonderegger, non da "Sidney Warburg".
5. Non sono andato in Germania su richiesta del Presidente della Guaranty Trust Company nel 1929, né in nessun altro momento.	Ma Warburg si recò in Germania nel 1929 e nel 1930 per la International Acceptance Bank, Inc.
6. Nel 1929 e nel 1930 mi sono recato in Germania per lavoro per conto della mia banca, la International Acceptance Bank Inc. di New York. In nessuna delle due occasioni ho dovuto indagare sulla possibilità di prevenire una rivoluzione comunista in Germania promuovendo una controrivoluzione nazista. Sono in grado di dimostrare che, al mio ritorno dalla Germania dopo le elezioni del Reichstag del 1930, avevo avvertito i miei collaboratori che Hitler sarebbe andato molto probabilmente al potere in Germania e che il risultato sarebbe stato un'Europa dominata dai nazisti o una seconda guerra mondiale - forse entrambe le cose. Ciò può essere confermato dal fatto che, dopo il mio avvertimento, la mia banca ha proceduto a ridurre le sue passività tedesche il più rapidamente possibile.	Si noti che Warburg, per sua stessa dichiarazione, disse ai suoi soci bancari che Hitler sarebbe salito al potere. Questa dichiarazione è stata fatta nel 1930 - e i Warburg hanno continuato a gestire la I.G. Farben e altre aziende filonaziste.
7. Non ho mai discusso con Hitler, con nessun funzionario nazista o con nessun altro di fornire fondi al partito nazista. In particolare, non ho avuto rapporti con Mendelssohn & Co, né con la Rotterdamsche Bankvereiniging o con la Banca Italiana (quest'ultima è probabilmente da intendersi come Banca d'Italia, con la quale non ho avuto rapporti).	Non ci sono prove che contraddicano questa affermazione. Per quanto è possibile rintracciare, Warburg non aveva alcun legame con queste società bancarie, se non che il corrispondente italiano della Manhattan Bank di Warburg era la "Banca Commerciale Italiana" - che è vicina alla "Banca Italiana".

8. Nel febbraio 1933 (si vedano le pagine 191 e 192 dello Spanischer Sommer), quando avrei portato a Hitler l'ultima tranche di fondi americani e sarei stato ricevuto da Goering e Goebbels e dallo stesso Hitler, posso dimostrare che non ero affatto in Germania. Non ho mai messo piede in Germania dopo l'ascesa al potere dei nazisti nel gennaio 1933. A gennaio e febbraio sono stato a New York e a Washington, lavorando sia con la mia banca sia con il presidente eletto Roosevelt sulla crisi bancaria in corso. Dopo l'insediamento di Roosevelt, il 3 marzo 1933, lavorai costantemente con lui all'agenda della Conferenza economica mondiale, alla quale fui inviato come consigliere finanziario all'inizio di giugno. Si tratta di una questione di pubblico dominio.	Non ci sono prove che contraddicano queste affermazioni. "Sidney Warburg" non fornisce alcuna prova a sostegno delle sue affermazioni. Per maggiori dettagli sulle associazioni tedesche di FDR, si veda *Wall Street e FDR*.
9. Le dichiarazioni di cui sopra dovrebbero essere sufficienti a dimostrare che l'intero mito di "Sidney Warburg" e la conseguente errata identificazione di me stesso con l'inesistente "Sidney" sono maliziose costruzioni di bugie senza alcun fondamento di verità.	James P. Warburg dichiara di non aver mai visto il libro originale "Sidney Warburg", pubblicato in Olanda nel 1933. Pertanto, la sua dichiarazione giurata si applica solo al libro di Sonderegger, che è inesatto. Sidney Warburg può essere un mito, ma non lo è l'associazione di Max Warburg e Paul Warburg con I.G. Farben e Hitler.

JAMES WARBURG AVEVA INTENZIONE DI INGANNARE?

È vero che "Sidney Warburg" potrebbe essere un'invenzione, nel senso che "Sidney Warburg" non è mai esistito. Si presume che il nome sia un falso, ma qualcuno ha scritto il libro. Zimmerman e Sonderegger possono aver diffamato o meno il nome di Warburg, ma sfortunatamente, quando esaminiamo la dichiarazione giurata di James P. Warburg pubblicata nelle *Memorie* di von Papen, rimaniamo come sempre all'oscuro. Ci sono tre domande importanti e senza risposta:

(1) Perché James P. Warburg afferma che un libro che non ha letto è sbagliato?

(2) perché l'affidavit di Warburg evita la domanda chiave e devia la discussione su "Sidney Warburg" verso il libro antisemita di Sonderegger pubblicato nel 1947? e

(3) perché James P. Warburg sarebbe stato così insensibile alle sofferenze degli ebrei durante la Seconda Guerra Mondiale da pubblicare la sua dichiarazione giurata nelle *Memorie* di Franz von Papen, che era un nazista di spicco presente nel cuore del movimento hitleriano fin dai primi giorni del 1933?

Non solo i Warburg tedeschi furono perseguitati da Hitler nel 1938, ma milioni di ebrei persero la vita a causa della barbarie nazista. Sembra elementare che chiunque abbia sofferto e sia stato sensibile alle sofferenze passate degli ebrei tedeschi debba evitare come la peste i nazisti, il nazismo e i libri neonazisti. Eppure, ecco che il nazista von Papen fa da cortese ospite all'autoproclamato antinazista James P. Warburg, che sembra gradire l'opportunità. Inoltre, i Warburg avrebbero avuto ampie possibilità di rilasciare tale dichiarazione giurata e di darle ampia pubblicità senza doverlo fare attraverso i canali neonazisti.

Il lettore trarrà beneficio dal riflettere su questa situazione. L'unica spiegazione logica è che alcuni dei fatti presentati nel libro di "Sidney Warburg" sono veri, vicini alla verità o imbarazzanti per James P. Warburg. Non si può dire che Warburg volesse ingannare (anche se questa conclusione può sembrare ovvia), perché gli uomini d'affari sono notoriamente intellettuali e ragionatori illogici, e non c'è certo nulla che esoneri Warburg da questa categorizzazione.

ALCUNE CONCLUSIONI DELLA STORIA DI "SIDNEY WARBURG".

"Sidney Warburg non è mai esistito; in questo senso, il libro originale del 1933 è un'opera di fantasia. Tuttavia, molti dei fatti poco noti riportati nel libro all'epoca sono veri e verificabili; e la dichiarazione giurata di James Warburg non riguarda il libro originale, ma piuttosto un libro antisemita pubblicato più di dieci anni dopo.

Paul Warburg era un direttore dell'americana I.G. Farben e quindi legato al finanziamento di Hitler. Max Warburg, direttore della tedesca I.G. Farben, firmò, insieme allo stesso Hitler, il documento che nominava Hjalmar Schacht alla Reichsbank. Questi legami verificabili tra i Warburg e Hitler suggeriscono che la storia di "Sidney Warburg" non può essere liquidata come una completa falsificazione senza un attento esame.

Chi ha scritto il libro del 1933 e perché? I.G. Shoup dice che gli appunti sono stati scritti da un certo Warburg in Inghilterra e gli sono stati dati da tradurre. Si suppone che il motivo di Warburg sia un autentico rimorso per il comportamento amorale dei Warburg e dei loro soci di Wall Street. Vi sembra un motivo plausibile? Non è passato inosservato che questi stessi uomini di Wall Street che tramano guerre e rivoluzioni sono spesso, nella loro vita privata, dei veri e propri cittadini perbene; non si può escludere che qualcuno di loro abbia cambiato idea o abbia avuto dei rimorsi. Ma questo non è stato dimostrato.

Se il libro è un falso, da chi è stato scritto? James Warburg ammette di non conoscere la risposta e scrive: "Lo scopo originario della falsificazione rimane ancora oggi piuttosto oscuro. [606]

Un governo potrebbe falsificare il documento? Di certo non i governi britannico e americano, entrambi indirettamente coinvolti nel libro. Di certo non il governo nazista in Germania, anche se James Warburg sembra suggerire questa improbabile possibilità. Potrebbe essere la Francia, o l'Unione Sovietica, o forse l'Austria? Francia, forse perché la Francia temeva l'ascesa della Germania nazista. L'Austria è una possibilità simile. L'Unione Sovietica è una possibilità perché anche i sovietici avevano molto da temere da Hitler. È quindi plausibile che Francia, Austria o Unione Sovietica abbiano avuto un ruolo nella preparazione del libro.

Chiunque faccia un libro del genere senza documenti governativi interni dovrebbe essere notevolmente ben informato. Guaranty Trust non è una banca particolarmente nota al di fuori di New York, ma il coinvolgimento di Guaranty

---

[606] Franz von Papen, *Memorie, op.* cit. p. 594.

Trust è straordinariamente plausibile, in quanto è stato il veicolo utilizzato da Morgan per finanziare e infiltrare la rivoluzione bolscevica.[607] Chiunque abbia identificato la Guaranty Trust come veicolo di finanziamento di Hitler sapeva molto di più dell'uomo della strada, oppure disponeva di informazioni governative autentiche. Quale sarebbe il motivo di un libro del genere?

L'unico motivo che sembra accettabile è che l'ignoto autore sapesse che una guerra era in arrivo e sperasse in una reazione pubblica contro i fanatici di Wall Street e i loro amici industriali in Germania - prima che fosse troppo tardi. È chiaro che, chiunque abbia scritto il libro, il suo motivo era quasi certamente quello di mettere in guardia dall'aggressione hitleriana e di puntare il dito contro la sua origine a Wall Street, poiché l'assistenza tecnica delle società americane controllate da Wall Street era ancora necessaria per costruire la macchina da guerra di Hitler. I brevetti della Standard Oil sull'idrogenazione e il finanziamento dell'olio di carbone, degli impianti, delle bombe e di altre tecnologie necessarie non erano ancora stati trasferiti completamente al momento della stesura del libro di Sidney Warburg. Pertanto, questo libro potrebbe essere stato progettato per spezzare le spalle ai sostenitori di Hitler all'estero, per impedire il trasferimento pianificato del potenziale bellico degli Stati Uniti e per eliminare il sostegno finanziario e diplomatico allo Stato nazista. Se questo era l'obiettivo, è un peccato che il libro non abbia raggiunto nessuno di questi obiettivi.

---

[607] Si veda Antony C. Sutton, *Wall Street e la rivoluzione bolscevica*, op. cit.

CAPITOLO XI

LA COLLABORAZIONE TRA WALL STREET E I NAZISTI DURANTE LA SECONDA GUERRA MONDIALE

Dietro le quinte dei combattimenti sui vari fronti della Seconda guerra mondiale, attraverso intermediari in Svizzera e in Nord Africa, l'élite finanziaria di New York collaborò con il regime nazista. I file sequestrati dopo la guerra hanno fornito una grande quantità di prove del fatto che per alcuni elementi del Big Business il periodo 1941-1945 è stato "business as usual". Ad esempio, la corrispondenza tra le aziende statunitensi e le loro filiali francesi rivela il sostegno alla macchina militare dell'Asse, mentre gli Stati Uniti erano in guerra con la Germania e l'Italia. Le lettere intercorse tra la Ford francese e la Ford statunitense tra il 1940 e il luglio 1942 sono state analizzate dalla Sezione di controllo dei fondi esteri del Dipartimento del Tesoro. Il loro rapporto iniziale concludeva che fino alla metà del 1942 :

> (1) l'attività delle filiali Ford in Francia aumentò considerevolmente; (2) la loro produzione era esclusivamente a beneficio dei tedeschi e dei paesi sotto la loro occupazione; (3) i tedeschi "mostrarono chiaramente la loro volontà di proteggere gli interessi di Ford" grazie all'atteggiamento di stretta neutralità mantenuto da Henry Ford e dal defunto Edsel Ford; e (4) l'aumento dell'attività delle filiali Ford francesi a favore dei tedeschi fu lodato dalla famiglia Ford in America [608]

Allo stesso modo, la Rockefeller Chase Bank è stata accusata di aver collaborato con i nazisti in Francia durante la Seconda Guerra Mondiale, mentre Nelson Rockefeller si trovava a Washington come tirapiedi:

> L'ufficio di Parigi della Chase Bank si comportò in modo simile durante l'occupazione tedesca. L'esame della corrispondenza tra Chase, New York, e Chase, Francia, dalla data della caduta della Francia al maggio 1942, rivela che (1) il direttore dell'ufficio di Parigi si è adagiato e ha collaborato con i tedeschi per collocare le banche Chase in una "posizione privilegiata"; (2) i tedeschi avevano una particolare considerazione per la banca Chase - a causa delle attività

---

[608] Giornale di Morgenthau (Germania).

internazionali della nostra sede centrale (Chase) e delle relazioni congeniali che la filiale di Parigi manteneva con molte delle loro banche (tedesche) e con le loro organizzazioni locali e gli alti funzionari (tedeschi); (3) il responsabile di Parigi "ha applicato le restrizioni sui beni degli ebrei in modo molto vigoroso, rifiutandosi persino di sbloccare i fondi appartenenti agli ebrei in previsione dell'imminente decreto emanato dalle autorità di occupazione contenente disposizioni retroattive che vietavano tale sblocco"; (4) l'ufficio di New York, nonostante le informazioni di cui sopra, non intraprese alcuna azione diretta per rimuovere il direttore indesiderato dall'ufficio di Parigi, in quanto "avrebbe potuto reagire contro i nostri interessi (di Chase), dato che non abbiamo a che fare con una teoria ma con una situazione".[609]

Un rapporto ufficiale all'allora Segretario del Tesoro, Morgenthau, concludeva che :

Queste due situazioni [Ford e Chase Bank] ci convincono che è imperativo indagare immediatamente in loco sulle attività delle filiali di almeno alcune delle principali società americane che operavano in Francia durante l'occupazione tedesca.[610]

I funzionari del Tesoro hanno insistito su un'indagine con le filiali francesi di diverse banche statunitensi - Chase, Morgan, National City, Guaranty, Bankers Trust e American Express. Sebbene Chase e Morgan siano state le uniche due banche a mantenere gli uffici francesi durante l'occupazione nazista, nel settembre 1944 tutte le principali banche di New York facevano pressione sul governo statunitense per ottenere il permesso di riaprire le filiali prebelliche.

Una successiva indagine del Tesoro ha prodotto prove documentali della collaborazione tra Chase Bank e J.P. Morgan con i nazisti durante la Seconda Guerra Mondiale. La raccomandazione di un'indagine completa è riportata integralmente di seguito:

COMUNICAZIONE INTERNA DEL DIPARTIMENTO DI TESORERIA

Data: 20 dicembre 1944
Per : Segretario Morgenthau
Da: Mr Saxon
L'esame della Chase Bank di Parigi e della Morgan and Company in Francia è andato avanti solo per consentire di trarre conclusioni provvisorie e di rivelare alcuni fatti interessanti:

BANCA CHASE, PARIGI

a. Niederman, cittadino svizzero e direttore di Chase, Parigi, è stato senza dubbio un collaboratore;

---

[609] Ibidem.

[610] Ibidem.

b. La sede centrale di Chase a New York fu informata delle politiche collaborazioniste di Niederman, ma non prese provvedimenti per rimuoverlo. In effetti, è ampiamente dimostrato che la sede centrale di New York considerava le buone relazioni di Niederman con i tedeschi come un ottimo mezzo per preservare, ma non modificare, la posizione della Chase Bank in Francia;
c. Le autorità tedesche volevano mantenere aperta la caccia e hanno adottato misure eccezionali per fornire fonti di reddito;
d. Le autorità tedesche volevano "fare amicizia" con le grandi banche americane, perché si aspettavano che queste banche sarebbero state utili dopo la guerra come strumento della politica tedesca negli Stati Uniti;
e. L'inseguimento, Parigi era molto desiderosa di soddisfare le autorità tedesche in ogni modo possibile. Ad esempio, la Chase ha mantenuto con zelo il conto dell'Ambasciata tedesca a Parigi, "perché ogni piccola cosa conta" (per mantenere gli ottimi rapporti tra la Chase e le autorità tedesche);
f. L'obiettivo generale della politica e delle operazioni di Chase era quello di mantenere la posizione della banca a tutti i costi.

MORGAN AND COMPANY, FRANCIA

a. Morgan and Company si considerava una banca francese ed era quindi obbligata a rispettare le leggi e i regolamenti bancari francesi, che fossero di ispirazione nazista o meno, e in effetti lo fece;
b. Morgan and Company era molto interessata a preservare la continuità della sua casa in Francia e, a tal fine, ha elaborato un modus vivendi con le autorità tedesche;
c. Morgan and Company godeva di grande prestigio presso le autorità tedesche e i tedeschi si vantavano della splendida collaborazione di Morgan and Company;
d. Morgan continuò le sue relazioni prebelliche con le principali aziende industriali e commerciali francesi che lavoravano per la Germania, tra cui le fabbriche Renault, da allora confiscate dal governo francese, Peugeot [sic], Citroën e molte altre.
e. Il potere di Morgan and Company in Francia non ha nulla a che vedere con le limitate risorse finanziarie dell'azienda, e l'indagine in corso avrà un valore reale nel permetterci di studiare per la prima volta il modello Morgan in Europa e il modo in cui Morgan ha utilizzato il suo grande potere;
f. Morgan and Company ha sempre perseguito i suoi scopi mettendo un governo contro l'altro nel modo più freddo e senza scrupoli.
Il signor Jefferson Caffery, ambasciatore degli Stati Uniti in Francia, è stato tenuto al corrente dei progressi di questa indagine e mi ha dato il suo sostegno e incoraggiamento in ogni momento, in linea di principio e di fatto. In effetti, lo stesso signor Caffery mi ha chiesto come si erano comportate le filiali della Ford e della General Motors in Francia durante l'occupazione e ha espresso il desiderio che ci occupassimo di queste società una volta completata l'indagine bancaria.

RACCOMANDAZIONE

Raccomando che questa indagine, che per ragioni inevitabili è proceduta finora a rilento, venga ora condotta con urgenza e che il personale supplementare necessario venga inviato a Parigi il prima possibile.[611]

L'indagine completa non è mai stata portata a termine e nessuna indagine è mai stata condotta su questa presunta attività di tradimento fino ad oggi.

IL SOLDATO AMERICANO DURANTE LA SECONDA GUERRA MONDIALE

La collaborazione tra gli uomini d'affari americani e i nazisti nell'Europa dell'Asse era parallela alla protezione degli interessi nazisti negli Stati Uniti. Nel 1939, American I.G. viene rinominata General Aniline & Film, con General Dyestuffs come agente di vendita esclusivo negli Stati Uniti. Questi nomi in realtà nascondevano il fatto che American I.G. (o General Aniline & Film) era un importante produttore di importanti materiali bellici, tra cui atrabina, magnesio e gomma sintetica. Gli accordi restrittivi con la società madre tedesca I.G. Farben ridussero le forniture americane di questi prodotti militari durante la Seconda Guerra Mondiale.

Cittadino americano, Halbach divenne presidente di General Dyestuffs nel 1930 e acquisì il controllo di maggioranza nel 1939 da Dietrich A. Schmitz, direttore di American I.G. e fratello di Hermann Schmitz, direttore di I.G. Farben in Germania e presidente del consiglio di amministrazione di American I.G. fino allo scoppio della guerra nel 1939. Dopo Pearl Harbor, il Tesoro degli Stati Uniti congelò i conti bancari di Halbach. Nel giugno 1942, l'Alien Property Custodian sequestrò le azioni di Halbach nella General Dyestuffs e rilevò l'azienda come società nemica ai sensi del Trading with the Enemy Act. Successivamente, il Custode della proprietà straniera nominò un nuovo consiglio di amministrazione che agisse come fiduciario per la durata della guerra. Queste azioni erano ragionevoli e usuali, ma quando si scava sotto la superficie, emerge un'altra storia piuttosto anomala.

Tra il 1942 e il 1945, Halbach fu nominalmente consulente di General Dyestuffs. In realtà, Halbach gestiva l'azienda, ricevendo 82.000 dollari all'anno. Louis Johnson, ex vice-segretario alla Guerra, fu nominato dal governo americano presidente della General Dyestuffs, per la quale riceveva 75.000 dollari all'anno. Louis Johnson cercò di fare pressione sul Tesoro degli Stati Uniti per sbloccare i fondi congelati di Halbach e permettergli di sviluppare politiche contrarie agli interessi degli Stati Uniti, che all'epoca erano in guerra con la Germania. L'argomentazione utilizzata per ottenere il rilascio dei conti bancari di Halbach era che Halbach gestiva l'azienda e che il consiglio di amministrazione nominato dal governo "si sarebbe trovato in cattive acque senza i consigli del signor Halbach".

---

[611] Ibidem, pp. 800-2.

Durante la guerra, Halbach citò in giudizio l'Alien Property Custodian, attraverso lo studio legale Sullivan and Cromwell, per estromettere il governo degli Stati Uniti dal controllo delle società I.G. Farben. Queste azioni legali non ebbero successo, ma Halbach riuscì a mantenere intatti gli accordi di cartello Farben per tutta la Seconda Guerra Mondiale; il Custode della Proprietà Straniera non andò mai in tribunale durante la Seconda Guerra Mondiale per le cause antitrust in corso. Perché no? Leo T. Crowley, capo dell'ufficio del Custode della Proprietà Straniera, aveva come consulente John Foster Dulles, socio dello studio Sullivan and Cromwell citato in precedenza, che aveva agito per conto di Halbach nella sua causa contro il Custode della Proprietà Straniera.

Ci sono state altre situazioni di conflitto di interessi che vanno segnalate. Leo T. Crowley, il custode dei beni esteri, ha nominato Victor Emanuel nei consigli di amministrazione di General Aniline & Film e General Dyestuffs. Prima della guerra, Victor Emanuel era direttore della J. Schroder Banking Corporation. Schroder, come abbiamo già visto, era un importante finanziatore di Hitler e del Partito nazista - e proprio in quel periodo era un membro del Circolo degli amici di Himmler, che forniva contributi sostanziali alle organizzazioni delle SS in Germania.

A sua volta, Victor Emanuel nominò Leo Crowley a capo della Standard Gas & Electric (controllata da Emanuel) a 75.000 dollari l'anno. Questa somma si aggiunge allo stipendio di Crowley come custode della proprietà straniera e ai 10.000 dollari all'anno come direttore della Federal Deposit Insurance Corporation del governo statunitense. Nel 1945, James E. Markham aveva sostituito Crowley come C.P.A. ed era stato anche nominato da Emanuel direttore della Standard Gas a 4850 dollari l'anno, oltre ai 10.000 dollari che riceveva dall'Alien Property Custodian.

L'influenza bellica della General Dyestuffs e di questo accogliente coté governativo-corporativo per conto della I.G. Farben è illustrata dall'affare americano della cianamide. Prima della guerra, la I.G. Farben controllava le industrie della droga, della chimica e dei coloranti in Messico. Durante la Seconda Guerra Mondiale, fu proposto a Washington che l'American Cyanamid Company rilevasse questa industria messicana e sviluppasse un'industria chimica "indipendente" con le ex società I.G. Farben sequestrate dal Custode dei Beni Esteri messicano.

In qualità di procuratori del banchiere Schroder Victor Emanuel, Crowley e Markham, che erano anche dipendenti del governo statunitense, cercarono di risolvere la questione degli interessi di I.G. Farben negli Stati Uniti e in Messico. Il 13 aprile 1943, James Markham inviò una lettera al Segretario di Stato Cordell Hull in cui si opponeva alla proposta di accordo con la Cianamide, sostenendo che era contrario alla Carta Atlantica e che avrebbe interferito con l'obiettivo di creare imprese indipendenti in America Latina. La posizione di Markham fu sostenuta da Henry A. Wallace e dal procuratore generale Francis Biddle.

Le forze schierate contro l'accordo con Cyanamide erano Sterling Drug, Inc. e Winthrop. Sia Sterling che Winthrop rischiavano di perdere i loro mercati della droga in Messico se l'affare della cianamide fosse andato in porto. Anche la General Aniline e la General Dyestuffs della I.G. Farben, dominate da Victor

Emanuel, ex socio del banchiere Schröder, erano ostili all'accordo sulla cianamide.

D'altra parte, il Dipartimento di Stato e l'Ufficio del Coordinatore degli Affari Interamericani - che si dà il caso sia il figlio di guerra di Nelson Rockefeller - hanno sostenuto la proposta di accordo sulla cianamide. I Rockefeller sono ovviamente interessati anche alle industrie farmaceutiche e chimiche dell'America Latina. In breve, un monopolio americano sotto l'influenza di Rockefeller avrebbe sostituito il monopolio nazista della I.G. Farben.

La I.G. Farben ha vinto questo round a Washington, ma sorgono interrogativi più inquietanti se si guarda ai bombardamenti bellici della Germania da parte dell'A.A.F. Da tempo si dice, ma non è mai stato provato, che la Farben abbia ricevuto un trattamento preferenziale, cioè che non sia stata bombardata. James Stewart Martin commenta così il trattamento preferenziale ricevuto dalla I.G. Farben durante i bombardamenti sulla Germania:

> Poco dopo che gli eserciti raggiunsero il Reno a Colonia, stavamo guidando sulla riva occidentale in vista della fabbrica non danneggiata della I.G. Farben a Leverkusen, sull'altra sponda del fiume. Senza sapere nulla di me o delle mie cose, lui (l'autista della jeep) cominciò a parlarmi della I.G. Farben e a indicarmi il percorso tra la città di Colonia bombardata e il trio di fabbriche non danneggiate in periferia: la fabbrica Ford e la fabbrica United Rayon sulla sponda ovest, e la fabbrica Farben sulla sponda est...[612]

Sebbene questa accusa sia una questione molto aperta, che richiede una grande quantità di ricerche specialistiche nei registri dei bombardamenti dell'U.S.A.F., altri aspetti del favoritismo nazista sono ben noti.

Alla fine della Seconda Guerra Mondiale, Wall Street si trasferì in Germania attraverso il Consiglio di Controllo per proteggere i suoi ex amici del cartello e per limitare il fervore della denazificazione che avrebbe danneggiato le vecchie relazioni commerciali. Il generale Lucius Clay, vice governatore militare per la Germania, nominò uomini d'affari che si opponevano alla denazificazione a posizioni di controllo nel processo di denazificazione. William H. Draper della Dillon-Read, la società che aveva finanziato i cartelli tedeschi negli anni Venti, divenne il vice del generale Clay.

Il banchiere William Draper, in qualità di generale di brigata, mise insieme la sua squadra di controllo con uomini d'affari che avevano rappresentato aziende americane nella Germania prebellica. La rappresentanza della General Motors comprendeva Louis Douglas, ex direttore della G.M., e Edward S. Zdunke, capo della General Motors ad Anversa prima della guerra, nominato per supervisionare la sezione di ingegneria del Consiglio di Controllo. Peter Hoglund, esperto dell'industria automobilistica tedesca, è stato messo in aspettativa dalla General Motors. La selezione del personale del Consiglio è stata effettuata dal colonnello

---

[612] James Stewart Martin, *Tutti gli uomini d'onore*, op. cit. p. 75.

Graeme K. Howard, ex rappresentante della G.M. in Germania e autore di un libro che "elogiava le pratiche totalitarie [e] giustificava l'aggressione tedesca...".[613]

Il Segretario del Tesoro Morgenthau, profondamente turbato dalle implicazioni di questo monopolio di Wall Street sul destino della Germania nazista, preparò un memorandum da presentare al Presidente Roosevelt. Il memorandum completo di Morgenthau, datato 29 maggio 1945, recita come segue:

MEMORANDUM
29 maggio 1945
Il tenente generale Lucius D. Clay, come vice del generale Eisenhower, dirige attivamente la componente americana del Consiglio di controllo per la Germania. I tre principali consiglieri del Generale Clay nello staff del Consiglio di Controllo sono:
1. Ambasciatore Robert D. Murphy, responsabile della Divisione Politica.
2. Louis Douglas, che il generale Clay definì il mio consigliere personale per le questioni economiche, finanziarie e governative". Douglas si dimise da direttore del bilancio nel 1934 e per gli otto anni successivi attaccò le politiche fiscali del governo. Dal 1940 Douglas è presidente della Mutual Life Insurance Company e dal dicembre 1944 è direttore della General Motors Corporation.
3. Il brigadiere generale William Draper, direttore della Divisione economica del Consiglio di controllo. Il generale Draper è socio dello studio bancario Dillon, Read and Company. Il *New York Times* di domenica ha pubblicato l'annuncio della nomina di personale chiave da parte del generale Clay e del generale Draper alla Divisione economica del Consiglio di controllo. Le nomine sono le seguenti:
1. R.J. Wysor è responsabile delle questioni metallurgiche. Wysor è stato presidente della Republic Steel Corporation dal 1937 fino a poco tempo fa, e in precedenza è stato associato a Bethlehem Steel, Jones and Laughlin Steel Corporation e Republic Steel Corporation.
2. Edward X. Zdunke supervisionerà la sezione di ingegneria. Prima della guerra, Zdunke era a capo della General Motors di Anversa.
3. Philip Gaethke sarà responsabile delle operazioni minerarie. Gaethke era stato precedentemente associato ad Anaconda Copper ed era responsabile delle sue fonderie e miniere in Alta Slesia prima della guerra.
4. Philip P. Clover sarà responsabile delle questioni petrolifere. In precedenza è stato rappresentante della Socony Vacuum Oil Company in Germania.
5. Peter Hoglund si occuperà dei problemi di produzione industriale. Hoglund è in congedo dalla General Motors e si dice che sia un esperto della produzione tedesca.
6. Calvin B. Hoover era responsabile del gruppo di intelligence del Consiglio di controllo ed era anche consigliere speciale del generale Draper. In una lettera al direttore del *New York Times* del 9 ottobre 1944, Hoover scrisse quanto segue:

La pubblicazione del piano del Segretario Morgenthau per trattare con la Germania mi ha profondamente turbato... una pace così cartaginese lascerebbe un'eredità di odio che avvelenerebbe le relazioni internazionali per le generazioni a venire... il vuoto nell'economia europea che si creerebbe con la distruzione di tutta l'industria tedesca è una cosa difficile da contemplare.

---

[613] Diario di Morgenthau (Germania), pag. 1543. Il libro del colonnello Graeme K. Howard si intitolava *"America and a New World Order"* (New York: Scribners, 1940).

7. Laird Bell doveva essere il principale consulente legale della divisione economica. È un noto avvocato di Chicago e nel maggio 1944 è stato eletto presidente del *Chicago Daily News,* dopo la morte di Frank Knox.

Uno degli uomini che assistettero il generale Draper nella selezione del personale della divisione economica fu il colonnello Graeme Howard, vicepresidente della General Motors, responsabile degli affari esteri, che era stato un importante rappresentante della General Motors in Germania prima della guerra. Howard scrisse un libro in cui elogiava le pratiche totalitarie, giustificava l'aggressione tedesca e la politica di pacificazione di Monaco e incolpava Roosevelt di aver scatenato la guerra.

Così, se esaminiamo il Consiglio di controllo del generale Lucius D. Clay per la Germania, scopriamo che il capo della divisione finanziaria era Louis Douglas, direttore della General Motors controllata da Morgan e presidente della Mutual Life Insurance. Nel Consiglio di controllo di Clay per la Germania, troviamo che il capo della divisione finanziaria era Louis Douglas, direttore della General Motors controllata da Morgan e presidente della Mutual Life Insurance. (Opel, la filiale tedesca della General Motors, era stata il principale produttore di carri armati di Hitler). A capo della divisione economica del Consiglio di Controllo c'era William Draper, socio dello studio Dillon, Read, che tanto aveva contribuito alla costruzione della Germania nazista. Tutti e tre gli uomini erano, non a caso alla luce di scoperte più recenti, membri del Council on Foreign Relations.

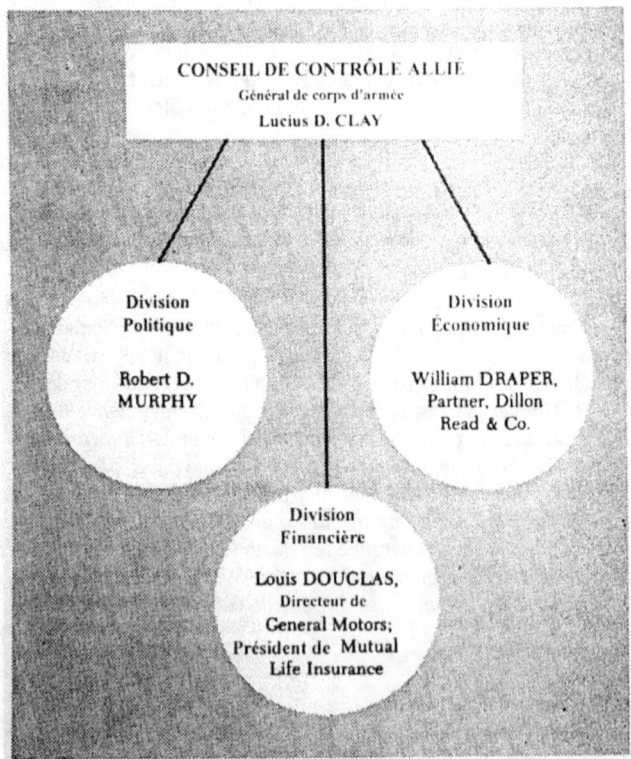

GLI INDUSTRIALI E I FINANZIERI AMERICANI SONO STATI COLPEVOLI DI CRIMINI DI GUERRA?

Il processo per crimini di guerra di Norimberga si proponeva di selezionare i responsabili dei preparativi e delle atrocità della Seconda guerra mondiale e di consegnarli alla giustizia. Se tale procedura sia moralmente giustificabile è discutibile; si può affermare che Norimberga fu una farsa politica lontana dai principi legali.[614] Tuttavia, se assumiamo che esista una tale giustificazione legale e morale, allora sicuramente qualsiasi processo di questo tipo dovrebbe essere applicato a tutti, *indipendentemente dalla* nazionalità. Cosa dovrebbe esentare, ad esempio, Franklin D. Roosevelt e Winston Churchill, ma non Adolf Hitler e Goering? Se il reato è la preparazione alla guerra e non la cieca vendetta, la giustizia dovrebbe essere imparziale.

Le linee guida preparate dal Consiglio di controllo statunitense in Germania per l'arresto e la detenzione dei criminali di guerra si riferiscono a "nazisti" e "simpatizzanti nazisti", non a "tedeschi". Gli estratti rilevanti sono i seguenti:

> *a. Dovrete cercare, arrestare e detenere, in attesa di ulteriori istruzioni sulla loro sorte, Adolf Hitler, i suoi principali collaboratori nazisti, altri criminali di guerra e tutte le persone che hanno partecipato alla pianificazione o all'esecuzione di imprese naziste che hanno comportato o comportano atrocità o crimini di guerra.*

Segue un elenco di categorie di persone da arrestare, tra cui :

> *(8) Nazisti e simpatizzanti nazisti che ricoprono posizioni importanti e chiave in (a) organizzazioni civiche ed economiche nazionali e locali; (b) società e altre organizzazioni in cui il governo ha un interesse finanziario importante; (c) industria, commercio, agricoltura e finanza; (d) istruzione; (e) magistratura; e (f) stampa, case editrici e altre agenzie che diffondono notizie e propaganda.*

I principali industriali e finanzieri americani citati in questo libro rientrano nelle categorie sopra indicate. Henry Ford e Edsel Ford hanno contribuito a Hitler e hanno tratto profitto dalla produzione bellica tedesca. Standard Oil of New Jersey, General Electric, General Motors e I.T.T. hanno certamente fornito contributi finanziari o tecnici che costituiscono una prova *prima facie della* "partecipazione alla pianificazione o all'esecuzione delle imprese naziste".

Ci sono, insomma, prove che suggeriscono :

a) cooperazione con la Wehrmacht (Ford Motor Company, Chase Bank, Morgan Bank);

b) Aiuto al piano quadriennale nazista e mobilitazione economica per la guerra (Standard Oil of New Jersey);

---

[614] Il lettore dovrebbe esaminare il saggio *The Return to War Crimes*, in James J. Martin, Revisionist Viewpoints, (Colorado: Ralph Mules, 1971).

c) la creazione e l'equipaggiamento della macchina da guerra nazista (I.T.T.);
d) stoccaggio di materiali nazisti essenziali (Ethyl Corporation);
e) l'indebolimento dei potenziali nemici dei nazisti (l'americana I.G. Farben); e
f) la ricerca di propaganda, intelligence e spionaggio (l'americana I.G. Farben e l'uomo delle pubbliche relazioni di Rockefeller Ivy Lee).

Ci sono almeno abbastanza prove per richiedere un'indagine approfondita e imparziale. Tuttavia, come abbiamo già notato, queste stesse aziende e finanzieri hanno giocato un ruolo significativo nell'elezione di Roosevelt nel 1933 e quindi avevano un'influenza politica sufficiente a soffocare le minacce di indagine. Stralci del diario di Morgenthau dimostrano che il potere politico di Wall Street era sufficiente persino a controllare la nomina dei funzionari responsabili della denazificazione e dell'eventuale governo della Germania postbellica.

Queste aziende americane erano consapevoli della loro assistenza alla macchina militare di Hitler? Dalle stesse aziende, è chiaro che non l'hanno fatto. Sostengono l'innocenza di qualsiasi intenzione di aiutare la Germania di Hitler. Ne è testimonianza un telegramma inviato dal presidente del consiglio di amministrazione della Standard Oil del New Jersey al Segretario alla Guerra Patterson dopo la Seconda Guerra Mondiale, mentre era in corso l'indagine preliminare sull'assistenza di Wall Street:

> Durante il periodo dei nostri contatti commerciali, non avevamo idea del ruolo di Farben come complice delle politiche brutali di Hitler. Offriamo tutto l'aiuto possibile per portare alla luce tutta la verità e per garantire che sia fatta giustizia in modo imparziale.
> F.W. Abrams, Presidente del Consiglio di amministrazione

Purtroppo, le prove presentate sono contrarie alle affermazioni telegrafiche di Abrams. La Standard Oil del New Jersey non solo aiutò la macchina da guerra di Hitler, ma era a conoscenza di tale assistenza. Emil Helfferich, presidente del consiglio di amministrazione di una filiale della Standard of New Jersey, era un membro del Circolo Keppler prima che Hitler salisse al potere; continuò a dare contributi finanziari al Circolo Himmler fino al 1944.

Non è quindi difficile capire perché gli industriali nazisti fossero perplessi di fronte alle "indagini" e pensassero, alla fine della guerra, che i loro amici di Wall Street li avrebbero salvati e protetti dall'ira di coloro che avevano sofferto. Questi atteggiamenti sono stati presentati al Comitato Kilgore nel 1946:

> Forse le interesserà anche sapere, signor Presidente, che i leader della I.G. Farben e di altre società, quando li abbiamo interrogati su queste attività, sono stati a volte molto indecorosi. Il loro atteggiamento generale e le loro aspettative erano che la guerra era finita e che ora avremmo dovuto aiutarli a rimettere in piedi la I.G. Farben e l'industria tedesca. Alcuni di loro hanno detto apertamente che questo interrogatorio e questa indagine erano, secondo loro, solo un fenomeno di breve durata, perché non appena le cose si fossero calmate un po', si aspettavano il ritorno dei loro amici dagli Stati Uniti e dall'Inghilterra. I loro amici, hanno detto, avrebbero messo fine ad attività come queste inchieste e si sarebbero assicurati che

ricevessero quello che consideravano un trattamento adeguato e che venisse dato aiuto per ristabilire la loro industria.[615]

---

[615] Eliminazione delle risorse tedesche, p. 652.

CAPITOLO XII

Conclusioni

Abbiamo documentato una serie di associazioni critiche tra i banchieri internazionali di Wall Street e l'ascesa di Hitler e del nazismo in Germania.

Primo: Wall Street ha finanziato i cartelli tedeschi a metà degli anni Venti, che a loro volta hanno portato Hitler al potere.

Secondo: che il finanziamento di Hitler e delle sue SS proveniva in parte da filiali o affiliate di aziende americane, tra cui Henry Ford nel 1922, pagamenti da parte della I.G. Farben e della General Electric nel 1933, poi dalla Standard Oil del New Jersey e pagamenti da parte di filiali della I.T.T. a Heinrich Himmler fino al 1944.

Terzo: le multinazionali statunitensi sotto il controllo di Wall Street hanno tratto grandi vantaggi dal programma di costruzione militare di Hitler negli anni '30 e almeno fino al 1942.

Quarto: che questi stessi banchieri internazionali hanno usato la loro influenza politica negli Stati Uniti per nascondere la loro collaborazione bellica e, a tal fine, si sono infiltrati nella Commissione americana di controllo per la Germania.

Le nostre prove a sostegno di queste quattro affermazioni principali possono essere riassunte come segue:

Nel primo capitolo abbiamo presentato le prove che i piani Dawes e Young per le riparazioni tedesche furono formulati da membri di spicco di Wall Street, che indossavano temporaneamente il cappello di statisti, e che questi prestiti generarono una pioggia di profitti per questi banchieri internazionali. Owen Young della General Electric, Hjalmar Schacht, A. Voegler e altri soggetti intimamente legati all'ascesa al potere di Hitler erano stati in precedenza negoziatori rispettivamente per la parte americana e tedesca. Tre società di Wall Street - Dillon, Read; Harris, Forbes; e National City Company - hanno gestito tre quarti dei prestiti di riparazione utilizzati per creare il sistema di cartelli tedesco, tra cui le dominanti I.G. Farben e Vereinigte Stahlwerke, che insieme hanno prodotto il 95% degli esplosivi per i campi nazisti durante la Seconda Guerra Mondiale.

Il ruolo centrale della I.G. Farben nel colpo di stato di Hitler è stato esaminato nel secondo capitolo. I direttori della società americana I.G. (Farben) sono stati identificati come importanti uomini d'affari americani: Walter Teagle, socio e finanziatore di Roosevelt e fiduciario dell'NRA, il banchiere Paul Warburg (suo fratello Max Warburg era nel consiglio di amministrazione della I.G. Farben in

Germania) e Edsel Ford. Farben pagò direttamente 400.000 RM a Schacht e Hess per le elezioni cruciali del 1933 e successivamente Farben fu in prima linea nello sviluppo militare della Germania nazista.

Una donazione di 60.000 RM è stata fatta a Hitler dalla General Electric tedesca (A.E.G.), che aveva quattro direttori e una partecipazione del 25-30% detenuta dalla società madre americana General Electric. Questo ruolo è stato descritto nel Capitolo 3 e abbiamo scoperto che Gerard Swope, uno degli iniziatori del New Deal di Roosevelt (il suo segmento della National Recovery Administration), insieme a Owen Young della Federal Reserve Bank di New York e Clark Minor della International General Electric, erano le figure dominanti di Wall Street dell'A.E.G. e l'influenza singola più significativa.

Non abbiamo nemmeno trovato prove per incriminare la società elettrica tedesca Siemens, che non era sotto il controllo di Wall Street. D'altra parte, ci sono prove documentali che sia A.E.G. che Osram, le altre unità dell'industria elettrica tedesca - entrambe di proprietà e controllo americano - hanno finanziato Hitler. In effetti, quasi tutti i direttori della General Electric tedesca erano sostenitori di Hitler, sia direttamente attraverso la A.E.G. sia indirettamente attraverso altre società tedesche. A.E. integrò il suo sostegno a Hitler con una cooperazione tecnica con Krupp per limitare lo sviluppo americano del carburo di tungsteno, che andò a scapito degli Stati Uniti durante la Seconda Guerra Mondiale. Abbiamo concluso che le fabbriche A.E.G. in Germania sono riuscite, con qualche manovra ancora sconosciuta, a evitare i bombardamenti alleati.

Un esame del ruolo della Standard Oil of New Jersey (che era ed è controllata dagli interessi di Rockefeller) è stato intrapreso nel quarto capitolo. A quanto pare, la Standard Oil non ha finanziato l'ascesa al potere di Hitler nel 1933 (questa parte del "mito di Sidney Warburg" non è provata). Invece, i pagamenti sono stati effettuati fino al 1944 dalla Standard Oil del New Jersey, per sviluppare benzina sintetica a scopo bellico per conto dei nazisti e, attraverso la sua filiale interamente controllata, al Circolo degli Amici delle SS di Heinrich Himmler per scopi politici. Il ruolo della Standard Oil era quello di fornire assistenza tecnica allo sviluppo nazista della gomma sintetica e della benzina attraverso una società di ricerca americana sotto il controllo della direzione della Standard Oil. La Ethyl Gasoline Company, di proprietà congiunta della Standard Oil of New Jersey e della General Motors, svolse un ruolo chiave nella fornitura di piombo etilico vitale alla Germania nazista - nonostante le proteste scritte del Dipartimento della Guerra degli Stati Uniti - con la chiara consapevolezza che il piombo etilico era destinato a scopi militari nazisti.

Nel quinto capitolo abbiamo mostrato che la International Telephone and Telegraph Company, una delle più note multinazionali, ha lavorato su entrambi i fronti della Seconda guerra mondiale attraverso il barone Kurt von Schroder del gruppo bancario Schroder. I.T.T. deteneva anche una partecipazione del 28% nell'azienda Focke-Wolfe, che produceva eccellenti aerei da combattimento tedeschi. Abbiamo anche scoperto che la Texaco (Texas Oil Company) era coinvolta in imprese naziste attraverso l'avvocato tedesco Westrick, ma aveva rinunciato al suo presidente Rieber quando queste imprese erano diventate pubbliche.

Henry Ford fu un primo (1922) sostenitore di Hitler ed Edsel Ford continuò la tradizione di famiglia nel 1942 incoraggiando la Ford francese a trarre vantaggio dall'armamento della Wehrmacht tedesca. Successivamente, questi veicoli prodotti dalla Ford furono utilizzati contro i soldati americani durante il loro sbarco in Francia nel 1944. Per il suo precoce riconoscimento e la tempestiva assistenza ai nazisti, Henry Ford ricevette una medaglia nazista nel 1938. I documenti della Ford francese suggeriscono che Ford Motor ricevette un trattamento particolarmente favorevole dai nazisti dopo il 1940.

Gli indizi sul finanziamento di Hitler sono riuniti nel settimo capitolo e rispondono con nomi e cifre precise alla domanda: chi ha finanziato Adolf Hitler? Questo capitolo mette sotto accusa Wall Street e, per inciso, nessun'altra persona importante negli Stati Uniti, tranne la famiglia Ford. La famiglia Ford non è normalmente associata a Wall Street, ma fa certamente parte dell'"élite del potere".

Nei capitoli precedenti abbiamo citato diversi collaboratori di Roosevelt, tra cui Teagle della Standard Oil, la famiglia Warburg e Gerard Swope. Nell'ottavo capitolo si ripercorre il ruolo di Putzi Hanfstaengl, altro amico di Roosevelt e partecipante all'incendio del Reichstag. La composizione della cerchia ristretta nazista durante la Seconda Guerra Mondiale e i contributi finanziari della Standard Oil of New Jersey e delle filiali della I.T.T. sono illustrati nel nono capitolo. Sono state presentate prove documentali di questi contributi finanziari. Kurt von Schröder è identificato come l'intermediario chiave nella gestione di questo "fondo nero" della S.S..

Infine, nel capitolo 10, abbiamo esaminato un libro soppresso nel 1934 e il "mito di Sidney Warburg". Il libro censurato accusava i Rockefeller, i Warburg e le grandi compagnie petrolifere di finanziare Hitler. Sebbene il nome "Sidney Warburg" fosse senza dubbio un'invenzione, resta il fatto straordinario che l'argomento del libro soppresso scritto da un certo "Sidney Warburg" è notevolmente vicino alle prove presentate qui. Resta anche da capire perché James Paul Warburg, quindici anni dopo, avrebbe tentato, in modo piuttosto trasparente e viscido, di confutare il contenuto del libro "Warburg", un libro che afferma di non aver visto. È forse ancora più difficile capire perché Warburg abbia scelto le *Memorie* del nazista von Papen per presentare la sua confutazione.

Infine, nel capitolo 11 abbiamo analizzato il ruolo delle banche Morgan e Chase nella Seconda guerra mondiale, e in particolare la loro collaborazione con i nazisti in Francia mentre infuriava una grande guerra.

In altre parole, come nei nostri due precedenti esami dei legami tra i banchieri internazionali di New York e i principali eventi storici, troviamo un modello collaudato di sovvenzioni e manipolazioni politiche.

L'INFLUENZA DOMINANTE DEI BANCHIERI INTERNAZIONALI

Osservando l'ampia gamma di fatti presentati nei tre volumi della serie Wall Street, vediamo che ricorrono sempre gli stessi nomi: Owen Young, Gerard

Swope, Hjalmar Schacht, Bernard Baruch, ecc.; le stesse banche internazionali: J.P. Morgan, Guaranty Trust, Chase Bank; e la stessa sede a New York: di solito il 120 di Broadway.

Questo gruppo di banchieri internazionali ha sostenuto la rivoluzione bolscevica e ha poi tratto profitto dalla creazione di una Russia sovietica. Questo gruppo ha sostenuto Roosevelt e ha tratto profitto dal socialismo del New Deal. Anche questo gruppo ha sostenuto Hitler e ha certamente tratto profitto dagli armamenti tedeschi negli anni Trenta. Mentre il Big Business avrebbe dovuto svolgere le sue attività commerciali alla Ford Motor, alla Standard of New Jersey, ecc. lo troviamo attivamente e profondamente coinvolto negli sconvolgimenti politici, nelle guerre e nelle rivoluzioni in tre grandi Paesi.

La versione della storia qui presentata è che l'élite finanziaria ha consapevolmente e premeditatamente assistito la rivoluzione bolscevica del 1917 di concerto con i banchieri tedeschi. Dopo aver tratto profitto dalla crisi iperinflazionistica tedesca del 1923 e aver pianificato di scaricare il peso delle riparazioni tedesche sulle spalle degli investitori americani, Wall Street scoprì di aver causato la crisi finanziaria del 1929.

Due uomini furono poi sostenuti come leader dei principali Paesi occidentali: Franklin D. Roosevelt negli Stati Uniti e Adolf Hitler in Germania. Il New Deal di Roosevelt e il Piano quadriennale di Hitler presentavano grandi analogie. Sia il piano di Roosevelt che quello di Hitler erano piani per la conquista fascista dei rispettivi Paesi. Mentre l'ANR di Roosevelt fallì, a causa dei vincoli costituzionali in vigore all'epoca, il Piano di Hitler ebbe successo.

Perché l'élite di Wall Street, i banchieri internazionali, volevano Roosevelt e Hitler al potere? Questo è un aspetto che non abbiamo esplorato. Secondo il "mito di Sidney Warburg", Wall Street voleva una politica di vendetta, cioè una guerra in Europa tra Francia e Germania. Sappiamo, anche dalla storia dell'establishment, che sia Hitler che Roosevelt hanno attuato politiche che hanno portato alla guerra.

I collegamenti tra le persone e gli eventi di questa serie di tre libri richiederebbero un altro libro. Ma forse un esempio può indicare la notevole concentrazione di potere in un numero relativamente piccolo di organizzazioni e l'uso che è stato fatto di tale potere.

Il 1^{oer} maggio 1918, quando i bolscevichi controllavano solo una piccola parte della Russia (e l'avevano quasi persa nell'estate del 1918), a Washington fu organizzata la Lega americana per l'aiuto e la cooperazione con la Russia per sostenere i bolscevichi. Non si trattava di un comitato del tipo "Giù le mani dalla Russia" formato dal Partito Comunista Americano o dai suoi alleati. Si trattava di un comitato formato da Wall Street con George P. Whalen della Vacuum Oil Company come tesoriere e Coffin e Oudin della General Electric, oltre a Thompson del Federal Reserve System, Willard della Baltimore & Ohio Railroad e vari socialisti.

Se guardiamo all'ascesa di Hitler e del nazismo, troviamo ben rappresentate la Vacuum Oil e la General Electric. L'ambasciatore Dodd in Germania rimase colpito dal contributo monetario e tecnico della Vacuum Oil Company, controllata da Rockefeller, alla costruzione di impianti militari di benzina per i nazisti. L'ambasciatore cercò di avvertire Roosevelt. Dodd credeva, nella sua apparente ingenuità sulla conduzione degli affari mondiali, che Roosevelt sarebbe intervenuto, ma Roosevelt stesso era sostenuto da questi stessi interessi petroliferi e Walter Teagle della Standard Oil del New Jersey e dell'NRA faceva parte del consiglio di amministrazione della Warm Springs Foundation di Roosevelt. Così, in uno dei tanti esempi, troviamo la Vacuum Oil Company, controllata da Rockefeller, che ha svolto un ruolo importante nella creazione della Russia bolscevica, nella costruzione militare della Germania nazista e nel sostegno al New Deal di Roosevelt.

GLI STATI UNITI SONO GOVERNATI DA UN'ÉLITE DITTATORIALE?

Negli ultimi dieci anni, e certamente fin dagli anni Sessanta, un flusso costante di letteratura ha presentato la tesi che gli Stati Uniti sono gestiti da un'élite non eletta che si autoperpetua. Inoltre, la maggior parte di questi libri afferma che questa élite controlla, o almeno influenza fortemente, tutte le decisioni di politica estera e interna, e che nessuna idea diventa rispettabile o viene pubblicata negli Stati Uniti senza la tacita approvazione, o forse la mancanza di disapprovazione, di questa cerchia elitaria.

Chiaramente, il flusso stesso di letteratura anti-establishment è di per sé una testimonianza del fatto che gli Stati Uniti non possono essere interamente sotto il controllo di un singolo gruppo o di un'élite. D'altra parte, la letteratura anti-establishment non è pienamente riconosciuta o ragionevolmente discussa nei circoli accademici o dei media. Il più delle volte si tratta di un'edizione limitata, prodotta privatamente e distribuita quasi di mano in mano. Ci sono alcune eccezioni, naturalmente, ma non abbastanza da mettere in discussione l'osservazione che la critica anti-establishment non entra facilmente nei normali canali di informazione/distribuzione.

Mentre all'inizio e alla metà degli anni Sessanta qualsiasi concetto di dominio da parte di un'élite cospiratoria, o di qualsiasi tipo di élite, era una ragione sufficiente per liquidare il suo proponente come un "pazzo", l'atmosfera per tali concetti è cambiata radicalmente. L'affare Watergate ha probabilmente dato il colpo di grazia a un ambiente di scetticismo e dubbio che si stava sviluppando da tempo. Siamo quasi arrivati al punto che chiunque accetti, ad esempio, il rapporto della Commissione Warren, o creda che non ci siano stati aspetti cospirativi nel declino e nella caduta di Nixon, è sospetto. In breve, nessuno crede più al processo informativo dell'establishment. E c'è un'ampia varietà di presentazioni alternative degli eventi ora disponibili per i curiosi.

Diverse centinaia di libri, che coprono l'intero spettro politico e filosofico, aggiungono prove, ipotesi e accuse. Ciò che fino a non molto tempo fa era un'idea inverosimile, di cui si parlava a mezzanotte a porte chiuse in sussurri sommessi, quasi cospiratori, oggi viene discusso apertamente - non, ovviamente, sui quotidiani dell'establishment, ma certamente nei talk show radiofonici fuori dalla rete, nella stampa clandestina e persino, di tanto in tanto, nei libri di rispettabili case editrici dell'establishment.

Quindi chiediamoci di nuovo: c'è un'élite di potere non eletta dietro il governo degli Stati Uniti?

Una fonte di informazioni importante e spesso citata è Carroll Quigley, professore di Relazioni internazionali alla Georgetown University, che nel 1966 ha pubblicato una monumentale storia moderna intitolata *Tragedia e speranza*. [616] Il libro di Quigley si differenzia da altri di questo filone revisionista perché si basa su uno studio di due anni dei documenti interni di uno dei centri di potere. Quigley traccia la storia dell'élite del potere:

> ... i poteri del capitalismo finanziario avevano un altro obiettivo di vasta portata, niente di meno che la creazione di un sistema globale di controllo finanziario in mani private in grado di dominare il sistema politico di ogni paese e l'economia mondiale nel suo complesso.

Quigley dimostra anche che il Council on Foreign Relations, la National Planning Association e altri gruppi sono organi decisionali "semi-segreti" sotto il controllo di questa élite al potere.

Nelle tabelle che seguono abbiamo elencato cinque opere di questo tipo, tra cui quella di Quigley, di cui riassumiamo le tesi essenziali e la compatibilità con i tre volumi della serie Wall Street. Le loro tesi essenziali e la loro compatibilità con i tre volumi della serie "Wall Street" sono riassunte. Sorprendentemente, nei tre principali eventi storici citati, le ipotesi di Carroll Quigley non sono affatto compatibili con le prove della serie di Wall Street. Quigley fa molto per dimostrare l'esistenza dell'élite al potere, ma non ne penetra le operazioni.

È possibile che i documenti utilizzati da Quigley siano stati rielaborati e non contengano prove della manipolazione elitaria di eventi come la rivoluzione bolscevica, l'ascesa al potere di Hitler e l'elezione di Roosevelt nel 1933. È più probabile che queste manipolazioni politiche non vengano registrate affatto nei registri dei gruppi di potere. Potrebbero essere azioni non registrate di un piccolo segmento *ad hoc dell'*élite. Va notato che i documenti che utilizziamo provengono da fonti governative e registrano le azioni quotidiane di Trotsky, Lenin, Roosevelt, Hitler, J.P. Morgan e delle varie società e banche coinvolte.

D'altra parte, autori come Jules Archer, Gary Allen, Helen P. Lasell e William Domhoff, scrivendo da punti di vista politici molto diversi[617], concordano con le prove presentate nella trilogia di "Wall Street". Questi scrittori presentano l'ipotesi di un'élite di potere che manipola il governo degli Stati Uniti. La serie "Wall Street" mostra come questa ipotetica "élite di potere" abbia manipolato specifici eventi storici.

È chiaro che l'esercizio di un tale potere sovralegale e non limitato è incostituzionale, anche se è avvolto da azioni rispettose della legge. Possiamo

---

[616] Carroll Quigley, *Tragedia e speranza, una storia del mondo nel nostro tempo*, op. cit.

[617] Ce ne sono molti altri; l'autore ha scelto più o meno a caso due conservatori (Allen e Lasell) e due liberali (Archer e Domhoff).

quindi legittimamente sollevare la questione dell'esistenza di una forza eversiva che opera per sopprimere i diritti garantiti dalla Costituzione.

L'ÉLITE NEWYORKESE COME FORZA SOVVERSIVA

La^e storia del XX secolo, così come viene riportata nei libri di testo e nelle riviste di settore, è imprecisa. È una storia basata esclusivamente sui documenti ufficiali che le varie amministrazioni hanno ritenuto opportuno mettere a disposizione del pubblico.

Table : **LES PREUVES DE LA SÉRIE "WALL STREET" SONT-ELLES COHÉRENTES AVEC LES ARGOMENTI REVISIONISTI PRESENTATI ALTROVE?**

(1) New York: MacMillan, 1966.
(2) New York: Hawthorn, 1973.
(3) Seal Beach: Concord Press, 1971.
(4) New York: Liberty, 1963.
(5) New Jersey: Prentice Hall, 1967.

Autore e titolo :	Tesi chiave:	La tesi è coerente con: (1) Wall Street e la Rivoluzione Bolscevica	(2) Wall Street e FDR	(3) Wall Street e l' ascesa di Hitler
Carroll QUIGLEY: *Tragedia e speranza* (1) l' establishment "semisegreto" della East Coast	L' insediamento e le chiusure "semisegrete" della costa orientale giocano un ruolo dominante nella pianificazione e nella politica degli Stati Uniti.	Quigley non include le prove presentate in *Wall Street e la rivoluzione bolscevica* (pp. 385-9).	No: l' argomentazione di Quigley è totalmente incompatibile con quanto sopra (cfr. pag. 533).	Il resoconto di Quigley sull' ascesa di Hitler (pp. 529-33) non contiene alcuna prova del coinvolgimento dell' establishment.
Jules ARCHER: *Complotto per impadronirsi della Casa Bianca* (2)	Nel 1933-4 ci fu una cospirazione di Wall Street per rimuovere FDR e installare una dittatura fascista negli Stati Uniti.	Non è rilevante, ma gli elementi di Wall Street citati da Archer erano coinvolti nella rivoluzione bolscevica.	Sì: in generale, le prove di Archer sono coerenti, tranne che per l' interpretazione diversa del ruolo di FDR.	Le sezioni di Archer su Hitler e il nazismo sono coerenti con quanto detto sopra.
Gary ALLEN: *Nessuno osi chiamarlo complotto* (3)	Esiste una cospirazione segreta (il Council on Foreign Relations) per installare una dittatura negli Stati Uniti e, in ultima analisi, per controllare il mondo.	Sì, salvo piccole variazioni nei finanziamenti.	Non incluso in Allen ma coerente.	Non incluso in Allen ma coerente.
Helen P. LASELL: *Il potere dietro il governo oggi* (4)	Il Council on Foreign Relations è un' organizzazione sovversiva segreta che si dedica al rovesciamento del governo costituzionale degli Stati Uniti.	Le prove di Lasell sono coerenti con quanto detto sopra.	Le prove di Lasell sono coerenti con quanto detto sopra.	La prova di Lasell è coerente con quanto detto sopra
William DOMHOFF: *Chi governa l' America?*	Esiste una "élite di potere" che controlla tutte le principali banche, società, fondazioni, il ramo esecutivo e le agenzie di regolamentazione del governo statunitense.	La serie precedente estende l' argomentazione di Dombolls alla politica estera.	La serie precedente estende l' argomentazione di Domhoff alle elezioni presidenziali.	La serie precedente estende l' argomentazione di Domhoff alla politica estera.

Ma una storia accurata non può basarsi su una diffusione selettiva degli archivi documentali. L'accuratezza richiede l'accesso a tutti i documenti. In pratica, con l'acquisizione di documenti precedentemente depositati presso il Dipartimento di Stato americano, il Ministero degli Esteri britannico, gli archivi del Ministero degli Esteri tedesco e altri archivi, emerge una nuova versione della storia; la versione prevalente dell'establishment viene considerata non solo inesatta, ma anche progettata per nascondere una rete pervasiva di inganni e comportamenti immorali.

Il centro del potere politico, come autorizzato dalla Costituzione degli Stati Uniti, è costituito da un Congresso e da un Presidente eletti, che operano nel quadro e nei vincoli della Costituzione, interpretata da una Corte Suprema imparziale. In passato, abbiamo dato per scontato che il potere politico sia esercitato con attenzione dai rami esecutivo e legislativo, dopo aver deliberato e valutato i desideri degli elettori. In realtà, nulla potrebbe essere più lontano da questa ipotesi. L'elettorato sospettava da tempo, ma ora sa, che le promesse politiche sono inutili. Le bugie sono all'ordine del giorno per chi attua le politiche. Le guerre vengono lanciate (e fermate) senza alcuna spiegazione coerente. Ai discorsi politici non corrispondono mai azioni corrispondenti. Perché dovrebbe essere altrimenti? Apparentemente perché il centro del potere politico è stato spostato dai rappresentanti eletti e apparentemente competenti a Washington, e questa élite al potere ha una propria agenda, che è incompatibile con quella del pubblico in generale.

In questa serie di tre volumi, abbiamo identificato per tre eventi storici che la sede del potere politico negli Stati Uniti - il potere dietro le quinte, l'influenza nascosta su Washington - è quella dell'establishment finanziario di New York: i banchieri privati internazionali, in particolare le case finanziarie di J.P. Morgan, la Chase Manhattan Bank controllata da Rockefeller e, nei primi tempi (prima che la loro Manhattan Bank si fondesse con la vecchia Chase Bank), i Warburg.

Gli Stati Uniti sono diventati, nonostante la Costituzione e i suoi presunti vincoli, uno Stato quasi totalitario. Se non abbiamo ancora i segni esteriori della dittatura, dei campi di concentramento e del bussare alla porta a mezzanotte, abbiamo certamente minacce e azioni volte alla sopravvivenza dei critici non appartenenti all'establishment, l'uso dell'Agenzia delle Entrate per mettere in riga i dissidenti e la manipolazione della Costituzione da parte di una magistratura dell'establishment politicamente asservita.

È nell'interesse dei banchieri internazionali centralizzare il potere politico - e questo può essere ottenuto al meglio attraverso l'istituzione di una società collettivista, come la Russia socialista, la Germania nazionalsocialista o gli Stati Uniti socialisti sotto la pianificazione della Fabian Society.

Non si può comprendere e apprezzare appieno la politica americana[e] e la politica estera del XX secolo senza rendersi conto che questa élite finanziaria monopolizza di fatto la politica di Washington.

In ogni caso, i documenti pubblicati di recente chiamano in causa questa élite e confermano questa ipotesi. Le versioni revisioniste dell'ingresso degli Stati Uniti nelle guerre mondiali I e II, in Corea e in Vietnam rivelano l'influenza e gli obiettivi di questa élite.

Per la maggior parte del XX secolo[e], il Federal Reserve System, in particolare la Federal Reserve Bank di New York (che è al di fuori del controllo del Congresso, non sottoposta a verifiche e non controllata, con il potere di stampare moneta e creare credito a volontà), ha esercitato un monopolio virtuale sulla direzione dell'economia statunitense. Negli affari esteri, il Council on Foreign Relations, apparentemente un innocente forum per accademici, uomini d'affari e politici, contiene all'interno del suo guscio, forse sconosciuto a molti dei suoi membri, un centro di potere che determina unilateralmente la politica estera degli Stati Uniti. L'obiettivo principale di questa politica estera sommersa - e ovviamente sovversiva - è l'acquisizione di mercati e potere economico (profitti, se volete), per un piccolo gruppo di gigantesche multinazionali sotto il controllo virtuale di alcune società di investment banking e delle famiglie che le controllano.

Attraverso le fondazioni guidate da questa élite, la ricerca di accademici docili e senza scrupoli, sia "conservatori" che "liberali", è stata indirizzata in direzioni utili agli obiettivi dell'élite, essenzialmente per mantenere questo apparato di potere sovversivo e incostituzionale.

Attraverso le case editrici controllate dalla stessa élite finanziaria, sono stati messi da parte i libri sgraditi e promossi quelli utili; fortunatamente, l'editoria ha poche barriere all'ingresso e riesce quasi sempre a rimanere nell'ambito di una sana concorrenza. Grazie al controllo di una dozzina di grandi giornali, gestiti da editori che la pensano allo stesso modo, l'informazione pubblica può essere orchestrata quasi a piacimento. Ieri, il programma spaziale; oggi, una crisi energetica o una campagna ambientale; domani, una guerra in Medio Oriente o un'altra "crisi" artificiale.

Il risultato totale di questa manipolazione della società da parte dell'élite è stato quello di quattro grandi guerre in sessant'anni, di un debito nazionale paralizzante, dell'abbandono della Costituzione, della soppressione della libertà individuale e dell'opportunità di esercitare il proprio talento naturale e della creazione di un vasto divario di credibilità tra l'uomo della strada e Washington. Poiché il trasparente assetto di due grandi partiti che rivendicano differenze artificiali, con queste convenzioni che si trasformano in un libero gioco, e il cliché di una "politica estera bipartisan" non è più credibile, e poiché la stessa élite finanziaria riconosce che le sue politiche non sono accettate dall'opinione pubblica, è chiaramente pronta ad andare avanti da sola senza nemmeno cercare un sostegno pubblico nominale.

In breve, dobbiamo ora esaminare e discutere se questo establishment elitario con sede a New York sia una forza sovversiva che opera deliberatamente per sopprimere la Costituzione e impedire il funzionamento di una società libera. Questo sarà il compito che ci attende nel prossimo decennio.

LA VERITÀ REVISIONISTA CHE STA LENTAMENTE EMERGENDO

L'arena di questo dibattito e la base delle nostre accuse di sovversione sono le prove fornite dallo storico revisionista. Lentamente, nel corso dei decenni, libro per libro, quasi riga per riga, la verità della storia recente è emersa man mano che i documenti sono stati pubblicati, approfonditi, analizzati e inseriti in un quadro storico più valido.

Vediamo alcuni esempi. L'ingresso degli Stati Uniti nella Seconda Guerra Mondiale fu precipitato, secondo la versione dell'establishment, dall'attacco giapponese a Pearl Harbor. I revisionisti hanno stabilito che Franklin D. Roosevelt e il generale Marshall erano a conoscenza dell'imminente attacco giapponese e non fecero nulla per avvertire le autorità militari di Pearl Harbor.

L'establishment voleva la guerra con il Giappone. Successivamente, l'establishment si assicurò che l'indagine del Congresso su Pearl Harbor fosse coerente con la politica di Roosevelt. Nelle parole di Percy Greaves, il principale esperto della minoranza repubblicana nella commissione parlamentare congiunta sull'indagine di Pearl Harbor:

> I fatti completi non saranno mai noti. La maggior parte delle cosiddette indagini sono state tentativi di sopprimere, ingannare o confondere chi cercava la verità. Dall'inizio alla fine, i fatti e le registrazioni sono stati nascosti per rivelare solo quelle informazioni che andavano a vantaggio dell'amministrazione indagata. A chi cerca la verità viene detto che altri fatti o documenti non possono essere rivelati perché sono confusi in diari, riguardano le nostre relazioni con l'estero o non contengono informazioni preziose.[618]

Ma questo non fu il primo né l'ultimo tentativo di far entrare gli Stati Uniti in guerra. Gli interessi di Morgan, di concerto con Winston Churchill, cercarono di trascinare gli Stati Uniti nella Prima Guerra Mondiale già nel 1915 e ci riuscirono nel 1917. *Lusitania* di Colin Thompson coinvolge il presidente Woodrow Wilson nel famoso affondamento, uno stratagemma dell'orrore progettato per generare una reazione dell'opinione pubblica e attirare gli Stati Uniti in guerra contro la Germania. Thompson dimostra che Woodrow Wilson sapeva con quattro giorni di anticipo che il Lusitania trasportava sei milioni di munizioni ed esplosivi e che quindi "i passeggeri che si proponevano di imbarcarsi su quella nave stavano violando le leggi di questo Paese".[619]

La Commissione d'inchiesta britannica, presieduta da Lord Mersey, fu incaricata dal governo britannico di "ritenere politicamente opportuno che il capitano Turner, comandante del *Lusitania*, fosse indicato come il principale responsabile del disastro".

---

[618] Percy L. Greaves, Jr, "The Pearl Harbor Investigation", in Harry Elmer Harnes, *Perpetual War for Perpetual Peace*, (Caldwell: Caxton Printers, 1953), pp. 13-20.

[619] Colin Simpson, *Lusitania*, (Londra: Longman, 1972), p. 252.

In retrospettiva, viste le prove di Colin Thompson, è più corretto attribuire la colpa al Presidente Wilson, al Colonnello House, a J.P. Morgan e a Winston Churchill; questa élite cospirativa avrebbe dovuto essere processata per negligenza intenzionale, se non per tradimento. È merito eterno di Lord Mersey se, dopo aver compiuto il suo "dovere" secondo le istruzioni del governo di Sua Maestà e con la colpa addossata al capitano Turner, si dimise, rifiutò il suo onorario e da quel momento in poi si rifiutò di assumere incarichi dal governo britannico. Ai suoi amici, Lord Mersey disse che l'affondamento del *Lusitania* era un "affare sporco".

Poi, nel 1933-34, la Morgan tentò di installare una dittatura fascista negli Stati Uniti. Secondo le parole di Jules Archer, era previsto che un putsch fascista prendesse il controllo del governo e "lo gestisse sotto la guida di un dittatore in nome dei banchieri e degli industriali americani".[620] Ancora una volta, emerse un singolo individuo coraggioso: il generale Smedley Darlington Butler, che smaschererà la cospirazione di Wall Street. E ancora una volta il Congresso si distingue, in particolare i deputati Dickstein e MacCormack, per il loro vile rifiuto di fare qualcosa di più che condurre un'indagine simbolica per il lavaggio del bianco.

Dalla Seconda Guerra Mondiale, abbiamo assistito alla Guerra di Corea e alla Guerra del Vietnam, guerre inutili, lunghe e costose in termini di dollari e vite umane, il cui unico scopo è quello di generare contratti di armamento multimiliardari. Di certo, queste guerre non sono state combattute per contenere il comunismo, perché per cinquant'anni l'establishment ha mantenuto e sovvenzionato l'Unione Sovietica, che ha fornito armi alle altre parti in conflitto in entrambe le guerre - Corea e Vietnam. La nostra storia revisionista mostrerà quindi che gli Stati Uniti hanno armato direttamente o indirettamente entrambe le parti, almeno in Corea e in Vietnam.

Per quanto riguarda l'assassinio del Presidente Kennedy, per fare un esempio nazionale, oggi è difficile trovare qualcuno che accetti le conclusioni della Commissione Warren - tranne forse i membri di quella Commissione. Eppure le prove fondamentali rimangono nascoste alla vista del pubblico per 50-75 anni. L'affare Watergate ha dimostrato, anche all'uomo della strada, che la Casa Bianca può essere un covo di intrighi e inganni.

Di tutta la storia recente, la vicenda dell'operazione Keelhaul[621] è forse la più disgustosa. L'operazione Keelhaul fu il rimpatrio forzato di milioni di russi per ordine del presidente (allora generale) Dwight D. Eisenhower, in diretta violazione della Convenzione di Ginevra del 1929 e della lunga tradizione americana di rifugio politico. L'operazione Keelhaul, che contravviene a tutte le nostre idee di decenza di base e di libertà individuale, è stata intrapresa su ordine diretto del generale Eisenhower e, possiamo ora presumere, faceva parte di un programma a lungo termine per alimentare il collettivismo, che si trattasse del nazismo di Hitler, del comunismo sovietico o del New Deal di FDR. Eppure, fino alla recente pubblicazione di prove documentali da parte di Julius Epstein, chiunque osasse

---

[620] Jules Archer, *The Plot to Seize the White House* (New York: Hawthorn Book, 1973), p. 202.

[621] Si veda Julius Epstein, *Operation Keelhaul*, (Old Greenwich: Devin Adair, 1973).

suggerire che Eisenhower avrebbe tradito milioni di persone innocenti per scopi politici veniva ferocemente e spietatamente attaccato. [622]

Ciò che questa storia revisionista ci dice in realtà è che la nostra volontà, come singoli cittadini, di cedere il potere politico a un'élite è costata la vita a circa duecento milioni di persone in tutto il mondo tra il 1820 e il 1975. A questa indicibile miseria si aggiungono i campi di concentramento, i prigionieri politici, la repressione e l'oppressione di coloro che cercano di portare alla luce la verità.

Quando finirà tutto questo? Non si fermerà finché non agiremo sulla base di un semplice assioma: il sistema di potere continua solo finché la gente lo vuole, e continua solo finché la gente cerca di ottenere qualcosa in cambio di niente. Il giorno in cui una maggioranza di persone dichiarerà o agirà come se non volesse nulla dal governo, dichiarando che si occuperà del proprio benessere e dei propri interessi, allora quel giorno le élite al potere saranno condannate. L'attrazione di "seguire" le élite di potere si basa sull'ottenere qualcosa in cambio di nulla. È una forma di adescamento. L'establishment offre sempre qualcosa in cambio di niente; ma quel qualcosa viene preso da qualcun altro, sotto forma di tasse o saccheggi, e dato altrove in cambio di sostegno politico.

Le crisi e le guerre periodiche vengono utilizzate per alimentare ulteriori cicli di saccheggio e ricompensa che, di fatto, stringono il cappio intorno alle nostre libertà individuali. E naturalmente abbiamo orde di vermi accademici, imprenditori amorali e semplici parassiti, che sono i beneficiari improduttivi di un saccheggio diffuso.

Mettete fine a questo circolo vizioso di saccheggi e ricompense immorali e le strutture elitarie crolleranno. Ma le uccisioni e i saccheggi non si fermeranno finché una maggioranza non troverà il coraggio morale e la forza interiore per rifiutare il gioco della truffa e sostituirlo con associazioni volontarie, comuni volontarie o società locali decentrate.

---

[622] Si veda ad esempio Robert Welch, *The Politician* (Belmont, Mass.: Belmont Publishing Co., 1963).

Allegato A

Programma del Partito Nazionalsocialista dei Lavoratori di Germania

Nota: questo programma è importante perché dimostra che la natura del nazismo era pubblicamente nota già nel 1920.

IL PROGRAMMA

Il programma del Partito Tedesco dei Lavoratori è limitato nel tempo. I dirigenti non hanno intenzione, una volta raggiunti gli obiettivi annunciati in questo programma, di crearne di nuovi, semplicemente per aumentare artificialmente il malcontento delle masse e garantire così la continuità del partito.

1. Chiediamo l'unione di tutti i tedeschi per formare una Grande Germania sulla base del diritto di autodeterminazione di cui godono le nazioni.
2. Chiediamo la parità di diritti per il popolo tedesco nelle relazioni con le altre nazioni e l'abolizione dei trattati di pace di Versailles e di St.
3. Chiediamo terra e territori (colonie) per sfamare il nostro popolo e per sistemare la nostra popolazione superflua.
4. Solo i membri della nazione possono essere cittadini dello Stato. Solo coloro che sono di sangue tedesco, indipendentemente dal loro credo, possono essere membri della nazione. Nessun ebreo può quindi essere membro della nazione.
5. Chi non è cittadino dello Stato può vivere in Germania solo come ospite e deve essere considerato soggetto alle leggi straniere.
6. Il diritto di voto sul governo e sulla legislazione dello Stato deve essere esercitato esclusivamente dai cittadini dello Stato. Chiediamo quindi che tutti gli incarichi ufficiali di qualsiasi tipo, sia nel Reich, sia in campagna o nelle piccole località, siano concessi solo ai cittadini dello Stato.
7. Ci opponiamo all'abitudine corruttiva del Parlamento di assegnare le cariche esclusivamente sulla base di considerazioni di parte, senza alcun riferimento alla personalità o alle capacità.
8. Chiediamo che lo Stato si assuma il dovere primario di promuovere l'industria e il sostentamento dei cittadini dello Stato. Se non è possibile nutrire l'intera popolazione dello Stato, i cittadini stranieri (non cittadini dello Stato) devono essere esclusi dal Reich.
Bisogna impedire ogni immigrazione non tedesca. Chiediamo che tutti i non tedeschi entrati in Germania dopo il 2 agosto 1914 siano immediatamente costretti a lasciare il Reich.
9. Tutti i cittadini dello Stato sono uguali in diritti e doveri.

10. Il primo dovere di ogni cittadino dello Stato deve essere quello di lavorare con la mente o con il corpo. Le attività del singolo non devono entrare in conflitto con gli interessi dell'insieme, ma devono essere svolte nel quadro della comunità e per il bene generale. Chiediamo quindi :
11. Eliminazione del reddito da lavoro non percepito.

L'ABOLIZIONE DELLA SERVITÙ DI INTERESSI

12. Alla luce dell'enorme sacrificio di vite e proprietà richiesto a una nazione da ogni guerra, l'arricchimento personale derivante dalla guerra deve essere considerato un crimine contro la nazione. Chiediamo quindi la spietata confisca di tutti i guadagni di guerra,
13. Chiediamo la nazionalizzazione di tutte le società che finora sono state costituite in trust.
14. Chiediamo che i profitti del commercio all'ingrosso vengano distribuiti.
15. Chiediamo un significativo ampliamento delle provvidenze per la vecchiaia.
16. Chiediamo la creazione e il mantenimento di una classe media sana, l'immediata municipalizzazione dei locali commerciali all'ingrosso e il loro affitto a basso costo per i piccoli commercianti, e che venga data estrema considerazione a tutti i piccoli fornitori dello Stato, alle autorità distrettuali e alle piccole località.
17. Chiediamo una riforma agraria adeguata alle nostre esigenze nazionali, l'adozione di una legge sulla confisca delle terre ad uso comune senza indennizzo, l'abolizione degli interessi sui prestiti fondiari e la prevenzione di tutte le speculazioni fondiarie.
18. Chiediamo un'azione penale spietata nei confronti di coloro le cui attività sono dannose per il bene comune. I sordidi criminali contro la nazione, gli usurai, i profittatori, ecc. devono essere puniti con la morte, indipendentemente dal credo o dalla razza.
19. Chiediamo che il diritto romano, che serve l'ordine mondiale materialista, sia sostituito da un sistema giuridico per tutta la Germania.
20. Per dare a ogni tedesco capace e laborioso la possibilità di un'istruzione superiore e quindi di un avanzamento, lo Stato deve prendere in considerazione una revisione completa del nostro sistema educativo nazionale. Il curriculum di tutte le istituzioni educative deve essere adattato alle esigenze della vita pratica. La comprensione dell'idea di Stato (sociologia dello Stato) deve essere l'obiettivo della scuola, a partire dai primi albori dell'intelligenza dello studente. Chiediamo lo sviluppo dei figli dotati di genitori poveri, indipendentemente dalla loro classe o professione, a spese dello Stato.
21. Lo Stato deve garantire la salute della nazione proteggendo le madri e i bambini, vietando il lavoro minorile, aumentando l'efficienza corporea attraverso la ginnastica e gli sport obbligatori previsti dalla legge e fornendo un ampio sostegno alle associazioni impegnate nello sviluppo corporeo dei giovani.
22. Chiediamo l'abolizione dell'esercito a pagamento e la formazione di un esercito nazionale.
23. Chiediamo una guerra legale contro la menzogna politica consapevole e la sua diffusione sulla stampa. Al fine di facilitare la creazione di una stampa nazionale tedesca, chiediamo :
a) che tutti i direttori di giornali e i loro assistenti, che utilizzano la lingua tedesca, devono essere membri della nazione;
(b) che è necessaria un'autorizzazione statale speciale per la pubblicazione di giornali non tedeschi. Non sono necessariamente stampati in tedesco;
(c) che la legge vieta ai non tedeschi di partecipare finanziariamente a giornali tedeschi o di influenzarli, e che la pena per la violazione della legge è la soppressione di tali giornali e l'immediata espulsione del non tedesco interessato.

Deve essere vietata la pubblicazione di materiale che non contribuisca al benessere nazionale. Chiediamo di perseguire tutte le tendenze artistiche e letterarie che possono disintegrare la nostra vita come nazione e di abolire le istituzioni che sono in contrasto con i requisiti di cui sopra.

24. Chiediamo la libertà per tutte le confessioni religiose nello Stato, nella misura in cui non costituiscono un pericolo per esso e non militano contro i sentimenti morali della razza tedesca.

Il partito, in quanto tale, è a favore del cristianesimo positivo, ma non si impegna a credere in una particolare denominazione. Lotta contro lo spirito ebraico-materialista dentro e fuori di noi, ed è convinta che la nostra nazione possa raggiungere una salute permanente dall'interno solo in base al principio: L'INTERESSE COMUNE PRIMA DEL SIEN

25. Perché tutto ciò avvenga, chiediamo la creazione di un forte potere statale centrale. Autorità indiscussa del parlamento politicamente centralizzato sull'intero Reich e sulla sua organizzazione; formazione di camere di classe e professionali per l'esecuzione delle leggi generali emanate dal Reich nei singoli Stati della confederazione.

I dirigenti del Partito giurano di andare avanti - se necessario sacrificando la propria vita - per garantire la realizzazione dei punti sopra citati. Monaco, 24 febbraio 1920.

Fonte: Traduzione ufficiale in inglese di E. Dugdale, ripresa da Kurt G, W. Ludecke, *I Knew Hitler* (New York: Charles Scribner's Sons, 1937),

Allegato B

Dichiarazione giurata di Hjalmar Schacht

Io, Dr. Hjalmar Schacht, essendo stato avvertito che sarò punito per aver rilasciato dichiarazioni false, dichiaro sotto giuramento, di mia spontanea volontà e senza alcuna costrizione, quanto segue

Le somme versate dai partecipanti alla riunione del 20 febbraio 1933 da Goering furono da loro versate ai banchieri. Delbruck, Schickler & Cie, Berlino, all'accredito di un conto "Nationale Treuhand" (che può essere tradotto come "Amministrazione fiduciaria nazionale"). È stato concordato che io avevo il diritto di disporre di questo conto, che amministravo come fiduciario, e che in caso di mia morte, o se l'amministrazione fiduciaria fosse terminata in qualsiasi altro modo, Rudolf Hess avrebbe avuto il diritto di disporre del conto.

Ho gestito gli importi di questo conto emettendo assegni a favore del signor Hess. Non so cosa il signor Hess abbia effettivamente fatto con il denaro.

Il 4 aprile 1933 chiusi il conto presso Delbruck, Schickler & Co. e feci trasferire il saldo sul "Conto Ic" della Reichsbank che portava il mio nome. In seguito, mi fu ordinato direttamente da Hitler, autorizzato dalla riunione del 20 febbraio 1933 a disporre del denaro raccolto, o tramite Hess, suo vice, di versare il saldo di circa 600.000 marchi a Ribbentrop.

Ho letto attentamente la presente dichiarazione giurata (una pagina) e l'ho firmata. Ho apportato le necessarie correzioni di mio pugno e ho siglato ogni correzione a margine della pagina. Dichiaro sotto giuramento di aver detto tutta la verità al meglio delle mie conoscenze e convinzioni.

(Firmato) Dr. Hjalmar Schacht
12 agosto 1947

In una successiva dichiarazione giurata del 18 agosto 1947 (N1-9764, Pros. Ex 54), Schacht dichiarò quanto segue in merito al suddetto interrogatorio:

> "Ho rilasciato tutte le dichiarazioni di questo interrogatorio a Clifford Hyanning, un investigatore finanziario delle forze armate statunitensi, di mia spontanea volontà e senza alcuna coercizione. Ho esaminato questo interrogatorio oggi e posso affermare che tutti i fatti in esso contenuti sono veri al meglio delle mie conoscenze e convinzioni. Dichiaro sotto giuramento di aver detto tutta la verità in base alle mie conoscenze e convinzioni."

Fonte: Copia del reperto 55. *Trial of War Criminals before the Nuremberg Military Tribunals under Control Council Law No. 10,* Nuremberg, October 1946-April 1949, Volume VII, I.G. Farben, (Washington: U.S. Government Printing Office, 1952).

ALLEGATO C

Voci sul conto "National Guardianship", depositato presso la Delbruck, Schickler Co. Bank.

SUPERVISIONE NAZIONALE
PRESIDENTE DELLA REICHSBANK DR. HJALMAR SCHACHT, BERLINO-ZEHLENDORF

23 febbraio	Debibk (Deutsche Bank Diskonto-Gesellschaft) Associazione per gli interessi minerari, Essen		23 febbraio	200,000.00
24	Trasferimento sul conto di Rudolf Hess, attualmente a Berlino.	100,000.00	24	
24	Karl Herrmann		25	150,000.00
	Salone dell'auto, Berlino		25	100,000.00
25	Il direttore A. Steinke		27	200,000.00
25	Demag A.G., Duisberg		27	50,000.00
27	Società Telefunken per la telegrafia senza fili Berlino		28	85,000.00
	Osram G.m.b.H., Berlino		28	40,000.00
27	Bayerische Hypotheken-und Wech selbank, filiale di Monaco di Baviera, Kauflingerstr. a favore di Verlag Franz Eher Nachf, Monaco di Baviera.	100,000.00	28	
27	Trasferimento al conto Rudolf Hess, Berlino	100,000.00	27	
28	I.G. Farbenindustrie A.G. Francoforte/M		1 marzo	400,000.00
28	Spese telegrafiche per il trasferimento a Monaco	8.00	28 febbraio	
1 marzo	Il vostro pagamento		2 marzo	125,000.00
2	Trasferimento telegrafico alla Bayerische Hypotheken-und Wechselbank, filiale di Monaco, Bayerstr.			

	a nome di Josef Jung	400,000.00	2	
	Spese di trasferimento telegrafico	23.00	2	
	Trasferimento del conto Rudolf Hess	300,000.00		
2	Rimborso del direttore Karl Lange, Berlino		3	30,000.00
3	Rimborso da parte del direttore Karl Lange, conto "Maschinen-industrie		4	20,000.00
	Rimborso da Verein ruer die bergbaulichen Interessen, Essen		4	100,000.00
	Rimborso da Karl Herrmann, Berlino, Dessauerstr. 28/9		4	150,000.00
	Rimborso da Allgemeine Elektrizitaetsgesellschaft, Berlino		4	60,000.00
7	Rimborso dell'amministratore delegato Dr. F. Springorum, Dortmund		8	36,000.00
8	Trasferimento dalla Reichsbank: Bayerische Hypotheken-und Wechselbank, filiale Kauffingerstr.	100,000.00	8	
		1,100,031.00		1,696,000.00
		1,100,031.00	8 marzo	1,696,000.00
8 marzo	Bayerische Hypotheken-und Wechselbank, Monaco, Bayerstr.	100,000.00	8	
	Trasferimento al conto Rudolf Hess	250,000.00	7	
10	Accumulatoren-Fabrik A.G. Berlino		11	25,000.00
13	Associazione per gli interessi minerari, Essen		14	300,000.00
14	Rimborso Rudolf Hess	200,000.00	14	
29	Rimborso Rudolf Hess	200,000.00	29	

4 aprile	Commerz-und Privatbank Dep. Kasse N. Berlino W.9 Potsdamerstr. 1 f. Speciale			
	Conto S 29	99,000.00	4 aprile	
5	Interessi secondo l'elenco 1			
	percentuale		5	404.50
	Bollette telefoniche	1.00	5	
	Affrancatura	2.50	5	
	Equilibrio	72,370.00	5	
	Saldo riportato	2,021,404.50		2,021,404.50
			5 Apr.	72,370.00

ALLEGATO D

LETTERA DEL DIPARTIMENTO DELLA GUERRA DEGLI STATI UNITI ALLA ETHYL CORPORATION

Camera n. 144
(manoscritto) Il sig. Webb ha inviato copie per gli altri direttori.
Copia a : Alfred P. Sloan, Jr, General Motors Corp, New York City, Donaldson Brown, General Motors Corp, New York City.
15 dicembre 1934.

Il signor E. W. Webb,
Presidente, Ethyl Gasoline Corporation, 185 E 42nd Street, New York City. Egregio signor Webb: ho appreso oggi dalla nostra Divisione Prodotti Chimici Organici che la Ethyl Gasoline Corporation intende formare una società tedesca con la I.G. per produrre piombo etilico in questo paese.
Ho appena trascorso due settimane a Washington, una parte significativa delle quali è stata dedicata a criticare lo scambio di conoscenze chimiche con aziende straniere che potrebbero avere valore militare. Tale divulgazione da parte di un'azienda industriale può avere le più gravi ripercussioni per l'azienda stessa. Ethyl Gasoline non farebbe eccezione, anzi, probabilmente sarebbe oggetto di un attacco speciale a causa del suo possesso di azioni.
A prima vista, sembrerebbe che la quantità di piombo etilico utilizzata per scopi commerciali in Germania sia troppo piccola per essere monitorata. È stato affermato che la Germania si sta armando segretamente. Il piombo etilico sarebbe senza dubbio un valido aiuto per gli aerei militari.
Le scrivo per dirle che, a mio parere, né lei né il consiglio di amministrazione della Ethyl Gasoline Corporation dovreste rivelare alcun segreto o "know-how" in Germania relativo alla produzione di piombo tetraetile.
Sono stato informato che la Divisione Dye vi informerà della necessità di divulgare le informazioni che avete ricevuto dalla Germania ai funzionari competenti del Ministero della Guerra.

Cordiali saluti
l'espressione della mia più alta considerazione,

Fonte: Senato degli Stati Uniti, Hearings before a Subcommittee of the Committee on Military Affairs, *Scientific and Technical Mobilization*, 78° Congresso, Seconda Sessione, Parte 16, (Washington D.C.: Government Printing Office, 1944), pag. 939.

ALLEGATO E

ESTRATTO DAL GIORNALE DI MORGENTHAU (*GERMANIA*)[623] RIGUARDANTE SOSTHENES BEHN DELL'I.T.T.

16 marzo 1945
11 h 30

RIUNIONE DI GRUPPO
Bretton Woods - I.T. & T. - Riparazioni

Presente :
Il signor White
Sig. Fussell
Signor Feltus
Sig. Coe
Signor DuBois
Signora Klotz

H.M., Jr: Frank, puoi *riassumere* questo caso su I.T.&T.?

Signor Coe: Sì, signore. I.T. &T. ha effettivamente trasferito o ricevuto ieri o pochi giorni fa 15 milioni di dollari di debiti in dollari pagati dal governo spagnolo, cosa che le è consentita dalla nostra licenza generale, quindi tutto è a posto. Tuttavia, questo fa parte della loro rappresentanza nei nostri confronti, come parte di un accordo per la vendita dell'azienda in Spagna, quindi stanno cercando di forzare la mano. La proposta che ci hanno fatto per alcuni anni in varie forme sta ora prendendo questa forma. Possono ottenere il pagamento delle loro richieste di risarcimento in dollari, cosa che dicono di non essere riusciti a fare finora: 15 milioni di dollari ora e 10 o 11 milioni di dollari più tardi. L'azienda verrà venduta alla Spagna e in cambio riceverà 30 milioni di dollari in obbligazioni - titoli di Stato spagnoli - che dovranno essere ammortizzati in un certo numero di anni e a un tasso di circa 2 milioni di dollari all'anno. Per ammortizzare più rapidamente le obbligazioni, devono ricevere il 90% di queste esportazioni, se vogliono esportarle negli Stati Uniti.

H. M. Jr: Come il sensale di cui ho parlato nel mio discorso.

---

[623] *Diario di Morgenthau* (Germania), op. cit.

Mr. Coe: Esatto. Il governo spagnolo. Sono pronti, dicono - sono in grado di ottenere garanzie dal governo spagnolo, che queste non lo saranno, che le azioni che il governo spagnolo intende rivendere non andranno a nessuno della lista nera, e così via. In alcuni dei negoziati che abbiamo avuto con loro nelle ultime settimane, si sono dimostrati disposti ad andare oltre su questo punto. La nostra esitazione a riguardo è dovuta a due cose: in primo luogo, non ci si può fidare di Franco, e se riuscissero - se Franco riuscisse a vendere 50 milioni di dollari di azioni di questa società in Spagna nei prossimi anni, potrebbe venderla a interessi filo-tedeschi. Sembra dubbio che possa venderlo agli spagnoli, quindi è la prima cosa da fare. La seconda cosa non possiamo documentarla troppo bene, ma credo che sia più evidente nella mia mente che in quella dei fondi e degli avvocati stranieri. Non credo che possiamo fidarci di Behn.

Mr. White: Sono sicuro che non può.

Mr. Coe: Abbiamo qui delle registrazioni di colloqui, risalenti a molto tempo fa, che alcuni dei vostri uomini hanno avuto con Behn - Klaus era uno di questi - in cui Behn ha detto di aver avuto delle conversazioni con Goering con la proposta che Goering dovesse tenere l'I.T. &T. Come ricorderete, l'informatica &T. cercò di acquistare la General Aniline e di farla diventare un'azienda americana, e questo faceva parte dell'accordo di cui Behn parlò molto francamente allo Stato e ai nostri avvocati. Pensava che fosse perfettamente normale proteggere la proprietà: questo accadeva prima che entrassimo in guerra.

H. M., Jr.: Non ricordo.

Mr Coe: L'uomo che ora si occupa delle loro proprietà è Westrick che, come ricorderete, è venuto qui ed è stato coinvolto nella Texaco. Hanno cercato in tutti i modi di preparare gli affari prima della fuga. Sono collegati a un importante gruppo tedesco e così via. D'altra parte, il colonnello Behn è stato utilizzato più volte come emissario dal Dipartimento di Stato e credo che personalmente sia in ottimi rapporti con Stettinius. Abbiamo ricevuto una lettera dai rappresentanti del Ministero degli Esteri in cui affermano di non avere alcuna obiezione. Vi abbiamo proposto in precedenza - la lettera che vi ho inviato suggeriva di chiedere allo Stato, se alla luce dei nostri obiettivi di ricovero, avessero ancora detto di sì. Sono convinto, avendo parlato con loro al telefono negli ultimi due giorni, che risponderanno per iscritto e diranno che sì, pensano ancora che sia un buon affare.

H. M., Jr: Questa è la posizione in cui mi trovo. Come sapete, signori, ora sono sommerso di lavoro e non posso occuparmene personalmente; credo che dovremo affidare la questione al Dipartimento di Stato e se loro vogliono occuparsene, bene. Non ho né il tempo né l'energia per combattere con loro su questa base.

Onorevole Coe: Allora dovremmo autorizzarlo subito.

Mr. White: Prima dovrebbe ricevere una lettera. Sono d'accordo con il Segretario su questo punto, che non ci si può fidare di questo Behn all'angolo. C'è qualcosa in questo accordo che sembra sospetto e noi abbiamo avuto a che fare con lui negli ultimi due anni. Tuttavia, una cosa è credergli e un'altra è difenderlo di fronte alle pressioni che verranno esercitate qui per cercare di far uscire questa azienda dall'accordo commerciale, ma penso che quello che potremmo fare è far sapere al Dipartimento di Stato che, nell'ambito di un progetto di porto sicuro, non pensano che ci sia alcun pericolo per nessuno di questi beni - ne citerei alcuni, e scriverei la lettera. Metteteli nella cartella e spaventateli anche solo un po' e resistete, o almeno avranno avuto la cartella e avrete attirato la loro attenzione su questi pericoli. Questa Behn ci odia comunque. Sono almeno quattro anni che ci frapponiamo tra lui e i mercati.

H. M., Jr: Seguire quanto detto da White. Qualcosa del genere. "Caro signor Stettinius, queste cose mi preoccupano per i seguenti fatti, e vorrei che lei mi dicesse se dobbiamo o meno.... "

Mr. White: "Dato il pericolo che i beni tedeschi siano nascosti qui, il futuro -" e torna a dire "No", lo terremo d'occhio.

Mr. Coe: Abbiamo detto che volevamo dare qualcosa ad Acheson lunedì.

H. M., Jr: E se me lo prepara domattina, lo firmerò.

Sig. Coe: OK.

Fonte: Senato degli Stati Uniti, sottocommissione per indagare sull'amministrazione della legge sulla sicurezza interna. Committee on the Judiciary, *Morgenthau Diarty (Germany)*, Volume 1, 90° Congresso, 1ère sessione, 20 novembre 1967, (Washington D.C.): U.S. Government Printing Office, 1967), p. 320 del libro 828. (Pagina 976 della stampa del Senato degli Stati Uniti).
Nota: "Mr. White" è Harry Dexter White. Dr. Dubois" è Josiah E. Dubois, Jr, autore del libro "*Generals in Grey Suits*" (Londra: The Bodley Head, 1953). "H.M. Jr." è Henry Morgenthau Jr., Segretario del Tesoro.
Questo memorandum è importante perché accusa Sosthenes Behn di aver cercato di fare accordi segreti nella Germania nazista "per almeno quattro anni": cioè, mentre il resto degli Stati Uniti era in guerra, Behn e i suoi amici continuavano a fare affari come sempre con la Germania. Questa nota supporta le prove presentate nei capitoli quinto e nono riguardo all'influenza dell'I.T.T. nella cerchia ristretta di Himmler e aggiunge Herman Goering all'elenco dei contatti dell'I.T.T..

BIBLIOGRAFIA SELEZIONATA

Allen, Gary. *Nessuno osi chiamarlo complotto.* Seal Beach, California: Concord Press, 1971.

Ambruster, Howard Watson. *La pace del tradimento.* New York: The Beechhurst Press, 1947.

Angebert, Michel. *L'occulto e il Terzo Reich.* New York: The Macmillan Company, 1974.

Archer, Jules. *Il complotto per la conquista della Casa Bianca.* New York: Hawthorn Books, 1973.

Baker, Philip Noel. *Falconieri della morte.* Il Partito laburista, Inghilterra, 1984.

Barnes, Harry Elmer. *Guerra perpetua per una pace perpetua.* Caldwell, Idaho: Caxton Printers, 1958.

Bennett, Edward W. *Germany and the Diplomacy of the Financial Crisis, 1931.* Cambridge: Harvard University Press, 1962.

Der Farben-Konzern 1928. Hoppenstedt, Berlino, 1928.

Dimitrov, George, *Il processo per l'incendio del Reichstag.* Londra: The Bodley Head, 1984.

Dodd, William E. Jr. e Dodd, Martha. *Diario dell'ambasciatore Dodd, 1933-1938.* New York: Harcourt Brace and Company, 1941.

Domhoff, G. William. *I circoli superiori: la classe dirigente in America.* New York: Vintage, 1970.

Dubois, Josiah E., Jr. *Generali in abito grigio.* Londra: The Bodley Head, 1958.

Engelbrecht, H.C. *Mercanti di morte.* New York: Dodd, Mead & Company, 1984.

Engler, Robert. *La politica del petrolio.* New York: The Macmillan Company, 1961.

Epstein, Julius. *Operazione Keelhaul.* Old Greenwich: Devin Adair, 1978.

Farago, Ladislas. *Il gioco delle volpi.* New York: Bantam, 1978.

Flynn, John T. *As We Go Marching*, New York: Doubleday, Doran and Co, Inc, 1944.

Guerin, Daniel. *Fascismo e Grande Capitale*. Parigi: Francois Maspero, 1965.

Hanfstaengl, Ernst. *Testimone inascoltato*. New York: J. B. Lippincott, 1957.

Hargrave, John. *Montagu Norman*. New York: The Greystone Press, n.d.

Harris, C.R.S. *L'indebitamento estero della Germania*. Londra: Oxford University Press, 1985.

Helfferich, Dr. Karl. *Progresso economico e ricchezza nazionale della Germania, 1888-1913*. New York: Società germanistica d'America, 1914.

Hexner, Ervin. *Cartelli internazionali*. Chapel Hill: University of North Carolina Press, 1945.

Howard, Colonnello Graeme K. *L'America e un nuovo ordine di vermi*. New York: Scribners, 1940.

Kolko, Gabriel. "Gli affari americani e la Germania, 1930-1941", *The Western Political Quarterly*, volume XV, 1962.

Kuezynski, Robert R. *Bankers' Profits from German Loans*, Washington, D.C.: The Brookings Institution, 1982.

Leonard, Jonathan. *La tragedia di Henry Ford*. New York: G.P. Putnam's Sons, 1932.

Ludecke, Kurt G.W. *Ho conosciuto Hitler*. New York: Charles Scribner's Sons, 1937.

Magers, Helmut. *Ein Revolutionar Aus Common Sense*. Lipsia: R. Kittler Verlag, 1934.

Martin, James J, *Punti di vista revisionisti*. Colorado: Ralph Mules, 1971.

Martin, James Stewart. *All Honorable Men*, Boston: Little Brown and Company, 1950.

Muhlen, Norbert. *Schacht: il mago di Hitler*. New York: Longmans, Green and Co, 1939.

Nixon, Edgar B. *Franklin D. Roosevelt e gli affari esteri.* Cambridge: Belknap Press, 1969.

Annuario del petrolio e degli idrocarburi, 1938.

Papen, Franz von. *Memorie.* New York: E.P. Dutton & Co, 1953.

Peterson, Edward Norman. *Hjalmar Schacht.* Boston: Casa editrice Christopher, 1954.

Phelps, Reginald H. *"Before Hitler Came": Thule Society and Germanen Orden,* in *Journal of Modern History,* settembre 1963.

Quigley, Carroll, *Tragedia e speranza.* New York: The Macmillan Company, 1966.

Ravenscroft, Trevor, *La lancia del destino.* New York: G.P. Putnam's Sons, 1973.

Rathenau, Walter. *Nei giorni a venire.* Londra: Allen & Unwin, n.d.

Roberts, Glyn. *L'uomo più potente del mondo.* New York: Covici, Friede, 1938.

Sampson, Anthony. *Lo Stato sovrano dell'*ITT. New York: Stein & Day, 1975.

Schacht, Hjalmar. *Confessioni del "Vecchio Mago".* Boxton: Houghton Mifflin, 1956.

Schloss, Henry H. *La Banca dei regolamenti internazionali.* Amsterdam: North Holland Publishing Company, 1958.

Seldes, George. *Ferro, sangue e profitti.* New York e Londra: Harper & Brothers Publishers, 1934.

Simpson, Colin. *Lusitania.* Londra; Longman, 1972.

Smoot, Dan. *Il governo invisibile.* Boston: Western .Islands, 1962,

Strasser, Otto. *Hitler e io.* Londra: Jonathan Cape, n.d.

Sonderegger, Rene. *Spanischer Sommer.* Affoltern, Svizzera: Aehren Verlag, 1948.

Stocking, George W. e Watkins, Myron W. *Cartelli in azione.* New York: The Twentieth Century Fund, 1946.

Sutton, Antony C. *Suicidio nazionale: Aiuto militare all'Unione Sovietica*. New York: Arlington House Publishers, 1978.
    Wall Street e la rivoluzione bolscevica. New York: Arlington House Publishers, 1974.
    Wall Street e FDR. New York: Arlington House Publishers, 1975.
    Tecnologia occidentale e sviluppo economico sovietico, 1917-1930. Stanford, California: Hoover Institution Press, 1968.
    Tecnologia occidentale e sviluppo economico sovietico, 1980-1945. Stanford, California: Hoover Institution Press, 1971.
    Tecnologia occidentale e sviluppo economico sovietico, 1945-1965. Stanford, California: Hoover Institution Press, 1973.

Sward, Keith. *La leggenda di Henry Ford*. New York: Rinehart & Co, 1948.

Thyssen, Fritz. *Ho pagato Hitler*. New York: Farrar & Rinehart, Inc. n.d. "Processo ai criminali di guerra davanti ai Tribunali militari di Norimberga in base alla Legge n. 10 del Consiglio di controllo", Volume VIII, Caso I.G. Farben, Norimberga, ottobre 1946-aprile 1949. Washington: Government Printing Of-flee, 1953. United States Army Air Force, Rapporto sui punti di mira n. 1.E.2 del 29 maggio 1943.

Senato degli Stati Uniti, Audizioni davanti alla Commissione per le Finanze. *Vendita di obbligazioni o titoli stranieri negli Stati Uniti*. 72° Congresso, 1ère sessione, S. Res. 19, 1ère parte, 18, 19 e 21 dicembre 1931. Washington: Government Printing Office, 1931.

Senato degli Stati Uniti, audizioni davanti a una sottocommissione della Commissione per gli affari militari. *Mobilitazione scientifica e tecnica*. 78° Congresso, 2a sessione, S. Res. 107, parte 16, 29 agosto e 7, 8, 12 e 13 settembre 1944. Washington: Government Printing Office, 1944.

Congresso degli Stati Uniti. Camera dei Rappresentanti. *Comitato speciale sulle attività americane e sull'indagine di alcune altre attività di propaganda*. 73° Congresso, 2a sessione, audizione n. 73-DC-4. Washington: Government Printing Office, 1934.

Congresso degli Stati Uniti. Camera dei Rappresentanti. Comitato speciale sulle attività americane (1934). *Indagine sulle attività di propaganda nazista e di altro tipo*. 74° Congresso, 1ère sessione, Rapporto n. 153. Washington: Government Printing Office, 1934.

Congresso degli Stati Uniti. Senato. Audizioni davanti a una sottocommissione del Comitato per gli affari militari. *Eliminazione delle risorse tedesche per la guerra*. Relazione ai sensi delle risoluzioni 107 e 146, 2 luglio 1945, parte 7. 78° Congresso e 79° Congresso. Washington: Government Printing Office, 1945.

Congresso degli Stati Uniti. Senato. Audizioni davanti a una sottocommissione della Commissione per gli affari militari. *Mobilitazione scientifica e tecnica.* 78° Congresso, 1ère sessione, S. 702, parte 16, Washington: Government Printing Office, 1944.

Consiglio di controllo del gruppo degli Stati Uniti (Germania), Ufficio del direttore dell'intelligence, Agenzia di informazioni sul campo. Rapporto tecnico di intelligence n. EF/ME/1. 4 settembre 1945.

Stati Uniti d'America Sente. Sottocommissione per le indagini sull'amministrazione della legge sulla sicurezza interna, Commissione giudiziaria. *Giornale di Morgenthau (Germania).* Volume 1, 90ème Congresso, 1ère sessione, 20 novembre 1967. Washington: U.S. Government Printing Office, 1967.

File decimale del Dipartimento di Stato degli Stati Uniti.

Indagine sui bombardamenti strategici negli Stati Uniti. *AEG-Ostlandwerke GmbH,* di Whitworth Ferguson. 81 maggio 1945.

Indagine sui bombardamenti strategici negli Stati Uniti. *Rapporto dell'industria tedesca delle apparecchiature elettriche.* Divisione attrezzature, gennaio 1947.

United States Strategic Bombing Survey, *rapporto di fabbrica A.E.G.* (Allgemeine Elektrizitats Gesellschaft). Norimberga, Germania: giugno 1945.

Zimmerman, Werner. *Liebet Eure Feinde.* Frankhauser Verlag: Thielle-Neuchatel, 1948.

Congresso degli Stati Uniti. Senato. Audizioni davanti a una sottocommissione della Commissione per gli affari militari. *Mobilitazione scientifica e tecnica.* 78° Congresso, 1ère sessione, S. 702, parte 16, Washington: Government Printing Office, 1944.

Consiglio di controllo del gruppo degli Stati Uniti (Germania), Ufficio del direttore dell'intelligence, Agenzia di informazioni sul campo. Rapporto tecnico di intelligence n. EF/ME/1. 4 settembre 1945.

Stati Uniti d'America Sente. Sottocommissione per le indagini sull'amministrazione della legge sulla sicurezza interna, Commissione giudiziaria. *Giornale di Morgenthau (Germania).* Volume 1, 90ème Congresso, 1ère sessione, 20 novembre 1967. Washington: U.S. Government Printing Office, 1967.

File decimale del Dipartimento di Stato degli Stati Uniti.

Indagine sui bombardamenti strategici negli Stati Uniti. *AEG-Ostlandwerke GmbH*, di Whitworth Ferguson. 81 maggio 1945.

Indagine sui bombardamenti strategici negli Stati Uniti. *Rapporto dell'industria tedesca delle apparecchiature elettriche.* Divisione attrezzature, gennaio 1947.

United States Strategic Bombing Survey, *rapporto di fabbrica A.E.G.* (Allgemeine Elektrizitats Gesellschaft). Norimberga, Germania: giugno 1945.

Zimmerman, Werner. *Liebet Eure Feinde.* Frankhauser Verlag: Thielle-Neuchatel, 1948.

GIÀ PUBBLICATO

Omnia Veritas Ltd presente:

Complotto contro la Chiesa

de
MAURICE PINAY

La cospirazione che la Sinagoga di Satana hanno tramato con riguardo al Concilio Vaticano II

I trionfi del comunismo e della massoneria e la natura del potere occulto che li dirige

Omnia Veritas Ltd presenta:

IL TALMUD SMASCHERATO

da
I. B. PRANAITIS

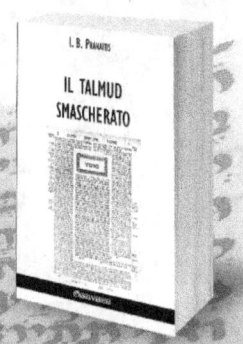

Molte persone interessate nella questione ebraica sono solite chiedere se ci sia o no qualcosa nel Talmud che non sia bello

La confusione di opinioni a questo riguardo è talmente grande

Omnia Veritas Ltd presenta:

NORIMBERGA
OSSIA LA TERRA PROMESSA

DA
MAURICE BARDÈCHE

Io non difendo la Germania: difendo la verità

Noi viviamo su un "falso" della storia

www.ingramcontent.com/pod-product-compliance
Lightning Source LLC
Chambersburg PA
CBHW060220230426
43664CB00011B/1488